中国社会科学院创新工程学术出版资助项目

法律的政治分析

THE POLITICAL ANALYSIS OF LAW

胡水君 ◎ 著

中国社会科学出版社

图书在版编目(CIP)数据

法律的政治分析 / 胡水君著. —北京：中国社会科学出版社，2015.10
ISBN 978-7-5161-7265-0

Ⅰ.①法… Ⅱ.①胡… Ⅲ.①法学-政治学-研究 Ⅳ.①D90-05

中国版本图书馆 CIP 数据核字(2015)第 282687 号

出 版 人	赵剑英
责任编辑	任　明
特约编辑	乔继堂
责任校对	郝阳洋
责任印制	何　艳

出　版	中国社会科学出版社
社　址	北京鼓楼西大街甲 158 号
邮　编	100720
网　址	http://www.csspw.cn
发 行 部	010-84083685
门 市 部	010-84029450
经　销	新华书店及其他书店

印刷装订	北京市兴怀印刷厂
版　次	2015 年 10 月第 1 版
印　次	2015 年 10 月第 1 次印刷
开　本	710×1000　1/16
印　张	36.25
插　页	2
字　数	613 千字
定　价	88.00 元

凡购买中国社会科学出版社图书，如有质量问题请与本社营销中心联系调换
电话：010-84083683
版权所有　侵权必究

前　言

　　1776年美国《独立宣言》有这样一段话："这些真理是不证自明的：人人生而平等，造物主赋予他们以某些不可剥夺的权利，其中包括生命权、自由权和追求幸福的权利。为了保障这些权利，才在人们中间成立政府，政府的正当权力，源于被管理者的同意。无论何时，只要任何形式的政府毁损这些目的，人民就有权改变或者废除它。"1789年法国《人权和公民权利宣言》同样宣布："一切政治结合的目的都在于保存自然的、不可侵犯的人权。这些权利包括自由、财产、安全和反抗压迫。"18世纪的这两个文献清楚地标明了一种新的政治类型的诞生。

　　这是与政治专制主义（political absolutism）相对的一种政治类型，可称之为"权利政治"。权利政治主要按照"人权和公民权利—国家权力"这一二元对立的理论范式建立起来。此种理论范式由17、18世纪的启蒙思想家提出。为了给一种与教权统治和君主专制针锋相对的新型统治或治理形式提供正当性论证，启蒙思想家建构了一套自然状态学说和社会契约理论。按照托马斯·霍布斯（Thomas Hobbes）、约翰·洛克（John Locke）、让-雅克·卢梭（Jean-Jacques Rousseau）等人的设想，人们在国家产生之前生活在一种"自然状态"。由于人人享有"自然权利"，各自拥有私的权力，如执行"自然法"的权力，这一状态成为或最终演变为人对人就像"狼对狼"一样的相互提防或交战状态。为避免混乱不堪的"战争状态"，人们共同达成协议或默契，把分散的、非集中的、私的权力，统一交付给一个人或机构。国家或公共权力由此产生，并获得对暴力使用的垄断，人们则通过权力的统一上交换回合法权利。自此，人的"自然权利"受到国家法律和国家垄断权力的持久保护。尽管启蒙思想家的这些设想，时常被人批评为"无聊的虚构"和"美学上的假象"，但18世纪的现代政治哲学还是在此基础上被建立起来，成为权利政治的重要理论渊源。

列奥·施特劳斯（Leo Strauss）讲过，"18世纪的政治哲学就是一种自然权利论"，"彻底质疑近三四百年来的西方思想学说是一切智慧追求的起点"。本书不是一本关于权利政治的专门著作，无意对权利政治作彻底的质疑，但在很大程度上，权利政治构成本书的一种重要参照背景。这种背景与其说是写前有意设置的，不如说是编后自动呈现的。作为西方现代建构的主导方面和近代以来人类取得的最主要的文明成果，权利政治一直影响着包括中国在内的后发展国家现代化进程中的政治法律实践。在这样一种大的历史背景下，中国学者谈论法律问题、研究法律理论而能避开权利政治也许是不现实的。本书有对权利政治的理论描述，也有对权利政治的批判分析，但对权利政治的集中论述比较少，各篇与权利政治之间也需要作适当的勾连，所以对此在书前再多写几句。

权利政治以个人自由为价值目标，以政治国家与市民社会相分离并进而以市民社会制约政治国家为社会基础，以权力分立为政治原则，以法治（rule of law）为法律原则。其要义在于"人权和公民权利"与"国家权力"之间的目的与手段关系，亦即，国家权力是实现人权和公民权利的政治手段，国家权力的存在和运行以保存和维护人权和公民权利为目的。这是启蒙思想家的核心观点，也是自由主义政治哲学的精要部分。此种政治类型自18世纪产生以来，一直是西方政治法律实践的主导模式，而且在国内和国际两个层面不断深入扩展。在国内层面，对公民权利的保护为国家权力的存在和运作提供了正当理由，"民族国家"循着权利之名得以建立并逐渐强大。在国际层面，人权作为一种普适性话语以欧美为中心逐渐向世界范围扩展，权利政治成为世界范围政治法律改革的主要导向。大体可以说，近三百多年来的现代史，在很大程度上是权利政治和权利话语的扩展史。

在中国近一个半世纪的现代化进程中，权利话语几经周折，终于在改革开放之后逐渐成为一种强势话语。不过，这一话语在中国社会扩展和深入过程中，既受到来自西方文化的内在反省，也受到来自中国本土的其他话语的外部挤压。在西方已步入所谓"晚期资本主义社会"或"后现代社会"将近半个世纪后谈论人权和公民权利，不同于也不应同于20世纪初期的中国人谈论科学和民主。本民族的文化自觉，以及因为权利政治在理想与现实、表象与真实、特殊与普适、单一与多元、历史的偶然与历史的必然等之间的矛盾冲突而导致的对权利话语的理论反思，在现时代表现得更为明显。挤压权利话语的本土话语则主要源于传统和现实两个方面。传统方面最主要的是中国传统文化中的"德性"话语，现实方面最主要的是中国现实情境中的"利益"话语。就此而言，"现代权利话语""传统德性话语"和"现实利益话语"，构成为中国现代化进程中相互竞争，而又需要相互协调的三个重要维度。

权利体现了人的主体意识的觉醒和主体性的伸张，它是与人的"成熟"和"解放"相联系的一个概念。伊曼努尔·康德（Immanuel Kant）1784年在回答"什么是启蒙？"这一问题时，曾把"启蒙"作为不成熟与成熟的界分，认为不成熟是"只服从而不思考"，成熟则是"服从并勇敢地运用理性"。"敢知的勇气"把人从宗教和传统权威中解放出来，使人得以对政治统治作出自主选择并予以理性审视。在此，康德实际上已涉及权利与政治的结合："人的权利必须被视为神圣的……一切政治都必须跪在权利的面前"。权利政治由此开始。如果"启蒙"标志着现代性的开始，而现代性又可被视为历史性的断裂或转折，那么，权利政治就属于在此断裂中产生出来，并对后世发生全球性影响的"社会生活或组织方式"中的一种。现代性的断裂或转折集中发生在三种关系上。一是对事物的关系，二是对他人的关系，三是对自己的关系。这三种关系被米歇尔·福柯（Michel Foucault）称为实践体系的三大领域。对事物的关系是天人关系，现代社会在此关系上确立了理性认知的主导地位，它主要涉及知识和天理。对他人的关系是人际关系，现代社会在此关系上确立了人的平等权利主体地位，它主要涉及权力和法理。对自己的关系是人己关系，现代社会在此关系上确立了意志的自治地位，它主要涉及道德和伦理。权利政治主要处于这三种关系中的第二层面上，它在把人建构为权利主体的同时，强调了政治实践对人的权利的尊重。

福柯洞察到康德有关"启蒙"的见解与其三大"批判"之间的联系，并进而挖掘出"启蒙"中的批判因素。如此，现代社会的上述三种关系仍然处于批判的境地。三种关系中，法理与天理、伦理实际是联系在一起的。人的权利主体地位以人对世界的理性认知路径为前提，理性在摆脱和破除外在权威从而树立人的主体地位的同时，也拉开了天理与伦理之间的距离，这使得人的道德自治迷失在一种缺乏或找不到客观意义的情境之中。就天人关系而言，现代社会按照人的理性认知、建构和控制世界，按照人的理性建构和培植权利主体,同时沿着理性和科学的路径织就一张现代文化之网,使世界日渐成为一个为人的理性所符号化和复杂化的世界,日渐成为一个人化的世界。这样一张人化和理性化的意义之网,在很大程度上使得人与自然或"天"越来越疏远,越来越陌生。就人际关系而言,权利政治虽然强调了对人的尊重,强调了理性的运用,但它在削弱传统的社会团结的同时,如一些学者所认为的,并未消除服从和统治。而且,在一定意义上,服从反倒成为理性运用的最终结果。康德在讨论什么是"启蒙"时,反复引述普鲁士国王腓德烈(Frederick)的话:"可以争辩,随便争多少,随便争什么,但必须听话,"并且以这样一句话作结:"以一种适于人的尊严的方式对待人……这对政权本身是有好处的。"由此约略可以看出,权利政治的中心可能实际在于服从和政治,而权利不过是使这种服从和政治持久下去的一种新的权力策略而已。权利政治并不是不服从的政治,而是一种理性服从的政治,是一种抵御权力专制或权力使用喜怒无常的统治的政治。就人己关系而言,主要作为社会交往媒介和政治斗争工具的权利,在现代社会并不能为人提供一种源于天理的道德扶持,因为这一点,现代社会才特别有必要关注现代权利与传统德性的关系问题。

与权利比起来,德性也体现了人的主体意识的觉醒和主体性的伸张,它同样与"成熟"和"解蔽"联系在一起。只不过,权利"启蒙"发生在两三百年前的欧洲,而德性"解蔽"则在两三千年前的中国即已发生。所以,梁漱溟认为中国文化"早熟"。从晚清以来的历史看,德性的衰微与权利的生长是中国现代化进程中同时出现的两种现象。这样一种此消彼长,似乎表明着权利与德性之间一定程度的差异。如果德性可被视为一种源自远古的"道",那么,权利就是兴盛于近三百多年的另外一种"道"。这两种"道"在三种关系上存在很大不同。在天人关系上,权利之道源于人对外在世界的一种理性审视和把握,它强调人对外在世界的理性认知和控制,正所谓"知识就是力量";而德性之道则源于人对天理的一种内在涵化和包容,它强调人的道德力量和天人合一的道德境界,正所谓"动天地""与天地参"。在人际关系上,权利之道以个体和自我的利益为中心,强调人与人之间权利义务的界限,在很大程度上承认争权夺利的正当性,正所谓"财产权神圣不可侵犯";而德性之道则崇德尚义,讲孝悌伦理、宽恕容忍、人际和谐,正所谓"廓然大公""民胞物与"。在人己关系上,权利之道强调人的生理本性的扩张,反对对物欲的束缚和压抑,崇尚人的行动自由和精神自由，正所谓"不自由，毋宁死"；而德性之道则强调克制和适度，讲中庸和圆融，正所谓"择乎中庸""致中和"。尽管权利与德性在一定意义上都涉及道德和利益，但就其各自的侧重和主要方面而言，权利与德性在很大程度上体现出外在社会之理与内在生命之道的差别。

把权利与德性作为两种元素剔挑出来予以区别比较，目的并不在于简单地对二者作"权利优先于善"之类的判断，而在于指明现代社会发展需要特别把握的内外之道。这其实不仅仅是中国社会需要注意的问题，也是现代社会普遍面临的问题。施特劳斯在20世纪晚期指出，"真正的自由人今天最紧迫的责任莫过于全力对抗堕落的自由主义，这种堕落的自由主义宣扬人的唯一目的是只要活得开心而不受管教，却全然忘了人要追求的是品质高贵、出类拔萃、德性完美"。在个人主义权利观的指引下，随着理性化进程的加深，权力和金钱日渐向包括家庭在内的生活世界渗透，权利的分界则不仅瓦解了原有的社会团结，也加强了冷酷的利害关系对温情的友爱关系的替代。在暴力使用被国家垄断的格局下，公民无一例外地与国家发生一种"直接面对面的"联系，公民彼此之间则如同"马铃薯"一样通过权利义务被分隔开，借助于法律、权利彼此交往或相互反对。法律与道德也在现代社会发生更大程度的分离，这与其说是法律对道德涵容能力的衰微和丧失，毋宁说是法律因为社会需要而对道德的疏离和摆脱。卢梭曾说，"在没有使人成为人以前，决没有必要使人成为哲学家"。在有关"法律与文学"的研究中，也有学者提到，在把法律系学生培养成为律师之前，首先要把他们培养成为人。同样，现代社会在把人培养成为会说话、会劳动、会理性思维、会斤斤计较的权利主体的同时，也不应疏忽人的道德主体地位。就此而言，现代社会需要特别掌握把权利与德性结合起来的内外之道。古人所谓"外积功德，内固精神"，也许可以用来作为此种结合之道的一种注解。具体而言，现代社会在政治社会层面以政治、法律制度保护人权和公民权利、约束国家权力的同时，有必要在个体层面重新昭苏德性，传承德性这一精神本源，使德性在个体层面得以普遍展开，正所谓"开辟价值之源，挺立道德主体"。

如果德性是权利政治在传统维度上遇到的一种竞争话语，那么，利益就是权利政治在现实维度上遇到的另一种竞争话语。由于权利一般被认为是法律所保护的利益，权利与利益之间细微而重要的差别时常不为人注意。实际上，这些差别标明着两种不同的治理之道：权利之道与利益之道。从主体看，利益并不以"主张"（claim）为必要条件，而权利概念一般包含"主张"这一要素。也就是说，一种利益，如果无人主张或提出要求，就不能成为权利。就此而言，权利人比利益人具有更强的主体意识，权利保护比利益保护在主体上更具有主体性和主动性。这在政治上主要表现为"当家作主"与"为民作主"的差别。从保护手段看，由于权利一般被认为是正当的，权利主要通过法律予以保护，因此，"法治"是权利政治的法律原则，也是自由主义政治哲学的重要内容。而利益并非全部是正当的，它既可通过法律予以保护，也可以通过政策、私力等其他非法律方式获得保护。就此而言，权利之道与利益之道在一定程度上表现出马克斯·韦伯（Max Weber）所谓的"形式合理性"与"实质合理性"之间的差别。权利政治并非"只保护而不思考"，而是"保护并勇敢地运用理性"。此外，从哲学基础看，权利一般立足于个人主义，强调个人以及个人自由、个人选择的重要价值，而比较起来，政治领域中的利益，特别是诸如最大多数人的最大利益、最广大人民的根本利益等，其功利主义或集体主义色彩显得更重。就此而言，权利之道的核心在于个人权利，而利益之道的核心实在于社会或公共利益。权利与利益之间的这些差异可以让人从很多方面洞察到权利政治的边界，也足以让人洞察到权利政治在中国社会的现实境遇。

基于利益与权利的对比而在利益之道与权利之道之间勾画出一条从前者到后者的直线型发展轨迹也许是需要慎重考虑的。权利政治无论是在服从上，还是在权利保护上，都强调理性思考，这种进路使得权利政治在政治统治和权利保护上都形成了一套独特的策略、手段和方式。例如，在正义论上，权利政治强调形式正义或普遍正义，而反对社会正义。形式正义注重中立规则或抽象规则、注重同一标准的平等适用、注重机会均等。它虽然在很大程度上能够增进个人自由，但就这种正义同时也是一种无意改变乃至支持社会事实不平等的正义而言，对这种正义的执行最终可能只是对国家权力体制和社会权力体制的维护。又如，在治理方式上，权利政治一般强调程序法治而忽视实质法治。程序法治注重通过法律程序来获得法律结果，这有助于限制和防止权力专断，也有助于社会中的各种利益和价值通过确定和可预期的抽象规定和程序来表达和实现自己。但程序法治并不必定带来结果的正义，受时间等条件的限制，它最终可能只以未必真实的法律事实代替案件真实而结案,从而使得案件的处理丧失实质正义。而且,在法律实践中照本宣科地作出决定可能并不困难,但要真正通过法律来平息社会纠纷、解决现实社会问题却远没有如此简单。中国司法史上的地方保护主义、执行难等问题充分表明了这一点。如此来看,在权利诉求尚乏有效的法律救济机制、在利益迫切等待保护、在社会现实问题需要及时解决、在利益分配机制失衡等情况下,借助于包括法律在内的多种途径或综合手段,利益之道可能显现出不同于权利政治的一定现实生命力。大体上,权利之道具有制度论取向,利益之道则具有实践论取向。如同历史上法家治理与儒家治理各显侧重一样,制度虽可流传久远,但它并不足以一劳永逸地解决所有的具体现实问题;实践有时虽然不讲章法、不因循守旧,但它恰可在因地制宜、因势利导中表现出灵活性和创造性。由于并不以个体权利为唯一权衡目标,利益之道比权利政治可能更加开放、包容和多元,德性和权利话语在其中都可以得到流行并起重要作用。也正因为这一点,利益之道在法理上更需要受到合理价值的引导,以使政治真正成为一种实践正义、德性和权利的活动,而避免沦为专制主义。从理论上讲,一种比较完善的政治,应是结合德性论、制度论和实践论,将德性之道、权利之道和利益之道贯通起来的政治。

基本上,在权利政治背景下,权利之道、利益之道和德性之道是这本书大致可以捋出的线索。全书分为"法的学理研究""法的思想源流"和"法的理性批判"三编。鉴于正义、权利、德性对于利益政治或功利政治的重要性,本书以"法律与正义的一般理论"开篇,旨在言明正义在政治和法律实践中并非可有可无之物。第二章"法律的政治分析"和第三章"全球化背景下的国家与公民",对权利政治讲得相对较多。第四章"权利维护与社会控制"、第五章"作为社会变革工具的法律"和第六章"权利的道德和政治处境",对权利之道与利益之道的关系、实现方式及其在具体问题上的应用等有所涉及。第七章"儒家传统与现代法治"则主要涉及权利之道与德性之道的关系。其后五章构成中编,对弗雷德里希·奥古斯特·冯·哈耶克(Friedrich August von Hayek)、约翰·罗尔斯(John Rawls)和尼克拉斯·卢曼(Niklas Luhmann)的现代法律理论或自由主义政治哲学作了力所能及的分析,有关"法律与文学"、法社会学的两章,则包含了对现代政治和法律体制的某些文学批评、社会批判和道德思考。下编的六章,转入法律与社会理论,着重围绕福柯对于权利政治和现代体系的理性反省和批判展开。

　　对现代性的理论省思,看上去占据了书的较大篇幅。然而,这并不表明本书持有一种传统立场或反现代立场。尽管近代以来的中国亟须从文明重构的高度来融会传统与现代,为现代世界文明注入新的泉源活水,但经历百年动荡后,直到21世纪初,谈中国对于现代性的超越仍是言时尚早。其实,无论是对于自身文化传统,还是对于源自近代西方的人文潮流,现代中国都还没有达到透彻贯通的地步。在很大程度上,对现代性的批判审视,构成为深刻理解、合理吸纳现代性的重要条件,而不宜成为寻求反现代性的现代化歧途的理由。将现代权利话语、传统德性话语和现实利益话语结合起来看,建立和完善基于人权和公民权利的民主法治,仍可谓现代中国在政制层面的历史任务和发展方向。同时,在此民主法治体制构建过程中,价值基点上自然权利与仁义道德的融通,"道"与"政"的关系上道德系统与政治体系的契合,以及"政"与"治"的关系上现代民主与传统仁政之间的协调,亦是现代中国在价值和治理层面需要作长远考虑的时代课题。总体上,一种从作为道德责任的人权出发,延续传统行政治理智慧,最终达致道德系统与现代民主、市场和法治体制重新融合的中国式民主法治和治理体制,无论是在理论上还是在实践中,都是值得期待的。

目 录

上编　法的学理研究

第一章　法律与正义的一般理论 …………………………………（3）
　　第一节　正义的基本问题 ……………………………………（3）
　　第二节　正义的种类划分 ……………………………………（16）
　　第三节　法律正义的要素 ……………………………………（31）

第二章　法律的政治分析 …………………………………………（47）
　　第一节　法律与政治的一般关系 ……………………………（48）
　　第二节　法律的政治权力结构 ………………………………（59）
　　第三节　权利政治及其权力内核 ……………………………（69）

第三章　全球化背景下的国家与公民 ……………………………（76）
　　第一节　民族国家的建构及其权力策略 ……………………（76）
　　第二节　地方化与非权利规则 ………………………………（80）
　　第三节　全球化与全球法 ……………………………………（83）
　　第四节　世界化与人权 ………………………………………（86）

第四章　权利维护与社会控制 ……………………………………（91）
　　第一节　个体权利与共同体生活 ……………………………（91）
　　第二节　权利张扬与纠纷解决 ………………………………（96）
　　第三节　全球化与地方性知识 ………………………………（101）
　　第四节　社会控制与法律权利 ………………………………（106）

第五章　作为社会变革工具的法律 …………………………… (110)
- 第一节　美国禁酒令 ……………………………………… (111)
- 第二节　北京禁放令 ……………………………………… (118)
- 第三节　立法与诉讼 ……………………………………… (124)

第六章　权利的道德和政治处境 …………………………… (135)
- 第一节　权利的道德处境 ………………………………… (137)
- 第二节　权利的政治处境 ………………………………… (149)
- 第三节　权利的实现途径 ………………………………… (154)

第七章　儒家传统与现代法治 ……………………………… (179)
- 第一节　儒家理念与现代法律体系 ……………………… (179)
- 第二节　法治崛兴与社会客观发展 ……………………… (185)
- 第三节　作为治国方略的中国法治 ……………………… (190)
- 第四节　法治的精神底蕴：权利与道德 ………………… (207)

中编　法的思想源流

第八章　法律的自发生成：哈耶克之法律思想 …………… (219)
- 第一节　个人理性与秩序自发扩展 ……………………… (220)
- 第二节　自由民邦的法律及其正义 ……………………… (230)
- 第三节　作为正当规则之治的法治 ……………………… (247)

第九章　法律的正义价值：罗尔斯之理论转向 …………… (255)
- 第一节　普遍的正义原则 ………………………………… (256)
- 第二节　政治的正义观念 ………………………………… (261)
- 第三节　自由社会的万民法 ……………………………… (266)

第十章　法律的独立系统：卢曼之法律理论 ……………… (270)
- 第一节　法学与社会学的结合 …………………………… (272)
- 第二节　法律发展与社会进化 …………………………… (278)
- 第三节　功能分化与现代法律 …………………………… (287)

第四节　后现代社会及其法律 …………………………………（295）

第十一章　法律的人文向度："法律与文学"思潮 ………………（304）
　　第一节　法律文学与文学法学 …………………………………（306）
　　第二节　文本解释与政治权力 …………………………………（324）
　　第三节　"法律与文学"在中国 …………………………………（339）

第十二章　法律的社会根基：法社会学之发展 …………………（343）
　　第一节　法社会学的生发 ………………………………………（344）
　　第二节　法社会学在欧洲 ………………………………………（353）
　　第三节　法社会学在美国 ………………………………………（367）
　　第四节　法社会学在当代 ………………………………………（378）

下编　法的理性批判

第十三章　法律人格与社会理论 …………………………………（391）
　　第一节　刑罚革命与科技革新 …………………………………（393）
　　第二节　人道改造与惩罚技术 …………………………………（399）
　　第三节　惩罚理性与现代社会 …………………………………（406）

第十四章　法律治理与规训社会 …………………………………（410）
　　第一节　权力分析的两种模式 …………………………………（411）
　　第二节　规训及其技术和手段 …………………………………（419）
　　第三节　规训扩展与法律衰微 …………………………………（426）

第十五章　社会理论中的惩罚 ……………………………………（439）
　　第一节　从酷刑到监禁的历史转变 ……………………………（439）
　　第二节　国家权力与个人权利的现代螺旋 ……………………（445）
　　第三节　现代进程中人和国家的道德向度 ……………………（451）

第十六章　惩罚理性批判 …………………………………………（459）
　　第一节　人道主义中的"人" ……………………………………（461）

第二节　作为权力技术的惩罚 …………………………………（465）
　　第三节　生命权力的非人道后果 ………………………………（469）

第十七章　政治理性批判 ………………………………………（476）
　　第一节　君权理论与治理艺术 …………………………………（478）
　　第二节　身体政治与生命政治 …………………………………（487）
　　第三节　教牧权力与国家理性 …………………………………（492）

第十八章　权利政治的流变和重构 ……………………………（503）
　　第一节　霍布斯：统治权与权利 ………………………………（504）
　　第二节　马克思：革命与解放 …………………………………（512）
　　第三节　福柯：规训与统治 ……………………………………（520）
　　第四节　迈向作为道德责任的人权 ……………………………（527）

参考文献 …………………………………………………………（531）
人名索引 …………………………………………………………（549）
主题索引 …………………………………………………………（557）
再版后记 …………………………………………………………（565）

上编
法的学理研究

第一章

法律与正义的一般理论

法律应当公道正义，这是人类自古以来的一种坚定信念。从古罗马的《查士丁尼法学阶梯》称法学是一门有关正义的学问，到罗尔斯的《正义论》把正义视为"社会制度的首要价值"，都体现了这一古老信念。在法学史上，极力维护、论证和张扬这一信念的法律学者代不乏人。然而，由于人们在"究竟何为公道正义""法律与公道正义之间到底有没有必然联系""法律究竟应当如何体现和实现公道正义"等问题上长期存在分歧，这一信念及其努力到现在仍然面临着各种各样的质疑和挑战。如何正确看待法律与正义之间的关系，如何使法律真正成为崇高的正义事业、使法律实践真正成为实现人间正义的重要活动，避免正义沦为一个抽象空洞的名词或口号，仍是当前法学理论和法律实践中的重大问题。本章首先提出正义的概念、根据、本质和原则等基本问题，其次通过对正义种类的分析深化对这些基本问题的理解，最后探究法律与正义之间的一般关系。

第一节　正义的基本问题

正义并不是一个意义十分明确的概念。正如有人所说，它有着一张"普洛透斯"似的脸，变幻无常。有人把正义理解为个人德性，有人则把正义理解为社会实践或社会制度。有人认为正义是强者的利益或弱者的利益，有人则认为正义是神性、天理和人性的体现。有人认为正义是一种先验或超验的客观存在，永恒不变，亘古长存，有人则认为正义只是人的一种带有主观性或主体性的价值，随时间地点的不同而变化……

罗斯科·庞德（Roscoe Pound）曾把众说纷纭的正义论归纳为三种。他说，在伦理上，我们可以把它看成是一种个人美德或是对人类的需要或者要求的一种合理、公平的满足。在经济和政治上，我们可以把社会正义说成是一种与社会理想相符合，足以保证人们的利益与愿望的制度。在法学上，我们所讲的执行正义（执行法律）是指在政治上有组织的社会中，通过这一社会的法院来调整人与人之间的关系及安排人们的行为；现代法哲学的著作家们也一直把它解释为人与人之间的理想关系。……正义并不意味着个人的德行，它也并不意味着人们之间的理想关系……它意味着一种制度……意味着那样一种关系的调整和行为的安排，它能使生活物资和满足人类对享有某些东西和做某些事情的各种要求的手段，在最小阻碍和浪费的条件下尽可能多地给以满足。①

尽管庞德对前人的理论作了总结并提出了自己的看法，但其所持的近乎功利主义的正义观并没有宣告也不可能宣告正义理论的终结。

迄今为止，人类关于正义的争论和探索仍在持续而顽强地进行着。在有关正义的众多争论中，最核心的问题是正义的根据、本质和原则问题。亦即，正义究竟源自哪里？其正当性根据何在？有没有这样一种正当性根据？它究竟是一种什么样的正当性根据？历史上，人们或者从信念、直觉、先验判断、人类本性中找寻正义的根据，或者以"最大多数人的最大利益"作为正义的功利基础，或者通过虚拟"原初状态"或"理想的对话情境"来建构正义原则，或者直接依据实在法律确定正义的客观标准。② 本章先主要从自然与人为、权力与理性、平等与自由三个方面，来分析和说明正义的基本问题。

一　自然与人为

正义与非正义相对，它在很大程度上蕴含着对非正义的谴责和批判，以及对某些美好理想的主观向往和追求。通过将世界划分为有高低层次之分的两个世界，或者，在现实世界之上想象和建构另外一个"真实完美"

---

① ［美］罗斯科·庞德：《通过法律的社会控制　法律的任务》，沈宗灵、董世忠译，商务印书馆1984年版，第35、73页。
② 参见［英］尼尔·麦考密克、［澳］奥塔·魏因贝格尔《制度法论》，周叶谦译，中国政法大学出版社1994年版，第174—184页。

的世界,来批判一个世界而张扬另外一个世界,从而树立某些价值的正当性,这是人类追求正义的基本方式。自古希腊始,一些伦理学家和哲学家就尝试着在习俗、习惯、传统、法律等之上寻找共同永恒的规范基础,并将后者作为正确准则置于前者之上对其进行审视、批判和纠正。这在理论上采用的是典型的二元对立范式,它为人类探寻正义提供了有效的途径和方法,被自然法理论一直沿用至今。自然与人为的划分就是这样一种常常被人们利用来说明正义来源或根据的基本范式。

通过自然与人为这一划分来说明自然的正当性,并因此以自然来批判或印证人为,是一种古老的正义观。这一正义观视自然或天理为正义的根据和来源,认定正义是自然的固有属性,主张人应当依照自然生活。托马斯·阿奎那(Thomas Aquinas)所说的"既然自然始终以最完善的方式进行活动,那么最接近自然过程的办法就是最好的办法",[①]是这一正义观的直白表述。其基本逻辑是,因为自然如此,所以它是正义的,在人间也应如此。孔子以"天无二日"来论证"民无二主"(《孟子·万章上》),阿奎那以蜜蜂有一个王、整个宇宙有一个上帝来论证君主制是最好的政体,[②]等等,都是该逻辑的实际运用。人们把自然或天理作为正义根据的理由主要在于,自然或天理是实在的和正确的,而人为则是虚幻的和错误的。在有关自然或天理的实在性和正确性的论证中,人的自然本性和自然倾向是最经常的论据。例如,庄子认为,人有"常性","残朴以为器,工匠之罪也;毁道德以为仁义,圣人之过也。"(《庄子·马蹄》)不应当用仁义来改变人的常性。古希腊的希皮阿斯(Hippias)和安提芬(Antiphon)等人,也曾以人的自然本性来论证人应当平等对待、相亲相爱。西方近代启蒙思想家则更是基于"人性"或人的自然本性而主张人生而平等、自由。

不过,作为正义根据的自然的实在性和正确性在历史上都曾遭受质疑。对自然的实在性的质疑源于人们在"何为自然?"上存在分歧。例如,人们在"人的自然本性究竟是善还是恶?"这一问题上就很难达成一致。孟子以"恻隐""羞恶""恭敬""是非"之心为人所"固有",非由

[①] [意] 托马斯·阿奎那:《阿奎那政治著作选》,马清槐译,商务印书馆1964年版,第49页。

[②] 同上书,第48—49页。

"外铄"来说明人性善（《孟子·告子上》）；而韩非子则以医师吮伤含血为利所加、"匠人成棺"欲人夭死等大量经验事实，来论证人的"自为心"和人性恶（《韩非子·备内》）。不同的人在不同的年代、不同的地点会对自然或天理作不同的解释，这使得以自然或天理为正义的正义观的基础并不牢靠。与自然的实在性受到质疑一样，自然的正确性也遭到质疑或反对。这主要表现在两个方面。一方面，人为并不必定都是不对的或非正义的。例如，尽管荀子主张"人之性恶，其善者伪"，但他并不认为"伪"就不好，相反，他认为"无伪则性不能自美"，并主张通过"注错习俗"来"化性起伪"（《荀子》儒效、礼论、性恶篇）。古希腊的赫拉克利特（Heraclitus）、柏拉图（Plato）等人，也承认作为自然对立面的"习俗"（convention）本身的神圣性，认为它们是人类道德和法律的源泉。另一方面，自然并不必定是正义的，依照自然生活可能带来非正义后果。亚里士多德（Aristotle）就曾以自然来论证奴隶制的正当性，认为"自然本身使一类人成为支配者和统治者，而使另一类人成为受支配者和奴隶"。[1] 这从平等的观点看可能刚好是一种非正义。此外，机械地将自然法则推行于人类社会还会导致消极后果。这集中体现在把物竞天择、优胜劣汰的丛林法则套用于人世间，放弃对事实的价值评判，由此认为存在的就是合理的，承认或者主张弱肉强食、强者统治弱者的合理性。[2] 而这些在许多人看来恰恰都是非正义。

以自然或天理为正义的正义观，基于自然与人为的区分，将自然或天理凌驾于人为之上，原本具有极强的批判力量，但是，由于人们在自然或天理的实在性和正确性上存在分歧，自然与人为之间区分和对立的程度，以及以自然或天理作为正义根据的合理性，受到削弱。在一定条件下，自然或天理甚至成为人们为达到一定的主观目的而采用的一种假托或名义。例如，"恭行天罚""替天行道"等口号中的"天"不可避免地具有一定的主观性和主体性，它在为集体行动提供正当性根据方面具有极强的意识形态功能。大卫·休谟（David Hume）指出，"自然"一词被人们作了许许多多不同的解释，以致正义究竟是否是自然之物，竟成了无法确定的事

---

[1] ［苏］K. A. 莫基切夫主编：《政治学说史》上册，中国社会科学院法学研究所编译室译，中国社会科学出版社1979年版，第60页。

[2] 参见［英］厄奈斯特·巴克《希腊政治理论》，卢华萍译，吉林人民出版社2003年版，第74—120页。

情。有鉴于此，他对"正义是一种自然的德并且在人类协议以前就存在"的观点提出了批评。

休谟认为，正义规则不是由自然得来的，不是任何自然动机或倾向的直接产物，而是人为的；正义不是一种自然的德，而是一种人为的德，"是由于应付人类的环境和需要所采用的人为措施或设计"。他说，

> 正义起源于人类协议；这些协议是用以补救由人类心灵的某些性质和外界对象的情况的结合起来所产生的某种不便的。心灵的这些性质就是自私和有限的慷慨；至于外物的情况，就是它们的容易转移，而与此结合着的是它们比起人类的需要和欲望来显得稀少。①

换言之，正义是在资源与欲望处于紧张状态、而人又不可能完全做到无私无我的情况下，人们为了过一种和平有序的社会生活而人为制造出来的。休谟这里的观点与老子所说的"大道废，有仁义"（《道德经》）异曲同工，它通过对正义的社会本质的揭示，切断了正义与自然之间的联系。

此外，亚当·弗格森（Adam Ferguson）、伯纳德·孟德维尔（Bernard Mandeville）、休谟、哈耶克等人还在"自然的"产物与"人为的"产物二者之外区分出第三种现象类型——"人类行动而非人类设计的产物"，并对这第三种类型推崇备至。② 这越发打破了自然与人为之间的截然对立，使得正义到底是源于自然还是源于人为、到底是自然的还是人为的更加难以分清。

二　权力与理性

从有关自然与人为的讨论，不难发现这样一个问题：即使人们同样从自然那里寻找和论证正义，他们也可能得出两种完全不同的正义观，一种以自然理性为基础，一种以自然力量为基础。这体现了人类追求正义的两种方向，一种力图向上超越，一种力图向下落实。这两种方向反映出正义的两个侧面。一方面，正义代表着人的一种信念和向往，具有浓厚的超验

---

① 参见［英］大卫·休谟《人性论》，关之运译，商务印书馆1980年版，第517—590页。
② F. A. von Hayek, *Law, Legislation and Liberty*, Volume 1: *Rules and Order*, London: Routledge & Kegan Paul, 1973, p. 20.

和超越色彩；另一方面，正义可以成为权力的工具，为政治斗争提供名义和旗帜，具有浓厚的现实和政治色彩。人类自古以来对正义这样一个含糊或未知的概念矢志不渝的追求，有力地说明了正义的这两种面向。

追求正义的两种方向以及正义的两个侧面与人类对正义的认识困境联系在一起。柏拉图在《曼诺篇》中提到了这种认识困境。在苏格拉底（Socrates）与曼诺（Menon）有关什么是德性的对话中，苏格拉底承认自己对德性一无所知，而且认为自己从来没有遇到过知道德性的人，但他一次又一次地否定了人们有关德性的各种看法。曼诺因此质问苏格拉底：既然你不知道德性是什么，那你根据什么来判断人们关于德性的看法是错误的？假使你碰巧遇到了真正的德性，你根据什么来断定它就是你并不知道的德性？① 尽管苏格拉底以"灵魂不朽"和"认识就是回忆"回答了曼诺的质问，但这样一种先验的说明只为人们提供了信念，并没有拿出理性的论证。在正义问题上，人们面临着同样的认识和论证难题。当信念缺乏充足的论据和有说服力的论证时，人们就很容易退到现实层面，从而把权力视为正义的根据和来源。

"强权即是公理"（Might is right）就是这样一种注重现实层面的正义观。它不是从理性和超验那里建立正义的根基，而是以权力的实际对比和运行规律为立足点。这在古希腊曾是一种较为流行的正义观。色拉叙马霍斯（Thrasymachus）说，"正义不是别的，就是强者的利益"，"正义是为强者的利益服务的"。② 这是一种强者正义观。与此相对，还有一种弱者正义观。加里克里斯（Callicles）认为，正义实际上是大多数无能的弱者为了战胜少数强者而用来限制强者的东西。弗里德里希·尼采（Friedrich Nietzsche）持有同样的看法。在尼采看来，公平、正义"这些特性之所以被认为是'善'，并不是由于它们自身的原因，而是以'社会'、'群畜'为标准被认为是达到社会、群畜之目的的手段，是维护促进社会群畜的必需，同时，就个别来说也是原来的群畜本能特有的结果。因而是为一种同这种美德状态根本不同的本能服务的。"③ 强者正义观与弱者正义观看似

---

① 参见苗力田主编《古希腊哲学》，中国人民大学出版社1989年版，第236—264页。

② ［古希腊］柏拉图：《理想国》，郭斌和、张竹明译，商务印书馆1986年版，第18、26—27页。

③ ［德］弗里德里希·尼采：《权力意志》，张念东、凌素心译，商务印书馆1991年版，第262—263页。

对立，实则一致，它们都以强力作为正义的标准，而且，持弱者正义观的人一般都有鄙视弱者的倾向，在他们看来，弱者和卑劣者原本应该接受和服从强者和优良者的统治。这正如雅典人所说，"正义的标准是以同等的强迫力量为基础的……强者能够做他们有权力做的一切，弱者只能接受他们必须接受的一切。"①

概括而言，以权力作为正义根据的正义观具有两个显著特点。第一，它建立在斗争和力量对比的基础上。这正如赫拉克利特所说，"正义就是战争"，"战争是万物之父，亦是万物之王。它证明这一些是神，另一些是人；它也让一些人成为奴隶，一些人成为自由人。"② 第二，它是现实而片面的。这正如亚里士多德所分析的，寡头和平民虽然对正义各有认识，各自按照自己的利益进行论断，但他们的认识是不充分的，所持的正义也是不完全的，不是普及全体的正义。他们各自所主张的正义"虽在某一方面的意义上可说是合乎正义，却谁都不是绝对全面地合乎正义"，"双方各别认识的正义观念，实际上都是局限的偏见，却各自认为是绝对而完全的道理。"③ 以权力作为正义根据的正义观，把正义从虚幻的理想还原为残酷的现实，在一定程度上的确抓住了正义的现实处境。在此正义观下，正义实际成为权力的工具，"正义性就是权力意志，要真理的意志就是权力意志的手段。"④ 这也正如福柯所说，

> 正义理念本身是一种实际已被发明出来，并在不同类型的社会中作为某种政治和经济权力的工具，或者作为反对权力的武器而起作用的理念。⑤

从规范和应然的角度看，以权力作为正义根据的正义观恰恰颠倒了正

---

① [古希腊]修昔底德：《伯罗奔尼撒战争史》，谢德风译，商务印书馆1978年版，第414页。

② 苗力田主编：《古希腊哲学》，中国人民大学出版社1989年版，第41、43页。

③ [古希腊]亚里士多德：《政治学》，吴寿彭译，商务印书馆1965年版，第136—137、151页。

④ [德]弗里德里希·尼采：《权力意志》，张念东、凌素心译，商务印书馆1991年版，第178页。

⑤ Quoted in Douglas E. Litowitz, *Postmodern Philosophy and Law*, New Jersey: Princeton University Press, 1997, p. 82.

义与权力之间应有的目的与手段关系,仅以权力为基础的正义恰是许多人所反对的暴政和非正义。因此,在正义问题上,存在着与"强权即是公理"针锋相对的理性正义观。这一正义观不以力量对比为权衡,而以理性为根据,正如阿奎那所说,"在人类事务中,当一件事情能够正确地符合理性的法则时,它才可以说是合乎正义的。"[1] 同样作为正义的根据,理性与权力的主要区别在于,权力依靠强制,一般具有片面性和暂时性;而理性则依靠说服,一般具有普遍性和非如此不可的必然性。理性在历史上主要表现为先验判断、神的意志、自然理性以及人的理性等,它们一般被认为是普遍有效的。

以理性作为正义根据的正义观,代表了人向上超越的一种追求,它要求按照理性给每个人以应得之物,而不是只维护强者的权益。这一正义观源远流长,时至今日,人们仍然没有因为它的超越性以及前面提到的认识困境,而放弃把正义建立在理性基础之上的努力。罗尔斯的正义论是这一正义观在当代的典型代表。罗尔斯认为,"正义论是合理选择理论的一部分"。为了获得普适的"作为公平的正义"(justice as fairness),罗尔斯假定了一种供人们作理性选择的"原初状态":资源适度匮乏,人们之间存在着合作的必要性和可能性;选择各方是理性的,彼此冷漠,只关心自己的利益,而缺乏利他动机;选择各方处于厚实严密的"无知之幕"之中,不知其天资、能力、社会地位、善的观念、人生计划乃至心理倾向等,而只知自己想得到基本的社会物品,如权利、自由、机会、权力、收入、财富、健康等。按照罗尔斯的正义论,满足原初状态的上述条件,人们就能够理性地一致选出具有一般性、普遍性、公开性、有序性和终极性的正义原则。[2]

罗尔斯的正义论在理论逻辑上虚构了一种类似传统社会契约论中"自然状态"的原初状态,显示了其试图重建理性正义观的强烈愿望。在罗尔斯的正义论中,人们的选择是在彼此不通信息、互不了解的情况下作出的,这在尤尔根·哈贝马斯(Jürgen Habermas)看来是一大缺陷,因为人们作选择时没有考虑他人的选择视角,这在价值多元和利益多元的情况

---

[1] [意]托马斯·阿奎那:《阿奎那政治著作选》,马清槐译,商务印书馆1964年版,第116页。

[2] 参见[美]约翰·罗尔斯《正义论》,何怀宏、何包钢、廖申白译,中国社会科学出版社1988年版,第9—14、121—144页。

下可能难以达成一致。由此，哈贝马斯主张以"理想的对话情境"取代罗尔斯的"原初状态"，人们在此情境下通过理性沟通、交流和对话来达致具有正当基础的"主体间性"和"合意"。与罗尔斯比起来，哈贝马斯更加突出了交往理性或沟通理性的作用，同样表现出把正义建立在理性基础之上的努力。①

三　平等与自由

在上述分析中，无论是诉诸自然、理性，还是将正义视为人为措施或权力工具，人们谈论正义所涉及的不外是这样两个问题，一是如何分物，一是如何待人。对这两个问题的侧重带来了两种不同的正义观。

休谟认为，正义的作用在于妥善地"分配物品"，并建立适当的规范以限制财物占有欲，正义的三条基本原则——"稳定财物占有""根据同意转让所有物""履行承诺"都源于人们对利益的关切。这是一种以财产为中心的正义观。②与休谟不同，哈贝马斯认为，正义的作用在于"教给我们如何在力所能及的范围内通过周到和体贴来降低他人的极度易受伤害性"，在现代意义上，正义首先涉及每个人"不可剥夺的个体的主体性自由"。这是一种以主体为中心的正义观。艾伦·布坎南（Allen Buchanan）在强调正义涉及"人的根本道德平等"的同时，把利益的分配视为正义的首要任务。罗尔斯在把自尊视为"最为重要的基本善"，并强调"作为公平的正义总是给予自尊以比给予别的原则更多的支持"的同时，特别突出了资源稀缺假定和利益分配的重要性。总起来看，这些正义论既有主体的成分，也有财产的成分。③

人们将正义论集中到财产和主体这两个方面实际上已触及正义的基本原则问题。正义的基本原则一般以平等和自由为主要内容。平等和自由，与主体和财产，存在内在联系，它们反映着正义原则的不同表现形式。主体与财产是社会领域共存的两种基本价值，人们因此产生出两种正义观，是源于人们对二者作了区分并在区分基础上作了一种价值排序。而要最终

---

① 参见［美］约翰·罗尔斯《政治自由主义》，万俊人译，译林出版社 2000 年版，第 394—462 页。

② 参见［英］大卫·休谟《人性论》，关之运译，商务印书馆 1980 年版，第 536—537、542—566、581 页。

③ 参见慈继伟《正义的两面》，三联书店 2001 年版，第 66—89 页。

解决"如何分物""如何待人"这两个问题,仍需围绕道德平等、主体自由、平等分配等主题建立进一步的正义原则。罗尔斯根据原初状态设计得出了两个正义原则:

> 一、在一个有关平等之基本自由完全充分的图式——该图式是与所有人都平等享有自由的类似的图式相容的——中,每一个人都享有一种平等的权利。二、社会和经济的不平等要满足两个条件。第一,它们必须使各种职业和职位在机会均等的条件下对所有人开放;第二,它们必须最有利于最不利的社会成员。①

这两个正义原则的核心内容其实就是平等和自由。围绕平等和自由建立正义原则,体现了人们跨过认识困境通过理性探求正义的进一步努力。然而,当人们把正义与平等、自由联系在一起时,是把平等作为正义、还是把自由作为正义以及在平等与自由之间如何平衡等问题,也相应地呈现了出来。

把平等看作正义是亚里士多德的一种基本看法。他说,"所谓'公正',它的真实意义,主要在于'平等'",② "对他人的公正就是平等。不公正就是不平等。"③ 至于什么才是"平等",亚里士多德作了如下界定:平等就是"类似的事物应该得到类似的对待,不同的事物应该按照它们的不同给予不同对待"这样一种要求。④ 亚里士多德有关正义和平等的这些看法具有深远影响。后世很多学者在谈论正义问题时往往直接把"相同情况相同处理,不同情况不同对待"(Treat like cases alike, treat different cases differently)这一要求作为正义的基本原则。弗里德里希·冯·恩格斯(Friedrich von Engels)也指出,"平等是正义的表现,是完善

---

① [美]约翰·罗尔斯:《政治自由主义》,万俊人译,译林出版社 2000 年版,第 309 页。
② [古希腊]亚里士多德:《政治学》,吴寿彭译,商务印书馆 1965 年版,第 153、167、266 页。
③ 苗力田主编:《亚里士多德全集》第 8 卷,中国人民大学出版社 1992 年版,第 278—279 页。
④ Christopher Berry Gray (ed.), *The Philosophy of Law: An Encyclopedia*, New York: Garland Publishing, 1999, p. 263.

的政治制度或社会制度的原则。"① 不过，从字面上看，亚里士多德所界定的平等要求只强调了"平等对待"，并没有涉及对待的实质内容，因而它还只是一种形式意义上的正义观。在此正义观下，奴隶制、平等迫害等也可能属于正义的范围。要避免这些情况的发生，使形式上的平等对待真正合乎正义，还必须在形式平等之外，增加"把人当目的"、"尊重他人为人"这样的实质要求，以作为平等对待的界限。

围绕平等对待这一主题，有学者还把正义原则详细归纳为很多种类。例如，各人所得相同，或者，各人按照功德、劳动、需要、身份、法律权利、适应性（从所得中受益的可能性）、地位得其所得。② 这些分配原则，可进一步分为三类。第一类是平均主义，它建立在人本质上相同的基础上，强调平等对待和平等结果，是一种立足于集体的平等观。这种平等观具有极强的情感力量，往往被用来号召革命和起义。"王侯将相，宁有种乎""等贵贱，均贫富"等农民起义提出的口号，是这种平等观的最好体现。此外，分配原则中的多数可以合并为第二类，它以人与人之间的差别为事实前提，按照统一原则对不同的人予以实质性的区别对待，维护人们事实上的自然或社会差异。这实际上是一种承认社会差别或不平等的正义观。在此正义观下，以平均主义消除人们之间的差异被视为一种不公正的对待。第三类是按需分配，适用于资源富足到能够满足人们的所有需要的理想状况。与第二类分配原则一样，它也承认人与人之间的差异，强调不同对待和不同结果，但它突破了形式平等和单一分配标准的局限，平等地满足了所有人的不同需要，这是它与第二类分配原则的重要不同。同时，它避免了整齐划一的分配后果，是一种立足于个体的平等观，这是它与平均主义的重要不同。

从平均主义，到按照一定标准予以实质性的区别对待，再到按需分配，体现了一个从平等到自由的发展过程。平均主义体现了一种从形式到结果的严格平等，但它是一种有局限的平等观，因为它在强调平等对待以及平等结果的同时消除了人与人之间的差别，忽视了个人自由。按照一定标准予以实质性的区别对待，体现的是形式平等原则，如，按劳分配、法

---

① 《马克思恩格斯全集》第 20 卷，人民出版社 1971 年版，第 668 页。
② 参见 [澳] C. G. 维拉曼特《法律导引》，张智仁、周伟文译，上海人民出版社 2003 年版，第 220—222 页；张文显《二十世纪西方法哲学思潮研究》，法律出版社 1996 年版，第 580—589 页。

律面前人人平等，其中既包含有一定的个人自由观，也包含有一定的社会不平等观，因为它在维护人与人之间的自然和社会差别的同时，实际承认了社会不平等的可容忍性。前面提到的罗尔斯的两个正义原则就体现了这一点。只有按需分配这种理想方案，体现了平等与自由的完美实现。就理想状况而言，一个社会只有实行平均主义或按需分配，才能实现平等，除此之外的其他分配方案都只能实现有限的平等，甚至起到为社会差别或社会不平等提供正当理由的作用。从历史看，除平均主义和按需分配外，形式平等、社会不平等以及个人自由等都曾被作为正义的重要内容。

形式平等包括作为规范适用的形式平等和作为分配原则的形式平等。它们既含有平等因素，也含有不平等因素。平等因素主要表现在三个方面。一是有统一的标准；二是统一的标准可在"如何分物""如何待人"上提供为公众所接受的方式；三是统一标准中所蕴含的普遍价值可通过平等实施为人人所享有。这三点说到底都是"公"的表现，诚如古人所说，公则平，不公则倾。不平等因素主要表现在，形式平等所导致的后果，常常与平等结果相对。形式平等往往是维护个人自由的重要手段，这正如哈耶克所指出的，"人们并不相同，而且正是由于这一点，人们在职责上的差异才不需要用某种组织的意志来武断地决定，而是待到适用于所有人的规则确定了形式上的平等之后，我们就能够使每个人各得其所。"[①] 但这样一种形式平等并不改变甚至还维护着人们事实上的不平等。庄子指出了这一点，他说，"以不平平，其平也不平"（《庄子·列御寇》）。就此而言，形式平等其实不过是社会成员事实上不平等的再次方而已。

在古代社会，人生而不平等常常被视为一种当然的正义，而且，这一正义观一般并不需要通过形式平等来主张。孔子所谓"贵贱不愆"（《左传·昭公二十九年》）；荀子所谓"贵贱有等，长幼有别，贫富贵贱皆有称"，"少事长，贱事贵，不肖事贤"（《荀子》性恶、仲尼篇）；商鞅所谓"别君臣上下之义"（《商君书·君臣》）；韩非子所谓"臣事君，子事父，妻事夫"（《韩非子·忠孝》）等，都是把等级制或不平等秩序视作正义的例子。古人认为人与人之间不平等，主要根据在于人与人之间的差别。这正如孟子所说，"物之不齐，物之情也……比而同之，是乱天下

---

① ［英］弗里德里希·冯·哈耶克：《个人主义与经济秩序》，贾湛等译，北京经济学院出版社 1991 年版，第 16 页。

也"(《孟子·滕文公上》)。荀子也曾批评庄子的"齐物"主张以及墨子的"兼相爱""周爱人"主张,认为它们"有见于齐,无见于畸""反天下之心"(《荀子·天论》)。同样维护人与人之间的差异,形式平等在分配方面有着与个人自由相容的一面,而古代社会有关不平等的观念和制度则在很大程度上限制乃至取消了个人自由。

可以说,个人自由一方面与平均主义相对,另一方面又与形式平等相容;一方面与差别联系在一起,另一方面又与古代社会的等级制格格不入。作为现代文明的两项成就,自由与平等都处于不平等的等级制的对立面,它们既有统一的一面,如,自由产生平等,平等也产生自由;[1] 又有对立的一面,如,无限制的平等将成为个人自由的灾难,自由放任发展将带来贫富极度悬殊。罗尔斯指出,"社会正义原则的主要问题是社会的基本结构,是一种合作体系中的主要的社会制度安排。"[2] 平等和自由,正可谓人们在社会的基本结构问题上所确立的两项基本正义原则。由于两项原则之间存在一定矛盾,不同的人和不同的社会对它们各有偏重。亚里士多德等人认为正义存在于平等之中,把平等视为"支配公民间关系的首要的正义原则";[3] 赫伯特·斯宾塞(Herbert Spencer)等人则认为正义存在于自由之中,把自由视为正义观的最高价值。[4] 在当今的正义论中,大致都包括了平等与自由两项内容,争论的焦点主要集中在"平等与自由哪个应该优先"这一问题上。一般而言,现代意义上的自由观主张形式平等,现代意义上的平等观则主张在平等享有基本自由权利的基础上,通过机会均等和对不利者的补偿来防止两极分化和绝对贫困。就经济状况而言,绝对贫穷和贫富悬殊构成了人们产生平等倾向的两个最基本的原因,[5] 也是影响社会稳定和个人自由的最大敌人。平均主义虽然有可能消除贫富悬殊,但它也可能导致共同贫穷。任何一个社会,要想有一个基本

---

[1] [澳] C. G. 维拉曼特:《法律导引》,张智仁、周伟文译,上海人民出版社2003年版,第224页。

[2] [美] 约翰·罗尔斯:《正义论》,何怀宏、何包钢、廖申白译,中国社会科学出版社1988年版,第50页。

[3] [英] 戴维·米勒:《社会正义原则》,应奇译,江苏人民出版社2001年版,第33页。

[4] 转引自 [美] 埃德加·博登海默《法理学——法哲学及其方法》,邓正来、姬敬武译,华夏出版社1987年版,第241页。

[5] [英] 戴维·米勒:《社会正义原则》,应奇译,江苏人民出版社2001年版,第77页。

正义的制度安排，都应朝着努力消除绝对贫穷、同时努力缩小贫富差距的方向迈进。

第二节 正义的种类划分

分类是理解和把握事物的重要方法。依据不同的标准，正义往往被划分为不同的种类。每一分类或者体现人们对正义概念的具体把握，或者体现人们理解正义的独特角度和方式，或者体现正义存在或发挥作用的不同领域及其不同原则。有些分类甚至还包含了人们对正义根据和本质的理解。大体而言，正义有如下几种主要分类，它们都与正义的基本问题紧密联系在一起。

一 个人正义与国家正义

这是柏拉图在《理想国》一书中对正义的基本划分。柏拉图认为，个人与国家（或城邦）具有相似的结构，它们都由三个部分构成。人的心灵由理智、激情、欲望三部分构成，国家则由统治者、保卫者（军人）和生产者（农民和技工）三个等级（柏拉图分别喻之为金、银、铜铁）构成。个人和国家的三个部分具有各自的品质或德性。智慧是理智和统治者的品质。勇敢是激情和保卫者的品质。节制是包括欲望和生产者在内的所有部分都具有的一种协调性品质。正义则是一种综合性的品质，它促使智慧、勇敢和节制这三种品质产生出来，并在个人和国家那里形成一种有益于整体的和谐秩序。在柏拉图看来，如果心灵的每一部分在各自的位置上发挥各自的作用，从而表现出智慧、勇敢和节制这些德性，那么，这个人就是正义的。同样，如果国家的每一部分在各自的位置上发挥各自的作用，从而表现出智慧、勇敢和节制这些德性，那么，这个国家就是正义的。反之，如果各个部分相互混淆、彼此干涉、争斗不和，那么不正义和邪恶就会产生，正所谓"铜铁当道，国破家亡"。概括起来，个人正义（individual justice）指的是"心灵的德性"，这种德性通过两种方式表现。一方面，心灵的每一部分安于各自的适当位置，并由此展示智慧、勇敢和节制等德性。另一方面，个人安于自身所处的等级，展示相应的德性，做相应的事情。国家正义（state justice）指的是国家的各个等级各居其位，各得其所，各享其有，并依据各自的分工各司其职，各行其是，各尽其能。①

柏拉图的正义论有两个前提。一是各部分之间的自然分工。柏拉图认为，"正确的分工乃是正义的影子"，人"并不是生下来都一样的。各人性格不同，适合于不同的工作"，因此，"每个人应该做天然适合于自己的工作"，"在国家里执行一种最适合他天性的职务"，"干他自己份内的事而不干涉别人份内的事"，"不拿别人的东西，也不让别人占有自己的东西"。② 二是整体目标。柏拉图认为，"国家的目标并不是为了某一阶级的单独突出的幸福，而是为了全体公民的最大幸福。"③ 作为个人和国家的四种品质之一，正义一方面使智慧、勇敢和节制三种品质在分工的基础上从各个部分分别产生出来，另一方面则在各个部分之间达致一种整体秩序，实现国家的公共目标。这使得柏拉图的正义论具有明显的整体主义倾向。它在个人正义上表现为理智领导、监视欲望，激情服从、辅助理智；在国家正义上表现为金质的人当统治者，银质的人组成军队保卫国家、辅助统治者履行统治职责，铜质和铁质的人组成生产阶层接受统治。

柏拉图提到的具有整体主义倾向的国家正义，以及亚里士多德随之提到的分配正义，都是后来"社会正义"（social justice）的主要渊源所在。"社会正义"一词据说最早出现于19世纪早期，其直接推动力在于不公平的社会基本结构。现实社会中，人与人之间往往存在着各种各样自然的或社会的差异，这为人们事实上的不平等乃至贫富分化造就了条件。布莱兹·帕斯卡尔（Blaise Pascal）在谈论贵族身份时说明了这一点。他说，"贵族身份是一种极大的便宜，它使一个人在十八岁上就出人头地、为人所知并且受人尊敬，就像别人要到五十岁才配得上那样。这就不费力气地赚了三十年。"④ 对于这种事实上的社会不平等问题，亚当·斯密（Adam

---

① 参见［古希腊］柏拉图《理想国》，郭斌和、张竹明译，商务印书馆1986年版，第42、57、128—129、133、144—176页；［英］厄奈斯特·巴克《希腊政治理论》，卢华萍译，吉林人民出版社2003年版，第245—253页；［美］阿拉斯代尔·麦金太尔《伦理学简史》，龚群译，商务印书馆2003年版，第68—72页。

② ［古希腊］柏拉图：《理想国》，郭斌和、张竹明译，商务印书馆1986年版，第59、138、154—155、172、183页。

③ 同上书，第133页。

④ ［法］布莱兹·帕斯卡尔：《思想录》，何兆武译，商务印书馆1985年版，第148页。

Smith)等人主张通过市场来解决,在他们看来,"看不见的手"能够导引出良好的社会秩序。但在卡尔·马克思(Karl Marx)看来,资本主义社会微观的有计划并不能避免宏观上的危机和混乱不堪。有学者指出,"由于环境不是他们所可以控制的,许多——如果不是绝大多数——个人的需求在市场秩序中得不到满足,因而他们的生存基础便不稳固。"① 这使得社会基本结构成为正义论首先要考虑的问题。柏拉图把国家正义视为一种服从和统治秩序,所考虑的其实正是社会的基本结构问题。

社会正义理论认为,人类理性有意识地重塑社会不仅可能,而且十分重要和必要,并相信有相应的机构能够担负起重建社会正义的任务。② 这一见解遭到了哈耶克等人的强烈批评。在后世有关正义的讨论中,由于人们力图通过正义原则来处理社会事务,多数学者一般对用以"定分止争"的国家正义比较重视,而对柏拉图所说的作为人的品质和德性的个人正义关注不够。哈耶克则不然,在他看来,"正义是人类行为的一种品质",只有人类行为才能被称为正义的或非正义的,自然以及社会事实状态都无所谓正义或非正义可言。哈耶克认为,正义是过程性的而非结果性的,它与行为而不与结果相联系,如果甲应多得而乙应少得不是某人行为的有目的或预先的结果,那么它就不能被称为正义的或者非正义的。③ 基于"与规则相联系的开放社会"与"与目的相联系的部落社会"这一划分,哈耶克把正义区分为"普遍正义"与"群体正义"。其中,普遍正义是一种"以形式规则为基础的非人格正义",④ 它将抽象规则平等地适用于"大社会"全体成员;群体正义则以共同可见的目的为基础,它只适用于"小群体"内部成员,服务于群体内部的公共目的。按照哈耶克的意思,国家正义、分配正义以及社会正义都是群体正义的表现,这是一种不发达的正义类型,它们在现代社会有可能带来灾难性后果。哈耶克在正义论上主张普遍正义和形式平等。他认为,奖惩只能由市场过程决定,"除市场

---

① [美]皮特·纽曼等:《新帕尔格雷夫法经济学辞典》,许明月等译,法律出版社2003年版,第532页。

② [英]戴维·米勒、韦农·波格丹诺编:《布莱克维尔政治学百科全书》,邓正来等译,中国政法大学出版社1992年版,第383页。

③ F. A. von Hayek, *Law, Legislation and Liberty*, Volume 2: *The Mirage of Social Justice*, London: Routledge & Kegan Paul, 1976, pp. 31–33.

④ Ibid., p. 143.

外，谁也无法确定个体对整体贡献的大小，从而也无法确定应给予某人多少报酬"，而"分配"则意味着由一个人格化的分配机构的意志决定不同个人或群体的相对地位，而不由非人格化的过程决定利益分配，它必然给指导个人得到特定结果的权威以专断的权力，从而导致一种所有人都屈从于政府特殊指令的体制。总体来看，哈耶克把正义界定为"人类行为的一种品质"实际上是以个人正义否定了国家正义或社会正义，以对"自生自发秩序"的推崇取代了对社会事实状态的价值评判，这并没有带来社会基本结构问题的根本解决，同时还消解了社会正义改造社会的积极功能。

二 分配正义与交换正义

这是亚里士多德在《尼各马科伦理学》中，对正义所作的多种划分中最著名的一种。受柏拉图的影响，亚里士多德把正义首先划分为作为整体德性的正义和作为部分德性的正义。前者与完全不公正相对，是最完全的德性，是关心他人的善，人具备这种德性就会有正义感和正义之举，以德性对待自己和他人。后者与部分不公正相对，一般出现在社会各成员相互交往、忍让或损害的情况下，主要涉及各种相互冲突的不完全正义观的中庸处理以及对部分不公正的恢复。分配正义与交换正义是亚里士多德对此划分中后一种正义的进一步划分。

分配正义（distributive justice），是一种涉及分配关系的正义，它要求按照各自的价值、贡献和各自提供物品的比例等，对荣誉、财物以及合法公民人人有份的东西等公共物品进行分配。如亚里士多德所说，"正义的（合法的）分配是以应该付出恰当价值的事物授予相应收受的人……按照这个要旨，合乎正义的职司分配（'政治权利'）应该考虑到每一受任的人的才德和功绩（'公民义务'）。"① 交换正义（commutative justice, corrective justice, remedial justice, rectificatory justice），又译为矫正正义、平均正义或补偿正义，是一种涉及交换关系的正义，它为人们的相互交往提供是非准则。亚里士多德把交往分为自愿交往和非自愿交往。买卖、抵押、接待、租赁等属于自愿交往。杀害、抢劫、强奸、偷盗等属于非自愿交往。这两种交往都打破了原有秩序或状况，出现了增益和损失，交换正

---

① ［古希腊］亚里士多德：《政治学》，吴寿彭译，商务印书馆1965年版，第136页。

义就是要恢复这种被打破的原有秩序或状况,使增益与损失重新达到平衡。

按照亚里士多德的理论,分配正义与交换正义都是一种中庸之道,都旨在达到均衡。交换正义旨在达到增益与损失之间的均衡,分配正义则旨在通过各取所值的原则来分配公共财富,平衡社会中实存的各种利益和价值,达到均衡的社会效果。从历史看,亚里士多德的正义论多少受到了梭伦(Solon)政治改革的影响。梭伦在改革中采取的立宪原则是:

> 我所给予人民的适可而止,他们的荣誉不减损,也不加多;即使是那些有势有财之人,也一样,我不使他们遭受不当的损失;我拿着一只大盾,保护双方,不让任何一方不公正地占据优势……我制订法律,无贵无贱,一视同仁,直道而行,人人各得其所。①

这与中国古人所谓"无偏无党,王道荡荡;无党无偏,王道平平"(《尚书·洪范》)一样,体现了一种均衡的精神。

基于这种平衡效果,亚里士多德划分的分配正义和交换正义,可分别比拟为力臂不相等的平衡杠杆和支点在中心的平衡天平。虽然二者都旨在达到一种平衡效果,但它们各具特点,有着明显区别。这些区别主要表现在三个方面。

第一,适用主体不同。分配正义的适用主体一般是立法者,交换正义的适用主体一般是裁判者。平衡杠杆与天平的主要区别在于,前者在不改变两边物体重量的前提下,通过改变支点来保持平衡;后者则在不改变中心支点的前提下,通过改变两边物体的重量来保持平衡。支点改变与否决定了适用主体所扮演角色的差异。改变支点是分配正义的核心特征,其适用主体必须通过积极的价值建构或者对现存价值秩序的积极维护,来维持各种社会利益、价值和成员之间的整体平衡。交换正义以不改变支点为前提,其适用主体只需依据法律作一视同仁的消极仲裁。由于分配正义蕴含着按照人的主观价值确定或者改变人在体力、智识和财富等方面事实上的不平等,它在后世经常遭受一些自由主义者,如哈耶克的批评。

---

① [古希腊]亚里士多德:《雅典政制》,日知、力野译,商务印书馆1959年版,第14—15页。

第二，适用领域不同。一般而言，分配正义主要适用于立法和公法领域，交换正义主要适用于司法和私法领域。分配正义涉及公共福利的分配，以及各种社会利益、价值和成员之间的整体平衡，在后人的解释中，它不仅包括公共福利的分配，还包括公共负担（如税收）的分配，在现代社会一般由议会和立法来实现。① 交换正义涉及增益与损失之间的平衡，它一般出现在民事和刑事领域，主要通过返还、补偿、强制履行、赔偿、刑罚等方式得以实现。

第三，适用原则不同。分配正义适用"几何比例"或乘除法则，交换正义适用"算术比例"或加减法则。几何比例指的是，杠杆要保持平衡，两边物体的重量与力臂之积必须相等。算术比例指的是，天平要保持平衡，两边物体的重量必须相等。因此，分配正义的关键在于公共福利的分配与各社会成员的属性成比例，具体表现为根据贡献授予回报、根据付出授予收入、根据才德和功绩授予公职等各取所值原则；交换正义的关键在于增益与损失相当，具体表现为平等交换、罪刑相当等原则。②

在古代的神话传说中，蒙眼的正义女神一般手持天平。其实，亚里士多德的正义论，比这一传说具有更加丰富的内容，因为它不仅包括天平原理，而且还包括可以通过改变支点来求得平衡的杠杆原理。此外，数量原则也是亚里士多德有关分配正义和交换正义之间划分的一个显著特点，这与宽容忍让、不斤斤计较的个体德性是大不一样的。该特点在一定程度上可能受到了毕达哥拉斯（Pythagoras）学派的影响。毕达哥拉斯学派把世界的本原归结为数，并把数与正义联系在一起。他们认为，"数的属性是公正"，③ 作为数的原则，正义在于遵循数并维护数的均等和谐，因此，按照正义原则，应根据一个人的付出给予相应回报，应剥夺侵犯者的侵犯所得并返还给损失者。④ 正义与数量之间的这种关联是正义论中一个较为

---

① 参见 Bryan A. Garner（ed.），*Black's Law Dictionary*，7th edn，St. Paul，MINN：West Group，1999，p. 869；[英] 戴维·M. 沃克《牛津法律大辞典》，北京社会与科技发展研究所组织翻译，光明日报出版社 1988 年版，第 263 页；[美] 埃德加·博登海默《法理学——法哲学及其方法》，邓正来、姬敬武译，华夏出版社 1987 年版，第 255—256 页。

② 参见苗力田主编《亚里士多德全集》第 8 卷，中国人民大学出版社 1992 年版，第 94—119 页。

③ 参见苗力田主编《亚里士多德全集》第 8 卷，中国人民大学出版社 1992 年版，第 70 页。

④ 参见 [英] 厄奈斯特·巴克《希腊政治理论》，卢华萍译，吉林人民出版社 2003 年版，第 64—66 页。

普遍的现象。正如亨利·萨姆纳·梅因（Henry Sumner Maine）所指出的，"数或量的平均分配无疑地是和我们对公正的理解密切地交织在一起的；很少联想能象这样顽固地坚持在人们的心中，即使是最深刻的思想家也很难把它从脑海中加以清除。"①

三 一般正义与个别正义

无论是个人正义和国家正义，还是分配正义和交换正义，都只提供了一套抽象原则。在现实生活中落实这些原则还有一个过程。例如，按照正义的要求，应当分给每个人以其应得之物（give everyman his due），但就现实中各不相同的个人来说，每个人到底应当得到什么以及得到多少，还需要根据各种各样的具体情况作进一步的判断。这就涉及从一般正义到个别正义的问题。

一般正义与个别正义，是一种源于共性与个性、法律规定与法律实施之间矛盾的正义划分。按照学者的表述，"一般正义是由事物具有共性决定的法律规定适用中的广泛妥当性"，它体现在具有普遍性的法律规范之中，在一般情况下其适用能够导致公平；"个别正义是由事物具有个性决定的法律适用中对特别案件的具体妥当性"，它通过对少数人之分配的妥当性的追求，达到少数人各得其所的分配结果，并最终导致对一切人的公正分配。②

一般正义与个别正义之间的划分与法律的属性，特别是一般性、普遍性和刚性联系在一起。法律通常针对社会生活中一般人和典型情况作一般性的规定，中间因此可以蕴含适合大多数人和大多数场合的、具有一般性和普遍性的价值，这些价值在大多数案件中的适用通常能够带来一般正义的实现。但由于法律同时忽略了特定人和具体事情的诸多细节，它不能适用于一切事情。柏拉图在《政治家篇》中指明了这一点。他说："法律绝不可能发布一种既约束所有人同时又对每个人都真正最有利的命令。法律在任何时候都不能完全准确地给社会的每个成员作出何谓善德、何谓正确的规定。人类个性的差异、人类行为的多样性、所有人类事务无休止的变

---

① ［英］亨利·萨姆纳·梅因：《古代法》，沈景一译，商务印书馆1959年版，第34页。
② 徐国栋：《民法基本原则解释——成文法局限性之克服》，中国政法大学出版社1992年版，第326页。

化，使得无论是什么艺术在任何时候都不可能制定出可以绝对适用于所有问题的规则。"① 法律的一般性和普遍性与社会生活的多样性和特定性之间的矛盾，以及法律的刚性规定与社会生活的发展变化之间的矛盾，使得由法律所承载的一般正义，在有些具体案件中可能得不到实现，甚至还会导致非正义。这正如亚里士多德在《尼各马科伦理学》中所指出的："全部法律都是普遍的，然而在某种场合下，只说一些普遍的道理，不能称为正确。就是在那些必须讲普遍道理的地方，也不见得正确。"② 这种把普遍的法律规则适用于个别情况时所导致的一般正义落空以及非正义的情况，被学者称为法律的"不合目的性"。③

克服法律的"不合目的性"的重要方法是"衡平"（equity）。衡平旨在规避法律和一般正义的刚性适用，实现个别正义。按照亚里士多德的看法，衡平并不是法律上的公正，而是对法律以及法律所蕴含的一般正义的一种纠正。④ 换言之，衡平改变了法律与正义之间的关系，或者说，体现了法律与正义的另外一层关系。有学者曾把正义与法律的关系归结为三种，一是正义内在于法律，二是正义与法律相对照，三是正义用以检验和评判法律。⑤ 在这三种关系中，一般正义与刚性的法律规则体现了第一种关系，个别正义与衡平体现了第二种关系。一般正义通常内在于法律，以法律，特别是制定法为载体。个别正义则是一种特定意义上的正义，它与实际情况和案件的具体细节联系在一起，而与法律以及法律所蕴含的一般正义相对照。由此不难归纳出个别正义不同于一般正义的几个主要特点。第一，它出现于适用普遍法律规则不能带来正义或者导致非正义的场合。第二，它在很大程度上外在于法律本身，而与个案和独特情况相联系。第三，它主要通过衡平而不是法律规则的严格适用来实现。此外，个别正义

---

① 转引自［美］埃德加·博登海默《法理学——法哲学及其方法》，邓正来、姬敬武译，华夏出版社 1987 年版，第 8 页。

② 苗力田主编：《亚里士多德全集》第 8 卷，中国人民大学出版社 1992 年版，第 117 页。

③ 参见徐国栋《民法基本原则解释——成文法局限性之克服》，中国政法大学出版社 1992 年版，第 137—139 页；［美］埃德加·博登海默《法理学——法哲学及其方法》，邓正来、姬敬武译，华夏出版社 1987 年版，第 388—392、442—448 页。

④ 苗力田主编：《亚里士多德全集》第 8 卷，中国人民大学出版社 1992 年版，第 117 页；［美］埃德加·博登海默：《法理学——法哲学及其方法》，邓正来、姬敬武译，华夏出版社 1987 年版，第 11 页。

⑤ J. W. Harris, *Legal Philosophies*, London: Butterworth, 1980, pp. 259–261.

通常还具有明显的规则怀疑倾向。这一倾向假定每一案件都有正义的解决方案,但"没有规则能够带来正义",规则只能应对一般的情况,对细致独特的具体情况,只能从规则之外寻求正义的解决办法。有学者指出,

> 在案件的所有情况下,我们知道什么样的解决方案会是正义的,但是我们不能制定任何规定这种解决方案的规则。如果我们能够制定这样一条规则,但是现存法律规则并没有包括它,那么……我们就说,现存法律规则是不正义的,应该被我们的新规则所取代。这样,我们就把正义作为法律的一种考量了。①

尽管个别正义适应了案件的具体特点,避免了机械适用法律的弊端,但它同时也为法律以及一般正义带来了威胁。这主要表现在两个方面。一方面,严格适用法律规则对形成法律秩序本身,具有极为重要的形式意义上的价值,即使适用在有些特定情况下可能并不十分合理,而在个别正义场合,法官的自由裁量松动了法律规则的严格适用,"非法律性裁判"破坏了这种形式意义上的价值。另一方面,衡平虽然有助于熨平法律这块"编织物"上的"褶皱",使具体案件得到更为合理的解决,但它也可能导致"白马非马""郢书燕说",甚至以法官的"直觉"、好恶替代法律的情况。在此情况下,不仅内在于法律的一般性价值可能遭到弃置、扭曲或异化,个别正义也可能因为自由裁量或权力腐败而被架空。因此,如果承认个别正义具有一定的必要性和合理性,那么,与此相应,有关法律实施过程中对自由裁量权的以程序为主要内容的各种限制,也应受到高度重视。

四 程序正义与实质正义

一般正义主要体现于制定法之中,它要求社会成员一体遵守,也要求法院一律平等适用,在这一点上,它是形式的。个别正义主要体现于个案之中,它考虑到法律之外的一些因素,在这一点上,它是实质的。由此,正义还被分为形式正义(formal justice)与实质正义(substantive justice)。形式正义是按照类似情况类似处理的要求,将法律和制度所确定的规范,以同样的方式平等地适用于类似的情况。实质正义是根据不同的具体情

---

① J. W. Harris, *Legal Philosophies*, London: Butterworth, 1980, p. 260.

况，产生符合一定价值观念的分配和处理结果。法律面前人人平等、机会均等属于形式正义，个别正义、分配正义或者社会正义属于实质正义。①

韦伯曾经按照"实质的""形式的""合理的""不合理的"四个范畴把法律分为四种理想类型。其中，"形式的"指依据预先制定好的客观形式规范作出决定，决定的标准内在于法律体系，对所有案件一律平等适用；"实质的"指基于个案的特点按照法律体系之外的伦理、宗教、政治意识形态等标准作出决定。② 按照这一区分，形式正义与实质正义的重要区别在于，前者注重达到目的或产生正当结果的过程、手段和方式，后者注重所要达到的目的或所要实现的正当结果。这一区别在法律领域集中表现为实体法与程序法、实体正义与程序正义的区分。一般而言，实体法规定"应当如此"的具体内容，其中所包含的法律权利和法律原则得到落实就是实体正义。程序法规定实现实体法规则内容的程序、手段和方式，这些程序、手段和方式能够带来实体正义的实现、不违背某些正当的价值要求就是程序正义。

程序正义是最主要的形式正义，它与实质正义的区分主要是就结果而言的。③ 程序对于形成一定的结果具有极为重要的作用和意义，这主要表现在三个方面。第一，程序是产生合法性（legitimacy）的重要途径，具有重要的合法化功能。卢曼认为，程序是为了得到有约束力的判决而在短期或暂时形成的一个特定种类的社会系统，它们形成了一种一般机制和特定机制的结合，与自然暴力一起维护法律判决的合法性。④ 除产生和维护判决合法性外，程序在政治领域也是政治正统性的重要来源。"通过程序的合法性"一般与社会成员的普遍接受联系在一起，但它并不必定是正义的，有时"即使合法，也未必肯定正义"。⑤

---

① 参见［美］约翰·罗尔斯《正义论》，何怀宏、何包钢、廖申白译，中国社会科学出版社1988年版，第50—56页。

② Cf. William M. Evan, *Social Structure and Law: Theoretical and Empirical Perspectives*, London: Sage Publications, 1990, p. 28.

③ 参见［美］约翰·罗尔斯《政治自由主义》，万俊人译，译林出版社2000年版，第448—449页。

④ Niklas Luhmann, *A Sociological Theory of Law*, London: Routledge & Kegan Paul, 1985, pp. 199, 203-205.

⑤ 参见［美］约翰·罗尔斯《政治自由主义》，万俊人译，译林出版社2000年版，第455—457页。

第二，程序是对"为达目的而不择手段"的重要限制。程序一般与结果和目的联系在一起，但这些结果和目的并不是单一的。在有些情况下，程序虽然能够发现案件的真相，得到正确的判决结果，但它也可能违背另外一些目的和合理价值，如人权、个人隐私等。刑讯逼供是这方面的典型例子。有学者认为，程序具有独立于实体正义的价值，有些程序性价值决定了某些程序即使能够带来实体正义也应被禁止或者受到限制。[①] 司法领域的"自然正义"（natural justice）、"正当程序"（due process）都体现了这些价值要求。它们要求为一定的价值要求增设特定的程序限制或者禁止某些不合理的程序，例如，自己不得担任与自己有关的案件的法官；诉讼各方有充分机会陈述各自的理由；刑事案件中不被迫作对自己不利的证言；未经正当的程序，不被剥夺生命、自由和财产；排除通过刑讯逼供和其他非法程序取得的证据的法律效力，等等。[②]

第三，程序是实现实质正义的重要手段。一般而言，程序是为了实现实质正义而设计和存在的，但是，并非所有的程序设计都能带来实质正义。而且，有学者还注意到，程序和过程的差异会带来结果的极大不同。从历史看，程序在实体法产生之前已经存在，实体法实由程序产生，鉴于此，有学者认为程序乃实体之母，并赋予程序以独立于实质正义的价值。[③] 就此问题，罗尔斯通过划分三种程序正义说明并强调了程序正义与实质正义之间的关联性。

罗尔斯从程序正义与实质正义之间的联系，区分了三种理想化的程序正义。一是完善的程序正义。其典型事例是分蛋糕：假定公平的划分结果是每人平分，最好的办法就是让分蛋糕的人得到最后一份，这能保证他均分蛋糕。完善的程序正义的特征在于：对判定什么是正义结果有一个独立标准；同时有一种保证达到这一结果的程序。二是不完善的程序正义。其典型事例是刑事审判：只要被告犯有被控罪行，就应当被判有罪，但由于某些情况的偶然结合，即使严格按照程序执行法律，仍不能避免错误结

[①] 参见陈瑞华《通过法律实现程序正义——萨默斯"程序价值"理论评析》，《北大法律评论》1998年第1卷第1辑。

[②] 参见［英］彼得·斯坦、约翰·香德《西方社会的法律价值》，王献平译，中国人民公安大学出版社1990年版，第97—103页。

[③] 参见［日］谷口安平《程序的正义与诉讼》，王亚新、刘荣军译，中国政法大学出版社2002年版，第1—21页。

果，实际无罪之人因此有可能被判有罪，实际犯罪之人因此也有可能被判无罪。不完善的程序正义的特征在于：有一个判断正确结果的独立标准；但没有可以保证达到这一结果的程序。三是纯粹的程序正义。其典型事例是赌博：经过一系列的公平赌博之后，参赌者拥有的全部现金的任何一种分配都是同样公平的。纯粹的程序正义的特征在于：不存在对正当结果的独立标准；但存在一种正确的或公平的程序，只要这种程序被恰当地遵守，无论产生什么样的结果，它都会是正确的或公平的。①

从上述三种程序正义的区分不难看到，有些程序能够直接实现实质正义，有些程序则并不必定带来实质正义。尽管如此，罗尔斯仍然强调，"一种程序的正义总是依赖（除赌博这种特殊情况之外）于其可能性结果的正义，或依赖于实质性正义……程序正义与实质正义是相互联系而非相互分离的。"② 即使就赌博这类纯粹的程序正义，罗尔斯也指出，"我们不能因为一种特殊结果是在遵循一种公平的程序中达到的就说它是正义的。这个口子开得太大，会导致荒唐的不公正的结果。"③ 罗尔斯尤其反对把正义与合法性乃至可接受性等同起来。在他看来，社会基本结构始终是正义的第一主题，"只有在一种正义的社会基本结构的背景下，在一种正义的政治结构和经济和社会制度安排的背景下，我们才能说存在必要的正义程序。"④

五 绝对正义与相对正义

如果说，上述四种分类大多涉及正义的概念范围以及正义的原则等基本问题，那么，绝对正义与相对正义则是一种触及正义的根据和本质问题的分类。这一分类牵涉普遍主义与历史主义、抽象与政治、一元论与多元论等一系列论题，直接关系正义的生死存亡。

绝对正义指的是在任何时空条件下都普遍适用、永世长存的正义。查

---

① ［美］约翰·罗尔斯：《正义论》，何怀宏、何包钢、廖申白译，中国社会科学出版社1988年版，第79—85页；［美］约翰·罗尔斯：《政治自由主义》，万俊人译，译林出版社2000年版，第77、448—461页。

② ［美］约翰·罗尔斯：《政治自由主义》，万俊人译，译林出版社2000年版，第449页。

③ ［美］约翰·罗尔斯：《正义论》，何怀宏、何包钢、廖申白译，中国社会科学出版社1988年版，第82页。

④ 同上。

理·德·塞孔达·孟德斯鸠（Charles de Secondat Montesquieu）有关正义的看法可作为绝对正义论的代表。他说，"公正，乃是两种事物之间实际存在的恰当关系。这种关系，无论在真主眼里、天神眼里，甚或人眼里，应该都是一样的"，"公正是永恒的，他丝毫不取决于人们的习俗。"① 所谓"永恒正义""抽象正义""自然正义"都属于绝对正义。在法学史上，自然法学者大多主张绝对正义。例如，斯多葛学派认为："存在着一种基于理性的普遍的自然法，它在整个宇宙中都是普遍有效的。它的要求对世界各地的任何人都有约束力。"② 西塞罗（Cicero）也认为，"有一种永恒、不变并将对一切民族和一切时代有效的法律。"③ 不过，自然法学者的这种绝对正义论到后来亦有所改观。例如，鲁道夫·斯塔姆勒（Rudolf Stammler）在 20 世纪提出了"具有日益变化的内容的自然法"概念，用以指一套能反映某个特定国家于某个特定时期的偶然需要的正义原则。④ 这明显把正义相对化了。

相对正义指的是与特定的时空条件相适应的具体的正义。如同绝对正义一样，它在历史上也源远流长。古希腊的普罗塔哥拉（Protagoras）和伊壁鸠鲁（Epikouros）都主张相对正义，而否认绝对正义。基于"人是万物的尺度"这一命题，普罗塔哥拉只承认个体现象的存在，并因此引入了相对性。他认为，没有绝对的正义，一切道德和法律都只是相对有效的，它们与产生它们的人类社会紧密联系在一起，并且，只在这些社会中才被认为是良好的、有效的。不同民族的政体和法律，如同它们的语言、宗教观念和道德体系一样，都只不过是传统因袭的习俗。⑤ 伊壁鸠鲁也认为，"没有绝对的公正、就其自身的公正，公正是人们相互交往中以防止互相伤害的约定。无论什么时间、什么地点，只要人们相约以防互相伤

---

① ［法］查理·孟德斯鸠：《波斯人信札》，罗国林译，译林出版社 2000 年版，第 103—104 页。
② ［美］埃德加·博登海默：《法理学——法哲学及其方法》，邓正来、姬敬武译，华夏出版社 1987 年版，第 13—14 页。
③ ［古罗马］西塞罗：《国家篇 法律篇》，沈叔平、苏力译，商务印书馆 1999 年版，第 101 页。
④ ［美］埃德加·博登海默：《法理学——法哲学及其方法》，邓正来、姬敬武译，华夏出版社 1987 年版，第 262 页。
⑤ 参见［德］爱德华·策勒尔《古希腊哲学史纲》，翁绍军译，山东人民出版社 1992 年版，第 88 页。

害，公正就成立了。"而且，公正会随环境的变化而变化，公正只是特定场合和特定条件下的公正。①

相对正义以及正义相对化所导致的极致后果是正义的消亡。汉斯·凯尔森（Hans Kelsen）关于正义的看法在这方面具有很强的代表性。凯尔森认为，"正义是一个人的认识所不能接近的""反理性的理想"，是一种具有主观性和相对性的价值判断。正义的主观性和相对性表现在，判定正义的标准"是因人而异的并且是经常相互冲突的"，"既然人类分成许多民族、阶级、宗教、职业等等，彼此往往发生分歧，所以也就有着许多很不同的正义观念，多到使人甚至不能简单地讲'正义'的地步"。而且，"道德的和政治的价值判断，尤其是正义的价值判断，都是以意识形态为基础的"。因此，"以独一无二的方式来决定正义规范是不可能的。"凯尔森举例说，按照某一伦理信念，人的生命具有至上价值，因而，杀人是绝对非正义，应当绝对禁止；而根据另一伦理信念，个人为了民族大义，可以牺牲自己或者杀害他人。这正如庄子所说："是亦彼也，彼亦是也；彼亦一是非，此亦一是非"（《庄子·齐物论》）。有鉴于此，凯尔森对"将自己的正义观念说成是唯一正确的、绝对有效的观念"这一倾向给予了猛烈抨击。凯尔森把正义主观化和相对化的后果是以"合法性"（legality）取代正义。他说，"将一个一般规则实际适用于按其内容应该适用的一切场合，那便是'正义的'"。② 从自然法理论视角看，这无异于宣告了"正义"在法律领域的死亡。

凯尔森虽然对独断论提出了不无道理的批评，但他有关正义的看法带有明显的怀疑论倾向。早在古希腊，就有怀疑主义者指出，"对同一件事情，有些人认为是公正的，而另一些人则认为不公正。有些人认为是善的，而另一些人却认为是恶的……至于谁正确，我们还是别作判断而存疑吧。"③ 与这种怀疑论相对照，同样是对绝对正义的否定，另外还存在着

---

① 参见苗力田主编《亚里士多德全集》第 8 卷，中国人民大学出版社 1992 年版，第 644—645 页。

② 参见［奥］汉斯·凯尔森《法和国家的一般理论》，沈宗灵译，中国大百科全书出版社 1996 年版，第 6—14、51—53 页；［美］埃德加·博登海默《法理学——法哲学及其方法》，邓正来、姬敬武译，华夏出版社 1987 年版，第 245—246 页。

③ 苗力田主编：《亚里士多德全集》第 8 卷，中国人民大学出版社 1992 年版，第 654—655 页。

一种使正义现实化、具体化、政治化的努力。马克思主义经典作家总是在具体的历史条件下考察正义。他们否认有所谓"自然正义""永恒公正",而认为正义是"现存经济关系的或者反映其保守方面、或者反映其革命方面的观念化的神圣化的表现"。① 这样一种观点把正义同一定社会的阶级利益和意识形态联系起来,体现了从普遍主义向历史唯物主义的实质性转变。② 此外,使正义论摆脱绝对论和怀疑论的努力,还表现在从抽象到现实、从一元到多元的转变。

罗尔斯在正义论上从"作为公平的正义"到"正义的政治观念"(political conception of justice)的发展最足以说明正义论从抽象到现实、从道德到政治的转变。在《正义论》中,罗尔斯在抽象的道德层面提出了对所有社会和所有时代普遍适用的两个正义原则。而在《政治自由主义》以及《万民法》中,尽管罗尔斯仍然试图维护正义原则的普适性,但鉴于现代民主社会的"合理多元主义"(reasonable pluralism)等事实,罗尔斯把抽象的道德学说转变为现实的政治学说,正义以及万民法都作为政治观念存在于政治领域当中,其原则只依据政治观念及其政治价值来体现。罗尔斯在弱化普适的正义原则之后,并没有像凯尔森那样消解正义,而是带来了正义观的转向。以赛亚·柏林(Isaiah Berlin)对一元论的批评以及对多元论的信仰,具有同样的效果。柏林把18世纪的乔瓦尼·巴蒂斯塔·维科(Giovanni Battista Vico)称为"现代文化观和文化多元主义之父",因为维科认为,"每一种真正的文化都有它自己独特的世界观,都有它自己的价值尺度",必须根据它本身来理解。同样,柏林也很赞同约翰·哥特弗雷德·冯·赫尔德(Johann Gottfried von Herder)的观点:

> 价值不是普遍的:每个人类社会,每个民族……都具有它自己独特的理想、标准、生活、思想和行为方式。能够根据一个单一的优劣顺序对不同的文化和民族做高低排序的普遍且永恒不变的判断标准是不存在的……每个民族——在它自己的民族要求、自己独特的性格的发展过程中——都有各不相同的自己的传统,自己的特性,……自己

---

① 《马克思恩格斯选集》第3卷,人民出版社1995年第2版,第212页。
② 参见[美]理查德·罗蒂《后形而上学希望——新实用主义社会、政治和法律哲学》,黄勇编,张国清译,上海译文出版社2003年版,第306—310页。

的道德核心——它们，也只有它们，决定着该民族的幸福。[1]

柏林等人的多元论抛弃了正义观上的普遍主义和绝对论，但它并没有因此彻底否定正义，而是把正义植根于民族的具体历史和现实条件之中。

罗尔斯的理论转向，以及柏林等人的多元论，都体现了绝对正义的衰落以及正义的相对化和现实化。这也正是正义的一种后现代处境。在后现代语境下，作为一种宏大话语的正义不复存在，不同的正义观念在各自的有限领域多元存在。一如让－弗朗索瓦·利奥塔（Jean-Francois Lyotard）所说："存在着各种各样的正义，每一正义都根据每一游戏的特定规则予以界定"，"为了在政治问题上作出决策，我们现今需要的理念不能是一个政治团体的整体性（totality）的或统一性（unity）的理念。它只能是多样性（multiplicity）的或差异性（diversity）的理念。"[2]

第三节 法律正义的要素

法律与正义，无论是从词源看，还是从文化源起和社会历史看，都存在难以抹去的联系。通常，法律与正义的关系会涉及这样一些问题：正义是否是法律必须具备的要素？如果法律被证明是"非正义的"，它是否还是法律，是否还具有法律效力？是否有确定不疑的正义存在？如果存在确定不疑的正义，那么，正义是外在于法律，还是内在于法律等等。人们对正义基本问题的看法不同，就这些问题给出的答案也会有所不同。例如，基于正义的自然性，自然法学极力主张法律应当符合神意、天理或人的理性，否则不能被称为法律或者不具约束力；而基于正义的主观性和相对性，分析实证主义法学则认为正义就是遵守法律，不管这种法律是否合乎所谓的自然理性或正义。

正义是法律必不可少的构成要素，二者不可分割，非正义的"法律"不是法，这是自然法学的基本观点。例如，西塞罗认为，各民族实施的有

---

[1] 参见［英］迈克尔.H.莱斯诺夫《二十世纪的政治哲学家》，冯克利译，商务印书馆2001年版，第280—291页。

[2] Quoted in Douglas E. Litowitz, *Postmodern Philosophy and Law*, New Jersey: Princeton University Press, 1997, p. 118.

害法律,不配称为法律,而只能被认为是一伙强盗在聚会时通过的规则。在他看来,非正义的法律根本不具有法律的性质,如果一个民族的法规没有做到与自然一致,即使它为该民族的民众所接受,也不能被称为法律。① 阿奎那也认为,人定法如果违背理性,就不再具有法律的性质,而只具有暴力的性质。他说,

> 法律是否有效,取决于它的正义性……在人类事务中,当一件事情能够正确地符合理性的法则时,它才可以说是合乎正义的……如果一种人法在任何一点与自然法相矛盾,它就不再是合法的,而宁可说是法律的一种污损了。②

此类思想在西方历史上可谓一以贯之。第二次世界大战之后,就纳粹时代的法律,西德最高法院宣称,一项法规或其他官方法令,"当与普遍承认的国际法或自然法的原则发生冲突时、或当实在法与正义之间的分歧变得如此之不可忍受以致实在法因不公正而必须服从正义时,就达到了其有效范围的尽头"。③ 也就是说,当某一法律被证明是"恶法"时,它对社会成员就不再具有约束力。古代中国也具有与此类似的思维和主张。例如,孟子曾就"汤放桀,武王伐纣"指出,"贼仁者谓之'贼',贼义者谓之'残'。残贼之人谓之'一夫'。闻诛一夫纣矣,未闻弑君也"(《孟子·梁惠王下》)。这一看法与西方"恶法非法"的论断具有相似的思维结构。它们都在现存的法律和社会制度之上设定了以自然理性、人性、天道、仁义等为主要内容的评判标准,以此审视和纠正人类社会的各种实践活动。

在自然法学有关法律与正义之间存在必然联系的主张背后,有一种古老的目的论作为其支撑。按照这一目的论,"每一种可指名的存在之物——人、有机物、无机物,不仅被想象为倾向于维护自身的生存,而且

---

① [古罗马]西塞罗:《国家篇 法律篇》,沈叔平、苏力译,商务印书馆1999年版,第182页。

② [意]托马斯·阿奎那:《阿奎那政治著作选》,马清槐译,商务印书馆1964年版,第116页。

③ 转引自[美]埃德加·博登海默《法理学——法哲学及其方法》,邓正来、姬敬武译,华夏出版社1987年版,第326—327页。

被想象为不断谋求有利于它的最佳状态或适合于它的目的。"① 这一目的论在法律之上假定了某些客观意义或真理性价值，它们凌驾于法律之上，既是法律存在的根据，也是法律追求的目标，同时还是评判法律的重要标准。显然，这一目的论具有浓厚的形而上学色彩，它不可避免地要受到法律实证主义的挑战和批评。霍布斯也认为法律与正义是不可分的，但在他那里，二者不可分的原因并非在于法律须以正义为目标，而在于正义须以法律为标准。霍布斯认为，法律是主权者的命令，由法律"宣布什么是公道、什么是正义、什么是道德并使他们具有约束力"。② 同样，如前所述，凯尔森也认为正义就是合乎法律。在规范法学中，只要低级规范（inferior norm）不违背高级规范（superior norm），只要法律规定得到了忠实执行，那么，无论其具体的规定内容如何，它都是正义的。在法律与正义的关系问题上，分析实证主义法学看上去颠倒了自然法学的主张。自然法学力图使正义外在并凌驾于法律之上，而分析实证主义法学则使正义内化到法律之中。自然法学把正义作为权衡法律的标准，而分析实证主义法学则把法律作为判断正义的标准。尽管分析实证主义法学将正义内化到法律之中，但它实际上并没有完全消除自然法学所极力宣扬的那些法律之外的价值。分析实证主义法学不过是对这些价值作了一种相对化、主观化、意识形态化处理，而只把遵从法律规定视为"正义"。分析实证主义法学对自然法学主张的颠倒，体现了正义观从理性向权力、从超越向现实的转变，在这一转变中，"真理"被价值、意识形态乃至权力所取代，客观意义衰落了下去。

分析实证主义法学把法律与正义糅合在一起的做法，以及认为正义就是遵从实证法的观点，不仅为自然法学所抵制，也遭到了后现代主义者的批评。雅克·德里达（Jacques Derrida）就坚决反对法律实证主义的主张。他认为，正义与实证法存在根本区别，二者不容混淆。在德里达看来，正义是"一种我们不能经验的经验"，它不能完全呈现出来，只能被经验为别的什么东西，而不是它自己，因而正义是对他者的一种职责和召唤，永远得不到实现，永远必须努力。而且，正义的呈现总是被延期，总是未来

---

① ［英］赫伯特·哈特：《法律的概念》，张文显等译，中国大百科全书出版社1996年版，第184—185页。
② ［英］托马斯·霍布斯：《利维坦》，黎思复、蔡廷弼译，商务印书馆1985年版，第206—207页。

的（to come），它不能呈现为一套规则体系，而是呈现为一个堵塞的通道，一个不可能的经验，一个两难。此外，正义是一种超验的、形而上的、无限的伦理关系（ethical relation），它不能被衡量和计算，也不能被制定法完全包容。因为这些特性，作为基本经验范畴的正义不能被"解构"，而法律天生就能被解构。这是德里达所认为的正义与法律之间的根本区别。法律之所以可以被解构，主要在于法律是一种构造（construct），它并不建立在理性或正义基础上，而是建立在暴力基础上。最明显的是，作为根本大法的宪法或宪章，本身只是一种以国家武力为后盾的构造。在这一点上，德里达赞同米歇尔·埃康·德·蒙田（Michel Eyquem de Montaigne）和帕斯卡尔有关法律的理解。蒙田认为法律源于习俗，以自我为基础（self-grounding），因为在追溯法律的权威来源的过程中，人们并不能找到法律的理性源头，而只能溯及以国家武力为后盾的任意习俗（arbitrary custom）。帕斯卡尔也指出，"人们服从法律与习俗就是好事，因为它们是规律；但是要知道，其中并没有注入任何真实的与正义的东西"，"谁要是因为它们是正义的而服从它们，就只是在服从自己想象中的正义而并非服从法律的本质；法律完全是靠着自身而汇集起来的；它只是法律，而不再是什么别的。"[1] 基于这些见解，德里达批判性地分析了自然法学和分析实证主义法学在法律与正义关系问题上的误区。

德里达认为，法律体系是一个巨大构造，它的创建是没有基础的、神秘的。法律在建立之初既不是合法的，也不是非法的。法律的起源在法律之外，是一个"自传体式的虚构（fiction）"。随着时间的流逝，这一虚构被人忘却，这样，一种更高的道德辩解就被假定为法律的基础，人们由此开始相信法律建立在一种更高的秩序，如上帝、理性、自然法之上。在德里达看来，自然法学者没有意识到法律是自存自续的，此法律规范从彼法律规范那里获得权威来源，彼法律规范再从其他法律规范那里获得权威来源，如此循环不已。分析实证主义法学者看到了这一点，但他们却因此认定现存法律体系之外没有正义可言，从而使得正义最终坍塌在实证法之中。德里达对法律实证主义的这一看法提出了批评。他认为，正义超越于法律之上，在某些极端的情况下，甚至可能与法律相抵触，法律无论如何

---

[1] ［法］布莱兹·帕斯卡尔：《思想录》，何兆武译，商务印书馆1985年版，第138、150页。

都不能被误认为是正义,而且,法律永远不能达到完全正义的发展阶段,任何时候都不能讲"法律是完全正义的",而且也不能十分肯定地讲某个判决是正义的。

在正义问题上,德里达并没有像罗尔斯和哈贝马斯那样设计"原初状态"和"理想的对话情境",也没有提出具体的正义原则和评判标准,而是把正义放在"对他者的关系"之中,通过强调正义自身的不可呈现(unpresentable),达到解构的目的。这一方面避免了自然法学的本质主义或基础主义倾向,另一方面也增强了正义的批判力。通过这种方式,正义始终无形地审视着法律,并且使得法律有可能被解构。解构可以揭示某一法律概念的基础不合法或者不合理,例如,开创性文献中的"人"只指"白色男性",法律中的"家庭"术语不包括同性恋伴侣,某些边缘群体没有得到承认和尊重,等等。解构并不旨在产生新的法律以及填补法律的漏洞,而在于"重新解释法律的基础,就像它们当初被考虑和被界定的那样","翻天覆地地重新做事"。按照德里达的意思,解构主要发生在作为法律规范体系源头的"最高规范"或"基础规范"这一环节,同时也出现在法官对法律规定和案件事实作出处理的司法判决过程中,解构的过程就是寻求正义的过程,"解构就是正义"。[①]

总体来看,法律与正义的关系大致包括三种。一是自然法学的看法,它把正义和法律都理解为可以明确表述的实体,认为正义凌驾于法律之上,对法律进行审视和评判,法律则根据正义的要求不断吸纳正义的内容,改变和完善自身。二是分析实证主义法学的看法,它把正义理解为遵守和执行法律,认为正义与法律合而为一,正义以法律规定为标准。三是后现代主义的解构观点,如德里达把正义理解为一种永远不能实现、永远又必须努力的不能呈现的经验,认为正义外在于法律,但它并不呈现为一套规则实体,它在一种"对他者的关系"中使得法律不断被解构。这三种见解体现了正义观念从"肯定"到"否定"再到"否定之否定"的过程。从中可以看到,法律与正义的关系依赖于人们对正义的理解,人们对正义的把握影响乃至决定着他们有关法律与正义之间关系的看法。因此,理清法律与正义之间的关系,仍然需要思考和解决这样一些问题:正义到

---

① Cf. Douglas E. Litowitz, *Postmodern Philosophy and Law*, New Jersey: Princeton University Press, 1997, pp. 91 – 108.

底是确有所指，还是只是一个虚幻的名词？正义是客观真理，还是只是权力的工具或者民众的普遍认同？正义是一个纯粹理性范畴，还是一个实践理性范畴？正义是超验的、普遍的、一元的，还是现实的、具体的、多元的？如果把正义视为一套神圣的规则体系，那么，人类能否认识或如何认识这一套规则体系？如果正义是变动不居的，那么，人类最终拿什么来作为正义的判断标准？等等。

尽管人们在上述问题上仍然存在一定的疑问和争论，但这并不妨碍正义在社会生活中所占据的极为重要的地位。从历史实践看，正义是一个影响社会稳定和变动的重要概念。如果一个社会有越来越多的人感到法律规定及其执行难以忍受或不正义，那么，就会有越来越多的人因此而反对现存的统治和治理秩序，其最终结果是新的正义观的建立和旧的社会秩序的瓦解。就此而言，法律与正义的关系可以从维护社会稳定和发展的客观机制中去把握。按照这一理解，正义就不是一种虚无缥缈的东西，或者相对得无法确定，相反，它犹如一道阀门或过滤器，处在社会的治与乱、国家的兴与衰之间，决定着国家权威的凝聚和流失。如果说，因为各种各样纷繁复杂的原因，一个社会到底正义到什么程度或者不正义到什么程度很难真切地判断，那么，一个统治和治理秩序的最终瓦解，则可明确地说明其总体的正义状况，正所谓"得道者多助，失道者寡助"，"顺者昌，逆者亡"。这为人们从历史长河中找寻和归纳正义的要素提供了可能，因为正义与非正义在历史实践中往往与那些导致社会治乱和国家兴衰的因素联系在一起。就法律与正义之间的联系而言，一方面可以通过法律体现正义，另一方面也可以通过法律实现正义。通过法律体现和实现的正义，可统称为法律正义，有一些实质要素和形式要素通常是它必须具备的。

一　法律正义的实质要素

法律正义的实质要素是指通过法律所体现的正义在实质内容上必须具备的因素，如果不具备这些因素，就会导致非正义后果或者被视为不正义。这些要素一般是法律追求的重要目标和判定法律是否正义的基本标准，也是法律的精神所在。

法律史上，法律正义的实质要素是一个在实践中备受关注也存在争议的问题。这在有关复仇的看法变迁上表现得尤为明显。据新、旧唐书记载，武则天当政时期，徐元庆之父为县尉赵师韫所杀，徐元庆念念不忘为父报仇,后来寻机杀死了当时已升任御史的赵师韫,并主动投案自首。有人认为徐元庆孝义刚烈,应该赦免他的死罪,而最终陈子昂《复仇议状》中的提议得到了采纳:依法将徐元庆处以死刑,同时表彰其为父报仇的义举。百年后,当唐朝再次遇到同类案件时,柳宗元专门写了一篇《驳复仇议》,对陈子昂的矛盾提议给以严厉批评。柳宗元认为,如果徐父依法当诛,徐元庆复仇就是杀害奉法官吏,应被依法处死;但是,如果徐父被非法冤杀,徐元庆复仇就是"守礼而行义",不应被判罪处死,这样才能做到礼义与刑罚的统一。柳宗元之后千年,湖南一名武举人因为父兄为团练所杀而企图到团练家中复仇,曾国藩批示"纷纷坐拼,是以王法为戏,与官长为仇,此风断不可长",并下令严惩该武举人。千百年来有关复仇的上述三种看法或做法,清楚地表现出人们在"法律究竟应当如何体现和实现公道正义"这一问题上的分歧。

此外,人们在历史上对法律正义的实质要素的归纳也各有侧重。例如,伊壁鸠鲁学派把社会交往视为法律正义的重要内容,他们以社会交往来判定法律的正义性,认为人们在社会交往中互利而不互相伤害,就是正义。在他们看来,"一件事情一旦被法律宣布为是公正,并被证明有利于人们的相互交往,那么,无论它是否对所有人都一样,它都变成公正的事情。如果一件事为法律所肯定,却不能证明它有利于相互交往,那么它就不是公正。"[1] 有学者提到,"人类需要社会交往,这能使其生活具有意义、使其避免陷于孤寂之中……事实上,人类自有一种与生俱来的能力,它使个人得以在自我之外设计自己,并意识到合作及联合努力的必要。"[2] 这些都指出了社会交往、社会团结以及在一种和谐良好的社会关系中使个性得以充分发展的重要性,法律在这些方面具有重要作用。还有很多思想家强调了民族精神对法律的决定意义。例如,孟德斯鸠认为,法的精神"存在于法律和各种事物所可能有的种种关系之中",一个民族的法律与该民族人民的"精神的气质"和"内心的感情"紧密联系在一起,法律应该"和居民的宗教、性癖、财富、人口、贸易、风俗、习惯相适应",

---

[1] 苗力田主编:《亚里士多德全集》第 8 卷,中国人民大学出版社 1992 年版,第 644—645 页。

[2] [美]埃德加·博登海默:《法理学——法哲学及其方法》,邓正来、姬敬武译,华夏出版社 1987 年版,中文版前言。

"在不违反政体的原则的限度内,遵从民族的精神是立法者的职责。"① 弗里德里希·卡尔·萨维尼(Fridrich Karl Savigny)也认为,法律是民族精神最重要的表达方式之一,与民众有关正义的普遍信念相一致,随着民族的成长而成长,随着民族的壮大而壮大,随着民族个性的消亡而消亡,立法者应当是民族精神的真正代表。② 中国古人也强调立法要"观时俗"、"察国本"(《商君书·算地》)。除社会交往和民族精神外,法律正义还包含很多其他重要因素。

作为基础性因素,法律正义的实质要素主要体现在社会发展的客观规律和历史实践的经验教训中,在各种社会形态中一般具有一定的普遍性。而且,作为一个开放系统,法律正义的实质要素在历史长河中不断得以提炼、发展和丰富。笼统地从民生福祉以及统治和治理秩序的可持续性看,生产力、公共利益和基本权利可谓法律正义的三个重要实质要素。

(一) 生产力或社会福利

"在马克思的理论研究中,对法权(它始终只是某一特定社会的经济条件的反映)的考察是完全次要的;相反地,对特定时代的一定制度、占有方式、社会阶级产生的历史正当性的探讨占着首要地位。"③ 这一点在马克思有关自然正义与生产方式的讨论中表现得十分明显。有人认为,借款人在用借贷的钱获取利润后,向贷出人支付利润的一部分(也就是利息),这是自然正义的一项原则。马克思对此作了批评,认为它掩盖了资本主义利息参与瓜分剩余价值的实质。马克思指出:

> 说什么自然正义,这是荒谬的。生产当事人之间进行的交易的正义性在于:这种交易是从生产关系中作为自然结果产生出来的。这种经济交易作为当事人的意志行为,作为他们的共同意志的表示,作为可以由国家强加给立约双方的契约,表现在法律形式上,这些法律形式作为单纯的形式,是不能决定这个内容本身的。这些形式只是表示这个内容。这个内容,只要与生产方式相适应,相一致,就是正

---

① [法]查理·孟德斯鸠:《论法的精神》上册,张雁深译,商务印书馆1961年版,第7、305页。

② 参见[美]埃德加·博登海默《法理学——法哲学及其方法》,邓正来、姬敬武译,华夏出版社1987年版,第82—83页。

③ 《马克思恩格斯全集》第21卷,人民出版社1965年版,第557页。

的；只要与生产方式相矛盾，就是非正义的。在资本主义生产方式的基础上，奴隶制是非正义的；在商品质量上弄虚作假也是非正义的。①

这里，马克思不是从自然，也不是从法律形式那里探寻正义，而是把它放在更为根本的社会经济结构中，放在一种矛盾运动和适应关系中予以考察。马克思主义认为，生产力与生产关系、经济基础与上层建筑的矛盾，构成社会的基本矛盾。这个基本矛盾的运动，决定着社会性质的变化和社会经济政治文化的发展方向。按照这一原理，法律正义主要体现在法律上层建筑对经济基础，以及生产关系对生产力的不断适应过程中。人类社会的发展是先进生产力不断取代落后生产力的历史进程。当生产关系和法律上层建筑不能适应生产力发展的要求，而成为生产力发展和社会进步的障碍时，它们就必然要发生调整和变革。只有适应生产力的发展要求，调整和改革生产关系中不适应生产力发展要求的部分，改革和完善法律上层建筑中不适应经济基础的部分，才能不断为生产力的解放和发展开辟道路。因此，从经济和社会层面讲，法律正义在于确立和保护有利于生产力发展的生产关系，努力符合生产力发展的规律，为生产方式的改进和提高创造便利条件，体现不断推动社会生产力的解放和发展的要求。中国古语"政在裕民"，从政治的角度触及了这一原理。

（二）公共利益

维护公共利益是一项重要的治理原则。亚里士多德指出："政治学上的善就是'正义'，正义以公共利益为依归。"② 阿奎那也指出："如果一个自由人的社会是在为公众谋幸福的统治者的治理之下，这种政治就是正义的，是适合于自由人的。相反地，如果那个社会的一切设施服从于统治者的私人利益而不是服从于公共福利，这就是政治上的倒行逆施，也就不再是正义的了。"③ 维护公共利益体现到法律上，除对诸如生态、交通等公益的直接法律保护外，还包括法律活动的"公"和"平"。"大道之行也，天下为公"（《礼记·礼运》），"立天子以为天下，非立天下以为天

---

① ［德］卡尔·马克思：《资本论》第3卷，人民出版社1975年版，第379页。
② ［古希腊］亚里士多德：《政治学》，吴寿彭译，商务印书馆1965年版，第148页。
③ ［意］托马斯·阿奎那：《阿奎那政治著作选》，马清槐译，商务印书馆1964年版，第46页。

子也；立国君以为国，非立国以为君也"（《慎子·威德》），这些讲的是"公"。"天之道，其犹张弓与？高者抑之，下者举之，有余者损之，不足者补之"（《道德经》），"不别亲疏，不殊贵贱，一断于法"（《史记》卷一百三十），这些讲的是"平"。不公则不平，不平则天下倾，正所谓"治天下也，必先公。公则天下平矣。平得于公"（《吕氏春秋·贵公》）。要做到法律公平，须防止和克服三种状况，以使法律真正成为"天下之公器"。一是立法不公。这主要表现为，法律只反映少数统治者的意志和利益，为弱势群体的发展设置障碍或者不为其发展消除障碍，甚至"损不足以奉有余"（《道德经》）。克服立法不公在于确定公平合理的分配原则，消除绝对贫困，防止贫富悬殊，促进人的全面发展。二是执法官吏徇私枉法，败坏公义。法律的威严在于法律得到严格执行，"私义行则乱，公义行则治"（《韩非子·饰邪》），"立法明分，不以私害法，则治"（《商君书·修权》）。三是法律为有产有势者所支配。作为一种形式，法律在平等适用过程中会受到人们事实上的社会差异或不平等的影响，无产无势者因此在接近、利用法律的程度上可能处于劣势，其最终后果是有产有势者借助法律程序和其他形式超越于法律之外。这使得"公法"实际成为有产有势者的"私法"。"公私之败，存亡之本也"（《商君书·修权》），防止和克服上述三种情况对于保持社会结构的整体平衡、防止"倾天下"具有重要意义。

此外，法律在维护公共利益的同时，也要注重个人权利的保护问题。任何国家和政府都不应以公共利益或其他社会功利目的为名肆意践踏公民个人的基本权利。功利主义把"能够满足最大多数人的最大幸福"作为社会制度安排的正义标准，认为只要能够对整体功利带来积极有利的效果，可以损害一部分社会成员或者使某些人的生存状况变得更差。这种正义论上的重物轻人倾向为帕雷托原则（Pareto Principle）所反对。帕雷托原则要求福利的增加以人不受损失为前提。按照帕雷托原则，对甲、乙两种经济状态，如果一部分人认为甲比乙好，而另外一部分也至少认为乙不比甲更坏，那么甲在"社会偏好秩序"中就比乙好；如果作从乙到甲的转变，使至少一人获益，同时所有其他人不受损失，那么甲就比乙好，此时作从乙到甲的改进就会带来社会福利的增加。[①] 罗尔斯也对功利主义正义观提出

---

① 参见樊纲《市场机制与经济效率》，三联书店1995年版，第56—57页。

批评。他认为，每一社会成员都拥有一种基于正义或自然权利的不可侵犯性，这种不可侵犯性即使以社会整体利益之名也不能逾越，因此，正义否认为一些人享受更大利益而剥夺另一些人的自由是正当的，也拒不承认多数人享受的较大利益能够绰绰有余地补偿少数人迫不得已的损失。①

（三）基本权利

法律正义有很多需要解决的问题，法学史上一些重要概念的提出在很大程度上正是对这些问题的回应。例如，如果像法律实证主义者那样，把法律界定为"主权者的命令"，那么，法律是否可以包括任何内容？或者更加精确地说，经过法定程序纳入到法律中来的内容是否可以在道德伦理上毫无限制？又如，如果像文化多元主义者那样，把法律界定为"地方性知识"，② 那么，不同时空的法律之间是否存在，或者是否应该存在一些共同的基础性因素？对这些各自具有与其世界观相联系的相对合理性的不同法律，在实质内容上是否可以按照道德伦理或其他标准评判出高下优劣？所有这些问题都涉及基本权利（fundamental rights）概念。有学者把基本权利定义为，"比人的其他权益甚至政府的权力更重要的，用以保护个人自由和人的完整性（integrity）的某些权利"，认为它们具有两个特点。第一，它们源于正义和理性，不是法律和习俗的产物，国家法令不能因为其他功利目的或社会价值而对之进行践踏，除非是为了维护他人的基本权利，否则不能对它们作出限制和管制。第二，它们不可让与，享有者不能自由放弃或者为了其他利益出卖基本权利。③ 另有学者则认为，某些权利不一定比其他权利更有价值或更令人满意，但是，如果这些权利的享用对于其他所有权利的享用至关重要，一旦遭到侵犯或者否定，其他权利就都不能享有，那么，该权利就是基本权利或基础性权利。此外，关于到底哪些权利才是基本的，也存在不同的意见。《公民权利和政治权利国际公约》规定了不得克减的七项基本权利：生命，不受酷刑或虐待，不得使为奴隶或被迫役使，不得仅因无力履行约定义务而被监禁，刑事犯罪不

---

① ［美］约翰·罗尔斯：《正义论》，何怀宏、何包钢、廖申白译，中国社会科学出版社1988年版，第1—2、25页。

② ［美］克利福德·吉尔兹：《地方性知识：事实与法律的比较透视》，邓正来译，载梁治平编《法律的文化解释》，三联书店1994年版，第126页。

③ Christopher Berry Gray (ed.), *The Philosophy of Law: An Encyclopedia*, New York: Garland Publishing, 1999, pp. 322–323.

溯既往，承认法律人格，思想和宗教自由。有人则认为只有安全、生存、自由才是基本权利。还有人把财产、不受任意逮捕和拘禁、不受超越法律的审判、言论、出版和集会自由等也列为基本权利。① 基本权利概念体现了一种从权利中分离出更为基本的权利，以为人类的生存发展提供最低道德标准的努力。有学者指出：

> 的确，似乎存在着一些最低限度的正义要求，这些要求需要在任何现存社会秩序中得到承认，因为它们并不以实在法制定者的意志为转移。这些要求中有一些必须从人的生理素质中寻找根源。而其他一些要求则在人类所共有的心理特征中具有基础。同样，还有一些要求是从人性的理智部分，亦即是从人的推理能力中派生出来的。②

这些要求，包括人必须吃、睡，保护生命，尊重人格，以及一些程序规则，如，罪刑法定、法律辩论中当事人双方都有机会陈述己见、为权利救济提供公正的法庭、任何人不当自己案件的法官，等等。所有这些与基本权利都是一致的。一般而言，基本权利蕴含了"尊重人为人"、"让人做人"的基本文明理念，它们并不排斥文化的多元发展，但它们为文化的多元发展奠定最起码的道德基础。它们也并不全盘否定国家权力的积极作用，但它们与人权以及其他权利一起，为国家权力的行使设定基本界限，以防止和克服恣意膨胀的社会权力和国家权力践踏人类据以生存和发展的最基本价值。在现代社会，基本权利是法律应当充分体现的基本内容。

二 法律正义的形式要素

亚里士多德在《政治学》中以制定得良好的法律获得普遍服从来描述"法治"状态，这一描述从正义论的角度可以阐释出法律正义的三个基本要素。一是法律承载正义内容，二是法律在形式上可以达致正义，三是正义法律得到普遍遵守。如果说前者是法律正义的实质要素，那么，后

---

① [美] 杰克·唐纳利：《普遍人权的理论与实践》，王浦劬等译，中国社会科学出版社2001年版，第38—42页。
② [美] 埃德加·博登海默：《法理学——法哲学及其方法》，邓正来、姬敬武译，华夏出版社1987年版，第264页。

二者则涉及法律正义的形式要素。法律正义的形式要素是指通过法律实现正义在形式上必须具备的要素，也就是良好的法律在形式上所应具备的属性和品格。它与法律正义的实质要素大致可说是"器"与"道"的关系。一方面，法律要有能力承载正义的内容，另一方面，承载正义内容的法律要能够得到最终落实。法律的形式属性和品格对法律正义很重要，因为即使法律在实质内容上是正义的，但如果它们得不到切实执行或者因为形式的限制而难以实施，那么，法律正义最终也不会得到实现。

人们对法律正义的形式要素历来比较重视。一些学者在法律正义的实质要素与形式要素之间，甚至更加看重形式要素。哈耶克就曾举例说，法律关于开车规则是规定走马路左边还是走马路右边，这无关紧要，重要的是，法律一旦作出规定，如走马路右边，所有车辆都必须遵照执行。这讲的是法律的一般性、确定性和普遍性。对于法律正义的形式要素，中国古人也很看重，讲得很多，例如"法莫如显"，"布之于百姓"（《韩非子·难三》），"使之明白易知"（《商君书·定分》），"明法而固守之"，"君臣上下贵贱皆从法"（《管子·任法》），"法莫如一而固"（《韩非子·五蠹》），"令尊于君"（《管子·法法》），"法必明，令必行"（《商君书·画策》），等等。这些看法，在一些西方学者有关现代法的描述中得到了同样强调。

在韦伯看来，现代法呈现出形式的、合理的、逻辑的、普遍的、一般的、明确的、稳定的、可预见的、可计算的、至上的、独立自治的、分化的等特征。[①] 哈耶克注意到，资本主义法或"法治之法"具有一般性、抽象性、普遍性、平等性、确定性、稳定性、可预见性、双向约束性、无目的性、消极性或否定性。罗伯托·曼加贝拉·昂格尔（Roberto Mangabeira Unger）的研究亦表明，现代法律秩序具有公共性、实在性、普遍性和独立自治性。[②] 关于现代法，朗·卢沃斯·富勒（Lon Luvois Fuller）指出，完善的法律应是一般的、公布的、不溯既往的、明确的、无内在矛盾的、

[①] Cf. David M. Trubek, "Max Weber on Law and the Rise of Capitalism", 3 *Wisconsin Law Review* 720–753 (1972).

[②] ［美］罗伯托·昂格尔:《现代社会中的法律》，吴玉章、周汉华译，中国政法大学出版社1994年版，第43—48页。

可行的、稳定的、一致实施的。① 约瑟夫·拉兹（Joseph Raz）则认为，法律应是可预期的、公开的、明确的、相对稳定的，必须在公开、稳定、明确而又一般的规则的指导下制定特定的法律命令或行政指令，法院有权对政府其他部门的行为进行合法性审查，司法要独立，审判要公平，打官司要方便容易，不容许执法机构以自由裁量权歪曲法律。约翰·菲尼斯（John Finnis）也提到，法律规则应当是可预期的、不溯既往的、可行的、公布的、明确的、一致的、稳定的，特殊法令的制定要受一般规则指引，官方行为要合法。②

这些关于现代法特征的归纳概括，大多体现出西方文明在法律形式属性和品格上的现代要求，其中也含有一些影响法律正义实现的矛盾因素。这些属性和品格，大体又可分为两部分。一部分涉及法律自身的形式要求，如一般、普遍、明确、公开、统一、稳定等。另一部分则涉及法律的实施机制，如官僚制、专职化、独立自治、司法权威、依法裁判等。后一部分中的官僚制、专职化、独立自治等特点主要是对现代资本主义法的事实描述，尽管它们有助于防止非司法权力以及道德伦理等其他因素对司法的介入而显示出一定的合理性，但它们在有些情况下亦可能使法律所体现的正义的实质内容落空。或者说，虽然裁判在形式上是合法的，但它们并不符合实质正义。这些是由专业分工以及社会分化所引发的需要注意的现代问题。此外，法律的可变与法律的稳定性、法律专职化与法律明白简约之间的矛盾，看上去也有待进一步协调。笼统地就一般情况而言，法律正义的形式要素可着重落实于法律、法律的执行以及法律的利用这三个方面。

（一）普遍性

法律的普遍性主要包含两层含义，一是规定的一般性和抽象性，一是适用的平等性。前者指法律规定使用一般的、抽象的措辞对典型情况作类的调整，不"议事以制"（《左传·昭公六年》），不针对特定的人和事发布即时命令。后者指法律在相同情况下对所有人具有同等约束力，一律平等适用。相对具体命令而言，法律规定的一般性和抽象性增

---

① 参见［美］埃德加·博登海默《法理学——法哲学及其方法》，邓正来、姬敬武译，华夏出版社1987年版，第186页。
② 参见夏勇《法治是什么——渊源、规诫与价值》，《中国社会科学》1999年第4期。

强了法律含融正义实质内容的能力，使得基本权利的保障得以在社会范围广泛扩展。相对"议事以制"而言，法律适用的平等性"确立了公民在形式上的平等，从而保护他们免受政府的任意管治之害"。① 因此，有学者认为，"法律的普遍性是法律的本质要件或法治国不可缺少的要件。"②

（二）确定性

法律的确定性也包含两层含义，一是法律规定的内容确定可知，二是法院的裁判相对确定，可以预知。前者要求法律规定不前后矛盾、明确、公知、稳定。后者要求司法行为和司法裁判符合先定的法律规则。法律的确定性可以为社会成员的行为提供稳定预期，使"万民皆知所避就"（《商君书·定分》），同时维护法律的权威，保障法律所蕴含的普遍性价值的实现，限制司法过程中的徇私枉法。因此，在法律实践中应尽可能提高法律的确定程度，特别是裁判的确定程度。古人讲，"徒法不足以自行"（《孟子·离娄上》），"法者，治之端也；君子者，法之原也"（《荀子·君道》），"尚贤为政之本"（《墨子·尚贤中》）。这些话语强调了人对法律实施的重要作用。要增强法律的确定性，保证法律实施与法律规定相一致，很重要的一个方面在于，在提高司法权威的同时提高执法者的德性、正义感以及对法律的忠诚。这在柏拉图那里被称为"个人正义"，在这里则可被视为法律正义的主体要素。

（三）可利用性

法律的生命在于法律得到利用。法律得不到利用，法律所承载的正义内容就实现不了，而且，法律如果不能被广泛有效地利用，"公法"还有可能沦为有产有势者的"私法"。因此，法律的可利用性是法律正义的重要因素。法律不被利用大致有两种原因，一是人们不知道法律或者不知道怎么利用法律，二是人们知道法律但因为利用法律成本太高而逃避法律。前者要求增强法律的可接近性。后者要求降低法律的利用成本，为人们利用法律提供方便。增强法律的可利用性主要有两种途径。一是使法律规定和程序明白简约、通俗易懂，像简化字一样容易为人所学、所识、所用，

---

① ［美］罗伯托·昂格尔：《现代社会中的法律》，吴玉章、周汉华译，中国政法大学出版社1994年版，第47页。

② 徐国栋：《民法基本原则解释——成文法局限性之克服》，中国政法大学出版社1992年版，第135页。

并向弱势群体提供法律援助,这是一条大众化、民主化的路线。二是大力发展法律中介服务,强化和规范法律救济制度,这是一条精英化、专职化的路线。不管何种途径,都应避免让人们因为麻烦、费用昂贵、不信任、恐惧或其他原因而远离法律。

第二章

法律的政治分析

一般而言,要是对法律所持看法不同,人们对法律与政治之间关系的把握也会有所差异。主张"法律只是权力关系的表述"[①] 的人,大多认为"法律是政治的";主张"理性是法律的生命"[②] 的人,则大多认为法律超越于政治之上。在把握和分析法律与政治之间的关系时,不同的人也可能遵循不同的路径和方法。通常,人们习惯于通过"上层建筑"等宏大话语来分析法律与政治之间的关系。不过,也有人倾向于把政治的含义扩展到国家、社会以下的一些细微层面,并通过对具体的、局部的、零散的法律事件的分析来把握法律与政治之间的关系。对法律作政治分析,其主要目标在于分析和揭示法律与政治之间的真实关系。这些关系往往包括许多具体方面。例如,在中立和客观的标榜下,法律原则和教义是否隐藏了实质性的政治承担?法院是超越于政治之上的独立机构,还是只是政治机构的一部分?法官作出裁判是严格依照法律和事实,还是以其对公共政策的党派观点,或者其对政党政治和意识形态的忠诚为基础?法律推理和论证是否只是一些独立于政治话语的技术性方法?等等。[③] 本章不围绕这些具体问题展开讨论,也不对零散局部的具体法律事件作细致分析,而是主要分析法律与政治的一般关系。它着力解决的是这样一个问题:在一般意义上,法律与政治之间到底是一种什么样的关系?或者说,如何分析法律与政治之间的关系?本章包括三个部分。一是从分析实证主义的法律观点

[①] Quoted in Martin Loughlin, *Sword and Scales: An Examination of The Relationship between Law and Politics*, Oxford: Hart Publishing, 2000, p. 14.

[②] Ibid., p. 72.

[③] Ibid., pp. 14, 72; Jeremy Waldron, "Legal and Political Philosophy", in Jules Coleman and Scott Shapiro (eds.), *The Oxford Handbook of Jurisprudence and Philosophy of Law*, Oxford: Oxford University Press, 2002, pp. 352–353.

入手分析法律与政治的一般关系，这主要涉及对法律的政治意蕴以及法律对政治的制约功能的揭示。二是围绕"权力"这一核心的政治概念探讨法律的二元权力结构。三是围绕"权利"这一核心的法律概念分析法律权利的政治内涵。

第一节　法律与政治的一般关系

分析实证主义法学有两个基本观点，一是把法律界定为主权者的命令，二是视法律为一个封闭的规范体系。封闭规范体系在凯尔森那里表现为以"基本规范"（basic norm）为基点的效力等级系统，在赫伯特·哈特（Herbert Hart）那里表现由"初级规则"（primary rules）与"次级规则"（secondary rules）组成的效力互动系统，在卢曼那里表现为此规范与彼规范之间的效力循环系统。这两点具有明显的科学化、体系化倾向，体现了一种使法律成为一个独立系统的努力。然而，这两点，也为政治因素侵蚀法律规范体系的独立自主性留有突破口。

就作为命令的法律而言，不受法律限制的主权者构成了法律不能自主的致命弱点。让·博丹（Jean Bodin）认为，主权是置于公民和臣民之上的共和国最高的、绝对的、永久的权力，它不受法律制约。胡果·格劳秀斯（Hugo Grotius）和霍布斯也认为，主权不受法律限制，而只受自然法、万民法或道德的约束。法律由主权者制定、修改和废止，但主权者不受法律限制，这样一种单向的制约关系造就了法律体系的先天不足。梁启超在《先秦政治思想史》中称"法家最大缺点，在立法权不能正本清源"，讲的正是这个意思。无论是古代的君主，还是近代国家的主权者，它们都作为法律的"本源"而超越和凌驾于法律之上，这使得法律可能受到政治的支配而处于被动地位。

就作为规范体系的法律而言，被假定为法律规范体系源头的基本规范也存在致命的不足。如果下级规范的效力来自上级规范，上级规范来自更上级规范，那么，作为规范体系源头的基本规范或第一宪法，它们的效力源于何处？基本规范的合法性何在？为了克服法律体系自主性上的弱点，卢曼曾把法律想象为一个建立在自己正确的基础上的、自我参照、自我再生产的独立系统。卢曼认为，在法律体系内部不再存在规范等级，每一要素的规范属性都在一种对称结构中归于其他要素的规范属性。各要素之间的彼此互动创造了一个封闭的交流过程，只有法律系统能够授予其组成部分以法律上的规范特性，只有法律能够改变法律，它通过自己设定的程序修改自己。法律系统的这种封闭、循环和独立自主在一定程度上避免了法律的反复无常以及政治对法律的干预，具有独特的"非政治化"（de-politicizing）功能。不过，为了确保法律系统能够应对偶发事件，适应环境，卢曼同时又把法律系统视为一个"在认知上开放的系统"。法律系统通过赋予认知部分以规范属性来回应政治需要和社会现实。由此看，卢曼所谓的法律系统认知上的开放性其实与基本规范一样，最终仍然没有彻底封闭法律自主体系的政治缺口。

总体来看，尽管分析实证主义法学和法律系统理论，都试图强化法律系统的独立自主性，但它们并没有完全堵塞政治与法律之间的交流渠道。而且，由于法律体系的统一性得到强调，法律更有可能作为一个整体而被置于政治之下。要是如系统论者那样，把法律和政治视为社会系统的两个子系统，那么，这两个子系统之间的关系可能存在三种可能性。一是法律屈从政治，二是政治屈从法律，三是法律与政治相互制约。这三种关系在历史的不同时期均有体现，本节主要讨论前两种关系，中间夹杂着对第三种关系的讨论。

一 作为政治附属物的法律

是否存在着不受法律制约、凌驾于法律之上的政治权力，或者是否存在某种可能使法律不再起作用的政治权力，这是判断法律是否屈从于政治的一个主要标志。尼科洛·马基雅维里（Niccolo Machiavelli）、霍布斯以及卡尔·施密特（Carl Schmitt）等人都洞察到并阐述了法律相对于政治的被动和受支配处境，因此在理论上可以把他们有关法律与政治之间关系的看法划归为一类。

作为近代政治学的奠基人，马基雅维里已经如马克思所说，开始"用人的眼光来观察国家"，"从理性和经验中而不是从神学中引出国家的自然规律"。在马基雅维里的《君主论》中，有段关于法律的论述：

> 一切国家……其主要的基础乃是良好的法律和良好的军队，因为如果没有良好的军队，那里就不可能有良好的法律，同时如果那里有

良好的军队,那里就一定会有良好的法律……世界上有两种斗争方法:一种方法是运用法律,另一种方法是运用武力。第一种方法是属于人类特有的,而第二种方法则是属于野兽的。但是,因为前者常常有所不足,所以必须诉诸后者……如果只具有一种性质而缺乏另一种性质,不论哪一种性质都是不经用的。①

这两段话蕴含了三层意思。第一,法律是一种重要的统治和斗争工具。第二,法律以及军队和武力都是为统治和斗争所必需的手段,必须配套使用。第三,军队和武力是更为根本的统治和斗争工具,相对于它们而言,法律只处于一种从属和辅助的地位,受制于它们。马基雅维里之所以认为军队和武力比法律更重要,源于他对历史经验的总结:"所有武装的先知都获得胜利,而非武装的先知都失败了。"② 不过,马基雅维里也劝诫君主们主动遵从法律。他说,

> 君主们应该懂得……他们开始违反法律、漠视人们长期生活其间的古老传统和习俗之时,也是他们丧失自己国家的开始。③

马基雅维里的这一劝诫并不意味着君主应该完全屈从"法律的统治",就像柏拉图在《法律篇》中所提到的,"法律是政府的主人,政府是法律的奴仆。"在马基雅维里那里,君主遵守法律看上去只是一种出于深谋远虑的政治策略,一旦情势所需,军队和武力就会走到前面,直接起决定性作用。很明显,在法律与政治之间的关系问题上,马基雅维里在看到法律在政治生活中的重要作用的同时,更看到了政治对法律的支配作用。

如同马基雅维里将军队和武力置于法律之上一样,霍布斯也把主权者不受限制的绝对权力摆在了法律之上。基于众多的历史事实,霍布斯断定,权力稍稍受到限制的一切国家,都会被迫遭受损害和变故。因此,霍布斯主张主权者享有不可转让、不可分割的绝对权力。这是霍布斯在社会

---

① [意]尼科洛·马基雅维里:《君主论》,潘汉典译,商务印书馆1985年版,第57、83页。
② 同上书,第27页。
③ Quoted in Martin Loughlin, *Sword and Scales: An Examination of the Relationship between Law and Politics*, Oxford: Hart Publishing, 2000, p.119, note29.

契约理论上与洛克的重要不同。霍布斯的社会契约论只关注政府权威的建立问题，而洛克的社会契约论则延伸到政府权力的分割和限制问题。在霍布斯看来，在无政府的、混乱的战争状态与具有无限权力的国家统治之间，不存在中间选择。亦即，除非产生一个具有绝对权力的主权者，否则不会带来安全与和平。霍布斯说，"其实一切政府形式中的权力，只要完整到足以保障臣民，便全都是一样。"① 这意味着，"在每一个政府的某处总存在着最高权力，这是确定不移的，而问题仅仅在于由谁拥有这一权力。"② 由于霍布斯看到了绝对权力对于形成公共安全和社会秩序的绝对必要性，"他的理论实质上是把政府与暴力等同起来；不论是否加以运用，这种暴力至少必然总得在幕后呆着。"③ 主权者的绝对权力不受法律限制，而且，幕后的"暴力"总是有可能在特殊情况下颠覆法律，这决定了法律的被动处境。霍布斯论证说，"因为主权者既有权立法废法，所以便可以在高兴时废除妨碍自己的法律并制订新法，使自己不受那种服从关系的约束"；"将法律置于主权者之上，便同时也将一个法官和惩办他的权力当局置于他之上，这样便是造成了一个新的主权者；由于同一理由，又可将第三个人置于第二者之上来惩罚第二者，像这样一直继续下去，永无止境，使国家陷入混乱和解体。"④ 霍布斯主张绝对权力高于法律，与其说是源于他个人的喜好，不如说，他也和马基雅维里一样，看到了历史和现实中政治权力对法律的决定性影响。最高权力存在的不可避免及其必要性决定了法律相对于政治的从属地位。

马基雅维里和霍布斯看到了足以支配法律的武力和绝对权力，施密特则从危及国家生死存亡的"非常状态"，同样看到了法律屈从于政治的被动处境。施密特认为，"非常状态"是无法预知的、在出现时也不知如何应对的、极端危险的状态，因此，它没有被纳入现有的法律制度之中。"非常状态"打破了一般的法律条文，与国家主权者的"决断"紧密联系

---

① [英] 托马斯·霍布斯：《利维坦》，黎思复、黎廷弼译，商务印书馆 1985 年版，第 141、251 页。
② [美] 乔治·霍兰·萨拜因：《政治学说史》，刘山等译，商务印书馆 1986 年版，第 531 页。
③ 同上书，第 528 页。
④ [英] 托马斯·霍布斯：《利维坦》，黎思复、黎廷弼译，商务印书馆 1985 年版，第 207、253 页。

在一起。"主权就是决定非常状态",对"非常状态"最终决断权的垄断构成为国家主权的本质。这种"决断"并不以法律为前提。"统治者决定是否出现了极端的紧急情况,以及采取何种措施消除这种情况。他置身于正式生效的法律秩序之外,他绝不属于这种秩序,因为正是他来决定是否完全搁置宪法。现代宪政发展的所有趋势均倾向于限制这个意义上的统治者。"然而,在施密特看来,这种极端的非常状态并不能从世界上根除。他说,"在任何一个国家,都始终不仅有命令和指挥,也有法律上的规范化和用处理事务的措施进行的管理。"① 由此,"非常状态"以及对它的"决断"所要表明的与其说是宪政的巨大威胁,毋宁说是用以说明宪政不可能的一个关键因素。施密特所谓的"决断"比凯尔森所说的"基本规范"更进一步,它不是整个法律体系和法律秩序的规范基础,而是它们的政治基础,它在"非常状态"下可能导致法律秩序的瓦解和颠覆。施密特说,"任何法律秩序均建立在决断之上,而且人们在实际运用当中似乎认为,具有自明性的法律秩序的概念本身包含着两种不同的法律因素——规范与决断。就像其他秩序一样,法律秩序也是建立在决断之上,而非规范之上。"施密特通过"非常状态"以及与之相联系的"决断",鲜明地指出了政治入侵乃至颠覆法律的突破口,在这个突破口起决定性作用的仍然是国家主权,而不是法律。施密特说,"非常状态的首要特征就是不受限制的权威,它意味着终止整个现有秩序……在这种状态下,国家仍然存在,而法律则黯然隐退";"国家的存在确凿无疑地证明了国家高于法律规范的有效性。决断不受任何规范的束缚,并变成真正意义上的绝对的东西。人们可以说,在非常状态下国家是根据自我保存的权利终止法律。"② 施密特以常规状态与"非常状态"、规范与"决断"之间的区分,有力地说明了法律与政治之间的关系,在此关系中,法律屈从于政治的被动处境极为明显。施密特明确指出了法律的这种政治意蕴。他说,

> 人们以极大的狂热剥夺了政治观点的所有正当性,并将其限制在道德、法律和经济的规范与秩序内。然而,在具体的政治现实中,不

---

① [德]卡尔·施密特:《合法性与正当性》,李秋零译,载刘小枫编《施密特文集》第1卷,上海人民出版社2003年版,第250页。
② 参见[德]卡尔·施密特《政治的神学:主权学说四论》,刘宗坤译,载刘小枫编《施密特文集》第1卷,上海人民出版社2003年版,第6—14页。

是抽象的"秩序"或规范，而总是某些真实的人类群体和组织统治另外一些人类群体和组织。从政治上讲，道德、法律和经济规则始终呈现出某种具体的政治意义。①

马基雅维里、霍布斯和施密特都把法律笼罩在政治的阴影之下，这在卢曼看来不符合现代社会的发展趋势。卢曼认为，现代社会是一个日渐分化的社会，它按照各种特定功能分化为政治、经济、法律等子系统，各子系统按照各自的交流媒介，如政治系统的有权/无权、经济系统的拥有/不拥有、法律系统的合法/非法等，自我观察，自我描述，自我规制，同时与其他子系统以及系统环境进行信息交换。功能分化的重要后果是社会全整性（totality）的丧失。卢曼指出，在现代社会，"没有哪个功能系统能够宣称特权地位；每一个都依据其自己功能的优先假定发展它自己的社会描述……既然特定系统的具体运行如此多样，也就不再有系统能够将其描述置于其他系统之上了。"② 也就是说，法律与政治在现代社会不再是政治对法律或者法律对政治的整体支配关系，它们都是社会的子系统，相互独立，彼此通过各自的交流媒介进行信息交换。

二 作为政治制衡器的法律

马基雅维里、霍布斯、施密特等人的理论共同揭示出，作为政治过程的产物和政治权力斗争的工具，法律最终受军队、武力、最高权力以及主权的支配。这正如奥诺雷·德·巴尔扎克（Honore de Balzac）在《高老头》中所写，"没有法律，只有时势"（There are no laws but those of expediency）。此种观点体现了法律与政治之间关系的一个重要维度，但它并不代表法律与政治之间关系的全部。在此之外，还有另外一些主张。例如，康德在《永久和平论》中指出，"人的权利必须被视为神圣的……一切政治都必须跪在权利的面前"；洛克在《政府论》中提到，"人民的福利是最高的法律"；还有人认为，"法律在什么地方终结，暴政就在什么

---

① ［德］卡尔·施密特：《政治的概念》，刘宗坤等译，载刘小枫编《施密特文集》第1卷，上海人民出版社2003年版，第198页。

② 关于卢曼的社会系统论及其法律与政治之间关系的有关论述，详见本书第十章。

地方开始。"① 这些主张把法律不仅仅视为政治权力的产物和工具，同时也视为限制政治权力、维护人民利益和公民权利的重要工具，体现了人类对法律和政治活动的某种期望和理想，也为法律与政治的关系提供了另外一个维度。循此维度，法律与政治的关系时常被人转化为理性与意志、真理与强权、正义与权力、规则与专断的关系。如果说，马基雅维里、霍布斯、施密特等人的理论，强调了法律与政治在统治策略、特殊时期的高度一致性，那么，康德、洛克等人的主张则从理性、正义等方面突出了法律与政治之间必要的张力。由此，在政治实践中突出法律的重要性乃至力行"法治"，其实就是要减少政治权力的专断任意性，尽可能地把理性、正义、民生幸福等价值要素融入政治实践。

有学者曾从历史的角度划分出三种类型的宪法："革命宪法""改革宪法"和"宪政宪法"。其中，"革命宪法"创制于夺取政权的革命时期，旨在从法律上确认和巩固革命成果。它的合法性基础是革命本身。"改革宪法"出现于在经济、政治、文化和社会的广泛领域推行大幅度改革的时期，旨在确认和巩固改革成果，维护改革所需的秩序。它的合法性基础既是现有法统，又是改革本身。改革既不同于革命又具有某种革命的意义，既依托原有体制又在很大程度上改造原有体制。这决定了无论实体方面，还是程序方面，都在一定程度上允许违宪改革、违法改革。"宪政宪法"出现于革命或改革已基本完成并确立宪政体制和法治原则之后。这个时候，不仅有宪法，而且有宪政；不仅有法律，而且有法治；宪法真正享有最高的法律权威，国家和社会管理的一切活动，包括各方面的改革，都纳入宪法和法律的轨道。② 这三种宪法大致勾勒出法律与政治之间关系的一个渐进过程：最初是政治权力决定和支配法律；其次是法律与政治权力相互影响；最后是政治权力受到法律的严格约束，政治行为屈从于"法律的统治"。

不过，这里仍然存在着这样一些问题。最初决定并创制法律的政治权力，到后来何以会自动跳到法律的框架内，接受法律的约束？这样一种约束是真正地表明了"法律对政治的胜利"，还是像马基雅维里所认为的那

---

① 参见 Martin Loughlin, *Sword and Scales: An Examination of The Relationship between Law and Politics*, Oxford: Hart Publishing, 2000, pp. 13, 175；［德］伊曼努尔·康德《历史理性批判文集》，何兆武译，商务印书馆 1990 年版，第 139 页；［英］约翰·洛克《政府论》下篇，叶启芳、瞿菊农译，商务印书馆 1964 年版，第 97、123 页。

② 夏勇：《中国宪法改革的几个基本理论问题》，《中国社会科学》2003 年第 2 期。

样，只是一种政治姿态或策略？在法治、宪政条件下，"利维坦"何以不能在特别时期或特殊事件上打碎套在自己身上的法律枷锁？在法律与政治之间的关系问题上，现实主义法学以及"批判法律研究运动"认为法律是政治中的法律，法律就是政治，而罗纳德·德沃金（Ronald Dworkin）等人则认为政治是法律中的政治。这其实代表了法律与政治之间关系的两个方面。一方面，法律如马基雅维里等人所认为的那样，受到政治权力的支配和影响；另一方面，政治如同康德、洛克等人所认为的那样，受到权利和法律的制约。这两个方面说明了法律与政治在不同历史时期的关系变化，也说明了法律与政治在同一历史进程的不同阶段的关系变化。在社会动荡无序时期或者政权初建、宪法草创阶段，政治对法律有决定性的影响；在政权基本稳定时期或者改革、建设和发展阶段，法律为政治行为设定框架，政治受到法律的一定制约，或者说，政治更多地通过法律而不是暴力来理性实施一种更加巧妙、更为人所接受的统治。

政治受到制约，集中表现为国家权力受到一定程度的制约。历史地看，对国家权力的制约主要有三种手段和形式：一是权利制约，二是权力分立，三是市民社会。

（一）权利制约

通过社会契约建立公共权力来结束"自然状态"、保障人和公民的权利，是霍布斯、洛克、卢梭等社会契约论者的共同主张。此后，以维护人权和公民权利为主要目标，通过法律规范国家权力的设置和行使，成了现代社会主要的统治或治理模式。在此模式下，公共权力存在的主要理由在于保护权利，权力通过权利来说明其正当性，权力的享有和行使以权利为目标，权利与权力因此形成为目的与手段的关系。正如洛克所说，"谁握有国家的立法权和最高权力，谁就应该以既定的、向全国人民公布周知的、经常有效的法律，而不是以临时的命令来实行统治；应该由公正无私的法官根据这些法律来裁判纠纷；并且只是对内为了执行这些法律，对外为了防止或索偿外国所造成的损害，以及为了保障社会不受入侵和侵略，才得使用社会的力量。而这一切都没有别的目的，只是为了人民的和平、安全和公众福利。"[①] 这里，洛克指出了权利制约与"法律的统治"之间

---

① [英] 约翰·洛克：《政府论》下篇，叶启芳、瞿菊农译，商务印书馆1964年版，第80页。

的内在联系：要确保权力与权利之间的手段与目的关系，必须实行法治和宪政。法治和宪政的重要要求在于，宪法具有至上权威，所有公共权力的存在、享有和行使方式都由宪法和法律明确规定，宪法和法律的更废严格依照法定程序进行，对宪法和法律的违反必定导致相应的宪法和法律责任。显然，在这样一种架构中，宪法是否有力地规定了权利保护内容以及宪法能否在政治实践中不为政治权力所破坏乃至摧毁，是权利能否最终制约权力的关键所在。

（二）权力制衡

立宪、议会、行政和司法，构成了权利保障体系或者现代权力规范和制约体系最主要的四个环节。权力分立和制衡，体现了一种保证宪法不轻易为政治权力所破坏的积极努力。限制权力除了依靠权利和法律外，还依靠权力之间的相互制衡。权力对权力的制约时常比法律、权利对权力的制约更为有效。权力分立和制衡的主要理由在于权力的扩张性。约翰·爱默里克·爱德华·达尔伯格－阿克顿（John Emerich Edward Dalberg-Acton）说，"权力导致腐败，绝对权力绝对腐败"（Power tends to corrupt, and absolute power corrupts absolutely）。孟德斯鸠说，"一切有权力的人都容易滥用权力，这是万古不易的一条经验。有权力的人们使用权力一直遇到界限的地方才休止。"[①] 詹姆斯·麦迪逊（James Madison）也说，"权力具有一种侵犯性质，应该通过给它规定的限度在实际上加以限制。"[②] 如同权利制约有助于防止权力的滥用一样，权力分立及其相互制衡有助于防止出现不受制约的绝对权力。正因为此，法国1789年《人权和公民权利宣言》中说，"权利未保障和权力未分立的社会，无宪法可言。"历史上，权力的分立在洛克那里表现为立法权与执行权的分立，在孟德斯鸠以及美国宪法那里表现为立法权、行政权与司法权的分立和制衡。权力的分立和制衡形式上把国家权力分为相互制约的几个部分，避免了由一个机构或部门单独行使国家最高权力，但从实质看，它有时未必能消除各权力部门党派立场或阶级利益的一致性以及国家权力的统一性。

---

① ［法］查理·孟德斯鸠：《论法的精神》上册，张雁深译，商务印书馆1961年版，第154页。

② ［美］亚历山大·汉密尔顿、约翰·杰伊、詹姆斯·麦迪逊：《联邦党人文集》，程逢如等译，商务印书馆1980年版，第252页。

（三）市民社会

有观点认为，宪法条款在决定政治斗争的结果方面无关紧要，想要理解政治的作用，真正需要注意的是各种"社会力量"。[①] 这一观点把法律问题深入到了社会层面。在一些人看来，比之于社会根基来说，权利制约以及权力制衡其实不过是约束国家权力的枝叶，只有与政治国家适度分离的市民社会才能真正对国家权力形成有效制约。洛克意识到这一点，在他看来，除了权利制约和权力分立外，"社会始终保留着一种最高权力，以保卫自己不受任何团体、即使是他们的立法者的攻击和谋算"。[②] 市民社会是处于政治国家之外的"非政治化社会"，也是免受国家权力干预的私人生活领域，这一"私域"构成为国家权力行使的界限。国家受到法律的实质性和程序性规定的约束，通过制定和实施法律来维护市民社会，市民社会则通过市场、政党竞争、司法独立以及舆论监督等制度，抑制国家权力的过度膨胀。[③] 亦有一些学者认为，在非中心化（decentered）的现代社会，市民社会对政治国家的制约已不再具有太大意义。例如，在卢曼看来，就分化的现代社会系统而言，声称社会的统一性已不再可能，对"市民社会"这一规范范畴的主张只能是一种无望的浪漫主义。又如，福柯认为，"市民社会"事实上不过是现代权力技术的产物，它与政治国家的对立有其特定的历史背景和意图。自由主义经济学家最初将它视为自主经济过程的场所，并用它来限制国家的行动范围。尽管这很适合18世纪晚期和19世纪，但已不再适用于20世纪的西方社会，因为，现代西方社会出现了一种新的分层形式和新的权力关系，不会再有任何"市民社会"类型能够为挑战遍布西方社会的统治结构的任何规划提供参照点。[④]

有人指出，政治并非仅仅与强权意义上的权力及其行使相联系，它也

[①] ［英］M. J. C. 维尔：《美国政治》，王合、陈国清、杨铁钧译，商务印书馆1981年版，第12页。

[②] ［英］约翰·洛克：《政府论》下篇，叶启芳、瞿菊农译，商务印书馆1964年版，第92页。

[③] 参见邓正来等编《国家与市民社会——一种社会理论的研究进路》，中央编译出版社1999年版，第38—40页。

[④] Cf. Jean L. Cohen and Andrew Arato, *Civil Society and Political Theory*, Cambridge, MA: The MIT Press, 1992, pp. 255 - 256; Michel Foucault, *Politics, Philosophy, Culture: Interviews and other Writhings of Michel Foucault*, 1977 - 1984, New York: Routledge, 1988, pp. 167 - 168.

应该是一种与自由和文明的美德紧密联系在一起的活动。[1] 还有人指出，"法律的目的不是废除或限制自由，而是保护和扩大自由。"[2] 这些看法，分别说明了政治与法律的两种性质和功能，同时也共同表明了一种使政治服从法律的愿望和努力。上述权利制约、权力分立与制衡、市民社会乃至"法律的统治"，正是这一愿望和努力在理念和制度上以及实践中的具体表现。尽管它们在一定程度上都有助于制约政治权力，但也有很多人认为，"法律的统治"在本质上只是一种重要的政治理念。鉴于法律与国家政权之间的紧密联系，以及法律规范体系源头上的政治缺口，即使法律能够对政治权力形成一定的制约，法律完全超越于政治之上也仍然只是一种尚待实现的政治理想。这正如有人所指出的，"尽管法律经常被表述为是超越于政治的，但这本质上只是一种修饰学的主张。"[3]

综上所述，尽管政治在某些方面对法律具有决定性的影响，但法律在一定程度上也能起到规范和制约政治行为的重要作用。在历史上，法律与政治之间的关系有一个发展变化的进化过程。有学者曾从抽象意义上把法律分为三种类型。一是压制型法（repressive law），亦即作为压制性权力的工具的法律。二是自治型法（autonomous law），亦即作为能够控制压制并维护自己的完整性的一种特别制度的法律。三是回应型法（responsive law），亦即作为回应各种社会需要和愿望的一种便利工具的法律。这三种法律与政治存在三种递进关系。压制型法旨在建立政治秩序，它从属于权力政治，容易动用政治手段。自治型法注重规则的权威和自治，它虽然仍与致力于"秩序、控制和服从"的"法治国家"相联系，但它被抬到政治之上，与政治秩序保持距离，并与分权相联系。回应型法侧重于对规则和政策的内在价值和政治活动的正义要素的探求，旨在实现某种崇高的政

---

[1] Cf. Martin Loughlin, *Sword and Scales: An Examination of The Relationship between Law and Politics*, Oxford: Hart Publishing, 2000, p. 112.

[2] ［英］约翰·洛克：《政府论》下篇，叶启芳、瞿菊农译，商务印书馆1964年版，第36页。

[3] Martin Loughlin, *Sword and Scales: An Examination of The Relationship between Law and Politics*, Oxford: Hart Publishing, 2000, pp. 220, 70; Jeremy Waldron, "Legal and Political Philosophy", in Jules Coleman and Scott Shapiro (eds.), *The Oxford Handbook of Jurisprudence and Philosophy of Law*, Oxford: Oxford University Press, 2002, p. 352.

治理想,它的愿望与政治愿望一体化,并与权力混合相联系。① 就法律与政治之间关系的这种发展趋势而言,正确处理法律与政治的关系,关键在于,在理念和制度上以及在政治和法律实践中,不仅要在宏观上把政治理想与正义、民生幸福统一起来,更要在现实生活中使政治权力始终处于正义和民生幸福的目标指引以及法律的有效约束下。

具体从中国历史和现实看,处理好法律与政治之间的关系,可谓中国现代发展的一个关键问题。长期以来,法律在中国要么像古代社会那样,受到礼教和君权的主导,要么像近代社会那样受到政治势力的支配,甚至于出现像"文革"那样将政治力量完全凌驾于国家和法律之上的混乱状况。此种局面终究需要改观。对比而言,美国社会看上去习惯于将社会或政治问题法律化或司法化,中国社会则易将法律或司法问题社会化或政治化。在通向民主法治的现代化道路上,政治的法律化和民主化,都是中国需要进一步加强和深化的重要方面。

第二节 法律的政治权力结构

权力是政治领域的核心概念。学者对政治的界定大多围绕权力展开。例如,韦伯认为,政治是"争取分享权力或影响权力分配的努力";② 哈罗德·拉斯韦尔(Harold Lasswell)认为,"政治研究是对权势和权势人物的研究。"③ 因此,对法律的政治分析免不了要分析法律的权力结构。权力不仅有其社会物质基础,也有其思想观念基础。后者正如霍布斯所

---

① [美]菲利普·诺内特、菲利普·塞尔兹尼克:《转变中的法律与社会》,张志铭译,中国政法大学出版社1994年版,第16—18、21、27、63、87、104、130、132页。关于法律与政治之间关系的发展变化以及法律与政治的分离,参见[德]迪特·格林《政治与法》,杨登杰译,载郑永流主编《法哲学与法社会学论丛》(六),中国政法大学出版社2003年版,第120—134页。

② [德]马克斯·韦伯:《学术与政治:韦伯的两篇演说》,冯克利译,三联书店1998年版,第55页。

③ [美]哈罗德·拉斯韦尔:《政治学:谁得到什么?何时和如何得到?》,杨昌裕译,商务印书馆1992年版,第3页。

说,"强权(the power of the might)的基础只在人们的观念和信仰之中"①。就思想观念基础而言,"政治关系主要靠神话(myth)和符号(symbol)维持",因而,"看不到一般理念和信仰的重要性,我们就不能充分理解法律与政治之间的关系。"就社会物质基础而言,"法律与政治之间的关系最好作为对在政治利益冲突中得失胜败者的科学研究的一部分予以考察。循此程式,政治处理物质利益之间的碰撞,法律则应该作为这一过程的延续予以分析。"② 由此,分析法律的政治权力结构可进一步从文化和社会两个层面着手。

一 文化的权力结构

人有其自然的一面,也有其非自然的一面。这非自然的一面就是人的文化或社会一面。人的文化或社会一面主要源于人的理性的运用。自古希腊人把人定义为理性动物起,西方文化和西方社会的理性面相就已基本注定。在西方文明进程中,理性一直居于主导乃至主宰地位,与之相伴随的一种二元权力结构由此也在西方文化和社会中占据主导。在此结构中,理性对非理性实行区分、贬低、排斥和压制。与此相应,法律也处于这一权力结构之中。法律循着理性、秩序、正义等名义规制、惩罚非理性、无序和非正义。因此,法律不仅在文化层面暗含着理性对非理性的权力统治结构,也在社会层面暗含着一部分人对另一部分人的权力统治结构。社会与文化在这里是一致的。本节先从福柯的《疯癫与文明——理性时代的疯癫史》一书开始分析文化的权力结构。

《疯癫与文明——理性时代的疯癫史》对中世纪后期和文艺复兴以来的疯癫作了一种知识考古。福柯对疯癫的考察以中世纪的麻风病开始。他试图说明,在17至19世纪,一种"结构"得以形成,这一结构将中世纪疯癫的审美和日常体验最终转变成为精神疾病。这一结构肇始于中世纪麻风病院对麻风病人的隔离和社会排斥。麻风病消退之后,一种结构,一种"附着于麻风病人形象上的价值观和意象……那种触目惊心的可怕形象的社会意义",一种首先划定神圣的范围然后予以隔离、排斥和反面宣

---

① Quoted in Martin Loughlin, *Sword and Scales: An Examination of The Relationship between Law and Politics*, Oxford: Hart Publishing, 2000, p. 31.

② Ibid., pp. 31, 33.

传的"区分"和"排斥方法"延续了下来。这些方法被适用于贫苦流民、罪犯和疯人,他们被作为同一种类而不加区别地囚禁在一起。作为"非理性"的经验形式,疯癫成为"理性的随从和必不可免的仪仗队",后来则成为医院审视的对象,并且"被关押起来,在禁闭城堡中听命于理性、受制于道德戒律,在漫漫黑夜中度日"。疯人则被认为"复现了人堕落到兽性狂乱的极点的历程,暴露了潜在的非理性领域",因而遭受禁闭或者像野兽一样以栅栏隔离开来予以展示。疯癫还被作为一种惩罚手段得以运用。将犯人与疯人禁闭在一起,"疯癫渐渐地变成囚徒所恐惧的幽灵,他们蒙受屈辱的象征,他们的理性被消灭、被压制的形象。"福柯说,"疯人不是禁闭的第一个和最无辜的牺牲品,却是禁闭权力的一个最模糊又最明显最持久的象征。专制暴政一直隐秘地以这种非理性的可怕形式存在于被禁闭者的中间。"因此,疯癫充当了禁闭"最恶劣的消极工具",充分体现了一种"惩罚权力","它有效地产生一种补充惩罚的作用"。到19世纪,疯人成为精神病院治疗的对象,在科学、人道和良心的名义下,医务人员实际上以家长和法官的地位将精神病院变成了使用隔离、监视、审判等技术的道德改造所。疯癫被作为一种幼稚或未成年状态受到理性的监护,为"道德世界"所禁闭。

福柯把对疯癫的知识考古视为"一项关于俘虏疯癫并使其万劫不复的历史整体——观念、制度、治安和司法措施、科学概念——的结构研究"。在此结构中,理性有如真理和光明,疯癫则如谵妄和眩惑。在一种非黑即白、非明即暗、非真理即蒙蔽的逻辑下,真理必须通过对荒谬和蒙蔽的区分和排斥来论证和展现自己。因此,福柯所考察的近代以来的疯癫史,实际上是理性禁闭、监视、审判、谴责、压迫疯癫和非理性的历史。福柯试图揭示一种理性统治、防范非理性的深层知识结构,在此结构中,"一种文化用划定边界而得以谴责处于边界之外的某种东西"。理性、真理、人道、科学在此知识和文化建构中都充当了一种话语霸权,它们以自己的眼光和逻辑对信息予以有选择地接受和排斥。[①]

理性对疯癫和非理性的权力统治结构在福柯的书中只限于17至19世

---

① 参见[法]米歇尔·福柯《疯癫与文明——理性时代的疯癫史》,刘北成、杨远婴译,三联书店1999年版,第3—5、30、54—58、66、75、98—100、106、145、209、229—234、242—249等页;刘北成《福柯思想肖像》,上海人民出版社2001年版,第80—102页。

纪这一时段，德里达对此则作了进一步的补充。德里达认为，福柯提到的理性与疯癫的古典危机有一个更大、更长远的背景，它其实是古希腊理性或逻各斯传统的延续和发展。因此，如果要追溯疯癫的历史，就不应该像福柯那样只限于断代，而应该从"逻各斯最原初传统"开始。鉴于此，德里达更加深入地致力于对西方逻各斯中心主义（logocentrism）的挖掘和解构。逻各斯中心主义同样意味着一种二元统治结构。它把事物作一种简单的二元对立处理，如，好/坏、真理/谬误、灵魂/肉体、主体/客体、表象/现实、言语/文字、理智/感觉、存在/非存在、意识/无意识等等。在这些二元对立中，始终有一方构成为"中心"。如果另一方反对或破坏这一中心，那么，反对方又会成为新的中心，亦即，仍处于一种二元统治结构之中。德里达认为，这些二元对立支配着西方文化，它们建构了一种极其有害的价值等级体系。这一等级体系不仅试图为真理提供保证，使现实、言谈、男人、理性等分别凌驾于表象、写作、女人、本能等之上，而且还排斥、贬抑乃至否定那些被认为是低级的方面或立场。德里达试图通过系统的全面置换来消除、瓦解这些中心和等级体系。他说，"在传统的哲学对立中，并没有对立双方的和平共处，而只有一种暴力的等级制度。其中，一方（在价值上，逻辑上等等）统治着另一方，占据着支配地位。消除这种对立首先就是在某个选定的时刻颠倒那个等级关系"，最后否定任何新的等级顺序。[①]

　　福柯和德里达所共同提到的理性统治结构，正可谓法律的文化前提。在一定意义上，法律是理性名义下的一种权力手段。人，与其说是一种理性动物，不如更精确地说，是一种善于对事物作区分和排序的动物。男与女，美与丑，高与矮，白与黑……无不显示出人的区分才能。对事物作不同区分，只能说明这个世界五彩斑斓、丰富多彩。但是，人并不仅限于此，在区分不同事物之后，他们往往还会对其作进一步的纵向比较和价值排序。从而，人与人之间、种族与种族之间、远古与现在之间的上下尊卑、文野贵贱、先进落后……也就相应产生了出来。这些区分和排序在人们的实践中会逐渐形成为一种"集体意识"。这种意识在正常与反常、正

[①] 参见［法］雅克·德里达《书写与差异》，张宁译，三联书店 2001 年版，第 64—69 页；［美］斯蒂文·贝斯特、道格拉斯·凯尔纳《后现代理论——批判性的质疑》，张志斌译，中央编译出版社 1999 年版，第 27 页；［法］雅克·德里达《论文字学》，汪堂家译，上海译文出版社 1999 年版，译者的话。

确与谬误、善与恶、好与坏等之间作出界定和区分，并对反常、错误、邪恶行为予以谴责、排斥、监视、禁锢。法律在很大程度上就是确定、维护文化的二元权力结构的手段和形式。

作为法律前提的文化权力结构，是人在认识世界的过程中权力运用的产物。人的认识能力被视为一种理性力。人对世界的认识就是这种理性力的启用。因此，人对世界的认识不是一种机械反映，而是一种"建构性的"和"反思性的"反映。它实际包含了对世界的"理解"。"理解……是此在的存在方式……是人类生命本身原始的存在特质。"[①] 人在认识和理解世界的过程中生成"现象"，现象的生成是权力运用的结果。这种权力运用，首先表现为对事物的辨别和区分，然后是对事物的命名、赋予意义和等级排序。认识是对"'事物'与'词语'尚未分离的领域"的甄别、定位、切割、描述、建构、加工、简化、篡改、整编、逻辑化、理性化、系统化、空间化、符码化、神圣化……认识"将事物转暗为明"，在此过程中，"目视（regard）享有主宰权力"。[②] 这种主宰权力尤其表现为认识通过将"意义"植入到事物中去理解、解释和建构世界。认识过程中的权力运作产生了文化世界。文化世界主要带来了两种后果。一方面，人们通过对世界的"人化"来过一种自己认为正确和惬意的生活。这正如马克思所说，人"懂得怎样处处都把内在的尺度运用到对象上去；因此，人也按照美的规律来建造"，"人不仅通过思维，而且以全部感觉在对象世界中肯定自己"。另一方面，对象化导致"被对象奴役"和"在自己的对象里面丧失自身"，[③] 亦即，人被迫受到自己产生的外在规则的强制。这正如人类学家所说，

人，不论是个体还是集体，总是由于把自己困扰在……他自己织

---

① ［德］汉斯-格奥尔格·伽达默尔：《真理与方法》，洪汉鼎译，上海译文出版社1999年版，第333—334页。
② 参见［法］米歇尔·福柯《临床医学的诞生》，刘北成译，译林出版社2001年版，第1—2、17、32—42、97—98、106、126—128、218等页，前言。
③ ［德］卡尔·马克思：《1844年经济学哲学手稿》，人民出版社1985年版，第48、53、54、81—85页。

就的分类甄别意指之网……中而成为被统治的对象。①

这两种结果的差异只是人们感觉上的不同。实际上，文化都将人卷裹在意义之网中，只不过人们有时感觉到痛苦，有时感觉到愉悦；有时是自愿的，有时是被迫的；有时觉察到，有时觉察不到而已。

由此可以说，法律实际上是在一套"知识体系"的背景下建构起来的。知识体系造就了权力产生的不平等或非对称结构。在一种价值秩序建构中，它将客观世界中同质的平行差异，转变为异质的等级秩序。法律的合法/不合法模式与此非对称结构正相呼应和吻合。历史上，法律偶尔直接以强权为基础公开耀武扬威，将"强权即是公理"公然付诸实施。但更为经常的情况是，法律以真理和正义之名实行一种表面中立乃至人道的统治。这一统治因为意识形态的渗透而深入人心。所谓"不变人性""永恒真理"，其实只是依凭一套蕴含价值构造的知识体系而运作的权力话语。权力生产真理话语，真理制定法律，法律使权力法律化、规范化，这就是福柯所说的权力、真理与法律的三角关系。借助知识规则的运作和意识形态渗透，"权力统治"循着真理和正义之名而变得名正言顺，畅行无阻。因此，有人甚至认为，法律在很多情况下其实只是"建立在一些普遍传播、哪怕是错误的观点、信仰之上的，而不是只建立在确定的真理之上"。② 作为法律基础的这些并非"永恒真理"的各种认识、观念、信仰，扎根于自古以来的语言结构之中，与特定历史阶段人们的生产、生活实践紧密联系在一起。

二　社会的权力结构

权力的不平等或非对称结构，既存在于文化层面，也存在于社会层面。文化与社会在这里的区分是相对的。文化的权力结构与"知识体系"相联系，社会的权力结构则主要涉及由社会资源的分配不均所导致的不平衡或非对称结构。这一结构既表现为阶级对立，也表现为社会分层。

马克思和恩格斯主要从阶级斗争的角度分析社会的权力结构。他们在

---

① ［美］克利福德·吉尔兹：《地方性知识：事实与法律的比较透视》，邓正来译，载梁治平编《法律的文化解释》，三联书店1994年版，第92页。

② ［法］亨利·莱维·布律尔：《法律社会学》，许钧译，上海人民出版社1987年版，第114页。

《共产党宣言》中指出:"至今的一切社会都是建立在压迫阶级和被压迫阶级的对立之上的","至今一切社会的历史都是阶级斗争的历史。自由民和奴隶、贵族和平民、领主和农奴、行会师傅和帮工,一句话,压迫者和被压迫者,始终处于相互对立的地位,进行不断的、有时隐蔽有时公开的斗争,而每一次斗争的结局都是整个社会受到革命改造或者斗争的各阶级同归于尽。"可见,马克思和恩格斯主要从阶级对立和阶级斗争来理解社会以及社会的变动。在他们看来,任何阶级社会都处在阶级统治和权力反抗这对矛盾之中,最明显的是,到"资产阶级时代","整个社会日益分裂为两大敌对的阵营,分裂为两大相互对立的阶级:资产阶级和无产阶级。"不过,马克思和恩格斯同时也提到了各社会内部的具体分层。他们指出,"在过去的各个历史时代,我们几乎到处都可以看到社会完全划分为各个不同的等级,看到社会地位分成多种多样的层次。在古罗马,有贵族、骑士、平民、奴隶,在中世纪,有封建主、臣仆、行会师傅、帮工、农奴,而且几乎在每一阶级内部又有一些特殊的阶层。"[①] 这里,马克思和恩格斯显然注意到了社会中具体权力关系的复杂性。虽然阶级关系是主要的,但阶级内部的各阶层、社会中的各等级也是存在的。而且,到资本主义社会,即使权力关系简单化为"资产者和无产者"的根本对立,也存在小工业家、小商人、手工业者、农民这样的"中间阶级"。可以说,在马克思和恩格斯对阶级社会的权力结构分析中,阶级对立和阶级统治关系是主要的,社会学上的社会分层和网络分析则是次要的,而且,经济因素占据着极端重要性。与此相应,马克思和恩格斯对"法律"的看法,也主要以阶级对立和结构分析为主。例如,他们把资产阶级法界定为"被奉为法律的"资产阶级意志,这种意志的内容由资产阶级的物质生活条件决定。[②] 因此,从宏观和抽象的角度看,在阶级社会,法律是统治阶级利用国家权力进行阶级统治的重要工具。

在马克思和恩格斯的阶级斗争理论之外,另有人提出了"精英主义范式"(elitist paradigm)。其主要代表人物有加埃塔诺·莫斯卡(Gaetano Mosca)、维尔弗雷多·帕累托(Vilfredo Pareto)、罗伯特·米切尔斯

[①] 参见[德]卡尔·马克思、弗里德里希·恩格斯《共产党宣言》,载《马克思恩格斯选集》第1卷,人民出版社1995年版,第272—273、284页。

[②] 同上书,第283、289页。

(Robert Michels) 等人。精英理论的主要特征可归纳为三点。第一，它以"精英"与"群众"的区分取代"统治阶级"与"被统治阶级"的划分。精英理论认为，社会主要由两个阶层构成，一是统治的少数人（精英），一是被统治的多数人（群众）；社会就是少数人对多数人的统治，凡社会都是如此，因此，无阶级社会是不存在的。第二，它以"精英统治"取代阶级社会的"阶级统治"。精英理论宣称，"不仅精英统治是一切社会所固有的和无可逃避的，而且，除了精英自身的腐败和弱点外，精英在其行动和效果上基本不受限制和制约。"[1] 莫斯卡在《统治阶级》中着重谈到了"有组织的少数"对"无组织的多数"的统治。他说，"由一种单一的动力所指引的组织严密的少数人对一盘散沙般的多数人的统治是不可避免的"；"政治共同体规模越大，实行统治的少数人与被压制的多数人相比所占比例就越小，多数人组织起来对抗少数人就越困难。"[2] 第三，精英理论认为，重要的社会变迁不是由阶级对立关系所决定的，相反，"精英理念和行动到处都在决定重要的社会变迁。"[3] 例如，在帕雷托看来，社会可以划分为三个层次：统治精英、非统治精英和非精英阶层，社会变动就是精英在这些阶层之间周而复始的流动和兴替，没有由此入彼的社会形态过渡和更替。他说，

  在历史上，除了偶尔的间断外，各民族始终是被精英统治着的……人类的历史乃是某些精英不断更替的历史：某些人上升了，另一些人衰落了。[4]

精英理论以身份地位差别取代阶级差别，并以此来说明"统治"问题，这通常难以从一种宏观和抽象的角度，获得对阶级和国家本质的精确

---

[1] Cf. Randall Collins, "The Elitist Paradigm Restated", in John Holmwood (ed.), *Social Stratification* I, Cheltenham: Edward Elgar, 1996, p. 367.

[2] ［英］汤姆·巴特摩尔：《平等与精英》，尤卫军译，辽宁教育出版社1998年版，第4页；［意］加埃塔诺·莫斯卡：《统治阶级》，载［意］维尔弗雷多·帕雷托等《精英的兴衰》，刘北成、许虹译，桂冠图书股份有限公司1993年版，第5页。

[3] ［英］汤姆·巴特摩尔：《平等与精英》，尤卫军译，辽宁教育出版社1998年版，第2页。

[4] ［意］维尔弗雷多·帕雷托：《精英的兴衰》，载［意］维尔弗雷多·帕雷托等《精英的兴衰》，刘北成、许虹译，桂冠图书股份有限公司1993年版，第94页。

理解，也难以正确解释阶级社会中法律的阶级统治本质。尽管精英理论不适用于"统治"命题，但"精英"概念却表明了社会中人与人之间实存着的不平等的权力关系。只要社会不平等没有被彻底消除，这种权力关系就始终存在。只不过，它不是一种整体的"统治"关系，而是权力资源的分配不均所导致的在微观和具体层面上的不平衡关系。有人指出，"人类社会中的社会不平等事实无所不在，源远流长。任何已知的社会，现在的和过去的，都不平等地分配它的稀缺物品和服务。"① 即使到现代社会，职权地位完全开放、竞争机会均等，也难免还是会存在起点和条件的不对等。就此而言，权力关系的存在将是一个十分漫长的过程。资源的分配不均带来了人与人之间的不平等，也造就了社会的不平衡和非对称权力结构。这一结构为权力的存在、流动和运行提供了场所。由此，"精英"可被视为一个表明人与人之间权力资源占有、使用和分配不均的社会分层概念。这是社会的权力结构的一种体现，它表明权力关系处在强/弱、高贵/低贱、有地位/无地位、富有/贫穷等二元社会结构中。有人这样定义精英："精英是用于分类的、描述性的概念。它指的是某一社会中占据高级地位的人。有多少种价值就有多少种精英。除了权力（政治精英）外，还有财富、名望和知识等方面的精英。"② 在此社会不平等意义上，精英概念实际透露出社会中的一种非对称的权力结构。它用以描述在权力资源分配不均的社会的权力结构中人与人之间的优势对比。"精英"因为职业、身份、地位等而在专门资源的拥有和支配上占据优势。这一优势营造了法律运作的外部环境。

有人指出，"如果一个社会中与不同职位相联系的权利和特权（perquisites）必定是不平等的，那么社会也必定是分层的……任何社会，不管是简单的还是复杂的，都必须既按照声望，又按照尊重来区分人，因而，必定具有一定数量的制度不平等。"③ 这些不平等造就了所谓的"精英"，他们在某些方面拥有比社会中的其他成员更多可供利用的资源和优

---

① Melvin M. Tumin, "Some Principles of Stratification: A Critical Analysis", in John Holmwood (ed.), *Social Stratification* I, Cheltenham: Edward Elgar, 1996, p. 245.
② ［美］哈罗德·拉斯韦尔等：《精英概念》，载［意］维尔弗雷多·帕雷托等《精英的兴衰》，刘北成、许虹译，桂冠图书股份有限公司1993年版，第149页。
③ Kingsley Davis and Wilbert E. Moore, "Some Principles of Stratification", in John Holmwood (ed.), *Social Stratification* I, Cheltenham: Edward Elgar, 1996, pp. 189–190.

势。这带给他们更大的行动自由,也使得其他人与之相比在权力关系中处于劣势。"精英"各方面的优越效果受到了许多人的关注。例如,有人提到,"上层地位一般具有与权势者,以及某种统治战略和策略的传统保持密切关系的优势……此外,它也使人比较容易得到威望、收入以及其他价值。"① 另有人提到,"在全世界所有国家,施加社会影响的其他途径——如个人知名度,良好的教育,专门的训练,在教会、行政机关和军队中的高级职位等,对富人来说都要比穷人更容易掌握。富人毫无例外地总是比穷人捷足先登,更不用说他们所不取的那些门径总是艰难曲折的。"② 还有人说,在西方社会,"财产和收入的巨大差别明显影响了个人参与社会统治活动的程度。一位富人可能在进入天国时会遇到麻烦,但他会发现进入政党的高级委员会或某些政府部门是轻而易举的事。他还可以用其他方式对政治生活施加影响:控制新闻机构、结交政界名流以参加各种各样的压力集团或咨询机构。而上述这些穷人则一无所有……"③ 所有这些都是社会不平等事实对人们在政治生活、社会生活中的行为方式的影响。这些影响与"精英"对法律在社会中的实际运作起到的影响是相似的。它们说到底是财富、地位、关系、知识等对法律的微观影响。这些构成为法律运作的微观权力结构。

在现代社会,法律受社会不平等的影响,更多地体现在法律的运作过程中。作为社会的权力结构的体现,"精英"对法律运作的影响主要表现在:由于在社会资源的占有、使用和分配上拥有优势,精英比其他人更容易接近和利用法律(包括法律人员和法律知识),这使得他们在"争权夺利"中可以利用法律占据上风;一旦发生争执,即使自己在法律规范上处于劣势,精英也可能利用手中的各种资源影响法律的运作,最终在法律的名义下歪曲或篡改法律的字面内容。在精英可供利用的各种资源中,金钱、职权、关系、地位、专业知识等是最重要的,也是最明显的。其中,法律知识本身也是一种重要的权力资源。如果说金钱、关系、职权等对法律的影响大多具有明显的"非法"特征,那么,利用法律知识谋取私利

---

① [意]维尔弗雷多·帕雷托等:《精英的兴衰》,刘北成、许虹译,桂冠图书股份有限公司1993年版,第157页。

② 同上书,第10页。

③ [英]汤姆·巴特摩尔:《平等与精英》,尤卫军译,辽宁教育出版社1998年版,第97页。

则最容易留下"合法"假象。这使得法律在一定程度上变相地掌握在法律精英（如律师、法官、检察官、法律专家等）手中，成为法律精英可以任意翻来覆去的"手套"。作为一种形式，法律为精英与非精英之间的社会权力斗争提供了广阔渠道。

总之，财富、知识、职权、地位、关系等社会资源在社会中的分布不均，造就了社会的权力结构，因之，法律在宏观层面上存在着一个阶级统治结构，在微观层面存在着精英与非精英的不平等权力结构。社会的权力结构决定了法律的实际处境，法律的运作伴随有阶级统治和社会权力的争夺。就阶级社会的阶级对立而言，法律是统治阶级用来镇压被统治阶级的主要工具。就"不平等的社会分层模式"而言，法律在一定程度上是各种社会权力据以"争权夺利"的重要手段。

第三节 权利政治及其权力内核

权利是法律领域的核心概念，也是西方近三百年来政治和法律实践的主题。作为一种政治或历史现象，权利肇端于17、18世纪的欧洲，与当时的"启蒙"运动相联系。启蒙思想家通过虚构国家产生之前的"自然状态"，引申出人的"自然权利"，并通过"社会契约"把人和公民的权利与国家权力建构为一种目的与手段的关系，政治权力因此被认为是为了保护人权和公民权利而存在。权利运动带来了"政治的法律化"，同时也带来了"法律的政治化"，① 一种以"人和公民的权利—国家权力"为主导范式的"权利政治"由此建立起来。这样一种统治或治理类型，虽然可以通过前面提到的权力分立与制衡、市民社会等，在一定程度上实现保护权利的目标，但它在深层次上仍然难免政治因素的干扰。本节主要以马克思和福柯有关权利的讨论来引入对这一问题的分析。

一 权利与社会权力

马克思早年曾在《黑格尔法哲学批判导言》中指出，"不能再求助于

---

① Cf. Martin Loughlin, *Sword and Scales: An Examination of The Relationship between Law and Politics*, Oxford: Hart Publishing, 2000, p. 209.

历史权利,而只能求助于人权"。但到后来,马克思更加侧重于对"资产阶级权利"虚伪性的揭露和批判。马克思基于唯物史观对资本主义社会的生产力发展水平给予了充分肯定,但他并没有忽视这一社会与以往社会所具有的统治共性。这一统治共性在以前"以直接的统治关系和从属关系为基础",到资本主义社会则"以物的依赖性为基础",表现为平等权利下面的间接统治。① 这一间接统治与"权利"在一般意义上的平等性密切相关。权利的平等性与社会的不平等事实联系在一起,带来了"权利"的某些弊病和局限。

在《哥达纲领批判》中,马克思强调了"权利"的平等形式与社会的不平等事实之间的矛盾。② 凡"权利"都免不了这一矛盾。当平等的"权利"形式被统一适用于在事实上存在着千差万别的社会成员时,人们在社会中的不平等事实便会通过这一平等形式凸显出来。其结果就像用平行光线照射长短不一的树木一样,得到的只能是长短不一的树影。在此意义上,"平等的权利"并没有改变社会不平等,它的背后实际隐藏着"强权"。一如马克思所说,"在平等的权利之间,力量就起决定作用。"③ 因为"权利"这一平等形式,"强权"在社会中不再以赤裸裸的方式,而是以冠冕堂皇的面貌理性地出场。

有鉴于此,马克思对资本主义条件下资本通过"平等的权利"剥削劳动力给予了深刻揭露和猛烈抨击。在《资本论》中,他不厌其烦地提到:"平等地剥削劳动力,是资本的首要的人权";④ "资本是天生的平等派……它要求在一切生产领域内剥削的条件都是平等的,把这当作自己的天赋人权";⑤ "劳动力的买和卖是在流通领域或商品交换领域的界限以内进行的,这个领域确实是天赋人权的真正乐园。那里占统治地位的只是自由、平等、所有权和边沁。自由! 因为商品例如劳动力的买者和卖者,只

---

① 参见〔德〕卡尔·马克思《资本论》第 1 卷,人民出版社 1975 年版,第 94、126、371 页;〔德〕卡尔·马克思《政治经济学批判》(1857—1858 年草稿),载《马克思恩格斯全集》第 46 卷上册,人民出版社 1979 年版,第 104 页。

② 〔德〕卡尔·马克思:《哥达纲领批判》,载《马克思恩格斯选集》第 3 卷,人民出版社 1995 年第 2 版,第 304—305 页。

③ 〔德〕卡尔·马克思:《资本论》第 1 卷,人民出版社 1975 年版,第 262 页。

④ 同上书,第 324 页。

⑤ 同上书,第 436 页。

取决于自己的自由意志。他们是作为自由的、在法律上平等的人缔结契约的。契约是他们的意志借以得到共同的法律表现的最后结果。平等！因为他们彼此只是作为商品所有者发生关系，用等价物交换等价物。所有权！因为他们都只支配自己的东西。边沁！因为双方都只顾自己。使他们连在一起并发生关系的唯一力量，是他们的利己心，是他们的特殊利益，是他们的私人利益。正因为人人只顾自己，谁也不管别人，所以大家都是在事物的预定的和谐下，或者说，在全能的神的保佑下，完成着互惠互利、共同利益、全体有利的事业。一旦离开这个简单流通领域或商品交换领域，——庸俗的自由贸易论者用来判断资本和雇佣劳动的社会的那些观点、概念和标准就是从这个领域得出的，——就会看到，我们的剧中人的面貌已经起了某些变化。原来的货币所有者成了资本家，昂首前行；劳动力所有者成了他的个人，尾随于后。一个笑容满面，雄心勃勃；一个战战兢兢，畏缩不前，像在市场上出卖了自己的皮一样，只有一个前途——让人家来鞣。"[①]

　　一如学者所言，从马克思对"资产阶级权利"的批判中，不能轻易"得出马克思轻视人权、否定人权的结论"。[②] 但从中还是可以清楚看到流通和交换领域的"平等的权利"与不平等的社会事实之间的尖锐矛盾，以及"法律幕后的现实生活"。马克思把权利与社会权力联系起来，揭示了"资产阶级权利"在具体历史条件下实际隐藏着间接统治关系。在"以物的依赖性为基础"的资本主义社会，资本正是通过"平等的权利"实现对物的占有，并以此来获得社会权力，从而形成对劳动的间接支配和统治。

二　权利与国家权力

　　马克思看到了"资产阶级权利"背后的社会权力运作，福柯则看到了人权和公民权利背后的国家权力运作。福柯认为，自中世纪以来，西方社会法律思想的中心是王权。西方社会的司法或法律大厦是为了适应王权的需要、为了王权的利益而建立起来的。西方法律体系也是围绕国王、国

[①] ［德］卡尔·马克思：《资本论》第 1 卷，人民出版社 1975 年版，第 199—200 页。
[②] 参见夏勇《人权概念起源——权利的历史哲学》（修订版），中国政法大学出版社 2001 年版，第 203—217 页。

王的权利、国王的权力以及国王权力的最终限度而展开的。它们都是王权的工具。权利的主要作用就在于，在真理话语的生产过程中，为王权、国家主权或统治权力提供正当理由、正式边界和行使规则。统治权力要获得合法性，就必须依循权利规则行使。福柯指出，"自中世纪以来，权利理论的基本作用在于搭建权力的合法性，这也就是整个权利和主权理论被组织起来的主要问题。"显然，福柯对权利的分析是从权利的对立面——国家权力着手的。在福柯看来，权利其实只是让人接受统治权力的一种工具，为了抵制和限制国家暴力而争取获得的权利，反过来因为需要国家权力的保护而实际起着维护和强化国家权力的作用。有鉴于此，福柯称，"权利在西方是国王的权利。"[1]

同时，福柯还就国家主权与个人权利之间的宏观统治框架指出，"当我们说国家主权（sovereignty，或君权）是西方社会权利问题的中心时，我们大致意味着，权利话语和权利技术的基本功能是消除内在于权力的统治（domination），以使后者按两种不同的面貌呈现：一方面作为国家主权的合法权利，另一方面作为服从它的法律义务。权利体系完全以国王为中心，它因此被设计出来是为了抹杀统治事实及其后果。"[2] 福柯有意区分了"主权—服从"与"统治—征服"两种模式。前者主要涉及启蒙思想家所关注的主权国家与个人之间的关系。福柯将与此相关的理论称为"国家主权的司法—政治理论"。这其实也就是"社会契约"理论。后者则涉及权利话语在现代日常生活中的微观运作。这不是作为铁板一块的国家权力的运作，而是分散开的、渗透于生活的各个方面的权力运作。它表现为对公民细致入微的审查、监视和管理等。

在福柯的分析中，为启蒙思想家所精心营建的"主权—服从"模式，被进一步深化到社会层面。这是另外一幅图景，主要涉及现代西方资本主义社会中非主权性质的权力（non-sovereign power），亦即"规训权力"（disciplinary power）向社会无孔不入地渗透。福柯关注的主要问题在于，为什么适应当时的政治需要而建立起来的权利话语和司法机制，在西方绵延二三百年而不衰？对此，他提供了两点解释。其一，权利话语自18、

---

[1] Michel Foucault, *Power/Knowledge: Selected Interviews and other Writings*, 1972 – 1977, Colin Gordon: The Harvester Press, 1980, pp. 93 – 95.

[2] Ibid., pp. 95 – 95.

19世纪以来一直是批判君主专制的主要工具。其二，权利体系通过国家主权保证了合适的公民权利的行使，并且掩盖了"规训"的真实过程。福柯说：

> 司法体系——这既适用于它们的法典化，也适用于它们的理论化——使国家主权能够通过集体主权所明确表达的公共权利宪法而民主化，与此同时，国家主权的民主化根本上决定于，也奠基于规训强制机制。[1]

福柯有关权利或民主与规训一体二面的描述，把启蒙思想家所建构的公民权利与国家权力之间的目的与手段关系颠倒了过来。按照启蒙思想家的设想，国家或政府的存在是为了保护人权和公民权利，但在福柯看来，人权和公民权利实际上是承认和论证国家权力合法性的主要工具，是国家权力合法存在和运行的主要理由和策略。循着"权利"话语，公民生活得以更加明确化、细致化和理性化，这在为国家权力的运作提供准则的同时，也为国家权力更加名正言顺地进入公民生活提供了便利。因此，有人认为，"权利话语本质上仍然只是政治话语的一种形式。"[2]

三 权利统治与权力统治

尽管马克思和福柯分析权利的角度和方式存在很大不同，但他们最终都洞察到并且指出了"权利"沦为"权力"的相同命运。在马克思那里，权利异化为社会权力。在福柯那里，权利异化为国家权力。这很容易让人注意到"权利统治"与"权力统治"两种统治类型之间的一致性。

同马克思一起，恩格斯对平等权利的局限也给予了同样的关注。他说，"劳动契约仿佛是由双方自愿缔结的。但是，这种契约的缔结之所以被认为出于自愿，只是因为法律在纸面上规定双方处于平等地位而已。至

---

[1] Michel Foucault, *Power/Knowledge: Selected Interviews and other Writings*, 1972–1977, Colin Gordon: The Harvester Press, 1980, p. 105.

[2] Martin Loughlin, *Sword and Scales: An Examination of The Relationship between Law and Politics*, Oxford: Hart Publishing, 2000, p. 203；有关国家的权利策略的其他分析，参见朱景文主编《对西方法律传统的挑战——美国批判法律运动研究》，中国检察出版社1996年版，第323—339页。

于不同的阶级地位给予一方的权力,以及这一权力加于另一方的压迫,即双方实际的经济地位,——这是与法律毫不相干的。"① 这里,恩格斯强调的仍然是法律的纸面平等与实际的经济地位、"平等的权利"与实际的"力量"之间的名实之分。按照马克思和恩格斯的分析,平等权利实际上是社会不平等结构中社会权力据以角逐的一种重要形式,其内在的统治性质被掩盖在了"契约自由"和"法律平等"之下。循着"平等的权利"之名,资本可以通过对物的占有实际行使自己的社会权力。在此情形下,"平等的权利"其实只是"社会权力"的一种异化显现,表面上是"权利统治",实际上是社会权力统治。

社会权力统治区别于所谓的"强权统治"。"强权统治"是暴力或强力的直接统治。"权利统治"则是更加隐蔽的"制度化权力"的统治。制度化权力以职位和财产为主要内容,它们"是一种为社会所接受的权力形式","更不容易受到挑战,更容易得到公众的支持",而且也"往往更加非个人化。个人从制度化的权力中索取好处并不是因为他们的个人素质或成就……相反……仅仅是因为他们占据了一定的角色或官位,或者拥有一定的财产……制度化的权力保证了利益自动地流向这些人,而不管他们的个人素质或成就如何。"在现代社会,权利和法律一般与"制度化权力"联系在一起。在"强权统治"下,一切权力往往集中于处于统治地位的核心集团或个人手中,独立的权力中心被认为是一种威胁。而在"权利统治"下,法律的重要性得以强调,只要遵守法律,各个权力中心都可能得到发展。帕雷托曾经把从"强权统治"到"权利统治"的转变,形象地比喻为一个从"狮子"到"狐狸"的过程。只是,这一转变过程并不意味着统治的减弱——"朝向权利统治的转变并不是羊羔能安全地与狮子或者狐狸躺在一起的太平盛世的开始,也不是自我利益或党派团体利益统治人类行动的时代的结束"。②

"权利统治"与"权力统治"有如"统治"这枚硬币的正反两面。就此而言,权利与权力其实并不是完全对立的。在法律意义上,法律所赋予的权利与法律所规定的义务相互对应。一方享有权利,另一方就负有相

---

① [德] 弗里德里希·恩格斯:《家庭、私有制和国家的起源》,载《马克思恩格斯全集》第 21 卷,人民出版社 1965 年版,第 86 页。

② 参见 [美] 格尔哈特·伦斯基《权力与特权:社会分层的理论》,关信平等译,浙江人民出版社 1988 年版,第 70—75、83、94 页。

应义务。享有权利的一方可以要求义务一方按照法律规定履行义务。在权利受到侵害或义务人不履行义务的情况下，权利人还可诉诸法律强制。而且，不管是权利，还是义务，都以国家法律为标准，以国家权力为后盾。由此，法律权利实际上也可被视为一种权力。这种权力不是直接的，它蒙着法律的面纱。在权力为国家垄断的现代背景下，权利主体对义务人主张法定权利在多数情况下必须经过法律或国家权力这一中介。就这一点来说，法律权利看上去是"兜了一个圈子"之后又回来的那种权力。先是人们将各自的"私"权力统一交给国家，后是通过统一的国家权力来保障权利。在国家权力对权利进行具体保护时，人们交上去的权力似乎又返还了回来。但一来一去后，中间多出了国家权力这一中介。其间的循环变异，与马克思有关"货币"转化为"资本"的分析颇为类似。

因为多出了国家权力中介，人与人之间不再只是原来的两方权力关系，而是因为法律的利用而变成了包括国家在内的三方权力关系。在此三方关系中，人与人之间不再发生直接联系，而是通过彼此与国家的关系发生间接联系——借助国家权力行使自己的权利或权力。就此而言，权利是通过国家权力所间接体现的权力。正如学者所指出的，"冲突一方有法律支持，这意味着该方能够正当地使用或者号召其他人（同盟者，拥护者，或者对所涉及的地区、人口或事务有管辖权的当局）以暴力来支持自己的主张，反对其他人。"[1] 由此看，权利之争实际是通过法律的权力争斗。而且，权利在私人之间引进了任何私人都无法对抗的国家权力这一中介，权利实际成了国家权力的引路人。在此情形中，权利可能只是国家权力的一种工具，表面上是"权利统治"，实际上是国家权力统治。在此统治下，每个人像"马铃薯"一样，彼此通过权利隔开，并且毫无例外地受制于国家权力，以法律相互对抗。

---

[1] Austin T. Turk, "Law as a Weapon in Social Conflict", in A. Javier Treviño, *The Sociology of Law: Classical and Contemporary Perspectives*, New York: St. Martin's Press, 1996, p. 383.

第三章

全球化背景下的国家与公民

一般认为，民族国家是近代西方的一种建构。① 在此建构下，封建时代的臣民转变为民族国家的公民，国家与公民的关系呈一种"直接面对面"的格局，国家得以通过"权利"和"形式法律"（formal law）渗入公民生活的诸多方面。在全球化背景下，民族国家对公民的这种关系和企图也遇到一些挑战。国家与公民的关系不再是单一的直接联系，而是表现为五颜六色的多彩画面。国家对公民日常生活的深入也不再畅通无阻，而是遭受到一定的曲折乃至破灭。对于正在朝现代化目标努力迈进的中国来说，这些在一定程度上将成为影响中国政治和法律实践的一种重要参照背景。关注这些新变化和新趋势具有重要的理论和现实意义。

第一节 民族国家的建构及其权力策略

民族国家的建构与启蒙思想家基于西欧14世纪以来的社会变革而建立的一套合法性理论联系在一起。自14世纪中叶以来，发生在欧洲的平民反抗，以及相应的平等观念的生长、知识的普及和下移、科学的考察、新世界的发现、商业的发展等，日渐改变了封建社会的权力统治结构。由此，"理性"在15、16世纪从"信仰"中独立出来，趋向专制政治的君主政体，也随着世俗权力的不断强大而在17、18世纪几乎成为西欧的普遍政体。②

---

① 参见［日］三好将夫《没有边界的世界？从殖民主义到跨国主义及民族国家的衰落》，陈燕谷译，载汪晖、陈燕谷主编《文化与公共性》，三联书店1998年版，第489页。

② 参见［英］赫·乔·韦尔斯《世界史纲》，吴文藻等译，人民出版社1982年版，第790—869页；［美］乔治·霍兰·萨拜因《政治学说史》下册，刘山等译，商务印书馆1986年版，第386—392、478页。

相对于当时社会各领域日新月异的变化，17、18 世纪政治领域的"马基雅维里式的君主统治"和国与国之间的战争，无异于一种停滞或逆动。在此背景下，一种新型政治统治秩序及其合法性理论正待形成和建立，国与国之间的关系以及国家与公民之间的关系也需要予以重新澄清。

适应时代的需要，启蒙思想家一方面假定在国家或政府产生之前普遍存在着一种混乱不堪的"战争状态"，以此来说明公共权力的必要；另一方面以社会契约论来论证民众何以应当交出"私"权力，建立国家，进而服从统治、容忍惩罚、接受管制。按照霍布斯、洛克、卢梭等人的理论，"战争状态"是各种"私"权力彼此争斗的一种状态，为了逃避这一苦难状态，人们将自己原有的"私"权力如洛克所谓的"执行自然法的权力"，统一交付或转让给一个人或机构，通过社会契约形成国家和法律。由此，国家权力取代个人或社会权力，成为控制社会的主体。权力为国家所垄断，全体社会成员"共同托庇于法律之下"，其个人的安全、自由、"天赋权利"等统一由国家权力予以保护。权力与权利因此形成为手段与目的的关系。这里，"私"权力的统一交付导致了"利维坦"的诞生，也产生了公民权利，肇端于近代的民族国家和"权利政治"在政治和法律领域逐渐确立起来。与之相应的"人和公民的权利—国家权力"范式，也成为近三百年来西方政治和法律发展的主导模式。

"人和公民的权利—国家权力"范式至少蕴含了两种权力策略。在关于民族国家的诸多界定中，基本上都包含了"有形暴力的合法垄断"这一核心特征。这是民族国家得以建立的第一种权力策略。与此相应，民族国家的另一种有效策略是对法律权利的明确规定和细致分析。基于这两种策略，现代化一方面是国家权力不断侵吞和铲除社会权力中介的过程，另一方面是一个不断理性化的过程。前者表现为国家权力的膨胀，后者表现为法律权利的壮大和明确化。有学者指出，"现代化意味着使人口稠密的世界成为一个适宜于超社区的、国家统治管理的世界，而这一任务就势必要求将这个世界变成一个当权者易懂的透明世界。"[①] 在此，现代化的"透明"目标正是通过上述两种策略实现的。这主要表现在两个方面。

其一，民族国家铲除各种社会权力中介，旨在使公民从此处于国家权

---

① ［英］齐格蒙特·鲍曼：《全球化——人类的后果》，郭国良、徐建华译，商务印书馆 2001 年版，第 31 页。

力的光明地带,并使国家与公民之间的关系直接明了,中间不再容许其他中介组织遮拦或"私"权力结盟。这是民族国家建立的一个明显特征,正如学者们所指出的,"(在17、18世纪)各种丰富多彩的社团全都消失了,或者可疑地而又勉强地作为一种对国家的权力带来威胁的组织而容许其存在下去。这是一个有无数的经济和宗教的传统社团和机构遭到毁灭的时代,尤其是一个涌现出一些强有力的国家的时代,在这些国家里制定法律成为典型的活动"。① 这一特点,亦为韦伯所注意到。②

在《路易·波拿巴的雾月十八日》中,马克思同样提到了这一场景。马克思指出,拿破仑建立的小块土地所有制消灭了"人民群众和国家权力之间的贵族中间阶梯",因而,导致了"国家权力的全面的直接的干涉和它的直属机关的全面介入"。③ 在《法兰西内战》中,马克思再次提到,中央集权的国家政权及其遍布各地的机关起源于君主专制时代,当时它充当了新兴资产阶级反对封建制度的有力武器,但中世纪贵族的、城市的和僧侣的领主特权、地方特权以及行会垄断等仍阻碍着它的发展,是18世纪的法国革命将这些"中世纪的垃圾"扫除干净,"统一的国家政权以领薪的国家公务员代替封建显贵","这样就从社会基地上清除了那些妨碍建立现代国家大厦这个上层建筑的最后障碍"。④ 因为社会权力中介的铲除,个体直接暴露和托庇于国家权力之下。国家与个人之间因此直接发生没有遮拦的面对面的联系,封建时代的臣民也因之变成公民。一如学者所说,

> 现代公民身份不是起步于民主政治,而是起步于中央集权化的主

---

① 萨拜因同时还指出:"国家不仅成为典型的近代政治组织,而且日益成为近代社会最强有力的组织。国家越来越多地承担起调节和控制其他社会组织的职能,并按照根据国家本身利益而公开制定的路线来指导这些组织。"参见 [美] 乔治·霍兰·萨拜因《政治学说史》下册,刘山等译,商务印书馆1986年版,第533、407页。
② 参见 [德] 马克斯·韦伯《经济与社会》下册,林荣远译,商务印书馆1997年版,第730—736、217—229页。
③ 参见 [德] 卡尔·马克思《路易·波拿巴的雾月十八日》,载《马克思恩格斯选集》第1卷,人民出版社1995第2版,第681—682页。
④ 参见 [德] 卡尔·马克思《法兰西内战》,载《马克思恩格斯选集》第3卷,人民出版社1995年第2版,第52、91、113、117—118页;另见 [德] 卡尔·马克思《资本论》第1卷,人民出版社1975年版,第783页。

权国家权力……民族国家的公民身份是现代规划的一个核心特征。①

其二，通过对法律权利的明确细致的规定和分析来维护公民权利，这可被视为民族国家试图建立"透明世界"的另一努力。国家与公民之间社会权力中介的铲除，为近代以来国家与公民直接面对面提供了组织条件。在此条件下，民族国家与个人之间的进一步接触，或者说，国家权力对公民生活的进一步深入，是通过权利实施的。这是民族国家与公民关系的另一面。福柯指出，权力往往通过自身的不可见和对象的可见来施展，"有意识的和持续的可见状态""确保权力自动地发挥作用"。② 这与老子所说的"知白守黑"（《道德经》）智慧颇为相像。通过"权利"和形式法律，公民生活越来越成为可见的、可计算的、可预期的。而且，通过循着"权利"之名的权力运作，民族国家使公民生活进一步明确化、细致化、"理性化"，以为国家权力的运作提供准则，也为国家权力名正言顺地进入公民生活打开方便之门。鉴于此，有学者指出，

"国家"确切的含义，一直指的是具有合法权利和拥有足够的资源，在某一特定区域内制订和实施约束事务走向的规章和准则的代理机构。这些规章和准则，希望和盼望将偶然性转化为确定性，将模棱两可转化为毫不含糊，将随意性转化为规整性——简而言之，将原始森林变成一个精心规划的花园，把混沌变为秩序。③

总之，"有形暴力的合法垄断"和"权利"这两种策略，加强了国家与公民之间的透明度。这为国家权力对公民生活的渗透和深入提供了条件。国家权力因此而能够名正言顺地"干涉家家户户，以及每一个人的私生活"④。

---

① ［英］马丁·阿尔布劳：《全球时代：超越现代性之外的国家和社会》，高湘泽、冯玲译，商务印书馆 2001 年版，第 279 页。

② ［法］米歇尔·福柯：《规训与惩罚——监狱的诞生》，刘北成、杨远婴译，三联书店 1999 年版，第 225—226 页。

③ ［英］齐格蒙特·鲍曼：《全球化——人类的后果》，郭国良、徐建华译，商务印书馆 2001 年版，第 58 页。

④ ［法］阿列克西·德·托克维尔：《旧制度与大革命》，冯棠译，商务印书馆 1992 年版，第 30—31 页。

自近代民族国家崛起以来，尽管个人和其他社会组织的暴力使用被宣布为不合法，但它们与国家之间的权力争夺从来不曾最终完结。相反，因为地域、人口、多元利益、多元价值等因素，在社会中实际上存在着各种各样的非国家的权力形态。在具体的组织意义上，这些权力在现代社会呈现为多种多样的形式，它们包括非政府的、超政府的、子政府的、政府间的、亚国家的、跨国家的、超国家的，等等。由于这些权力形态的存在，国家对有形暴力使用权的垄断并不彻底，国家权力的运作因此也受到了多方面的影响和制约，在全球化大背景下尤其如此。尽管近三百年来西方法律和政治实践，主要围绕"人和公民的权利—国家权力"或者"国家与公民直接面对面"的模式展开，但随着全球化的日趋深入，这一主导模式越来越受到国家权力之外的各种社会权力形态的挑战。一如学者指出的，"强大的跨国资本力量正在取代国家，而形成一种全球资本主义的'利维坦'，任何公众力量和主权国家在它面前都显得无能为力。"[①]

本章拟在全球化背景下，从地方化（localization）、全球化（globalization）和世界化（universalization）三个方面，重新检视法律和权力的新趋向以及与之相应的"国家与公民"之间关系的新变化。这对中国时下的法律和政治实践具有明显的现实意义。需要说明的是，所谓地方化、全球化和世界化，主要是就权力和法律的相对区分而言的，它们分别对应于"国家权力"／"亚国家权力""跨国家权力"和"超国家权力"以及所谓的"国家法"／"亚国家法""跨国家法"和"超国家法"。

第二节 地方化与非权利规则

法社会学家对法律的界定常常采用"法律多元"的观点。例如，尤根·埃利希（Eugen Ehrlich）把"法"界定为"社会团体的内部秩序"；韦伯把"法"界定为"依靠强制人员（enforcement staff）的一种秩序"。在这两种界定中，埃利希和韦伯都强调了国家法之外的共同体秩序。前者侧重于社会的自发互动和共同体内部的传统观念方面，后者侧重于社会机

[①] 朱景文：《比较法社会学的框架和方法——法制化、本土化和全球化》，中国人民大学出版社 2001 年版，第 719 页。

构的官僚化方面。无论侧重于哪一方面，它们在一定程度上都与国家权力、国家法、公民权利相对。它们是不同于国家法律体系的另外一套并不以权利为轴心的社会规则体系。这意味着，在国家、公民和法律之外，存在着与它们相对脱离的权力形式、私人以及秩序和规范结构。这可被视为权力和法律地方化的一种表现。这种地方化是相对于国家、国家法以及法律权利而言的。它表明民族国家对暴力使用权的垄断并不是一种既定事实。

鉴于权力的非国家形式和规范的非法律形式，有学者还提出了"私政府""微型政府"和"私的法律体系""社会的法律制定"等概念。在1986年的《私政府》一文中，斯图尔特·马考利（Stewart Macaulay）指出，如果"管理"涉及制定规则、解释规则、将规则适用于特定案件、制裁违反规则等行为，那么，管理职能就不是政府所独有的，黑手党、全国大学生田径协会、美国仲裁委员会、商贸中心、居民委员会乃至旅馆都具备这一职能。因此，在"公政府"之外，还有许多群体行使着政府职能，它们可谓"私政府"。"私政府""微型政府"类似于"公政府"，相对"公政府"而言，它们可说是"具体而微"。这种相似使得"公政府"与"私政府"之间的界限并不是清晰可见的。与此相应，在"公的法律体系"之外，也存在着大量的"私的法律制定"、制裁以及纠纷解决。例如，像国际钻石商行这样的商业机构以"不来不怪，来者受戒"为原则，强行其内部决定、实施社会控制，一个人要想做买卖就必须获准进入该群体，而且，要想长久地做下去，还得依照相应的规则谨慎地维持自己的声誉。同"公政府"与"私政府"之间的关系一样，国家法与"私政府规则"之间也是相互渗透的，界限难以完全划分清楚。

不难看出，这里所谓的"私政府"和"私政府规则"，打破了权力和法律的国家垄断，由此使得国家权力和法律权利并没有彻底地以正规的方式深入到社会之中。这至少有两点具体表现。其一，"私政府"或其他"社会领域的权力"为了避开国家的"法律管制"而实行"自我管制"，这使得"国家法"只在有限程度上获得实现，并使得"公的法律体系"中的正当程序、权利、官僚结构等最终瓦解为"法律阴影下的交易"。私人并不完全按照"国家法"行事，而是有意回避法律，"按照或多或少似是而非的法律观点进行磋商"，通过彼此的互动来解决问题。其二，"私政府规则"形成了一个"相对制度化的""半自治社会领域"，它们在许多方面影响了国家法律体系的运作。例如，当发生严重家庭纠纷时，夫妇一般选择"邻里司法中心"以非正式方式解决，而不选择刑事审判。再如，公司内部的一些违反国家法律的行为，常常在公司内部受到惩处，这使得公司和雇员都因为逃避了国家法律的直接制裁而成为受益者。又如，黑社会或有组织的犯罪团伙，一般有一套管理买卖非法物品和服务的规则和制裁措施，这些规则和制裁使得法律对这些团伙很难执行。①

"私政府"及其规则在打破权力和法律的国家垄断的同时，也在一定程度上瓦解了"国家与公民直接面对面"的格局。人们根据趋利避害原则进退于公民与社会人或私人之间。他们时而生活在权利之下，时而生活在传统之中；时而是国家法规定的权利主体，时而又是逃避国家权力和国家法的、生活在社会团体中的社会人。马考利说：

> 我们生活在一个法律多元的世界中。私政府、社会领域和网络执行着它们自己的规则，并对那些处于它们权限范围内的人适用它们自己的制裁。有时候，个人与公政府活动之间的联系被社会领域彻底隔断；有时候，公政府官员就是社会领域的成员，凡此都超越了公与私之间的齐整分界线。②

如果说"私政府"在一定意义上代表着权力在"亚国家"层面上的地方化，那么，在全球范围内，具有地方特色、本地想象和自身文化情景的后现代化国家和地区，则在类似的意义上代表着另一种地方化，它同样不以法律权利为唯一乃至主要的目标。在一定程度上，全球化可被视为现代化在全球范围内的延续和展开，在法律领域，它仍然主要以维护"权利"和建立"形式的—合理的"法律体系为目标。20 世纪 70 年代以来，资本和商品的跨国流动逐渐形成了全球资本市场。"在一个无经济边界的世界，资本将流向能使自己达到最高值、使福利最大化的地方"。因而，为了引进投资、有效占有市场，各民族国家不得不根据全球资本的需要对

---

① Cf. Stewart Macaulay, "Private Government", in Leon Lipson and Stanton Wheeler (eds.), *Law and the Social Sciences*, 1986, pp. 445–518; William M. Evan, *Social Structure and Law: Theoretical and Empirical Perspectives*, London: Sage Publications, 1990, pp. 129–131.

② Stewart Macaulay, "Private Government", in Leon Lipson and Stanton Wheeler (eds.), *Law and the Social Sciences*, 1986, p. 502.

主权自身作出限制。这在第三世界国家表现得最为明显。为了改善国外的投资环境，这些国家相继进行了以市场为导向的法律改革。其目标在于增强法律的可预见性、可计算性，实行"法治"以与国际惯例接轨。在国际领域，经济合作与发展委员会、世界贸易组织等在全球社会的影响越来越大。它们不仅要求主权国家排除对外商的歧视措施，而且试图调节"国界背后"的政策内容和国内市场结构。① 在此背景下，世界上的后发展国家和地区不可避免地仍然会被动地朝权利体系和"国家与公民直接面对面"格局方向发展。但是，由于具有特色的本土实践，权利话语在向全球扩展的同时，也会因为地方化而受到一定抵制，"国家与公民直接面对面"最终变为现实也可能只是一种理想。

第三节 全球化与全球法

全球化与地方化反映了权力扩展的不同方向。尽管如此，这两种不同方向的权力扩散，对国家与公民关系的影响却存在着一致。它们都使得公民相对游离于国家权力和国家法律之外。从关于全球化、全球法、全球精英的讨论中，不难看到这一点。

在马考利发表《私政府》一文十年后，贡托·图依布纳（Gunter Teubner）主编出版了《没有国家的全球法》一书。该书的核心观点是，"法律的全球化在市民社会的各个不同部分创造了众多非中心的法律制定程序（processes），它们独立于民族国家。"仿照埃利希的语气，图依布纳宣称，"全球法将主要生自社会的外围，而不是民族国家的政治中心和国际制度。"② 这里，所谓的"全球法"主要包括跨国公司的内部组织规则、国际行业组织的规则、"标准化合同"、国际仲裁机构的裁决、技术标准化等，它们都是出现于全球范围的"社会的法律制定"形式。相对于"国家法"而言，"全球法"并不是不发达的，而是"羽翼丰满的"（fully-fledged）法。它有着不发达的"中心"和高度发达的"外围"。中

---

① 参见朱景文《比较法社会学的框架和方法——法制化、本土化和全球化》，中国人民大学出版社2001年版，第717—723页。

② Gunter Teubner (ed.), *Global Law Without a State*, Aldershot: Dartmouth, 1997, p. 7.

心由外围创造，并且依赖于外围。其中，外围主要指跨国的合同实践。这些合同既没有国家法基础，也没有国际法根据。它们是"没有法律的合同"。中心则指制定和适用"全球法"的正规机构，包括国际性的行会、部门、团体、仲裁机构等。中心造就了由"立法""司法"和"合同"组成的制度化机制。这些机构从功能上可以比照国家机构划分出"立法机构"，如，国际商会、国际法学会、国际海商法委员会和各种国际商业协会；"执行机构"，即根据它们所制定的"标准合同""模范合同"而缔结合同的实践；"司法机构"，即具有半法院性质的仲裁组织。[①]

"全球法"的第一个核心特征是"全球的""没有国家"（stateless）。"全球法"不由民族国家产生，相对脱离国家制度，独立于"国家法"，也不是国际公法规则，而是以奇特的自我生效的方式在世界范围内主张其有效性。按照传统的法律渊源理论，法律与非法律之间的区别在于法律规则的等级制。其中，更高的规则赋予较低的规则以效力，处于等级制之外的规范现象不算法律，而只是事实（facts）。因此，"没有国家的全球法"不是法律，而只是行业规范、社会规则、习俗、习惯、合同义务、组织内部和组织间的协议、仲裁决定等。图依布纳对这一传统见解不以为然。他认为，传统的法律渊源理论框架并不足以用来说明"全球法"，因为"全球法"没有立法，没有政治宪法，也没有政治上有序的规范等级制。"全球法"从两个方面切断了法律与国家的联系。其一，"私的"秩序（合同和团体）产生有效的法，而无须国家的授权和控制。其二，"全球法"在民族国家之外，甚至在国际关系之外生效。

此外，"全球法"也突破了传统法社会学的理论范式。对"全球法"来说，规则、制裁、社会控制这些古典法社会学的核心概念已不再重要。真正重要的是"全球法"的第二个核心特征，即"合法/不合法二元准则"（the binary code of legal/illegal）。图依布纳认为，要理解"全球法"，必须在理论范式上实现从结构到过程、从规范到行为、从统一到差异、从功能到准则（code）的转换。"全球法"主要由宽泛的原则（principles），而不是规则构成。因此，它适合被称为原则和价值法，而不是结构和规则法。因为这一原因，很多律师不承认它是法律。但图依布纳以及其他一些

---

① 参见朱景文《比较法社会学的框架和方法——法制化、本土化和全球化》，中国人民大学出版社 2001 年版，第 342 页。

社会系统论者认为,"全球法"具有"合法/不合法"这一二元准则,因此它是"法"。"全球法"是以"合法/不合法二元准则"为基础的"交流过程"(communicative processes)。它从规则自身往外看,建立在自己正确的基础上,"自我合法化","自我生效","自我管制"。而且,正因为这一核心特征,"全球法"得以与其他经济和社会过程区分开。例如,在图依布纳看来,社会的惯例(conventions)和道德规范不是"法",因为它们不具备"合法/不合法二元准则"。①

鉴于"全球法"的两个核心特征,图依布纳认为"全球法"不能按照国家法律体系的标准来衡量,而只能通过法律多元主义理论来解释。他说:"由此,法律多元就不再界定为一系列冲突的社会规范,而是界定为既定社会领域中众多不同的交流过程,这些过程按照合法/不合法这样的二元准则观察社会行为。"②

法律多元理论以前一般主要涉及地方的、"子国家"的法律秩序在同一国家时空维度下的共存问题,在全球化背景下则深入到超国家的、跨国家的法律秩序在世界体系中与国家和子国家的法律秩序的共存问题。③ 图依布纳认为,要应对世界范围的法律多元,新的法律多元主义理论不仅应当关注国家法与各种伦理、文化和宗教共同体的"法"之间的关系,而且还应当实现从群体或共同体向话语和交流网络的转向。这意味着,"新的全球的活法"不再从古老的、地方的伦理共同体的"法"那里获得力量,而是从全球经济、文化、学术、技术网络的自我再生产那里汲取营养。这些网络是高度专门化的、特定化的、组织化的、被精细界定的。由此看来,"全球法"虽然是埃利希的"活法"在全球范围的展开,但全球化时代的法律多元已不再局限于埃利希所青睐的"共同体"中的文化传统和风俗习惯。在全球化过程中,冷冰冰的技术和经济过程取代了温情脉脉的团体联系。

图依布纳所提到的"全球法",是全球经济和社会过程的产物。它与全球经济、技术和社会过程存在着结构联系,根据它们的迫切要求而产生和变化。因此,它是"社会的法律制定",而不是"政治的""国家的"。

---

① "二元准则"或"二元结构"是社会系统理论中的一个概念。详见本书第十章。
② Gunter Teubner (ed.), *Global Law Without a State*, Aldershot: Dartmouth, 1997, p. 14.
③ Cf. Boaventura de Sousa Santos, *Toward a New Common Sense: Law, Science and Politics in the Paradigmatic Transition*, New York: Routledge, 1995, p. 116.

"全球法"独立于国家和政治机构的支持,超越于国家疆界之外。相对"刚性"的国家法而言,它是具有"软性"的"软法"(soft law)。它不需要全球强制执行机构,也不需要全球国家。它因此而能够更加灵活地适应环境的变化。它的界限也因此不通过领土和民族国家形成,而是通过"看不见的大学(colleges)""看不见的市场和部门""看不见的行业共同体"、"看不见的社会网络"形成。显然,这样一个几乎完全缺乏"国家法"强制力的领域,只能最终成为各种社会权力自由角逐的"乐园"。它之所以"羽翼丰满"、外围发达,原因正在于各种社会权力可以逃开主权国家的权力而自由地攫取各自的利益。就这一点而言,这一领域与国家权力难以触及的"黑社会"非常类似。虽然它也具有公共性,但它是"私的""暗的",而不是光明正大的。因此,"全球法"极易受经济压力、经济利益乃至政治压力的影响。图依布纳由此断定,在可预见的将来,"全球法"将成为"腐败法"(corrumpere)。①

总体上,"全球法"体现了一种跨越国家的新的社会权力和规则形式。它的"羽翼丰满"在很大程度上表明着它的精英色彩。它不处在国家权力的中心,而是处在国家权力的外围。它是"全球精英"在民族国家的交叉地带和国家权力的末梢,实行的一套逃离国家权力控制的话语实践。在一定意义上,"全球法"与"国家法"类似于"城市法"与"乡村法",它是新的全球等级分层的一部分。在此背景下,全球精英从"国家与公民直接面对面"模式中跳了出去,"被现代国家殖民化了的、在新的全球性框架中行动着的公民,利用全球性社会公共事业机构的开放性,表达新发现的全球主义,并从某个共同体和民族国家既无法控制又无法限定的共同感觉中吸取力量。"②

第四节 世界化与人权

世界化可以被视为全球化的一种政治表现形式。"全球法"虽然因为

---

① Cf. Gunter Teubner (ed.), *Global Law Without a State*, Aldershot: Dartmouth, 1997, pp. ⅩⅢ - ⅩⅦ, 3 - 23.
② [英]马丁·阿尔布劳:《全球时代:超越现代性之外的国家和社会》,高湘泽、冯玲译,商务印书馆2001年版,第279页。

"合法/不合法二元准则"而在功能上是"非政治的"(non-political),[①]但这并没有阻止法律多元主义的重新政治化。全球法律进程中经济和社会交往的重构破坏了"全球法"的非政治特点,而且构成为"全球法"政治化的前提。总体来看,"全球法"是新的社会权力形式自发互动的产物。它不由国家或者其他强制机构"制定",也不源于对"国家法"的机械模仿,而是源于脱离或者逃避"国家法"的另外一套社会实践。这套实践不是统一的,它受着各种不同的法律话语的支配。在这些话语中间,人权属于当今世界社会最具普遍性的话语。它对主权国家及其国家法不是采取逃避的态度,而是以其普遍性表现出对国界的穿透力。而且,作为一种强势话语,人权在一定意义上是被政治化了的"超国家的法"。它虽然是法律多元的话语之一,但也是对法律多元的一种抵制。它不仅针对"社会团体的内部秩序",也针对"国家法"。

"全球化"在一些人看来与世界范围的功能分化联系在一起,意指全球社会不再按照国土疆界,而是按照功能进行重组,因此,"全球化"并不意味着"一个单一的世界社会"(a single world society)的诞生。然而,就如哲学上"个性"与"共性"的纠缠、社会学上冲突理论与共识理论的分歧一样,在"同"与"异"之间,"全球化"不可避免地存在着路线上的划分,一方面是彼此的交流和对话,一方面则是强势话语对弱势话语的征服。就后者而言,人权、生态环境、反战争这些涉及全人类的主题,必定要作为一种普遍价值向全球扩展。这正是图依布纳所说的"全球法"的政治化表现。由此的结果是一种"超国家法"的产生。

按照一些人的看法,"超国家法"不同于国际法。国际法是"国家的、依靠国家的和为了国家的法",而"超国家法"则承认各种各样的法律目标,它以一套关于超越任何国家、宗教、种族和其他地区的普遍适于人类的价值体系的理论为基础。[②] 人权就是这一普遍价值体系中的一部分。它的基本教义是"维护人类尊严没有国界"。其立足点是"人"

---

① 社会系统理论认为,现代社会是一个功能分化的社会,它按照政治、经济、法律、宗教、家庭等功能形成各种相互独立的社会子系统,这些子系统以各自的"二元准则"自我参照、自我再生产、自我合法化,因此,同其他非政治系统一样,法律系统在功能上是"非政治的"。详见本书第十章。

② Cf. William M. Evan, *Social Structure and Law: Theoretical and Empirical Perspectives*, London: Sage Publications, 1990, pp. 209–213.

(person），而不是"公民"(citizen)。因此，作为一种普遍性力量，它将向"社会团体的内部秩序"、"国家法"、国际法不断渗透。它不仅出现于全球范围，更表现出一种"普遍化"或"世界化"。一如沃尔夫冈·弗里德曼（Wolfgang G. Friedmann）所说，

> 人权的根基不在任何实证法之中，也不在公共权威之中，而在"人类良知"和"道德律"中，这也就是自然法。对于这类事情，任何国家的公共权威只扮演一种宣告的角色。①

安东尼·达马托（Anthony D'Amato）在《国际法：进程和展望》中也指出："国际人权理念如此富有爆炸性和革命性，以至于哪怕作为一个理念，它也被吸收到了集体意识之中。因为，国际法中的人权最终意味着，国家并非操持权利的唯一实体，它不是国际法的全部。相反，作为个体的人在国际法之下可以直接主张（权利）。更富革命性的是，处于国际法之下的个人可以直接提出反对他们自己国家的主张。"②

人权在全球范围的扩展，主要依靠超国家机构和众多非政府组织的努力。除联合国人权委员会外，欧洲人权委员会、欧洲安全与合作委员会、欧洲人权法院、美洲诸国人权法院、国际刑事法院③等超国家机构也负责对践踏人权的行为进行监督和审判。此外，在世界范围内还出现了许多与

---

① Cf. William M. Evan, *Social Structure and Law: Theoretical and Empirical Perspectives*, London: Sage Publications, 1990, p. 211.

② Ibid., p. 212.

③ 1998年7月17日，联合国设立国际刑事法院外交全权代表国际会议在罗马召开，会议以7国反对、21国弃权、120国赞成通过了《国际刑事法院规约》（又称《罗马规约》）。根据该规约，国际刑事法院（ICC）于2002年7月1在荷兰海牙成立，这将是世界上第一个永久性的国际司法机构。国际刑事法院设18名法官、1名独立检察官、一个预审庭、一个审判庭和一个上诉庭，在2003年4月确定检察官人选后正式运转，工作语言是英语和法语。独立检察官可以根据个人、非政府组织等提供的资料进行犯罪调查，在得到预审庭的同意后，应规约批准国或联合国安理会的请求对罪犯进行起诉。国际刑事法院有权对发生在2002年7月1日以后的战争罪、侵略罪、种族灭绝罪、反人类罪以及其他严重侵犯人权的罪行进行审判，但只追究个人的刑事责任，最高刑罚是无期徒刑，而且只限于在国家所属的法院不能自主审理的情况下介入。包括欧盟15个成员国在内的74个国家已经签署并批准《罗马规约》。美国因为担心其驻外官员和军人出于政治目的而受审判，没有批准该规约。中国因为该规约在司法权管辖、侵略罪的确定机制、检察官的自行调查权、政治因素对审判的影响等方面存在不足，也没有签署该规约。

人权有关的非政府组织,如,大赦国际、人权联盟、国际法学家委员会等。它们收集并公布践踏人权的资料,监视践踏人权的行径,并在全球范围采取必要的行动来引起全球社会对主权国家践踏人权行为的关注,从而迫使某些主权国家卷入全球政治。就此而言,全球人权体制形成了牵制主权国家的另一社会力量。尽管如此,相对于主权国家而言,这一社会力量并不强大。[①] 由于缺乏一个类似于主权国家的"世界政府",人权在全球范围通常缺乏强制执行力,对人权的保障最终还得诉诸主权国家。而且,尽管全世界已有很多国家签署了主要的联合国人权条约,但人权条约对各主权国家的约束并不强。这正如霍布斯所说,"缺乏刀剑的契约无异于空文废纸"。就此而言,即使全球出现了"人权组织的全球性网络",人权仍将只是游离于"国家法"之上的"自然法"。它还只具有道德导引力,而没有实际的强制力,对人权的保障仍需看主权国家的"脸色"。而且,只要具有强权的"世界政府"建立不起来,人权就只能成为某些主权国家在全球政治中的"博弈"工具。因此,人权作为一种话语,如同其他法律话语——不管是"社会法""社会团体的内部秩序""私政府规则"或"全球法"——一样,要想在对抗主权国家方面获得实效,或者在与其他法律话语的竞争过程中占据上风,仍有很长的路要走。有学者指出,"在可预见的将来,既是人权的侵犯者又是人权的促进和保障者的民族国家仍将是人权斗争的主要焦点。"[②]

就全球范围的人权实践而言,只要类似于主权国家的"世界国家"或"世界政府"建立不起来,与之相应的"世界公民"也将难以实现。这意味着,即使在某些领域存在着"世界化"趋势,"国家与公民直接面对面"模式最终在全球范围展开的可能性依然微乎其微。而且,随着某些超国家机构的建立和有效运转,这一传统模式下的国家与公民之间的直接联系将被切断,公民将可以基于"世界化"而在一定限度内反对或逃避自己的国家。

总起来看,全球化背景下的国家与公民的关系,在国家、亚国家、跨国家和超国家这四个层面,呈现出四种情况。一是"国家与公民直接面

---

① 参见 [英] 戴维·赫尔德等《全球大变革——全球化时代的政治、经济与文化》,杨雪冬等译,社会科学文献出版社 2001 年版,第 94—106 页。

② Boaventura de Sousa Santos, *Toward a New Common Sense: Law, Science and Politics in the Paradigmatic Transition*, New York: Routledge, 1995, p. 349.

对面"。二是国家与公民之间的联系为社会权力中介所隔断。三是全球精英相对脱离于主权国家的控制。四是公民依凭世界性力量反对国家。在这四种情况中,如果把"国家与公民直接面对面"视为近代西方三百年来的主导模式,那么,后三者都可被认为是这一模式在全球化背景下所遭遇到的挑战。这些挑战为人们重新思考国家与公民的关系提供了新的空间,也为超越近代以来的"国家与公民直接面对面"模式创造着新的机遇。

综上所述,"有形暴力的合法垄断"和"权利",既开启了一种平稳而理性的权利政治,也实际成为近代民族国家的两种权力策略。它们在通过建立"民族国家"来保护"人和公民的权利"的同时,也隐蔽地起到为统治权力提供正当理由、正式边界和行使规则的作用。在一定程度上,这两种策略旨在"消除内在于权力的统治",使国家能够依凭这套话语在日常生活中实际传输和调动各种统治关系。[①] 与此相应,这也最终导致了晚期资本主义社会所谓的日常生活的"国家殖民化"(state colonization)。在全球化背景下,不管是在政治学和法学研究中,还是在政治和法律实践中,在国家与公民二者之外,适当引入诸如社会团体、地方文化、全球资本、世界性力量之类的社会权力参量,或许可使后发展国家避免走入现代化的"殖民"困境。

[①] Cf. Michel Foucault, *Power/Knowledge*: *Selected Interviews and other Writings*, 1972—1977, Colin Gordon: The Harvester Press, 1980, pp. 95 – 96, 105.

第四章

权利维护与社会控制

权利自17、18世纪兴盛以来，一直是西方近三百年来政治和法律实践的主题。在保护人权和公民权利的主导话语下，权利以外的许多其他话语，如个体德性、历史传统、民间习俗、社会控制（social control）等，受到了一定程度的遮蔽、冷遇、冲击乃至批判。尽管以"人和公民的权利"和"国家权力"为端点的自由主义政治作为现代潮流，持续地向全球扩展，但其扩展的范围和深度并不是无限的。在现代化程度不高或仍在寻求现代化的国家和地区，个人权利扩展实际遭遇到来自文化传统、政治控制和社会调整的多重阻力。从文化层面看，基于现代个人权利与传统仁义道德两套独立的价值系统，可能生发出以个人权利和共同体生活为各自起点的两条发展道路。从政治层面看，基于维护社会秩序的行政管控，与基于张扬权利的民主法治国家构建，可能成为两条并行的治理路线。从社会层面看，通过民主法治实践保障公民的政治权利并尽可能使权利法律化，与通过社会群体自治来解决纠纷以及通过社会发展来促进权利的最终实现，也可能成为权利发展的两条路径。

第一节 个体权利与共同体生活

个体权利与共同体，分别对应着两种不同的生活方式。一种是个人在现代社会中以平等权利和义务为主要交往媒介的法律生活，一种是共同体内部传统的、伦理的文化生活以及社会组织或社会团体内部的群体生活。将这两种生活方式相提并论，主要是考虑到权利在社会中的扩展范围，以及不以权利为主要价值取向的共同体生活和共同体内部自我管制的正当性问题。从组织理论看，国家与个人之间的社会中介的存在及其作用发挥，是这一问题所涉及的关键。

夏尔·阿列克西·德·托克维尔（Charles Alexis de Tocqueville）比较早地认识到，由各种独立自主的社会团体组成的多元社会，对民主具有重要意义。这一认识源于托克维尔对贵族政制的好感。在贵族政制下，君主并不独揽治理公民的大权，也不以全面而同一的方式管理每一个人。权力部分掌握在贵族或代理官员手中，他们的权力并不全部出自君主，而是来自家庭出身。这在"增强和扩大社会权力"的同时，也起到了保障个人独立的作用。这一贵族政制，看上去类似于中国周代的封建制，但作为一种陈迹，它们已不复存在。因此，托克维尔提出了一种替代方式："把从各种自治团体或贵族收回的管理权不完全交给主权者，而部分地分给由普通公民临时组成的次级团体。这样，个人的自由将会更加有保证，而他们的平等也不会削弱。"[1] 托克维尔说，

> 普通的公民联合起来，也可能建立非常富裕、非常有影响、非常强大的社团，简而言之，即建立贵族性质的法人……政治的、工业的和商业的社团，甚至科学和文艺的社团，都像是一个不能随意限制或暗中加以迫害的既有知识又有力量的公民，它们在维护自己的权益而反对政府的无礼要求的时候，也保护了公民全体的自由。[2]

与托克维尔一样，埃米尔·涂尔干（Émile Durkheim）也看到了社会团体存在的重要性。只是，他更加强调共同体内部的信仰、倾向、习俗和"集体意识"。他说，"有一种真正的规章制度，尽管并不总是具备法律的形式"，对个体来说，它们是一种压力或集体权威，规定着个体的情欲的目标和极限。[3] 涂尔干认为，社会群体的集体倾向构成为一种"社会的力量"，它存在于个体之外，具有使个人不得不服从的强制力，从外部决定人们的行为，就像武力和化学能量影响

---

[1] [法] 阿列克西·德·托克维尔：《论美国的民主》，董果良译，商务印书馆1988年版，第874页。

[2] 同上书，第875、881页。

[3] [法] 埃米尔·迪尔凯姆（又译涂尔干）：《自杀论》，冯韵文译，商务印书馆1996年版，第230页。

人们一样。① 而且，涂尔干还从纵向上对社会作了一种达尔文式的进化考察。在他看来，随着社会由"环节社会"向"组织社会"乃至"分化社会"、由"机械团结"向"有机团结"、由"压制性制裁"向"恢复性制裁"转变，集体意识会日渐衰落。鉴于此，涂尔干主张通过职业团体来维护人类的道德水准。他指出，职业团体处于无政府与国家、或者放任与独裁之间，是"国家之外的集体力量，这种力量尽管要受国家的影响，但能更多样化地发挥它的调节作用"，"应该在不放松把社会每个部分与国家联系在一起的纽带的情况下，形成对众多个人有国家不可能有的某种影响的道德力量。"②

突出社会团体或共同体的作用，是托克维尔和涂尔干的共同看法。此看法有别于捍卫"个人自由"的自由主义，而比较接近保守主义传统。捍卫"个人自由"的自由主义，一般反对在个人与国家之间设置"社群"（community）中介，认为这不可避免地会剥夺和侵犯个人自由。而保守主义则通常强调"社群"或共同体对国家权力的制约和对传统的维护。不过，托克维尔与涂尔干也存在不同。这主要表现在，托克维尔更加侧重个体权利保护的政治体制框架，涂尔干则更加侧重共同体内部的道德规范。这一区别体现出人们对个体权利和共同体生活的偏重程度，也体现出个体权利对社会的深入程度。在托克维尔那里，个体权利深入社会的程度相对较大，而在涂尔干那里，个体权利深入社会的程度有所收敛。尽管如此，托克维尔并不主张个体权利在社会范围内毫无限制地蔓延。他对个人主义权利观提出了批评，因为这种观念带来了个人与社会生活以及个人彼此之间的疏远，降低了社会凝聚力。而且，它还会导致原子似的个人直接暴露于国家强权之下，为国家政治权力的无限膨胀提供可能。在托克维尔以及一些多元民主论者那里，权利一般被摆在个人、社会组织和国家三方关系之中。其中，个人权利并不是神圣不可侵犯的，社会权力和国家权力也不是至高无上的。毋宁说，三者各有制约。托克维尔认为，要是"个人的权力"太大，个人权利就会被滥用；而要是国家"总揽一切大权"，个人

---

① 参见［法］埃米尔·涂尔干《社会分工论》，渠东译，三联书店2000年版，第42—43、67—70、250页，第2版序言；埃米尔·迪尔凯姆《社会学方法的准则》，狄玉明译，商务印书馆1995年版，第118页。

② ［法］埃米尔·迪尔凯姆：《自杀论》，冯韵文译，商务印书馆1996年版，第361、371页。

又会"逐渐变为最软弱和最有依附性的人"。因此,要在个人权力与国家权力之间设置一种中介,既限制个人权利的滥用,又限制国家权力的膨胀;既通过社会权力保障个人的权利和个人的一定独立,又对社会权力予以一定的限制。托克维尔说,"给社会权力规定广泛的、明确的、固定的界限,让个人享有一定的权利并保证其不受阻挠地行使这项权利,为个人保留少量的独立性、影响力和独创精神,使个人与社会平起平坐并在社会面前支持个人……这些就是我们行将进入的时代的立法者的主要目标。"①

历史上,个体权利对社会的深入程度与人们对权利的理解紧密联系在一起。理性主义者以及近代西方启蒙思想家,一般主张权利的普遍性,强调权利在社会各个角落的全面扩张。而保守主义者和一些社会学家则强调个体权利向社会扩展的界限。例如,埃德蒙·柏克(Edmund Burke)对近代的"自然权利"口号曾提出批评,认为"天赋人权"只是一种抽象概念。柏克指出,"这些形而上学的权利"进入"日常生活",会如光线透过水质一样发生"折射"或走样,其"抽象完美性"构成了它"实际上的缺点"。不过,柏克并没有全盘否定权利。他只是采取了另外一种"权利"观。与卢梭等人注重权利的"应然"一面不同,柏克主张"权利"的"实然"一面。② 这有时也被视为英、法两国传统的区别。前者侧重"传统"的沿袭以及"权利"在事实、实践或惯例中的"自然"生成。后者则强调人权和公民权利的普遍张扬以及按照普遍"理性"进行社会改造。

此外,威廉·格莱姆·萨姆纳(William Graham Sumner)也曾对"自然权利"提出批评,他更倾向于在习俗的生成过程中理解权利。萨姆纳认为,权利存在于民俗和社会风尚(mores)之中,是团体内部那些被认为是正当的道德授权(ethical entitlements),而并不像启蒙思想家所说的那样是自然的、不可剥夺的、天赋的,也不源于绝对的、超然的、先验的力量。由于民俗是一种由文化决定的社会现象,作为民俗产物的权利因此也在文化上表现出相对性。在一个社会中被认为是权利的事情,在另一社会中可能并不这么认为。就此而言,权利并不具有普遍性。萨姆纳指出,

---

① [法]阿列克西·德·托克维尔:《论美国的民主》,董果良译,商务印书馆1988年版,第879—880页。

② [英]埃德蒙·柏克:《法国革命论》,何兆武等译,商务印书馆1998年版,第77—81页,译者序言。

在启蒙思想家那里，权利只是一个政治哲学范畴，"自然权利"这一理念是现代哲学家的发明，他们以此将权利视为凌驾于法律之上的"法"概念，而事实上，源于民俗的权利并不能被当作"法"看待。①

萨姆纳和柏克有关权利的看法采用的都是历史的方法，而不是哲学的方法。他们所提到的权利都是现实的，而不是理论的和理想的。无论他们所提出的"权利"概念能否被称为权利，它们无疑都是与"自然权利"不同的事物。在很大程度上，这些所谓的"权利"，更接近于人们通常所说的"传统"。此种差异，暴露出权利在向社会扩展过程中所可能遭遇到的共同体的传统、文化和习俗，也因此呈现出人类社会发展的两条可能路向。

是围绕"人和公民的权利"和"国家权力"这两个端点来构建"个人与国家直接面对面"的政治格局，还是在个人、社会团体与国家三者之间达成相互制衡，或者，在个人与国家之间容纳共同体或社会权力中介，构成了自由主义与社群主义以及保守主义之间的主要理论分歧。如果说，"人和公民的权利—国家权力"范式所开启的是以"自然权利"为起点，并以个人权利为价值导向的单一权利路径，那么，在国家与个人之间存留社会权力中介，则使得个人同时拥有两种身份，一方面是作为权利主体的国家公民，另一方面是共同体成员。个人由此可以出入国家与共同体，既过一种权利生活，也过一种共同体生活。现代权利政治，旨在使国家摆脱"共同体"特征，而成为公民权利、政治权力和国家法律的有机融合体，国家治理因此更多地诉诸权利和法律形式。而基于"文化传统"的治理道路，则倾向于使国家成为更大的"共同体"，社会治理因此要么具有以社会习俗或社会自主调整为基础的"软"管理特征，要么具有更明显的行政管控、家长制以及强化集体意识的特征。这两种路向，不仅涉及对"人"本身的不同理解，也涉及认识论和历史观的差别。前者把人假定为争权夺利的"权利主体"，后者则把人理解为一种"文化存在"。鉴于"自然权利"在近代崛兴这一史实，从"传统"到"权利"时常被视为历史的必然趋势和进步。这尤其被一些现代主义者适用于世界体系中的后发展国家。现代主义者不仅承认"传统"与"权利"之间的差别，

---

① Cf. A. Javier Treviño, *The Sociology of Law: Classical and Contemporary Perspectives*, New York: St. Martin's Press, 1996, pp. 30–31.

而且基于"社会达尔文主义"将"权利"视为比"传统"更高的历史等级。而文化主义者则以"传统"和"权利"为不同的普适价值,只承认两者之间的平行差别,反对二者之间的垂直顺序。近代以来,权利,更确切地说,个体权利一直激荡着多元的民族文化和传统习俗,它以理性为中心试图征服各种各样的非理性,它以欧洲为中心试图征服世界的所有角落,它以国家权力为中心试图征服社会的一切领域。

第二节 权利张扬与纠纷解决

在现代语境下,法律通常被理解为保护人权和公民权利的基本形式,而在以往的长期历史实践中,法律其实更多地显现为管控社会、达致社会秩序的重要工具。时至今日,法律的社会管理职能远不能说已为保障权利的政治职能所取代或掩盖。事实上,权利维护与社会控制,构成了现代社会中法律在政治和行政两个层面的基本职能。两种职能具有一定相关性。这主要表现在,权利在某些社会控制过程中也得到保障。然而,在一些情况下,它们也表现出不一致。这主要表现在,强的社会控制或不严格依照法律的社会控制,带给个人权利以威胁。结合法治来看,虽说各种法治实践大多具有以法律为治理国家的基础性方式的共同特点,但由于法律在具体职能上,可能对政治层面的权利维护和行政层面的社会控制有不同侧重,与之相应的法治实践也往往显出差异,以致产生"法律之治"(rule of law)与"以法治国"(rule by law)、政治层面旨在控制权力的法治(government under law)与行政层面普遍针对公民的法治(rule among citizens)的区分。这些各有侧重的法治类型,其实也多少夹杂在中国改革开放以来的法律实践中,而且,还受到不同程度的学理支持。在理论界,尽管"人和公民的权利—国家权力"范式未必被广泛意识到,但改革开放以来的法学理论事实上与这一范式直接或间接相关,要么是对它的强烈支持,要么蕴含有对它的反思或批驳。本节集中围绕权利维护与社会控制,或权利张扬与纠纷解决,对中国改革开放以来的法律实践和法学理论作适当分析。

大体而言,现代化建设构成了新中国成立以来法学的基本背景。往更远看,它还处在中国自清末以来不断寻求现代化的历史进程中。这一背景造就了"古今中外"在中国法学中的时空交织。一方面，中国要吸纳借鉴西方的现代文明成就以尽快实现现代化。另一方面，中国又要顾及自身的文化传统和社会现实，寻求适合自身发展的道路，解决自身发展过程中的具体问题。甚至于，中国也可能在"现代之后"仍作为文明源头，在承接"古今中外"的基础上，开拓融会西方文明成就和自身普适文化、具有主体性和普遍性的新型现代道路。由此，在中国改革开放实践中大致呈现出两种主要的法学倾向。简要归纳，可以说，一者是"权利的"，一者是"实践的"。二者各有侧重。"权利的"法律观重在以规范的观点维护人权和公民权利，"实践的"法律观则重在以务实的态度解决现实社会问题。

"权利的"法律观的基调是科学、民主、人权、权利、自由、法治等。这些看上去都是中国传统政治和文化所缺乏的。因而，自近代以来，不断有文化运动兴起，它们试图从文化上肃清传统弊病，在现代中国张扬科学、民主。到20世纪80年代中后期，重卷而来的"文化热"直接波及法学，"权利"这一据称为中国古代法所缺乏的名词因之也成为法学中的强势话语。有学者从文化传统上为中国古代法诊脉，昭示出在现代中国弘扬权利这一主线。有学者明确打出"权利本位"和"权利学派"的学术旗帜。有学者试图寻求"权利"与"社会"之间的互动。还有学者一再呼吁法官和法院的独立、法律的独立自主品格、法律职业专门化等。所有这些，其现代性特征和现代化理论视角是较为明显的。在经意和不经意间，韦伯所谓的作为一种"理想型"的"形式的—合理的"现代法律，成了一些人观照中国法的主要标准。"法律"与"文化""权利"与"社会"、法律和司法的独立自主、"权利本位"乃至"权利学派""民主与法治的国度"等，都迎合了现代化潮流。相比而言，"实践的"法律观关注的中心主要不在权利的张扬，而在于现实生活以及现实问题的实际解决。这尤其表现在对非正式制度、纠纷的传统解决方式、调解、"替代性纠纷解决方式"、民间习惯法以及务实的社会管控等的侧重和强调。在很大程度上，这可被视为现代化潮流中的一股回流，它提出的一些人类学或社会学问题往往能激起人们对现代化的反思。其实，"权利的"和"实践的"两种法学倾向并不仅见于法理学界，它们也出现于民法学界、刑法学界、诉讼法学界等，并在关于物权法制定、死刑存废、"社会主义法治理念""大调解"、法律职业化等争论中多有凸显。

从历史看,"权利的"和"实践的"两种法学倾向,映衬出中华人民共和国成立以来政治和法律发展道路的历史变迁。如果以改革开放为界将中华人民共和国历史划分为前后两个阶段,那么,大体可以说,前一阶段更多地表现出对实践论的推崇,后一阶段则明显转向对制度论的重视,尽管实践论在后一阶段仍处于比较重要的地位。一般而言,实践论注重通过会议决定、行政决议、领导人决策乃至民众公决等具体处理面临的社会问题,它具有具体问题具体分析的特点。而制度论则注重以形式化的法律制度规制权力的享有和行使、明确公民的权利和义务,并依照既定规范和常规程序处理社会问题,它具有以普遍规范解决具体问题的特点。相比而言,在处于非常变动时期、制度尚不是很健全的"革命"阶段,实践论更容易得到采用。而在谋求国家和社会长远发展的相对安定的"建设"时期,制度论则通常受到重视。由于意识形态上受革命的延续影响,以及对革命后重建官僚体制和国家机器的抵制,在"后革命"时期,国家制度建设在以"继续革命"为名的文化和社会运动中遭受挫折,由此使得政治化的社会权力对于国家和社会生活具有支配性的影响。可以说,在改革开放之前的阶段,国家权力的形式化和法律化程度显得严重不足,作为政治舞台上最主要的权力形式,社会权力对于整个国家举足轻重,但它却明显缺乏法律的有效约束。在后一阶段,此种状况得以扭转,政治权力和社会权力逐渐步入法律化的轨道。

两相比较,改革开放前后的权力存在形式及其与法律的关系,可谓社会转型的重要方面。这在改革开放之后大致有三点具体表现。一是国家建设加强。就学理而言,社会权力无约束、不规范运行及其在全社会的泛滥,往往导致混乱的无政府状态或"战争状态",而消除社会动荡无序的现实方法是建立政治国家,哪怕它像"利维坦"一样恐怖可憎。改革开放之后,"国家与法的理论"中的"国家打碎论"和"国家消亡论"被暂时搁置,源于民族复兴的历史和现实驱动力使得国家建设重又成为重要发展目标。如同社会契约论中的权力让与一样,国家建设必定伴随有一个将分散的社会权力凝结为国家权力的过程,国家权威建立的另一面是社会权力的相应削弱。二是公民权利崛兴。一如自然状态学说和社会契约论所显示的,在导致"战争状态"的社会权力与"战争状态"消除之后的国家、权利和法律之间,存在着重要联系或转化关系。如果说,国家权力是社会权力在整体层面的形式化结果,那么,公民权利则可说是社会权力在个体层面的形式化结果。而且，国家权力与公民权利也远非此消彼长、你死我活的不相容关系。事实上，维护权利成为开展国家建设的价值基础和原则，或者说，国家建设寄托在保护人权和公民权利的正当名义下，由此造就了国家权力与公民权利并驾齐驱的现代图景。就此而言，1982年宪法中"公民的基本权利和义务"和"国家机构"这两章内容，其实可被视为二而一的关系。三是法治原则确立。从"战争状态"看，国家权力和社会权力看上去是分别处于"治""乱"两个时期的权力形式。与之相应，国家法律的有无及其对权力的有效规范和制约效果，也成为"自然状态"与文明社会的主要不同。如果说，"战争状态"中的社会权力表现出很强的政治性，那么，作为"治"的要求，国家建立之后的各种政治权力则通常需要以明显的法律形式存在和运行。改革开放前后，政治与法律之间的关系其实也表现出差异。在很大程度上，改革开放之后，国家政治生活呈现出从领导者个人以及人民运动的支配性影响走向在宪法和法律框架下运行、从法律完全屈从于政治走向政治上法律轨道的发展趋势。

总体上，基于人权和公民权利构建民主法治国家，形成了改革开放以来中国政治和法律发展的主流。20世纪末的"法治"入宪与21世纪初的"人权"入宪，都体现出这一主潮流在中国的扩展和深化。实行对外开放政策、"冷战"结束、加入世界贸易组织等事件，促进了这一现代化潮流，同时也是中国融入全球体系这一历史进程的组成部分。从法学看，对现代化潮流的有意抵制并不构成主流，不过，在很多理论迎合现代化潮流的同时，也存在这样一些学术努力。一是立足中国的社会现实、历史文化、新旧传统来阐发学理和法理，探寻切合中国实际的政治和法律发展道路。二是从西学视角转向中国视角，构建具有文化主体性的"中国的"法理学。随着中国发展的现代化程度的加深，这些学术努力日渐明显和加强。就其所立足的根据也可能是普适的而言，它们对于中西文化的融会以及现代文明的重构实际具有重要历史意义。从实践看，这些学术努力据以生发的一些现实基础也值得关注。例如，文化传统中对亲情、"关系"乃至人与人之间道德联系的重视，对于法律实施、人的社会行为、纠纷发生时的行为选择等仍具有影响作用。再如，调解等解决纠纷的传统方式和做法，在现实问题的处理上仍被认为具有积极的作用空间，在改革的某个历史时期甚至还被有意识地强化。又如，鉴于近两百年间寻求民族复兴的历史背景，民主法治国家的构建在受到权利价值导向一定制约的同时，也实际受到国家整体发展战略的挤压。因此，在努力从一个传统内陆国家发展为东南门户稳固的主权国家或太平洋国家的过程中，"维护个人权利"未必总是作为首要价值而被无条件地放在"形成国家秩序"之前予以优先考量。在这样一些现实条件下，理论界亦曾流露出某些无价值基点的"后现代"迷茫，以及对法律发展过程中重逻辑而轻价值的政治管控路向的忧虑，当然，也存在着在"古今中外"背景下，立足包括"个体权利"在内的普适价值展开理论重构的学术尝试。

基于"实践的"法律观，一些学者把注意力投向人们的具体社会实践活动，强调冲突和纠纷在社会中以非正规的、非"国家法"的方式自行解决，突出社会团体、文化传统在纠纷解决中的积极作用。从规范体系的角度，法律通常被视为由国家制定和认可并由国家强制力保证其实施的规范系统，而从实际操作的角度，法律也可说是纠纷解决的一种方式或解决争端的一种机制。作为国家规范体系的法律，在现代社会的主要目标是保障人和公民的权利，其价值建构意味比较明显，它由国家权力强制推行。作为争端解决方式的法律，虽然在现代社会不可能完全无视"权利"，但它的主要目标是解决社会争端，有着一种务实的态度。而且，由于社会中实存着各种各样的纠纷解决方式，这些方式与法律在形式和结构上十分类似，法律常常混淆其间而难以单独区分。这成为一些学者提出"非国家的法"（non-state law）以及"法律多元主义"的重要理由。"非国家的法"以及非正式制度，一般与社会权力联系在一起，它们与国家法和国家权力形成对照。就国家权力以及国家法与社会权力以及"非国家的法"相对而言，对社会权力的重视，标示着一种避免国家权力渗透，让"社会"自己生长，通过社会自身机制实行自治的态度。对此，有学者指出，"多元化和自治与自律的共同体组织结构及其积极作用，是现代社会发展中至关重要的因素"，在社会转型阶段，"过分强调法制的统一和权威"会加剧社会组织结构的解体，因此，应当"建立一种机制或渠道，中和这种冲击力，缓和社会的压力，重构社会组织结构"。[①] 这里，可明显看到一种与"多元民主"相伴随的"组织多元主义"。此种理论，在反对国家权力对社会生活的强行侵入，进而让人们得以选择过一种自治的"共同体生活"的同时，也在一定程度上削弱了"个体权利"的积极

---

① 范愉：《非诉讼纠纷解决机制研究》，中国人民大学出版社 2000 年版，第 640—641 页。

意义。从"人和公民的权利—国家权力"范式看,由于个人权利的保障通常以国家权力的存在和运行为前提条件,"权利"话语背后可能实际隐藏着"权力"运行。这在国内和全球两个层面都有可能发生。从一国内部来看,权利张扬为国家权力对社会或"私域"的侵入,对社会权力的压制、剥夺、取缔等提供了合法理由。从世界范围来看,"普遍性"的权利话语也为西方价值观取代非西方国家和地区的"地方性"实践提供了正当名义。

总之,在"人和公民的权利—国家权力"二元对立的现代背景下,张扬人和公民的权利成为中国自改革开放以来政治和法律发展的一股主潮流,[①] 同时,随着主体文化自觉、后现代思潮泛起以及"西方中心论"被越来越多地意识到,立足中国文化理路、历史传统和社会现实而对"人和公民的权利—国家权力"的省思也在中国法学界有所显现,传统道德、社会权力和政治管控等因此都受到一定关注。可以说,改革开放以来中国的政治和法律发展实际包含了"权利维护"与"社会控制"两种路向。这两种路向,不仅出现于国内,也出现于全球。从全球范围看,它们主要表现为"全球化"与"地方性知识"(local knowledge)之间的冲突。

第三节 全球化与地方性知识

全球化反映了这样一种认识:"在经济力量和技术力量的推动下,世界正在被塑造成一个共同分享的社会空间;在全球一个地区的发展能够对另一个地方的个人或社群的生活产生深远影响。"[②] 犹如一个国家在实现现代化的进程中不自觉地遭受西方强势"权利"话语的影响,通过铲除各种社会权力和社会规则走向形式化和正规化的道路一样,全球资本市场的逐渐形成,也成为对抗主权国家权力的一种新型权力,它要求削弱国家权力乃至国家法。

随着全球化进程的日渐深入,"一袋马铃薯"似的"区隔分化"

[①] 这尤其体现在学者所倡导的由"阶级斗争范式"向"权利本位范式"的转换上。参见张文显《法哲学范畴研究》,中国政法大学出版社 2001 年版,第 367—408 页。

[②] [英] 戴维·赫尔德等:《全球大变革——全球化时代的政治、经济与文化》,杨雪冬等译,社会科学文献出版社 2001 年版,第 1 页。

(segmentary differentiation)和金字塔似的"阶层分化"(stratified differentiation)将有所弱化,社会的"功能分化"(functional differentiation)特点会更趋明显。由于世界将按照各种特定功能(如政治、经济、宗教、行业等)有机地联系在一起,近代以来所谓的"权力为国家垄断"的格局亦可能被打破。此外,共同的生存利益以及共同的交流都需要共同的法则。基于共同的联系,世界贸易组织、环境保护组织、宗教组织、人权组织、跨国公司等都将在各自的领域建立起相应的全球法律体制,如战争法、人权法、环境法等。这些体制以一种普遍性的标准对国家法提出了挑战。全球化也是现代化在全球范围内的全面延续和展开。在法律领域,全球化仍然主要以维护"权利"和建立"形式的—合理的"法律体系为目标,以市场和民主为导向的法律改革,实际成为一些后发展或后现代化国家的努力方向。

显然,全球化带来了"普遍性"与"地方性"的矛盾。这在法律领域主要表现为"普遍价值"与"地方性知识"的冲突。这一冲突由来已久。

古希腊人很早就在"自然"与"习俗"之间作了区分。"希腊思想中关于法律本质的探讨,集中于法律是天然就存在的,还是由于习惯而产生的这一问题上。"[①] 赫拉克利特、柏拉图等人认为,"习俗"本身即是神圣的,是所有人类道德和法律的源泉。普罗塔哥拉基于"人是万物的尺度"这一命题主张一种相对性。他认为,绝对的正义和道德是不存在的,道德和法律的有效性与产生它们的人类社会联系在一起,法律只在产生它们的人类社会中才被认为是良好和有效的,不同民族的政体和法律,如同其语言、宗教观念和道德体系一样,只不过是传统因袭的"习俗"。[②] 与此相反,希皮阿斯将"习俗"理解为一种约定俗成意义上的法律和习惯法,并把它与不成文的自然法对立起来。在他看来,"习俗"是暴君而不是合法的君主,因此,应当用自然法去衡量和纠正习惯法。希皮阿斯的眼光显然已超出了希腊城邦的狭小范围。[③] 安提芬也看到了自然与习俗之间的对

[①] 上海社会科学院法学所编译:《法学流派与法学家》,知识出版社1981年版,第17—18页。

[②] [德]爱德华·策勒尔:《古希腊哲学史纲》,翁绍军译,山东人民出版社1992年版,第88页。

[③] 同上书,第92—93页。

立。他认为，道德和习俗是对人本性的束缚，所有的人都是平等的，在人与人之间区分贵贱文野本身即是野蛮的。安提芬表达了一种坚定的世界主义立场。斯多葛学派更以这一世界主义立场而名垂后世。这一学派强调人类的共同本质和天下一家，视理性为人类的基本品质，认为"共同法律是贯穿万物的正确理性（right reason）"。① 在这一学派的后期，出现了"城邦法"（the polis）和"世界城邦法"（the cosmopolis）之分。其中，"世界城邦法"是一种纯粹理性的法律，在道德上高于地方法律和传统法律。

从古希腊的"逻格斯"（logos）、"自然法"，到古罗马的"万民法"，都不难发现一种基于共同人性的普遍的全球法律精神。到近代，共同的普遍法则以人的理性精神重新崛起。然而，如同古希腊存在"自然"与"习俗"的争论一样，在近代，普遍理性精神与地方民族传统之间也适成鲜明对照。杰里米·边沁（Jeremy Bentham）对理性立法的倡导，以及萨维尼对"民族精神"的捍卫，是这两方面的典型。萨维尼着重强调了非理性的、根植于遥远过去的传统对法律的制约。他认为，法律深深地植根于一个民族的历史之中，其真正源泉乃是普通的信念、习惯和"民族的共同意识"。犹如民族的语言、建筑及风俗一样，法律首先是由民族特性、"民族精神"决定的。法律是特定民族的个人生活中无意识的、无名的、逐渐的、非理性的力量的发散。② 萨维尼之前，孟德斯鸠和卢梭等人对法律的地方性也给予了关注。孟德斯鸠在"自然法"与"地方性的法律"之间作了区分。③ 他认为，法的精神"存在于法律和各种事物所可能有的种种关系之中"，法律应该"和居民的宗教、性癖、财富、人口、贸易、风俗、习惯相适应"；一个民族的法律与该民族人民的"精神的气质"和"内心的感情"联系紧密，因而，"在不违反政体的原则的限度内，遵从民族的精神是立法者的职责。"④ 卢梭也提到，"同一个法律并不

---

① 苗力田主编：《古希腊哲学》，中国人民大学出版社1989年版，第602页。
② 转引自［美］埃德加·博登海默《法理学——法哲学及其方法》，邓正来、姬敬武译，华夏出版社1987年版，第82—83页。
③ ［法］查理·孟德斯鸠：《论法的精神》下册，张雁深译，商务印书馆1963年版，第188—189页。
④ ［法］查理·孟德斯鸠：《论法的精神》上册，张雁深译，商务印书馆1961年版，第7、305页。

能适用于那么多不同的地区，因为它们各有不同的风尚，生活在迥然相反的气候之下，并且也不可能接受同样的政府形式。"① 萨维尼、孟德斯鸠和卢梭等人对法律地方性的强调，与当时的主流观点是背道而驰的。18世纪是理性空前膨胀的时代，在此背景下，理性和权利的张扬是时代的强音。激进的人权捍卫者马克西米连·德·罗伯斯庇尔（Maximilien de Robospierre）指出，"在愚昧时代……受惯了束缚的人认为古代的一切风俗习惯都是神圣的，因为他既没有鉴别这些习俗的能力，甚至也没有讨论这些习俗的念头；但是，在文明时代，一切都是经过衡量、分析、研究的，理智和仁爱的呼声是异常强烈的"，因此，应当借助"明智的法律"，"消灭野蛮的风俗，医好社会的溃疡。"② 这一看法与边沁的立法理论一脉相承，它们都为国家的理性立法对传统习俗的渗透、"文明"国家对"落后"地区的入侵打开了方便之门。

"自然"与"习俗"、"理性立法"与"民族精神"之间的矛盾，在现时代主要表现为"全球化"与"地方性知识"之间的冲突。"地方性知识"是美国人类学家克利福德·吉尔兹（Clifford Geertz）于1983年在《地方性知识：事实与法律的比较透视》中提出的概念。这一概念得到了一些中国学者的认同，并被用于分析中国"法治"或"法制现代化"的现实困境。吉尔兹所关注的一个主要问题是，法律是否"存在于人类社会的任何地方"？在吉尔兹看来，"法律乃是一种赋予特定地方事务以特定意义的方式"，"任何地方的'法律'都是对真实进行想象的特定方式的一部分"，因此，"法律是地方性知识而非无地方界限的原则；法律对社会生活的作用是建设性的而非反映性的，或者说不仅仅是反映性的"。③

---

① 在《社会契约论》中，卢梭多处提到法律的地方性。他说："除了一切人所共同的准则外，每个民族的自身都包含有某些原因，使它必须以特殊的方式来规划自己的秩序，并使它的立法只能适合自己……使一个国家的体制真正得以巩固而持久的，就在于人们能够这样因时制宜，以至于自然关系与法律在每一点上总是协调一致，并且可以这样说，法律只不过是在保障着、伴随着和矫正着自然关系而已"；"每一种形式在一定的情况下都可以是最好的，但在另一种情况下又可以是最坏的"；"没有一种政府形式适宜于一切国家"。[法]让-雅克·卢梭：《社会契约论》，何兆武译，商务印书馆1980年版，第64、71、87、103—110页。

② [法]马克西米连·德·罗伯斯庇尔：《革命的法制和审判》，赵涵舆译，商务印书馆1965年版，第10—11、18页。

③ [美]克利福德·吉尔兹：《地方性知识：事实与法律的比较透视》，邓正来译，载梁治平编《法律的文化解释》，三联书店1994年版，第74、94、130、146页。

他说，

> 法律就是地方性知识；地方在此处不只是指空间、时间、阶级和各种问题，而且也指特色（accent），即把对所发生的事件的本地认识与对可能发生的事件的本地想象联系在一起。这种认识与想象的复合体，以及隐含于对原则的形象化描述中的事件叙述，便是我所谓的法律认识……法律，即使高度技术化如我们社会中的法律，仍然是，一言以蔽之，建设性的；换言之，它是构造性的；再换句话说，它是组织性的。①

吉尔兹这里涉及的虽是"地方性知识"，但他提出的命题却具有很强的普遍性。他对地方特色、本地想象、文化情景、具体差异的强调，削弱乃至瓦解了以单一的普遍价值通行全球的努力。与全球化的法律观相反，吉尔兹主张法律"趋异观"和"法律多元"论，亦即，"法律领域不会衰变成封闭的单一体，而会拓展成一个复合式的多元体。"② 这其实是对"西方中心论"的自觉与反省。吉尔兹以发生在巴厘岛的一个案例清楚地说明了这一点：巴厘岛人拥有自己独特的文化世界、意义结构和生活方式，也拥有自己的"法律认识"；他们的法律以宗教语言刻在棕榈树叶上，具体而明确，世代相传，无论外面的世界如何精彩，无论"现代的"法律多么"人道""民主""进步"，他们都不为所动；他们以其特有的认识、想象和解释世界的方式证明了"现代"乃至"全球"法律的普世价值的失效，在他们的观念世界里，"启蒙""理性""现代"无关紧要，重要乃至致命的是，违反祖先的法律会带来天灾人祸。③

全球化与地方性知识之间的矛盾体现的是所谓的"普世价值"与地方文化之间的冲突，这一冲突实际发生在西方价值与其他国家和地区文明之间。此外，如果把它们共同视为国家主权的对立面，那么，这一对矛盾也体现着超国家的社会权力和亚国家的社会权力对主权国家的挑战。所有这些冲突使得个体权利与共同体生活、权利维护与社会控制之间的矛盾，

---

① ［美］克利福德·吉尔兹：《地方性知识：事实与法律的比较透视》，邓正来译，载梁治平编《法律的文化解释》，三联书店1994年版，第126、129页。

② 同上书，第127页。

③ 同上书，第83—88页。

既表现于全球，也表现于一国内部；既表现在国际社会与主权国家之间，也表现在主权国家与地区共同体之间。凡此都是中国法律实践以及中国法学需要审慎应对的问题。

第四节 社会控制与法律权利

总体看，权利和法律都可能统一于社会控制。因为，法律本身即是一种重要的社会控制手段——"通过法律的社会控制""政府的社会控制"，权利也可为社会控制提供正当合法的理由和借口。而且，鉴于法律权利总是需要国家权力的支持，近代以来权利在世界各国的普遍扩张，实际上亦可被视为国家对社会或公民的控制的深化或精巧化。

社会控制是一个重要的社会学概念。有社会学家甚至断言，"所有社会问题最终都是社会控制问题"，[1]"没有任何社会可以没有社会控制而存在。"[2] 由于社会控制在社会中如此普遍、对社会存续如此不可或缺，一个国家通过法律在全社会范围内维护人权和公民权利时，就不可避免地会遭遇到社会控制，并与之发生碰撞，由此形成了权利维护与社会控制之间的矛盾。国家法律一方面担负着维护公民权利的任务，另一方面也担负着维护公共秩序、加强社会管理、解决社会纠纷的任务。这后一方面的任务主要着眼于现实社会问题的实际解决，在很多情况下可能影响或忽视个体权利。

在社会学上，社会控制通常指通过国家法律、社会规范、风俗习惯等影响和管制社会成员的行为，以此带来和维持正常社会生活的方法和过程。社会控制一般与社会秩序紧密联系在一起，以社会成员对社会规则的遵守和对社会秩序的服从为主要目标。古典社会学家在研究中一般对社会的自我管制（social self-regulation）、规范的强制实施以及阶级统治等问题有所涉及，但基本上没有使用社会控制这一术语。"社会控制"一词最早

---

[1] R. E. Park and E. W. Burgess, *Introduction to The Science of Sociology*, Quoted in Adam Kuper and Jessica Kuper (eds.), *The Social Science Encyclopedia*, 2nd edn, London: Routledge, 1996, p. 782.

[2] [美] 彼得·柏格：《社会学导引——人文取向的透视》，黄树仁、刘雅灵译，台北巨流图书公司1982年版，第71页。

出现于 20 世纪初爱德华·阿尔沃斯·罗斯（Edward Alsworth Ross）的《社会控制》（1901）、萨姆纳的《民俗论》（1906）等著作中，用以指涉群体对个体行为施加影响的各种方式。例如，罗斯把社会控制界定为社会对个人有计划的支配，以及为实现社会生活的某种功能而实施的支配。[①] 在最初的著作中，社会控制大多与原始社会、"面对面的"共同体中的习惯、风尚、"集体意识"等联系在一起，与工业社会主要通过形式法律来解决问题的方式形成对照。同后者比较起来，社会控制往往显得陈旧、传统乃至落后。在后来的讨论中，因为社会控制常常涉及有关社会秩序的保守主义观点，以及各种隐蔽巧妙的限制和统治形式，人们对这一术语的贬抑和批判意味较为浓厚。这在社会冲突论者的观点中表现得尤为明显。

社会控制一般被划分为内在控制和外在控制。内在控制指涉这样一种过程，人们遵从社会规范和秩序是因为他们信服它们，当他们按照规范行事时，他们就觉得好、对、自豪，而当他们不按照规范行事时，他们就觉得不好、错、有罪。这一过程近来大多被人们表述为"社会化"（socialization），以与"社会控制"相区别。外在控制指涉这样一种过程，人们遵从规范和秩序是因为当他们按照规范行事时，他们就会在身份、特权、金钱、自由等方面得到回报，而当他们不按照规范行事时，他们就会受到惩罚，在身份、特权、金钱、自由等方面带来损失。这一过程除被表述为外在控制外，也被表述为强制控制（coercive control）。由于"社会化"一般涉及个人主动的、内在的自我控制，在后来的著作中，社会控制专指外在控制或强制控制的趋势较为明显。例如，唐纳德·布莱克（Donald Black）就认为，"社会控制是社会生活的规范方面，它是对不轨行为的界定和反应，如禁止、谴责、惩罚和赔偿。"[②] 结构功能主义者一般比较重视社会控制在社会整合方面的积极作用。他们对以回报、教育、说服以及共同体内部成员自发约束等方式而实施的社会控制，如，工厂通过报酬实施一种功利控制，某些宗教性、自愿性和政治性团体通过规范性承诺来维持内部的一致性等，给予肯定。在结构功能主义者看来，社会控制，特别是内在控制并不绝对压制人的个性，相反，个人出于追求自我利益的考虑

[①] [美]爱德华·罗斯：《社会控制》，秦志勇、毛永政等译，华夏出版社 1989 年版，序言。

[②] [美]唐纳德·布莱克：《法律的运作行为》，唐越、苏力译，中国政法大学出版社 1994 年版，第 2 页。

积极主动地把社会规范内在化,这有利于社会秩序的形成和维护。历史上道德、宗教等对社会安定与和谐所起的维护作用表明了这一点。

社会冲突论者在社会控制问题上持有与结构功能主义者不同的看法。社会冲突论者把注意力集中于外在控制或强制控制,特别是犯罪学上借助刑事司法、社会福利、精神健康机构等对不轨失范行为的管制。他们假定,在统治阶级或者当局认为他们的利益受到威胁时,社会控制更为可能,这些威胁一般与破坏行为(如,犯罪、民间动乱、社会运动等)、高危人群(threatening population)和问题人群(如,失业者、少数民族、城市下层人群等)联系在一起。而且,在破坏行为和问题人群增多时,当局会扩展社会控制机构(如,刑事司法系统、精神健康系统、福利系统等)的能力,并向现存机构施压以增强控制强度。社会冲突论者更多地强调了说服、教育、社会规划背后隐藏的实质和阴暗面。因此,他们对警察、监狱、精神病院、集中营的强制控制乃至社会福利提出了尖锐批评。在他们看来,即使一种较为温和、看似人道的社会控制,也是有目的的社会管制和社会规划的一部分。例如,针对美国自20世纪60年代以来由警察、监狱、精神病学专家等"社会控制媒介"实施的社会控制,有西方学者指出,这些并没有带来人们对规范的遵守,相反,失范行为的标签和烙印实际强化了失范的特征,扩大了失范行为。还有学者更加激烈地指出,"20世纪60年代以来,'社会控制网络''日渐膨胀、扩展、散布和隐蔽'","诸如管教所、收容所和社会福利系统之类的现代机构的出现,不应被视为人道的和进步的改革,而应被视为使低等阶级(lower classes)屈从,巩固对其控制的策略措施。"[1]

从具体的控制实体,可归纳出两种基本的社会控制形式。一是国家对社会或公民的控制,如,国家通过刑事司法、精神治疗、社会福利等对公民实施的控制。二是社会的自我管制,如,宗教团体、自治民族、行业组织等共同体对其成员的控制。前者的控制实体是国家或政府,后者的控制实体是社会中的共同体。这两种社会控制形式尽管在某些方面也可能增进个体权利,但在多数情况下,它们不以个体权利为唯一乃至主要的价值取

---

[1] Cf. Adam Kuper and Jessica Kuper (eds.), *The Social Science Encyclopedia*, 2nd edn, London: Routledge, 1996, pp. 780-783; Edgar F. Borgatta and Rhonda J. V. Montgomery (eds.), *Encyclopedia of Sociology*, Volume 4, 2nd edn, New York: Macmillan Reference USA, 2000, pp. 2657-2662.

向。它们更注重个体权利之外的其他一些目标,特别是社会秩序、共同体文化以及组织生活。

作为近代文明的一项重要成果和基本价值,权利在现代社会理应得到更进一步的彰显。与此同时,在社会现实的大背景下,既要看到权利作为交往媒介的社会性以及作为政治斗争工具的政治性,也不宜把权利以外的其他价值,如传统、道德完全淹没于个体权利的阴影之下。在可预见的将来,随着权利意识的进一步增长,政府的社会控制会越来越尊重和保护个体权利,趋于法治化。但出于应对社会现实问题和执行法律的需要,政府的社会控制在某些领域可能不仅不会削弱,反而会得到进一步加强。就法律与政治的关系角度而言,重要的是建立和完善防止国家权力肆意侵犯个体权利的政治体制和法律机制,使政府的社会控制更加明确化、正规化和程序化,并且在个体权利与政府的社会控制之间建立一种互动机制,随着时代和社会的发展,调整、改变乃至取消政府的社会控制在一些领域中的作用。一方面,可在国家与公民之间存留适当的社会权力中介,以作为防止国家权力恣肆滥用的社会屏障,使法律与其他社会控制形式的作用发挥相得益彰。另一方面,可在以权利为中心的法律生活之外应适当存留共同体生活和社会自我管制的空间,以丰富人们的文化生活、道德生活和精神生活,避免公民生活的孤立原子化以及权力和金钱对"生活世界"的渗透。

第五章

作为社会变革工具的法律

法律,既是维护权利的手段,也是社会控制形式,还经常被作为一种变革人的行为方式的工具使用。尽管法律本身也处于文化之中,但法律也有其暴力或权力来源。因此,从法律对人的行为方式的改变,通常可看到暴力或权力与文化的对抗。例如,满清入关后曾颁布"剃发易衣冠"令,强迫汉人依照清朝制度"剃发易服",并且以"留头不留发,留发不留头"的残酷手段严厉执行。其时,汉服饰文化从周代到明朝,已存续发展三千多年,清朝的"令""制"当然受到了汉人的强烈抵制。很多汉人以"砍头事小,剃头事大","头可断,发不可剃"而宁死不从。在这场发式衣装的变革过程中,大量受千年汉服饰文化影响的汉人,因为法令的严酷执行而丢掉了性命。最终,据说只有女人、僧、道和刽子手的服饰形式保留了下来。在清朝以"剃发易衣冠"令强迫汉人改变其千年以来的行为方式这一历史事件中,法律的政治统治目的十分明显。而随着文明程度的提高,在现代社会,通过法律来改变人的行为方式更多的则是出于道德或社会目的。

"剃发易衣冠"令的严酷执行,最终统一了汉人的发式衣装,但也付出了极为惨重的代价。这是一个以赤裸裸的暴力或"恶法"强行改变人的行为方式的极端例子。在现代社会,仍然有一些人对通过法律来改变人的行为方式寄予厚望。例如,有学者指出,"在当代西方社会已形成一种观点:法律可以作为一种手段,在引起人们的行为模式、态度、观念普遍改变方面起作用;构成这个观点的基础的基本假说是很清楚的,就是说在当代西方社会中,政府的组织机构和权力方面的后盾以及现代法律制度的技术手段都足以使法律能够面对社会习俗,并且征服习俗。"[1] 然而,历

---

[1] [英]罗杰·科特威尔:《法律社会学导论》,潘大松等译,华夏出版社1989年版,第75页。

史上也有很多案例并没有证明这一点。那么，在法律与人的行为方式的改变之间到底存在着一种什么样的机理？法律究竟能否最终改变人的行为方式？如果法律最终不能改变人的行为方式，为什么仍会不断有试图改变人的行为方式的立法出现？如果法律能够改变人的行为，那么，它凭借什么或通过怎样的机制来改变人的行为？影响法律对人类行为有效发挥作用的因素有哪些？对于法律的实际执行效果而言，这些问题是重要的，因为，一些不是必需的、过于仓促的或者未经深思熟虑的立法，不仅会导致所谓的"一次性法律"（disposable law），还会降低政府和立法者的威望。本章以美国禁酒令和北京禁止燃放烟花爆竹的法规为例，来分析作为社会变革工具的法律能否以及如何改变人的行为方式。

第一节 美国禁酒令

1917年12月18日，美国参众两院将一份关于禁酒的共同决议案提交各州审议。到1919年1月16日，美国48个州中有36个州批准了该决议案。该决议案因此成为美国宪法的一部分。这就是于1920年1月16日正式生效的美国宪法第十八条修正案，也称禁酒令（Prohibition）。该法令经常被当作法律不能改变人的行为方式的一个典型案例。

第十八条修正案规定："禁止在合众国及其管辖的所有领土内酿造、销售和运输作为饮料的致醉酒类，禁止此等酒类输出或输入合众国及其管辖的所有领土"；"国会和各州均有权通过适当的立法强制执行本条款"。从规定看，修正案对禁酒作了三点限制，一是"作为饮料"（for beverage purposes），二是"致醉酒类"（intoxicating liquors），三是"酿造"、"销售"和"运输"。由此，不致醉的含酒精溶液（alcoholic liquors）以及不用作饮料的致醉酒类，并不在禁止之列。包括致醉酒类在内的一切酒精饮料（liquor）的购买以及购买后的持有或使用也不在直接禁止之列。而且，何谓"致醉酒类"并没有得到明确界定。这些问题，都通过修正案第二款的授权留给了国会和各州。

1919年10月，按照第十八条修正案的授权，美国国会通过了国家禁酒令（National Prohibition Act）。国家禁酒令规定对不用作饮料的高纯度酒的酿造、生产、销售和使用实施管制，保证酒精在科研和工业中的充足供应,并把"致醉酒类"解释为包括酒精、白兰地酒、威士忌酒、朗姆酒、杜松子酒、啤酒、黄啤、黑啤、葡萄酒以及任何含有酒精、葡萄酒、麦芽或酵素的溶液、液体和混合物。国家禁酒令还规定,可以根据"防止致醉酒类作为饮料被使用"的目的对规定作任意解释。规定中的"使用"一词以及对"致醉酒类"的解释被一些人认为超出了宪法修正案的规定范围。此外,国家禁酒令禁止致醉饮料,并规定了未经许可酿酒应受的处罚,但处罚并不适用于酿造仅在家使用的非致醉苹果酒、果汁的个人,而且规定此类苹果酒或果汁,除经允许用于酿造醋以外,不得被出售或运输。第十八条修正案没有直接禁止酒精饮料的购买或持有,国家禁酒令对此也没有禁止,只有一些州法对购买作了禁止性规定。

禁酒令,是美国历史上第一次通过宪法规定来控制个人习惯和行为的尝试。这一尝试源于此前的禁酒节欲运动(Temperance movement)。饮酒对人具有双重作用。适量饮酒对人的身体可能有一定好处,但过量饮酒则带来危害。19世纪中期,啤酒、烈性酒消费量迅猛增加,纽约、旧金山等地据说每200户居民就有1家酒馆。由此,禁酒节欲运动把酒视为一种危险品,认为它不仅损害身体,而且乱性,是社会混乱和犯罪的重要起因,因此应当通过法律实施禁酒,让人们过一种高尚纯洁的生活。经过几十年的努力,禁酒节欲运动在美国取得了一些成效。1905年美国有3个州将饮酒宣布为非法,1912年扩大到9个州,至1919年达到36个州。第十八条修正案通过后,除罗德岛一州外,剩余的其他各州都相继批准了该修正案。

禁酒令得到了广大民众,全国禁酒改良党、基督教妇女禁酒会、反酒馆联盟等众多团体,以及众多法学家、社会学家的大力支持。但由于这一法令与人们的习惯相冲突,以及在实际执行上的各方面困难,禁酒令遭遇到法律史上前所未有的尴尬处境。起初,禁酒是出于减少犯罪、降低酒精中毒引起的死亡率、降低监狱和救济院所带来的税务负担、改善人们的健康和卫生条件以及其他良好的"经济、效率和道德"愿望,但实际上,禁酒令的所有这些立法目的并没有如愿以偿,反倒带来了一些负面后果。

第一,禁酒令并没有减少酒的消费和生产。酒的消费量在禁酒令初期的确有所减少,但这种减少不是绝对的。在美国,酒的人均年消费自1910年以来就已经开始下降,到1921年下降到最低点。然而,1922年之后又平稳回升,到1933年禁酒令还没有被废止时酒的消费量已超过禁酒令以前的水平。尽管1927年至1930年四年间购买酒的数量，与1911年至1914年四年间比较起来下降了20%，但消费的总量仍然很大，距离消除对酒的消费这一目标十分遥远（见图1）。

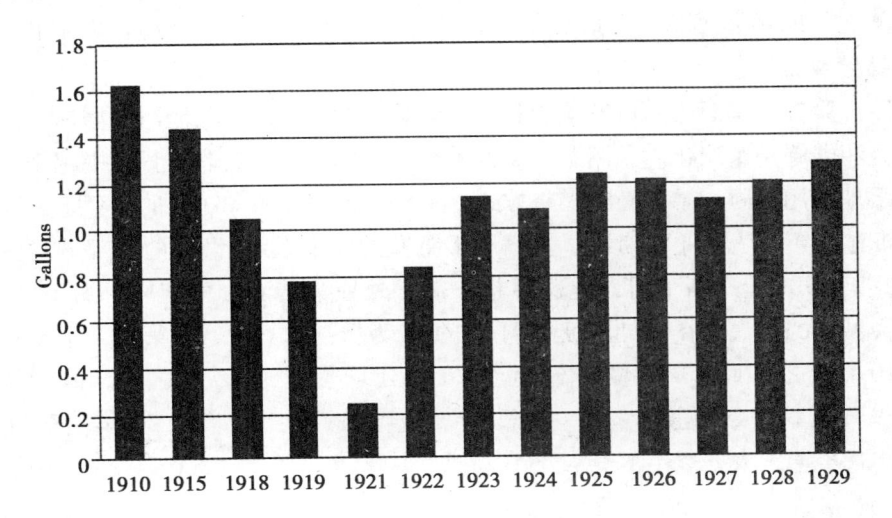

**图1　1910年至1929年含酒精饮品的
人均消费量（纯酒精的加仑数）**

资料来源：Clark Warburton, *The Economic Results of Prohibition*,
New York: Columbia University Press, 1932, pp. 23–26, 72。

禁酒令期间，酒的生产和消费转入地下，走私酒以及家酿酒十分猖獗。大量的酒从加拿大、北美的法属岛屿走私到美国。离城市较近的山区、大河沼泽地、丛林荒地等成为隐蔽的非法生产和买卖酒的聚集地。地下酒店蓬勃发展，私酒、劣质酒充斥坊间，非法的家酿酒也很流行。有商人说，禁酒令期间一个人能得到酒的地方其实十倍于以前。许多知名人士和政治家后来也都坦承在禁酒令期间曾饮过酒。

尽管政府在执行禁酒令上投入的人力、财力逐年增加，但这并没有阻止，反而在某些方面加强了人们对酒的饮用。有人由此提出了所谓的"禁酒令铁律"，认为法律强制执行越是猛烈，被禁止的事物就越是有力。事实似乎表明了这一点。禁酒令期间，由于烈性酒在走私中更加有利可图，酒越来越烈，生产和消费都转向更烈的酒精饮料。啤酒、葡萄酒、威士忌的酒精含量，比禁酒令前和禁酒令废止后的含量都高。酒的价格也提高了3倍。违反禁酒令的人数相当之多。不仅对酒的花费有所提高，对酒的替代品的花费也在上升。为了满足对酒的嗜欲，一些人把医用酒精、含高浓度酒精的特许药物以及专用于典礼仪式的酒精兑制成"酒"饮用。1923 年至 1931 年间医生和医院卖出的酒精溶液翻了一番,卖出的医用酒精(95% 的酒精浓度)增长了 4 倍。此外,消费还转向镇静剂、麻药、烟草、大麻,这些物品比酒更危险,更易让人上瘾,也更易导致犯罪。

第二,禁酒令并没有减少犯罪。禁酒令期间,严重犯罪明显增加,而且犯罪趋于组织化。私酒贩子买通警察或结成帮派,在非法贸易中越来越多地采用威胁、暴力乃至谋杀方式。一些人在美国靠非法酒的巨额走私利润建立了庞大的犯罪组织。美国严重犯罪的比率在 19 世纪的大部分时间直至 20 世纪逐渐下滑,但这种趋势却意外地为禁酒令所扭转。据统计,大城市的杀人率在 20 世纪从头十年的 10 万分之 5.6 上升到第二个十年的 10 万分之 8.4,杀人率在 20 世纪 20 年代增长到 10 万分之十,但自从 1933 年禁酒令废止后,这一增长趋势发生了改变,20 世纪 30 年代至 40 年代早期杀人率逐年下滑(见图 2)。

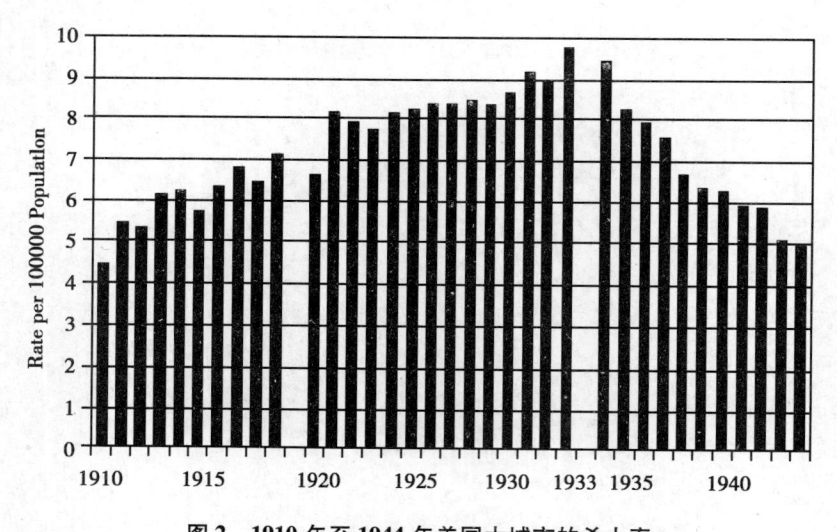

图 2　1910 年至 1944 年美国大城市的杀人率

资料来源:U. S. Bureau of the Census,*Historical Statistics of the United States*,*Colonial Times to* 1970,Washington:Government Printing Office,1975,part 1,p. 414。

还有研究表明,1910 年至 1923 年间,虽然诸如流浪、故意损害他人财产、公然辱骂之类的小型犯罪(数量很大)下降了 50%,但盗窃案件增加了 13.2%,杀人案件增加了 16.1%,抢劫案件增加了 83.3%。而且,犯罪人数也在增加。根据一项对美国30个主要城市的研究，1920年至1921年，犯罪人数增长了24%，因为醉酒和扰乱社会治安的行为而被拘留的人数增加了41%，因为酒后驾车而被拘留的人数增加了81%，偷窃和入室盗窃的案件增加了9%，殴打和杀人案件增加了13%。美国虽然把更多的钱花在警察局和监狱，以减少它们在环境空间上的压力，但监狱仍然爆满，这从纽约州新新监狱的罪犯人数在禁酒令期间的增长可明显看到（见图3）。

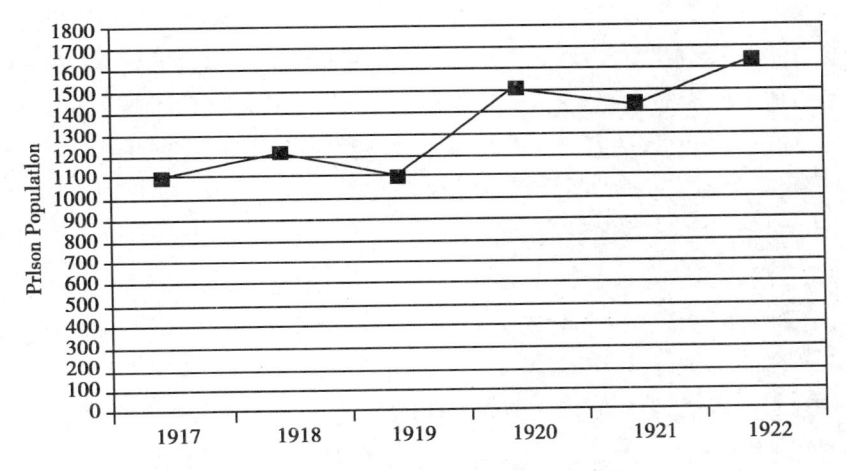

图3　1917年至1922年纽约州新新监狱的人犯

资料来源：Charles Hanson Towne, *The Rise and Fall of Prohibition*, New York: Macmillan, 1923, p.162。

第三，禁酒令并没有提高人们的健康和卫生水平。禁酒令没有如其预期降低由酒精中毒所致的死亡率。有调查显示，由酒精中毒引致的死亡率自第一次世界大战以来，在丹麦、英国、美国等国家都逐渐降低，在美国到实施禁酒令前跌落到最低点，但随后又逐渐回升到第一次世界大战前的水平，但在丹麦、英国等没有实施禁酒令的国家并没有回升，而是在20世纪20年代继续跌落。在很大程度上，禁酒令间接导致了死亡和健康受损。一方面，禁酒令使一些饮酒者把嗜欲转向鸦片、大麻、可卡因以及其他危险品。另一方面，用于医用、工业和宗教仪式的酒精，被兑制成溶液饮用。而且，由于禁酒令期间的酒大部分由罪犯以及秘密的手工制造者生产，酒的质量参差不齐，甚至有害乃至致命，由此导致酒精中毒的死亡人数高得惊人。1920年美国酒精中毒死亡人数为1064人，1925年则上升为

4154人。有人因此评论说,"政府过去一般只习惯于用子弹杀人,现在则用夸脱杀人。"一些人由于喝了由工业酒精或各种有毒化学药品兑制而成的"私烧锦酒"而失明或遭受大脑损害。一起最臭名昭著的案件涉及酒精含量很高的特卖品牙买加姜汁酒。喝这种酒的人一般称之为"Jake"。为了应付政府部门的执法检查,肆无忌惮的卖主在"Jake"中掺入工业可塑剂以蒙混过关,结果导致好几万饮用"Jake"的人手脚终生瘫痪,后果极为惨痛。

第四,禁酒令的执行加重了政府的负担。执行禁酒令需要大量的人力和物力,而禁酒令不仅没有提高生产力,反而减少了重要的税收来源,大大地增加了政府的花费。据说,单只纽约一地,要切实执行禁酒令,就需要动员高达25万人的警力。这对政府来说无疑是沉重的负担。1915年至1932年间,美联邦在刑事制度上的全部花费增加了至少10倍。为执行禁酒令,美国还专门设立禁酒令办公署,扩展其他政府机构的规模。20世纪20年代,禁酒令办公署的年度预算,从440万美元提高到1340万美元。1920年至1930年间海关雇员增加了45%,其年度预算也相应增加123%。巡逻队的人数在20世纪20年代增加了188%,其预算在1915年至1932年间也提高5倍多,海岸巡逻队的花费每年超过1300万美元。美国有很长的海岸线、河岸线和陆地疆界,而且东西两岸港湾众多,有许多无人居住的岛屿,这些为酒的走私提供了便利条件,也在地理因素上加重了政府的执法负担。

第五,禁酒令使美国的酿酒业遭受重创。禁酒令废止时,只有禁酒前的半数酿造厂重新开业。许多小的酿酒厂因为利润因素退出了市场,主要是一些大的酿酒厂存活了下来。美国啤酒由此越来越被人斥责为缺乏个性的、批量生产的日用品。啤酒方面的行家大多抱怨啤酒质量下降、种类单调。直到20世纪80年代,工艺酿造才在美国得以恢复。

第六,禁酒令带来了公共官员的腐败。由于私酿和走私贩酒利润丰厚,私酒贩子、烈酒私酿者以及地下酒吧的老板纷纷向公共官员行贿。大到政客小到巡逻警也向他们索取贿赂。腐败因此十分猖獗。禁酒令办公署首当其冲,因此不得不被重组,但该署即使增加财力、重新改组,腐败仍然难免。有禁酒专员说:"执行上有劳无功的努力正在导致公众对禁酒令以及所有法律的漠视。因为这种非法贸易而通过购买官员的保护的公共腐败广泛存在,而且臭名昭著。法院在禁酒令案件上的混乱已到了严重影响整个司法管理的地步。"

第七，禁酒令降低了人们对政府和法律的信任度。由于执行上面临着诸多困难，禁酒令没有得到普遍遵守。据统计，1920年至1932年间，有75万人因违反禁酒令而被捕，罚款总额超过7500万美元，没收财产2.05亿美元。再加上公共官员的腐败，禁酒令以及当局受到了广泛蔑视和嘲笑。此外，法律规定上的一些技术问题，也使得禁酒令的权威性受到一定质疑。国家禁酒令规定对酿酒的处罚不适用于在家使用的非致醉苹果酒、果汁的个人，而且并没有明确"非致醉"的意义，这就涉及这样一些问题："只在家使用的非致醉苹果酒和果汁"到底算不算"酒"？它们与酒精含量较低的啤酒以及酒精含量略高的葡萄酒之间到底有什么样的实质性区别？如果家酿葡萄酒是合法的，那么为什么家酿啤酒和家酿蒸馏酒就不合法？为什么在家使用的家酿葡萄酒比在家使用而不是在家酿造的葡萄酒更少受谴责？等等。这些问题在很大程度上松动和弱化了禁酒令的正当性。

如果说美国禁酒令是美国宪法史上的一次"高尚试验"，那么这次试验也是美国法律史上最失败的一次试验。1931年1月7日，在禁酒令实施近十年后，由包括庞德在内的十名委员组成的法律遵守与执行委员会，出具了一份《美国禁酒法执行报告》。报告对禁酒令条文及其在当时的遵守和执行情况作了分析，指出了禁酒令在执行上的腐败因素、经济困难、地理困难、政治困难、心理困难等，并强烈建议美国政府不要废止修正案、不要恢复合法的酒吧间、不要进行酒类贸易、不要修改国家禁酒令以允许酿造和销售低度葡萄酒和啤酒，主张通过各州之间的合作把禁酒令执行到底。然而，这份报告提出后刚过两年，宪法第十八条修正案就被废止了。1933年2月20日，美国国会将宪法第二十一条修正案提交各州审议，同年12月5日，该修正案经美国36个州批准正式生效。第二十一条修正案规定："美利坚合众国宪法修正案第十八条现予废除"；"禁止在合众国任何州、领土或属地，违反当地法律，为发货或使用而运输或进口致醉酒类"。由此，禁酒令成为美国法律史上唯一一条被废止的修正案。不过，禁酒令废止后，酒类广告、销售在美国仍然受到严厉管制，俄克拉荷马、堪萨斯和密西西比等州也继续执行禁酒法令。密西西比州自1907年即开始实行禁酒，1966年，该州废止禁酒法令，成为美国最后一个废止禁酒法令的州。[①]

第二节　北京禁放令

　　燃放烟花爆竹是中国的一种古老民俗。随着城市化进程的加快，这一传统习俗产生了诸如人身伤害、环境污染、火灾、浪费等一系列社会问题。为此，北京市于1982年开始出现禁止燃放烟花爆竹（简称"禁放"）的呼声。1986年，为限制因燃放烟花爆竹所造成的危害，北京市政府制定并公布实施《北京市烟花爆竹安全管理暂行规定》，对烟花爆竹实行"逐步限制，趋于禁止"的方针。市政府通过压缩生产厂家、统一进货渠道、减少销售网点、限制花样品种、在城区主要街道划定禁放区等措施，使烟花爆竹的销售数量和燃放危害初步得到控制。

　　然而，这并没有从根本上解决城市问题。1993年元旦、春节，北京市共查获非法制造、运输、销售烟花爆竹行为146起，比1992年同期增加31.5%；收缴闪光雷等违禁品总价值40余万元；因燃放烟花爆竹致伤544人，比1992年同期增加54.5%；除夕夜烟花爆竹噪音平均值达92分贝，瞬时值高达121分贝；发生火警火灾208起，损失近14万元。因此，1993年春节刚过，北京市公安局在短时间内就收到市民来信231件，纷纷要求禁放。1993年2月，在北京市人大一次会议和八届政协一次会议上，209名市人大代表联名提出17项议案，99名市政协委员提出28件提案，要求北京市在烟花爆竹问题上不能仅限于宣传，而要通过法律予以严厉禁止。

　　1993年6月，北京市十届人大常委会第四次会议全体委员审议了《北京市关于禁止燃放烟花爆竹的规定（草案）》。为顾及民情，市人大常委会将草案全文登报，广求民意。12天内，市人大常委会办公厅共收到市民来信来电538件，其中，80%的信件和75%的电话赞成禁放。不过，此时人们在禁放问题上仍然存在重要分歧。有人认为燃放烟花爆竹具有污

[①] 本节关于美国禁酒令的内容，主要引述自 Mark Thornton, "Alcohol Prohibition Was A Failure", *Cato Policy Analysis*, No. 157, 1991, from: http://www.cato.org/pubs/pas/pa-157.html; Report on the Enforcement of the Prohibition Laws of the United States, from: http://www.drugtext.org/library/reports/wick/Default.htm.

染城市环境、伤害人的身体、容易引发火灾、扰乱公共秩序、刺激老弱病人、带有迷信性、浪费资源、不利于北京申办奥运等诸多危害，是一种与"裹小脚"一样的陈规陋习，应坚决禁止。另有一些人则认为，作为一种千年习俗，燃放烟花爆竹浓缩着中国传统的人文精神；作为一种娱乐活动，它有助于增加节日气氛，不应也不能为一纸禁令所禁止。

为慎重起见，北京市还就此向城区、近郊八个区发放了 83985 张市民调查表。在回收的 80592 张调查表中，赞成禁放者 68155 人，占 84.6%；反对禁放者 10662 人，占 13.2%；态度不明者 1775 人，占 2.2%（见表1）。

表1　　　　　　　北京城区、近郊八区征求市民意见统计

地　区	发出调查表	回收调查表	赞成人数	赞成人数百分比（%）	反对人数	反对人数百分比（%）	态度不明朗人数	态度不明朗人数百分比（%）
东城区	10200	9708	7926	81.7	1001	10.3	781	8
西城区	10000	10000	9374	93.7	615	6.2	11	0.1
崇文区	12088	12088	10726	88.7	1362	11.3	—	—
宣武区	10000	10000	9443	94.4	557	5.6	—	—
朝阳区	10434	10110	8745	86.5	1365	13.5	—	—
海淀区	10663	9224	7621	82.6	1567	17	36	0.4
丰台区	10000	9721	5799	59.7	2975	30.6	947	9.7
石景山区	10600	9741	8521	87.5	1220	12.5	—	—
总　计	83985	80592	68155	84.6	10662	13.2	1775	2.2

资料来源：北京市人大常委会 1993 年 9 月《内务司法简报》。

1993 年 10 月 12 日，"为了保障国家、集体财产和公民人身财产安全，防止环境污染，维护社会秩序"，北京市人大常委会全体通过《北京市关于禁止燃放烟花爆竹的规定》（简称《禁放》）。《禁放》规定北京八城区为禁放区，在禁放区，任何单位或个人，不准生产、运输、携带、储存、销售烟花爆竹；在禁放区以外的地区，生产、运输、储存、销售烟花爆竹，须经公安机关批准。《禁放》还规定，市人民政府应当采取措施，逐步在本市行政区域内全面禁止燃放烟花爆竹。《禁放》自 1993 年 12 月 1 日起施行。

《禁放》公布之后，北京市人大常委会和市政府为《禁放》的实施做了大量工作。这主要包括宣传教育和大力执法。

在宣传教育方面，按照《禁放》规定，各级政府、街道办事处、居

民委员会、村民委员会，以及机关、团体、企业事业单位，都有开展禁放宣传教育的义务，为此，北京市各单位主要做了如下工作：

一是宣传《禁放》。《禁放》施行前，北京市政府印发《致市民的一封信》《再致市民的一封信》160万份，《关于北京市禁放宣传提纲》80万份，《禁放》10万份，并决定11月28日为禁放宣传日，力争使《禁放》家喻户晓，全民皆知。

北京各禁放区也大力开展教育活动。西城区编发宣传材料35万份。东城区开辟宣传栏196个。宣武区则向每一单位发一份《禁放》，向每户居民发一封宣传信，在每一条街道挂一条横幅或贴一张标语。海淀区还采取居（村）委会包片、民警包段、积极分子包院的"三包"宣传形式，落实责任制。

同时，北京市教育部门还组织全市中小学校在1993年10月、11月对在校学生集中宣传《禁放》，并抓好学生放假前、返校日的禁放教育。西城区各学校还把禁放宣传教育列入政治思想课。《禁放》实施第一天，北京市有10万少先队员走上街头，开展宣传禁放红领巾主题队会活动。1995年，全市中小学校广泛开展"四个一"红领巾活动，亦即，每个少先队员送一张宣传禁放的卡片，说一句宣传禁放的话，做一件支持禁放的事，建一个禁放监督岗；以及"1·2·2"活动，亦即，每个学生不买不放烟花爆竹，说服爸爸妈妈、爷爷奶奶不买不放烟花爆竹。

此外，街道民政部门在为新婚夫妇办理结婚证书的同时，工商部门在为新开办的公司、商店发放营业执照的同时，也附带发送一份禁放通知。

二是宣传燃放烟花爆竹的危害。鉴于燃放烟花爆竹有深厚的群众基础，宣传舆论一般把它称为"公害"，而不称之为"陈规陋习"。新闻媒体着力于宣传因燃放烟花爆竹所致的触目惊心的人身伤害、爆炸事故、火灾等。

三是对违禁行为予以曝光。据统计，从《禁放》实施到1994年春节前，北京市共查处各种违禁行为132起，处罚176人。其中通过报纸、广播、电视予以曝光者达70余起。此后，曝光事件零星可见。

四是进行守法宣传。燃放烟花爆竹毕竟是一种古老习俗，对它的禁止远没有"禁赌""禁娼"那样来得理直气壮。因此，政府宣传不仅仅突出其危害，而且也强调首都市民应当有高度的法制观念，立了法就应当严格遵守。

除宣传教育外，北京市政府还加大执法力度，堵源截流。

《禁放》实施前，北京市政府对全市 2013 个烟花爆竹销售点进行了检查和清理，设在禁放区内的 809 个销售网点于 1993 年 11 月 15 日前停止销售，并收回销售许可证。禁放区内各网点库存的价值 615 万元的烟花爆竹全部封存，自行消化解决。

公安部门还要求非禁放区的零售点做到"四专一备"，即专库、专人、专点、专柜，具备一点一证。对购买烟花爆竹的，实行准购证办法，一户一证，一证只准购买一份，以控制禁放区人员到非禁放区购买烟花爆竹。在主要进京路口，公安部门还组织警力严厉查处贩运、私售行为。在禁放区，市公安局设置了 12 部举报电话，对举报者予以奖励，对违法者予以严惩。同时，北京市的治安检查站也由原来的 20 个增加到 178 个。

此外，为了防止外省市的烟花爆竹流入北京，北京市人大常委会和市政府还派专人到河北和天津，说明北京禁放情况，并督请外省市的支持与配合，加强对北京与外省市交界处的监管与清查。

1994 年元旦和春节是《禁放》接受考验的关键时刻，为此，北京市组织了空前庞大的执法队伍。元旦前夜及当天，北京市八禁放区组织了近 10 万人巡逻、检查。除夕夜，北京有近 31 万名公安警察、武警官兵、机关企事业单位干部以及街道居委会干部巡视在禁放区的大街小巷。

《禁放》实施前几天，京城爆竹声连绵不断，不绝于耳。但到 1993 年 12 月 1 日零点，京城烟花爆竹的燃放戛然而止。据统计，1993 年 12 月 1 日，北京市禁放区内燃放爆竹者仅 6 例，整个 12 月共有 12 例。1994 年元旦，仅 1 例违禁行为。1994 年除夕夜至初一凌晨 6 时，全市八禁放区共查处 5 例违禁行为，依法拘留 8 人，除夕夜，北京市消防局 119 火警接报台调度室只接到 9 起火警报告，而且与烟花爆竹无关，而 1993 年除夕夜，该室却接到 51 起火警报告。另据卫生部门对全市 28 家重点医院的统计，1994 年除夕 17 时至初一凌晨 6 时，共有 18 人因在非禁放区燃放烟花爆竹致伤，受伤人数比上年同期下降 92.6%。

总之，1994 年元旦、春节，京城静悄悄，不闻鞭炮响，有人称之为"死一般的寂静"。

1995 年春节，北京禁放工作再度"告捷"。此后，《禁放》一般被认为是北京同类法规中执行得最好的一个。1996 年和 1997 年，《禁放》基本上得到了市民的遵守。

然而，到 1998 年春节，北京一反"静悄悄"的局面，违禁者大量增加，鞭炮声此起彼伏。1999 年春节，此种情况有增无减。由此，1998 年和 1999 年，"禁放"问题再度成为人们议论的热点话题。从舆论上看，人们所议论的不再是"公害"，而是春节的冷清和法律的尊严。

据北京市环保局对禁放区的监测，1998 年除夕夜，北京市八禁放区平均环境噪音达 57.4 分贝，禁放 5 年来，首次超过国家规定的 55 分贝标准。1999 年除夕，禁放区内一些地区环境噪音瞬时达到 65.2 分贝，比 1998 年上升 7.8 分贝，为禁放 6 年来最高值。

据北京市消防局统计，1998 年除夕夜至初五，全市火灾 236 起，其中，59 起由燃放烟花爆竹引起。1999 年除夕夜至初一 6 时，全市火灾 114 起，其中，34 起由燃放烟花爆竹引起，比上年同期上升 16%；到正月初五，全市火灾升至 416 起，其中，278 起由燃放烟花爆竹引起。1999 年春节期间，北京市消防局有 210 部消防车、3000 余名消防官兵值勤岗位。

据统计，1999 年北京市八禁放区仅年三十到初一，即查处违禁行为 98 起 105 人，比上年同期多 87 起 85 人，到正月十三，市公安局共查处违禁行为 241 起，涉及 269 人。

此外，1999 年除夕至初一凌晨 6 时，全市 28 家重点医院收治 96 名因燃放烟花爆竹而炸伤者，比上年同期增加 35%，其中，重伤 49 人，5 人摘除眼球，2 人骨折。1998 年春节前后，因燃放烟花爆竹而致伤残者也达京城禁放 5 年来最高点。这从北京同仁医院历年春节伤眼人数的统计中可以看出（见表 2）。

表 2　　　　　北京同仁医院历年春节因燃放烟花爆竹伤眼人数

年份	伤眼者人数	摘眼球者人数
1982—1992	1781	39
1993	114	7
1994	37	3
1994—1997	167	8
1998（除夕至初七）	92	9
1999（除夕）	40	5

资料来源：根据同期相关报道统计。

1999 年正月初十，北京市政府召集 18 个区县的主管领导和公安局的主管领导召开紧急会议，会上多次使用"反弹"字眼。会议指出，除夕至初一，北京出现了"四多一大"：举报电话增多，受伤人数增多，查处人数增多，火灾增多，噪音增大。会议甚至称 1999 年为最严重的一年——"连成了一片"。会议强调："口子不开，力度不减，态度坚决，依法办事。"正月十一，北京市、区、县人大常委会领导也召开紧急会议，会上以"炮火不断"来形容违禁现象。会议强调，北京是首都，不能看到别的城市解禁，北京就开禁。

此后几年，《禁放》的执行效果仍然不是十分理想。2004 年是北京禁放的第 11 年，北京市并没有放松对《禁放》的执行。元旦、春节期间，北京市共组织发放各种禁放宣传材料 403 万余份、悬挂禁放横幅五千多个、张贴禁放标语三万多条。仅除夕和正月初五夜，京城禁放区有关部门就出动民警、联防队员、治保积极分子和保卫干部 21 万多人次，加强街道和社区的巡逻控制。而且，为引导市民到非禁放区燃放烟花爆竹，北京市在非禁放区建了 1008 处烟花爆竹销售网点，52 处烟花爆竹燃放点。但从实际效果看，京城的猴年春节依然是鞭炮声此起彼伏。据统计，猴年春节北京有 4 人因燃放烟花爆竹死亡，有 307 人致伤到 28 家重点医院救治，其中绝大多数是因为燃放非法、伪劣、超标烟花爆竹所致；除夕至正月初五，北京市消防部门接到报警 871 起，比 2003 年同期上升 1.57 倍，其中成灾 364 起，死亡 2 人；2003 年 10 月至 2004 年 2 月 2 日，北京市共查获违禁案件 720 起。

就全国情况看，大陆地区自 1988 年上海首先实行禁放之后，截至 1996 年，已有 93 个城市相继禁放，到 2005 年，禁放城市数量上升到 282 个。但在实际效果上，禁放大都时好时坏，或限或废，一直是春节期间各地政府执法的沉重负担。截至 2005 年，全国先后有 105 个城市解禁。2005 年春节过后，北京市政府制订了《北京市烟花爆竹安全管理条例（草案）》，并于 5 月 16 日至 31 日将此草案公之于众，面向社会征集意见。该草案的第七条规定："每年除夕至正月十五，本市允许燃放烟花爆竹。"8 月 14 日，北京市人大法制委员会就《北京市烟花爆竹安全管理条例（草案）》的两项内容举行立法听证会："本市五环路以内的地区为限制燃放烟花爆竹地区，五环路以外的地区允许燃放烟花爆竹"；"在限制燃放烟花爆竹地区，每年农历除夕至正月十六，允许燃放烟花爆竹"。同年 9 月 9 日，北京市人大常委会审议通过《北京市烟花爆竹安全管理规定》。按照该规定,北京市"五环路以内的地区为限制燃放烟花爆竹地区,农历除夕至正月初一,正月初二至十五每日的七时至二十四时,可以燃放烟花爆竹,其他时间不得燃放烟花爆竹"。自此,在北京市经过了12年严格执法的《禁放》规定,最终被废止。此外,北京市还于2005年11月11日起同时施行《北京市烟花爆竹零售单位和临时销售网点安全管理规范(试行)》《北京市烟花爆竹销售单位储存仓库安全管理规范(试行)》《北京市烟花爆竹销售许可证暂行办法》《北京市烟花爆竹专营管理办法(试行)》,并于2005年12月20日起施行《北京市烟花爆竹销售明码标价试行规定》。据报道,2006年春节,北京有包括民警在内的近50万人在大街小巷中维护烟花爆竹燃放秩序,从除夕到正月十五,北京市共发生火情1512起,其中因燃放烟花爆竹引发的有384起,无重大灾害事故;因燃放烟花爆竹到医院就诊的共有838人,重伤51人,中度伤188人,轻伤599人,因伤住院治疗的有16人,无因燃放引起的死亡,无摘除眼球燃放伤情。

总体而言,禁放法规从制定到严格执行再到废止这一尴尬处境,有力地说明了法律在改变人的行为方式上所面临的困难。

第三节 立法与诉讼

美国禁酒令和北京禁放令,是法社会学上法律难以改变人的行为方式方面十分典型的经验素材。这些素材既涉及法律与人性、暴力与文化之间的复杂关系,也涉及法律在社会运行过程中有效起作用的一般原理。

一 法律与行为方式

在理论上,多数学者要么认为法律难以改变习惯和习俗,要么认为法律只有沿着正在发生的社会变迁的方向才能改变人的行为方式。"最坏的暴君是习惯"、"习惯统治世界"、"习俗比法律更可靠"、"法律的力量来自习俗"、"风俗的变革必将导致法律的确认"等,[1] 都是相关说法。孟德

---

[1] [法]让·德·维莱编:《世界名人思想词典》,施康强等译,重庆出版社1992年版,第1、145、191、349、428页。

斯鸠、卢梭、萨维尼和萨姆纳等人，也基本上持有与之类似的看法。

孟德斯鸠不主张用法律去改变习俗。他说："法律是制定的，而风俗则出于人们的感悟。风俗以人民'一般的精神'为渊源；法律则来自'特殊的制度'。推翻'一般的精神'和变更'特殊的制度'是同样危险的，甚至是更为危险的。"孟德斯鸠认为法的精神"存在于法律和各种事物所可能有的种种关系之中"，法律应当"和居民的宗教、性癖、财富、人口、贸易、风俗、习惯相适应"，"在不违反政体的原则的限度内，遵从民族的精神是立法者的职责"。[①] 卢梭也强调了习俗的顽固性。他说："当风俗一旦确立，偏见一旦生根，再想加以改造就是一件危险而徒劳的事了，人民甚至于不能容忍别人为了要消灭缺点而碰一碰自己的缺点，正像是愚蠢而胆小的病人一见到医生就要发抖一样。"卢梭有时把一个民族的风尚、习俗也称为法律，认为"这种法律既不是铭刻在大理石上，也不是铭刻在铜表上，而是铭刻在公民们的内心里……它每天都在获得新的力量……它可以保持一个民族的创制精神，而且可以不知不觉地以习惯的力量代替权威的力量"；有时把习俗比作法律的土壤，强调立法者在立法时，应当如建筑师建大厦一样，在建筑之前先检测土壤；有时又把规章比作"拱梁"，把风尚则比作"不可动摇的拱心石"，认为"法律并不能规范风尚"，但能推动风尚、尤其是良好风尚的诞生。[②] 不管作哪一种比方，卢梭都认为习俗比法律具有更加强大的力量。

孟德斯鸠和卢梭看到了习俗的顽固性，萨维尼则强调非理性的、根植于遥远过去的传统对法律的制约。他认为，法律深深地植根于一个民族的历史之中，是民族精神最重要的表达方式之一。它"就像语言一样，不是任意的、故意的意志的产物，而是缓慢地、有机地发展的结果"，是民族生活中无意识的、无名的、逐渐的、非理性的力量的发散。因此，立法者应当做民族精神的真正代表，而不应通过立法来改变社会

[①] [法]查理·孟德斯鸠：《论法的精神》上册，张雁深译，商务印书馆1961年版，第7、305、309页。

[②] [法]让-雅克·卢梭：《社会契约论》，何兆武译，商务印书馆1980年版，第60、73—74、168页。

规则的自然演进过程。① 如果说萨维尼试图通过把法律置于历史文化的土壤中，通过强调法律的民族性、文化性、历史性和社会性来反对理性立法，那么，美国社会学家萨姆纳则试图通过强调民俗的社会基础来说明立法的困难。在《民俗论》中，萨姆纳提出了一个重要命题：国家立法不能改变民俗（Stateways can not change folkways）。在萨姆纳看来，"民俗"是同一社会群体中的内部成员所共有的思考、情感和行为方式，它们"不是人类目的和智慧的创造物。它们犹如自然力的产物，由人们在实践中无意识地建立，它们也像是由经验发展而来的动物的本能行为"。在群体内部，民俗是统一的和普遍适用的，并且具有强制性和不可变易性，随着时间的推移，它们则日益变得独断、绝对和不可违抗。民俗如果被公认为是有助于社会福利的，并成为个体头脑中有意识的东西，就成为所谓的"社会风尚"（mores）。如果一个社会中某种社会风尚获得普遍遵守，它就会发展成为正式的法律。立法条例源于社会风尚，立法必须在现存的社会风尚中寻求立足之地，立法如果要做到难以破坏，就必须与社会风尚相一致。②

　　孟德斯鸠、卢梭、萨维尼和萨姆纳等人都指出了法律在改变个体习惯和社会习俗上所面临的困难。确实，在有些问题，如禁酒上，法律很难改变人的行为方式。不过，除禁酒令和禁放令之外，从历史上，人们也能找到国家法律或公共权力最终改变了人的行为方式的例证。例如，清代的剃发蓄辫令，新中国成立后娼妓的扫除、西藏农奴制的废除等。而且，很多历史上长期流行的行为方式，到后来都消失了，如古代的长袍着装、蓄须长发、女子裹小脚等。实际上，作为一种强制性的制度，法律对人的行为方式并非毫无影响，历史上主张通过法律去强制性地改变人的行为方式的人也大有人在。然而，法律能够影响人的行为方式，并不意味着法律必定能最终彻底改变（transform）人的行为方式。通过法律去改变人的行为方式，需要意识形态、执法力量、执法技术、长时期的坚持等各种条件，同时也受到很多条件的限制。很重要的一点是，作为社会变革工具的法律，

---

① 参见［美］埃德加·博登海默《法理学——法哲学及其方法》，邓正来、姬敬武译，华夏出版社1987年版，第82—83页；［英］罗杰·科特威尔《法律社会学导论》，潘大松等译，华夏出版社1989年版，第24页。

② A. Javier Treviño, The Sociology of Law: Classical and Contemporary Perspectives, New York: St. Martin's Press, 1996, pp. 30 – 33, 50 – 54.

要想在改变人的行为方式上获得成功，最好能顺应或迎合社会自身变迁的方向。

大体而言，法律对人的行为方式的改变，伴随有一个法律与社会相互作用的长期磨合过程。法律对人的行为方式有多大改变，在很大程度上取决于这一过程的最终效果。在这方面，清代的学术发展是一个例子。为了加强统治，清王朝将程朱理学树立为指导性的意识形态，同时大兴"文字狱"，残酷镇压一些汉族士人公开对明朝的怀念以及对清朝的不满。为了避免"文字狱"，同时又不向清朝统治妥协，很多不愿意与清朝合作的汉族士人，通过名物考据来隐蔽地打击为清朝所扶植的程朱理学。由此，考据学在清代初期十分盛行。有些学者积几十年之功，来考证作为程朱理学重要立论根据的古文《尚书》是伪书。这表面上看只是一种学术活动，实际则是对清朝统治的斗争和抵制。经过一百多年后，清朝统治日渐稳固，再加上统治者长期怀柔拉拢，以及后来加剧的农民起义对士人和清朝统治构成共同威胁，汉族士人逐渐改变了对清朝的态度。盛极一时的考据学经乾隆、嘉庆两朝的发展，终于在道光年间衰落下去，渐为经世致用之学所取代。显然，在清代学术的这一变迁发展过程中，既有法律的作用，也有社会自身变化发展因素（如阶级矛盾取代民族矛盾而成为主要矛盾）的作用。

二　社会目的与个体需要

美国禁酒令与北京禁放令有很多相似之处。例如，前者试图改变民众的个人习惯，后者试图改变传统的社会习俗；前者导致了酒价的上涨，并进而导致了私酒、劣酒的流行以及酒的烈性加强，后者也导致了合法烟花爆竹价格的上涨，并进而导致了私制、劣质烟花爆竹的流行以及爆竹爆炸力的加强；前者在执行中产生了酒的各种替代品，如酒精兑制饮料，后者在执行中也产生了爆竹的各种替代品，如电子鞭炮。此外，二者都试图通过法律改变人的行为方式，让民众过一种更好的生活，并且都动用了大批警力；二者都得到了广大民众的支持，也都遭到了广大民众的违反；而且，被禁止的饮酒和燃放烟花爆竹，都不是用以满足人们最基本生存需要的生活方式……所有这些相似点集中起来，最终所说明的其实都是社会目的与个体需要之间的矛盾冲突。这正是法律难以改变人的行为方式的重要原因所在。

在经济学上，人一般被假定为理性人。实际上，人不仅是斤斤计较的理性人，也可能是随遇而安的感性人，不计得失、富于正义感的道德人。人不仅有基本的生理需要，也有非基本的"明显浪费性的"、"纯粹荣誉性的"需要。人不仅有物质上的需要，也有精神、审美和文化上的需要。[1] 在《人论》中，恩斯特·卡西尔（Ernst Cassirer）曾把人定义为"符号的动物"，以取代人是理性的动物这一传统定义。卡西尔认为，人不仅生活在物理世界中，也生活在文化世界中。人不仅有概念语言，也有情感的语言。人不仅有逻辑的或科学的语言，也有诗意想象的语言。他说，"人的突出特征，人与众不同的标志，既不是他的形而上学本性，也不是他的物理本性，而是人的劳作（work）。正是这种劳作，这种人类活动的体系，规定和划定了'人性'的圆周。语言、神话、宗教、艺术、科学、历史，都是这个圆的组成部分和各个扇面。"卡西尔因此认为，人并不生活在真理的世界中，也不再生活在一个单纯的物理宇宙之中，而是生活在一个符号宇宙之中，"传统和习俗通过纯粹的精神惰性或者通过渗透一切的族类本能而被盲目地、不知不觉地执行着"[2]。

习惯和文化对人的制约作用受到了很多人的重视。有人甚至称习惯和文化为人的第二天性。在《哲学人类学》中，迈克尔·兰德曼（Michael Landmann）把人视为文化的存在、社会的存在、历史的存在和传统的存在。他说，"当富兰克林把人称为'制造工具的动物'时，他只表达了极其有限的真理。人不仅制造工具，而且制造知识传统、世界观、技术、习俗、秩序、交流工具、时尚和许多其他东西"，"我们循着常规无可逃遁地置身于我们自己所造成的文化世界中，其情形就如我们在自然界中一样"。兰德曼认为，人类生活中，较少的东西建筑在自然支配的基础上，较多的东西奠立在由文化所塑造的形式和惯例的基础上，人的行为受其已获得的文化的支配，"虽然人是生而自由的，但他成长于其中的传统仍迫使他成为一个存在和行为的先在图式的实行者……虽然他不是生来就被规

---

[1] 参见［美］托尔斯坦·本德·凡勃伦《有闲阶级论——关于制度的经济研究》，蔡受百译，商务印书馆1964年版，第22、76—78页。

[2] ［德］恩斯特·卡西尔：《人论》，甘阳译，上海人民出版社1985年版，第33、87、115、268页。

定的，但他仍被他的先辈们所发明的文化图式所规定。"① 勃洛尼斯拉夫·卡斯帕·马林诺夫斯基（Bronislaw Kaspar Malinowski）也认为，一切文化都"出于某种深刻的需要或文化的迫力"，它们并非"美丽而无用的装饰品"，而是为满足人类需要而存在的，它们"赋予人类以一种生理器官以外的扩充，一种防御保卫的甲胄，一种躯体上原有设备所完全不能达到的在空间中的移动和速率"。②

马克思对人的文化需要也很重视。他说，"按照美的规律来建造""对象世界"是人与动物的一个重要区别。"不仅五官感受，而且所谓精神感受、实践感受（意志、爱等等），一句话，人的感觉、感觉的人性，都只是由于它的对象的存在，由于人化的自然界，才产生出来的。"这种"对象世界""人化的自然界"对人的作用在于，"人不仅通过思维，而且以全部感觉在对象世界中肯定自己。"③ 饮酒、燃放烟花爆竹这些习惯和习俗，都体现了人的一种文化需要。这些需要虽然没有吃饭喝水那样必不可少，但一旦形成习惯和习俗，它们对人也具有极为强大的制约作用。

文化对人的约束作用，深深地嵌在人的语言和知识结构之中。人能发声，动物也能发声，发声并不足以把人与动物区分开。把人与动物区分开的是人类发声中所蕴含的话语和逻辑。人能说话，而且话语中包含了某种逻辑，这可能构成为人与动物之间一道难以逾越的栅栏。就此而言，语言是劳动之外人的又一个基本特征。语言是人的存在之所，人实际生活在语言之中。人在语言中观察，也在语言中思想，凭借语言，人得以认识和建构世界，人类文化由此也产生出来。特定的文化对人有特定的行为要求。穿什么样的衣物、吃什么样的食物、喝什么样的饮料、住什么样的房屋，这些在很大程度上都可找到文化解释。在人的行为方式背后，实际隐藏着巨大的文化支配力量。例如，"微管仲，吾其被发左衽矣"（《论语·宪问》），孔子的这一话语背后实际有一种汉服文化、

---

① ［德］米夏埃尔·兰德曼：《哲学人类学》，张乐天译，上海译文出版社1988年版，第214—216、227—229页。

② ［英］勃洛尼斯拉夫·卡斯帕·马林诺夫斯基：《文化论》，费孝通译，中国民间文艺出版社1987年版，第24、45、90页。

③ ［德］卡尔·马克思：《1844年经济学哲学手稿》，人民出版社1985年版，第53—54、82—83页。

华夏服饰文化的支撑。又如,"身体发肤,受之父母,不敢毁伤"(《孝经》),不损毁身体发肤的行为方式后面,有一种孝文化的支撑。文化赋予人的行为方式以意义,因为这种意义,行为方式表现出特定的神圣性和不可侵犯性,由此,变革人的行为方式无异于变革行为方式后面根深蒂固的文化。

　　一般来说,需要总是与个体紧密联系在一起,体现为人的一种"切肤的"迫切感受和惯性诉求。饮酒、燃放烟花爆竹都体现着人的某种需要。前者是人的一种饮食习惯,后者可以满足人们喜欢热闹、求吉避祸、缓解紧张的心理。相对于个体需要而言,法律一般体现有某些社会目的。禁酒令体现了改善健康和卫生条件、减少犯罪、让人过一种高尚生活等社会目的。禁放令体现了减少伤害、火灾、污染、浪费等社会目的。从社会范围看,这些目的并非不合理。饮酒以及燃放烟花爆竹都不是人最基本的物质需要。它们只是人们在后天长期生活中形成的一种文化。这种文化对人来说不具有如水、粮那样的必需性。而且,它们实际造成了各种社会问题,在情理上也是可以破除的。因此,站在社会的立场,禁止显得必要,也有一定的道理。这些也是为什么最初有千千万万的人支持和拥护禁酒令和禁放令的重要原因。社会目的虽然主要是从社会的角度考虑问题,但它并不完全脱离个体存在。个体通过意识自觉是可以体会到社会目的的。就此而言,社会目的与个体需要并非截然对立。

　　然而,个体需要对人来说是近距离的、切肤的,而社会目的离人相对较远。或者说,在个体需要体系中,社会目的处于较高或较薄弱的层级。它一般不像个体需要那样对人来得具体、实在、直接、迅猛。在一定意义上,个体需要与社会目的对人来说,有些类似于"家"与"国"、"私"与"公"的关系。虽然通过一定的道德觉悟,家国、公私在个体身上可以达致统一,但受社会历史条件的限制以及人性因素的影响,在很多情况下,可能家国难以兼顾,公私难以分明。当个体需要与社会目的发生冲突,而个体需要又十分迫切,或者社会目的使得个体感到十分不适应时,人们就更有可能因为社会目的的相对遥远和虚缈而屈从于个体需要。从古到今的官僚腐败有力地表明了这一点。如此,人们就会进一步坚持或重新回到长期以来形成的行为方式,禁令因此也就越来越难以继续执行下去。

三　立法与诉讼

　　美国禁酒令与北京禁放令在改变人的行为方式上采用了相同的模式,

即通过制定和执行法律来改变个体习惯和社会习俗。这可被简称为立法模式。考虑到个体需要与社会目的之间的冲突，这一模式要想收到较好的效果，有很多问题需要注意。

威廉·埃文（William M. Evan）在《作为社会变迁工具的法律》一文中，基于对美国有关种族关系的法律的研究，分析了通过立法有效影响和改变人的行为方式的七个要件。一是新法的来源必须具有权威性和良好的声誉。二是新法必须符合而且能够保持与既存文化及法律原则的连续性，以免受到既存文化或旧法的抵抗。三是树立服从法律的实际典范，以此向其他人或团体说明新的行为模式已经存在并且没有害处。四是缩短法律从制定到实施之间的时间，这一时间越短，法律实施就越见成效，因为这样可以降低组织化反对声浪的形成。五是执法机关及其人员必须绝对执行法律，即使其对法律内容存有异议。六是积极鼓励与消极制裁并重，依赖法的制裁作用和说服教育功能。七是对于因他人规避或违反法律而受害的人提供法律救济途径。① 在《社会结构与法》一书中，埃文再次谈到立法模式需要注重的七个要素。一是众人对法律的认知程度。二是价值共识程度，即法律得到人们赞同的程度。三是规范的复杂程度。四是制裁的严厉程度。五是制裁的确定程度。六是执行能力程度。七是对统一执法的信任程度。②

从禁酒令和禁放令的执行情况看，这几个方面对立法模式而言不容忽视。首先是立法要合乎民意，亦即"令顺民心"（《管子·牧民》）。支持立法的民众越多，自愿遵守法律的范围就越广。不过，禁酒令和禁放令也都得到了很多人的支持，但执行的长期效果并不理想。因此，在民意之外，还要注重强制、技术手段、意识形态、合法性等问题。威慑、制裁或强制对法律的服从是必要的，也是有效的。但这并不意味着制裁的严厉程度会与人们的守法程度成正比。制裁对人们守法的作用不仅包括其严厉性，也包括确然性和快捷性等。借助于科学技术手段，使尽可能多的违法

---

① 参见 William M. Evan, "Law as an Instrument of Social Change", in William M. Evan (ed.), *The Sociology of Law: A Social-Structural Perspective*, New York: The Free Press, 1980, pp. 554 – 562; 陈聪富《法律作为社会变迁工具的社会基础》，《法令月刊》（台湾）1997 年第 4 期；[英]罗杰·科特威尔《法律社会学导论》，潘大松等译，华夏出版社 1989 年版，第 67—71 页。

② William M. Evan, *Social Structure and Law: Theoretical and Empirical Perspectives*, London: Sage Publications, 1990, pp. 66 – 70.

行为得到快速而精确的制裁，会减少在违法上的机会主义行为。这比光靠制裁的严厉性而威慑人们守法，更加有效。对执法机构而言，其科技手段在一定历史条件下总是有限的，由此，在法律的规定与法律的实施之间总是存在一定的漏洞。这一漏洞的弥补主要依靠意识形态来实现。对公民作正面的舆论宣传和意识形态渗透，有助于人们对法律的遵守。此外，立法和当局的合法性对人们遵守法律也很重要。立法前后不一、当局言行不一都会带来合法性的松动，甚至出现合法性危机。在合法性出现危机的情况下，要求人们遵守法律会变得极为困难。

实际上，除了立法模式外，通过法律来改变人的行为方式还有另外一种模式——诉讼模式。帕特里克·阿蒂亚（Patrick S. Atiyah）在《法律与现代社会》一书中提到了权利的两种保护方式。一种是"立法保护"，也被称为"集体主义立法"或"控制法令"。这种方式"一般并不赋予个人在所提供的服务有时达不到所要求的情况下到法庭起诉的权利"。阿蒂亚认为这一方式源于"现代福利法的家长式传统"，它假定"大多数人都无力保护自身的利益"。另一种是"普通法的保护"，它"赋予个人以采取行动的权利，以便保护将会促进该目的实现的权利。如果目的是为了减少铁路交通事故，那么，正当的补救办法显然是要允许受伤的铁路乘客为其所受伤害在法院起诉。如果目的是想防止报纸发表恶意诽谤的言论的话，那么，法律补救办法就是允许受害人在法院起诉要求损害赔偿"。阿蒂亚认为这一方式源于"美国传统"，它坚信"个人正是应该被赋予执行法律任务的人，因为个人有权也有责任采取向法院起诉的主动行动"。阿蒂亚以消费者权益保护法来说明这两种保护方式。他指出，法律对不安全的或危险的产品对消费者的侵害有两种保护方法。一是制定法令，将生产或销售违反法定标准的产品规定为犯罪，并对之加以处罚，由公共机构负责实施。二是赋予受害的消费者以起诉权。阿蒂亚认为，"无论采用哪种方法，法这一工具都可被用来达到相同的目的"[①]。阿蒂亚提到的两种权利保护方式，与法律在改变人的行为方式上的立法模式和诉讼模式，在很多方面其实是相通的。立法模式通过立法为公民设定义务，并强制性地让公民履行义务来改变人的行为方式。诉讼模式则通过授予公民起诉权，以促

[①] ［英］帕特里克·阿蒂亚：《法律与现代社会》，范悦等译，辽宁教育出版社1998年版，第136—138页。

进公民之间相互作用来改变人的行为方式。这两种模式虽然都有可能影响和改变人的行为方式，但二者在价值理念、作用方式和执行方式等许多方面存在很大不同。

第一，两种模式的价值理念不同。立法模式强调人为建构和理性改造的作用，诉讼模式则强调社会成员之间的互动以及自然演进的作用。简单地讲，前者注重"计划"（planning），后者注重"相互作用"（interaction）。它们分别以哈耶克所提到的建构理性主义和进化理性主义为哲学基础。罗伯斯庇尔以理性铲除陋习的看法体现了前一种思路。孟德斯鸠反对用法律和暴力去改变习惯，而主张"采取一种间接的办法"，通过"创立典范"和"提供别人的风俗和习惯"引导人民自己去改变，则体现了后一种思路。①

第二，两种模式的作用方式不同。基于建构理性主义，立法模式设有需要达到的明确目标，例如，禁止饮酒以改善健康、减少犯罪等，禁止燃放烟花爆竹以保护健康、改善环境、减少灾害等，并以此严格约束人的行为。诉讼模式一般也有需要达到的目标，但这种目标不由法律明确规定。诉讼模式一般也需要制定法律，但法律只规定改变的方法，而改变的最终结果则由社会成员的互动来决定。诉讼模式在目标和结果上是开放的，法律在目标和结果上并不作严格禁止规定。举例而言，它并不禁止燃放烟花爆竹，但对一种行为所造成的损害给以法律救济，如允许公民基于由烟花爆竹引起的损害提起诉讼。正是通过此种对过程的把握，诉讼模式把法律能否改变以及是否需要改变人的行为方式，最终交给社会成员的相互作用来决定。

第三，两种模式的执行方式不同。立法模式的作用方式侧重于设定公民的义务，在此模式下，立法主要通过公共权力机构和国家强制力来执行。如，禁酒令和禁放令，都主要通过警力以及其他执法力量强制执行来实施。这是一种"公"的执行方式。诉讼模式的作用方式侧重于授予权利，包括受到侵害后的赔偿请求权以及起诉权等，在此模式下，法律主要通过社会成员的互动和民事诉讼来执行。这是一种在法律的指引下的

---

① 参见［法］查理·孟德斯鸠《论法的精神》上册，张雁深译，商务印书馆 1961 年版，第 310—311 页；［法］查理·路易·孟德斯鸠《论法的精神》下册，张雁深译，商务印书馆 1963 年版，第 163、167 页。

"私"的执行方式，当事人在平时的交往中可根据对法律的预期不断地进行私下协商、妥协，由此促使人的行为方式发生改变。

　　立法模式与诉讼模式各具优长。立法模式的"刚性"较强，在迫切的现实问题的解决上一般能够收到立竿见影的效果，但它同时也面临着巨大的失败风险，一不小心就会前功尽弃。诉讼模式相对立法模式而言是一种离个体需要较近的模式，它有利于社会成员在法律的导引下自己改变其行为方式，这种改变更少强迫色彩，也可能更加彻底，但它的周期较长，而且适用范围有限，并非在任何社会问题上都可适用。

第六章

权利的道德和政治处境

中国仍处在一个半世纪以来的现代化进程中，这是在中国思考法律和权利问题的历史背景之一。在此现代化历史进程中，传统/现代、东方/西方这样的时空范畴一直交织其间，国人由此也长期处于体/用、道/器的知识辩论之中。历史学家曾把始于晚清的近代变革归纳为这样一个变化过程。首先是引进科学技术，实现"船坚炮利"。而甲午战败让人认识到，光有物质装备不够，更要克服政治制度上的障碍和不足，于是开始改制。变法失败进一步让人认识到，改进装备和制度仍然不够，尚需从根本上变革人心、改良文化，新文化运动由此深入展开。从这样一种变革过程看，现代化的逻辑似乎在于，制度变革以文化观念的变革为前提，变革制度必须首先变革文化，文化不变，制度变革终难成功。而实际上，这一逻辑不仅在理论上尚可争论，而且在实践中也存在诸多问题。在人权已经入宪而人权理论尚存争议的今天，对有关人权的文化变革、制度变革乃至二者之间的关系的深入探究尤显必要。

人权理论的一个重要争论在于，人权是否具有正当的道德根据？或者，到底有怎样的道德基础？在此问题上的主流话语是近代西方启蒙思想家所倡导的"天赋人权"说。此说认为人权是天然的，人的尊严为人生而固有，人天生就不应当受到非人道的对待。然而，当"天赋人权"说把人权建立在"自然"基础之上时，它其实和许多其他形而上学主张一样，陷入泥淖而难以自拔。实际上，在古代社会，君主和奴隶也曾被视为天然的、正当的。而且，不同的历史文化，如基督教、佛教、儒家教义等对"人"往往存在着不同的看法。如果人权在启蒙思想家那里是"自然的"，那么，在中国传统文化中，"德性""良知"也是天赋的，它们被称为"天植灵根"[①]。

[①] 王守仁：《王阳明全集》，上海古籍出版社1992年版，第101页。

就此而言，所谓"天赋人权"其实只是具体时空条件下对"人"的一种特定文化把握和建构。作为此种建构的道德形而上学基础是可以争论的，当它遭遇到其他不同文化时会引发冲突乃至对抗。因此，1948年的《世界人权宣言》并没有为人权设置统一的道德形而上学基础，它绕开了人权在道德根据上的争论，而把人权作为一个应予以保护的前提置于宣言的开头。

人权理论在道德根据上的困难使得人权的普适性在世界范围遭受到各种文化挑战，但这并没有影响人权的国际法保护机制在全球的扩张。从各种国际公约看，当人权制度在全球、地区和国家多个层面深入扩展的同时，人权的地域和文化色彩也在加强，中间不仅始终夹杂着普适主义与文化相对主义的文化论争，也出现了制度与文化的分离。大体而言，关于人权制度与人权文化的看法主要有这样几种。一是认为西方的人权话语在全球具有普适性，主张在后发展的、非西方国家现代化过程中全面引入西方的人权文化和制度。二是认为后发展国家在"民族国家的建设"过程中，随着经济发展进程的加快和法律化、制度化的加强，政制意义上的现代国家将取代文化共同体意义上的国家，西方的人权、民主、法治、个人自由等价值因此也将越来越得到认同和接受。三是认为人权制度可以与道德多元主义并存，也就是说，一个民族在其"终极文化"不被彻底改变的条件下，也可以在现代化过程中充分发展保护人权的人权制度。

第一种看法把现代化视为一个"西化"过程。第二种看法把现代化视为一个"理性化"过程，它们最终都会带来西方文化的"漂白"效果。第三种看法则破除了彻底更替文化观念的建构理论，在制度与文化适当分离的基础上强调了二者的和谐共存。这一看法为人权跨越文化障碍而在全球深入扩展提供了一条路径。持此看法的人一般避开人权问题上的形而上学之争，对人权采取一种实用主义的立场和务实的态度，亦即，张扬人权并不因为它是善的，而是因为它是对的、有用的，是人和现实所需要的。如此，人权就不是被建立在某种道德形而上学基础之上，而是被建立在苦难、残暴、专制、大屠杀等历史经验、教训和事实的基础之上。人们之所以对人权采取这样一种文化态度，源于非西方文化的外部挑战，更源于西方文化的内在反思。越来越多的学者认识到，大屠杀、奥斯威辛、古拉格等并不是历史上的偶然事件，它们有其文化根源。在后现代主义的论说中，侵略战争、种族灭绝都可以从西方的种族中心主义、逻辑中心主义、理性中心主义那里找到"知识考古学"证据。

西方文化的内在反思深刻地显现出人权相对于国家权力的脆弱性。作为"启蒙"运动的产物，人权是作为对抗专制、维护人的尊严的重要政治工具而被提出的。而实际上，在人权被提出后的两百多年里，侵犯人权的现象"比'启蒙'前以及'启蒙'之初的任何年代都有过之而无不及"。工业化时代工人的苦难、世界大战、大屠杀、集中营等都发生在这一时期。这在很大程度上反映出，作为国家专制权力制约手段的人权，其真正轴心可能仍然不在于人的尊严，而在于现代国家权力。正是凭借权利话语，"民族国家"得以建立起来并实现了"暴力垄断"，在这样一种强大力量面前，套在"利维坦"身上的法律锁链是脆弱的，个人自由和人权也是脆弱的。就此而言，"启蒙"运动以来的"权利政治"并没有消除人权和权利的危险境地。这是人权文化的一种悖论和困境。看到这一点，对人权的文化态度也许就不再是体/用、引入/不引入、西化/本土化的问题，而是以人的实际生存状态为切入点，在现代化进程中反思残忍、残暴、专制、侵略、核武器、战争等得以存在或发生的语言结构和权力运行机制，拓展维护世界和平以及人类和谐共处的文化和制度实践。

第一节　权利的道德处境

《孟子》以"何必曰利"（《孟子·梁惠王上》）开篇，首明义利之辨。一些现代学者则力图"德""得"互训，"义""利"同解，把得利争权也解释为"德"、"义"。义利观的古今之别，既表现在生命问题上，也表现在财产问题上。对于生命，孟子认为"所欲有甚于生者"、"所恶有甚于死者"（《孟子·告子上》），而霍布斯等现代学者则认为，人在任何情况下都有保全自己生命的天赋权利。对于财产，孔子讲"义然后取"（《论语·宪问》），而孟德维尔、李嘉图、亚当·斯密等人都承认，自私本性乃至私人恶质可以成就社会公益。正如罗尔斯对正义的考察经历了从道德论向政治论的转向一样，古今有关"义""利"的这种观念差异，也体现出人们在认识上从道德、善恶层面向政治、社会层面的转变。

把夺利争权与德义联系起来，毕竟不像主张得陇望蜀、见利忘义那样完全无视道德的存在，它仍然表明了一种在政治和社会中存留道德空间，乃至努力使政治和社会合乎道德的愿望。这样一种试图将道德精神注入现代权利社会、把权利与德性结合起来的态度是值得肯定的。不过,硬是通过得利之"得"去理解"德",通过权利之"利"去把握"义",或许终究没有琢磨透古人的心思。中国传统文化通常首先从"德""义",而不是从"利"去考虑问题,即使把义利结合起来,谈"义,利也"(《墨子·经说上》),也总是强调"见利思义"(《论语·宪问》)。因此,很多人认为中国自古没有权利和人权观念。钱穆在《人生十论》中说,

> 中国从古到今四千年,不曾讲过人权两字。"天赋人权"亦是一句外国话。天生下你这个人,便赋予你一份权,是平等的,独立的。这是西方道理。①

人权的这种中西差别,在钱穆看来不仅仅是名称、概念上的差别,更是道理上的差别。因此,他认定,"中国人既看重了做人道理,便不再有人权之争。"② 如果人权与德性在道理上真的有格格不入的差别,那么,在德义优先的传统观念以及"权利优先于善"的现代自由主义观念之外,今人"德""得"互训、"义""利"同解的努力,在道理上是否站得住脚?如果承认现代社会既需要张扬人权,又不能摈弃德性,那么,在道理上是否有可能打通二者的关节?在实践中又到底应该寻求怎样的人权与德性的和谐之道?

一 作为生命之道的德性与作为社会之理的人权

事实上,人权观念和制度在中国古人那里的确有些隔膜。这不仅表现在人权名词的缺乏上,也表现在现代人权观念与传统社会流行的德性观念有着不同的立足点。尽管人权在西方被视为"自然的""天赋的",德性在中国也被视为"天植灵根",但人权与德性的立足点并不相同。人权的立足点是人的身体和性命,德性的立足点则是人的身体和性命之上的"仁"和"义"。牟宗三在《生命的学问》中曾提到两种人性,正可以分别视为人权与德性不同的立足点。他说,"人,失掉了人性无可尊重,与

---

① 钱穆:《人生十论》,载《钱宾四先生全集》第 39 卷,台北联经出版事业公司 1998 年版,第 167 页。

② 同上书,第 168 页。

禽兽无异。但人性有两方面：一是形下的气质人性，此即是生物生理的私利之性；二是形上的义理人性，此即是道德的克服私利抒发理想之性。前者无可尊重，而后者始通神性。"① 牟宗三秉承的是善恶感很强的文化传统。就儒家传统而言，人之为人的根本要素在于"明德""大体""良知"。这被认为是人类生命的本质所在。《诗经》讲，"人而无仪，不死何为？"（《诗经·鄘风》）《荀子》讲，"人有气、有生、有知，亦且有义，故最为天下贵"（《荀子·王制》），曾国藩也讲，"不为圣贤，便为禽兽"，这些话语又以人的德性将人与动物区分开。德性在中国传统文化中被认为是人之为人所应当具备的一种精神属性或道德资格。每个人都具备德性这种要素，或者，都拥有获得这种属性或资格的可能性，但并不是每个人都能发现、明了自身的这种要素。即使有人在知识层面认识到这种要素，他也并不必定能够把它维护和保养好，乃至把它发扬出来。因此，王阳明讲"知行合一"，认为不行不可谓之知。② 大体可以说，传统德性文化的主旨在于发明德性和本心，"达天德"（《礼记·中庸》），通过德行实践成为一个真正的人，发现生命本体，正所谓"不识一个字，亦须还我堂堂地做个人"（《象山语录》）。

而人权理念的主旨则在于把人当人，让人做人。人权一般被认为是人作为人所应当享有的权利，其主要意思在于把人当作人对待，而不以非人的方式对待人。如果德性讲的是为君子，做"大人"，成圣贤，而不"为草木禽兽"，那么，人权讲的就是尊重人，爱护人，不把人当作草芥禽兽对待。显然，人权与德性不仅立足于人的不同方面，而且在发展方向上也存在重要差异。人权讲外求，讲保护生命、善待身体，它是由外向内的。德性讲内求，讲舍生取义、杀身成仁，它是由内到外的。换言之，人在人权那里是作为保护对象存在的，而在德性那里则是作为道德主体存在的。作为保护对象的人不必是一个内心高尚的人，而作为道德主体的人则是一个道德感强烈、是非观念毫不含糊的人。就此而言，德性比人权具有更强的精神属性，人权则具有摆脱善恶论的世俗倾向。因此，当霍布斯在《利维坦》中把"自然权利"作为政治和法律实践的起点时，他首先必须消解善恶论，断言"旧道德哲学家所说的那种终极的目的和最高的善根

---

① 牟宗三：《生命的学问》，广西师范大学出版社2005年版，第173页。
② 王守仁：《王阳明全集》，上海古籍出版社1992年版，第4页。

本不存在"。① 由于德性以善恶论为前提，承认身体和性命之上有更高的价值，一个人可以为善、道义而舍弃身家性命，社会也可以对犯下万恶罪行的罪犯名正言顺地执行死刑。而由于人权着重于人的身体性命和生物属性，"生命保全"成为最基本的自然权利，甚至一个不道德乃至故意杀了人的人，也可以享有人权。

人权与德性在善恶论上的差别，并不意味着人权与残暴恶行无关。实际上，人权的崛兴正在于抵制强权暴政对人的虐害和威胁，改善人类的生存处境。从历史源起上看，权利和人权的兴起都是社会政治斗争的产物。有关权利和人权的早期文献一般被人追溯至英国 1215 年的《大宪章》和 1689 年的《权利法案》、美国 1776 年的《独立宣言》和 1787 年的《宪法》、法国 1789 年的《人权和公民权利宣言》。《大宪章》是男爵们同国王约翰斗争的产物，其他文件也是政治革命的产物，它们都以专断权力作为主要斗争目标，并且都对权力的运行作了明确的限制性规定。出于对教会权力和君主专断权力的反抗，近代西方不仅在哲学上造就了所谓的"自然权利"，也在制度上建构起民族国家，实行以人权和公民权利制约国家权力的权利政治。因此，权利在社会学上被人视为在政治生活中起重要争逐作用的社会发明。② 这一说法充分表明了权利和人权的政治、社会属性。这同时蕴含着对权利和人权的保护主要依靠政治和法律制度，而不再寄望于个体层面的道德人心，尽管良心的发现和培养在传统德性论那里是消除暴行的根本途径。历史上，权利和人权的兴盛与"启蒙"运动也有着紧密联系。"启蒙"运动对宗教和传统权威提出质疑，强调人类理性和经验，崇尚自由和民主理想，凸显的是人在世俗社会中的生理本性。权利和人权理念的倡导者主要致力于把个人的身心从某种宗教、伦理乃至政治秩序中解放出来，他们明显不同于古代圣贤和宗教领袖。这进一步体现出权利和人权脱离善恶论的世俗倾向以及由外向内的发展方向。

与人权相比，德性对残暴恶行表现出更强的道德憎恶，它更强调人的内在心性和修为，也不排除对罪犯的刑杀。人权把人的身体和生命从更高的道德价值中解放出来，由此，保护人的身体和生命成为确定不移的政治

---

① ［英］托马斯·霍布斯：《利维坦》，黎思复、黎廷弼译，商务印书馆 1985 年版，第 72 页。

② Gordon Marshall (ed.), *A Dictionary of Sociology*, Oxford: Oxford University Press, 1998, p. 568.

和法律原则，人作为人其身体和生命的可贵性也成为人权的主要判断标准。这种可贵性的基础在于"人是人"这一自然事实，它超越于道德评价之上，不仅适用于善人和普通人，甚至也一体适用于为非作歹的恶人。而由于德性强调人作为人所承载的道义精神，它首先必须明辨是非、区分善恶，然后"能好人，能恶人"（《论语·里仁》），甚至"以直报怨"（《论语·宪问》）。因此，在无辜者受到侵害的场合，人权与德性在"人之为人"上是相通的，它们都表现出对无辜者的同情和对侵害者的谴责。而在对待不道德的人以及违法悖德的罪犯时，人权与德性在处理态度上则表现出明显的分歧。孟子对人的两种不同态度可以说明这一点。一方面，孟子认定，"良能""良知"为人生而固有，"乍见孺子将入于井，皆有怵惕恻隐之心"乃人之常情，"人皆有不忍人之心"（《孟子·公孙丑上》）；另一方面，孟子又具有将天良沦丧的人"非人化"的道德倾向，他说，"贼仁者谓之'贼'，贼义者谓之'残'，残贼之人谓之'一夫'，闻诛一夫纣矣，未闻弑君也。"（《孟子·梁惠王下》）显然，仁义是孟子一贯坚持的标准，而现代人权主义者采取的标准则并非人的身体、生命之上的仁义精神，而是人的身体和生命本身的可贵性。简言之，在对人仁慈友善这一点上，人权与德性是一致的。但在对待道德败坏者的态度上，人权的一体保护立场与德性的严厉谴责态度则是相反的。正是在这后一点上，才比较明显地存在着"人权到底有没有道德基础"这样的问题。①

德性与人权在立足点、发展方向、善恶论等方面的深层差别，不可避免地在人权的普遍推行过程中带来了文化冲突。自近代以来，一直有人寻求减弱乃至消解这种文化冲突进而达致文化协调的路径。在人权保护日渐成为一股历史潮流的形势下，这些路径最主要的有两条。一是在彻底批判文化传统的前提下倡导人权理念和制度，所谓"不塞不流，不止不行"。②二是在涵容传统德性文化的基础上开拓人权理念和制度，或者在张扬人权理念和制度的同时传承和延续德性，所谓"开辟价值之源，挺立道德主体"。③走前一路径，必定要把传统社会的德义优先观念颠倒过来，在伦理和政治出发点上，以霍布斯提到的"自然权利"取代孟子提到的"性

---

① 参见赵汀阳《有偿人权和做人主义》，《哲学研究》1996年第9期。
② 陈独秀：《独秀文存》，安徽人民出版社1987年版，第73—79页。
③ 牟宗三：《中国哲学十九讲》，载《牟宗三先生全集》第29卷，台北联经出版事业公司2003年版，第61—62页。

善",把"权利优先于善"确立为现代伦理和政治原则。这样一条路径在很大程度上能够限制政治权力,达到保护人的身体和生命的效果。不过,这一路径在给现代社会带来新的观念和体制的同时,也附带着一些值得特别留意的后果。例如,按照福柯的分析,权利在很大程度上只是使国家主权合法化的一种权力话语和策略,其基本功能在于消解内在于权力的统治。哈贝马斯也提到,社会分化出"系统"和"生活世界"后,"生活世界"在晚期资本主义社会受到了政治系统中的"权"和经济系统中的"利"的殖民化。还有西方学者提到,个人主义权利观最终使得个体像"马铃薯"、"原子"一样,过度依赖于国家权力的保护而缺少相互依赖,彼此通过法律分隔开,并以权利相对抗。

而且,人权把人的身体和生命从宗教和传统道德伦理中解放出来,其主要诉求不再像德性那样着重于道德人心,而在于外在的政治和法律制度,也因为此,人权保障最终发展出连违法悖德的罪犯也一体保护的情形。虽然人权的这种外在保护旨在消解基于善恶论的酷刑和刑杀,但沿着"权利优先于善"的路径扩展人权,在一定程度上难免架空原有的德性空间,带来现代社会的道德缺失。一如牟宗三所说,"个人主义自由主义,如不获一超越理性根据为其生命之安顿,则个人必只为躯壳之个人,自由必只为情欲之自由。"[①] 由权利路径的这些后果看,人权与德性在现代社会的联结是十分必要的。20世纪晚期至今,不断有学者努力摆脱文化虚无主义者割裂德性与人权的做法,尝试着寻求人权与德性的结合之道,[②] 乃至想从传统德性文化中开出人权。的确,在传统德性文化中,"仁""良知""恻隐之心""不忍人之心"犹如树的根本一样,从此"人心生意发端处"可以抽芽、发干、生枝、长叶,直至根深叶茂、生生不息,成就道德主体,从而达到"无恶"的境地,正所谓"苟志于仁矣,

---

[①] 牟宗三:《道德的理想主义》,载《牟宗三先生全集》第9卷,台北联经出版事业公司2003年版,第5页。

[②] 参见夏勇《中国民权哲学》,三联书店2004年版,第二章"权利与德性"。书中写道,"就美好的人类生活和健全的社会制度来讲,对个人尊严的信仰和对社会责任的信仰是不应该分离的,也是不可分离的";"强调德性并不必然导致贬低个人权利的重要意义,提升个人权利也并不必然削弱对集体利益的道德关怀";"为了最大限度地使政治道德化,也为了最大限度地使道德价值政治化,应当把政治参与理解为既是德性的践履,又是权利的实行"。参见该书序"我这十年的权利思考"。

无恶也"(《论语·里仁》)。就此而言,传统德性文化原本有可能开辟一条以德性为起点实现人权的"仁内义外"道路。这一道路的重要特点在于,它并不像一些现代学者所努力的那样,试图从内在方面或哲学上消除德性与人权之间的深层差异并进而把二者统一融合起来,而是通过在德性与人权之间作出内外之分,把二者连接起来,以人权为德性的自然延伸。

二 人权与德性的融合之道

因为德性与善恶论之间的内在张力,传统社会原本具有可能性的"实现人权的德性之道"在历史上并没有得以实现。这倒不在于那些被现代社会视为人权内容的诸如衣食住行等在古代完全没有得到保护,而在于人权理念和制度在古代并没有被充分发展起来。从历史上看,中国传统社会实际走了一条"由仁入礼"、由道德入伦理的形式化道路。这一道路的选择明显受制于德性这一起点。在传统德性文化中,德性被视为治道的根本,如果德性被普遍扶植起来,就会天理流行,万世太平,消除邪恶和残暴,收到标本兼治的效果,正所谓"其本乱而末治者,否矣"(《礼记·大学》);否则,根本不稳固,其他外在制度也不会起到应有作用,正所谓:"人而不仁,如礼何?人而不仁,如乐何?"(《论语·八佾》)"礼"是"仁"的外化,作为治道起点的德性决定了治道的礼教方向,一如作为政道起点的"自然权利"决定了政道的法治国家方向。也因此,在社会治理上,传统德性文化专注于"义劝",而反对法家的"利诱"。虽然从"利"出发来展开法律制度也可以达致"定分止争"的目的,但它在另一方面同时导致了社会成员对"权"和"利"的争夺。一如有西方学者所认为的,作为纠纷解决方式的法律,有时也是争端的制造者,因为它为人们凭借法律"争权夺利"提供了条件。[①] 通过对德义的固守,传统德性文化旨在实施一种治本之策,既能够"定分止争",也避免"外本内末,争民施夺"(《礼记·大学》)的后果。或许正是有鉴于此,孔子就打官司感叹说,"听讼,吾犹人也,必也使无讼乎"(《论语·颜渊》)。

由仁入礼的形式化道路是一条试图在社会范围深化和扩展德性的路线,这一路线虽然为德性的社会化、外在化提供了一定形式保证,但由于它在很大程度上以外在的伦理义务取代了道德主体内在的精神追求,这一

[①] Cf. Niklas Luhmann, *Social Systems*. Stanford: Stanford University Press, 1995, p. 331.

路线最终扭曲了德性的初衷,原本作为德性主体的人在此路线中只成为伦理规范的承受客体。可以说,德性制度化为外在伦理规范之时,也是纲常伦理网罗人心和人类行为之时。而且,由于德性立足于"义理之性",外在伦理规范在善恶论的支配下不可避免地会对人的身体和生命表现出贬低乃至刚烈的一面,一如古人所主张的,"饿死事极小,失节事极大"(《二程遗书·伊川先生语八下》),"其不率教者……依法究治"(《朱子文集·揭示古灵先生劝谕文》)。所以,同样基于义理和善恶,中国历史上既存在"慎刑""恤民""杀一无罪而得天下,仁者不为也"(《荀子·王霸》)之类的话,也存在像孔子、朱熹、曾国藩这样志在"圣贤"的人为官理政时在刑杀上显得严肃刻薄,甚至于"以霹雳手段,显菩萨心肠"。显然,功利主义可以成为酷刑的正当理由,也可以像贝卡里亚所论证的那样用来作为克制酷刑的依据,[1] 同样,善恶论既可以用来悲天悯人,也可以用来实施刑杀,正所谓"恶不仁者,其为仁矣"(《论语·里仁》)。由此看,如同现代权利之道最终会遭遇到德性空洞一样,传统德性之道最终也难免会在一定程度上漠视人权。如果说,德性在天人合一的宇宙观下多少凸显出人的"神性"一面,那么,人权在物理世界观下就无疑有抬高人的"人性"一面,从传统德性到现代人权,可以明显看到自然人性在世界观中的地位提升。就此而言,人权可以被视为一种超越善恶论的现代政治智慧,正可以弥补传统德性之道的不足。

不仅于此,受德性起点的制约,由仁入礼的形式化道路终究有别于以自然权利为起点的权利政治路线。这主要表现在政治和社会两个层面。在政治层面,德性之道虽然解决了"道"的问题,却不能解决"政"的问题,它着力于发展约束人心和人类行为的伦理规范,却始终难以发展出用以强行约束君权的政治规范和体制,致使传统社会的"立法权不能正本清源"。[2] 因此,要么有人认为,"中国的政治只重'道',不重权。所以中国人只说有'君道',不说有君权,道统犹在政统之上";[3] 要么有人认

---

[1] 参见夏勇《中国民权哲学》,三联书店2004年版,第八章"酷刑与功利主义";[意]切萨雷·贝卡里亚《论犯罪与刑罚》,黄风译,中国政法大学出版社1993年版,第31—36页。

[2] 梁启超:《先秦政治思想史》,浙江人民出版社1998年版,第157页。

[3] 钱穆:《人生十论》,载《钱宾四先生全集》第39卷,台北联经出版事业公司1998年版,第183页。

为,"中国在以前于治道,已进至最高的自觉境界,而政道则始终无办法"。① 在社会层面,德性之道惟以开导人心为本,力主"正其谊不谋其利,明其道不计其功"(《汉书·董仲舒传》),因此,传统社会的人际交往总是浸润着道义精神,"权利—义务"难以发展成为主要的社会交往媒介,形式法律也没有发展成为主要的社会治理手段。这可以举一个例子。据《传习录》记载,有父子俩打官司打到王阳明那里,王阳明听审后讲了一番话,他说,"舜是世间大不孝的子,瞽瞍是世间大慈的父",因为舜始终怀念着儿时的养育之恩,所以总觉得自己不如父母意是大不孝,因而极力尽孝;而瞽瞍则只记得舜为其生养,所以总觉得自己慈善,因而越发不能慈……话还没讲完,父子俩就"相抱恸哭而去"。② 对案件的处理,王阳明显然走了一条感动人心的德性之道,而没有通过权利义务的明晰分割以及相应的法律强制来解决争端。唤醒人心固有的良知良能,是德性之道的精义所在,与之相比,权利之道则更为注重政治层面的国家建构和社会层面的法律约束。

总体上,德性与人权是人类文明进程中的两种文化,由这两种存在差异的文化出发会开出两条不同方向的道路。尽管德性与人权在中西社会中都可能或多或少找到相应的观念印迹,但大体而言,更加注重精神超越、生命之道的德性,在中国延续流传了近四千年;更加注重世俗物欲、社会之理的人权在西方兴起则是近三百年来的事情。德性与人权的中西之别有时也被人表述为"境界"与"权利"的差别。③ 20世纪初,梁漱溟也指出了德性与权利在"意欲之所向"上质的不同,并强调了两种文化态度"参取"和"含融"的必要。④ 鉴于德性与权利的不同,从根本上寻求德性与人权的共同缘起,或者,从德性中开出人权,走一条不分古今、无论中西的合二为一之道,在现代社会也许是不现实的。不过,突出德性与人权的差异,并不是要像近代迄今的中西辨异之风那样,厚此薄彼。相反,存异是为了求同。实际上,尽管德性与人权存在这样那样的不同,二者在

---

① 牟宗三:《政道与治道》,载《牟宗三先生全集》第10卷,台北联经出版事业公司2003年版,第1页。
② 王守仁:《王阳明全集》,上海古籍出版社1992年版,第112页。
③ 黄克剑:《在"境界"与"权利"的错落处——从"人权"问题看儒学在现代的人文使命》,《天津社会科学》1998年第4期。
④ 梁漱溟:《东西文化及其哲学》,商务印书馆1999年版,第213—214页。

达于天、爱护人上却是"大同"的、普适的。人权保护人的身体性命，德性维护人的道义精神，二者虽侧重于人的不同方面，但都以作为万物灵长、天地最贵的人为核心，人权与德性因此也都被说成是上天赋予的。而且，虽然德性立足于人的身体和性命之上的"仁"和"义"，但保护人的身体和性命本身亦是仁义的基本内容，残害人的身体和性命本身即是不仁不义，在这一点上，德性与人权一致地表现出对人的爱护和对残忍残暴的否定。德性与人权之间的"大同"为德性与人权在现代社会的结合提供了可能。

中国古人惯于讲仁义道德，现代社会更注重自由权利。这是古今治道的差异。仁义之道从人的仁德或道德本性出发，权利之道则从人的身体或生理本性出发。出发点不同，在一定程度上带来了权利与道德在现代社会的紧张。这在西方国家表现明显，堕胎、安乐死、性工作等都曾因此引起广泛争论。近些年，由让座礼俗引发的一些争执，也使权利与道德之间的冲突在中华大地时有显现。例如，有身体不适女子因在公共汽车上不主动让座而受老者强词谴责，有人购买多个火车座位作为卧铺使用而拒绝让给无座老者，甚至还有对不让座者大打出手的。从法理角度看，这些事件既涉及合同权利与让座礼俗之间的冲突，其间也折射出道德问题。

在让座事件中，权利、礼俗、道德及其相互关系需要首先辨清。合同权利因为购票行为而发生，这是一种受法律保护的权利。给需要帮助的人让座是我国实存的一种社会习俗，它受尊老爱幼的传统美德支持。在合同权利与让座礼俗发生冲突时，公民可选择屈从社会习俗，也可选择以法律权利来对抗习俗。不让座尽管看上去不合习俗，但并不违法。而从道德观点看，屈从习俗或传统的压力而被动让座，未必就是道德的。乍见孩童即将落井而怵惕担忧，这是道德心态，孟子称之为"恻隐之心"。有人落水，不计任何利害地奋身相救，这是道德行为，康德称之为"绝对命令"。道德与权利一样，体现的都是人的这种主动或主体精神。不让自己的自由意志屈从于人，这是权利的主体性；不让自己的道德感埋没或受制于功利考虑，这是道德的主体性。出于获得奖励或报酬、屈于外界压力而礼让或救助，尽管在一定程度上也有益于社会，但与真正的道德行为其实仍有距离。人们发自内心地礼让或帮助那些需要帮助的人，这是善良风俗；由此而感化那些相对缺乏主动精神的人也开始自发实施道德行为，这是社会风化。而通过法律强行礼俗，或者通过礼俗迫使人礼让，未必能达致真正的道德目的，这是从中国传统礼制实践应当记取的历史教训。恻隐之心、仁义道德，在任何时代都是至为宝贵的，它是善良习俗的基础，也是现代权利的必要补充。

尽管如此，权利与人的道德或仁义精神在现代社会并不总是协调的。在现代西方，虽然宗教在一定程度上填补了现代经济和政治体制下的道德缺失，但权利与道德的分化仍是相当明显的，以致一些著名的理论家，也明确支持现代人享有"做错事的权利"。这意味着，即使某种行为在道德上被认为是不对的，现代人也有权利去做。关于堕胎、安乐死、性工作等的争论都与此相关。在《论自由》中，密尔将这样做的唯一限定条件归结为"无害他人"。根据此种"自由原则"，密尔甚至将购买和吸食鸦片也视为个人权利。在中国文化语境中，权利的这种发展趋势一直面临着道德质询和社会批判。在古代，基于"义利"之辨，权利的生发明显受到仁义道德的抑制。时至今日，权利在中国的发展仍不能说是充分的。由于不让座而遭谴责，在很大程度上表明个人权利在时下仍受着习俗或道德的较大抵制；而对一人购买多个座位而不礼让的行为的批评，也表明公共性或社会公平对权利发展空间的一定挤压。

此种状况映衬出权利在中国的一种现实处境。从历史看，现代政治文明主要是基于"自然权利"而不是仁义道德建立起来的，它在政治、社会和道德层面都坚持个人的自主选择，反对压制人的自由意志。也就是说，是基于法律不让座，还是基于习俗或道德让座，其决定权在权利主体自己。就此而言，尊重权利实为现代文明的基本特质，它甚至优先于对善的维护。无论是市场经济还是民主政治，都与此密切相关。可以说，权利的要旨正在于实现个人依据其自由意志自主地判断和选择。虽然由此附带有"做错事的权利"这样的"现代性"后果，但作为现代社会交往的沟通媒介以及对抗政治权力的重要手段，权利在现代社会中举足轻重。权利在社会和政治层面的发展，其实也是中国近代以来构建现代社会体制和政治体制不可回避的重要任务。相比西方而言，深厚的道德文化和社会现实背景，既为权利在中国的扩展设置了一定困难，也为中国在现代条件下将自由权利与仁义道德结合起来，进而实现文明重构与创新提供了可能。

会通自由权利与仁义道德，或者在扩展个人权利的同时适当容留仁义道德的作用空间，这是现代中国实现合理发展、重开"内圣外王"的一大主题。如果说仁义构成"内圣"的基点，权利构成"外王"的基点，那么，中国可以也需要沿着自身的文化理路，尝试着兼顾人的道德本性和生理本性来开展其权利和道德建设。在中国文化传统中，有一种独特的"万物一体""民胞物与""人皆可以为尧舜"观念，它们在现代条件下其实适合被用来充实人权和权利的道德根基。由此，尊重人权和权利正可被视为道德关怀的延伸。无论是有座不让者，还是要求让座者，持这样的心态去看待自身和对方，可免很多纷争。当然，从社会资源紧张的角度看，过高的道德要求并不适宜只强加于连座位都不能保障的中下层。那些置身让座纠纷之外的更富裕阶层或公权力持有者，若能通过更多的、影响面更广泛的义行去扩展权利的社会实现途径以及政治和社会的道德基础，使人皆有其座，有座者坐得安稳，会形成更大的功德，因此也更能显示人之为人的尊贵。

在现代社会，把人权与德性结合起来，需要在承认人权与德性存在内在差别的前提下，走一条在个体层面展开德性、在政治和社会层面展开权利的双轨道路。这仍然是一条"仁内义外"的道路，但它并不是传统道路的简单重复。它有一套在现代化进程中把自然、传统与现代涵容起来的现代走法。这一道路在意识上存留"德性"这一精神本源，它不仅强调权利的启蒙，更强调德性的"昭苏"、解蔽和再启蒙。这一道路不走"得君行道"的上行路线，而注重德性在个体层面的普遍展开，以此避免由政治伦理同构以及道德的社会伦理化所致的道德落空和对"人性"的压迫，也保证道德在个体层面真正成为崇高向上的内在精神力量。这一道路强调权利是维持社会交往、制约国家权力的重要手段，是建设时期维护社会稳定和发展的治理之道，因而高度重视用以保护人权和公民权利、约束国家权力的政治和法律制度。虽然德性与人权在路向上表现出质的差异，但把二者结合起来并不必然带来道路上的冲突。在很大程度上，社会和政治层面的权利体制为人们的德性生活营造良好的外在社会环境，德性则在精神层面为权利体制贯注达致天人合一、人际和谐的泉源活水。这是一条把政治与道德、社会与人心、世俗与脱俗、社会之理与生命之道联结起来的道路，政治和社会在其中不一定大，道德和人心在其中也不一定小。这是在承认德性与人权存在内在区分的基础上走的一条结合道路，正因为分才得以合，正因为差异才得以相辅相成乃至相反相成。

第二节　权利的政治处境

从"自然权利"这一出发点看,现代政治可说是权利政治。按照通常的理解,在此政治下,人权和公民权利是国家权力据以存在和运行之正当性的基本渊源,而国家权力则构成持久合理保护人的自然权利的基本手段。现代政治逻辑中权利与权力之间的此种目的与手段关系,其实也面临着一些理论挑战。

在自由主义政治哲学中,国家权力是不得已的恶,它总是令人可怕,让人不放心,需要时刻提防。自由主义对国家权力的警惕主要源于它会侵害个人的"自然权利"。个人权利或自由与国家权力构成了自由主义政治哲学中两个相互对立的端点,自由主义所要努力的,就在于通过限制和规范国家权力,来使国家权力的产生和运行服从于保障个人权利或自由这一目标。由于自由主义从消极意义上理解国家权力,自由主义者一般要求国家或政府是"守夜警察"、"有限政府"、"最小国家"。从"守夜"、"有限"、"最小"这些字眼,可以明显看到自由主义政治哲学中个人自由与国家权力之间的一种此消彼长的关系。也就是说,国家权力越是强大,个人自由就越少,也越容易受到侵害;相反,国家权力越是受到制约,个人自由就越多,也越容易受到保障。

自由主义政治哲学中个人自由与国家权力之间的这样一种加减法则,并不吻合福柯关于现代权力的分析。权力与知识、主体一起,构成福柯思想的三大主题。把权力视为积极的(positive),这是福柯思想的最与众不同之处。在权力问题上,福柯区分了权力分析的两种模式,一是权力分析的法律模式,一是权力分析的战略模式。前一模式是福柯最开始使用,也是学者们通常使用的权力分析模式,但后来,福柯抛弃了这一模式,而转入权力分析的战略模式。两种模式的重要区别在于,在前一模式中,权力是消极的、否定式的、压制性的,在特征上表现为排斥、拒绝、阻止;而在后一模式中,权力是积极的、肯定式的、生产性的,在特征上表现为激发、诱使、煽动。由于福柯把法律狭隘地理解为"前现代"的禁止性刑法,他把有关权力的消极阐释表述为权力分析的法律模式。在福柯看来,自由主义所采用的就是这样一种权力分析模式。而按照福柯提出的权力分析的战略模式，自由主义有关个人自由与国家权力之间的加减法则得以修改。一种新的可能是，国家权力越有效运转，个人自由就越有保障；或者，更一般地说，人越是受到权力的管束，越是自由。

在《性史》第一卷中，福柯直接提到了"权力与快乐的持续螺旋（spiral）"。这描述的是一种权力与自由螺旋上升的状态。在福柯看来，现代社会中的权力与自由就是这样一种相互加强、相反相成的关系。福柯的《性史》第一卷围绕"性压抑"展开，力图破除"性压抑"假说。按照福柯的分析，"性"在不让谈、不准显露的社会体制中并不像人们通常所认为的那样受到了压制，相反，性禁忌时代实际上是一个"性"话语泛滥成灾的年代。就像"禁果分外甜"一样，在福柯看来，性禁忌对"性"有一种实际的激发、诱使和煽动作用，"性"在一种遭受压制的社会体制中得以存续，压制"性"的社会体制正好构成"性"得以存活和蔓延的一种生存条件和机制。也就是说，"性"与对"性"的压制是互为条件、相互加强的：对"性"越压制，"性"话语越泛滥；"性"话语越泛滥，对"性"越压制。在此之前，福柯在《规训与惩罚》一书中也曾把罪犯与监狱解释为这样一种互为条件、相互持续加强的关系。而且，福柯不仅是这么看的，在有些方面也是这么做的。作为同性恋者，福柯曾一度受到其他很多同性恋者的批评，因为他起初并不积极参与公开的同性恋解放运动。福柯的这一做法未必是因为他害怕暴露自己的同性恋身份，而更可能是由于同性恋与社会排斥体制之间的一种相互依存关系。福柯最初的顾虑也许在于，同性恋"走出来"被合法化、权利化后反倒会消解同性恋。

福柯有关"性"与性禁忌的分析，旨在说明权力并非完全是消极的，自由可以从权力那里汲取养料，而且，权力在现代社会构成为自由必不可少的条件。按照福柯提出的权力分析的战略模式，权力是积极的，现代是一个积极权力兴盛的时代，现代社会也是一个积极权力起主导作用的社会。福柯认为，现代社会中的积极权力主要有两种形式，一是规训权力，一是生命权力。二者实际上是一而二的关系。规训权力针对的是身体，是17世纪以来用于训练并驯服身体的权力。生命权力针对的是人口，是18世纪中叶以来调控并改善人口健康和寿命的权力。作为积极的权力，规训权力和生命权力都具有双重效果。一方面，规训权力控制、训练身体，生命权力调节、管理人口。另一方面，规训权力能够通过控制和训练来加强体能、增长才智、提高技艺，生命权力能够通过调节和管理来刺激生育、减少疾病、挽救生命。在这样一种双重作用中，自由与权力、个人权利与国家权力，交织在一起，相互促进。也就是说，权力并不是仅仅消极地限制自由，而是在制约个人自由的同时增进个人自由。而且，人越是受到权力的制约，可能越是能够生存，越是生活得好，越是获得更大自由，而要想生存，要想生活得更好，要想获得更大自由，就越是要接受权力的制约。考试制度大体上可以用来说明现代社会中权力的这种双重效果。在考试制度下，一个人越是努力学习、刻苦训练，就越是能够通过考试，越是不断通过考试，就越是能够从社会体制中争得更多的资源，获取更大的权利和自由。

福柯有关现代社会中权力与自由的这种并驾齐驱情势的分析，在很大程度上颠覆了自由主义政治哲学中个人自由与国家权力之间的加减法则。个人自由与国家权力由此不再仅仅是此消彼长的关系，而是相互依存、互相促进、彼此增强、螺旋上升的关系。福柯对这样一种关系的分析和揭示，无疑在自由主义之外开启了一片从统一、辩证的角度，而不是仅仅从对立的角度来考量个人自由与国家权力之间关系的视野。实际上，此前格奥尔格·威廉·弗里德里希·黑格尔（Georg Wilhelm Friedrich Hegel）、涂尔干等人都是从国家权力与个人自由之间的统一性来理解国家的。政治国家在黑格尔那里不是不得已的恶，而是具有"神性"的统一体，它通过对家庭和市民社会的扬弃，实现了公共利益与私人利益、国家权力与个人权利的高度统一。同样，涂尔干并不认为国家存在的目的仅仅在于保护个人自由，也不认为国家权力总是消极的。在涂尔干看来，国家有其社会目的，也具有防止社会团体侵害个人、抵御外国侵略等积极功能。不过，黑格尔和涂尔干对国家权力与个人自由共同强大所表现出的赞赏态度，显然是福柯所缺乏的。福柯对个人自由与国家权力在现代社会螺旋上升情势的分析，引发的不是赞许，而是对"政治理性"和"惩罚理性"的批判。

有关政治理性和惩罚理性的批判分析是福柯政治和法律思想中的重要内容。按照福柯的说法，《规训与惩罚》就是一本专门"分析某种'惩罚理性'的形成"的书。在书中，福柯认为近代以来兴起人道主义刑事法律改革的真实原因并不在于人道情感，而在于权力的运行逻辑。在福柯看来，君主专制时代的惩罚权力虽然看上去威武雄壮、残酷无情，但由于它具有无限制、不规则、不连续、不灵活、不精细等弊病，它实际上是笨拙而低效的，因此在近代兴起的法律改革中被"监禁"这种规训权力所取代。规训权力之所以能够取代君主时代的惩罚权力并在现代社会起主导作用，主要在于作为积极权力的规训权力具有双重效果。由于能够在加强对身体控制的同时提高身体能力，并且使得加强身体控制成为提高身体能力的一个必需条件，规训权力实现了暴力与理性的完美结合，由此在现代社会中被合理化。从规训权力的这种合理化过程，福柯注意到，在公民的权利和自由获得更好的保障的同时，政治权力也以更容易被人容忍和接受的方式得以更加精细地深入和扩展。福柯用兼具"主体"和"臣民"意义的"subject"来表述这种处境。他认为，规训权力在把人建构成为权利"主体"的同时，也把人塑造成了温顺的"臣民"。按照这样一种分析，在个人自由与国家权力的螺旋结构中，个人自由实际上成了国家权力据以上升的一个正当的合理化理由，而权利主体在受到国家权力更好保护的同时也被国家权力规训为温顺的臣民。

在《规训与惩罚》之后的研究中，福柯进一步深入到生命权力和政治理性问题。生命权力与君主权力相对。君主权力是"让人死"的权力，生命权力则是"让人活"的权力。君主权力通过让人死来显示自己的威力，不能让人死，即意味着君主权力的终结。生命权力则通过让人活来显示自己的威力，不能让人活，即意味着生命权力的终结。因此，在君主专制时代，权力运行的特点是损害人的身体、剥夺人的生命，君主权力要有效存续，就得实施残杀；而在现代社会，权力运行的特点则是保护人的身体、挽救人的生命，生命权力要有效存续，就得保障权利。就保护人的身体和生命来看，福柯所谓的"生命权力"可以说是启蒙思想家所提出的以"生命保全"为核心的"自然权利"的变异。福柯在措辞上不使用"自然权利"而使用"生命权力"，凸显出启蒙思想家提出的权利和自由理想最终沦为权力事实这一现代境遇。在自由主义的政治实践中，对个人的自然权利的保护主要是通过国家权力来实施的，因此，自然权利实际处在与国家权力的螺旋结构之中。在此结构中，既可以说是国家权力在围绕自然权利旋转，也可以说实际上是自然权利在围绕国家权力旋转。由此，自由主义政治哲学中个人权利或自由与国家权力在事实上孰为目的孰为手段并不是完全确定的。国家权力可以循着保护权利和自由之名逐渐攀升，从而出现"政治权力过剩"，背离自由主义有关"有限政府""最小国家"的初衷。此外，福柯还注意到，生命权力在现代社会虽然努力保护身体和生命、极力消除酷刑和死刑，但它同时伴随着诸如世界大战、种族灭绝、原子弹这样的"巨大死亡权力"。

总体上看，个人自由与国家权力的螺旋处在一种特定的社会体制和文化体制之中。福柯在一次采访中谈到，这种特定社会体制和文化体制的底色主要是自由主义。这样一种特定的社会体制和文化体制，其实也就是西方启蒙时代以来占主导地位的自由主义政治和社会体制。从"启蒙"一路看下来，福柯发现的并不是一个自由和权利理想的圆满实现，而是权力与自由、国家权力与个人权利的齐头并进、螺旋上升。这样一种态势产生了双重乃至多重的现代性后果，与当初单纯的"自由、平等、博爱"理想比起来，它们不一定更坏，但它们更为复杂，也更具风险。而且，当初的"启蒙"理想成为福柯用以批判审视现代社会的一种参照标准，循着这样的标准，福柯说他看到的是"历史斜坡"。在福柯看来，因为科学技术、规训权力和生命权力的崛兴，现代社会越来越滑离当初的"法律统治"（reign of law）理想，最终在事实上不是消极法律的统治，而是积极权力的统治、精微技术的统治。对个体来说，这既是一套统治体系，也是一套自由体系，它如同大自然一样，成为人在世俗社会的立身之地、栖身之所、攀登之峰，而且，人的生存、生活，人的自由和权利必须依赖这套统治体系。

古中国有一首关于自由的著名禅诗："放出沩山水牯牛，无人坚执鼻绳头；绿杨芳草春风岸，高卧横眠得自由。"诗中的所谓"鼻绳"似乎正可以用来描述福柯所分析的那套统治体系。在此统治体系下，自由说到底是一种"坚执鼻绳头"的自由，它表明了一种必须以限制和约束为条件的自由。从这样一套统治体系或自由体系，宗教家觉悟到的是世俗束缚和不自由，所以，他们要么说人生是苦，要么超脱地跳出这套体系"高卧横眠"。而普通社会成员，因为可以得到这套统治体系或者自由体系的看护，并可以从中不断攫取权利和自由，他们在对控制和约束的容忍和习惯过程中，对"生"要么有第欧根尼（Diogenes）穿着破衣服躺在木桶中晒太阳的那份安适，要么有一种攀越山峰、不断进取的愉悦。这是一种现代处境，也是一种人生处境、社会处境、文明处境。在福柯的政治和法律思想中，福柯以权力与自由的螺旋恰好点出了现代的这种"欲说还休"的处境或困境。这种处境很像大海中的海洋馆，值得现代人深思：大海中自由而未必安全，海洋馆中安适而未必自由。

第三节　权利的实现途径

在现代中国，权利的生发既需要注意中国的传统文化因素，也需要注意中国的现实社会背景。总体而言，在文化层面，促进权利发展的同时要为传统的道德仁义以及忍让留出一定的空间，既基于自然权利打造"新外王"体系，也基于仁义道德培育"内圣"，使"内圣"与"外王"得以并驾齐驱，实现道德与法律的良好衔接。在政治和法律层面，当努力建成足以保障人权和公民权利的法律体系和政治制度，以使权利主体在受到侵害时可获得权威有力的国家司法救济。在社会层面，既要注重权利实现的诉讼或法律途径，也要注重权利实现的社会途径。

一　自然权利与忍让哲学

"一纸书来只为墙，让他三尺又何妨？长城万里今犹在，不见当年秦始皇。"这是民法教师在讲授相邻权时偶尔会提到的一首诗。诗后流传着一个涉及相邻关系的"六尺巷"故事。据有关记载，故事是这样的：张家住宅旁有块空地，与吴家相邻，吴家建房试图扩占空地，争执之下，张家赶紧给当时在朝为高官的张英告知这件事。张英接到家信后，在上面批了这首诗寄回，张家人按照诗中所言主动"让他三尺"。吴家听说此事后甚为感动，也退让了三尺，于是张吴两家之间就形成了一条世代相传的六尺巷。

就争执的内容来说，这确是一个相邻权案例。不过，与现代典型权利案件不同的是，这则案例最终并没有导致权利抗争和相应的法律后果。现代民法学者所津津乐道的"为权利而斗争"，在这则案例中并未得到完全实现。相去甚远的是，在中国传统文化的道德底垫上，案例中的权利争执富有弹性地以当事人彼此退让而又不无欢喜的结局收场，没有发展到剑拔弩张的境地，也没有陷入以强凌弱的权力倾轧中。时至今日，在中国经历了一个半世纪的从传统向现代的转型之后，这种状况似乎仍然没有发生根本性的变化，许多案件在经过双方或多方协商之后，还是能够以一方或双方的退让和解了结。这在中国不仅实在地表现在大量的民间纠纷调解以及较高的司法调解结案率上，也表现在人们的心态上。关于六尺巷的故事和戏剧听来看去仍让一些人从心底生出感慨，也仍能被人作为好的传统文化接受，或许可算一个证明。

尽管如此，这样一种以让求和的景象并不符合现代法学家或权利论者的法治构想。按照现代通常的观点，只有清晰而精确地设定权利界线，并且对权利界线给以严格的法律保障，才能为个人权利打造坚固的外墙；而权利界线含混不明或者权利不能通过司法得到强制有效地恢复或实现，则只会导致用以保护个人权利的围墙的损坏或坍塌，这是法治所当避免的。在此语境下，当权利受到侵犯或发生争执时，隐忍态度和退让做法实为公民意识不强、权利观念淡薄的表现，这恰是现代权利运动力图要改变的现象。甚至，退让和解的做法还会被认为是以权利换和谐，其间不仅夹杂着对个人权利的牺牲，也发生着正义天平的失衡。面对诸如此类的现代挑战，六尺巷的故事在实践中究竟是应该根据某种现实需要改写为一个现代权利叙事，还是应该让其所包含的精神底蕴以某种合适的方式继续绵延于现代政制和法治之中？而且，在近三百年权利兴起几乎成为世界潮流的情势下，六尺巷这样的传统叙事究竟还有没有可能见容于现代政制和法治之中？这样的问题，在中国近代史上曾以"中体西用""全盘西化"之类的话语多有呈现，迄今，它仍是中国的现代化不得不正视和寻求解决的重要问题。解答此问题，或许可以通过对六尺巷背后的道德意境的分析以及中西对比来获得某些启示。

六尺巷故事的主角是清代大学士张英。发掘六尺巷的精神底蕴，可以从张英的人生哲学着手深入，这是决定"让他三尺"做法的根基所在。《清史稿》说张英"以务本力田、随分知足告诫子弟"，这集中体现在他的《恒产琐言》《聪训斋语》两篇家训中，其中尤以《聪训斋语》[①] 最受推崇，也最足以体现张英的人生哲学。

有清一代，张英的《聪训斋语》、康熙的《庭训格言》以及《曾国藩家书》可谓最具代表性的三部家训。这三部家训，不仅在中国家训史上光彩夺目，而且在张廷玉、雍正、曾纪泽等这些家训作者的晚辈身上当时即已显现其教育功效。三部家训中，《聪训斋语》在内容上多少影响了其他两部家训。张英长康熙十七岁，据《清史稿》记载，他曾朝夕侍奉在

---

① 张英：《聪训斋语》，载《张英全书》下册，安徽大学出版社2013年版。本节所引张英话语皆出于此篇。

康熙左右讲论经义、制作文诰，康熙称其"始终敬慎，有古大臣风"，而且对张妻姚氏也赞许有加，曾说："张廷玉兄弟，母教之有素，不独父训也！"从内容看，《聪训斋语》与《庭训格言》尽管在很多方面存在差异，但其中关于嗜欲、看书、收藏等的看法也颇多相近之处，特别是《庭训格言》中"常寻欢喜""学以养心""一心向善"等语与《聪训斋语》中"养欢喜神""书卷乃养心第一妙物""慈心于物"之类的话如出一辙，这也许可以用来说明张英对康熙的一定影响，或者康熙与张英之间的相互影响。相比而言，《曾国藩家书》更为明显而深刻地受到了《聪训斋语》的影响。在家书中，曾国藩几乎完全吸纳了《聪训斋语》所包含的修身处事原则，并且多次对《聪训斋语》赞赏有加，认为其中的教训"句句皆吾肺腑所欲言"，甚至希望家中子弟人手一册，常常阅习省览。三部家训的这种紧密关系，与其说主要源于《聪训斋语》的影响，不如更为精确地说是因为它们都深得中国传统文化的精髓。透过《聪训斋语》，不仅可以明了六尺巷的道德意蕴，也可以洞悉贯穿于中国传统文化中的生命智慧。

  从《聪训斋语》来看六尺巷故事，张英所持的"让他三尺"主张是不难理解的。简而言之，这一主张不过是一种忍让哲学的自然外显而已。在《聪训斋语》中，张英引述"让，德之本也""终身让路，不失尺寸"等古训来表达这一忍让哲学。在张英看来，这些古训包含着"满损虚益""亏盈福谦"的道理，"自古只闻忍与让足以消无穷之灾悔，未闻忍与让翻以酿后来之祸患也。"有鉴于此，张英对主张不忍不让的流俗之见大不以为然，认为"世俗瞽谈，妄谓让人则人欺之，甚至有尊长教其卑幼无多让，此极为乱道"。通过对一些世俗经验事实的分析，张英强调了忍让在社会交往中的必要性和重要性，尤其是在社会中处于优势地位的人对于处于劣势地位的人的忍让。张英提到，几文钱，对于富裕者来说算不得什么，但做小本买卖的市井之人却看得很重，富裕者因此与贫穷者发生争执，会引致怨恨乃至由口角忿怒引发灾祸，所得甚微但"所损实大"；而在不平等的社会关系结构中，处于优势地位的人若能意识到自己"所得于天者已多"，而生于同一社会中的其他人却失意沦落至此，则可心平气和地作出退让，避免纷争。张英还具体谈到了忍让的可行办法。他说，"欲行忍让之道，先须从小事做起"，而且，"凡事最不可想占便宜"。张英注意到，"天下大讼大狱，多从极小事起"，而谨小慎微，从小事忍让则可避免大侮大祸，因此，张英认为，"受得小气则不至于受大气，吃得小亏则不至于吃大亏。"张英还注意到，天下人都想争占便宜，一人得到便宜则会干犯众怒，失去便宜则会消除众怨，因此，张英认为，"终身失便宜，乃终身得便宜也。"

这样的忍让哲学，在中国传统文化中相当普遍。类似"小不忍则乱大谋"、"有忍乃有济""少忍便无事""有容乃大"的话，在中国古代可说是代代相传，举不胜举。然而，此种忍让态度和做法与现代权利哲学看上去却是格格不入的。按照一些现代法学家的看法，民法也是"市民法"，民法中的人通常被假定为市场上或市井中锱铢必较的"市民"，他们时刻关注着自己的利益，依法守护着自己的权利，而且，他们认定在社会交往或交易中存在着为法律所认可、可以用数量清晰计算的正义关系，权利侵犯、利益损失或者分配偏差都将直接导致非正义，因此，所谓"为权利而斗争"，不仅可以说是"为法律而斗争"，也可以说是"为正义而斗争"，甚至还可以说是为"道理"而斗争。不过，在张英的观念世界中，这样的"道理"的适用范围实际上是非常狭窄的。根据张英的看法，一个简单的交易关系或社会纠纷会很容易而且理所当然地被扩展到更为广泛的道德和社会层面，由于简单交易中因为不忍不让而千辛万苦争得的利益，极有可能带来道德或社会层面更大的损失或烦恼，所以正义标准需要放在更为广阔的道德和社会背景中给以综合考量。如此一来，明确的权利界线就变得模糊，严格的正义规则也变得富有弹性，对权利严丝合缝的捍卫也不再那么坚定，忍让因而获得更大的作用空间，紧绷的人际关系也相应松弛下来，而那些为"小事"不惜代价地争一口气、求一个说法的行为因之就不再被认为可取了。这样看来，张英在六尺巷故事中主张让人三尺也就是顺理成章的事情了。

尽管张英的退让主张与现代权利论者争取权利的立场形成较大反差，但它们似乎都同样出于一种利害考虑或功利分析。如果说，现代权利论者着重于具体案件中的权益得失，那么，张英的主张看上去也不过是在一种更为广阔的背景下两害相较取其轻而已。表面看来，张英确有世俗考虑，但就《聪训斋语》的基本精神而言，这些还远不能说是张英的主要思路。事实上，在张英那里，世俗考虑的背后还有着更为深厚也更为脱俗的文化底蕴和精神境界。在《聪训斋语》中，张英曾自拟一联："富贵贫贱，总难称意，知足即为称意；山水花竹，无恒主人，得闲便是主人。"其间所蕴含的山水情怀和道德境界正可看作《聪训斋语》的两个突出主题，为现代社会生活所日渐弱化的"自然"和"传统"也恰表现为这两个方面。《清史稿》说张英"自壮岁即有田园之思，致政后，优游林下者七年"，这种长期的"山林趣味"在《聪训斋语》中反复出现，十分明显，以致张英自称是一位看山无厌倦时的"看山者"。在"山水间优游俯仰"，看似清闲散淡，实则怀有一种精神寄托，正如张英所说，"人生不能无所适以寄其意，予无嗜好，惟酷好看山种树。"由此看，所谓"山林"，既是澄净身心的托思之所，也是避开尘世忧苦和喧嚣的安心之地，有着与市井争执形成强烈张力的别样境界。此番境界，在张英看来并不是所有人都能"深入其中"的，只有具备一定道德修养的人才"足以享山林清福"。《清史稿》说张英"性和易，不务表襮，有所荐举，终不使其人知……"，讲的正是张英的道德修养。从《聪训斋语》中，随处可以找到达致这等修为程度的方法。概括起来，如张英所言，"止有四语：读书者不贱，守田者不饥，积德者不倾，择交者不败。"这四个方面，在张英那里总起来可以说是为了"增长道心"，"常全乐体"，培养"胸中一段吉祥恺悌之气"，达到"无侮于人，无羡于世，无争于人，无憾于己……无心意颠倒之病，无取舍转徙之烦"。如同山水情怀一样，这样的道德境界既是人们在社会交往中"敦厚谦谨""有益于人"的泉源活水，也因之在人的精神世界与世俗社会生活之间树立起一道厚重外墙，从而为人们享受山林之乐、避免社会纷争提供了可能。

  无论是山水情怀，还是道德境界，在很大程度上都与热闹纷扰的世俗社会生活保持着一定距离和张力。对于道德主体来说，它们超越于世俗生活之上，既从出发点上决定着社会交往的道德或忍让方式，也最终成为人在世俗社会中的心灵寄托和精神归宿。相比浑厚的道德情怀，在"小事"上不忍不让的世俗冲动不过是浩荡沧海上的零星雨滴，终究难以翻起波澜。而且，道德情怀越是高深，任性战胜道德理性的可能性就越小，忍让也就越是容易心平气和地做到。就此而言，六尺巷故事中的"让他三尺"恰是道德情怀的自然效果，与其说它完全是基于世俗的功利考虑，不如说它是基于对山林情怀和道德境界的有意维护。透过《聪训斋语》，可以明显看到，张英沿着山水情怀、道德境界的边缘精心构筑起坚固的城墙，由此形成了一座免受世俗社会纷扰的心灵围城。关于这座心灵围城，张英作了极为生动的说明。他说，"予自四十六、七以来，讲求安心之法。凡喜怒、哀乐、劳苦、恐惧之事，只以五官四肢应之，中间有方寸之地，常时空空洞洞，朗朗惺惺，决不令之入，所以此地常觉宽绰洁净。予制为一城，将城门紧闭，时加防守，惟恐此数者阑入。亦有时贼势甚锐，城门稍疏，彼间或阑入，即时觉察，便驱之出城外，而牢闭城门，令此地仍宽绰洁净。十年来，渐觉阑入之时少，不甚用力驱逐。然城外不免纷扰，主人居其中，尚无浑忘天真之乐。倘得归田遂初，见山时多，见人时少，空潭碧落，或庶几矣。"显然，这样一种制城安心的努力与中国传统文化是正相契合的。孟子所谓"修其天爵""从其大体""求其放心"，以及中国文化传统中所谓"内圣外王之道"等，无不指向这座心灵围城。张英在《聪训斋语》中说他养生最得力于陆机《文赋》中的"石蕴玉而山辉，水涵珠而川媚"二句，其大致意境也不离这座心灵围城。可以说，这样一座心灵围城，正是张英主张"让他三尺"的渊源之所在。

张英是三百年前的人，1637年出生，1708年逝世，从世界历史的维度看，当他开始修建心灵围城时，在英国，发明了作为"利维坦"的近代国家雏形的霍布斯（1588年至1679年）刚去世四五年。尽管张英与霍布斯一生大部分时间都生活在十七世纪，而且都当过皇储的老师，都触及当时政治和学术的高层，但他们一生所思考的基本问题以及思考的基点和方式却大相径庭。就主要方面对比起来看，不难发现，张英构筑了一座据以安顿道德生命的心灵围城，而霍布斯则构筑了一座据以保障个人权利的政治围城，二者虽同为城池，但意图宗旨却几乎是背道而驰的。

按照张英的看法，人的社会行为受到人的道德情怀和精神境界的引导和调整，社会生活形式在很大程度上是道德伦理的外化或具体化，而在霍布斯那里，构成所有政治和社会生活的基本出发点的已不再是人的道德。在《利维坦》中，霍布斯与他同时代的众多西方人一样，首先割断了长久以来为圣贤教义和社会传统所承载的所谓"善""德"与现实社会生活之间的紧密联系。他说，"我们要认识到，今生的幸福不在于心满意足而不求上进。旧道德哲学家所说的那种终极的目的和最高的善根本不存在。欲望终止的人，和感觉与映象停顿的人同样无法生活下去。幸福就是欲望从一个目标到另一个目标不断地发展，达到前一个目标不过是为后一个目标铺平道路。"很明显，霍布斯的这种看法与张英在《聪训斋语》的开篇对于"人心惟危，道心惟微"这一"圣贤领要之语"的强调刚好是相反的。按照张英的解释，"危者，嗜欲之心，如堤之束水，其溃甚易，一溃则不可复收也；微者，理义之心，如帷之映镫，若隐若现，见之难而晦之易也。"而在这两个方面，霍布斯既隔断了隐晦难明的道心，也肯定了在张英看来一溃难收的"嗜欲之心"。这注定了霍布斯不可能像张英那样去内在地寻求指导和调控嗜欲的"安心之法"。而且，由于欲望的闸门被拉开，类似于六尺巷故事中那些社会冲突和交往纠纷，将变得更为激烈和混乱。对此，霍布斯沿着与张英的道路相反的方向，在世俗社会的现实基础上建起了一座政治围城，以平息激烈的社会冲突，摆脱社会混乱。

在霍布斯那里，随着"最高的善"从认识论上遭受否定，在传统文化中处于道德仁义之下的身体和生命作为最基本的人性成为处理政治和道德问题的新的基点。换言之，现代政治和道德从此建立在以保全生命为核心的"自然权利"之上。按照霍布斯的讲法，所谓"自然权利"，乃是人保全自己的身体和生命而为所欲为的自由。在缺乏公共权力的情况下，由于每个人都可以为所欲为地做自己想要做的任何事，自然权利带来了人与人之间的往复争斗，霍布斯把它描述为人人相互为敌的"战争状态"。为逃避这种严重缺乏安全感的混乱无序状态，人人同时放弃诸如为所欲为的某些自然权利，按照约定形成公共政治权力，也就是建立政治国家，来维护社会和平，保障个人的身体、生命以及其他权利。这样一个产生政治国家的过程，是一个明确权利范围、设定权利边界、为自然权利在政治社会中建立合适的保护形式或保障机制的过程，简单地说，就是一个为个人权利修建政治围城的过程。与心灵围城比起来，政治围城在道心隔断、欲望彰显的条件下奠基于世俗社会之中，关注的是人现实的政治处境，它并不关涉人的山水情怀和道德境界，而是主要保护人的身体、生命、财产等权利；它并不注重人的内在修为，也不试图通过"道心"来增强人的行为的道德感，而是强制约束人的外在行为。有了这座政治围城，人及其财物等从此就受到公共政治权力的保护，发生六尺巷故事中那样的争执，人与人之间不会再出现私斗，而是诉诸公堂，通过公共政治权力来解决争端。

从历史时段看，霍布斯实际上比张英早半个世纪，更适合与张英作横向对比的当属英国的洛克，他1632年出生，1704年逝世，与张英前后只相差四五岁。尽管如此，就基本理路而言，霍布斯与张英的对比仍然是有效的，因为，从道德和政治两个方面看，洛克与霍布斯的观点可谓大同小异。道德方面，一如霍布斯对道心的隔断，洛克也从认识论上否定了天赋的道德原则。在洛克看来，人心如白纸，其色彩和内容完全由人的后天经验来填充。霍布斯与洛克的这种侧重人的经验和理性的认识论，反映了西方自文艺复兴以来的哲学主流，也成为传统与现代性的一个重要差异。政治方面，洛克的《政府论》与霍布斯的《利维坦》实际上有着共同的政治主题。如果说霍布斯主要通过政治围城克制了人与人无休止的争斗，那么，洛克则在此之外，还削弱了"利维坦"这只巨兽的"兽性"，避免了绝对的专制权力，由此使得用以保护个人权利的政治围城看上去更为文明精良。这在《政府论》中主要表现为立法权与行政权的分立以及依照稳定明确的法律进行治理。通过分权和法治，洛克让政治围城不仅建立在个人与个人之间，而且也建立在个人与政治国家之间，以此为个人权利提供了更为全面有效的保护。从总的发展历程看，以霍布斯的"自然权利"为起点，经过洛克的"生命、健康、自由或财产"权利以及权力分立和法治，再经过美国《独立宣言》的"生命权、自由权和追求幸福的权利"以及美国宪法的三权分立制衡，西方在过去三百年里其实一直在走一条建筑和修缮用以保护个人权利的政治围城之路。

与此形成鲜明对照的是，在张英的年代以及此后一个半世纪，中国对于政治围城并没有表现出丝毫的兴趣，或者说，政治围城的修筑始终没有成为中国社会发展的一种需要。沿着自己的文化理路，心灵围城的构建在中国一直延续到19世纪中叶，此时，政治围城被精心构建起来的西方已经兵临心灵围城的城下了。伴随中国帝制的土崩瓦解以及外来文化的剧烈冲击，心灵围城终至飘摇破败，无依无靠，以致在近一百多年里，尽管有不少人力图挽救这座城池，但它终究再也没能闪现昔日的生机。而且，如同孟子谈到的，杯水难熄车薪之火常常被人认为"水不胜火"一样，民族和国家的衰落、修筑政治围城的艰辛也往往被人归咎或迁怒于这样一座心灵围城。这越发蒙蔽了心灵围城所蕴含的普世意义，特别是对于现代社会的道德意义。实际上，仅从侧重于身体和生命而弱化了人的善德的"自然权利"这一现代政治的出发点看，心灵围城的现代意义也是不难察觉的。如果说，政治围城立足于现实的社会之理，旨在解决现代"大社会"中的人际交往问题，那么，心灵围城则立足于恒久的生命之道，旨在解决身心的安顿和生命的意义问题，二者侧重于人的不同方面，在现代社会中不仅需要而且也有可能融合或连接起来。

融合或连接政治围城和心灵围城，这是现代社会中新的"内圣外王"问题，其核心在于在现代条件下实现道德哲学与政治哲学新的衔接。传统中国的"内圣"与"外王"是高度一致的,"外王"始终需要基于"内圣"向外拓展获得。而在现代条件下,所谓"自然权利"明显是与"道心"脱离的,这在很大程度上造成了政治与道德在现代社会的分离。但这种分离并不意味着"自然权利"与"道心"完全不再可能连接或融合起来。在《正义论》中,罗尔斯曾经试图摆脱功利主义的困扰,从普遍正义或普适道德出发开拓现代政治道路,但他后来顾及现实多元存在的价值系统,在《政治自由主义》中转向了政治自由主义,实际上削弱了"内圣"与"外王"的贯通性。当代新儒家以科学和民主来衔接传统道德学问,其实也遇到了如何以传统"内圣"来贯通现代"外王"的困难。经历了近代屈辱和百年动荡后,在所谓"内圣"与"新外王"的关系上,是完全舍弃"内圣",还是秉承"内圣"开"新外王"或者实现"内圣"与"新外王"的外在连接,这确实是一个考验现代中国人的信心、勇气和智慧的问题。就六尺巷故事来说,在现代中国,实现政治围城与心灵围城的融合或连接,或许可以立足于"万物一体""民胞物与"的传统道德精神来扩充现代"自然权利",以此拓建现代中国的权利理论和政治围城,使人成为具有德性的权利主体,如此达到扶持自己的道德与尊重他人的权利的统一;也或许可以在现代政治围城之上存留乃至拓展心灵围城的空间,走一条"外张权利,内固德性"的道路,把政治权力领域的权利抗争与日常生活世界的宽容和谐结合起来,使得政治围城中的权利主体都有可能在权利争执过程中触及、觉悟乃至深入心灵围城,如此显现诸如"让他三尺"那样的道德气度。无论如何,在现代经济、社会、法律体制日趋扩展的趋势下,建立起有效保障个人权利、约束政治权力的政治围城对于现代人的自由生存是首先必须的,在此现代政制下,延续并维护好心灵围城,对于提升现代人世生活的道德感和美感无疑也是有益的。

二 权利发展与法律诉讼

一般认为,西方法治走了一条自然演进的道路,是一种历史过程的自然展开,而作为后进国家的中国,其法治道路不得不凭靠政府的推动。因之,对中国法治的"政府推动型"与"社会演进型"两条道路选择,人们每每在赞许西方自然演进"优越性"的同时,又不得不承认政府主导的现实合理性。其实,这样一种二元划分看上去将政府的主动与社会成员的"相互作用"截然对立了起来,由此造就了其缺陷。这尤其体现在公民的权利问题上。"政府推动"论侧重于国家权力的作用，虽然不无兼顾公民权利的可能，但对权利的救济基本上是自上而下的，容易陷入古代"父母政府""为民作主"的行政旧思维，不足以真正调动公民参与的积极性。"社会演进"论也容易导致对现实不合理的迁就与纵容，从而不利于公民权利的张扬。张扬人和公民的权利是现代法治的核心内容，而诉讼正可以在重视国家作用的同时，又有力地调动公民参与的积极性，从而将国家的作用与社会成员的互动结合起来，促进中国的民主法治良性发展。通过诉讼实现法治不失为另一条可供选择的法治之路。

（一）权利、法律与诉讼

"权利"这一语词在古希腊并不存在。有人甚至认为"直至中世纪临近结束之时"也不曾出现。[①] 恩格斯也认为原始社会没有"法律意义上的权利"。由此可见，作为一种历史现象，权利是与社会文明的发展程度和一定的历史阶段相联系的。权利成为政治和法律领域的重要现象是文艺复兴之后的事情。文艺复兴之后，人们"开始用人的眼光观察国家了，他们从理性和经验出发，而不是从神学出发来阐明国家的自然规律"[②]，在此时期，古典自然法学者针对中世纪的神权和封建专制统治提出了"自然权利"，这是人的理性对神学和专断的反抗，体现了人的主体性的伸张，也为后世的政治体制、宪政安排奠定了基础。从历史上看，权利的崛兴在这里与人对生命、自由、财产、安全、反抗压迫以及幸福的追求正表现为同一个历史过程，不管是人作为人的"自然的"、"不可转让的"权利，还是人作为政治公民的用以对抗国家权力的政治权利，都体现了"尊重人为人"的要求。如果说，在"人之所以为人"的问题上，中国古代走的是"道德"一路，那么，西方近代走的则是"权利"一路，公元前4至前3世纪的孟子所说的"万物皆备于我"与公元前2世纪拉丁诗人特伦斯（Terence）的诗句"我是人，凡是人的一切特性，我无不具有"实为这两条路径的理论先声，二者在本质上都是人的主体性的张扬。鉴于此，权利的核心可被归结为人的主体意识的觉醒和人的主体性的伸张。在现代社会，进一步弘扬人的主体性，通过法律和诉讼保护权利理当成为现

[①] 参见［英］A. J. M. 米尔恩《人权哲学》，王先恒等译，东方出版社1991年版，第7—8页。不过，人们一般将"权利"一词追溯到罗马法。罗马法中的"jus"到近代具有今天的"权利"意义。参见夏勇《人权概念起源》，中国政法大学出版社1992年版，第136—140页。

[②]《马克思恩格斯全集》第1卷，人民出版社1995年版，第227页。

代法治的主要目标。

然而，权利是否总与法律相联系却是一个颇有争议的问题。认为权利并不必然与法律相联系的学者常常认定法律权利之外还存在道德、习惯等权利。而"启蒙"时代的一些重要思想家则一般将权利置于政治和法律结构中，强调权利与法律的联系；边沁、耶林等功利主义者一般也将权利限定在法律范围内，视权利为法律所承认和保障的利益，而否认有所谓的"道德权利"。这里，争论的关键似乎在于人的权利与公民权利，或者说社会意义上的权利与"法律意义上的权利"的区分。就社会的角度言，人的权利是与生俱来的，其根基当到社会中寻找，而不以法律的存在为前提；尽管如此，法律在现代社会仍不失为保障人权的最重要手段，离开法律保障的人权是不可想象的。而法律意义上的权利则大致可以从两个方面去理解，一是相对于国家权力的公民权利，一是社会成员之间的私人权利，这两种权利显然都存在于法律结构之中。因此，对法律与权利，虽然不能如分析实证主义者所主张的那样，认为权利是法律的产物，权利只来自实在法的规定，但也不能忽视权利与法律之间的紧密关联。事实上，欧洲语言中，"权利"与"法"往往具有一定的同一性。例如，罗马法中的"jus"一词就兼具正义、法律、权利等意义。在古罗马，权利一般与法律联系在一起，其基本内涵是得到法律支持或承认的正当的自由或要求；在现代社会，权利无疑也只有与法律联系起来才更具有实际意义，更可能得到切实的保障。

实际上，权利在古罗马不仅与法律相联系，而且与诉讼密不可分。古罗马人认为，先有诉权而后才能谈到权利，权利必须有诉权保障，否则形同虚设。① 马克思也认为，"诉讼……是法律的生命形式"。② 由此可以看到诉讼对权利的重要性。这一重要性具体表现在两方面：一方面，法律必须为公民的各项具体权利设置相应的诉讼途径，否则，如果公民的权利在受到侵犯时得不到救济，法律和权利就难以实现。这一点正如西方法谚所说，"没有救济就没有权利"。另一方面，在公民的权利受到侵犯时法律

---

① 参见周枬《罗马法原论》下册，商务印书馆1994年版，第855—856页。

② 马克思在《关于林木盗窃法的辩论》中这样说明法律与诉讼的关系："诉讼和法二者之间的联系如此密切，就像植物外形和植物本身的联系，动物外形和动物血肉的联系一样。使诉讼和法律获得生命的应该是同一种精神，因为诉讼只不过是法律的生命形式，因而也是法律的内部生命的表现。"参见《马克思恩格斯全集》第1卷，人民出版社1995年版，第287页。

应当保证诉讼过程中"矫正正义"的实现,恢复或补偿权利,如果公民的权利在受到侵害后最终得不到弥补,这同样会导致法律和权利的落空。在此意义上,可以说,没有诉讼,就没有法律权利的最终实现。当然,强调权利与诉讼的联系,并不意味着权利的实现总是必定伴随有诉讼的发生,因为权利在很多场合都是在缺乏司法介入的情况下实现的。但是,法律并不因此就应当取消对权利救济途径的设置,因为,给以权利受害人法律救济,是法律有效发挥作用的一个重要条件,要是缺乏此类法律救济,权利就会沦为废纸,法律也会得不到运用,而法律的生命正在于法律的运用。总之,诉讼是权利保障的最主要手段,权利必须主要通过诉讼来实现。

(二)权利保护:立法与诉讼

将诉讼视为保障权利的最主要手段,主旨并不在于激起民族的"好讼"心理,而在于表明诉讼机制对权利的基本而必要保护,对一个国家的法律制度、社会稳定发展和民主进程的积极意义。

一般说来,权利的保护存在着两种方式:立法和诉讼。对此,阿蒂亚在《法律与现代社会》中分别称之为"立法保护"和"普通法的保护"。前者"一般并不赋予个人在所提供的服务有时达不到所要求的情况下到法庭起诉的权利",其前提假定在于"大多数人都无力保护自身的利益"。后者"赋予个人以采取行动的权利,以便保护将会促进该目的实现的权利",其理论根据在于"个人正是应该被赋予执行法律任务的人,因为个人有权也有责任采取向法院起诉的主动行动"。①

比较而言,立法模式采取的是传统行政思路:规定行为模式并附以处罚,由国家机关强制推行。其特点在于:基于社会整体目标(或"思想");毫无例外地约束全体社会成员;改变方式带有普遍性和整体性;目标的实现一般以处罚为后盾而缺少激励;几乎完全由国家或政府执行。诉讼模式则是一种与传统行政相对的思路:通过授予公民以起诉权来让公民利用法律保护自己。其特点在于:基于社会互动;发动法律机制的主动权一般在于公民;着重于法律在微观层面的运用;补偿或赔偿一般通过诉讼执行。

---

① [英]帕特里克·阿蒂亚:《法律与现代社会》,范悦等译,辽宁教育出版社1998年版,第136—138页。

立法和诉讼这两种方式在一定程度上都能达致对权利的保护，这里着重将立法与诉讼在方式、社会功能以及实际效果上作一对比，以挖掘诉讼为人们所忽视的一些重要方面。

首先，在社会冲突的解决上，立法和诉讼采取了不同的方式。因为社会主体的价值和利益分歧，社会中实存着各种各样的冲突，而一个社会的稳定程度正依赖于化解这些冲突的各种机制。立法和诉讼都是社会冲突的解决方式，然而，二者在方式上却存在着重要不同，前者一般采取压制的方法，后者则采取疏通和导引的方法；前者是集中式的，后者是分散式的。不可否认，压制和集中式的立法模式能够给社会带来秩序，但在此模式下，宏观上的有序表象往往掩盖了微观上的各种各样的矛盾和冲突，而且，受到压制的社会冲突积累到一定程度还会导致极大的社会动荡。而在疏导和分散式的诉讼模式下，由于法律机制的发动权一般在社会成员，冲突方对纠纷的解决就会表现出更为积极主动的态势，这无疑更加有利于社会冲突在微观层面上的解决，而且，随着冲突在微观层面的逐渐化解，发生大的社会动荡的可能性就会变得很小。在历史上，大陆法系国家（如法国）动辄出现大的革命，而普通法系国家（如英国）即使出现动荡也只限于改良，与前者惯用立法方式，而后者重视通过诉讼机制来解决问题或许不无关系。

其次，立法和诉讼在促进社会发展上功能各异。相对于变动不居的社会而言，法律更趋于保守，甚至于滞后，因而，在法律规定和社会发展之间总是存在着一定的裂缝，而社会发展的原理正在于，随着社会的发展，法律必须相应发生变化，以填补法律与社会发展之间的裂缝，跟上社会发展的进程，否则，法律如果达不到这一点，就会成为阻滞社会发展的障碍。[①] 具体就法律变革而言，立法和诉讼是两种最基本的方式。这两种变革方式都能取得法律变革的积极效果，从而促进社会的发展，但它们各具特点，功能也各异。总体而言，诉讼在保持社会稳定的同时，也更有利于法律与社会发展之间裂缝的慢慢缝合，因为在诉讼过程中逐渐形成的大量基于"相互作用"的规则，不仅可以为后来的纠纷解决提供参照，而且以此方式还可以完善法律制度，从而弥补法律与社会发展之间的裂缝。而

[①] 参见［英］亨利·萨姆纳·梅因《古代法》，沈景一译，商务印书馆1959年版，第15页。

法律一般被认为是不可以朝令夕改的体系，比之于诉讼，立法的刚性、变化的幅度和剧烈程度都要强于诉讼，而且，宏观的立法变动也容易主观地规制乃至扭曲社会的发展，凡此都使得立法不宜成为经常的变革手段。诉讼虽然没有立法那么具有刚性，但诉讼过程中的"衡平""拟制"等技术足以使法律发生细微的变化以适应社会的发展要求，而且，由于诉讼直接与社会互动相联系，其变革比立法就会更加细致准确。

最后，诉讼对一个社会的民主进程也有很大关系。立法和诉讼体现的是两种不同的思维模式。前者源于立法者的意志，注重自上而下的"治"。后者源于社会成员的"相互作用"，注重自下而上"法"的运用。这两种模式对社会来说可能都是必需的，但自下而上的模式无疑更有助于兴民权、行民治。在古代社会，名义上"为民作主"的审判在强权自上而下直贯的情况下根本很难有民众的积极参与，因之，法律在性质上只是一种"治民之具"。此种法律属性与现代民主格格不入。在现代民主体制下，权力的享有和行使无不被套以法律的枷锁，立法最终必须以人和公民的权利为归依。立法除了为权利设置必要的救济途径外，还必须设置相应的权利用以对抗权力专断的法律机制。诉讼正是对立法所规定的权利的一种回应，它是对法律权利的"主张"，这既表现为利用法律对专断权力的反抗，又表现为社会成员之间的私人权利之争，不管是哪一种，都最终体现了权利自下而上的生长。而如果权利的实现在诉讼过程中受到了阻碍，那么司法体制的改良就会成为一种必然的要求，而这有时甚至还会关涉到整个权力体制的改良。就此而言，诉讼不仅避免了自上而下的强制方式从而增强了法治的民主色彩，而且，权利和诉讼的崛兴也必定导致民主进程中权力体制的优化。

(三) 通过诉讼实现法治

既然诉讼对一个国家的法律制度、社会稳定发展以及民主进程具有重要意义，那么，在法律上设置相应的诉讼机制，通过诉讼保护人和公民的权利就应当成为法治建设的重要目标。然而，在实际生活中，经常会碰到这样一种情况：即使存在法定的诉讼途径，人们并不利用，而是回避诉讼。这说明，通过诉讼实现法治绝不仅仅是一个纸面规定的问题，比之于宏大的口号和书本规定，微观的制度设计与实施、现实体制中不良障碍的切实消除要重要得多。而且，在一定意义上，法律的形式要求也比法律的实体目标要显得更为根本和实际，因此，通过诉讼保障权利尤其要注重其实际的效果和可行性。在这方面，法律、法院、法官、公民等各个环节都应当受到必要的重视。

1. 权利的法律化与诉讼化。权利并不以法律的存在为前提，不排除法律权利之外还存在着其他权利，尽管如此，法律是权利的最有力的保障。在现代社会，不仅权利主要由法律予以保障，而且公民的各项具体权利都应当有必要的法律救济。一般而言，权利的存在以法律不禁止为条件，亦即"凡未经法律禁止的一切行为，都不受阻碍"。这意味着权利的外在边界并不确定，只要不是法律所禁止的，公民都可以提出权利主张，而且，这种主张并不因为没有法律的明确认可而被视为缺乏法律根据，相反，当公民的不在法律禁止范围的行为受到阻碍时，公民都应当可以利用法律来消除阻碍。换言之，虽然权利的外在边界不确定，但法律所提供的救济手段却必须是确定的。这种救济手段主要是诉讼。这里，如果说权利没有确定的外在边界还显得过于抽象的话，那么，说公民的权利在现代社会主要由宪法予以确认就较为具体了。宪法一般被认为是"公民权利的保障书"，其对公民的基本权利规定得最多，也最简约，因此，如果公民基于"法律不禁止"而提出权利主张离现实还有一段距离，那么，基于宪法而提出权利主张则是十分现实可行的。如此，宪法的诉讼化就成为必要。现行宪法从第三十三条到第四十九条对公民的基本权利作了十分广泛的规定，这些权利的保障不仅应该通过具体的部门法来实现，更应当允许公民直接将这些权利诉诸宪法，否则，这些权利就容易停留在"有……权利""不得侵犯""国家保护"等字面规定而得不到落实。

2. 司法权的统一与独立。如果权利的法律化主要侧重于从立法和法律原则的角度保障权利，那么司法则是权利的法律实现的最终环节，也是至为关键的环节，其公正程度直接影响到法律的权威和可信度。要保障公民权利的实现，必须保证司法权的统一与独立。权利在一定意义上是一个与权力相对的概念，近代"自然权利"在很大程度上即是针对政治国家的专断权力而崛兴的。法院无疑是国家的正式机构之一，但法院作为裁判机构又具有其自身的特点，这种特点使得法院与当事人之间的关系和行政机关与当事人之间的关系有所区别。这具体表现为，法院更趋于消极中立，而不像行政机关积极主动地行使国家权力，因之，司法权在国家权力与公民权利之间以及公民权利与公民权利之间，主要扮演的是中间裁判的角色。其对权利的保障是一种法律的适用，而不是一种自上而下的行政保护。而且，司法是法律实现的重要环节，在一定程度上，这一环节所要实现的正是法律由书本向实际生活的平移，这就要求司法权突破地域限制而具有统一性，避免地方保护和"各自为政"的局面。此外，法院是法律的适用机关，其主要职能是将法律适用于具体案件，而不是"依法行政"；其根本依据是法律和案件事实，而不是上级机关或其他机构、部门乃至个人的压力，这意味着，要忠实地统一适用法律，法院和法官都应当是独立的，只以法律和事实为圭臬。

3. 法律的确然性。法律的确然性要求法律按照所规定的内容得以实现，这对法律的权威以及社会成员对法律的预期至关重要，也直接关系到公民利用法律的积极性。法律的确然性主要表现为法院的判决是否与法律规定相一致，这意味着不仅法律应当具有可预见性，法院的判决更应具有可预见性。有人曾经将法官比作自动售货机，输入法律和事实就可以生产出正确的判决，这是不合乎现实的。还有人认为一顿不愉快的早餐都会影响到法官的判决，同样也是夸张的。过分地夸大或者完全忽略法官对判决的作用都是不切实际的。实际情况是，法官必定有一定的自由裁量权，但法官又必须忠于法律。法官的判决必须符合法律的规定，这是现代法治的基本要求。要达到这一点，除了前面提到的制度保证外，一个具有相同知识和伦理背景的法律共同体的形成也很重要。对同一案件，律师和法官应当基于相同的法律知识而有同样的法律思维和判断模式，这可以对法官判决造成一种无形的知识约束，从而有助于最终形成稳固的判决预期体制。此外，法律共同体还应当形成相同的职业伦理和荣誉机制，在一个视忠于法律为共同荣誉，而视枉法违法为共同耻辱的职业共同体内，违背法律原则和精神的行为无疑会被减少到最低限度。

4. 法律的可接近性（accessibility）和可利用性（availability）。在诉讼环节实现人和公民的权利，还需要法律具有可接近性和可利用性。可接近性和可利用性都要求国家提供适当的权利救济途径，而且这些途径必须简便易行，贴近人们的生活，不至于让权利受害人因为麻烦、费用昂贵、不信任、恐惧或者其他原因而远离法律。现实生活中，即使存在法律供给，人们也可能不动用法律，这与其说是因为文化传统，毋宁说是因为制度设计得不合理。人们不动用法律大致存在两种情况：不知道怎么利用法律、知道法律但因为利用法律成本太高而逃避法律，前者是因为法律缺乏可接近性，后者则是因为法律缺乏可利用性。要避免这些情况，需要排除诉讼阻碍，并提供相关的激励机制。例如，对侵害消费者权益的行为，法律保护有两种方式，既可以规定由行政机关对商家予以处罚，也可以授予公民起诉权，相对而言，后一种方式对公民来说更为积极主动，而且，如果法律在此基础上再加以适当的激励（如规定索赔可以高于损失的 3 倍或更多），① 法律的利用率是不会很低的，这不仅有助于公民通过诉讼来保障自己的权利，而且也会促进商家提高服务质量以免同类索赔诉讼反复出现。总之，注重微观层面的制度设计，在细微处增强法律的可接近性，降低法律利用的难度，调动起公民利用法律的积极性，才会使法治大厦的基础更加稳固。

（四）权利与德性、诉讼与 ADR

诉讼可以将国家自上而下的法律提供与社会成员的自下而上的法律利用衔接起来，从而有效地发挥国家的作用和社会成员的"互动"功能，促进中国的民主与法治进程。然而，在此进程中，同时也应考虑到权利与诉讼的边界和局限。因之，与权利相对的"德性"问题、与诉讼相对的"代替性纠纷解决方式"（ADR）也是必须予以正视的。

1. 权利与德性。现代化进程中的中国法治一直与中/西、传统/现代纠缠在一起，这在人的主体性上表现为"德性"与"权利"的交织。权利与道德同样意味着人的主体意识的觉醒和主体性的伸张，但权利与利益奋争相联系，道德则主要与人的德性相联系，现代化建设如果一味强调权利，必定会导致人与人之间你死我活的争斗，也可能将社会变为每个人反对每个人的私利战场。就此而言，中国现代法治在张扬权利意识的同时，如果不注意延续和转化传统道德资源，势必会走入"形式合理性"的困境。然而，在张扬权利的同时延续和转化传统道德资源的方式和途径却是不可不审慎的。自汉代以后，随着儒学成为正统意识形态，古中国走了一条由道德入伦理（或者说道德社会化）的道路，其道德、伦理与法律在政治上的同构，不仅忽视了人的权利，也抑制了个体的道德空间，因之，现代社会不能也不宜再重建古代的那种蕴含着纲常伦理的社会政治秩序。相反，现代法治在社会层面上应该沿着权利的路线展开，注重通过法律来

---

① 例如，美国消费者权益保护法规定：消费者可以通过诉讼获得比实际损失高的最低额的赔偿费；惩罚性损失赔偿费；高于损失 2—3 倍的赔偿费；以及收回律师聘请费用。参见 [英] 罗杰·科特威尔《法律社会学导论》，潘大松等译，华夏出版社 1989 年版，第 71 页。

张扬人的权利意识,保护人和公民的权利;而在个体层面上,则应该继续发掘传统道德资源,重建人的"道德主体",树立"为仁由己"、"反身而诚"的精神态度。质言之,人的主体性主要通过"权利"和"德性"分别在社会层面和个体层面展开。这样,对道德政治化的抛弃防止了道德与权利在社会层面上的冲突,而在社会层面上对权利的张扬与保护也正为个体的道德自决创造了良好的外在环境。

2. 诉讼与ADR。不言而喻,诉讼在保障权利的同时,也产生了一些负面影响,比如,容易激化当事人的冲突,"吞噬时间、金钱、安逸和朋友",诉讼过多也会带给法院沉重的"讼累"等。[①] 因而,在诉讼之外是否以及怎样发展适当的"代替性纠纷解决方式"也是中国法治正面临的一个问题。诉讼和"代替性纠纷解决方式"分别代表了国家的和社会的纠纷解决机制,前者是国家对权利提供的一种正式救济方式,后者则多由社会提供,二者都能缓解社会冲突,带来社会秩序。就此而言,这样一种观点值得肯定:"在多元化的社会、在多元的价值观并存的今天,在设计纠纷解决途径的问题上,中庸之道较之极端的彻底,可能更符合社会的实际和实践理性。"[②] 但是,同时必须注意到,尽管从社会学和解决纠纷的角度看,"代替性纠纷解决方式"不失为一种重要的纠纷解决机制,但在保护权利和促进民主与法治方面,这一方式显然比不上诉讼,而且往往导致社会成员的恬退隐忍、逆来顺受。在通过诉讼保障权利的同时,可以适当发展"代替性纠纷解决方式",以弥补诉讼的不足,但这些"代替性纠纷解决方式"同时也应当受到法律的适当规范,而且,即使在社会成员选择这些方式之后,法律也不应该堵塞其进一步求诸诉讼来实现其权利的

[①] 至于是否必定导致诉讼爆炸,学者们持有不同看法。有人认为,随着人口的增长和经济的发展,西方社会出现了"诉讼爆炸"(或"法律爆炸")。对此,另外一些学者提出了异议。1974年,西班牙学者托哈雷尔研究发现,1900年至1970年间西班牙的诉讼率在主要中心城市有所下降,经济发展与正式诉讼的数量恰成反比例关系,即法律体系的高度发展并没有表明诉讼率的增长,相反,面对迅速的经济增长,诉讼率趋于平稳,乃至下降;1976年,弗里德曼和帕西佛对1890年至1970年美国加州城乡两个初审法院的工作的研究表明,虽然两个法院的家庭和侵权案件率在急剧增长,但财产和合同案件率却也在急剧下降。参见朱景文《现代西方法社会学》,法律出版社1994年版,第198页;S. Macaulay and L. M. Friedman (eds.), *Law & Society*, New York: W. W. Norton, 1995, p.407;[日]小岛武司等《司法制度的历史与未来》,汪祖兴译,法律出版社2000年版,第23页。

[②] 范愉:《非诉讼纠纷解决机制研究》,中国人民大学出版社2000年版,第27页。

途径。权利的法律化和诉讼化应该作为制度前设存在，但诉讼机制的设置并不意味着它们在每一场合都必须得以强制推行，其意义实在于为社会成员提供一种行为选择，而且国家对这种选择必须尽量提供方便乃至激励，而不能让选择者望而却步。因而，对权利与诉讼的主张并不是鼓励所有人不管事情巨细都诉诸诉讼，而是主张为权利的救济提供最基本的正式的法律途径，对权利实行最有力的保障，从而树立人们对法律的确信，增进对法律的预期，促进中国的民主和法治进程。

三　法律与社会：权利实现的两条途径

如同同时使用了"人民"和"公民"两种措辞一样，中国现行宪法也同时使用了"权利"和"利益"两种概念。"权利"是一个与"义务"相对的法律概念，"利益"则通常被认为是一个政治学或社会学上的概念。宪法措辞的细微差别体现出这样的区分：在政治现实中，既存在人权和公民权利，也存在国家的、社会的、集体的和个人的利益。与此相对应，对法律权利和各种正当利益的保护也存在两条途径，一是法律途径，一是社会途径。换言之，既要通过法律保障人权和公民权利，也要通过社会发展促进并最终实现各种正当利益。相比较而言，权利的法律保护途径是必要的，利益的社会实现途径则是更为根本的。

（一）法律权利与正当利益

权利时常被人简单地界定为"法律保护的利益"。从这一界定推断，权利之外还存在法律不保护、不足以保护、或者尚未得到法律明确保护的利益。那么，这些非法律的、法律之外的利益，是否也是权利呢？这些利益是否因为没有得到法律的充分保护而都是违法的、被禁止的呢？对此，不可一概而论。

从法律保护的角度，可以把利益分为三种。一是违法获得的利益，例如，通过盗窃、抢劫取得的财物。对于这种利益，法律不但不保护，还要予以剥夺。二是法律明文保护的利益，也就是人们常说的法律权利。三是介于违法所得利益与法律权利之间的利益形态，它不为法律所禁止，但也未能得到法律的充分保护。这第三种利益，法律不禁止，说明它有一定的正当性和合理性；未得到法律的充分保护，说明它的实现还面临着一些现实的困难。近些年来社会上出现的法律没有明确规定、但由当事人主动向司法机关提出的各种各样的所谓"新权利"，是这第三种利益较为典型的表现。违法所得利益显然不是法律保护的权利，那么，这第三种利益能否被称为权利呢？

从形式上看，第三种利益因为没有得到法律明确而充分的保护而多少有别于法律权利；但从正当性、现实可能性以及发展趋势上看，它们又有可能成为法律权利。法律之所以不保护或者不明确保护，可能只是因为它们目前还不够典型和普遍、尚未达到用法律来保护的重要程度，或者目前还难以通过法律完全实现。例如，即使法律规定公民享有到太空旅游的权利，这种权利在现实条件下也实现不了，不过，也不能完全排除它在未来得以普遍实现的可能性。就此而言，第三种利益虽然目前还不是法律权利，但有成为法律权利的可能性，它们大多是法律权利的"后备军"，是应当意义上的、或者即将到来的法律权利。

如果不把权利狭隘地界定为"法律保护的利益"，而是界定为"正当的利益"，那么，第三种利益也是权利，只有违法所得不能被称作权利。实际上，从词源上看，权利的拉丁文"jus"，既有正当之意，又有法律之意。这多少蕴含着，既存在法律意义上的权利，也存在正当意义上的权利。也就是说，社会中既存在法律权利，也存在不违法、但也没有完全纳入法律范围的各种各样的正当利益。

现行宪法规定，"国家尊重和保障人权"、"任何公民享有宪法和法律规定的权利"；同时还规定，国家"兼顾国家、集体和个人的利益，在发展生产的基础上，逐步改善人民的物质生活和文化生活"。这表明，中国既重视通过法律保护人权和公民权利，也重视通过经济和社会的发展促进各种正当利益的实现。

（二）通过依法治国保障权利

保障人权和公民权利，是现代法治的基本任务。现代法治与古代法家法治的重要区别在于，古代法家法治旨在通过严刑峻法让百姓守法来维护君权，现代法治则旨在通过法律规范和限制国家权力来保障人和公民的自由和权利。正如洛克所说，"法律的目的不是废除或限制自由，而是保护和扩大自由"；"哪里没有法律，哪里就不能有这种自由"。在现代社会，法律是权利最有力的保障力量，法治是实现人权和公民权利必不可少的途径。

首先，要通过法律有效规范国家权力的运行。法律对权利的保障主要有两种方式。一是通过完备的法律体系确认人权和公民权利，把尽可能多的权利纳入法律保护范围;二是通过完备的法律体系规范国家权力的运行,把尽可能多的立法、行政和司法行为纳入法律调整范围。前一方式直接确认权利,看上去比较积极;后一方式间接保护权利,看上去比较消极。但这并不意味着后一方式在权利保护方面不如前一方式有力。实际上,就国家权力自身的特性以及国家权力与公民个人在具体场合实际不对等的强弱地位而言,对国家权力的法律制约显得更为重要。在现代社会,依法治国的关键不再像古代法家法治那样只是用以规制臣民,而主要在于规制国家权力,以保证人民当家作主;要保证人民真正当家作主,必须努力使国家权力在法律的有效约束下,沿着为人民服务的方向运行。我国现行宪法规定,一切国家机关"都必须遵守宪法和法律",还规定,一切国家机关和国家工作人员必须"倾听人民的意见和建议,接受人民的监督,努力为人民服务",在现代法治背景下,这两条规定是有着明显的必然联系的。可以说,使国家权力的运行制度化、规范化、程序化,构建权力受到监督、权责对应的法治国家或法治政府,是实现人权和公民权利的必经之路。

其次,要畅通法律救济渠道。有人说,法律的生命在于法律得到利用。还有人说,没有救济就没有权利。这些说法都强调了把法律和权利落到实处的重要性。的确,法律如果不能被有效利用,就只是一纸具文。权利如果缺乏救济途径,也只是一口空诺。在公民权利受到侵害或者发生纠纷时,如果只有耗费钱财、拖延时间、让人身心疲惫的笨拙法律运行机制,则只会导致正义缓缓而来乃至不来、权利迟迟得不到救济。在这种情况下,要让人们保持从容、忍耐、平和的心态,肯定是困难的。相反,法律救济途径如果便利、畅通、有效,则会开启理性的、冷静的、克制的公民美德。诚然,现代社会需要培育公民的守法意识和法治观念,努力让人做理性的公民,但更重要的是,权利的法律救济渠道必须畅通。与其让一起诉讼经过长年累月的拖延,变得像一列中途停靠在前不着店、后不着村的荒野的火车,从而导致人们骚动、焦急、烦躁、忧心,不如疏通权利的法律救济途径,增进法律的运行实效,努力避免法律"抛锚"的情形。努力使权利的法律救济渠道畅通无阻,确保权利受到侵害或者发生纠纷时得到便利、及时、有效的救济,才是真正让人民做克制的、冷静的理性公民的有效途径。

(三)通过社会发展促进权利

法律是权利保护机制中最主要的一种,但不是唯一的一种。在法律之外，实际存在着其他权利保护机制和社会调整机制。一些社会规范、社会团体也能形成社会秩序，在一定程度上起到保障法律权利和正当利益的作用。在法社会学上，有人把规范分为两种，一种是"国家法"，一种是"社会法"，也就是社会规范，两者都能给人们的生产生活带来一定的安全和秩序。在一个法治社会中，法律应当是起主导作用的权利保护机制和社会调整机制，但它并不完全排斥社会自身的管理协调机制。实际上，在当今国际社会，很多法律权利和正当利益是依靠各种各样的非政府组织来推动的。也就是说，权利实现并不只有法律这一种途径，它还有社会途径。

权利实现的社会途径包括两种形式。一是社会自身的管理协调机制，一是社会发展。在现代法治社会中，社会自身的管理协调机制是法律的有益补充。它能够让一些权利纠纷在进入正式法律程序之前得到解决，从而减轻法律调整机制的负担；也能够在缺乏足够有效的法律调整机制的情况下，适当替补法律机制，使权利或正当利益在一定程度上得以实现。对权利实现来说，法律和社会自身的管理协调机制都是必需的。不过，无论是法律，还是社会自身的管理协调机制，都只是在既定的社会经济条件下解决人们的权利纠纷，而不能从根本上扩充权利内容。与之比较起来，社会发展是更为根本的权利实现途径。

在法律权利中，有些权利必须依靠法律来保障和实现，例如，宪法规定的公民的人身自由、人格尊严，公民的言论、集会、结社自由等。这些权利并不明显受经济和社会发展程度的影响，即使在社会发展比较落后的情况下，也是可以通过法律来确认和保障的。这些权利的实现主要依靠法律和政治努力。而另外一些权利的保障和实现，则并不仅仅是一个法律规定的问题，更是一个社会发展问题。例如，受教育的权利、获得物质帮助的权利等，即使法律予以明文保护，但受社会经济发展水平的限制，它们的实现在一定历史阶段都只能是有限的。因此，在从《世界人权宣言》派生出来的两个人权公约中，《公民权利和政治权利国际公约》特别注重权利的法律保护；而《经济、社会和文化权利国际公约》虽然也重视对权利的立法保护，但它更强调通过经济、技术的发展和国际合作来促进权利的实现。

关于权利，马克思有一句经典的话："权利决不能超出社会的经济结构以及由经济结构所制约的文化发展。"这句话表明权利在特定历史阶段总是受到经济、社会、文化条件的限制,也蕴含着权利有一个随着社会进步而不断向前发展的过程,实现权利在根本上依靠社会发展。其实,权利之所以成为权利,主要在于人们的需求同社会生产和经济发展的现有水平存在紧张关系。通过经济和社会发展缓解乃至消除这种紧张关系,既是消解权利,也是实现权利。所以,中国古人在法律和道德之外,也讲"仓廪实而知礼节","富之""教之"。就此来说,与其让人们沿着法律的边界因为权利而争得面红耳赤,甚至苦苦挣扎,不如努力加快社会发展,通过改善人们的物质、文化生活条件来实现公民的法律权利和人民的正当利益。

(四)权利实现需要社会正义

尽管权利实现的根本在于社会生产力的发展,但是,社会的发展并不必定带来权利的当然实现。社会结构及其分配体制对权利实现也起着十分重要的制约作用。在一个财富足够养活全体社会成员的社会中,如果财富集中掌握在极少的一部分人手中,就仍然会有千千万万的人不得不为生计而劳苦奔波,甚至连吃饭、穿衣、住宅等基本生存权利都可能得不到保障。在此情况下,权利实现就不再是一个社会发展问题,而是一个社会分配问题。这说明,不公平的社会分配体制是权利的社会实现途径上的严重障碍,这一障碍不被克服,社会再怎么发展,也不会带来权利普遍而充分的实现。因此,权利实现最终还有一个与社会分配体制紧密相关的正义问题。

正义不仅包括"同等情况同等对待"这种形式平等意义上的正义,还包括"不同情况不同处理"的社会正义和分配正义。社会正义和分配正义涉及社会的基本结构,社会分配权利、利益和义务的方式,这在罗尔斯的《正义论》中被视为正义的核心问题。罗尔斯在权利的形式平等之外更加强调社会正义和分配正义。他提到,"正义否认为了一些人分享更大利益而剥夺另一些人的自由是正当的";无论法律制度如何有效率,只要它们不正义,都必须修改或废除。显然,在权利实现问题上,罗尔斯把社会分配摆在比法律平等保护更为重要、更为基本的位置。

中国古人也向来重视社会分配问题。他们"不患寡,而患不均";不仅强调富民,更强调社会资源的合理分配。"不患寡,而患不均"并不意味着古人满足于物质匮乏、人民贫穷,而是表现出古人对财富聚敛、贫富悬殊的担心,出于这种担心,古人同样把社会分配抬高到比社会发展更高的地位。因此，古人不仅讲生财，更讲生财有道。一如《礼记·大学》所说，"生财有大道：生之者众，食之者寡，为之者疾，用之者舒，则财恒足矣。"其中，如果"生财"是社会发展，那么，"大道"就是正义的社会分配原则，只有在通过社会发展消除绝对贫穷的同时，在社会分配体制上努力克服贫富极度分化，权利才能得以最终实现。

在权利实现问题上，马克思还特别注意到权利的平等法律保护的不足。马克思认为，"平等的权利……就它的内容来说，它像一切权利一样是一种不平等的权利"。由于现实生活中的人们在财富、出身、教育等许多方面存在差别，甚至天壤之别，在权利、法律上给他们以毫无偏差的形式平等对待，就无异于对社会事实不平等的确认、巩固和维护。这种社会不平等不严重时表现为一般的社会差别；严重时则表现为贫富悬殊，致使一些原本可以借助社会的富足发展来解决或提高自己生计的社会成员，因为社会财富的聚敛和集中而食不饱腹、衣不蔽体。从马克思有关平等权利的分析，可以看到马克思对权利的形式平等与社会的事实不平等之间矛盾的高度关注，也可以看到社会分配和社会正义对权利最终实现的重要性。当然，讲社会正义和分配正义并不意味着彻底消灭人与人之间的社会差别，也不狭隘地意味着"劫富济贫"。给予弱势群体特别保护、社会福利和保障、公有制、累进税、权利分配的更大受益者承担更多社会义务等都可以成为维护社会正义的方式。

社会分配体制是与社会发展相伴随的一个问题。社会发展决定物质财富的数量，社会分配体制则决定物质财富的流向。如果光有社会发展，而没有公平的社会分配体制，不仅权利难以最终实现，社会不稳定程度也会加剧。因此，通过社会发展实现权利，还得扫清权利实现道路上的社会分配体制障碍，重要的是，在消除绝对贫困的同时，要努力防止和克服贫富两极分化。

最后需要指出的是，作为权利实现的两条途径，法律与社会并非总是一致的。就法律与形式平等的紧密联系而言，权利实现的法律途径并不一定导致社会正义；相比而言，权利实现的社会途径虽然更有可能实现社会正义，但它在治理的稳定性、可预期性、形式平等等方面也显不足。从根本上讲，法律与社会其实是治理的两种方式和进路，二者相辅相成，也相反相成。治理的法律进路侧重制度论，注重制度安排和法治建设，其形式化程度相对较高，强调主要通过法律形式来解决社会现实问题。治理的社会进路则侧重实践论，注重社会发展和分配正义，更加关注社会分配的实质内容，强调把包括法律在内的各种手段综合起来解决社会现实问题。从历史上看，中华人民共和国在成立初期，更为注重治理的社会进路，而对治理的法律进路重视不够，致使前三十年法制建设严重不足；改革开放，特别是市场经济体制改革以来，中国在法律改革方面明显加强，并逐渐朝法治化方向迈进。就治理的法律进路与社会进路而言，在今后的法治和社会发展进程中，应特别注意协调好权利实现的法律途径与社会途径之间的关系，在不断推动社会向前发展、促进社会公平正义的同时高度重视政治体制安排和法律制度建设，在治理上寻求法律与社会、制度与实践的结合之道。

第七章

儒家传统与现代法治

在一个半世纪的现代化进程中,传统—现代、中国—西方这样的时空范畴的交织一直困扰着中国,直至延续至今。其间,最可注意的一个问题是文化传统与现代法治之间的碰撞、兴替与交磨。在西方近代工业文明的冲击下,儒家大一统的局面到清末日趋走向衰败,终致"儒门淡泊"。传统的精神文明和道德资源在遭遇历史断裂后,未能得到很好的整理和传承,以为现代文明和制度建设所充分利用。同时,在中国回应西方文明的挑战,并借鉴其资源努力向现代法治迈进的过程中,传统道德资源进一步遭受现代法治的激荡,法治的建构也在一定程度上与道德匮乏以及传统道德的疏离乃至抵制现象相伴随。性恶论通常被用来作为法治构建的人性论基础,甚至理性人假设在一些司法实践中也被用来作为一种推断因素。迄今,现代化进程中儒家传统与现代法治之间的互动、紧张与不协调,仍是中国法治实践不得不面对的理论和现实问题。

第一节 儒家理念与现代法律体系

儒家理念,与法家理论及其治国主张形成鲜明对照。针对"周文疲弊""礼崩乐坏"和"世道衰微"的现状,先秦儒家和法家提出了针锋相对的看法。这大致体现在这样几个方面。

第一,性善与性恶。在人性论上,儒家或者强调人性善的一面,或者认定人性可以自觉、改造和提升。例如,孟子认为人性包藏善端,当以人的"恻隐之心"和"不忍人之心"为基点行"不忍人之政"(《孟子·公孙丑上》)。又如,荀子虽然认定人性恶,但他主张"化性起伪"(《荀子·性恶》),通过后天的道德习惯和道德建构来提升人性。法家则普遍强调人性恶以及人性自私的一面。法家认为，人"以肠胃为根本"（《韩非子·解老》）、"皆挟自为心"（《韩非子·外储说左上》）、生就趋利避害，因此当以"赏罚""二柄"力行"法治"。人性主张的不同，直接导致了儒法两家治国手段上的差异。

第二，道德与法律。尽管儒法两家在人性上都认同人"性相近"，但各自立足点有所不同。儒家立足于"习相远"，主张通过"教以人伦"引发人的善端或者提升人性。因此，儒家主张以道德教化天下。法家则立足于"人性恶"，无意拔高人性，而是以"人情者有好恶"（《韩非子·八经》）为基础主张"不务德而务法"（《韩非子·显学》），"用法之相忍"（《韩非子·六反》），"以法治国"（《韩非子·有度》）。

第三，差别与平等。儒家坚持周礼的差别原则，主张"尊尊""亲亲"，强调依贵贱亲疏之别给人以不同对待。孟子基于"孩提之童，无不爱其亲"（《孟子·尽心上》），在亲人、熟人与陌生人之间作了明显的亲疏之分，主张由"爱其亲"开始，把爱亲之情推及他人，亦即"老吾老以及人之老，幼吾幼以及人之幼"（《孟子·梁惠王上》）。而法家则主张"不别亲疏，不殊贵贱，一断于法"（《史记·太史公自序》），讲求法律面前人人平等。

第四，贤君与中人。由于儒家对人性善的方面寄予厚望，他们一般主张贤人政治，由有德者治国，认为"为政在人"（《礼记·中庸》），"其人存则其政举，其人亡则其政息"（《礼记·大学》）。而法家则不寄希望于"千世而一出"（《韩非子·难势》）的贤君，他们认为具有"中人之资"的"中主"（《韩非子·用人》），只须"执柄以处势"（《韩非子·八经》）、"寄治乱于法术"（《韩非子·大体》）即可治平天下。

第五，静止与进步。在社会史观上，尽管儒家并不以道家的"小国寡民""返本归真"为理想，但他们也不认同进步史观。儒家志向"大同"，其理想是回归西周，"从周""复礼"，主张让老百姓在生活世界中过一种高尚的道德生活。法家则认为世道必进，世有"上世""中世""下世"和"今世"之分，各阶段各有其时代使命，因而"治""法"当"与时转""与世宜"（《韩非子·心度》），而不能守株待兔。

第六，道义与功利。在价值观上，儒家重义，法家重利。孔子说："君子喻于义，小人喻于利"（《论语·里仁》）。孟子也排斥功利主义，说："何必言利，亦有仁义而已矣"（《孟子·梁惠王上》），"鸡鸣而起，孳孳为利者，跖之徒也"（《孟子·尽心上》）。后世董仲舒也说："正其谊不谋其利，明其道不计其功"（《汉书·董仲舒传》）。与儒家重"义功"不同，法家重"利诱"。法家以强国富民为目标，主张赏耕战、励军功，"明法尚功"（《论衡·非韩》），"兴功惧暴"（《管子·七臣七主》）。

第七，王道与霸道。社会史观不同，价值观不同，治道也必定不同。儒家主张以德服人，走"内圣外王"的王道路线，这正如孟子所说："以德行仁者王"，"以力服人者，非心服也，力不赡也；以德服人者，中心悦而诚服也"（《孟子·公孙丑上》）。法家则主张以力服人，行霸道。他们认为："王天下者，服其力也"（《商君书·开塞》），"多力者王"，"力多则人朝，力寡则朝于人"（《韩非子·显学》）。

先秦儒法两家在人性论，社会史观，价值观，治理工具、方式、原则及途径等方面所表现出的对立，在很大程度上凸显出儒家传统关注的中心，在于人的内在精神向度和日常社会生活中的人伦秩序。这些不仅与法家主张正相悖逆，也恰与西方法治形成鲜明对照。在进化论的导引下，现代法治所崇尚的正是功利与力量，讲求的也正是形式平等和外在法律制度的作用。尽管中国古代"以法治国"与西方近代法治大异其趣，但在形式法律、社会客观发展等方面，二者却不乏共通之处。因此，就法律的形式性及其与社会客观发展之间的联系而言，儒、法两家的比较大致也可扩展至儒家传统与现代法治之间的对比。于此对比相应，到近代，儒家所确立和维护的一套理念与制度，在西方文明的挑战下，同样免不了在先秦败于法家的相同命运。

尽管先秦儒家和法家表现出诸多对立，而且法家在先秦也大行其道，但在秦汉以后，这两家学说日趋融合于政制实践中，原来法家所建立的一套法律制度也日渐为儒学所浸染。对此，有学者指出，"中国几千年来的政治一直是内法（或荀）而外孔，以孔做羊肉，挂招牌，以荀或法做实际。"[①] 此即史家所谓的"儒表法里""阳儒阴法"。秦以后，经贾谊"兴礼义"、汉儒"为章句"、董仲舒"春秋决狱"、汉武帝"罢黜百家，独尊儒术"，儒学正统地位逐渐确立，中国日渐走上了以道德伦理融合法律的道路。

对此，有学者指出："《中庸》之'车同轨，书同文，行同伦'，为儒

---

① 顾准：《顾准文集》，贵州人民出版社1994年版，第395页。

家理想之制度，而于秦始皇之身而得以实现之也。汉承秦制，其官制法律亦袭用前朝。遗传至晋以后，法律与礼经并称，儒家《周官》之学说悉采入法典。夫政治社会一切公私行动莫不与法典相关，而法典为儒家学说具体之实现。故二千年来华夏民族所受儒家学说之影响最深最巨者，实在制度法律公私生活之方面。"① 还有学者也指出："除秦、汉律外，历代的法典都出儒者的手笔，并不出于法家之手……所以儒家的思想支配了一切古代法典，这是中国古代法系的一大特色"；"曹魏而后每一新的朝代成立，必制订一套本朝的法律。法典的编制和修订落入儒臣之手……他们把握此时机……将儒家之精华——礼——糅杂在法律条文里，一直到法律全部为儒家思想所支配为止。此种程序……""归纳言之……可以说是始于魏、晋，成于北魏、北齐，隋、唐采用后便成为中国法律的正统。"② 凡此皆说明，政治、法律与道德伦理的融合为一，构成了中国古代社会及其法律的基本状况。

这种明显不同于现代社会以及现代法律体系的状况，对中国古代社会及其法律品格的塑造，起到了至关重要的影响，也直接导致了儒家传统与现代法治的激烈碰撞。现代法治下的法律体系，与中国古代社会以儒家伦理渗透政治、法律的局面，迥然有异。大体而言，鉴于现代法日渐成为一种摆脱了伦理束缚，具有其独立的逻辑结构、推理形式、法律专家的自治体系，儒家传统与现代法治之间的冲突集中体现在道德伦理与形式法律之间的关系上。在中国古代社会，道德伦理渗透并支配了法律的制定与运行；而在现代法治条件下，道德伦理与法律之间明显发生了分化。这与现代化进程中的"理性化""去魅化"是一致的。

在法律问题上，韦伯主要考虑这样一些问题：法律组织是分化独立的，还是和政治机构和宗教组织混在一起？法律是一套人为制定的规则体系，还是不变传统的汇编？法律判决是基于既定规则作出的，还是基于临时考虑作出的？规则是对所有人普遍适用，还是只存在与特定的群体内部？鉴于这些考虑，韦伯区分了四种法律类型：形式的—不合理的、实质的—不合理的、实质的—合理的、形式的—合理的。其中，"形式的"意

---

① 冯友兰：《中国哲学史》下册，华东师范大学出版社 2000 年版，第 440 页。
② 瞿同祖：《中国法律与中国社会》，中华书局 1981 年版，第 319—320、334—335、346 页。

指"决定所运用的标准内在于法律体系",突出的是法律的独立自治性和一般性;"合理的"意指"遵循某些能够适用于一切同类案件的决定标准",突出的是法律的逻辑理性和普遍性。韦伯认为现代法律体系是"逻辑上形式合理的"。这包括三层意思:判决超越于特定的案件而以既定的明确规则为根据,因之,它是合理的;据以作出决定的标准内在于法律体系,因之,它是形式的;规则或原则是由依赖于高度体系化的法律思想的特殊模式有意识建构的,特定案件的判决是从以前建立的规则或原则中经过专门的逻辑推导过程获得的,因之,它是逻辑的。总括起来,在韦伯那里,现代法具有这样一些特质:形式的、合理的、逻辑的、普遍的、一般的、至上的、独立自治的、明确的、可预见的、可计算的、人为制定的、分化的、稳定的。①

受韦伯的影响,其他一些学者对法律的现代特征作了进一步归纳。例如,格兰特(Marc Galanter)在《法的现代化》一文中概括出现代法的十大特点。一是规则及其适用的统一性。二是权利和义务以合意而不以身份为基础。三是普遍性,亦即,为保证法律的可预见性,法律决定一旦作出就要保持一致,不能因案而变。四是行政等级制,亦即,官员权力由上往下分配,下级遵从上级决定。五是官僚制,亦即,决定依靠非人格化的程序、成文规则和记录,而不依靠个人的心血来潮或记忆。六是合理性,亦即,可理解的规则旨在用确实有效的方法获得明确的规定目标。七是专职人员,亦即,操作法律的是拥有正式资格和专业技能、全职处理法律事务的法律专家。八是律师中介,亦即,专职人员和不懂行的当事人之间由受过专门训练的律师予以中介。九是可变性,亦即,规则和程序不再被认为是神圣不可变的,为了达到既定目标,可以对它们作出修正。十是政治性,亦即,现代法服务于国家目的,而不再为教会、部落、家族等其他权威形式服务。②

昂格尔对现代法也作了古今对比考察。在《现代社会中的法律》一书中,他划分了三种法律体系:习惯法、官僚法、现代法律秩序(legal order)。其中,在现代法律秩序下,法律由国家制定并强制实施的明确规

---

① David M. Trubek, "Max Weber on Law and the Rise of Capitalism", 3 *Wisconsin Law Review* 720 – 753(1972).

② Cf. Robert L. Kidder, *Connecting Law and Society*, New Jersey: Prentice-Hall, 1983, pp. 185 – 186.

则组成，毫无偏袒地普遍适用于所有社会成员，立法机构与行政机构相分离、行政机构与审判机构相分离，法院审判与法律保持一致。质言之，现代法律秩序具有四个特点：公共性；实在性；普遍性；独立自治性。其中，独立自治性又表现在实体内容、机构、方法和职业四个方面，亦即，存在着不受非法律观念（如宗教、道德）支配的独立规范体系；专门的法律适用机构；与科学解释以及伦理、政治、经济论证方法不同的法律推理方法；职业法律团体。①

此外，卢曼按照分化的类型将社会划分为三个阶段：古代社会、高度文明的社会和现代社会，与之相对应，卢曼认为存在着三种法律：古代法、前现代高度文明的法（法律家法）和实证法（立法/制定法）。其中，实证法是现代社会的法，具有三个主要特点。其一，实证法是国家法。其二，法律越来越成为改变现实的一种工具，而不再从永恒自然道德基础中找寻规则的正当性。伦理原则被逐出法律之外，法律的规范效力独立于道德的同意或不同意。法律不再进行良心控制，也不去建立道德指导的生活方式。"法律与道德之间的分化成为了自由的条件"，"也进一步成为了法律自身特定化的条件"。科学真理与法律急剧分离，社会化、教育和教诲功能也同法律发生分离。其三，功能的分化和特定化强化了法律的可变性、统一性和独立自治性，法律成了一个自我参照的交流系统，法律制度、推理模式、判决规则以及原则之间的互动成就了法律的独立自治性。②

总体看，现代法律体系在特征上与传统社会中道德伦理和法律融合的状况形成了鲜明对比。这为一些学者从现代立场和视角检视古中国儒法融合实践提供了批判分析的参照。例如，道德伦理对法律的入侵破坏了法律独立自治的品质，由此使得法律概念为善恶观念所淹没，法律难以借助逻辑思维向系统化、专门化方向发展。这具体表现在：行政与司法不分，司法判决不依法律推理而由道德观念和天理人情，训练有素的法律专家没有从道德学问家中独立出来等。再如，为求取道德上的实质目的和实质结果

---

① ［美］罗伯托·昂格尔：《现代社会中的法律》，周汉华等译，中国政法大学出版社 1994 年版，第 43—48 页。

② Niklas Luhmann, *A Sociological Theory of Law*, London: Routledge & Kegan Paul, 1985, pp. 108–114, 171–174, 187; Niklas Luhmann, "The Self-reproduction of Law and Its Limits", in Niklas Luhmann, *Essays on Self-reference*, New York: Columbia University Press, 1990.

而忽视乃至抛开了作为"法律的中心"和"法律的生命形式"的程序。程序对法律的重要意义之一在于对人权的保障、对恣意专断的控制，而在法律完全为道德所渗透的情况下，这一价值难以实现，因为道德化的法律已难以追求自身形式而只能随道德一起直指实质。又如，道德的"特殊主义"使法律的普遍性价值难以实现。法律的普遍性价值在于法律能够提供一套适用于全体成员的统一规则，保障社会最低限度的自由、平等和安全，而道德对法律的入侵必定导致法律因人而异，并最终成为维护特权的工具，古中国的"议""请""良贱有别""刑不上大夫"等都是这一现象的表现。还有，以整齐划一的法律强行有层次差异的道德，剥夺了人们自主选择的自由，从而导致不宽容、虚伪乃至专制，等等。①

而且，与法家法治以及现代法治对比起来看，古中国道德与法律融合为一的实践所导致的重要社会后果，还在于这一实践对社会客观发展所造成的阻碍。如果说形式法律在西方近代以来充当了社会稳定和发展的重要工具，那么，儒家道德的日渐政治化、法律化在满足中国古代社会长久稳定需要的同时，也在很大程度上阻碍了中国社会的客观发展。西方近代资产阶级革命之后，随之而至的是法律与道德分离的日渐加深，而先秦法家胜利之后，随之而来的却是法律与道德融合的日渐加深，这两种不同的发展趋向到 19 世纪中叶得以在中国正式交锋，终致儒家"道德"在形式法律面前又一次一败涂地。

第二节 法治崛兴与社会客观发展

无论是在先秦与法家的角逐，还是在晚清受到西方文化挑战，儒家文化都未能摆脱败北的命运。与此相关的一个主要原因，或许在于形式法律对社会客观发展的促进以及道德伦理对社会稳定秩序的维护。从历史经验看，"法治"一般与"富强"和进步紧密联系在一起。秦国依靠法治逐步强大直至统一六国，西方国家通过法治发展资本主义而于近世成为世界列强，当今中国通过法治寻求"富强、民主、文明"都表明了这一点。

---

① 参见梁治平《寻求自然秩序中的和谐——中国传统法律文化研究》，中国政法大学出版社 1997 年版，第十、十一章。

法治对于社会发展的确具有明显的促进作用。对法律、道德与社会客观发展之间的联系，马克思和恩格斯都有相关论述。马克思认为，

> 规则和秩序本身，对任何要摆脱单纯的偶然性或任意性而取得社会的固定性和独立性的生产方式来说，是一个必不可少的要素。这种规则和秩序，正好是一种生产方式的社会固定的形式，因而是它相对地摆脱了单纯偶然性和单纯任意性的形式。①

恩格斯在《论住宅问题》中也认为，规则和法律为社会生产、分配和交换提供了一种一般的形式，其作用在于"使个人服从生产和交换的共同条件"。② 这里，马克思和恩格斯都注意到法律对社会稳定和客观发展的重要意义：确定的法律为社会成员的交往互动提供了统一的规则，从而使社会生产稳定、有序地向前发展。这一点，也可说是梅因、韦伯、哈耶克等人的共同看法。

在《古代法》中，梅因区分了两类社会，亦即"静止的社会"和"进步的社会"，并且在法律与社会发展之间建立了一种必然联系。梅因的一个基本观点是，"世界有物质文明，但不是文明发展法律，而是法律限制着文明。"③ 梅因认为，古代社会是一个"静止的社会"，在此社会，个人的行为由"反复无常的一种统治所控制着"，而不由法律控制，法律的统治尚未从宗教、道德的统治中区分出来。因此，这一社会的法典"都混杂着宗教的、民事的以及仅仅是道德的各种命令"。在梅因看来，法律与宗教、道德义务混合在一起，对"文化进步"是危险的。其原因在于，为道德和宗教所支配的法律，将一定的规则和秩序意识形态化、正当化、永恒化，从而使之不易改变，这难以满足社会发展对相应法律的需求，由此必然阻碍社会的发展。而"把法律从道德中分离出来，把宗教从法律中分离出来，则非常明显是属于智力发展的较后阶段的事情"。进入"智力发展的较后阶段"，社会也就步入了"进步的社会"。法典化构成了"静止的社会"与"进步的社会"之间的分水岭。

---

① 《马克思恩格斯全集》第 25 卷，人民出版社 1974 年版，第 894 页。
② 《马克思恩格斯选集》第 3 卷，人民出版社 1995 年版，第 211 页。
③ [英] 亨利·萨姆纳·梅因：《古代法》，沈景一译，商务印书馆 1958 年版，第 14 页。

第七章　儒家传统与现代法治

法典化的意义在于，在习惯法阶段，法律基本上是自发发展的，人的意识所起的作用很小，而法典产生之后，法律的发展和一种"要求改进的"、"具有一定目的的有意识的愿望"结合在一起，人们由此可以按照社会发展的要求改变法律，使之顺应社会的发展。梅因指出，在进步的社会，

> 社会的需要和社会的意见常常是或多或少走在"法律"的前面的。我们可能非常接近地达到它们之间缺口的接合处，但永远存在的趋向是要把这缺口重新打开来。因为法律是稳定的；而我们所谈到的社会是进步的，人民幸福的或大或小，完全决定于缺口缩小的快慢程度。①

缩小法律与社会发展之间的"缺口"，亦即使法律与社会相协调的媒介，在梅因看来有三种：法律拟制、衡平和立法。法律拟制，指在表面上不改变法律文字的情况下使法律的运用发生变化。衡平，指赋予一些原则以无上权威，使之可以在裁判中替代法律或者与法律发生同等功效。立法，指立法机关制定和改变的法律。这三种手段都是克服法律严格性和僵化的重要方法。其主要意义在于，它们可以使法律在表面改变或不改变的情况下发生变化，从而跟上社会的发展要求。②

梅因显然看到了现代法的可变性和独立性对社会客观发展的重要意义。同样，韦伯也注意到法律的现代特性对于社会客观发展的积极意义。韦伯不仅论证了"新教伦理"对资本主义在欧洲兴起的"有择亲和"，而且也在现代法治与资本主义之间建立了一种极为密切的联系。韦伯认为，法律的如下两个方面对资本主义发展是重要的。一是法律的可计算性。二是法律发展实质规定的能力，这些规定是市场有效发挥作用所必需的，它们主要涉及合同自由。韦伯断定，司法和法律执行中的可预测性和可计算性，是现代工业资本主义发展的前提条件之一。资本主义要求有一种高度可计算的规范秩序，而只有现代的、合理的法律才提供了这种必需的可计算性。法制主义（legalism）通过提供一种稳定的、确定的、可预测的环

---

① ［英］亨利·萨姆纳·梅因：《古代法》，沈景一译，商务印书馆1958年版，第15页。
② 同上书，第9—25页。

境，支持了资本主义的发展。韦伯指出，"法律在总体上的合理化和系统化……尤其是逐渐增长的法律程序运作的可计算性，构成了资本主义企业……存在的一个最重要的条件"，"司法形式主义使得法律系统能够像一台在技术上合理的机器那样运转。因而，它为体制内的个人和群体的自由的最大化提供了保证，也大大地提高了他们预测其行为的法律后果的可能性。"①

具体而言，韦伯认为"形式的—合理的"法律体系以三种不同的方式促进了资本主义的发展。其一，合理的法律体系产生了一套相对稳定的规则，这些规则为参与合同交易的各方提供了一些法律权利或保障，也为合同关系提供了一定的确定性和可预测性，从而鼓励为市场交换所必需的合同和其他商业行为。其二，形式合理的法律体系引进了某些法律技术，这些法律技术是具有高度可计算性和预测性的经济体系的发展所必不可少的，从而促进了合理的经济行为。其三，形式合理的法律体系为了鼓励某种经济关系，通过立法促进合理的经济活动。质言之，形式合理的法律体系通过引入权利保障、法律技术、立法促进了现代资本主义的产生和发展。②

梅因指出了受实质伦理导向支配的古代法对于社会发展的抑制作用，韦伯则指出了受经济利益导向所支配的现代法对于社会发展的促进作用。他们在摆脱了道德和宗教束缚的现代法对于社会客观发展的积极意义上，是不谋而合的。这一点，在哈耶克的法律与社会理论中也得到了充分体现。基于对法律与社会发展之间密切关联的同样认识，哈耶克进一步揭示出"自然道德"对于社会秩序扩展的阻碍作用，以及形式平等和普遍正义对于社会秩序扩展的重要功效。

哈耶克区分了两类社会。一是"与规则相联系的开放社会"，或"大社会"。一是"与目的相联系的部落社会"，或封闭社会、"小群体"。这两类社会分别对应于两种秩序、两种道德、两种规则、两种法律以及两种正义。"开放社会"与自发秩序、"自然道德"、对所有人平等实施的普遍行为规则、"法律"相联系，受"普遍正义"指导。"封闭社会"则与人

---

① David M. Trubek, "Max Weber on Law and the Rise of Capitalism", 3 *Wisconsin Law Review* 720 – 753（1972）.

② A. J. Treviño, *The Sociology of Law*, New York: St. Martin's Press, 1996, pp. 182 – 183.

造秩序、处于本能与理性之间的道德、把个人整合到社会或秩序中的组织规则、"立法"相联系，受"群体正义"指导。在法律、道德与社会客观发展的关系上，哈耶克的一个基本观点是：规则和法律的性质决定了社会发展或社会秩序扩展的程度，人类文明是在不断发展规则、不断学习遵守规则的过程中而逐步得以提高的。

哈耶克提到，柏拉图、亚里士多德所设想的城邦的人口规模相当有限，他们怎么也不会想到当今如此宏大的复杂秩序。社会秩序之所以由小到大、由内到外地扩展，根源在于规则的属性。法律的确定性、相对稳定性对自由民邦的繁荣具有重要意义，它决定了市场发挥作用的程度。小群体内部的规则受由团结意识和利他主义精神所主导的"自然道德"的支配，因而只能在群体内部生效，而不对其他群体的成员起作用，如此就阻碍了秩序的扩展。而在进化选择过程中产生出来的规则，则会四处扩散，遵守这类规则的群体会比其他群体更加成功地进行繁衍，并包容外来群体。这些习得规则的价值，在于使人类得以扩展和超越，遵守"学来的规则"能够帮助人们利用文化发展的各种机会。小群体主要依靠合作来实现共同目标，而对未知领域，合作往往无能为力。而"扩展秩序"则源于一个竞争过程，在此过程中，具有一般性的规则能够保持个人的差异与自由，并且因其一般性而能适用于外来人口，从而使得知识或信息在由个人组成的长链中得到最充分的利用，并不断向外扩展，达到对未知的适应和对无知的超越。质言之，按照哈耶克的看法，把"自然道德"、以共同可见的目的为基础的"群体正义"乃至"社会正义"强加给整个社会，会阻碍秩序的扩展。[①]

梅因曾经指出，"根据公认的社会规律，一套特定制度传布空间越广，它的韧性和活力也越大。"[②] 显然，哈耶克也注意到了这一点。哈耶克在规则扩展与社会客观发展之间建立起一种有效联系。在社会向"大社会"的转变过程中，道德、法律、正义观实际上都在发生变化。与"大社会"相适应的是具有一般性、抽象性、普遍性、平等性、无目的性、消极性或否定性、确定性、稳定性、可预见性、双向约束性的形式法

[①] 参见［英］弗里德里希·冯·哈耶克《不幸的观念》，刘戟锋、张来举译，东方出版社1991年版，第一章。详见本书第八章。

[②] ［英］亨利·萨姆纳·梅因：《古代法》，沈景一译，商务印书馆1958年版，第10页。

律。具备这些属性的法律是现代社会客观发展、秩序不断向外扩展的重要条件。

总之，因为法律在现代社会得以从道德伦理和宗教教义中摆脱出来，分化为相对独立的自治系统，现代法日渐以其形式性和一般性，而具有不断向全球社会扩展的普遍穿透力，这也成为现代社会建立普遍联系、获得客观发展的基本因素。其实，不但现代法律体系如此，主张形式平等的古代法家所提倡的法律体系对社会发展也起着明显的推动作用，即使这一体系以其"制民之具"的属性而有别于现代法治。尽管如此，犹如儒家伦理在推行于社会的过程中造就了诸多问题一样，现代社会依循摆脱了道德和宗教束缚的形式法律的发展，也面临着诸多"现代性"问题，特别是精神层面的问题。如果说古代社会是一个注重道德伦理，强调人的精神向度的社会，那么，近代以来的社会看上去则是一个更加注重个性解放，强调人的物欲的社会，人的生理本性和物质利益明显是这一社会得以充分展开的侧重点。不管是古代"以法治国"，还是现代西方法治，它们在主倡性恶论、社会进步、"物治"、霸道、功利等时，无不弱化了人的精神向度乃至生活世界、生命意义层面。儒家传统能否在一定程度上弥补现代法治实践的困境，其在当代是否仍负有未尽使命，其在现代社会所可能发挥作用的方式又当如何，这些都是值得深思的问题。接下来先叙述中国法治在改革开放以来的崛兴，然后对此结合儒家传统作适当理论审视。

第三节　作为治国方略的中国法治

法治，是人类政治实践的重要文明成果，也是当今世界治国理政的基本共识。中国将依法治国确定为基本治国方略并写入宪法，既是对人类文明成果的传承和发展，也是对中国近一个半世纪以来社会现实和发展状况的积极适应。改革开放以来，"社会主义"与"市场经济""法治国家""保障人权"最终实现融合，这在世界社会主义历史上是前所未有的创举。

依法治国基本方略在中国的形成和发展经历了一个历史过程。1978年，中共十一届三中全会公报鉴于"文化大革命"惨痛历史教训，强调"为了保障人民民主，必须加强社会主义法制，使民主制度化、法律化，使这种制度和法律具有稳定性、连续性和极大的权威,做到有法可依,有法必依,执法必严,违法必究"。这可视为中国向法治进发的正式起步。如果说毛泽东通过"民主"来避免王朝兴替"周期率"现象的想法,体现的是第一代国家领导人在国家治理上讲求民主的现代眼光,那么,"民主制度化、法律化"则是邓小平时代基于对"大民主""以天下大乱求天下大治"实践的深刻反思,而在国家治理上作出的重大调整。包括民主在内的各种政治活动,只有在宪法和法律框架下遵循法律形式和程序开展,才能实现国家长治久安和经济社会持续发展。法治在中国的兴起,与这样一种对民主实践的认识和反思有着密不可分的联系。"实行社会主义法治"的字眼,最早在1979年的中央文件《关于坚决保证刑法、刑事诉讼法切实实施的指示》中已明确出现。该文件指出,刑法"能否严格执行,是衡量我国是否实行社会主义法治的重要标志"。尽管如此,将法治提升到治国基本方略的高度,则直到1997年召开中共十五大才得以最终实现。此后,在中华大地,"依法执政""民主法治""法治理念""法治精神""法治思维""法治方式""法治中国"等话语不断涌现,法治实践和建设也不断向前推进。

一 依法治国方略的主要内涵和基本特征

1997年9月,依法治国在中共十五大上被确立为"党领导人民治理国家的基本方略"。1999年1月,《宪法》第五条增加"中华人民共和国实行依法治国,建设社会主义法治国家",这是依法治国作为基本方略在国家层面的确立。至此,依法治国不仅是党领导人民治理国家的基本方法和策略,也成为国家发展的长远战略。

在方法论上,把握依法治国基本方略的科学内涵,可分别从内与外、正与反两个方面入手。在内外方面,既需要科学揭示和阐释依法治国基本方略以及"法治"本身的或内在的本质要求,也需要认清依法治国作为基本方略被提出时的历史条件和时代背景,以及其与历史上的法治理论和实践的关联。在正反方面,既需要从正面科学揭示和阐释依法治国基本方略的内在含义,也需要分清依法治国基本方略与相关概念的差别,从对立面或反面揭示依法治国基本方略所针对的是什么,或者依法治国基本方略不是什么、力求避免什么、反对什么。鉴于此,阐释依法治国基本方略的科学内涵,在分析揭示依法治国基本方略的本质要求的同时,也有必要延伸到这一方略的主要特征和基本原则。

"依法治国基本方略"由"依法治国""基本""方略"三个语词组成。所谓"方略",指的是全盘的、全方位的计划、方法、策略和战略。所谓"基本",指的是基础或根本,对某一过程起最主要的、规定性或决定性的作用。所谓"依法治国",按照中共十五大报告的表述,指的是"广大人民群众在党的领导下,依照宪法和法律规定,通过各种途径和形式管理国家事务,管理经济文化事业,管理社会事务,保证国家各项工作都依法进行,逐步实现社会主义民主的制度化、法律化,使这种制度和法律不因领导人的改变而改变,不因领导人看法和注意力的改变而改变"。这样一种政治表述与现行宪法序言中关于国家根本任务的表述是一致的。从字面看,在中共十五大报告的表述中,"依"指"依照","法"指"宪法和法律","治"指"管理","国"主要指"国家事务"和"国家各项工作"。简而言之,依法办事是"依法治国"的关键,"依法治国"也就是依照宪法和法律管理国家各项事务。将"依法治国"作为"基本方略",更加提升和加强了宪法和法律在管理国家事务中的重要性。这意味着,宪法和法律是治国的基本或根本手段,而且,宪法和法律在国家各项工作中都起基础性的作用。也就是,虽然管理国家事务有多种途径和形式,但都得依法,国家各项工作都要依法进行。由此可见,在依法治国基本方略中,法律与国家具有高度的一致性,全面深入落实依法治国基本方略,其目标正在于形成"法治国家"。

尽管"依法治国"在字面上主要涉及法律与国家,看上去是一个纯粹的法律概念,但在中国现实语境下,它与政治实际有着密不可分的联系。一个集中表现是,在中共十五大报告的表述中,"依法治国"明显处在"人民""党"与"法"三方关系结构中,也触及"民主""法律"与"领导人"之间的关系。这反映出"依法治国"在当代中国的基本特征,它因此显得与历史上的法治以及西方法治有所不同。就"人民""党"与"法"之间的关系而言,"党的领导"以及作为依法治国主体的"广大人民群众",为"依法治国"设置了基本的政治框架和背景,依法治国实践因此表现出较强的政治性。就"民主""法律"与"领导人"之间的关系而言,"依法治国"具有法治的一般特征,亦即,既抵制"人治",也力图将政治纳入法制轨道,同时,"依法治国"也受到"民主"的基本限定,由此所形成的"法治国家"更为精确地讲,是"民主法治国家"。将宪法条款"中华人民共和国实行依法治国，建设社会主义法治国家"与宪法序言中"富强、民主、文明的社会主义国家"结合起来看，可以说，"依法治国基本方略"并不仅限于形成"法治国家"，也旨在促成"社会主义民主法治国家"。

如果说"依法治国"在形式意义上主要指依法办理国家事务，而不以权乱法、因人废法，那么，在更为广阔的历史和现实背景下，依法治国的主要内涵也通过其对经济、政治和社会的积极意义而得以凸显。在很大程度上，依法治国基本方略只有放在当时的政治、经济和社会背景中才能获得精准的理解，也只有联系经济、政治和社会的发展变化才能获得动态的把握。中共十五大报告提到，依法治国"是发展社会主义市场经济的客观需要，是社会文明进步的重要标志，是国家长治久安的重要保障"。这是立足历史经验教训和现实条件而对依法治国所作的一种更为外在的理解和把握，从中可以看到"依法治国"与经济发展、社会进步、政治安定的深层联系。将"依法治国"的形式意义与外在方面综合起来看，可以说，依法治国基本方略是以宪法和法律为根本手段和基础性方式，来使民主政治得以平稳有序展开，使经济和社会获得长期秩序与发展的治国方法和发展战略。

第一，依法治国基本方略是以宪法和法律为根本手段和基础性方式的治国方法和发展战略。依法治国基本方略的核心是法治。法治在形式上是以法律为基本手段的治国方式，它在历史上与"人治"相对，也与"德治"相区别。尽管法治并不排除人以及道德的作用，但它与"人治""德治"明显不同。在中国政治文化中，长期存在"心治""德治"和"人治"传统。在"天人感应"观念下，君主因为能以其道德修为而与"天"形成感应，被认为是"天下国家之本"，正所谓"天下之本在国，国之本在家，家之本在身"（《孟子·离娄上》），"君者盂也，盂方而水方。君者源也，源清则流清，源浊则流浊"（《荀子·君道》）。如此形成了将天下国家寄托于"人君一心"或君主道德修为的政治观念，正所谓"朝廷者天下之本，人君者朝廷之本，而心者又人君之本也。……其本在人君一心而已"（真德秀：《大学衍义》卷一）。此种"心治""德治"观念在历史上也铸就了"其人存则其政举，其人亡则其政息"（《礼记·中庸》）的"人治"局面。法治，无论是历史上法家所主张的法治，还是现代法治，正旨在扭转这种将天下国家的安危寄托于个人、人心或个人道德的状况。法治将社会治乱和国家兴衰主要寄托于法律制度，通过信赏必罚和严格执法来约束人的外在行为。在国家事务管理中，法治首先考虑的不是领导人或行政官员的个人意见，也不是人的道德，而是宪法和法律，力图使政治活动、经济活动和社会活动都依法或按照法律程序进行。而且，作为一种现代文明形态，法治以宪法和法律为治国的基础，摈弃脱离宪法和法律的专断意志以及赤裸裸的强权和暴力。

第二，依法治国基本方略是通过宪法和法律使民主政治得以平稳有序展开的治国方法和发展战略。依法治国是社会主义民主的一种实现形式。现代法治与古代法治的一个关键区别在于民主政制。中国古代有通过施行仁政获得政治认同的民本治道，但长期缺乏民主政制。这不仅造就了长期重视民本而忽视民主的价值偏颇，也在很大程度上导致了"一治一乱"（《孟子·滕文公下》）、"一离一合"（王夫之：《读通鉴论》卷十九）的循环往复。克服传统治国方式的不足，首先在于建立和完善民主政制。民主政制下的政治不是把国家和天下寄托于一人、受制于一人的政治，而是以法律确立人民当家作主地位并设定稳固政治架构以求长远发展、开万世太平的政治。因此，民主政治高度重视宪法和法律在政制设定以及政治实践中的积极作用。宪法和法律对政治的基础作用在于，使各种政治活动依照既定的规范统一在国家体制下以理性有序的方式开展。就此而言，从政治组织的角度看，法治可谓执政党合法融入国家体制进而从国家层面获得执政权威的理性方式。同时，民主政制下的政治也不是大打大砸、恣肆妄为的政治，而是一种以理性方式开展政治活动的政治。大打大砸、恣肆妄为的政治只会导致人身财产无从保障、社会混乱不堪的状态，这有违民主的初衷和理想。欲求平稳有序地持久开展，人民民主政治必须诉诸理性方式和法律制度形式。就此而言，民主与现代法治、制度形式是不可分的。民主是法治中的民主，法治是民主下的法治。或者说，依法治国是人民民主政治的制度形式和理性方式，是现代民主政制下的安邦定国之道。

第三，依法治国基本方略是通过宪法和法律使经济和社会获得长期秩序与发展的治国方法和发展战略。从历史上看，无论是先秦法家的"以法治国"，还是西方近代的"法治"，都与社会发展和国家富强休戚相关。春秋战国时期强盛的诸侯国，大多采用了"垂法而治"（《商君书·壹言》）、"以法治国"的方略；秦国更是以此奖励耕战，最终统一了六国。近代西方各国依靠"法治"，有效地保障了工商农业的自由发展，直至在世界体系中成为强势的民族国家。古今中外的法治尽管在性质和内容上多有不同,但在促进社会客观发展这一点上,则具有较为明显的相通之处。就此而言,"依法治国"在中国现代化进程中被提升到基本治国方略的高度,很大程度上既与中国近代落后挨打的屈辱历史相关,也与富强、民主、文明的现代化目标紧密联系在一起。从长远背景看,独立和富强是中国近代历史的重要使命,在当前发展尚不均衡的国际政治中,它们仍然是中国需要进一步巩固的基本方面。国富民强既是为了免遭欺凌,也是为了解决民生问题,满足人民日益增长的物质和文化需要。从近期背景看,法治作为治国方略是在改革开放特别是社会主义市场经济体制改革之后提出的,这表明了法律与经济发展之间的内在关联。法律对于经济发展的重要作用在于,一方面,通过规范和制约政治权力来防止经济发展受到政治权力的不当乃至非法干扰;另一方面,为社会交往和经济发展提供稳定的预期和固定的规则形式。就法律与经济和社会发展的联系而言,依法治国基本方略与"以经济建设为中心""发展这个党执政兴国的第一要务"实际上是息息相通的。

就中共十五大报告关于"依法治国"的表述而言,依法治国的主体是"人民"或"广大人民群众",核心是依法"治理国家"或"管理国家事务",目标是国家各项工作法治化,"实现社会主义民主的制度化、法律化,使这种制度和法律不因领导人的改变而改变,不因领导人看法和注意力的改变而改变"。此外,"党的领导"也是依法治国的一个重要特征。将依法治国的这些方面与依法治国的本质要求、依法治国作为基本方略被提出时的社会背景等综合起来看,依法治国基本方略具有如下主要特征。

第一,全局性。实行依法治国,将社会主义与法治结合起来,建设社会主义法治国家,这就如同将社会主义与市场经济结合起来,建立社会主义市场经济体制一样,是关乎国家长远发展、具有深远历史意义的全局战略。历史地看,20世纪是中国饱经革命战争、文化运动、政治动荡、社会混乱、经济浪潮的一个世纪,在20世纪末期将依法治国确立为国家基本方略,实为安邦定国之举。此举为我国社会持续繁荣稳定打下了根基,铺平了道路。可以说,在国家层面,我国经历了从初期的"政治挂帅"到改革开放时期构建"法治国"的明显转型,"国家与法的理论"中的国家打碎论、国家消亡论在改革开放实践中被否弃,国家建设实际成为重要发展目标。由此，明确作为国家权力机构的立法机关、司法机关与行政机关之间的权限，塑造作为国家构成单元的公民就显得殊为基本。往更远看，这也可以说是中国从传统的文化民族转变为现代的民族国家的重要步骤，具有深远的政治意义。就此而言，强化立法机关的审议职能以及司法机关在国家层面的权力审查和公民权利保护职能，构建法治政府和法治国家，正表现为一种关乎全局的历史需要。在政治层面，我国也经历了从初期的"大民主"、政治运动到改革开放时期使政治活动法律化、规范化、程序化的明显转型。由此看，将政治活动严格纳入法律轨道，在法治的框架下推进经济体制和政治体制改革，在宪法和法律的轨道上实现经济、政治和社会进步，使国家避免发生大的政治动荡，进而获得持续的秩序和发展，实为构建法治国家的政治动因之所在。总之，依法治国基本方略是关乎经济、政治、社会和文化持续发展的国家全局战略。

第二，基础性。依法治国基本方略是使宪法和法律在国家生活中处于基础地位，成为经济、政治社会生活的基础性方式，对国家各项工作起基础性作用的治国方法和发展战略。古人所谓"律令者，政事之经，万机之纬"（《艺文类聚·刑法部》），讲的正是法律对于国家的基础地位和作用。在现代法治社会，宪法和法律的这种基础地位和作用主要表现在这样几个方面。其一，一切国家机关、各种社会组织和政治力量都必须在宪法和法律范围内活动，不得超越或凌驾于宪法和法律之上。违宪和违法行为必须追究。各国家机关依法产生，其职权由宪法和法律明确规定。各种政治活动必须依照法律规定或法律程序开展。宪法在国家政治生活中具有至高权威，其修改必须慎之又慎，修改的程序必须严之又严。无论是民主政治实践，还是公民自由权利的保障，都离不得宪法和法律，而构建政治的宪法和法律结构，其实也为现代政治权力据以安身立命提供了基础或依托。其二，人权和公民基本权利载入宪法，并由基本法律作更具体的规定。对人权和公民权利的保障贯穿于法律体系和法治实践中。对权利的限制或剥夺由基本法律明确规定。其三，立法机关根据社会发展需要不断完善法律体系，使国家各项生活都有法可依。其四，依法行政，行政职权依法设置，行政权的行使必须严格依照法律程序，行政违法或行政不作为必须受到法律追究。其五，权利在受到侵犯时有明确的、权威的、可利用的法律救济途径。司法活动忠实于法律，坚持以事实为依据、以法律为准绳的司法原则。当然，依法治国基本方略突出法律的基础性作用，并不排除道德、习俗、经济手段、行政手段等的积极作用,而是力求在国家法律与社会自发秩序以及其他争端解决方式之间形成良性互动。

第三,法律性。依法治国基本方略是以宪法和法律为基础和核心的国家战略,其目标在于通过宪法和法律使国家的经济、政治、社会和文化生活获得持久秩序并得以丰富发展,使国家各项工作都走上法制轨道。就此而言,依法治国基本方略具有很强的法律性。全面深入落实依法治国基本方略,就是要在宪法、立法、执法、司法、守法等各个环节,发扬法治精神,凸显法治理念,切实做到维护宪法和法律权威,依法办事,实现国家各项工作法治化。具体而言,这包括如下一些内容。其一,加强宪法和法律实施,坚持法律面前人人平等,任何个人和组织都没有超越法律的特权,维护宪法和国家法制的尊严和权威,防止和克服地方和部门保护主义。尊重和保障人权,依法保证全体社会成员平等参与、平等发展的权利。其二,坚持科学立法、民主立法,提高立法质量,进一步完善中国特色社会主义法律体系。其三,推进依法行政,建设法治政府,创新社会管理,加强对执法活动的监督,提高执法水平,确保法律的严格执行。落实执法责任制,防止滥用权力,严惩执法犯法,贪赃枉法。完善监督法制,建立健全依法行使权力的制约机制。健全组织法制和程序规则,保证国家机关按照法定权限和程序行使权力、履行职责。其四,推进司法体制改革,优化司法职权配置,规范司法行为,建设独立、公正、高效、权威的社会主义司法制度,从制度上保证司法机关依法独立公正地行使审判权和检察权。其五,弘扬法治精神,增强全民法律意识,提高全民法律素质。加强执法和司法队伍建设,做到严格、公正、文明执法。拓展和规范法律服务,积极开展法律援助。深入开展法制宣传教育,形成自觉学法守法用法的社会氛围。所有这些内容都体现着依法治国基本方略的法律性。

第四,政治性。依法治国基本方略不仅是国家法制战略,也是国家政治战略。党的领导、人民当家作主、依法治国的有机统一,是依法治国基本方略的基本特征,依法治国基本方略因此具有很强的政治性。此种政治性主要表现在这样三个方面。其一,党的领导是人民当家作主和依法治国的根本保证。中国共产党是宪法所确认的中国特色社会主义事业的领导核心。党的领导主要是政治、思想和组织领导。党总揽全局、协调各方、依法执政。共产党执政就是领导和支持人民当家作主,最广泛地动员和组织人民群众依法管理国家和社会事务,管理经济和文化事业,维护和实现人民群众的根本利益。宪法和法律是党的主张和人民意志相统一的体现。党在宪法和法律范围内活动，支持国家机关依法办事，带头维护宪法和法律的权威。其二，依法治国是人民民主或社会主义民主政治的基本要求。人民民主是社会主义的生命。人民当家作主是社会主义民主政治的本质和核心。发展社会主义民主政治是党始终不渝的奋斗目标。在初期的人民民主实践中，抛开法治而实行"大民主"曾经给国家带来深重灾难。将依法治国确定为基本方略，正在于实现社会主义民主的制度化和法律化，使人民民主政治在宪法和法律框架下理性、平稳、持续地开展。人民民主是依法治国的前提，依法治国是人民民主的保障，在法律层面，人民民主与依法治国之间的这种关系，具体表现为通过向宪法和法律保障人权和公民权利，特别是公民的政治权利。其三，全面深入落实依法治国基本方略是政治体制改革的重要实现途径。政治体制改革作为我国全面改革的重要组成部分，必须随着经济社会发展而不断深化，与人民政治参与积极性不断提高相适应。全面实施依法治国基本方略，既是推进社会主义民主政治制度化、规范化、程序化的进程，也是使政治体制改革成为变法过程、并通过修改宪法和变革法律来推进政治体制改革的进程。

第五，时代性。实行依法治国，建设社会主义法治国家，是党领导人民治理国家的基本方略，也是中国近代以来两百年间的宏图伟业。尽管依法治国基本方略是具有全局性和基础性的国家战略，但受客观历史条件的限制，它也不可避免地映带着现时代的印迹，而且，落实依法治国基本方略并不是仅凭一朝一夕之功即可告竣的，其最终实现有着明显的阶段性。从依法治国基本方略的提出发生在古代法治千年之后以及西方近代法治几百年之后而言，中国在21世纪的民主法治实践无疑又有着推陈出新、青胜于蓝的历史可能性。具体而言，依法治国基本方略的时代性主要表现为这样三方面。其一，现实性。将社会主义与法治结合起来，尽管是"冷战"结束后中国特色社会主义理论的一大创举，但依法治国基本方略提出之时中国的改革开放毕竟还只进行了近二十年，法治所需要的经济、政治、社会和文化条件在当时其实并不是很充分。中国目前仍是一个发展中国家，而且，它将长期处于社会主义初级阶段，改革开放作为时代特征将持续下去，这使得依法治国实践在相当长的时期内仍将处在不断尝试和变革的过程之中，宪法修改、法制变革、政治体制改革在所难免。其二，阶段性。按照战略部署，到党成立一百周年时，我国将建成惠及十几亿人口的更高水平的小康社会,到新中国成立一百周年时,我国将基本实现现代化,建成富强民主文明和谐的社会主义现代化国家。由此看,全面深入落实依法治国基本方略,将有一个从社会主义法治国家到社会主义民主法治国家的渐进过程。随着改革深入、经济发展、社会进步和现代化事业的推进,全面实施依法治国基本方略可望呈现更为先进和现代的法治特征。其三,超越性。中国的依法治国基本方略是在开放条件下展开的,也是在中国经历了几乎一个世纪的动荡之后展开的,它因此既有"古今中外"的历史经验和教训可资借鉴,也有着不断向前发展的历史动力,可望集古今法治之适而将民主法治推向新的历史高度。

二 依法治国方略的形式要求和实施原则

依法治国基本方略的形式要求,既需要结合依法治国基本方略本身来把握,也需要结合依法治国基本方略所要达致的目标来把握。从历史经验看,法治可能服务于不同的目标。例如,古代法家法治主要服务于强国目标,近代西方法治则主要围绕保障自由和权利展开。虽然中国目前仍是一个发展中国家,但依法治国基本方略是在法治已经过几百年乃至上千年的实践之后提出的,因此,就"古今中外"的时空背景而言,它在本质要求上应比古代法家法治以及近代西方法治具有更强和更高的现代性和合理性。同时,在逻辑上,依法治国基本方略的本质要求应足以体现法治的基本特征,各个要求总起来应足以反映法治的概貌。将这些因素综合起来考虑,大体可将依法治国基本方略的形式要求归纳为法律权威、法制完备、规范权力、保障权利、严格执法、司法独立六个方面。

第一,法律权威。树立宪法和法律的权威,或者说,将法律特别是宪法摆在国家政治生活中的第一位,是依法治国基本方略的第一要义。法律权威,主要指一切政治活动都必须在宪法和法律之下展开,任何政治主体都不得在宪法和法律之外或者超越宪法和法律行事,不得以权乱法、因人废法;宪法和法律一旦制定就具有坚强稳固的约束力,非经严格的法律或政治程序,不得轻易变更。法律有权威,才能成为国家公器,而不致成为部分人或少数群体的利用工具。我国现行宪法规定,宪法"是国家的根本法,具有最高的法律效力。全国各族人民、一切国家机关和武装力量、各政党和各社会团体、各企业事业组织,都必须以宪法为根本的活动准则,并且负有维护宪法尊严、保证宪法实施的职责"。这实际上是对宪法权威的宣告。所谓"法治""依法治国",都以"法"作为"治"的前提;如果宪法和法律缺乏权威,就做不到"依法",也做不到"法治",反倒可能出现"法被治"。在"法"成为"治"的对象的情形下,谈不上法律权威,也不可能产生真正的"法治"。法律权威,是法治与其他治理形式相区别的关键之所在。法治与德治不同,关键在是将道德摆在第一位,还是将法律摆在第一位。法治与强权政治或专制政治不同,关键也在是将专制权力或强权摆在第一位,还是将宪法和法律摆在第一位。依法治国基本方略以宪法和法律作为治国的基础性方式,宪法和法律要是没有权威,就很难作为基础性方式起作用。法律权威,犹如火车运行之铁轨,必须坚固稳定而不可轻动,动辄可能导致政治"脱轨"、动荡乃至灾乱。

第二,法制完备。法治要求时常被归结为"有法可依,有法必依,执法必严,违法必究"。如果说,"有法必依,执法必严,违法必究"主要涉及的是法律权威,那么,在法律权威之外,"依法"治国也首先要求"有法可依"。依法治国所依之法还必须是完备的,也就是国家政治、经济和社会生活的各方面都要做到"有法可依"。特别是规范和约束政治权力的、保障人权和公民权利的,以及维护和促进民事和商事交往的基本实体法和程序法体系,必须是完备的。就此而言,形成和完善中国特色社会主义法律体系,实乃全面实施依法治国基本方略的必然要求和重要步骤。需要注意的是,法制完备主要是一个功能性概念。换言之,法制完备主要应从社会关系需要调整的程度与现行法律之间的对应关系上去把握,而不能仅以法律数量的多少来衡量。从法律体系与社会关系之间的关系看,法制完备至少需要满足这样四点要求。其一,社会需要法律调整的领域都"有法可依",涵盖社会关系各个方面的法律部门应当齐全,而已经制定的法律在政治、经济和社会生活中能够被有效利用,"管用"。其二,各个法律部门中基本的、主要的法律应当制定出来。其三,以法律为主干,相应的行政法规、地方性法规、自治条例和单行条例,应当制定出来与之配套。其四,法律明确、易知、稳定、可预期、可遵循、可利用,并且具有普遍性,法律体系内部无矛盾、科学和谐统一。

第三,规范权力。现代法治要求一切政治权力必须受到法律的规范和约束,严格依法行使。尽管在对象上,法治既约束公民,也约束政治权力主体、国家权力机关及其工作人员,但就现代法治的主旨和目标而言,法治的基本任务还在于控制、约束和规范政治权力。从近代历史看,法治主要针对专制权力或政治独断而崛起,法治的精义通常被理解为对政府或国家权力的指引和限制。事实上,依法治国基本方略在我国的提出与政治权力运行的不规范以及由此所致的政治动荡也有着明显的历史联系。1978年,邓小平在中央工作会议闭幕会上讲话提到,"为了保障人民民主,必须加强法制。必须使民主制度化、法律化,使这种制度和法律不因领导人的改变而改变,不因领导人的看法和注意力的改变而改变。"① 这样一段涉及"文革"沉痛教训的话,在中共十一届三中全会公报中得到强调,在中共十五大关于依法治国的表述中也被采用。这表明依法治国基本方略与一种完全集权的、国家安危系于领导者个人的体制的不相容。按照法治的进路,一旦形成宪法,领导人的权力、政党的权力乃至人民的权力,都必须在宪法和法律之下行使,不得超越或凌驾于宪法之上,这样才能使政治得以理性而平稳地展开,避免大的政治动荡和灾难。具体而言,国家的立法机关、行政机关和司法机关之间必须有明确的权力划分,并且各自依法行使职权,特别是依法行政。我国现行宪法规定,"人民法院、人民检察院和公安机关办理刑事案件,应当分工负责,互相配合,互相制约",体现了司法机关之间的权力分工与制衡。此外,公权力在可能侵犯个人权利的场合,也需要严格遵循"正当法律程序"。

  第四,保障权利。约束和规范政治权力与保障人权和公民权利,是依法治国的两个联系紧密的基本方面,也是现代法治与古代法治的重要区别之所在。古代法家法治侧重于君主集权,"权断于主"(《管子·七臣七主》)、"治民一众"(《管子·七法》);现代法治则重在保障人权和公民权利、约束和规范政治权力。保障人权和权利,在很大程度上是由政治权力在现代社会的运行规律所决定的。政治权力通常既有消极后果,也有积极后果。消极后果主要表现为生杀予夺、残害身心,积极后果主要表现为保护人的身体和生命,为民造福。按照有些理论,政治权力的运行存在古今差异,有一个从消极效果向积极效果转变的历史过程。在古代社会,政治权力主要表现为"消极权力",它通过对人身体的损害和生命的剥夺、通过威武残酷的刑杀场面来显示其权威,由此,不能"让人死"的权力是无效的、没有权威也没有生命力的。而在现代社会,政治权力主要表现为"积极权力",它沿着各种精微的渠道,通过保护人的身体不受损害、

---

① 邓小平:《邓小平文选》第2卷,人民出版社1994年版,第168页。

延长人的寿命、维护人口的健康、提高人的体能和智能等来显示其权威，由此，不能"让人活"、让人健康安乐的权力是无效的、没有权威也没有生命力的。政治权力在现代社会的这种运行规律，决定了它要持续运行下去，必须时刻以保护人的身体和生命、改善人的体能和智能为念，或者说，以保护人权和公民权利为目标，并且能够切实有效地达到这一点。依法治国，与这种以保障权利为核心的现代政治是高度一致的，它从一方面看是依法管理国家事务，从另一方面看也可以说是依法保障人权和公民权利。

第五，严格执法。"法必明，令必行"（《商君书·画策》），"上下贵贱皆从法"（《管子·任法》），"信赏必罚"（《韩非子·外储说右上》），"不别亲疏，不殊贵贱，一断于法"（《史记·太史公自序》），可谓古今法治的通则。古代法治注重严刑峻法，现代法治虽然不一定讲求"峻法"，但在"严刑"以及严格执法上与古代法治并无二致。如果说，严刑和峻法或峻罚是古代法治维护法律权威的两种主要方式，那么，严格执法、极尽可能地使违法行为必定遭受法律惩处，则仍是现代法治维护法律权威的重要方式。法律的生命在于实施，法律是否得到严格执行直接关乎法律权威和国家兴衰。有法不得执行、违法不被追究对国家威信的损害，甚至超过无法可依的状况。做到严格执法，至少需要满足这样几点要求。其一，建立健全违宪审查机制和法律监督机制，通过法律追究来尽可能避免发生违宪和违法行为。其二，坚持法律面前人人平等。也就是切实做到我国宪法所规定的："中华人民共和国公民在法律面前一律平等"；"一切国家机关和武装力量、各政党和各社会团体、各企业事业组织都必须遵守宪法和法律。一切违反宪法和法律的行为，必须予以追究"；"任何组织或者个人都不得享有超越宪法和法律的特权。"其三，加强执法队伍严格执法的能力，充实改进追究违法的技术手段，提升违法受到追究的概率。

第六，司法独立。一套独立的司法体制，是法治国家的基石。中共十一届三中全会公报指出，"检察机关和司法机关要保持应有的独立性；要忠实于法律和制度，忠实于人民利益，忠实于事实真相。"现行《宪法》也规定，"人民法院依照法律规定独立行使审判权，不受行政机关、社会团体和个人的干涉。"这些都是关于司法独立的政治和法律表述。立足依法治国基本方略的高度，司法机关不应仅限于作为适用法律的机构来对待，而更应作为国家政治机构来认识。从国家政治体制看，司法权是相对于立法权和行政权的第三种国家权力,在法治条件下,其基本职能有两项。一是权利保护,即为人权和公民权利提供最终的和最权威的救济;二是权力审查,即审查和制约其他国家权力,以免其侵犯人权和公民权利。通过司法,使行政权乃至立法权处在宪法和法律的规范和制约之下,以此保障人权和公民权利,可谓作为国家权力重要组成部分的司法权的现代政制意义之所在。司法,通常被视为政治国家与公民社会之间的中立领域,独立的国家司法体制,可以保证司法机关在公民个人与其他政治力量之间依法做出独立判断,从而使国家的法律得以严格适用,使公民在国家层面获得中立的、最终的权威救济,也使得国家因此具有一种整体性。就依法治国基本方略旨在构建一个现代法治国家体制而言,司法独立实为国家建设的重要组成部分,也是全面深入落实依法治国基本方略的基本内容。

全面实施依法治国基本方略,还面临着更为深刻的法律观念和制度改革,也面临着更为紧迫的法律观念和制度创新,它因此将是一个有立也有废,有所变也有所不变,有革故也有鼎新,有固本也有开创,有机遇也有风险的动态综合过程。在此过程中,全面深入落实依法治国基本方略应该做到:坚持解放思想,实事求是,与时俱进的思想路线,增强世界眼光和战略意识,在充分认识法律体系相对独立化的现代发展趋势的同时,高度重视法律与政治、经济、道德、社会、文化之间的相互制约和影响,在进一步变革法律的同时高度重视依法改革以及通过宪法和法律为改革提供坚强保证,在广泛吸收借鉴古今中外法律文化和法律制度的精华的同时,高度重视中国自身的文化传统、社会现实和发展特点,既统筹兼顾,坚持"两手抓",也按照现代化的前进方向分清主次,突出重点,着重从国家层面保障人权和公民权利与制约和规范政治权力这两个基本方面展开法治实践和制度建设,推进法治文明与物质文明、精神文明协调发展,更有效地通过法律维护国内国际两个大局。在此思想指导下,依法治国基本方略的实施原则主要包括:

第一,党的领导、人民当家作主与依法治国相统一。在中国这样一个大国,发挥党总揽全局、协调各方的领导核心作用,是依法治国基本方略得以全面深入落实的基本特征。同时,党在宪法和法律范围内活动,依法执政,也是实施依法治国基本方略的重要内容。党要带领人民依照宪法和法律把国家和社会事务管理好,最终实现社会主义民主法治国家,很重要的一点,就是党要把自身置于人民的监督和国家法律的规范之下,从根本上解决政治权力在国家层面受法律约束并依法规范运行的问题，避免制度和法律因领导人的改变、领导人看法和注意力的改变而改变。人民民主是社会主义的生命。坚持民主与法治相结合，是邓小平理论的一个基本观点，也是社会主义实践的一个历史经验。历史表明，抛开法治搞"大民主"，只会导致秩序混乱、法制破坏、妨碍生产和生活的政治动荡局面；而抛开民主搞法治，或者在依法治国进程中不同时推进民主，则会步入法制工具主义的误区，由此严重损伤法律在国家政治生活中的价值正当性。如果说，我国以前在社会主义民主实践中曾因忽视法治而带来了政治灾难，那么，在21世纪上半叶加快建设社会主义民主法治国家的进程中，特别需要强调社会主义民主对于社会主义法治的重要性。在全面建设小康社会以及基本实现现代化的道路上，要努力把民主与法治结合起来，既避免只讲民主而不讲法治，也避免只讲法治而不讲民主。

第二，依宪治国与改革开放相统一。实施依法治国基本方略，首先要全面贯彻实施宪法。这是建设社会主义政治文明的一项根本任务，也是建设社会主义法治国家的一项基础性工作。从"市场经济"入宪、"依法治国"入宪、"人权"入宪的变革历史看，宪法和法律得以充分实施和不断完善的重要推动力来自改革开放。一方面，改革开放得到宪法和法律的保障和规范，宪法和法律为深化改革、扩大开放、促进发展提供坚实的法律保障；另一方面，宪法和法律本身在改革开放的历史实践中也成为改革的对象，依法治国基本方略只有在改革开放的不断深化中才能得以全面落实。中国目前处在一个经济、政治、法律、社会、文化全面发展时期，也仍然处在重要的改革时期。中国三十年来取得的历史性成就靠的是改革开放，中国未来的发展也必须靠改革开放。在进一步的改革开放实践中，宪法的修改和完善仍将是难以避免的。全面深入推进依法治国基本方略，要把宪法和法律制度与改革开放的社会实践结合起来，借助宪法和法律形式以及宪法规定的全国人民代表大会及其常委会的职权启动和展开社会改革和实践，避免发生违宪行为和大的政治动荡，同时通过社会实践进一步促动法律变革和制度创新，完善维护宪法和法律权威的体制机制，寻求制度与实践的结合之道，使依法治国基本方略的实施在变中有稳，在稳中有变，由此不断向前推进。

第三，依法治国与保障人权相统一。依法治国与保障人权紧密联系在一起，这既表现在价值层面，也表现在规范层面。在价值层面，全面实施依法治国基本方略，既是使国家各项工作法治化的过程，从人本的角度看也是因此使人权和公民权利得到更好保障和实现的过程。在规范层面，"国家尊重和保障人权"与"中华人民共和国实行依法治国，建设社会主义法治国家"同为宪法规范，二者需要结合起来理解，彼此不能脱离。就此而言，人权同时在价值和规范层面为依法治国指出了方向，设置了约束。在现代社会，人权和公民权利构成现代政治和法治的价值基点，而法治则为保障和实现人权和公民权利提供了重要途径。在构建社会主义民主法治国家的进程中，应坚持以人为本，遵循《世界人权宣言》和国际人权公约的基本精神，进一步完善人权和公民基本权利的法律保障和救济机制，加强人权保护的法律法规的制定和实施工作，全面保护公民的人身、财产、政治、经济、社会、文化权利以及其他合法权益；建立健全人权保障和救济机制，依法保障人民依法直接行使民主权利，加强刑事司法程序中的人权保障；完善社会保障制度，保障群众基本生活，实现公民的社会权利；牢牢把握发展这个党执政兴国的第一要务，通过推动经济和社会发展，为人权和公民基本权利的实现创造良好的经济和社会基础；着力解决人民最关心、最直接、最现实的利益问题，为中国人权事业开辟新的前景。

　　第四，依法治国与以德治国相统一。法律与道德自古以来就是两个相辅相成的规范系统。法治建设属于政治建设范畴，属于政治文明；道德建设属于思想建设范畴，属于精神文明。二者相互促进，对于国家治理来说，不可或缺，也不可偏废。将法治与道德结合起来，并不是要通过法律重建纲常伦理，而是要使法律和道德在各自的适用领域充分发挥其功用。从历史上看，古代法家法治和近代西方法治在很大程度上都存在着道德空洞和缺失。建设社会主义法治国家应汲取其中教训，将法治与道德很好地结合起来。道德精神是中国传统文化的精髓，在实施依法治国基本方略过程中，开掘并弘扬传统道德资源，不仅可以提升执法者、执政者的道德觉悟和公民的精神风貌，也可以在一定程度上减少违法、犯罪、争端、诉讼的发生，显示社会主义精神文明建设的优越性。中共十七大将"人民享有更加充分民主权利、具有更高文明素质和精神追求"确立为全面建设小康社会的奋斗目标之一，体现了一种把公民权利与公民美德结合起来的发展思路。实施依法治国基本方略，要兼顾依法治国与以德治国，在价值层面寻求权利与道德的结合之道，在围绕规范政治权力和保障公民权利开展法治实践的同时，也重视从法律义务、职业伦理、个人美德三个层面培植人的道德精神，实现道德精神与民主法治的现代融合或衔接。

第五，依法办事与社会和谐相统一。社会和谐是中国特色社会主义的本质属性。依法治国与社会和谐是有机统一的，二者既有不可分割的紧密联系，又有各自的特殊领域和规律。全面深入落实依法治国基本方略，应将依法办事与社会和谐、社会公平正义协调起来，避免法理社会中成员彼此严酷冷漠、极度自私自利，或通过法律制造不必要的冲突，也避免社会出现公民不依照法律而只凭借各自的关系人情或社会资源来解决争端或败坏法律的非法治局面。依法治国可以为社会和谐营造坚实基础，社会和谐可以为依法治国提供重要条件。实施依法治国基本方略，既要通过社会主义民主和法治建设来不断加强和谐社会建设的政治和法律保障，又要通过和谐社会建设来为依法治国创造有利的社会条件。中共十七大将"各方面制度更加完善、社会更加充满活力而又安定团结"确立为全面建设小康社会的奋斗目标之一，体现了一种把法治建设与社会和谐结合起来的发展思路。实施依法治国基本方略，要寻求法律与社会、依法办事与社会和谐的结合之道：在重视使政治权力运行制度化、法律化和程序化的同时，不放松对客观事实和实质正义的追求；在建立健全保障人权和公民权利的政治和法律体制的前提下，注重在行政和司法活动中贯彻以人为本和民本理念；在建立健全正式司法体系和救济渠道的前提下，有效发挥调解和社会自治机制的作用，兼顾司法的法律效果和社会效果。

第六，传承借鉴与实践创新相统一。从文化角度看，与历史上相比，近一个半世纪以来的中国文化相对处于弱势，对欧美、日本、苏联等外来文化的学习、模仿乃至照搬，构成了近代中国发展的一个显著特征。如果说，中国近一百多年是外来文化大肆涌入的"低谷"时期，那么，经历20世纪90年代以来的文化相对平稳发展乃至以后更长的时期，中国文化可望以其择善处下、兼收并蓄而重现"百谷王"的态势。自改革开放以来，中国特色社会主义实践日益呈现出更大的开放性。这种开放性不仅表现在对西方发达国家的学习、交流与合作上，也表现在对中国文化传统的挖掘、传承和弘扬上。在法治方面，无论是中国传统社会的法治思想和实践，还是西方近代以来的法治思想和实践，对于当代中国都有可资借鉴之处。同时，历史上的以及域外的法治思想和实践，无论多么完善，要是不切合中国的实际，最终也会不得其用或用非其功，因此，在"古今中外"

的大背景下，中国也需要沿着中国历史发展脉络、中国文化内在逻辑以及中国社会现实发展，在现代化和全球化潮流下，实事求是地探索适合自身的发展道路。将古今中外的法治文明成果融会起来，并结合当代中国的具体实践来实现理论和实践创新，开创适合中国社会现实和持续发展的民主法治，是中国在21世纪构建社会主义民主法治国家的可行途径，中国因此也可能对人类的民主法治文明做出新的历史贡献。

第四节 法治的精神底蕴：权利与道德

在中国文化语境下，中国法治的发展从长远看最终需要融入自身文化理路和道德文化系统。历史上，无论是先秦法家的"以法治国"，还是西方近代的"法律之治"，最终都遭受到一定的道德批判。法家的严刑峻法、刻薄寡恩在中国社会被批评了几千年。"法律之治"下的西方社会后来也遭遇到"生活世界"受政治和经济过度渗透的现代性问题。无论是从历史还是从经验上看，法律通常并不能用来直接解决人的道德问题。道德源于人心向上的一种积极力量，虽然法律通过命令和制裁在一定程度上可以触动人心，也可以维护基本的社会伦理，但源于人心的积极力量并不能仅仅依靠外在法律的消极强制调动起来。不过，这并不意味着法治与道德生活毫不相关。其实，中国古代诸如设立政府是为了"全生""养性""全德"之类的政治智慧（《吕氏春秋·本生》），早已蕴含了在政治和法律体制下为人的道德生活存留广阔自主空间的想法。说到底，政治清明、社会发展、法律公正、权利保障，其实都是在为人的道德生活、为人的自由而全面发展创造条件。毕竟，能够在伦理意义上成为政治目标的只有人的道德生活本身。现代法治在人的道德生活上显现其政治意义，主要在于通过约束和规范政治权力、促进社会秩序和发展、保障人权和公民权利来为培育公民责任和个人美德创造良好的外在条件，而不在于一味片面地立基于人性恶而"以刑去刑"（《商君书·去强》《韩非子·饬令》）、"以杀去杀"（《商君书·画策》）。现代法治的立足点与其像很多学者所认为的那样归结为人性恶，不如归结为人类对于政治权力属性的科学认知。立足于人性恶的法治在很大程度上堵塞和弱化了人追求道德生活的可能，从而使得国家治理经常表现出治标不治本的效果。这一点屡见于古代和近代历史。而通过制约和规范政治权力来为人的道德生活创造条件，这才使得法治在目的论和价值论上具有伦理意义和道德价值。

从作为维护公民道德生活之必要条件的法治视角看，儒家传统仍具有相当的现实可能和生发空间。无可否认，随着儒学所赖以寄生的传统经济、政治和社会体制的瓦解，意识形态上合法性的丧失，儒家传统在现代社会已不再具有古代的气势和规模。通常的看法是，儒家传统"生病"了，但"没有死亡"，亦即唐君毅所谓的"花果飘零"、余英时所谓的"游魂"、杜维明所谓的"幽灵亡魂""时运乖蹇"。在《儒教中国及其现代命运》中，约瑟夫·列文森（Joseph Levenson）认为，随着"儒教中国"的衰亡，儒家传统虽然还有一些陈迹，但已没有生命力价值，它们"被博物馆化"了，再也不能复兴。的确，在制度和意识形态层面，"儒家通过建制化而全面支配中国人的生活秩序的时代已一去不复返。"① 然而，在文化典籍和民众心理层面，这一传统并不能说已彻底消灭。事实上，传统与现代之间的理论划分也远远代表不了现实生活，在一定意义上，人们总是或多或少地实际生活在传统之中。这一点在华人社会对儒家传统的文化认同感与归属感上表现得尤为明显。

在《东西文化及其哲学》中，梁漱溟曾指出，对一种文化不能只看其"呆面目而不留意其活形势——根本精神"，儒家传统目下虽然明显势弱于西方文化，但世界未来文化必是中国文化的复兴。特别是，由现代化路向所导致的"形式合理性"困境，极有可能使儒家传统所蕴含的根本精神在现代社会重焕生机，进而担负起现代使命。对儒家传统，一些人往往只视其为一种蕴含纲常伦理的社会政治秩序，因之，但凡言及儒家传统，即将其与宗法、家族、等级等联系起来，从而否定儒家传统的现代意义。这一见解从实际历史看不能不说抓住了问题的一个方面。尽管如此，将儒家传统仅归结为这些内容却是不合适的，也忽视了中国文化的精要所在。全面地看，中国文化不仅仅是政治和社会层面的礼教文化，也是精神层面的心性文化、道德文化和圣贤文化。以儒家传统为主干的中国文化实际蕴含着更为根本的、无所谓古今中外的普遍精神要素，这些才是在现代真正最具生发性的部分。

古中国在汉代确立儒学的正统地位之后，日渐走上了一条儒学政治化

---

① 余英时：《现代儒学论》，上海人民出版社1998年版，第243页。

的道路，从而造就了中国古代社会政治、伦理、法律混而为一的局面。这一状况在造就古中国独特的政治法律文化的同时，也带来了一些严重后果，其极致是鲁迅所描述的"礼教""吃人"。对此政治与伦理同构的状况，可姑且称之为"政治化的儒学模式"。这一模式每每被人视为"封建遗毒"，而且自五四运动以来一直都是批判的重点。学者们所说的"儒学的复兴"一般不指这一模式的复兴。"政治化的儒学模式"固为儒学在古中国实践的一个方面，但以之总括儒家传统则是对儒家传统的一种严重误解。其实，儒家传统对现代社会最具积极意义的教义在于其"道德"和精神层面。就这一层面而言，儒家传统的基本内核是人的精神向度和道德扶持。这可与"政治化的儒学模式"相对而被称为"道德化的儒学模式"。大体上，前一模式对应于"礼"、汉代儒学、"外在的社会规范"；后一模式则对应于"仁"、先秦儒学、"内在的价值之源"。从历史看，"政治化的儒学模式"自汉代兴起并贯穿古代社会，而"道德化的儒学模式"自被韩愈洞察后直到宋明才为陆九渊、王阳明等人重新阐发。近世所谓的"儒学的第三期发展"所秉承的基本上是"道德化的儒学模式"。"道德化的儒学模式"至少包涵两方面的内容。一是"开辟价值之源，挺立道德主体"。二是关注世俗伦理生活。[①] 这两点也是儒家传统中最具现代意义、最能弥补现代法治之弊的两个方面。

如同政治、法律与道德伦理的融合阻滞了古中国的社会发展一样，现代法治在促进社会客观发展的同时至少也附带着这样两个方面的问题。其一，法律与道德伦理的日渐剥离，道德主体的日渐消亡。古代社会不断将道德外化为伦理并广泛推行于社会，这在很大程度上不仅没能带来道德的张扬，反而造成了道德的落空，而且也抑制了社会成员对"权利"的正当追求，阻滞了社会的物质进步。而现代法治在促进社会发展的同时，同

[①] 胡适认为，孔子人生哲学的核心在于"注重道德习惯"，参见胡适《中国哲学史大纲》，上海古籍出版社1997年版，第86页。梁漱溟对这一看法提出批评，认为"美德要真自内发的直觉而来才算……一人习惯就呆定麻痹，而根本把道德摧毁了"。参见梁漱溟《东西文化及其哲学》，商务印书馆1999年版，第135—136页。牟宗三认为，儒家的本质意义在于人的道德扶持，亦即"开辟价值之源，挺立道德主体"。参见牟宗三《中国哲学十九讲》，上海古籍出版社1997年版，第59—60页。杜维明则认为，"儒家……坚决认为，社会交往的一切形式都充满道德内容；自我修养是协调每一种交往形式所必需的"。参见［美］杜维明《儒家思想新论——创造性转换的自我》，曹幼华等译，江苏人民出版社1996年版，第54页。

样也出现了道德的落空。物欲的显现、上升乃至膨胀与传统"德""义"的衰落是现代法治社会建立和发展过程中相互伴随的现象。现代法治所伴随的法律与道德的日渐分化甚至被现代学者视为现代社会中自由赖以生存的条件，由此，人的精神态度其实是处在现代法治的视野之外的。哈耶克所提到的处于"本能与理性之间"的新道德，事实上已不再具有"道德"意味。客观规则实际取代了主体道德。尽管权利主体在社会客观发展过程中被确立了起来，但人的道德主体性却迷失在"自发的""扩展秩序"之中。其二，进化论支配下的天人关系和人际关系的紧张。一般而言，法治实践总在人与资源之间的紧张背景下展开，与竞争、进化史观联系在一起。不管是强调"法随时转"的中国古代法治、受"社会达尔文主义"支配的西方近代法治，还是强调"与时俱进"的当今中国法治都体现出这一特点。现代法治与儒家传统，在人性论、社会史观、价值观上都表现出差别乃至对立。儒家传统的理想生活方式是人们在日常生活世界中过一种崇高和谐的道德生活，在此意义上它看上去更多地与"静止"相联系，而崇尚功利与竞争的现代法治则与梅因所谓的"进步的社会"紧密相连。

19世纪中叶以后，西方"船坚炮利"所夹杂的强势文化对中国的入侵打破了中国的封闭环境，古中国蕴含纲常伦理的"静止的"、稳定的社会政治秩序已然不足以应对西方的法治秩序，通过变法寻求社会经济的发展成为国门大开后中国被迫选择的出路，而这不得不以抛弃传统的政治化的儒学模式为代价。然而，现代法治在颠覆旧有的道德伦理秩序的同时，若不补充或存续相应的道德资源，也不可避免地会导致道德的衰颓、权力的腐化、天人以及人际关系的紧张。在很大程度上，儒家传统的现代意义正基于现代法治所致的问题而凸显出来。"道德化的儒学模式"在精神态度和生活方式上适可与现代法治相辅相成。就精神态度而言，儒家传统的落脚点在于"修身"，儒学是一种"修己以安人"的为己之学、"修养之道和生命之道"。学者指出，"在儒家传统中，学做一个完善的人不仅是首要关切的问题，而且是终极关切和全面关切的问题"，"独立、自主和有内在导向过程的自我修养"处于中心地位，[①] "儒家的终极关切是要在

---

① ［美］杜维明：《儒家思想新论——创造性转换的自我》，曹幼华等译，江苏人民出版社1996年版，第50、53、66页。

复杂的人际关系、政治网络、有着权力色彩的凡俗世界中创造一套精神领域"。① 这些都是儒家传统的"内在超越"之处。在现代社会，此种"为仁由己"（《论语·颜渊》）、"反身而诚"（《孟子·尽心上》）的精神态度，仍是一种生生不息的"泉源活水"。它不仅不会因为"儒教中国"的"博物馆化"而销声匿迹，而且有可能作为一种根本精神而在现代社会重新展开，弥补现代社会的道德匮乏。就生活方式而言，儒家传统关注的是一种安宁平静的生活世界，"儒家基本精神是从个人的修身转成家庭的和谐、社会的安定、国家世界的太平。这是坚信个人道德力量的自我纯净必然会有社会实效性的思想。"② 尽管儒家的这一社会理想在事实上每每为政治与名教伦理的同构所冲断，但其所凸显的天人和谐、家国情怀、人际和谐、人的生命意义等，对现代法治社会却仍具有重要的参照价值。

鉴于现代法治对社会发展的促进和儒家传统的精神意义，"权利"与"德性"的双重人格构造——张扬人权和公民权利意识、重建个人的"道德自我"，是中国法治构建中值得特别留意的主题。20世纪早期，梁漱溟在对西方、中国和印度三种文化态度的比较中，曾触及这一主题。他说：

> 我们此刻无论为眼前急需的保持生命财产个人权利的安全而定乱入治，或促进未来世界文化之开辟而得合理生活，都非参取第一态度，大家奋往向前不可，但又如果不根本的把他含融到第二态度的人生里面，将不能防止他的危险，将不能避免他的错误，将不能适合于今世第一和第二路的过渡时代……只有昭苏了中国人的人生态度，才能把生机剥尽死气沉沉的中国人复活过来，从里面发出动作，才是真动。中国不复活则已，中国而复活，只能于此得之；这是唯一无二的路。③

显然，梁漱溟看到了将现代权利意识与"中国人的人生态度""含融"起来的必要性。相对于个体道德而言，主体权利具有更强的政治性和社会"交互性"。主体权利在政治层面一般针对国家权力，在社会层面

---

① ［美］杜维明：《现代精神与儒家传统》，三联书店1997年版，第392页。
② 同上书，第337页。
③ 梁漱溟：《东西文化及其哲学》，商务印书馆1999年版，第213—215页。

一般针对其他主体的权利或义务，它构成为现代社会存续以及人们社会交往活动不可或缺的条件。在现代社会，法律对人权和公民权利的明确界定和有力保障，是现时代的现实要求，也是社会据以向前发展的重要因素。这同时也是中国法治绕不开的方面。在中国法治进程中，儒家传统具有积极意义的方面在于其道德资源。这重点不在政治和社会层面，而在于个体道德层面。个体道德表现为个体对自身的"特殊把握方式"，而社会伦理的形式化、社会化程度则要比个体道德高得多。基本的社会伦理一般由法律予以吸收，而个体道德则当留给个人。随着儒家传统在意识形态上的合法性丧失，儒家传统在现代社会已难以再走"得君行道"的上行路线，现代民主的要求也不允许其再有政治、法律、伦理融合为一的格局。因此，儒家传统的传播途径适合从国家转向社会，其普遍化的道路也只能依循个体和社会层面而展开。

质言之，现代社会不能也不宜再重建中国古代的那种蕴含着纲常伦理的社会政治秩序，相反，应在国家层面沿着权利路线展开，通过法治来张扬人权和公民的权利；在个体和社会层面继续发掘传统道德资源，重建人的"道德主体"，树立"为仁由己""反身而诚"的精神态度。这是一条在现代社会把传统与现代结合起来，"外张权利，内固德性"的双轨道路。在此道路中，个体道德的生发与人权和公民权利的张扬并非水火不容。黑格尔在《法哲学原理》中所谓"法的命令是：'成为一个人，并尊重他人为人'"，其实已道出个体道德与权利之间相容性。个体道德与人权和公民权利都蕴含了人的主体意识的觉醒和主体性的伸张，在政治、法律和社会层面张扬和维护权利可为德性在个体层面的生发创造良好的外在环境，德性在个体层面的普遍展开则可为现代法治贯注道德精髓和泉源活水。具体就法治的构建而言，一方面，法治必须直接受到人权价值的指引；另一方面，法治必须为人的道德精神的培育和发展创造良好的外在条件。这两个方面是紧密联系在一起的。法治对于人权的保障是直接的，也是贯穿法律活动的全过程的。相对人权保障而言，法治对于人的道德生活的作用是间接的，它一般并不通过法律直接强制赋予人很高的道德义务，但它通过规范和制约政治权力、促进经济和社会发展以及外在权利保障，为人的道德生活创造良好的政治和社会环境。而且，它不遏制人的道德精神的自由发展。反过来，法治也将因为保障了人权和公民权利、为人的道德生活创造了良好条件而获得足够的精神意蕴和道义力量。这是法治的理想。

总之,将儒家传统与现代法治结合起来审视,中国既需要进一步加强为传统社会所缺乏的现代建构,特别是民主法治国家构建,也需要重拾失落的传统道德精神,从目的论和价值论上明确实行法治究竟是为了什么。如果缺乏一种终极意义的价值关照,而仅仅将法治视为获得一种稳定社会秩序的功利手段,那么,法治下的法律并不排除可以简单粗暴地作为维护社会等级秩序、制人治民的刑杀工具使用,法治下的法律也无须以民主政制的建立和完善作为自己的政治前提,从而也无须通过推动民主进程来为法治的深化开辟道路。秩序固然是法治的一个要素,但法治在此之上还有更高的价值追求。现代法治究竟需要怎样的价值观照和目的指引?历史地看,实现法治理想,中国至少需要从价值、政制和法律这三个方面作继续努力,也就是,基于历史和实践经验进一步构建和完善法治之道、法治之政和法治之法。这三个方面,也是古往今来立国和治国的三个紧密联系的基本要素。

一 法治之道

"实行依法治国,建设社会主义法治国家"和"国家尊重和保障人权"已先后被写入宪法,中国也相继签署了《经济、社会和文化权利国际公约》和《公民权利和政治权利国际公约》两个最重要的国际人权公约。这表明中国对法治的认识,特别是对法治的价值的认识在逐步深化。长期以来,人们多注重从经济发展、社会进步、国家稳定等功利方面去审视实行法治的重要意义,而对法治的道德价值及其对人的道德意义关注不够。围绕社会功利展开法治实践,虽然也可以因为带来社会有序发展而有助于人民生活的改善,但是,历史表明,在单纯的社会功利逻辑中,人也容易受到政治和经济的渗透而沦为或"物化"为社会功利的工具,法治因此可能陷入"工具主义"或"物治主义"的误区。在功利之外,法治更需要一种超越经验和物欲层面的人的哲学和伦理学的深层支撑。近一个半世纪以来,中国一直在经受变革,在与传统断裂的现代化进程中,在政治动荡以及后来的经济争逐中,人的尊严、人的价值、人的道德精神在相当长的时期内不断遭受着来自战争、政治和经济的剧烈激荡。在未来的发展道路上,中国特别需要平心静气地回到人本身,在对古今中外历史上那些经久不衰的普遍性要素的借鉴中,从道德和价值层面开掘据以长久传承的法治之道。

二 法治之政

法治在很大程度上受着政制的影响和制约。在君主专制政治下，法自权出，法治重在作为强制工具惩治人民，维护君权。而在民主政制下，权自法出，法治的关键在于使政治权力的享有和运行受到法律的规范和限制，保护人权和公民权利。在对政治权力的控制和对人民权利的保障上，现代法治与民主政治紧密联系在一起。要保障人权和公民权利，既需要通过法律约束和规范政治权力，也需要通过民主来控制政治权力的产生及其运行方向。民主是产生政治权力的重要方式，它有力地制约着政治权力循着人民的意愿行使。在现代政治背景下，民主构成为法治的一个基本政治前提。在政治上做不到人民对政治权力的有效控制，政治权力依照规则和法律行使就得不到落实，因此也就难以实现人民依照法律管理国家和社会事务的法治理想。就此，也可以说，民主的发达程度决定着法治的发展水平，能够有效控制政治权力的高度民主是对法治的有力支持。就现实而言，依法治国基本方略是在"一切权力属于人民"的政治前提下确立的，"发展社会主义民主，健全社会主义法制"也是宪法规定的两项国家任务。因此，推进依法治国基本方略，使法治实践取得更大实效，必须进一步完善我国的人民民主政治，扩大政治的民主程度，努力实现政治权力产生和运行的规范化、制度化和法律化。

三 法治之法

在中国几千年的传统社会里，法律长期处于道德的笼罩下，通常被认为是一种国家不宜崇尚和重用的治理方式，人民也经常被告诫不宜过多地卷入法律纷争。这种长久的传统法律观念在很大程度上与法家将法律简单地作为镇压手段和刑杀工具使用不无关系。在革命阶段和以阶级斗争为纲的时期，法律主要被作为"刀把子"使用，而且，在早期的法学理论中，法律通常被机械地作为经济的附属物和政治斗争的工具看待，而对法律系统的相对独立性和自主性及其对国家治理的重要性认识和重视不够。文化传统以及历史上的某些实践和理论在很大程度上造就了一张法律的灰色面孔，使得法律总是处在道德、经济、政治乃至社会的阴影下而难以获得自主成长。在这样一种境遇下，法治何以成为一种值得推崇的治国方式呢？

"法治国家"何以成为一种值得追求的理想呢？实际上，不仅法律如此，在较长的时间里，关于"国家"的看法也是如此。在法治日趋走向深入的今天，很需要在理性和现实的基础上重构中国的国家哲学和法律哲学，特别是强化法律与正义、自由、人权以及人的道德生活的内在联系，使法律作为制约和规范政治权力、促进社会交往和经济发展的有效方式，并进而作为民众信赖并主动维护的理性力量树立起来。

中编
法的思想源流

第八章

法律的自发生成：哈耶克之法律思想

接下来的五章梳理法的思想源流。先分析哈耶克的法律思想。作为古典自由主义的继承者，哈耶克[①]一生都在捍卫和发展盎格鲁—撒克逊人的自由传统。他毫不避嫌地称自己是"老辉格党人"。哈耶克亲历过两次世界大战，纳粹主义、极权主义、国家主义等的盛行，西方的福利国家政策等，引起了他的极大反感。他告诫人们对此要保持警醒，因为所有这些都对"个人自由"构成了严重威胁。哈耶克的自由思想与其对科学主义、实证主义的批评联系在一起。在他看来，社会主义、集体主义的思想根源

[①] 哈耶克，1899 年生于奥地利维也纳，是 20 世纪西方著名的经济学家，当代新自由主义的重要代表人物。他出身于教师家庭，早年在维也纳文法学校学习，第一次世界大战爆发后，曾作为奥匈帝国的炮兵军官亲赴意大利前线参战，1918 年入维也纳大学学习法律和政治经济学。其在大学学习期间，主攻经济学，涉猎广泛，于 1921 年和 1923 年分别获得法学和政治学博士学位。1938 年，哈耶克加入英国国籍。哈耶克一生的大部分时间都在从事教学和研究工作，曾先后执教于维也纳大学、英国伦敦经济学院、美国芝加哥大学、德国弗莱堡大学等学府。他起初以经济学研究为主，早期著作如《货币理论和商业周期》（1928），《价格与生产》（1931），《货币民族主义与国际稳定》（1937），《利润、利息与投资》（1939），《纯粹资本理论》（1941）等，所讨论的大都是经济学问题。后来，哈耶克并没有把自己的研究领域仅限于经济学。事实上，早在读大学时，他就写过一篇有关心理学方面的论文，这篇论文在 30 年后形成为《感觉的秩序》（1952）。在哈耶克中后期的研究中，尤其是在第二次世界大战期间及之后，他对问题作多学科的研究表现得比较明显。特别是对自由问题，哈耶克主张将哲学、法理学、经济学等结合起来对之进行探讨。因此，人们不仅称哈耶克为经济学家，也称其为政治哲学家或道德哲学家。哈耶克稍后的著作，如《通向奴役之路》（1944），《个人主义与经济秩序》（1948），《自由的构成》（1960），《法律、立法与自由》三卷本：《规则与秩序》（1973）、《社会正义的幻影》（1976）、《自由民邦的政治秩序》（1979），《不幸的观念》（又译《不要命的自负》，1988）等，都已超出经济学的范围，而深入到哲学、政治学、法学、伦理学等领域。其法律思想大部分都蕴含在这些著作中。由于哈耶克早期的经济学成就和多学科的研究，1974 年他获得诺贝尔经济学奖。1992 年，哈耶克病逝。

是 19 世纪以来的实证主义。这是自然科学方法向人文学科渗透的结果。哈耶克确信，科学家能够对"单一的"自然现象进行观察和测量并作定量分析，而对取决于许多人的行动的"复杂的"经济和社会现象，研究者能够获得的"定性数据"必然是有限的。鉴于他们对社会过程及其结果难以完全知道和测量，相信社会科学也和自然科学一样能获得确定的、精确的、可预测的知识，就是一种"科学主义的错误"。哈耶克多次撰文批评"自然科学方法普遍有效"的虚妄。在哈耶克的理论中，社会现象是"有组织的复杂现象"，这一现象有其自身的结构和过程，以科学的名义试图用"自觉的人类控制"取代"自生自发过程"，会给人类文明带来严重灾难。哈耶克反对集权主义，反对将人类的命运置于一个人的意志控制下，主张对政治权力的限制和对个人自由的维护，这些始终贯穿在其政治和法律思想之中。

第一节　个人理性与秩序自发扩展

严格而言，哈耶克并不算法学家。法学研究有时被人局限于对法律规范和部门法律实践的分析，有时则被另一些人扩展到哲学、政治学、社会学、经济学等领域。哈耶克无疑属于后者。尽管哈耶克早年学习的是法律，并且做了好几年奥地利政府的法律顾问，但是，当时的法学只是经济学研究的一种途径，而且，其部门法知识也远没有经济学知识那么细致。因此，哈耶克对法律的思考显得非常抽象，明显受到了其方法论、知识论、社会历史观以及政治哲学等的影响。鉴于此，研究哈耶克的法律思想不可不先考察其理论背景。

一　无知观与信息分散理论

中外很多思想家都曾触及怎样看待和理解人之本性的问题。对人性的某种假定，有时直接构成为一些理论和学说的逻辑起点。在人之本性问题上，存在着两大分支。一支与伦理学相结合，从而产生性善论与性恶论的分歧。另一支与认识论相联系，从而导致可知论与不可知论的争论。在这两者之间，哈耶克更加看重后者。他说，"在这个世界上，一些最有害的动力之源常常不是恶人,而是情操高尚的理想主义者。"① 之所以有此看法,是因为在哈耶克看来,"人并不具备高度理性和智慧,而不过是十分缺乏理性,又容易犯错误的生物",② 而社会中的知识又都分散在相关的个人手中,因而,人类的无知不可避免,并且不可克服。把握哈耶克的这一无知观和信息分散理论是理解其理论学说的关键。

哈耶克认为,个人处于必然的、不可救药的无知状态。他说:"人们对于有助于其目标实现的重要事物往往处于必然的无知之中",③ 人不仅对于为什么自己采取这种方式行动而不采取其他的方式行动是无知的,而且对于自己在多大程度上依赖此种行动方式也是无知的。人的大部分知识并不来自直接的经验或观察,而是来自对一种习得传统进行筛选的连续过程。选择过程造就了习惯和道德,而其所考虑的事实环境条件,却远远超出了人的认识能力限度。因此,人对于其努力在多大程度上依赖于习惯或传统通常也是无知的。人类的知识事实上是不完全的,其所能知道的只是所有知识的极其微小的部分。个人的关心也是有限的,他们所能关心的人类需要在整个社会成员的所有需要中只占非常微小的一部分。而且,不同的个体不可能知道所有的事情,任何个人或一小群人也都无法知道为某些其他人所熟知的事情。个人只知道特定时空条件下与特定的人相关的知识。他一般也只关注其所知道的东西,而对并不明确知道的事物特征往往视而不见,甚至根本不作详尽探究。

哈耶克还认为,知识是分散的,不可能完全集中在任何个人或某一机构的手中。他指出,经济学长期强调"劳动分工",却完全忽略了"知识的碎裂"(fragmentation of knowledge),其实,二者极为相似,而且至少具有同等重要性。哈耶克赞同斯密关于人的知识是分散的这一说法,提出了他的"信息分散理论"。哈耶克认为,"相关事实的知识掌握在分散的许

---

① F. A. von Hayek, *Law, Legislation and Liberty*, Volume 1: *Rules and Order*, London: Routledge & Kegan Paul, 1973, p. 70.

② [英] 弗里德里希·冯·哈耶克:《个人主义与经济秩序》,贾湛等译,北京经济学院出版社1991年版,第9页。

③ F. A. von Hayek, *The Constitution of Liberty*, Chicago: The University of Chicago Press, 1960, p. 22.

多人手中",① 每个人都掌握着可以利用的独一无二的信息，没有哪个人能够掌握全部信息。知识是分散的，它只以个人知识的形式存在。社会所开发利用的总体资源也是无法为任何人所认识的。而且，知识在人类适应外在环境的过程中还不断发生变化。因此，那种试图把所有知识集中起来交由某个人或某一机构控制，并用以设计文明的整体观念，是一种谬误。他说，"我们所必须利用的关于各种具体情况的知识，从未以集中的或完整的形式存在，而只是以不完全而且时常矛盾的形式为各自独立的个人所掌握"，② 合理的经济计划之失败正在于它错误地试图集中全部的知识。哈耶克有关人的无知和知识分散的看法，似乎没有充分考虑现代科技传媒的作用。

在哈耶克看来，人的无知和信息的分散并不会使人类遭受损失，相反，它们为人类的发展指明了方向。他说，实际上，一个"文明的"个人可能相当无知，甚至比许多未开化的人还要无知，但是，他仍然能够从他所生活的文明中大大获益。文明帮助人类克服个人有限知识范围的一种方式是征服无知，但不是通过获得更多的知识，而是通过利用广泛散存于个人之中的知识。哈耶克承认，知识会不断增长，知识增长的重要性在于新知识的用途是无限的，新知识一旦得到，便会无偿地用以服务于所有的人。但是，知识的增长并不意味着人能穷尽一切知识。相反，随着知识的增长，无知的范围也会扩大，社会活动越是广泛，社会所有成员知道的特定事实知识就越少。那些陶醉于知识增长的人往往会变成自由的敌人。人类征服无知的手段是规则。"规则是对付我们体质无知的一种策略"。③ 因为任何人都不可能掌握指导社会行动的全部知识，所以需要一种不依赖个别人的判断并能够协调各种个别努力的"非人格机制"（impersonal mechanism）。正是通过规则而非特殊命令指导个人行为，个人才得以自由运用其"个别的知识和技能"，并通过相互的作用交流彼此的知识，从而使得利用社会中所有的知识成为可能，这样才能实现对无知的"超越"。哈耶克认为，人的理性并不能预见未来，人的理性的发展在于不断地发现既有

---

① ［英］弗里德里希·冯·哈耶克：《个人主义与经济秩序》，贾湛等译，北京经济学院出版社1991年版，第81页。

② 同上书，第74页。

③ F. A. von Hayek, *Law, Legislation and Liberty*, Volume 2: *The Mirage of Social Justice*, London: Routledge & Kegan Paul, 1976, pp. 8, 29.

的错误。个人的必然无知决定了文明发展的不可预见性和或然性。只有在规则的导引下，个人才能获得最大量的机会，知悉那些人们尚未意识到的事实，以适应不确定的人类事务，为不可预见的文明提供发展空间。

哈耶克同时还认为，无知和信息分散构成了个人自由的根据。他多次提到，自由状态是"一种允许个人为了其自己的目的而使用他自己的知识的状态"。① 之所以强调个人对知识的充分利用，恰在于人对于影响其目的实现的各种因素存在着必然的无知。如果存在着无所不知的人，主张个人自由也就没有什么意义了。反之，个人的自由也使得完全的预见成为不可能。哈耶克认为，自由的主要目的在于，给个人以机会和动因，以使所有个人在特定时空条件下的知识得以最大限度的利用。个人拥有的信息大部分只能在个人作决策时使用。只有让个人在规则范围内自由决定如何利用资源，才有可能最大限度地利用分散的知识。他指出，对财富的创造和生产力的提高，起决定性作用的是成千上万独立的、各不相同的信息。这些四处分散的、关于分配专有资源的具体事实知识，只有通过"专有财产"之间的市场交换才能得以充分利用。在他看来，全部的问题并不仅仅在于如何使用已经获得的知识，而在于尽可能多地发现在主要的条件下值得探求的知识。而要想为个人提供信息，要想使他们有能力判断资源的不同使用方式所具有的相对优点，市场是唯一的已知方式。市场是一种"信息收集机构"，它可以把原来分散四处的、无法研究的知识组成为一个"超越个人的模式"。也只有在市场竞争过程中，新的知识才被不断发现和利用。因此，

> 人类智力水平的提高，与其说起因于个人专有知识的增加，不如说起因于组合不同分散信息的程序，这些程序转而又创造出秩序并提高了生产能力。②

哈耶克提到了三种影响新知识的发现和利用的制度。一是中央计划，

---

① F. A. von Hayek, *Law, Legislation and Liberty*, Volume 2: *The Mirage of Social Justice*, London: Routledge & Kegan Paul, 1976, p. 8; also F. A. von Hayek, *Law, Legislation and Liberty*, Volume 1: *Rules and Order*, London: Routledge & Kegan Paul, 1973, pp. 55 – 56.

② 参见 [英] 弗里德里希·冯·哈耶克《不幸的观念》，刘戟锋、张来举译，东方出版社 1991 年版，第 14、105—112 页。

二是竞争，三是垄断组织的计划。三种制度的效率高低取决于在该制度下知识充分利用的程度。在哈耶克看来，竞争无疑是最有效率的，为特定个人所支配的知识比权威机构所掌握的知识重要得多，满足所有人的利益的最佳途径是允许个人通过竞争最有效地利用分散的信息。他指出，文明停滞不前的原因并不在于发展的各种可能性已被试尽，而在于人们根据现有知识扼杀了新知识出现的机会。可以看出，在哈耶克那里，无知、规则、个人自由、市场、专有财产、竞争等是融合在一起的。

二 进化理性主义

在西方思想界，常常有一些人被称为"理性主义者"，而另一些人则被称为"反理性主义者"。哈耶克认为，这一区分很容易导致误解。因为，所谓的反理性主义者，如孟德维尔、休谟等人，事实上是认为，尽可能有效地运用理性，要求认识到意识理解力的局限和从人们不知道的过程中获得援助。哈耶克说，如果尽可能有效地利用理性意味着理性主义，那么，他自己也是一个理性主义者，但是，如果理性主义指人们的每一特定行动都应受意识理性支配，那么他便不是一个理性主义者。在他看来，这种理性主义极不合理。哈耶克认为，理性的任务之一，即是决定它应将其控制范围扩展多远，或者，它应在多大程度上依赖它不能控制的其他力量。在这一点上，与其作"理性主义"与"反理性主义"的划分，不如作"建构理性主义"（constructivist rationalism）与"进化理性主义"（evolutionary rationalism）之分。这用卡尔·波普（Karl Popper）的术语，即是"幼稚的理性主义"与"批判的理性主义"之分。[①]

哈耶克认为，存在着两种观察人类行为模式的方式。一种让人们感受到具有实现愿望的无限力量；另一种则意识到人们能有意产生的东西是有限的，并且承认人们的一些现有愿望不切实际。这两种模式，最终以两种思想学派之间的基本哲学分歧为基础。哈耶克分别称之为建构理性主义和进化理性主义。

建构理性主义以勒内·笛卡尔（René Descartes）、霍布斯、卢梭和边沁等人为代表。哈耶克指出，建构理性主义在现代以笛卡尔为滥觞，在他

---

① Cf. F. A. von Hayek, *Law, Legislation and Liberty*, Volume 1: *Rules and Order*, London: Routledge & Kegan Paul, 1973, p. 29.

那里获得了最完整的表述,所有现代建构主义形式都起源于笛卡尔及其门徒的理性主义。"彻底的怀疑"使得笛卡尔及其门徒,只相信那些在逻辑上能从清楚明白的前提推导出来的东西,并且认为纯粹理性可直接服务于人们的欲望,人们可据之建立一个崭新的世界。在这方面,哈耶克引述过伏尔泰(Voltaire)的一句十分具有代表性的话,"想要好的法律,就要抛弃旧的而去制定新的"。建构理性主义夸大人的理性具有无限的力量,而蔑视和贬低未经理性有意识地设计或没有被理性充分理解的事物。它假定人生来就具有智识和道德禀赋,因而人能够根据理性原则调整个人生活和社会生活,并尽可能地抑制乃至铲除一切非理性现象。在建构理性主义者看来,"所有的社会制度都是,而且应当是精心设计的产物",道德、宗教、法律、语言、文字、金钱、市场等一切文化制度都源于发明或设计。此外,建构理性主义拒不承认"抽象"是人的大脑必不可少的工具。它更倾向于特殊和具体,认为理性能省掉抽象而完全掌握"具体"和所有的特定细节,并因而实在地掌握"社会过程"。[①] 理性主义、经验主义、实证主义、功利主义断定,不能从科学上证明的、或者没有得到完全理解或不理解的、或者目的尚未得以完全确定的、或者其效用没有被事先认识的任何东西,是不合道理并且是不应遵奉的,这在哈耶克看来,都处在建构理性主义之列。[②]

进化理性主义以斯密、休谟、柏克、弗格森、孟德维尔、托克维尔等人为代表。进化理性主义认为,个人理性是十分有限的和不完全的,理性在人类事务中起着相当小的作用,尽管如此,人类仍然取得了很大的成就,这有赖于一个"非个人的和无个性特征的社会过程",依靠这一过程个人所创造的成就能超出其所知的范围。进化理性主义还认为,文明是经过许多人的才智、经过数代人的努力不断试错而逐渐积累形成的,制度、道德、语言、法律等并不是人类的智慧预先设计的产物,而是以一种累积的方式逐渐发展起来的,是由模仿、学习、传播的选择性进化的结果。与主张根据人的理性对社会作精心规划的建构理性主义者相反,进化理性主义者主张社会在不断试错的过程中有机地、缓慢地发展。他们认为,独立

---

① Cf. F. A. von Hayek, *Law, Legislation and Liberty*, Volume 1: *Rules and Order*, London: Routledge & Kegan Paul, 1973, pp. 5–9, 25–33.

② 参见[英]弗里德里希·冯·哈耶克《不幸的观念》,刘戟锋、张来举译,东方出版社1991年版,第82—84、91页。

的个体在日常生活中的相互作用,会比单个人或某一组织有意识地调节社会,取得更加恢宏的成就。此外,进化理性主义承认,人的理性并不足以充分把握现实世界中的各种细节,因而,人们必须依赖"抽象"这一工具,它能帮助人的大脑处理那些人们并不完全知道的事情。①

哈耶克继承和发展了进化理性主义,而对建构理性主义则给予猛烈批评。对建构理性主义或唯理主义的批判,一直是哈耶克研究工作的出发点。早在20世纪40年代,他就开始对它的清理。他认为这种理论滥用理性,并且不可避免地导致对人类制度的起源和本质的错误解释。哈耶克的基本观点是,包括财产制度、自由体制和公正制度在内的道德准则,并非人类理性创造之物,而是文化赋予人类的东西。哈耶克承认理性是人类最为珍贵的禀赋,但他认为理性并不是万能的,那种认为人类获得技能的一切能力都来自理性的观念是一种"致命的自负"。而且,认为理性能够主宰人类命运的信念,极有可能摧毁理性。要明智地运用和捍卫理性,并不意味着尽可能多地运用主观设计的理性,而在于维护理性所不及的、不受控制的领域。他说,"拒绝屈从于我们既不理解,又不能承认其为智能生物有意识的决定的那些力量,是一种不完全的、因而也是错误的唯理主义(rationalism)的产物。"② 他强调指出,"我们不得不应对一个自存自续的整体,它通过各种力量不断运行,我们无法替代这些力量,因而我们在实现任何目标时都必须利用它们。"③ 在哈耶克那里,进化理性主义意味着自由,而建构理性主义则意味着集权主义。他说:"自由意味着,在一定程度上我们把自己的命运交给我们不能控制的那些力量。"④ 这种观点,显然是不容于那些相信人能够控制自己命运的建构论者的,因为在这些人看来,文明和理性本身也似乎是人的创造。哈耶克并不反对运用理性,而是反对理性的滥用,亦即,反对各种要求政府拥有强制性的和排他性的权

---

① Cf. F. A. von Hayek, *Law, Legislation and Liberty*, Volume 1: *Rules and Order*, London: Routledge & Kegan Paul, 1973, pp. 30-33; also F. A. von Hayek, *The Constitution of Liberty*, Chicago: The University of Chicago Press, 1960, pp. 56-70.

② F. A. von Hayek, *The Road to Serfdom*, Chicago: The University of Chicago Press, 1944, p. 205.

③ F. A. von Hayek, *The Constitution of Liberty*, Chicago: The University of Chicago Press, 1960, p. 70.

④ F. A. von Hayek, *Law, Legislation and Liberty*, Volume 2: *The Mirage of Social Justice*, London: Routledge & Kegan Paul, 1976, p. 30.

力的主张。他也并不反对尝试或试验，而是反对对特定领域的尝试或试验施以排他性的和垄断性的控制，因为，这些排他权力自诩拥有最高的智慧，并且压制一切其他可能比当权者的计划优越的方案，这必然会戕杀个人利用分散知识的各种机会，从而最终导致集权主义。"因此，致力于使每一件事情都屈从于理性的控制，偏爱具体，并且拒不遵从抽象规则的原则的建构理性主义日渐成为非理性主义的帮凶。"①

可以看出，哈耶克批判建构理性主义并不意味着他支持非理性主义。他也相当重视理性的作用。只不过，他把理性放在文化进化过程中考虑。因此，其进化理性主义其实也就是一种文化进化理论。哈耶克曾谈到，社会科学更像生物学而不像物理学，但文化进化理论与生物进化理论又存在着差别。例如，前者强调一大群人学习、模仿的作用以及习惯和规则的遗传，后者则强调个体的血亲遗传。文化进化的速度也远远高于生物进化的速度。尽管如此，哈耶克又认为，所有的进化都表现为一个不断适应难以预见的环境的过程，对未知的适应是一切进化的关键。无论是生物进化，还是文化进化，都不贯穿什么"进化规律"或"历史发展过程中不可避免的规律"。进化的结果只是多样性而非同一性。进化理论永远不能使我们合理地预测和控制未来。哈耶克的这种文化进化理论，与其自由立场，与其秩序观、法律观乃至正义观是毫无二致的。

三　个人主义

个人主义（individualism）是哈耶克理论的核心概念之一，也是其自由主义的出发点。在英语世界，个人主义有时与集体主义（collectivism）相对，有时又与利他主义（altruism）相对。而确切地讲，利他主义的真正对立面应是利己主义或自我主义（egoism），集体主义的真正对立面才是个人主义。个人主义与集体主义之对立，在哲学上表现为唯名论（nominalism）与唯实论（realism），有时也表现为机械论（mechanism）与有机论（organism）之对立，在经济学上则表现为方法论个人主义与方法论集体主义之对立。在哈耶克那里，个人主义有着特定的内涵，它既是一种方法论，又是一套价值观。

---

① F. A. von Hayek, *Law, Legislation and Liberty*, Volume 1: *Rules and Order*, London: Routledge & Kegan Paul, 1973, p. 34.

哈耶克认为，个人主义是表现为一套原则的政治哲学，其基本原则可追溯到基督教和古希腊、罗马的政治哲学中，在文艺复兴时期首次得到充分发展，并进而发展成为西方文明的政治传统之一。他说：

> 个人主义在今天名声不佳，这一术语与利己主义和自私自利联系在一起。但我们所说的与社会主义和所有集体主义的其他形式相对照的个人主义，与这些东西并无必然联系——个人主义的基本特征是尊重个人为人（respect for the individual man *qua* man），即在他自己的领域内承认其看法和爱好的至高地位，并相信个人应该发展其自己独有的天赋与特长。……承认个人为其目标的最终裁判者，信奉个人的想法应尽可能地支配其行为，构成了个人主义立场的实质。①

基于进化理性主义和建构理性主义之对立，哈耶克区分了两种个人主义，即真正的反理性主义的个人主义与虚假的理性主义的个人主义。哈耶克认为，进化理性主义与建构理性主义都能被冠以个人主义之名，但二者在原则上存在着根本对立。真正的个人主义主要体现在洛克、孟德维尔、休谟、乔赛亚·塔克特（Josiah Tucket）、弗格森、斯密、柏克以及托克维尔和阿克顿等人的理论中。而虚假的个人主义则主要受到了笛卡尔理性主义和卢梭理论的影响。在题为"个人主义：真与伪"的演讲中，哈耶克指出了真假个人主义的三点区别。其一，真正的个人主义是自由主义的基础，它一般与集中化、国家主义和社会主义相对立。而虚假的个人主义则有演变为集体主义和社会主义的倾向。其二，真正的个人主义坚信民主，但它并不迷信绝大多数决策的全知全能，而是要求把权力和强制命令限制在一个固定的范围内。而虚假的理性主义的个人主义则把绝大多数人的观点始终看作是正确的和有约束力的。其三，真正的个人主义追求形式平等，主张对所有的人平等地适用规则，而反对平均主义，反对一切命令特权。真正的"个人主义的主要原则是，任何人或集团都无权决定另外一个人的情形应该怎样，并且认为这是自由的一个非常必要的条件，决不能为了满足我们的公平意识和妒忌心理而牺牲掉这样的条件"。而虚假的

---

① F. A. von Hayek, *Law, Legislation and Liberty*, Volume 1: *Rules and Order*, London: Routledge & Kegan Paul, 1973, p. 59.

个人主义倾向于通过法律或强权实施实质正义。①

哈耶克认为，真正的个人主义首先"主要是一种旨在理解那些决定人类社会生活的力量的社会理论"，其次"是一套源于这种社会观的政治行为规范"。② 显然，在哈耶克那里，个人主义是一种通过分析个人活动来理解社会现象的方法，即"通过对那些作用于其他人并且由其预期行为所引导的个人活动的理解来理解社会现象"。③ 这种方法否认有自成一体的独立于个人之外的社会整体存在，认为所谓的社会整体、社会目标等都是虚构，而只承认个人的存在。因而，它直接与社会制度的设计理论相对立，反对对人类活动作集体主义的理解。个人主义的基本假设是，人类的理性不可能为某个具体的人所掌握和使用，它只能在人与人相互作用的过程中才能被理解。哈耶克说，"只有对社会现象作个人主义的分析，才能使我们认识到指导理性成长的超个人力量。因而，个人主义在社会过程面前表现出谦逊的姿态，对他人的观点则采取宽容的态度，并且，它正是智识自大的对立面，这种智识自大构成了要求全面指导社会过程的根源。"④

同时，个人主义也是自由主义社会的一般原则和政治行为规范，是一种充分利用人的多样性和复杂性而使坏人所造成的破坏最小化的制度。个人主义的知识论基础和事实根据是个人知识的有限性和分散性，亦即，"任何人只能考察有限的领域，任何人也只能感受到少数需要的迫切性。无论他的兴趣集中于他自己的物质需要，还是热衷于他所认识的每个人的福利，他所能关心的目标将总是所有人需要的极其微小的一部分。"⑤ 因此，为了防止集体主义的信奉者"把整个社会及其资源组织起来达到某个单一目标"，从而丧失掉个人充分利用分散知识的机会，就需要把所有的强制力量限制在固定的范围内，将强权的总量减少到最低限度。一方面，真正的个人主义并不否认强制力量的必要性，而是希望把强制力量限

---

① 参见［英］弗里德里希·冯·哈耶克《个人主义与经济秩序》，贾湛等译，北京经济学院出版社1991年版，第27—30页。

② 同上书，第6页。

③ 同上。

④ F. A. von Hayek, *The Road to Serfdom*, Chicago: The University of Chicago Press, 1944, p. 166.

⑤ Ibid., p. 59.

定在明确的范围内,使每一个人都能知道政府的决策范围。这就要求政府是"依据规则管理国家的政府",而不是"依据行政命令管理国家的政府"。另一方面,在抽象规则(abstract rules)的导引下,个人也能够自由使用各自的知识和发挥各自的天赋与特长,根据自己的意图选择决定自己的行为,从而尽可能地为满足所有他人的需要贡献力量。

在哈耶克的著作中,很少使用"社会"和"社会的"这些字眼,即使偶尔使用也往往被冠以引号。这是因为,在哈耶克看来,"社会"一词先验地假定了对共同目标的共同追求,并意味着只要通过有意识的合作,目标就一定能够实现。"社会的"这一词汇则事先把社会假定为一个具有独立人格的实体,从而把那些非人格的、由自生自发的秩序所带来的事物都归于人类设计的产物,并且要求人类对他们从来没有设计过的东西再行重新设计。基于个人主义的立场,哈耶克敌视任何形式的集体行动。他认为,集体主义不可避免地会导致极权主义,因而构成为自由民邦的严重威胁。所谓的"社会利益""社会目标""社会公正"等,必然会扼杀市场效率并有可能被一部分人用来侵害个人自由。在此意义上,哈耶克具有明显的"反政治"倾向。他既反对政治上的极权主义,也反对政治与经济高度融合的中央计划。所有这些,都构成了哈耶克的自由主义及其法律思想的理论基础。

第二节 自由民邦的法律及其正义

在《法律、立法与自由》一书的导言中,哈耶克指出,"维护由自由人组成的社会有赖于三个基本洞见。其一,自生自发的秩序与组织之间存在着差异,它们的区别是和普遍存在于它们之中的两种不同的规则或法律种类相联系的。其二,今天一般被人视作'社会的'或分配正义的东西只在这些秩序种类的第二种,即组织中才有意义,而在与之背道而驰的自发秩序中毫无意义,这一自发秩序,亚当·斯密称之为'大社会',卡尔·波普爵士称之为'开放社会'。其三,自由民主制度的主导模式,即同一代表机构既制定正当行为规则又指导政府,必然使得自由社会的自发秩序逐渐彻底变为一种为一些组织利益联盟所操纵的全权体制。"就此看,哈耶克有关法律的思考紧密地与个人自由、自发秩序、正义、民主等联系在一起,因而可着重从法律与自由、法律与秩序、法律与正义以及法治等几个方面,来把握哈耶克的自由主义法律思想。

一 法律与自由

托克维尔曾说过,18世纪和大革命生成了两股巨流,一股把人们引向自由的制度,另一股则把人们引向绝对的权力。由此可以看出英、法两国传统的明显分野。在哈耶克那里,这一分野同样存在,并且得到了反复强调。从哈耶克对无知观与全知论、进化理性主义与建构理性主义、个人主义与集体主义的区分,能清楚地看到这一点。不仅于此,哈耶克还进一步将英、法两国的传统或英国传统与大陆传统的区分,贯彻到他的自由论、秩序观、正义观和法律观中。这主要表现为哈耶克对两种自由、自发秩序与组织、形式正义与分配正义、法律与立法等的区分。

哈耶克认为,存在着两种不同的自由传统:英国的自由传统和法国的自由传统。休谟、塔克特、弗格森、斯密、柏克等人是英国传统的代表,法国人孟德斯鸠、本杰明·贡斯当(Benjamin Constant)以及托克维尔也属于这一传统。卢梭、百科全书派、重农学派、尼古拉·孔多塞(Nicolas Condorcet)等则是法国传统的代表,英国人霍布斯也属于这一传统。英国传统认为自由的本质在于自生自发的累积和强制的不存在,它倾向于"自愿规则",强调对习俗和传统规则的自愿遵从是自由社会有效运行不可或缺的条件。这一传统下的自由有时被人称为"盎格鲁自由",它与英国的"个人自由观念"紧密联系。法国传统则试图从统治或治理中寻求自由,认为自由只有通过追求和获得某一绝对的集体目标才能实现,它倾向于"强制规则",强调对理性设计的规则的遵循,而贬低未经理性审视的事物。这一传统下的自由有时被人称为"高卢自由",它与法国的"政治自由观念"紧密联系在一起。对英、法两种自由传统,哈耶克明确支持前者而否弃后者。他认为,英国真正懂得了自由制度运行的原理,而法国则没有。[①]

对于自由的概念,柏林曾作过积极自由(positive freedom)与消极自由(negative freedom)之分。消极自由指没有外在干预、不受他人阻碍或强制

[①] Cf. F. A. von Hayek, *The Constitution of Liberty*, Chicago: The University of Chicago Press, 1960, pp. 54–58.

的状态。积极自由则指以某种自主方式行为的权力或能力。在哈耶克那里，自由与安全、和平、稳定等一样，是一个消极概念。他指出，自由状态"是人的这样一种状态，其中一些人对另一些人的强制被减少到社会所能达到的最低限度"，这一状态与一个人屈从于另一个人或另一些人的专断意志的状态相对照，因而自由也就是"独立于他人的专断意志"。[1] 哈耶克坚信，自由只有一种，即个人自由。这是一种"原始意义上的自由"。它有别于另外三种意义上的自由：政治自由、内在自由和积极自由。

哈耶克指出，政治自由是人们对政府选择、立法过程和行政管理的参与，由此，一个人只有参与公共权力，如投票时才是自由的。这是一种集体自由。而在哈耶克看来，一个自由人并不必然以此集体自由为前提，不享有政治自由的人也并不当然不享有个人自由。将政治自由与个人自由相混同的危险在于，一个人可能会通过投票或缔约的方式使自己处于奴役状态，从而放弃自己的自由。政治自由与个人自由之间的区别在于，前者回答的是"谁来统治"的问题，后者回答的是"被统治到什么程度"的问题。[2]

内在自由指的是一个人在行动中受其理性、深思熟虑的意志、持久的信念所导引，而不为一时的冲动所驱使。由此，一个人只有做应该做的事情时才是自由的，而如果他放纵情欲而不按理性行事，那么他就是不自由的。在一定程度上，内在自由包含着从理性推导出道德准则的危险，而哈耶克一贯坚持休谟的观点，认为道德不能由理性推出。在哈耶克那里，道德处于本能与理性之间。哈耶克认为自由是人与人之间的关系，因而他否弃了那种认为孤立的个人可以是自由的观念。他指出，内在自由与个人自由并不是一回事，因为，内在自由的对立面是知识缺陷和道德弱点，而个人自由的对立面却是强制。内在自由，只有在个人有决心和意志按他自己的方式行动这个限度内，才与个人自由存在某种联系。

容易与个人自由相混淆的第三种意义上的自由是积极自由。哈耶克认为，将积极自由与个人自由混同最难容忍，因为，一旦视自由为能力或权力的观点得以承认，就会有一些人借自由之名去压制摧毁个人自由，以集

---

[1] Cf. F. A. von Hayek, *The Constitution of Liberty*, Chicago: The University of Chicago Press, 1960, pp. 11–12.

[2] 参见［美］C. M. 霍伊《自由主义政治哲学》，刘锋译，三联书店1992年版，第18页。

体力量观代替个人自由观。在哈耶克看来，自由不是能力、权力，也不是财富，而是免于专横的强制。他举例说，一个生活豪奢而听命于君王的大臣，可能比一个贫困的农民或木匠更不自由，更少有能力选择自己的生活方式。积极自由与个人自由的区别在于，根据积极自由，剥夺自由的手段并不仅限于人为施加的强力或阻碍，并且还包括外部的阻碍，而不管是否由人造成，如此，自由就被解释为一种"我们为所有欲为的有效权力"，而这"不可避免地导致自由与财富的同一"。① 哈耶克还认为，现代社会的成就之一在于，一个并不拥有权力或财富的人也可以在实际上享有自由。

哈耶克主张个人自由的根据主要在于人的无知。正是为了给文明进程中难以预测的未知领域留出无限发展的空间，人类才需要自由。个人自由之所以重要，在于拥有不同知识的个人可以在"作为发现程序的竞争"中，不断发现、交流、纠正和利用各种信息，从而实现对无知的超越。这正是个人自由的价值之所在。因此，哈耶克借阿克顿的话把自由称为"最高的政治目标"。②

尽管哈耶克极力鼓吹个人自由，但他并没有把自由推向绝对。他认为自由必须以法律的存在为先决条件。他说，"法律、自由和财产是不可分割的三位一体"③，"自由因遵循原则而得维持，因追求目的便利而遭毁损"④。在他看来，自由意味着个人有权追求自己的目标，自己决策，而不受社团或社会共同的具体目标的束缚。要做到这一点，就得为个人的权力或权利划定明确的范围。哈耶克认为确定个人自由的范围非常重要，因为，这一范围构成了个人根据各自的知识和技能，追求各人不同目标、形成自己独特个性的基础。这同时也就意味着，个人自由在一定程度上会受到限制。而在这一点上，有一些人却认为自由与限制或自由与法律水火不容。例如，伏尔泰说，"当我能做我想做的一切，我就有了自由"；边沁说，"每一部法律都是一种罪恶，因为每一部法律都是对自由的践踏"；

---

① F. A. von Hayek, *The Constitution of Liberty*, Chicago: The University of Chicago Press, 1960, p. 17.

② F. A. von Hayek, *The Road to Serfdom*, Chicago: The University of Chicago Press, 1944, p. 70.

③ F. A. von Hayek, *Law, Legislation and Liberty*, Volume 1: *Rules and Order*, London: Routledge & Kegan Paul, 1973, p. 107.

④ Ibid., p. 56.

伯特兰·罗素（Bertrand Russell）也说，自由就是"不存在阻拦我们实现自己欲望的障碍"。与此相对，还存在着一种视法律为自由之基础的法律观。这一法律观在洛克、康德、萨维尼等人那里已经得以奠定。例如，洛克曾说，"哪里没有法律，哪里就没有自由"，"法律的目的不是取消或限制自由，而是维护和扩大自由"；康德则认为法律是自由的基本条件，他说，"如果一个人不需要服从任何人而只服从法律，那么他就是自由的"；萨维尼也认为自由领域须由法律界定。哈耶克的看法是，所谓的"免于限制的自由"是无法实现的，因为"每个人的自由总要损害所有其他人未加限制的自由"。他试图恢复后一种法律观。他说，问题关键在于如何保护所有人获得最大的自由，"要做到这一点，就必须借助于抽象的规则来始终如一地限制所有人的自由。这些规则，一方面阻止别人对个人施加任意的或者带有歧视性的强制，一方面又阻止个人侵犯他人的自由领地。简言之，我们必须用共同的抽象规则取代共同的具体目标。政府之所以需要，只是要它实行这些抽象规则，从而保护个人，使其免遭他人的强制，或者使其自由领地免遭他人的入侵。强迫别人屈从于共同的具体目标无异于奴隶制度。但是，对共同抽象规则的遵奉（不管它们多么让人感到是个负担）却可以给最卓越的自由、最丰富的多样性提供最大的机会。"[①]他还进一步指出，通过法律和道德规则给个人自由施加限制，会比中央控制造就更加伟大、更加自由的秩序。

  从哈耶克对自由的界定，可以看到自由与强制的尖锐对立，而这正是自由与法律之关系的切入点。哈耶克认为，自由的定义取决于强制的定义，强制是对个人行动的基本依据实施控制，它阻碍了个人对其心智的充分利用，因而，强制是一种恶。许多政治学家都认为权力是万恶之首，而哈耶克则认为权力本身，即实现一个人愿望的能力，并不邪恶。真正邪恶的是强制性权力，即一个人通过以损害相威胁迫使他人实现其意志的权力。要防止强制性的权力对个人自由的侵犯，就得为个人划定明确的私人领域，并对之加以保护。哈耶克认为，自由行动以一个众所周知的领域，即为公众所尊重的个人可以自由支配的私人领域的存在为前提，自由民邦与非自由社会的区别在于，在自由民邦，每个人都拥有一个公认的与公共

[①] ［英］弗里德里希·冯·哈耶克：《不幸的观念》，刘戟锋、张来举译，东方出版社1991年版，第86—87页。

领域相区别的私人领域，在此领域内，个人不受政府的任意驱使。而对私人领域的界定，只能由拥有强制垄断权的政府来完成，因为阻止对个人实施强制的方法只有"强制威胁"这一种。但是，如果私人领域的范围和内容可由某个人或某些人的意志予以确定，那么，对私人领域的承认也会成为一种强制，因为这实际上是把强制权力转变成了某个人或某些人的意志。哈耶克强调指出，对私人领域的划定，只能依靠国家对"一般规则"的强制实施。为什么在一般规则下国家强制不会成为一种恶呢？哈耶克的回答是，政府运用强制性权力干预个人生活如果不具有可预见性，就会导致对个人自由的最大妨碍和侵害，而在一般规则下，国家强制威胁的对象具有普遍性，它平等地适用于处于相同情况的人而不针对特定个人。而且，"一般规则或法律"事先指明了人们的行为后果，它们和一旦违反即遭强制的自然规律有些相似，个人能够像运用自然规律的知识一样运用法律知识实现其目的。因此，如果强制以众所周知的一般规则为依据，那么它就是一种有助于个人追求其目标的工具，而不会成为一种用以实现他人目的的手段。在哈耶克看来，一般规则对个人自由构成限制的情况极为少见，因为一般规则不仅约束所有个人，同时也约束政府。

哈耶克之所以视法律为自由的保障，是因为他区分了两种法律概念，即"实质意义上的法律"与"仅具形式意义的法律"。前者指的是具有一般性的抽象规则；而后者实际上指的是具体命令。在哈耶克看来，只有前一种法律才是个人自由的真正保障，而仅仅因为产生于立法当局就被称为"法律"的具体命令实为压制个人自由的重要工具，将两种法律混为一谈必然导致自由的衰微。

二 法律与秩序

秩序是哈耶克理论中一个重要概念。早在《通向奴役之路》中，哈耶克就提到，自由主义的基本原则是，"在安排我们的事务时，我们应该尽可能多地利用自发的社会力量，而尽可能少地诉诸强制"，无论何时，只要对此原则有哪怕一点点的偏离，人们将不可避免地通向全权体制之路。[1] 到了

---

[1] Cf. F. A. von Hayek, *The Road to Serfdom*, Chicago: The University of Chicago Press, 1944, p. 17; also F. A. von Hayek, *Law, Legislation and Liberty*, Volume 1: *Rules and Order*, London: Routledge & Kegan Paul, 1973, p. 58.

晚年，哈耶克得出的结论依旧是"自发形成优于中央指令"。在《法律、立法与自由》的第一卷中，他所讨论的中心问题即是秩序以及"人造"秩序与"生长"秩序之间的区别。

哈耶克认为，存在着两种秩序类型。一是自发秩序（spontaneous order），二是人造秩序（made order）或组织（organization）。前者有时被称为"一种自生的或内生的秩序"。后者有时又被称为"一种外成的秩序或一种安排"，或被描述为"一种构造""一种人为秩序"等。或许是为了证明其言之有据，哈耶克总喜欢用古希腊词汇 *taxis*（外部秩序）表示人为创造出来的秩序，用 *kosmos*（内部秩序）表示进化而来的秩序。哈耶克认为，在自发秩序与那种由某人把一个集合的各元素安排在它们各自的位置或者指导它们的运动所产生的秩序之间作出区分，对理解社会过程和一切社会政策来说是必不可少的。

哈耶克把秩序定义为这样一种情形，在其中"各种各样的要素彼此相联，以致我们可以从我们对整体的某些时空部分的了解，来形成我们关于其他部分的正确预期，或者，至少是有很多机会证明其为正确的预期"。[①] 显然，在此意义上，每一社会必定都拥有这样一种秩序，它源于系统的内在力量而非人类的精心设计。此即内部秩序或自发秩序。内部秩序产生于所有社会成员的相互作用，是在个人对环境不断适应的过程中形成的。在这一点上，哈耶克对始于古希腊智者学派的"自然的"与"人为的"两分法作了清理。他认为，公元前 5 世纪的智者，没有把人类活动的产物与人类设计的产物区分清楚，因为，在他们看来，某现象是人为的是由于它是人类活动的产物，某现象是自然的则是由于它不是人类设计的产物。而只有到了 18 世纪，孟德维尔、休谟等人，才从二者之外区分出第三种现象类型，即弗格森所说的"人类行动而非人类设计的结果"。在哈耶克看来，自发秩序以及其晚年所说的"扩展秩序"（extended order），即属于"自然的"与"人为的"之外的第三种类型。他说，可以毫不夸张地讲，社会理论始于这一发现：存在有序的结构，它们不是人类设计的结果，而是许多人活动的产物。自发秩序的显著特征包括：复杂，抽象，没有特殊目的，并不有意把每一要素置于适当位置，不由外物创

---

① F. A. von Hayek, *Law, Legislation and Liberty*, Volume 1: *Rules and Order*, London: Routledge & Kegan Paul, 1973, p. 36.

第八章 法律的自发生成：哈耶克之法律思想

造，等等。

与此相反，另有一些人把秩序解释为一种有意的安排。根据这种解释，社会中的秩序必定依赖于一种命令与服从关系，或者一种社会整体的等级制结构。在此整体社会中，上位者以及最终某单一至上权威的意志，决定每一个人的行动。按照这一观点，秩序只能由外在于系统的力量创造。此即外部秩序或人造秩序。外部秩序是为了达到某一特定目的，而挖空心思地设计出来的。它是社会发展到一定阶段后才出现的现象。因而，当代人谈到社会秩序时，更多地想到的是这种秩序类型。哈耶克所说的外部秩序，实际上指的是社会中的各种"组织"，大到国家为了达到某种目标要求人们遵守法令而形成的秩序，小到一个小团体为了获得某种利益、完成某项任务，通过团体规章将其成员组织起来而形成的秩序。外部秩序的显著特征包括：相对简单，具体，服务于某个目的，等等。哈耶克指出，内部秩序与外部秩序常常共存于每一社会，但这并不意味着人们能以其喜欢的方式将二者合并。事实上，在所有自由社会，尽管人们成群地加入组织以达到一些特殊目标，但是，所有分立的组织和分立的个人的活动的协调，都是由有助于自发秩序形成的力量带来的。家庭、农场、工厂、公司、法人团体、各种社团，以及包括政府在内的所有公共机构，都依次被整合在一个包罗万象的自发秩序中。他还提到，同一群体有时在无须命令而只遵守惯常规则的自发秩序中生活，在另外一些时候，如狩猎、迁徙、战争时，则以一个处于头领意志指导下的组织行事。[①]

由两种秩序类型，哈耶克进一步区分出两种规则："自发秩序规则"和"组织规则"。同样，哈耶克借用古希腊词汇 nomos（内部规则）表示前者，即那些不知其源而只是被一般接受的规则；用 thesis（外部规则）表示后者，即由权威创造、设置和规定的规则。他说，尽管自发秩序和组织总是共同存在，但任意混同两种秩序的原则却是不能接受的。哈耶克指出，自发秩序规则独立于任何共同目的，它们不是针对特定的人或不同的人制定的，而是适用于不特定的一切人或一切场合。其实施如果不是针对全体成员，至少也是针对一类成员的全体。与自发秩序的属性相一致，自发规则具有抽象性，而组织规则则与"组织"特征相适应，致力于具体

---

① F. A. von Hayek, *Law, Legislation and Liberty*, Volume 1: *Rules and Order*, London: Routledge & Kegan Paul, 1973, pp. 46–47.

内容和特定结果。组织规则是组织为了执行指定任务而制定的规则。这些规则假定，每一个人在固定结构中的位置由命令决定，每个人都必须遵守的规则有赖于个人已被指定的位置和特殊的目的。因而，组织规则必定从属于命令。它们按照既定的不同地位对不同的组织成员给以区别对待。而且，它们必须根据由命令所决定的目的来解释。哈耶克认为，秩序目标越复杂，就越是依赖抽象规则而非特殊命令。哈耶克同时还指出，这两种规则种类向人们提供了两种完全不同的法律概念模式。一如前述，在法律与自由问题上，存在着两种不同的传统。从古希腊、西塞罗、中世纪，到古典自由主义者、苏格兰道德哲学家，再到19、20世纪的美国政治家，都存在着"法律与自由彼此不能分开存在"的"伟大传统"。而在霍布斯、边沁、一些法国思想家和现代法律实证主义者那里，"法律必定意味着对自由的侵犯"。哈耶克认为，思想家们明显冲突的观点，并不意味着他们得出的是相反结论，而只说明，法律在他们那里具有不同意义。[①] 因此，哈耶克又进一步在法律和立法之间作了重要区分。

在哈耶克那里，法律（law）常被表述为"普遍的正当行为规则""一般性的抽象行为规则""抽象规则意义上的法律""严格意义上的法律"等，意指那些服务于自发秩序的形成、独立于目的的规则。立法（legislation）则大致与"制定法""规定"近义。哈耶克认为，法律与社会、秩序同时存在，它比立法更加古老。他说，"立法，有目的的法律规定，被人理所当然地称为人类所有发明中有着最严重后果的一个，其影响甚至比火和火药还要深远。与法律本身（从来都不是在同等意义上被发明出来的）不一样，立法的发明在人类历史上出现相对较晚。"[②] "立法源于建立组织活动规则的必要性"，"管理政府机构的规则" 与构成为社会自发秩序之基础的 "普遍的正当行为规则" 相区别的特点在于：它们被设计来获得特定目的；其对特定案件的实施有赖于指派给特定机构的特定任务和政府的短暂目标；必须建立一个决定不同机构责任和自由裁量范围的命令等级。[③] 质言之，法律与立法的区别就是抽象规则与具体命令的区别。

---

① F. A. von Hayek, *Law, Legislation and Liberty*, Volume 1: *Rules and Order*, London: Routledge & Kegan Paul, 1973, pp. 51 – 52.

② Ibid., p. 72.

③ Ibid., pp. 124 – 125.

哈耶克指出，在现代社会，立法是人们追求某种善、蓄意促进社会变迁的重要工具，但是，人们仍然没有学会如何控制它以使它不致产生大恶。人们对谁拥有立法权的争论，往往掩盖了立法权应当扩展多远这一更加基本的问题。在这一问题上，如果人们仍是相信立法权只有由坏人行使时才会为害，那么，立法将仍然会是一种极其危险的力量。他批评了两种观点。一是必须有一个权力不受限制的至上立法者，这最初为君主后来为民主机构。二是凡至上立法者制定的都是法律，并且只有那些表达了至上立法者意志的东西才是法律。这两种观点使得法律由一切权力的障碍变成了行使权力的工具。哈耶克认为，将"法律源自权威"颠倒为"一切权威源自法律"（不是在法律任命权威意义上，而是在权威受到服从意义上）更为接近真理。所以，并非所有的法律都是立法的产物。立法权力恰以承认某些共同规则为其先决条件。这些规则构成了立法权的基础，也限制着该权力。① 因此，在哈耶克看来，从立法者意志中推导出法律的法律实证主义的所有观念，都是具有构造主义特征的目的论谬见，是人类制度设计理论的死灰复燃。

法律与立法的区别在哈耶克那里有时表现为公法与私法的划分。他说，普遍的正当行为规则与政府的组织活动规则之间的区别，同私法与公法之间的区别紧密联系，有时等同。他指出，公、私法的划分，并不在于私法为特定的个人福利服务、公法为公共福利服务，认为公法只服务于公共福利、私法只保护个人的自私利益，完全是真理的颠倒。在他看来，作为政府组织活动法则的公法，要求与之相关的那些人以服务公共利益为目的；而私法则允许个人追求各自的私人目的，并对个人行为作出限制以使他们最终服务于普遍利益。哈耶克把刑法和民法包括在私法之中，而把宪法、财政法和行政法列为公法。② 其公法理论强调限制政府的公共权力，以使私法所保障的个人自由和专有财产不受侵犯。除公法与私法的划分外，哈耶克的法律分类理论中还隐含着"法官法"或"法律家法"（lawyer's law）与"官僚法"的区分。因为，他在讨论法律与立法时，花了许多篇幅来谈论法官与组织头领、司法与行政以及"司法过程中出现

---

① F. A. von Hayek, *Law, Legislation and Liberty*, Volume 1: *Rules and Order*, London: Routledge & Kegan Paul, 1973, pp. 72, 91, 95.

② Ibid., pp. 132–138.

的正当行为规则"与"由权威制定的组织规则"之间的区别。这可看作英、法两种传统在其法律分类理论中的又一运用。

哈耶克进一步指出，对所有人平等实施的普遍行为规则与"开放社会"相联系；把个人整合到社会或秩序中的规则则与"封闭社会"相联系。① 事实上，两种秩序、两种规则或法律，都与两种社会紧密联系在一起。这两类社会有时又被哈耶克分别称为"大社会"和"小群体"（或"部落社会""面对面的社群"）；"与规则相联系的开放社会"和"与目的相联系的部落社会"。哈耶克同样惯于用古希腊词汇 nomocracy 表示前者，用 teleocracy 表示后者。

哈耶克认为，人类最初以小股的游动人群生活，彼此相互了解并且相互信赖，在共识和共同目标的指导下相互合作。出自本能的团结意识和利他主义精神（哈耶克称之为"自然道德"），使小股人群结合在一起，并以阻止或杜绝群体的扩展为代价，保证其内部的合作。与此相对照，现代社会复杂得多，哈耶克晚年总喜欢称之为"扩展秩序"。这一社会或秩序，拥有空前的广度和结构。生活其中的人彼此不知底细，也不以邻相待，而是遵从逐步进化而来的人类行为准则或扩展秩序的规则。这些规则主要由禁令构成，为个人决策划定可以调节的领域，而使这些规则源远流长的不是"本能"，而是传统、教育和模仿。这些规则对本能要求或"自然道德"予以禁止，因而构成为一种新的道德，即"使人类能够发展为一种扩展秩序的非本能准则"。而且，这一道德也不来自理性。在哈耶克看来，不是理性产生了道德，相反，为道德所支配的人类的相互作用使得理性得以发展。道德、理性都是进化选择的结果。无论是在逻辑上、心理上还是在时间上，道德、习俗、传统都处于本能与理性之间。②

哈耶克不仅将两种社会与两类规则和秩序（"原始秩序"与"扩展秩序"）对应起来，也将其与两类道德相对应。他说，人类已被撕裂为两种存在状态。一方面，他们在"自然道德"支配下相互合作。另一方面，他们又在道德、规则和传统的导引下，为追求各自的目标而激烈竞争。他认为，随着岁月的流逝，习得的道德准则和民间习俗规则会逐渐取代本

---

① Cf. F. A. von Hayek, *Law, Legislation and Liberty*, Volume 2: *The Mirage of Social Justice*, London: Routledge & Kegan Paul, 1976, p. 27.

② 参见［英］弗里德里希·冯·哈耶克《不幸的观念》，刘戟锋、张来举译，东方出版社1991年版，第一章。

能，但这并不意味本能在"扩展秩序"中会完全消失。相反，本能会和人类据以向外扩展的习得规则不断发生冲突，这构成了文明史的一大主题。哈耶克指出，"扩展秩序"不仅由分立的个人组成，而且也包括许多相互交接的次级秩序，在这些秩序中，本能仍然保持着某些重要地位，帮助人们自愿协作。在他看来，无论是把"自然道德"强加给宏观世界，还是把扩展秩序的规则适用于人情亲密的微观群体，都会导致损毁，因此人们必须学会在两个世界中生活。[①]

总体看，哈耶克提到的两种秩序、社会、道德、规则或法律，最终可以说都体现为特殊主义与普遍主义之对立。这从斐迪南·滕尼斯（Ferdinand Tönnies）的"共同体"与"社会"（或"礼俗社会"与"法理社会"），涂尔干的"机械团结"与"有机团结"，梅因的"静止的社会"与"进步的社会"，黑格尔的"家庭""市民社会"与"政治国家"等划分那里，也能发现类似的思路。当然，哈耶克并没有把两者摆在相同地位。他始终倾向于自发或扩展秩序、开放社会或大社会和一般规则。他认为集体主义是向野蛮原始的回归。尤其是他发现并强调了法律的属性与秩序的扩展或者社会客观发展之间的紧密联系，这在其法治思想中得到较为充分的体现。

三 法律与正义

在正义论上，对西方后世影响深远的思想家莫过于亚里士多德了。亚里士多德把正义区分为分配正义和交换正义。分配正义根据人的出身、才能、功绩和对国家的贡献，把财富、职位和荣誉等分配给不同地位、不同身份的人。交换正义则要求侵害了他人财产、权利的社会成员，偿还受害人的东西或恢复、补偿受害损失，它主要适用于合同、侵权和刑事等领域。形象而言，前者可用力臂不等的平衡杠杆表示，它暗含着按照人的主观价值确定或者改变人在体力、智识和财富等方面的不平等。后者可以天平象征，它并不否认人在事实上不平等的合理性。对这两种正义，哈耶克一生都在贬抑前者而褒扬后者。数十年间，他始终与试图运用政治力量建构社会平等的理想针锋相对。

---

① 参见［英］弗里德里希·冯·哈耶克《不幸的观念》，刘戟锋、张来举译，东方出版社1991年版，第19—20、192—193页。

如同自由的概念有积极自由与消极自由之分一样，哈耶克认为，正义也有积极概念和消极概念之分。前者为特定的个人分派特定的社会义务，后者则由个人行为规则予以界定。这其实也就是"实质正义"与"形式正义"的界分。在哈耶克看来，正义之实质在于同样的原则得以普遍实施，真正的正义是以形式规则为基础的"非人格正义"（impersonal justice）。① 可见，哈耶克只视"形式正义"为正义。他说，严格而言，只有人类行为才能被称为正义的或非正义的，"正义是人类行为的一种属性"，谈到正义总暗含着某人或某些人应当或不应当实施某种行为，而"自然"则无所谓正义或非正义可言，称某一事实状态是正义的或非正义的是不对的。如前所述，哈耶克认为，所谓的"社会正义"或"分配正义"只在组织内部才有意义，而对自发秩序没有意义。因为，正义与行为而不与结果相联系，如果甲应多得而乙应少得不是某人行为的有目的或预先的结果，那么它就不能被称为正义或非正义的。② 在正义论上，哈耶克一直把正义与形式规则或法律联系在一起，但他并没有向人们提供正义的肯定性标准。在他看来，正义可以通过非正义的否定性标准去发现。在其正义理论中，哈耶克对"社会正义"或"分配正义"的抨击，远远多于对正义的正面阐述。

从《社会正义的幻影》这一书名，即可看出哈耶克对"社会正义"的态度。他认为，社会正义只是一场术语骗局，说到底是"分配正义"（即"每一个体应该获得他在道义上应得的一切"）的同义语。它与竞争的市场秩序、人口和财富的增长乃至维持势不两立，对"人类合作的扩展秩序"也是百害而无一利。社会正义名义上是"社会的"，而实际上则是维持社会的主要障碍。它毋宁是反社会的。他说："今天以'社会正义'为名所做的许多事情不仅是非正义的，而且，在这个词的真正意义，即它不过是对固有利益的保护上，也是高度非社会性的"。③ 他认为，社会正义会诱使人们抛弃掉曾经在过去激发文明发展的许多道德价值。像追求不能达到的大多数企图一样，为社会正义奋斗会产生非常不如人意的后

---

① Cf. F. A. von Hayek, *Law, Legislation and Liberty*, Volume 2: *The Mirage of Social Justice*, London: Routledge & Kegan Paul, 1976, p. 143.

② Ibid., pp. 31–33.

③ Ibid., p. 96；另见［英］弗里德里希·冯·哈耶克《不幸的观念》，刘戟锋、张来举译，东方出版社1991年版，第167—168页。

果，特别是导致个人自由的损毁。哈耶克否认有所谓"对社会的价值"。他认为，服务只能对特定的人或组织才有价值，承认所谓"对社会的价值"，实是把社会不看作自由人的自发秩序，而是视其为所有成员都服务于一个单一目的等级制的组织。这必定是缺乏个人自由的全权体制。他批评按照品行给予报酬的做法。因为，奖励并不因美德（即对道德规则的遵从）而设，自由人的标志在于，其生活不受他人对其品行的看法的影响，而只凭靠他为其他人所提供的产品或服务。他还把"所有报酬应由政治权力决定"称为"万恶原则"。因为，在他看来，奖惩只能由市场过程决定，"除市场外，谁也无法确定个体对整体贡献的大小，从而也无法确定应给予某人多少报酬"。相反，"分配"则意味着由一个人格化的分配机构的意志，决定不同个人或群体的相对地位，而不由非人格化的过程决定利益分配。这必然给指导个人得到特定结果的权威以专断的权力，从而导致一种所有人都屈从于政府特殊指令的体制。总之，分配正义的原则一旦被采用，个人应当做什么以及个人行为所采取的方式都将由权力机构决定，如此必然与自由民邦相对立。

哈耶克之所以反对分配正义，部分是因为它试图消灭社会生活中事实上的不平等，追求实质平等乃至平均主义。而在哈耶克看来，正义却是与事实或结果上的不平等不可分的，正义通过形式平等维持事实或结果上的不平等。他多次提到，正义要求统一的行为规则得以平等适用，而这种形式平等必定导致结果的不平等。但是，事实或结果上的不平等并不应遭受谴责或摒弃。相反，它往往是社会客观发展所必需的。没有事实上的不平等，人类就无法达到甚至无法维持目前的人口数量，经济的迅猛发展也不可能实现。他认为，经济和社会的高速发展，不可能以一种齐头并进的平均发展方式实现，而只能通过一部分先发展另一部分后来跟上的梯队方式获得。显然，这种不平衡发展，必定会带来社会财富的不均或不合理分配，从而使权力流向富有者。但是，哈耶克对此不以为然。他说，从短期看，这自然是不平等，而从长远看，这种不平衡发展实有益于贫困落后者。因为，他们可以从先进者那里获得先进经验，提高自己的地位，从而削弱起初的不平等；而阻碍先进者致富往往导致后进者因经验缺乏而止步不前。不仅国内如此，国际竞争也是如此。他以英国为例指出，在经济上拥有最发达的阶层，是一个国家在国际竞争中居于优势的重要因素；而且，那种试图通过主观设计以铲除贫富差距的做法，必然断送其在世界性发展进程中的领先地位。① 哈耶克反对使用强制措施去推行较为公平或平等的分配目标，认为任何把主观设想的分配模式强加于社会都与个人自由水火不容，并且会导致社会的停滞或静止。在他看来，争取自由必须坚持法律面前人人平等。法律面前人人平等之精义在于：尽管人们在事实上存在着差异，但他们应当得到平等的待遇。自由、法律面前人人平等必定导致物质上的不平等。物质上的不平等虽是社会弊端之一，但不构成使用歧视性强制措施来克服这种不平等的正当理由。因为，任何人或任何群体都不具有知悉他人潜力的能力，永远都不应让任何人去行使这一权力；任何人获得的新的能力或经验都有可能为其他人所掌握，从而使社会获益。他对罗尔斯正义论中的平等原则提出了批评，认为"罗尔斯的世界永远不会文明化：它压制应运而生的多样性，从而压抑人们发现新的可能性"。②他还指出，"在这个世界上，平等地待人和试图使他们平等这二者之间的差别总是存在。前者是一个自由社会的前提条件，而后者则像托克维尔所描述的那样，意味着'一种新的奴役形式'"。③

分配正义以人们事实上的不平等为前提，并以此为基础试图通过主观努力重建人类原有的平等或不平等，而在哈耶克那里，正义同样以人事实上的不平等为前提，只不过，正义并不以改变这一事实为己任，相反，正义通过形式上的平等对待让不同的人自由发展。在此意义上，分配正义必定与计划和具体命令相联系，形式正义则必定与市场和形式法律相联系。哈耶克认为，形式正义的根据在于"个人生来就极为不同"。④ 他说，"人性有着无限的多样性——个人的能力和潜力存在着广泛差异——这是人类最独特的事实之一"，⑤ 在这一点上，"人人生而平等"的说法明显不合事实。"正是由于人们实际上是不相同的，因此我们才能够平等地对待他们。如果所有的人在才能和嗜好上都是完全相同的，那么我们就不得不区

---

① Cf. F. A. von Hayek, *The Constitution of Liberty*, Chicago: The University of Chicago Press, 1960, pp. 46–48.

② ［英］弗里德里希·冯·哈耶克：《不幸的观念》，刘戟锋、张来举译，东方出版社1991年版，第104页。

③ ［英］弗里德里希·冯·哈耶克：《个人主义与经济秩序》，贾湛等译，北京经济学院出版社1991年版，第16页。

④ F. A. von Hayek, *The Constitution of Liberty*, Chicago: The University of Chicago Press, 1960, p. 87.

⑤ Ibid., p. 86.

别对待他们以便形成一种社会组织。所幸的是,人们并不相同,而且正是由于这一点,人们在职责上的差异才不需要用某种组织的意志来武断地决定,而是待到适用于所有人的规则确定了形式上的平等之后,我们就能够使每个人各得其所。"① 正义除了"人人生而不同"这一根据外,还源于人的无知。哈耶克指出,在一个人们无所不知的社会中,将不会有正义观念的任何空间。因为,在此社会中每一行动都将被视作是带来某种效果的手段,"像所有抽象概念一样,正义也是对我们无知的一种适应"。② 正是由于个人的必然无知和信息集中的不可能,才使得"社会正义"的分配方案不可取。

与两类社会的划分相联系,哈耶克还认为不同的社会存在着不同的正义观。在"大社会"中,盛行的是平等地适用于群体成员和陌生人的"普遍正义"(universal justice,或全体正义);在"部落社会"中,流行的则是以共同可见的目的为基础的"群体正义"(sectional justice,或部分正义)。③ 在哈耶克看来,社会正义的空间范围只以"部落社会"或小群体为限,而在"大社会"中,社会正义是一种破坏力量。在规则和道德方面,小群体与"大社会"存在根本不同。在小群体中,个人能知道其行为对伙伴的影响,规则可有效地禁止他以任何方式伤害他们,甚至要求他以特殊的方式帮助他们。而在"大社会"中,人们常常不知道谁会从其行为中获益,也不在乎其行为是否对社会有好处,他们只以一般规则为指导。哈耶克提到,抽象规则的原则与部落社会的情感,或者,正义与忠诚之间自古就存在着冲突。"以形式规则为基础的非人格正义"这一理念的兴起,是与作为部落社会之基础的个人忠诚情感不断斗争而获得的。他指出,对特定群体,如职业、阶级、家族、民族、种族以及宗教等,忠诚是正当行为规则普遍实施的最大障碍。因为,将同样的规则超出相对狭小的亲密群体范围,而扩展到所有其他的人,必定要求只在小群体中实施的那些规则的弱化。如果对陌生人或外国人的法律义务,与对同一村庄或城镇的邻里或居民的法律义务一样,那么,后者必须被降低到也能适用于

---

① [英]弗里德里希·冯·哈耶克:《个人主义与经济秩序》,贾湛等译,北京经济学院出版社1991年版,第16页。

② F. A. von Hayek, *Law, Legislation and Liberty*, Volume 2: *The Mirage of Social Justice*, London: Routledge & Kegan Paul, 1976, p. 39.

③ Ibid., p. 143.

陌生人。人们自然愿意在小群体中对自己选择的朋友或伙伴承担更大的义务,但是,这种道德义务从来不能成为法律之下自由体制的强行义务。在自由民邦中,不强制执行的道德规则与强制执行的法律规则必须严格区分开,这在哈耶克看来非常重要。因为,要使交往和交换过程超出小群体,就得缩减规则的道德或忠诚义务,使之能够平等适用于一切彼此不明底细的人。① 他说:"事实上,从小群体到大社会或开放社会的转变——把所有其他的人都视为一个人而不是要么视作一个熟知的朋友要么视作一个敌人——要求缩减我们对所有其他人的义务范围。"② 否则,道德努力往往会产生不道德的后果。他说,"现代历史最令人警醒的教训是:政府犯下了我们时代最严重的罪行,而这竟得到了为道德冲动所支配的成千上万人的热情支持。"③ 总之,哈耶克认为,"社会正义"之要求实际上是部落精神对"大社会"之抽象要求的厌恶,它与强制应仅限于执行正当行为规则这一理念格格不入,社会正义如果超出小群体的空间范围而扩展到大社会,就会成为破坏力量。

不难看出,哈耶克所说的正义始终是与法律联系在一起的。这很容易给人一种误解,以为哈耶克是一位自然法论者。其实不然。尽管哈耶克对法律实证主义曾提出批评,这里他又把正义与法律放在一起,但哈耶克对自然法却采取了相当谨慎的态度。从哈耶克的字里行间,可发现其所说的正义,与自然法论者,尤其是理性主义自然法论者所主张的正义,相去甚远,甚至相反。就其重视正义与法律的一般性、普遍性、抽象性、持久性等之间的联系而言,其理论至多与富勒提到的"程序自然法"的几个原则有些相似。有人主张,"法治之法"除具有一般性和平等性外,还必须是正义的。哈耶克对此论点深不以为然。他认为,一种法律可能是恶法或非正义的法,但只要这种法律具有一般性和抽象性,那么这种危险就能减少到最小限度。在哈耶克看来,法律应当服务于正义,而不服务于特殊利益或政府的特定目标,否则,个人自由就会受到破坏。而在谈法律与秩序之间的关系时,哈耶克也提到法律服务于抽象秩序的形成。可见,在哈耶克那里,法律和正义都独立于任何具体的共同目标而与抽象秩序紧密联

---

① F. A. von Hayek, *Law, Legislation and Liberty*, Volume 2: *The Mirage of Social Justice*, London: Routledge & Kegan Paul, 1976, pp. 88–91.

② Ibid., p. 90.

③ Ibid., p. 134.

系，法律的正义与否在于其是否与抽象秩序一致。在他看来，自由民邦的维持，有赖于由正当行为规则组成的那部分法律（基本上是私法和刑法）对私人的平等实施，但这并不意味着每一法律在每一特定情况下都会是正义或合理的。关键在于，正当行为规则被毫无偏袒地、普遍一致地施行。如果这一点能够做到，正义就可以实现。所以，正义与作为整体的正当行为规则体系紧密相关，单个正当行为规则的正义判断取决于它是否与整个规则系统相容。①

第三节　作为正当规则之治的法治

在哈耶克所提到的法律与正义的关系中，"法律面前人人平等"与"物质平等"之间的矛盾，实际上是自由与平等之间的冲突。对此二者，哈耶克无疑把自由摆在了第一位。在哈耶克那里，不仅自由与平等存在着冲突，自由与民主也可能存在着不一致。在他看来，个人自由是终极价值，民主则只是一种手段。在"多数统治"意义上使用的民主概念，具有很大的危险性，其致命的弱点在于权力不受限制。哈耶克指出，人民的大多数（或他们选出的代表）应该自由颁布他们赞成的任何东西，在此意义上，他们是至上的，这一观念与"民众主权"有着密切联系，其错误倒不在于任何权力都应掌握在人民手中，也不在于他们的愿望必须通过大多数人的决定表达，而在于主权概念本身，亦即权力的最终源头不受限制。② 在哈耶克看来，民主与大多数人的权力应当如何行使并无必然联系。民主所关心的只是权力的最终归属，而只有自由主义者才关心权力的行使及其限制。因此，自由主义与民主政治在原则上存在着不同："自由主义是一种关于法律应当是什么的教义，而民主政治是一种关于确定法律将是什么的方式的教义。"③ 在《自由民邦的政治秩序》一书中，哈耶克

---

① F. A. von Hayek, *Law, Legislation and Liberty*, Volume 2: *The Mirage of Social Justice*, London: Routledge & Kegan Paul, 1976, pp. 34-35.

② Cf. F. A. von Hayek, *Law, Legislation and Liberty*, Volume 3: *The Political Order of a Free People*, London: Routledge & Kegan Paul, 1979, p. 33.

③ Cf. F. A. von Hayek, *The Constitution of Liberty*, Chicago: The University of Chicago Press, 1960, p. 103.

主要关心的即是自由民邦必须对政府的强制权力所施与的限制。在他看来，对强权或专制的严格限制必定是与法治联系在一起的，法治是自由民邦最伟大的成就之一。

哈耶克这样界定法治，他说：

> 法治……意味着，政府的一切行动，都受到预先确定并宣布的规则的约束，这些规则使得个人有可能确定无疑地预见当局在规定情形下怎样行使其强制权力，以及根据这种知识安排其个人事务……它并不是指，每件事情都要由法律规定，而是指，政府的强制权力只能在事先由法律限定的那些情况下，并按照可以预知的方式行使。①

看上去，哈耶克对法治的界定似乎只与政府的强制权力相关。其实不然，法治也包含着对立法权的限制。他说，

> 法治意味着，政府除了实施众所周知的规则外，不得对个人实施强制，它构成了对政府一切权力的限制，包括对立法权的限制。②

这表现为立法范围只能限于那种被称为形式法律的一般规则，而不能包括直接针对特定人的立法，或者，为歧视目的而授予任何人以国家强制力的立法。在这一点上，哈耶克指出，"法治之法"并非立法机关制定的形式意义上的法律，因为最高立法者随时都可废除自己制定的法律，它绝对不会用法律限制自己的权力。进而，哈耶克批评了一种形式意义上的法治或"法律国家"观。这一法治观认为，只要政府的一切行动都由立法机关授权，或者政府依照立法机关颁布的所有被称为法律的东西行事，法治就能得以维持。哈耶克认为，这是对法治的严重误解。在他看来，法治与政府的一切行动具有"形式合法性"（legality）并没有什么关系，政府行为即使合法也可能不合乎法治，法律完全可以使那种实质上是专断的行动合法化，同样，一个民主制度也完全可能以通过法律授予政府无限权力这一方

---

① F. A. von Hayek, *The Road to Serfdom*, Chicago: The University of Chicago Press, 1944, pp. 72, 83 – 84.

② F. A. von Hayek, *The Constitution of Liberty*, Chicago: The University of Chicago Press, 1960, p. 205.

式使专制统治合法化。他举例说，阿道夫·希特勒（Adolf Hitler）就是以严格的合宪方式获得无限的权力的，其所作所为在法律上也完全立得住脚。就此而言，法治虽与宪政相连，却并不止于宪政，它还要求所有的法律都符合一定原则。因此，哈耶克强调指出，法治关注的不是法律是什么，而是法律应当是什么。在哈耶克看来，"法治之法"应当具备下列属性：

其一，一般性和抽象性。在《英国法释义》中，威廉·布莱克斯通（William Blackstone）曾把法律界定为一种具有持久性、一致性和普遍性的一般规则，而不是由少数人或一人自上发布或者针对特定人发布的即时命令。在哈耶克的著作中，这被多次提到。哈耶克认为，法律与命令的重要区别在于：命令规定行动的具体目标，从而使得命令的对象不能利用自己的知识和遵从自己的意志，而抽象且一般的规则则只规定行动的某些条件，行动只要符合这些条件即被允许；同时，抽象且一般的规则只向个人提供行动框架，在此框架之内，个人根据法律提供的信息和自己的知识，按照自己的意志追求自己的目标。哈耶克有时把法治之法称为形式法律。它与"实质规则"（substantive rules）的区别有如道路规则与命令人们向何处去，或设置路标与命令人们走哪条道路的区别。它使用一般性措辞，只涉及典型情况，不分派特定个人以特定事情，也不考虑特定情形。在此意义上，形式法律是工具性的。人们并不知道这些规则的具体结果，也不知道它们将有助于何种特定目的或会帮助哪一特定人群。它们只是被赋予了一种最有可能使受其影响的所有人获益的形式。①

其二，普遍性和平等性。法律与命令的另一区别在于法律的普遍性和平等性。亦即，无论社会成员的出身、性别、种族、宗教、受教育程度、经济状况等，在相同情况下法律对其具有同等约束力，一律平等适用。在哈耶克看来，规则平等地限制每个人的自由确保了所有人的同样自由。要预测他人的行动，规则就应适用于一切情形。正是规则平等地适用于一切人，才使得压制性法律不可能得到采用。如果给社会成员差别对待、授予特定人以特权，则必然回到"身份之治"。他认为，要使法治生效，规则

---

① F. A. von Hayek, *The Constitution of Liberty*, Chicago: The University of Chicago Press, 1960, pp. 149–153; also F. A. von Hayek, *The Road to Serfdom*, Chicago: The University of Chicago Press, 1944, pp. 74–75.

总是被毫无例外地适用比该规则的内容是什么更为重要。这就像开车是走左边还是右边没有关系,只要人们同样行事就行。[1]

其三,无目的性。在法律的目的问题上,康德强调规则的"无目的"特性,而从边沁到鲁道夫·冯·耶林(Rudolp von Jhering)的功利主义,则视目的为法律的核心特征。哈耶克认为,如果目的指涉"特定行动的具体可预见的结果",那么功利主义当然就是错的。在目的的通常意义,即"特定可预知事件的预期"上,法律不是任何目的的手段,而只是人们成功追求各自目标的一个条件。在此意义上,法律不服务于任何具体目的,而只服务于不同个人的无数不同目标。康德所说的"无目的",是就规则对特定情形的适用而言的,而就整个正当行为规则体系而言,哈耶克认为,抽象秩序能够成为行为规则的目标。[2] 或者说,"法律或正当行为规则不服务于(具体的和特定的)目的,而服务于(抽象的和一般的)价值,即一种秩序的维持。"[3]

其四,消极性或否定性。哈耶克认为,正当行为规则实质上是消极的或否定性的,因为它们只是为了阻止非正义。它们一般是不正当行为的禁令,而不给个人强加积极义务,除非个人以自己的行为遭到这类义务。正当行为规则的这一消极属性,是规则扩展出共同体或小群体过程的必然结果,在拥有共知目的的共同体内,人们往往被要求积极行为。哈耶克指出,把一切正当行为规则都视为具有消极属性,人们就不会一错再错。

其五,确定性和稳定性。法律应当公知且确定,具有相对持久的稳定性。法律的确定性主要在于对法院判决的预期结果是确定的,这就要求法院的司法行为应当合符先定的规则。哈耶克同时也承认,法律的完全确定只是一个理想,它并非指所有的规则都应预先用文字一一详细规定。他认为,用文字明确表述法律的目的在于,在特定场合使其实施得到同意。他还认为,现代社会夸大法律不确定性的趋势是反法治的,它必定导致法治的衰落。

---

[1] Cf. F. A. von Hayek, *The Road to Serfdom*, Chicago: The University of Chicago Press, 1944, p. 80.

[2] Cf. F. A. von Hayek, *Law, Legislation and Liberty*, Volume 1: *Rules and Order*, London: Routledge & Kegan Paul, 1973, pp. 112–114.

[3] F. A. von Hayek, *Law, Legislation and Liberty*, Volume 2: *The Mirage of Social Justice*, London: Routledge & Kegan Paul, 1976, p. 14.

其六，可预见性。亦即，法律必须事先宣告，以使个人能够预测到政府在某一情况下将如何行使其强制权力，以及他和他的国人在某一情况下将允许做什么和不允许做什么。

其七，双向约束性。法治要求国家和私人都受法律的约束，不仅所有的社会成员受法律制约，规则的制定者、执行者和适用者也都应遵守法律，这是保障自由的重要一环。

哈耶克强调，现代形式法律的这些属性，无非在于保障个人自由、形成抽象秩序、实现正义，尤其是使社会在人的相互作用过程中自发向前发展。而所有这些都离不了对政府或国家的强制权力的限制，这正是法治关键之所在。法治的精义，实在于使执掌强制权力的机构的行动自由减少到最低限度。与别的一些自由主义者不同，尽管哈耶克敌视"分配正义"，但他并不主张"自由放任"。他认为，19世纪的许多自由主义者的致命错误在于抛弃了一切国家活动，而事实上每一政府必然会有所作为。在哈耶克看来，自由主义观点并不否认，甚至强调，为了竞争有效起作用，需要一个精致的法律框架，也需要政府的一定参与。他指出，"一个正常运转的市场，不但必须要以防止暴力和欺诈，而且还必须以保护某些权力，如财产权、合同的执行等等为其先决条件"，"有某些政府活动比没有这些政府活动更能使竞争有效有益"。① 哈耶克主要提到了政府的两项任务。一是提供公共服务或公共产品，二是执行正当行为规则。后者是政府或国家的主要职能，它与为了克服社会生活中的各种强制而赋予政府的几近垄断的强制权力紧密联系在一起。对此权力必须予以限制，因为一切权力都不应是专断的，"如果政府不被限制在某些特定种类的活动内，而且能够任意使用它的权力来实现它的任何目标，那么就没有任何自由。"② 维护自由、反对专制的目标是建立法治。为此，哈耶克提到了法国大革命。他说，法国大革命曾试图为增进个人的权利而树立法治，但其目标并未实现，原因在于大革命的一种致命信念，即既然所有的权力都已置于人民手中，一切用以防止权力滥用的保障措施也就不再必要了。按照哈耶克的意思，法治的根据在于目的与手段的区分。他说，"我们必须区别要实现的

---

① ［英］弗里德里希·冯·哈耶克：《个人主义与经济秩序》，贾湛等译，北京经济学院出版社1991年版，第103页。

② 同上书，第19页。

目标和被提出的或实际上是为了实现目的所必须的手段",而且,无论在理论上还是在实践上人们都能区分二者。① 在哈耶克看来,不仅目的说明不了手段的正当性,而且,实现某种目的所必需的手段,也有可能被用来实现其他目的,因此,值得关心的是所使用的手段和方法而不是要达到的目的。这也正是他对那些以强制权力消除道德罪恶的人的憎恶强于对坏人的憎恶,并且总认为出于"集体利益"、共同福利未必能达到共同"善"的原因之所在。哈耶克曾提到两种相反的观念。一是权力只要是经过民主程序产生的就不会是专断的,或者说,权力只要源于大多数人的意志就不会是专横的。二是防止权力专断不在于权力的来源而在于权力的限制。哈耶克认为,这二者都有失偏颇,都是错误的。② 在他看来,权力的产生有赖民主,权力的限制则依靠法治,二者不可或缺。

哈耶克进一步指出,法治要求立法职能与司法职能分别由两个独立而协调的机构执行。立法机关制定规则时不应考虑具体情形,同样,司法机关审理具体案件时也只能依据一般规则。不过,哈耶克并不否认法官在规则不明确时的自由裁量权,只是法官对法律的解释应由上级法院按照一般规则予以审查。哈耶克承认,行政机关在许多领域可以以自己认为合适的方式自由行事,拥有广泛的自由裁量权,但这些权力不包括"支配个人和财产"的权力。亦即,政府不能将私人和财产当作行政对象,或者为达到行政目的而运用的手段。法治只关注政府的强制性活动,根据法治,政府只有在个人违反了已经颁布的一般性规则时,才能侵入他原受保护的私人领域。同时,法治要求,行政机关采取强制行动时,必须受到详细规定了强制权力使用的场地和方式的一般规则的限制。而且,行政行为还应当接受司法审查。哈耶克还提到,行政权和规则制定权应该分开,否则明显有违权力分立原则和法治理念。为了把内部规则与外部规则分开(二者因为"源于同一权威"而容易混淆),他提议建立两个功能不同、彼此分立的代议机构:立法议会(Legislative Assembly)和政府议会(Governmental Assembly)。前者代表公众意见(opinion),负责发现、制定和维护

---

① [英]弗里德里希·冯·哈耶克:《个人主义与经济秩序》,贾湛等译,北京经济学院出版社1991年版,第119—121页;另参见 F. A. von Hayek, *The Road to Serfdom*, Chicago: The University of Chicago Press, 1944, p. 155。

② F. A. von Hayek, *The Road to Serfdom*, Chicago: The University of Chicago Press, 1944, pp. 71, 146 – 147.

正当行为规则。后者代表特殊利益（interests），负责行政管理，制定组织规则。二者的重要不同在于，政府议会必须受立法议会制定的正当行为规则的约束，尤其是，它不能向私人发布任何不能从立法议会颁布的规则中直接和必定推出的命令。至于两个机构在分工范围上的争议，按照哈耶克的设想，则由宪法法院处理。① 可见，宪政体制的安排在哈耶克那里也是法治的应有之义。

综上所述，哈耶克的法律思想始终受着其无知观和信息分散理论、进化理性主义以及个人主义的影响，其理论学说处处充满着抽象与具体、自发与人为、个体与集体之类的两极化，把握住了这些两极化也就不难理清哈耶克法律思想的进路。对这些两分，哈耶克一贯表现出支持前者而谴责后者，这正是其自由主义立场的核心所在。哈耶克的自由主义理论因此也表现出很强的贵族色彩。无论是人与人之间的贫富分化与共处，还是国与国之间的自由贸易，其自由主义主张的背后，都隐含着对事实不平等的维护。

在正义论上，哈耶克之所以反对罗尔斯的正义原则，正在于罗尔斯的正义论强调并考虑了起点不平等和社会结构不均衡的问题。无论是个人在国家中的发展，还是国家在国际社会中的发展，由自然或历史的原因所致的事实上不平等都是一个重要前提。这种事实上的不平等，使得贫富之间的自由贸易和交往，成为一种不平等的贸易和交往。哈耶克的自由主义理论实际建立在这种不平等的贸易和交往的基础上，或者说，至少无视也无意改变这种不平等的贸易和交往。不平等的社会结构是社会权力体制和权力统治赖以寄生的基础，所谓的自生自发的扩展秩序实际上不过是社会权力体制和统治在社会范围的展开而已。就此来看，哈耶克对社会正义的极力排斥，蕴含着对一种看上去是自然的或自发形成的社会权力体制和权力统治的放任或维护。如果由碎裂的知识和分散的信息这些涓涓细流交融而成的自生自发的秩序是一条大河，那么，它的推动力和最终归宿实际上就是这样一种社会权力体制和统治。这样一套体制和统治只能求诸形式意义上的普遍正义，因为，社会正义和群体正义势必阻碍和抵制这套社会权力体制和统治在某一社会内乃至全球社会的扩展。

---

① Cf. F. A. von Hayek, *Law, Legislation and Liberty*, Volume 3: *The Political Order of a Free People*, London: Routledge & Kegan Paul, 1979, pp. 111–121.

在自由问题上，自由主义难以克服的一个悖论在于个人自由与国家之间的矛盾。一方面，个人自由的最大威胁来自国家权力；另一方面，国家又被视为不得不容忍的"恶"，个人自由必须依靠国家法律以及国家不胡作妄为而得以保护。尽管自由主义理论讲权力的分立和相互制约，讲法治和宪政，但它最终并不改变国家作为政治统治机器而存在这一事实。就此而言，自由主义实际上既是关于个人自由的学说，也是关于国家的学说，社会不平等和国家的存在构成为自由主义的两大事实基础。换句话说，自由主义既是关于国家权力的学说，也是关于社会权力的学说。哈耶克的理论试图把国家权力与社会权力统一起来。在国家权力方面，哈耶克在反对集权和倡导法治政府的同时，通过"法律"与"立法"的划分特别强调了国家权力、"法律"与自生自发秩序之间的一致性。这实际上消解了国家权力与社会权力的对抗。源于国家权力的"立法"容易阻碍和破坏自生自发秩序，而国家权力对源于社会互动和自生自发秩序的"法律"的认可和遵从，则是对自生自发秩序的支持。如此，国家权力体制和统治就与社会权力体制和统治合在了一起。由此，一套有其价值理念、规范体系和权力运行原则的自由主义政治哲学也被建立起来，其中，个人自由、法律、普遍正义等都由自生自发的扩展秩序一以贯之。从哈耶克的理论看，在这样一种统一的权力体制和统治中，不拥有权力和财富的贫穷者仍然有其个人自由，因为他们完全可以像第欧根尼（Diogenes）那样，穿着破旧的衣服睡在木桶里享受阳光的温暖和悠闲的惬意，而且，这样一种个人自由还让亚历山大王（Alexander）羡慕不已。

第九章

法律的正义价值：罗尔斯之理论转向

现代西方思想，既处在"传统"与"现代"之间，也处在"古典"与"后现代"之间。从"传统"与"现代"的关系看，"现代性"构成为现代思想的主色彩，凸显出对传统或古代思想的陌生、疏远乃至隔断。这集中表现在现代思想只从人的经验和理性出发，而不再从先知话语、传统观念或宗教教义出发。例如，自然法理论，自近代以来，明显多是与传统或古代自然法理论发生断裂的、从"自然权利"出发的现代自然法理论。像雅克·马里旦（Jacques Maritain）那样谙通古代自然法理论的现代学者，事实上很少。从"古典"与"后现代"的关系看，很多现代思想表现出对古典思想的捍卫，同时也不得不对"后现代"作出回应。像哈耶克的理论，对斯密的自由主义可谓一贯到底，而同时，在对理性建构以及社会建构的批判中，并未滑向解构或革命境地，而是最终融入进化理性主义的脉络之中。另一位致力于正义论研究的现代思想家罗尔斯，同样表现出对一种古典思想的捍卫。只不过，其理论看上去既试图在个人自由与社会正义之间达致平衡，也不得不在现代理性批判的潮流中，对古典理论作出适当调和。总体看，在正义论上，罗尔斯发生着一定的理论转向。此种转向，不是向传统或古代的复归，而是对古典理论的进一步深化和完善。在这一点上，罗尔斯表现出与同样作为坚定自由主义者的哈耶克的一致性，尽管二人在社会正义问题上明显存在分歧。

按照利奥塔的说法，"后现代"是"对一切元叙述的不信任"、对同一性的挑战，因而，对"后现代"的特征作一种具有普遍性的共同概括，本身正与后现代主义对颠覆、批判、破坏、断裂、未知、矛盾、差异、复杂、多元、偶然、不确定等的强调相悖。在一定意义上，"任何为后现代主义设定核心概念或本质的企图都是在步现代主义的后尘"。① 尽管如此，还是有很多人对"后现代主义"的特点作了一种整体把握。一般而言，后现代思潮在思维方式上实现了范式和视角的转换，它与"反基础主义"（antifoundationalism）、"反本质主义"（antiessentialism）、"多元主义"（pluralism）、"非中心化"（decentering）等联系紧密。② 受这一思潮的影响，一些著名学者在 20 世纪 80 年代中期以来发生了明显的理论转向。例如，理查德·艾伦·波斯纳（Richard Allen Posner）从《法律的经济分析》（1977）到《法理学问题》（1990），昂格尔从《知识与政治》（1975）到《批评法律研究运动》（1986），德沃金从《认真对待权利》（1977）到《法律帝国》（1986），在一定程度上都被认为发生着从"基础"（如效益、道德、权利等）到"反基础"的转变。③ 除此之外，从《正义论》（1977）到《政治自由主义》（1993）、《万民法》（1993/1999），罗尔斯看上去也发生着从全整（comprehensive）论说、普遍主义、对真理的追求到"政治的正义观念"（political conception of justice）、特殊主义、"重叠共识"（overlapping consensus）的重要转变。

第一节　普遍的正义原则

1971 年，罗尔斯的《正义论》出版。这对西方学术界产生了巨大影响。哈贝马斯在《通过理性之公共运用的和解：评约翰·罗尔斯的〈政治自由主义〉》中甚至称："在最近的实践哲学史上，约翰·罗尔斯的《正义论》标志着一个轴心式的转折点，因为他将长期受到压制的道德问题重新恢复到严肃的哲学研究对象的地位。"④ 在《正义论》中，罗尔斯至少突出了两点。一是平等，二是社会契约。在前一问题上，《正义论》

---

① Gary Minda, *Postmodern Legal Movement*, New York: New York University Press, 1995, p. 190.

② 参见王治河《扑朔迷离的游戏——后现代哲学思潮研究》，社会科学文献出版社 1998 年版。

③ Cf. Gary Minda, *Postmodern Legal Movement*, New York: New York University Press, 1995, pp. 204–206.

④ 转引自万俊人《政治自由主义的现代建构》，附于［美］约翰·罗尔斯《政治自由主义》，万俊人译，译林出版社 2000 年版，第 560 页。

的发表标志着西方政治哲学的主题发生了从"自由"到"正义"的重大转变。① 在后一问题上，罗尔斯继承并发展了传统社会契约理论，使之上升到更高抽象层次。

自由与平等一直是自由主义与"左派"，以及自由主义内部争论的焦点所在。古典自由主义的核心是自由。霍布斯、洛克、康德、约翰·斯图尔特·密尔（John Stuart Mill）等人关注的重心，都在于自由价值和自由制度。而罗尔斯的政治哲学的核心则是正义。因为这一点，罗尔斯的理论被人称为"新自由主义"。罗尔斯指出："正义是社会制度的首要价值，正像真理是思想体系的首要价值一样……作为人类活动的首要价值，真理和正义是决不妥协的"②，而且"正义总是表示着某种平等"③。因此，《正义论》从自由到正义的转变，实际上是从自由向平等的转变。罗尔斯的新自由主义的一个显著特点即是对"社会正义"的强调。罗尔斯认为，社会基本结构包含着不同社会地位，政治体制、社会经济条件决定了处于不同社会地位、具有不同天然禀赋的个人的未来生活，因而，人们之间事实上的不平等，构成为社会正义原则的最初适用对象，正义的主题在于社会的分配正义。在《正义论》中，罗尔斯旨在考察"秩序良好社会"（well-ordered society）的正义原则，以为社会基本结构中的权利义务分配提供标准。

罗尔斯的正义论，继承并发展了洛克、卢梭和康德等人提出的传统的社会契约论。在传统社会契约理论中，人们达成契约的目的在于建立政府，而罗尔斯使之上升到一种更高的抽象层次。亦即，社会契约的目的并不仅在于建立政府或国家，而在于形成一套道德原则或正义原则，道德原则优先于政府的建立和宪法的制定。罗尔斯在《正义论》中关注的重点，是何种分配才是正当的、合乎道德的。在分配问题上，西方盛行的是功利主义。这一理论的主旨在于，如果一个社会的主要制度安排能满足最大多数人的最大幸福，那么该社会安排就是恰当的，因而也是正义的。而罗尔斯则试图基于契约论，提出与功利主义相对的正义理论。罗尔斯将正义摆在了首要位置，他说，"某些法律和制度，不管它们如何有效率和有条

---

① 姚大志：《现代之后——20世纪晚期西方哲学》，东方出版社2000年版，第22页。
② ［美］约翰·罗尔斯：《正义论》，何怀宏等译，中国社会科学出版社1988年版，第1—2页。
③ 同上书，第54页。

理,只要它们不正义,就必须加以改造或废除"。每一社会成员都拥有一种基于正义或自然权利的不可侵犯性,这种不可侵犯性,即使以社会整体利益之名也不能逾越。因此,正义否认为了一些人享受更大利益而剥夺另一些人的自由是正当的,也拒不承认多数人享受的较大利益能绰绰有余地补偿少数人迫不得已的损失。① 罗尔斯视功利主义为一种目的论或价值论,它"把善(good)定义为独立于正当(right)的东西,然后再把正当定义为增加善的东西"。而罗尔斯采取的则是义务论或道义论,它认定"正当的概念优先于善的概念"。② 因此,在罗尔斯那里,正义观只是"一种有关道德情感的理论,它旨在建立指导我们的道德能力,或更确切地说,指导我们的正义感的原则"。③ 在《正义论》中,社会契约理论是道德哲学的一部分,普遍的道德正义学说并没有与严格的"政治的正义观念"区分开。④

为了说明政府产生的正当性,传统的社会契约论者一般都假定了一种"自然状态"。同样,为了获得有说服力的正义原则,罗尔斯也假定了一种"原初状态"(original position)。罗尔斯认为,"正义论是合理选择(rational choice)理论的一部分",⑤ 处境决定了人们的选择,因而,正义的社会组织安排只有在理想的选择处境中才能获得。罗尔斯将此理想的选择处境假定为原初状态。原初状态是一种推测的分析性代表设置,它保证了基本契约的公正性。在平等的原初状态下,寻求各自利益的自由而理性的人们对正义原则作出一致选择,以确定他们联合的基本条件。罗尔斯称此为"作为公平的正义"(justice as fairness)。原初状态满足这样一些条件。一是资源适度匮乏,人们之间存在着合作的必要性和可能性。二是选择各方是理性的,彼此冷漠,只关心自己的利益,而缺乏利他动机。三是选择各方处于厚实严密的"无知之幕"(veil of ignorance)之中,不知道其天资、能力、社会地位、善的观念、人生计划以及心理倾向等,而只知

---

① [美]约翰·罗尔斯:《正义论》,何怀宏等译,中国社会科学出版社1988年版,第1—2、25页。

② 同上书,第21—22、28页。

③ 同上书,第47页。

④ [美]约翰·罗尔斯:《政治自由主义》,万俊人译,译林出版社2000年版,导论。

⑤ [美]约翰·罗尔斯:《正义论》,何怀宏等译,中国社会科学出版社1988年版,第14页。

道自己想得到基本的社会物品，如权利、自由、机会、权力、收入、财富、健康等。① 在罗尔斯看来，原初状态合乎"纯粹的程序正义"（pure procedural justice）。"在纯粹的程序正义中，不存在对正当结果的独立标准，而是存在一种正确的或公平的程序，这种程序若被人们恰当地遵守，其结果也会是正确的或公平的，无论它们可能会是一些什么样的结果。"② 原初状态正提供了如此一套公正的程序，遵循这套程序，处于原初状态下的人们最终会合理选择出这样两个正义原则：

> 第一个原则：每个人都拥有和其他所有人同样的所拥有的自由体系相容的、最广泛平等的基本自由体系的平等权利。
> 第二个原则：社会和经济的不平等应当这样安排，以使它们：适合于最少受惠者的最大利益，并与正义的储存原则相一致；在公平的机会平等的条件下使所有职务和地位向所有人开放。③

罗尔斯认为，这两个原则主要适用于社会基本结构，前一原则被称为"最大的平等自由原则"，主要涉及公民的政治权利；后一原则又包括"机会均等原则"和"差别原则"这两个原则，它们主要涉及公民的社会和经济利益。正义的两个原则中，第一原则优于第二原则，也就是，政治自由优先于经济平等；机会均等原则优于差别原则，亦即，正义优先于效率和福利。此外，"所有的社会基本物品——自由和机会、收入和财富、以及自尊的各种基础等——都应该被平等地分配，除非对其中一些或所有这些社会物品的不平等分配会有利于最少受惠者"，④ 构成为两个原则的共同观念。

就原初状态，罗尔斯不仅对资源的适度匮乏、选择主体的知识和理性等作了假定，而且还指出了选择对象的一些形式限制。这些限制对正义原则和道德原则都是有效的。要想人们在原初状态下选出一致的正义原则，必须满足这些限制条件。而如果人们在原初状态下一致选出了某些正义原

---

① ［美］约翰·罗尔斯：《正义论》，何怀宏等译，中国社会科学出版社1988年版，第10—11、121—144页。
② 同上书，第82页。
③ 同上书，第56页。
④ 同上书，第56—58、292页。

则,那么,这些原则也必定是满足这些条件的。罗尔斯列举了这些限制性条件的五个方面:一般性;普遍性;公开性;有序性;终极性。在《正义论》中,罗尔斯相信,其提出的正义原则和正义论对所有社会和所有时代都适用。他说,"它们是绝对的,是在正义的环境里始终有效的,任何时代的个人都一定能知道它们……它们因人们有道德人格而必然对每个人有效……没有更高的标准来作为能提出的要求的论据,成功地从这些原则推出的理论是终极性的"。质言之,"一种正当观念是一系列这样的原则:它们在形式上是一般性质的;在应用上是普遍适用的;它们要被公开地作为排列道德人的冲突要求之次序的最后结论来接受。"① 在《正义论》一书的结尾,对于正义原则的普遍有效性,罗尔斯这样写道:"从原初状态的观点来看我们在社会中的地位,也就是从永恒的观点来看待殊相:即不仅从全社会而且也从全时态的观点来审视人的境况。永恒的观点不是一个从世界之外的某个地方产生的观点,也不是一个超越的存在物的观点;毋宁说它是在世界之内的有理性的人们能够接受的某种思想和情感形式。一旦人们接受了这种思想和情感形式,无论他们属于哪一代人,他们就能够把所有个人的观点融为一体,就能够达到那些调节性的原则。"②

在正义原则与社会政治制度的关系上,罗尔斯一贯主张,社会政治制度应当建立在正义原则的基础上。为此,他描述了一种满足正义原则的社会基本结构,以此来说明正义原则的运用方法。这一社会基本结构的主要制度是立宪民主制。这是一种旨在建立法治社会的政治制度。罗尔斯以此为典型将正义原则的运用分为四个阶段。其一,首先是各方在原初状态下对正义原则的一致选择。其二,正义原则一旦建立,人们就倾向于召开立宪会议,按照正义原则制定宪法,以为处理不同的政治观点提供一套程序。其三,制定宪法之后,由国会在正义原则和宪法的指导下制定法律。立法不得与宪法相冲突。宪法确保正义的第一原则,使公民的基本自由得到保证,并且使政治过程在总体上成为一种正义程序。立法则确保正义的第二原则,使社会经济政策在机会均等和维持判断自由的条件下,最大限度地提高最少受惠者的长远期望。其四,最后一个阶段是法律的实施,包

---

① [美]约翰·罗尔斯:《正义论》,何怀宏等译,中国社会科学出版社1988年版,第124—130页。

② 同上书,第574—575页。

括法官和行政官员对法律的适用以及公民对法律的遵守。① 罗尔斯在制度层面上提供的正义的制度安排，基本上是以美国为范例的。

第二节 政治的正义观念

罗尔斯《正义论》的出版，在对学术界产生重大影响的同时，也遭到了诸多批评。截至1993年《政治自由主义》的出版，讨论、批评罗尔斯的正义论的专著有好几大本，论文则据说超过1500篇以上。其中，既有新自由主义者的批评，也有社群主义者的批评。例如，有人指出，罗尔斯假定的原初状态完全脱离于具体的社会历史条件，由此使得当事人之间的讨价还价和合理选择不切实际。而最主要的批评则在于：在《正义论》中，罗尔斯试图通过对原初状态的假定、设计来获得一种放之四海皆准的正义原则，而事实上，该正义论只体现了西方（尤其是美国）的自由主义理念，并不具有其声称的普遍性。② 鉴于此，自20世纪80年代以来，罗尔斯不断对其理论作出修正，后来终于形成为《政治自由主义》一书。到1999年《万民法》出版，罗尔斯继续坚持并发展了这些修正。这些修正主要体现在从道德到政治、从形而上到现实（实用）、从普遍到特殊、从真理到重叠共识等方面。

对于《正义论》与《政治自由主义》，罗尔斯谈到，这两部著作在目的与内容方面存在着重要差异。《正义论》试图阐明一种正义论的结构性特征，以为民主社会提供最恰当的道德基础。而《政治自由主义》则不讨论形而上学问题，它处理的是现实的政治问题。《正义论》没有区分"政治观念"与"合理而全整的论说"（reasonable and comprehensive doctrine）。然而，"由于政治观念为大家所共享，而合乎理性的学说则不然，所以，我们必须在公民们普遍可接受的关于根本政治问题证明的公共基

---

① ［美］约翰·罗尔斯：《正义论》，何怀宏等译，中国社会科学出版社1988年版，第185—191页。

② 对罗尔斯《正义论》的批评，参见石元康《当代西方自由主义理论》，三联书店2000年版，第198页；姚大志《现代之后——20世纪晚期西方哲学》，东方出版社2000年版，第60页；万俊人《政治自由主义的现代建构》，附于［美］约翰·罗尔斯《政治自由主义》，万俊人译，译林出版社2000年版，第565—569页。

础，与属于各种全整性学说的、且只对那些认肯它们的人才是可接受的许多非公共证明基础之间作出区分"。基于这一区分，《政治自由主义》将《正义论》所提出的公平正义学说，转变成一种适应社会基本结构的政治的正义观念，亦即政治自由主义。政治自由主义，并不是一种全整性的自由主义学说。它不采取普遍观点，而是将这些问题留给各种不同的全整性观点，让它们各自用它们自己不同的方式对之作出回答。比如，种族、种姓、性别等问题，要求有不同的正义原则，而这是《正义论》所不曾讨论的。政治自由主义承认，存在着各种各样、多元化的全整性学说，这些学说可以是自由主义的、宗教的，也可以是非自由主义的、非宗教的。政治自由主义的问题即是，为自由主义的立宪民主政体制定一种政治的正义观念，以使各种合理的学说的多元存在可以基于正当理由而得到认可。①

导致罗尔斯对《正义论》作出修改，并转向《政治自由主义》的一个重要因素，在于现代民主社会的"合理多元主义"（reasonable pluralism）事实。罗尔斯认为，在现代民主社会中，存在着各种各样的全整性宗教学说、哲学学说和道德学说。所有全整性学说彼此之间互不相容但又都是合乎理性的。其中的任何一种都不能得到公民的普遍认可。此即合理多元主义事实。在罗尔斯看来，这一事实是"民主社会公共文化的一个永久性特征"，"民主社会的政治文化总是具有诸宗教学说、哲学学说和道德学说相互对峙而又无法调和多样性特征"。② 合理多元主义事实，导致了政治的正义观念，也导致了政治自由主义理念。

罗尔斯在《正义论》中试图为秩序良好社会提供一种普遍的正义原则。秩序良好社会被界定为这样一种社会，其中，"每个人都接受、也知道别人接受同样的正义原则；基本的社会制度普遍地满足、也普遍为人所知地满足这些原则"，"在这个社会里，作为公平的正义被塑造得和这个社会的观念一致"。③ 当时，罗尔斯将此类受正义原则支配的社会视为一种共同体或联合体，相信全体社会成员都能一致信奉某种普遍而全整的宗

---

① 参见［美］约翰·罗尔斯《政治自由主义》，万俊人译，译林出版社 2000 年版，导论，平装本导论，第 187—188 页注。

② 同上，导论，第 3、37、144 页。

③ 关于"秩序良好社会"，见［美］约翰·罗尔斯《正义论》，何怀宏等译，中国社会科学出版社 1988 年版，第 3、440—441 页；另参见［美］约翰·罗尔斯《政治自由主义》，万俊人译，译林出版社 2000 年版，第 36、214 页。

教、哲学和道德学说，达致共识。而在《政治自由主义》中，现代民主社会的政治文化被认为包含这样四种事实。一是合理的多元主义事实。二是"压迫性事实"，亦即，只有靠压迫性地行使国家权力，人们对某一种全整性宗教学说、哲学学说和道德学说的持续共享性理解，才得以维持下去。三是一个持久而安全的民主政体，必须至少得到该社会在政治上持积极态度的公民的实质性多数支持。四是使一种适合于立宪政体的政治的正义观念有可能被制定出来的某些基本直觉性理念。① 基于此四种事实，尤其是合理的多元主义事实，罗尔斯认为，《正义论》中与公平正义相联系的秩序良好社会，不再是现实的。秩序良好社会不可能再有一致的基本信仰。也就是说，秩序良好社会不能再像《正义论》中的那样被视为一种共同体。鉴于多元主义事实，共同体的理想必须予以摈弃。在《正义论》的全整自由论说中，"秩序良好社会的所有成员都信奉这种同样的论说。此类秩序良好的社会与合理多元主义的现实相矛盾。所以，《政治自由主义》认为那种社会是不可能存在的。"② 从而，《正义论》中第三部分关于秩序良好社会的稳定性的解释，就是不现实的。这主要表现在其关于自由主义的解释，是道德的而非政治的，因此必须重新解释。那么，考虑到合理多元主义事实，秩序良好社会的稳定性究竟应该如何解释呢？《政治自由主义》的核心问题即是，"在自由而平等的公民因相互冲突、甚至是无公度的宗教学说、哲学学说和道德学说而产生深刻分歧的情况下，如何可能使社会能够成为一个稳定而正义的社会？"③ 对此问题，罗尔斯指出，作为民主社会的秩序良好社会，既非共同体，又非联合体。它是完整的（complete）、封闭的（closed）社会系统。其统一性不建立在共享的全整性学说基础上，而建立在重叠共识的基础上。

在《正义论》中，真理被奉为思想体系和人类活动的首要价值。而在《政治自由主义》中，政治哲学的目的不再是形而上学的，而是实用

---

① ［美］约翰·罗尔斯：《政治自由主义》，万俊人译，译林出版社2000年版，第37—39页。

② ［美］约翰·罗尔斯：《公共理性观念再探》，时和兴译，载《公共理性与现代学术》，三联书店2000年版，第45页。

③ ［美］约翰·罗尔斯：《政治自由主义》，万俊人译，译林出版社2000年版，第141页，导论，平装本导论；另见［美］约翰·罗尔斯《公共理性观念再探》，时和兴译，载《公共理性与现代学术》，三联书店2000年版，第45页。

的。它不再追求真理和普遍正义原则,而是追求重叠共识。合理多元主义事实预设了重叠共识。鉴于合理多元主义事实,秩序良好社会的统一和稳定不再可能建立一种为全社会普遍接受的全整性和一般性的正义理论。社会统一依赖于各种全整性学说之间的重叠共识。这意味着,

> 在这样一个社会(秩序良好社会),不仅有一种公共的观点,全体公民都能从这一公共观点出发来裁断他们的各种政治正义主张,而且这一公共观点也能在全体公民的充分反思平衡(reflective equilibrium)中得到他们的相互认肯。这一平衡是充分主体间性的。这就是说,每一个公民都会考虑所有其他公民的理性推理和论证。[①]

重叠共识,涵括了政治的正义观念的各种原则和价值,适用于作为整体的社会基本结构。它包含三个观点。第一个观点肯定政治观念,奉行宽容原则,赞同立宪政体下的基本自由。第二个观点在全整性学说基础上认肯这种政治观念。第三个观点包括政治价值的同时,还包括大量为政治价值所需要的非政治价值。罗尔斯认为,这三个观点都能导致相同的政治判断,因而可以在政治观念上达致重叠共识。[②] 重叠共识的产生包括两个阶段:宪法共识和重叠共识。在第一阶段,自由主义的正义原则作为一种临时协定,被人们勉强默许并采纳到宪法中。人们达致宪法共识,从而保证了某些基本的政治权利和自由,也由此提供民主政府的政治程序。只是,宪法共识范围狭窄,并不包括社会基本结构,也不是共享的公共观念。因此,达致宪法共识之后,各种政治力量会跨出狭隘的全整性学说,而迈向更加广阔的政治正义观念。这种政治正义观念对于新的根本性的立宪与修宪、立法、法官和行政官员的法律适用,都是重要的。由此所达致的重叠共识,使该政治正义观念成为一种共享的公共观念。[③]

在理想的重叠共识中,每一公民从其全整性学说出发来接受政治观念,既肯定一种全整性学说,又肯定作为重叠共识核心的政治观念。重叠共识,构成了社会统一(social unity)的合理基础。社会统一即是诸合理

[①] [美]约翰·罗尔斯:《政治自由主义》,万俊人译,译林出版社2000年版,第408页注。

[②] 同上书,第154页。

[③] 同上书,第168—179页。

全整性学说的重叠共识。罗尔斯指出,"如果全体公民都自由地认可这一政治的正义观念,那么,该观念就必定赢得那些认肯尽管合乎理性但却各有不同且相互对立的全整性学说的公民们的支持,在此情况下,在各种合乎理性的学说之间,我们就产生一种重叠共识。这表明,我们可以撇开人们的全整性学说如何与政治的正义观念之内容相联系这一问题,并把该观念的内容看作是从民主社会之公共政治文化中推演出来的各种基本理念中产生的。我们通过把人们的全整性学说置于无知之幕背后,来铸造这一观念。这使我们能够找到一种可以成为重叠共识之核心,因之可以作为具有合理多元论事实特征的社会正当合理性证明之公共基础的政治正义观念。"①

不难看出,《政治自由主义》的重叠共识取代了《正义论》对普遍正义原则和真理的追求。《政治自由主义》与《正义论》最为明显的不同即在于,它提供的不再是普遍、全整的正义原则,而是"独立的"(free-standing)政治观念。鉴于现代民主社会的合理多元主义事实,全整性的宗教、哲学和道德学说都不可能再获得公民的普遍认可,从而作为人们公开承认的社会基础发挥作用。因此,《正义论》中那种脱离具体的社会历史条件的普遍正义观念,就变得毫无意义。在此情境下,《政治自由主义》试图寻求"一种独立的政治观念。它不提供任何超出该政治观念本身所蕴含的特殊形上学说或认识论学说"。② 政治自由主义为政治生活和社会生活的主要制度提供了一种政治的正义观念。

这一政治的正义观念不是普遍的。亦即,"政治自由主义并不欲决定对一切道德与政治生活同样有效的普适性第一原则,用于自由民主社会基本结构的正义原则,绝不是充分普遍的原则"。③ 它也不是全整的。罗尔斯说,"在讨论宪法根本和基本结构问题时,我们不会诉求于全整性的宗教学说和哲学学说,不会诉求于作为个体或联合体成员的、我们视之为全整真理的东西,也不会诉求于诸如那些苦心孤诣的普遍之经济理论"。④ 它是独立的、政治的而非形而上学的,其目的是实践的。在罗尔斯看来,"政治自由主义是一种隶属于政治范畴的学说。它完全在这一领域内运

---

① [美] 约翰·罗尔斯:《政治自由主义》,万俊人译,译林出版社2000年版,第25页注。
② 同上书,第10、153页。
③ [美] 约翰·罗尔斯:《万民法》,张晓辉等译,吉林人民出版社2001年版,第91页。
④ [美] 约翰·罗尔斯:《政治自由主义》,万俊人译,译林出版社2000年版,第238页。

作，而不依赖于任何外于这一领域的东西……在政治自由主义中所理解的政治哲学，主要由各种不同的、被视为独立的权利与正义之政治观念所组成"。① 质言之，政治的正义观念主要具有三个特征。第一，它是为社会（立宪民主政体的）基本结构而制定出来的一种道德观念。第二，它不是普遍的、全整的，而是独立的。道德观念在普遍面向所有主题时是普遍的，在包含各种人生价值、人生理想时是全整的。政治的正义观念区别于普遍全整的道德学说。它表现为独立的观点，不依赖于任何全整性学说，而适宜于形形色色的合理全整学说，并能够得到它们的支持。第三，它的基本理念全都属于政治范畴，其内容借助隐含在民主社会的公共政治文化之中的基本理念来表达。②

第三节 自由社会的万民法

《政治自由主义》对《正义论》的修正，在《万民法》中得到了进一步的维护与发展。"《正义论》与《政治自由主义》都在试图说明自由社会的可能性。而《万民法》则希望说明自由与合宜民邦的世界社会的可能性。"③ 在《正义论》中，所有社会都得信奉统一的正义原则。而在《政治自由主义》中，罗尔斯考虑的是公平正义对成员"由生而入其中，由死而出其外"的封闭社会结构的适用，由此强调了国内社会的合理多元主义事实。到《万民法》，罗尔斯继续将之扩展到民邦社会（society of peoples），承认各民邦社会具有不同的思想文化与传统。可见，在一定程度上，罗尔斯承认了自由、立宪民主制、西方社会之外的其他价值、制度和社会的合理性，进一步体现出"非中心化""多元主义"视角以及从普适向多元的不断转变。

在《万民法》中，罗尔斯区分了"自由的"（liberal）与"非自由但合宜的"（decent），并考察了五种社会，亦即，合理自由民邦；合宜民邦；法外国家；负担不利条件的社会；仁慈专制主义社会。这五种社会，

---

① [美] 约翰·罗尔斯：《政治自由主义》，万俊人译，译林出版社2000年版，第396页。
② 同上书，第10—15、185、398页。
③ [美] 约翰·罗尔斯：《万民法》，张晓辉等译，吉林人民出版社2001年版，第6页。

事实上只有三类，即，自由社会；非自由但合宜的社会；秩序不良好的社会。前两类社会是秩序良好社会。它们是适用社会契约的一般观念的"民邦社会"，在相互交往中接受并遵循万民法的理想与原则，因而是合理、正义的。而后一种类型的社会，拒绝奉行合理的万民法，因而是非正义的。万民法的目标在于将正义的自由观念从国内扩展到世界社会，使所有社会都能建立各不相同的自由或者合宜体制。罗尔斯说，"合理的万民法……的长远目标，是最终带领所有社会尊重万民法，并使之成为秩序良好民邦社会合格的充分成员。"①

在上述五种社会中，自由民邦或自由社会是自由而平等的公民之间的一种公平的合作系统，具有三个根本特征。第一，尊重宪法，具有合理正义的宪政民主政府。第二，尊重不同种族、民族的合理文化与利益。第三，具有关于权利与正义的道德观念。② 自由社会保护自己的领土，保障公民的安全与正义，保持自由的政治制度、权利和文化，能够与其他同样坚持正义、保持和平的民邦共生共存。除非出于自卫，或者为了保护人权而干涉非正义社会的严重情形，自由社会一般不会卷入战争。其立宪政体并不要求人们一致信奉某一全整性学说，也不强求其他社会奉行与自己完全相同的理念和制度。对自由社会之外的社会，其所适用的不再是统一的标准，而是宽容原则。这以六种观念作为支撑。其一，合理的人并不都肯定同样的全整性学说。其二，存在许多合理的学说，它们并不能全部由任一全整性学说判断为真确或正当。其三，肯定任何一个合理的全整性学说都不会不合理。其四，肯定不同于自由社会的学说的合理学说也是合理的。其五，肯定其他信仰的合理性的同时，不排除自己信仰的合理性。其六，拥有政治权力的人使用权力去压制异己但合理的学说是不合理的。③ 宽容原则明显具有多元主义特点。它承认"地方的""边缘的"文化与制度的合理性，由此在一定程度上体现出西方中心论的软化。

罗尔斯所谓的"万民法"（the law of peoples），指的是"运用于国际法与实践之原则与准则中权利与正义的一种特殊政治概念"。④ 与正义原则在原初状态下通过人们的合理选择产生相一致，万民法原则由民邦在

---

① ［美］约翰·罗尔斯：《万民法》，张晓辉等译，吉林人民出版社2001年版，第98页。
② 同上书，第25—27、32页。
③ 同上书，第18页注。
④ 同上书，第3页。

"第二原初状态"下选择产生。万民法主要包括八条原则。第一,民邦自由独立,其自由与独立要受到其他民邦的尊重。第二,信守条约与承诺。第三,作为签约各方一律平等。第四,互不干涉。第五,有自卫权,无权鼓动战争,除非自卫。第六,尊重人权。第七,战争行为要遵守某些特定的限制。第八,民邦有义务帮助其他生活在不利条件下的民邦,这些不利条件妨碍了民邦建立正义或合宜的政治及社会体制。此外,民邦应在饥荒和灾难时互相援助,尽可能确保满足所有合理自由社会中人民的基本需要。① 罗尔斯认为,万民法与政治自由主义一样,也是严格的政治理论,"万民法作为政治观念,存在于政治领域当中……其原则只依据政治观念及其政治价值来体现。"②

在《万民法》中,罗尔斯一方面强调了对各民邦特有的制度、语言、宗教、文化、历史、地理和事件等的尊重与宽容,另一方面却仍然强调了自由权利、宪政民主制、自由社会的优越性。他说,"事实上,如果自由宪政民主制度优于其他形式的社会(我确实认为如此),而自由民邦也应该相信并假定,一旦自由民邦给予合宜的民邦以应有的尊重,合宜的社会总会逐渐认识到自由制度的优点,并开始使自己的机构变得更加自由"。③ 显然,立宪民主制被认为具有优越地位。同样,在自由社会、非自由但合宜的社会以及秩序不良好的社会三类划分中,尊卑文野也是很鲜明的。自由社会是"应有的",非自由但合宜的社会是"最低限度的",秩序不良好的社会则是不能容忍的。此外,在罗尔斯那里,所谓万民法实际上是将"国内体制的正义自由观念扩展到民邦社会中去",为非自由社会制定准则,④ 尽管宽容在将万民法向非自由社会扩展的过程得到强调。在提供激励问题上,罗尔斯反对自由民邦为了使非自由但合宜的社会建立民主宪法而对其提供资助和激励,主张"合宜的社会应有机会决定他们自己的未来"。⑤ 然而,万民法原则中人权的普遍性,却为干涉、不宽容提供了借口。在罗尔斯看来,"自由及合宜等级制所尊重的人权清单,应理解为普

---

① [美]约翰·罗尔斯:《万民法》,张晓辉等译,吉林人民出版社2001年版,第40—41页。

② 同上书,第111页。

③ 同上书,第66页。

④ 同上书,第58—59、66页。

⑤ 同上书,第90页。

遍性权利……它们约束所有的民邦各社会，包括法外国家。侵犯这些权利的法外国家将受到谴责，在严重情形下可能遭到强行制裁甚至干涉"。①万民法的第八条原则的目的，也在于使秩序不良好的社会变得自由而平等，"在万民法的社会，援助义务将坚持到所有社会都实现了正义的自由或合宜的基本制度。"② 就此而论，罗尔斯对普遍价值和"西方中心论"的抛弃并不彻底。在罗尔斯的理论中，对"地方的""边缘的"价值、制度和社会终究只是"宽容"与尊重，而没有真正改变"中心"立场，或者瓦解"中心"与"边缘"的对立。

总体看，罗尔斯从《正义论》向《政治自由主义》《万民法》的转变，多少体现出"后现代"的一些趋向。在后现代思潮的影响下，正义观发生了从"整体性"（totality）、"统一性"（unity）向"多样性"（multiplicity）、"差异性"（diversity）的转变。在此语境中，不同的正义观念在各自的有限领域多元存在，正如利奥塔所说，"存在着各种各样的正义，每一正义都根据每一游戏的特定规则予以界定"。③ 在《政治自由主义》中，罗尔斯实现了从形而上的、道德的向现实的、政治的转变，抛弃了放之四海皆准的普遍正义观念，强调了现代民主社会的合理多元主义事实，突出了各种全整性学说的共存与共处。而在《万民法》中，罗尔斯则进一步将之扩展到国际社会，在一定程度上承认了非自由价值、制度和社会多元存在的合理性。凡此都是与后现代思潮合拍的。

---

① ［美］约翰·罗尔斯：《万民法》，张晓辉等译，吉林人民出版社 2001 年版，第 85—86 页。
② 同上书，第 126 页。
③ Quoted in Douglas E. Litowitz, *Postmodern Philosophy and Law*, New Jersey：Princeton University Press，1997，p. 118.

第十章

法律的独立系统：卢曼之法律理论

现代法的特质以及现代法与现代社会之间的密切联系，是法律与社会理论中一个备受关注和讨论的主题。在《法律与革命》一书中，哈罗德·伯尔曼（Harold J. Berman）将法律、司法以及法学的独立品格视为现代法的基本特质，并以此作为西方法律传统形成的标志。伯尔曼提到，从11世纪后期到12世纪，欧洲的"教皇革命"最终导致了教会法体系和世俗法体系各自独立形成，法律和法学开始成为专门而独立的特定领域，由此形成了西方的法律传统。伯尔曼指出：

> 在1050—1150年前的欧洲与1050—1150年后的欧洲之间存在着根本断裂（radical discontinuity）。……在西方，近代（modern times），不仅近代的法律制度和近代的法律价值，而且近代的国家、近代的教会、近代的哲学、近代的大学、近代的文学以及很多其他近代事物，都起源于1050—1150年这一时期，而不早于这一时期。[1]

> 在11世纪晚期、12世纪和13世纪早期的西欧，无论是作为一种政治制度的法律还是作为一种智识概念的法律，其性质都发生了根本变化。法律脱嵌（disembedded）出来。在政治上，首次出现了强大的中央当局，既有教会的也有世俗的，其控制权通过委派的官吏从中央向下延伸到地方。与此部分地相联系，还出现了专业的法学家阶层，包括职业法官和职业律师。在智识上，西欧同时也经历了它的第一批法学院的创建，它的第一批法律论著的撰写，对流传下来的大量法律材料的着意整理，以及作为自治的、一体的、发展着的法律原则

---

[1] Harold J. Berman, *Law and Revolution: The Formation of the Western Legal Tradition*, Cambridge, MA: Harvard University Press, 1983, p. 4.

和法律程序体系的法概念的成长。①

沿着伯尔曼的眼光看,法律在近代最终分化为一个独立系统并且在社会中具有举足轻重的地位和作用。

一套独立自主的法律体系、司法体系和法律知识体系,从宗教、道德等领域中"脱嵌"出来,而成为独立自主的社会系统,由此表现出很强的政治和社会意义,这也是梅因、韦伯、昂格尔等诸多学者所普遍注意到的现代特点。不仅于此,很多社会理论家也在现代法与现代社会之间建立起对应关系,强调了现代法律和惩罚与现代社会发展的一致性。这在涂尔干、哈耶克、福柯等人的理论中有充分体现。在众多理论中,卢曼②的法律系统理论尤为独到和典型。这一理论尽管因为来源于社会分工理论以及帕森斯的社会系统理论,而看上去具有较强的技术和生物学意味,但它与福柯、哈贝马斯等人的理论却也颇多相通之处。③ 卢曼的法律系统理论不仅包括了

---

① Harold J. Berman, *Law and Revolution: The Formation of the Western Legal Tradition*, Cambridge, MA: Harvard University Press, 1983, p. 86.

② 卢曼,1927年生于德国吕内堡,1949年获弗莱堡大学法学学位,毕业后从事法律职业。1955年,卢曼离开吕内堡行政法院到萨克森南部的文化部门任职。工作之余,卢曼阅读了笛卡尔、康德、埃德蒙德·胡塞尔(Edmund Husserl)以及功能主义者马林诺夫斯基和阿尔弗雷德·拉德克利夫-布朗(Alfred Radcliffe-Brown)的著作。在1960年获准一年的假期到哈佛大学跟从塔尔科特·帕森斯(Talcott Parsons)学习之前,他一直都没有想过做学问。回国后,卢曼辞去高级政府顾问之职,开始专注于学术研究。1965年至1968年间,他先后在斯派尔行政科学研究院、多特蒙德社会研究所和缪恩斯特大学从事研究工作。1968年以后,卢曼一直在比勒弗尔德大学任教,直到1993年退休。在社会学上,卢曼一般被视为新结构功能主义的代表人物之一。对卢曼产生过影响的理论大致有:系统论、古典法社会学理论、结构功能主义、控制论、科学哲学、认知生物学以及自我创生理论等。其主要著作有:《信任与权力》(1979),《社会分化》(1982),《法的社会学理论》(1972/1985),《自我参照文集》(1990),《福利国家的政治理论》(1990),《社会系统》(1984/1995),《现代性观察》(1992/1998),《作为一种社会系统的法律》(1993),《社会的社会》(1997)等。1998年,卢曼去世。

③ 20世纪70年代早期,卢曼与哈贝马斯有一场为世人广泛关注的争论。一如他们在1971年共同出版的《社会理论还是社会工艺学:系统研究完成了些什么?》一书的标题所示,在这场争论中,法兰克福和比勒弗尔德构成了两极,表现出新左派与"反启蒙"的新保守倾向之间的对立。哈贝马斯坚持维护启蒙传统,指责卢曼的技术功能主义削弱了批判的可能性和解放的政治;而卢曼则批评哈贝马斯的共识取向的话语伦理学是对高度分化的后工业社会中所出现的复杂问题的一种毫无希望的不当回应。此后的德国社会学界的理论论争始终都绕不开卢曼的系统理论,卢曼的系统理论也始终没有在争论中作为另外一种资产阶级意识形态观点而被消除。参见 Eva M. Knodt, "Foreword", in Niklas Luhmann, *Social Systems.* Stanford: Stanford University Press, 1995, p. xiv.

对现代法基本特质的分析，而且通过系统理论有说服力地阐释出法律与社会在现代的深层内在关联，实现了法学与社会学的很好结合，凸显出法律和法治对于现代社会客观发展的历史相关性和重要性。

第一节　法学与社会学的结合

西方法学在历史上历练出三种最主要的学派：自然法学、分析实证主义法学和法社会学。自然法学注重法律与理性、道德、正义以及其他抽象原则的关系，力图通过法律之外的因素来说明法律的正当性。从"后现代"的视角看，这是典型的本质主义（essentialism）和基础主义（foundationalism）。而自康德在本体与表象之间划出一条鸿沟后，自然法学的实体本质论日渐受到挑战。自然法学在现代乃至当代的一个明显变化，是从实体到程序、从本体论到认识论乃至实用主义的转向。

分析实证主义法学也对自然法学提出了针锋相对的驳斥。分析实证主义法学的奠基人不是从"应然"、真理，而是从"实然"、命令的角度理解法律。其主要代表人物凯尔森通过规范与权限界定法律。按照凯尔森的法律理论，一项规定具有法律意义的条件在于，这一规定是由被授予了权力的机关发布的，能够授予权限的是上一级机关，而上一级机关的权利又是更高一级机关所授予的，如此，法律就形成为一个权限等级系统。与此相应，法律规范也形成为一种等级层次结构，亦即，从具体法律行为（个别规范），到法规、法律（一般规范），再到宪法，直至历史上的第一部宪法。某规范是合法的，只源于这一规范的上一级规范也是合法的。至于第一部宪法的效力渊源，凯尔森以所谓的"基本规范"来弥补。[1] 这样，法律规范就成了一种有着层次结构的、由上到下又由下到上的统一体系。

卢曼认为，凯尔森的理论在基本规范这一环节上存在严重不足，因为对基本规范或者最高规范的否定会导致对整个法律体系的否定。[2] 而哈特

---

[1] 参见［德］奥特弗利德·赫费《政治的正义性》，庞学铨、李张林译，上海译文出版社1998年版，第127—133页。

[2] Niklas Luhmann, *A Sociological Theory of Law*, London: Routledge & Kegan Paul, 1985, p. 276.

则通过区分"初级规则"与"次级规则"解决了这一问题。初级规则设定义务，次级规则授予权力。次级规则通过"承认规则"引进新规则，通过"改变规则"修改或取消初级规则，通过"审判规则"确定初级规则的适用，如此也就克服了凯尔森理论的不足，更有力地保证了法律的统一性。分析实证主义法学对法律统一性的维护，一方面消解了自然法学的实体本质，而在另一方面也割裂了法律与社会的联系。分析实证主义法学的视域局限于法律，排除了社会，因而看不见法律与社会的联系。法律与社会的联结主要由社会学家来完成。

赫尔曼·康特诺维茨（Hermann Kantorowicz）在德国首届社会学会议上曾当着云集的社会学家宣称，法社会学只有由法律家以兼职的身份来做才能结出硕果。卢曼认为此语太过。这里所涉及的一个问题是，为什么法社会学对社会学家来说如此艰难？人们通常认为，不理解法律家所使用的概念、符号和论证方法，法社会学就不会在社会学上得到发展。而另一种看法则认为，法律直接或间接地影响着人类生活的一切领域，因而，在经验上很难将其孤立为一种特定的现象。因而，一方面，与法律和法律机关的特定关系得到了强调；另一方面，法律作为一个整体被其复杂性所消解，法律淹没在了作为"全能背景因素"的社会功能之中。这样，法律就从法社会学中消失了。于是，经验的法社会学研究开始转移其关注点。一种将注意力从法律转到了法律家（法官和律师）和法律职业。卢曼认为，这一研究类型与法社会学并无理论上的相互联系，而只与角色理论和职业社会学相关。另一种研究将注意力放在了司法机构的行为上。这最终导致，不仅法律，而且事实上的判决过程、司法互动以及法律讨论，都从视野中消失了。第三种关注的焦点不在法律，而在人们对法律的态度、观点以及法律知识在大众中的传播。卢曼同样不认为此种研究能达到对实际看法的把握。卢曼认为，由于法律的复杂性，经验研究往往是狭隘的、有限的，所有上述研究都严格受到了各自的法律主题的限制，其中都不见法律本身，而且，各种研究也缺乏内在的一致性。[1]

如果说分析实证主义法学提供的是法律的自我描述，是关于法律的内在观点，那么，社会学提供的则是法律的外在描述，是关于法律的外在观

---

[1] Niklas Luhmann, *A Sociological Theory of Law*, London: Routledge & Kegan Paul, 1985, pp. 2–5.

点。这是 20 世纪的西方关于法律的两种分立理论。卢曼则提供了一种"对法律的自我理解的社会学理解"。① 他试图将这两种看似水火不容的理论结合起来,既强调法律系统的统一性(unity of legal system)、封闭性(closeness)、独立自治(autonomy),又突出法律与社会之间密不可分的联系。"自我创生"(autopoietisis)为此结合提供了可能。卢曼提出的"自我创生的法"理论,抛弃了"法院和律师社会学",认为法律是自我创生的、自我参照的(self-referential)、独立自治的、并且自我再生产(self-reproducing)。因而,"自我创生毫无疑问是凯尔森纯粹理论的产物"。同时,这一理论又认为,法律与社会的关系极为密切,每一方的术语都依赖于另一方。法律并非法官或律师所执行的一系列技术程式,而是对基本社会秩序问题的回答。从而,法社会学不是考察一方影响另一方的学问,而是探究法律与一切社会生活之间的必不可少的内在联系的学问。② 其所研究的不再是"与社会截然不同(distinct)的法律",而是"与社会不可分割(inseparable)的法律"。在此意义上,它又是社会学的。因此,法律的"自我创生首先被人说成是一种既是后凯尔森的,又是后社会学的法律理论"。③

像分析实证主义法学者那样把法律视为一个封闭的规范体系,同时又像社会学家那样把法律与社会紧密联系在一起,这是卢曼的法律与社会理

---

① DavIbid Nelken, "Changing Paradigms in the Sociology of Law", in Gunther Teubner (ed.), *Autopoietic Law—A New Approach to Law and Society*, Berlin: Walter de Gruyter, 1987, p. 215.

② Martin Albrow, "Editor's Preface", in Niklas Luhmann, *A Sociological Theory of Law*, London: Routledge & Kegan Paul, 1985, p. viii.

③ François Ewald, "The Law of Law", in Gunther Teubner (ed.), *Autopoietic Law—A New Approach to Law and Society*, Berlin: Walter de Gruyter, 1987, pp. 4, 39. 关于卢曼的理论与后现代法学的关系,有学者认为,卢曼的自我创生的系统理论是后现代法学的思想渊源之一。参见季卫东《法治秩序的建构》,中国政法大学出版社 1999 年版,第 393—412 页。也有学者指出,卢曼为高度分化的后现代社会提供了一种新功能主义的法律社会学理论。参见 A. Javier Treviño, *The Sociology of Law*, New York: St. Martin's Press, 1996, p. 323. 此外,日本的中山龙一曾撰文提到,"尽管卢曼所走的道路与英美哲学中的语言学转向和(最直接的是法国的)结构主义以及后结构主义完全不同,但其最终的观点在很多方面与后结构主义和后现代主义的观点极为相似……卢曼的法理学经常被冠以后现代法学之名"。见 [日] 中山龙一:《二十世纪法理学的范式转换》,周永胜译,《外国法译评》2000 年第 3 期。另有学者则认为,卢曼对现代性的诊断与当前的后现代主义话语可能存在重大区别。参见 Eva M. Knodt, "Foreword", in Niklas Luhmann, *Social Systems*, Stanford: Stanford University Press, 1995, pp. ix – xxxvi.

论的一大特点。在后现代语境下,法律不再仅仅被认为是一堆形式的、概念化的命令体系,法律与社会的关系重新得到了发现。但是,围绕着法律、社会以及后现代,仍然存在着许多争论。后现代主义者对法律与社会的考察,一般是以粉碎共同意义和共同行动的批判质询方式进行的。比如,福柯对刑法与惩罚的分析,就清楚地标明了后现代主义者的态度:现代社会每每以进步、科学、个人权利和法律之名视人为知识的客体,对他们行使权力。而在后现代社会,人们越来越生活在非中心化的媒介中,现代的那种大的权力结构已经不复存在。法律在局部、在人与人之间具体地被经验着。由此,法律与社会就不再按照抽象的、一般的宏大叙事去理解,而是通过人们的经验和遭遇去把握。因而,法律与社会研究就不再集中于社会制度、民族国家这些宏大叙事,而是转向地方的(或局部的)、事实上的、个人之间的层面,转向特定事件的特定经验及其独一无二性。对此,另有一些人提出,这些看法忽略了法律与社会更加广阔的联系,消解了共同理解和集体行动的可能。他们仍然主张研究社会结构和更广阔的历史动力。因为,虽然私人的经验具有独一无二的特性,但是,人们的生活和经验毕竟是在其所共同生活的社会世界中通过其工作和活动所形成的。而且,随着竞争资本主义向合作资本主义的转变、民主社会运动的出现、以及公私制度之间界限的移转,法律日益集中于社会政策和社会问题的解决,集中于对各种活动和关系的干预,而不是集中于规则对特定案件的适用。[①] 这些都要求人们去考虑法律与社会之间更加广泛和更加深层的联系。卢曼为(后)现代社会所提供的法律与社会理论,即考虑到这种深层联系,但与上述两种观点似乎又存在着区别,而且与法律应当以社会为基础的传统观念也有不同。在卢曼看来,法律与社会密不可分,法律是"社会系统的结构",法律离不开社会,社会也离不开法律。

总体看,卢曼的法律与社会理论既带有法律实证主义的色彩,又具有社会学倾向。就其关于法律的功能定义而言,卢曼所谓的"一般化的规范行为预期"既对立于"主权国家的强制命令",又对立于"冲突解决方式"。如果说将法律定义为"社会系统的结构"还只具有社会学意义,那么,从进化的视角挖掘法律与社会的内在联系,并进而将实证法引入社会

[①] Cf. Gerald Turkel, *Law and Society: Critical Approaches*, Needham Heights: Allyn & Bacon, 1996, pp. 224 – 239.

学，则明显表现出法律与社会学的调和。再到后来将自我创生的法描述为"交流的自我再生产系统"、"在规范上封闭的、在认知上开放的系统"，卢曼进一步实现了对法律纯粹理论与社会学之间裂缝的超越。

此外，置之于后现代语境下，卢曼的法律与社会理论的意义还表现在法社会学的"范式转换"上。① 在《法的社会学理论》一书中，卢曼抛弃了"法院和律师社会学"，而代之以对"法律统一性"的追问，试图探究法律与一切社会生活之间的必不可少的内在联系。而到20世纪80年代中后期，主流法社会学的兴趣仍在研究法律与法律之外的变量之间的相互关系，研究一方对另外一方的影响。卢曼认为，虽然主流法社会学偶尔谈到法律系统的统一性，但它从没有清晰地领会其含义。对此，卢曼起初借用系统理论，而后又利用自我创生理论，强化了法律的独立自治性，从而改变了法律在法社会学中的消极客体地位。② 马克思在《政治经济学批判》序言中曾指出"法的关系……根源于物质的生活关系"。在《资本论》第一卷中，马克思又提到，"法的关系，是一种反映着经济关系的意志关系。这种法的关系或意志关系的内容是由这种经济关系本身所决定的"。可见，在马克思那里，法律和国家形式、意识形态一样都是派生的、转移来的东西，法律形式作为单纯的形式，是不能决定经济与社会内容本身的。在马克思的理论中，法律只具有相对独立性。在其他法社会学理论中，法律一般也是受到其他社会现象制约的。然而，卢曼的法律与社会理论看上去则过度地强调了法律的独立自治性。这一态度被人称为"积极的"。由此，法律在法社会学中从"客体"（object）一跃而成为再生产自己的概念的"主体"（subject）。这明显突破了主流法社会学的研究范式。

与此相应，对法律的独立自治和自我创生的强调，不仅颠覆了旧有的法社会学理论范式，也消解了法律的本质与"正当性"。罗杰·科特威尔（Roger Cotterrell）指出，"当前德国法律理论的一股重要潮流（尤其是卢

---

① 卢曼的法律与社会理论也遭到诸多批评，例如，其理论勉强适用于审判活动，而与立法创制不符；法律只具有相对独立性；法律在认知上不是开放的；合法/不合法这样的二元结构连权利、义务、允许等规范术语都覆盖不了，等等。

② 图依布纳认为，自我创生是"对法律的独立自治的更加激进和精确的界定"，是"独立自治在功能上的更高水平"。参见 Gunther Teubner（ed.），*Autopoietic Law—A New Approach to Law and Society*，Berlin：Walter de Gruyter，1987，p. 206。

曼的著作所表现出的）告诉人们，在现代状况下，作为话语的法律只应在对'对'和'错'从技术上作了清楚明确地界定的领域着笔。我们应该期望只从法律自身的标准得出是/不是的结论——决定一件事情要么合法，要么不合法。以此观点，努力从道德经验中找寻当前规则的基础是天真的。法律成了一个自我参照的交流系统：一种应付社会复杂性并为之提供便利的必不可少的特定工具。"① 在卢曼所提到的"群龙无首"的后现代社会，法律虽然与社会密不可分，但法律并不由社会所决定。相反，法律对社会在认知上的态度是积极的，法律是高度自治的、自我创生的、自我参照的。法律原则的形成完全建立在法律的反射性基础上，法律是自基（self-foundation）的，法律也是"自我合法化"（self-legitimation）的。因此，"法律改变了它的特性。我们对法律的界定就不能再从本体论上，而应当从功能上去构思……法律不能再是它应该得到的那些东西。这是自然法的失败之处。另一方面，作为伦理原则的'正义'现在被放在了法律之外。"②

卢曼的法律与社会理论在法社会学上的意义，还可以通过与美国同期的批判法律研究运动的一些代表性观点的比较，来进一步说明。批判法律研究运动的一些人拒不承认法律在事实上是社会的构成，从而否定了考察法律与社会之间内在关联的努力。而卢曼则从功能和行动选择的角度，把法律界定为"被一致地一般化的规范行为预期"，从社会行为这一基本点上发掘并捍卫了法律与社会之间牢不可分的深层联系。另一方面，批判法律研究运动由于强调"法律就是政治"而削弱了法社会学的可能性，而卢曼的法律与社会理论恰恰突出了法律的非政治（de-politicizing）功能。卢曼说，"实证法是一种不可避免地在政治上选择的'国家法'。它的命令与社会中的政治系统有密切联系，因为只有以此方式，法律的高度可变性才能通过内在的社会选择过程得以实现。在此，我们并不想给纯粹的政治的法律制定开道，尤其是，我们同样不主张政治系统能够完全从其自身内部来决定法律问题，而不考虑它的环境；确切而言，我们正是想指出法

---

① Roger Cotterrell, *Law's Community*, New York: Oxford University Press, 1995, pp. 289-290.

② Niklas Luhmann, *A Sociological Theory of Law*, London: Routledge & Kegan Paul, 1985, p. 174.

律选择的结构条件和限制所必须追寻的方向。"① 法律的自我创生在很大程度上限制了法律功能的反复无常（variability）。法律的自我创生的封闭性也对法律的政治工具化设置了有效限制。卢曼所认为的全球社会也是缺乏高度政治整合的世界社会。总之，卢曼的法律系统理论，虽然表现出与凯尔森的某些相似，但在法律与社会的内在联系上，却始终表现出坚定立场。

第二节 法律发展与社会进化

强调法律与社会之间的联系是马克思法律观的一个重要特征。在法律与社会的关系问题上，马克思曾经多次援引这样一句话："是社会创造了法律，而不是法律创造了社会"。马克思的基本观点是，社会本身是法律的根源，人生活在社会中，而不是作为独立个人生活。在《政治经济学批判》导言中，马克思还指出，每种生产形式都产生出它所特有的法的关系、统治形式等。同样，在卢曼关于法律系统和社会系统的理论中，法律与社会及其进化总是联系在一起的。

卢曼认为，一切社会生活都是直接或间接地由法律所形成的。法律和知识构成了是社会条件的无所不在的基本事实。在生活中根本找不到不以法律为基础的持久的社会秩序。他说，"如同知识一样，法在一切社会系统中都是以基本形式出现的，而并不求助于由国家制定和认可的官方法。因而，法也存在于组织、家庭、通讯群体、邻里关系等等之中。要是没有知识和法，任何系统就丝毫不能处理认知预期或规范预期。"② 他还说：

>法必须被视为一种结构，这一结构界定社会系统的边界和选择类型。当然，法并不是唯一的社会结构。除了法，我们还得考虑认知结构，交流媒介，如真诚、爱等，尤其是社会系统分化图式的制度化。然而，法作为结构是基本的。因为，人们没有对行为预期的一致一般

---

① Niklas Luhmann, *A Sociological Theory of Law*, London: Routledge & Kegan Paul, 1985, p. 187.

② Ibid..

化，就不能使他们自己适应他人，也不能预测他人的预期。这一结构，必须在社会本身这一层面上被制度化……因而，它随着社会复杂性的进化而改变。①

法律秩序是一个极其复杂的实体，具有结构复杂性。社会复杂性的增长要求法律结构发生变化，并且为这些变化提供便利。鉴于此，作为结构的法律和作为社会系统（social system）的社会（society），必须在一种相互依存的关系中，被审视和研究。法律与社会的这一联系，带来了一种法律与社会的历史和进化理论。卢曼指出，简单社会的法是由传统所决定的相对具体的法，而在社会向更高的复杂性发展的过程中，法律必定逐渐变得更加抽象，以对各种情况保有概念解释的灵活性，而且甚至会通过判决、通过合适的实证法而具有可变性。在此意义上，"社会的结构形式和复杂性程度互为条件。"② 换言之，随着社会的发展，"作为社会结构的法"必定随之发生相应变化。由此，卢曼提出了一种结构变迁假说：随着社会复杂性的增长，社会系统从区隔分化向功能分化进化；法律领域的发展，是通过分化出特殊的法律专有互动系统（过程）而有选择地获得的；通过认知预期与规范预期的日渐分化，法律在社会层面上变得独立，并且在其意义结构中变得更加具体、抽象，更加具有可变性。③

卢曼划分了三种社会：古代社会（archaic society）、高度文明的社会（highly cultivated society）和现代社会（modern society）。古代社会指的是原始社会或部落社会。前现代的高度文明出现于那些功能没有完全分化的社会，如中国、印度、伊斯兰、希腊—罗马，以及欧洲大陆、盎格鲁—撒克逊。现代社会指工业社会。这三种社会分别对应于三种社会分化。社会分化是系统为了应对复杂性而再生产系统。涂尔干提到的从区隔分化到功能分化的逐渐变迁，一般被视为社会发展的基本特征。卢曼则区分了三种社会分化：区隔分化（segmentary differentiation）、阶层分化（stratified differentiation）和功能分化（functional differentiation）。区隔分化指的是社会由不同的家庭、部落等构成。区隔分化是平等的，而阶层分化则是不平等

---

① Niklas Luhmann, *A Sociological Theory of Law*, London: Routledge & Kegan Paul, 1985, p. 105.

② Ibid., p. 7.

③ Ibid., p. 109.

的，它将社会划分为等级不同的次系统。功能分化则既有平等，又有不平等，它指的是因为特定的政治、经济、宗教等功能而形成部分系统。① 在这三种社会分化中，功能分化对（后）现代社会具有重要意义。与此三种社会和分化相对应，存在着三种法律：古代法（archaic law）、前现代高度文明的法（the law of pre-modern high cultures）和现代社会的实证法（positive law）。这三种法律，卢曼有时又分别称作：神法（holy law/divine law），法律家法（juristic law）和立法/制定法（legislation/statute law）。②

卢曼从时间、社会和物质维度详细讨论了三种法律之间的区别，如，它们与"自然暴力"（physical force）的关系、与程序的关系、对时间的态度、纠纷解决功能、抽象程度等，并且分析了其依次发生转化的条件。

古代社会主要建立在亲缘关系原则上。其一切社会功能都主要在亲缘领域找寻其自然基础、社会支持和正统性。在古代社会，"法律主要不是规范"，亲缘联结（kinship solidarity）比法律要强大得多；已经存在分化的规范——预期，但认知预期与规范预期完全没有区分开，人们不知道在预期落空时哪些预期要遵守，哪些预期要调整。古代法主要表现为预期落空和失望一方的反应（主要是愤怒），因而与自然暴力紧密相连。行为预期的一致一般化通过果报和互惠（合称相互性）原则表达，它们构成为古代法的基本理念。其主要法律制度有暴力自助、血亲复仇、神判和诅咒等。由于制裁的严厉性，法律的抽象性很低。法律是武断的，在疑难案件中并不考虑考察过程和决策过程。判决由争斗和形式主义作出，而不作意义解释。

古代社会复杂性相对较低，问题简单，其稳定性有赖于选择的缺乏。而随着经济发展（从平均地权到更广泛的商业关系）所导致的分化、特

---

① Niklas Luhmann, *A Sociological Theory of Law*, London: Routledge & Kegan Paul, 1985, pp. 110, 146; Niklas Luhmann, *Political Theory in The Welfare State*, Berlin: Walter de Gruyter, 1990, pp. 18–19. 这些分化形式循序渐进，但卢曼又认为这些形式总是存在，如，即使在最简单的社会，角色也按照年龄和性别而在功能上有所分化，而在高度发展的现代社会，区隔分化存在于许多功能领域中间也是合情合理的，如家庭、政党、医院、政府部门等。

② "这一界分取决于发展的相关状态，而不取决于客观的编年顺序，因此，即使是今天的社会系统，如果它们表现出适当的特征，它们也得被视为要么是古代的，要么是高度开化的。"参见 Niklas Luhmann, *A Sociological Theory of Law*, London: Routledge & Kegan Paul, 1985, p. 116.

定化和流动，个别功能领域就会产生更高的复杂性。如此，危机就出现了。古代社会晚期，法律日渐形式化和仪式化。仪式化的功能在于抽象的获得和法律规范的特定化、角色中立化。随着分化日益加强，建立生活方式的可能性越来越多，古代的协调和争斗形式就为有约束力的法律判断形式所取代。通过这一程序，法律能够适用于各种情形，法律可能的复杂性就大大扩展。法律因之也就跨过前现代高度文明的门槛。由古代法向高度文明的法的变迁，是通过仪式化的法律形式、争端解决程序、金字塔般的等级制来实现的。

前现代的高度文明，出现于功能没有完全分化的社会。在这些社会中，卢曼认为只有欧洲大陆、盎格鲁—撒克逊的内部分化为法律的进一步发展，即实证法提供了基础。在前现代高度文明的社会，规则的等级形式与社会的等级结构相一致。各种行为模式综合为一种一致的程序和命令图式。法律在比以前更具复杂性和抽象性的层面上实现行为预期的一致一般化功能。社会内部的不完全分化与规范和认知预期之间的不完全分化是一致的。期望落空主要通过法律渠道解决。法律争端的解决都可以利用程序和官员。这一社会要求："互动系统的特定化"，亦即，法律决定基于以前已经建立的标准而不是总是根据具体相关情形进行仲裁；"法官个性（个人倾向、关系、记忆和知识等）中立"；决策过程不考虑当事人的其他角色，忽视公众反应；法院与程序的分离。法律不再是争斗，而是一种抽象的管制命令，达到了一个高水平的抽象性。法律重塑成为可能，即以有效和无效的规则之间的抽象不同代替允许（好的）和禁止（坏的）行为之间具体和活生生的不同。卢曼指出，"前现代高度文明的法律，在其概念化和抽象程度（法律以此实现着其一致一般化功能）上，是以法律程序为基础的。"[①] 在程序制度化背景下发展出了法律的规范倾向。法律在本质上被界定为规范。尽管法律仍以政治机关和暴力为后盾，但在内容上它是"法律家法"。它从法律本身（如法律事务或法律争议）所呈现的问题和规范主张那里，获得发展的动力。法律家法通过抽象性和类型的多样性而具有灵活性，它努力使自己适应社会需要的慢慢变化。在前现代高

---

① "这一界分取决于发展的相关状态，而不取决于客观的编年顺序，因此，即使是今天的社会系统，如果它们表现出适当的特征，它们也得被视为要么是古代的，要么是高度开化的。"参见 Niklas Luhmann, *A Sociological Theory of Law*, London: Routledge & Kegan Paul, 1985, p. 142.

度文明中，已经可见法律发展的相对独立性，法律中有限的概念学习，以及个别法律制度或论证原则从社会到社会的转变。技术上的法律抽象过程、程序创新和司法干预都各行其道。同时，法律秩序在基本特征上又受到其社会结构的限制，如，它们的抽象能力、程序上的组织决策自由、认知预期与规范预期的分化，尤其是复杂性、可变性以及法律批判的潜能等都受到限制。

法律样式的基本变化，是由社会的结构变迁所决定的。社会复杂性的增长以社会系统的进步的功能分化为基础。功能分化为了解决特定的社会问题而创造了社会的部分系统。伴随着经验和行动的可能性的爆炸式增长，经验和行动的偶然性在社会中也得以增长。如此就产生了大量问题。而以传统的"法律家法"的形式不足以解决这些问题。这些问题要由立法来解决。立法并非现时代的发明。18世纪，在立法上取得了法律有效性完全实证化的思想革新。19世纪，作为立法的法律制定过程，首次成为官方生活的常规事务。旧有的法律材料得到了修整并被法典化，成为成文形式。作为立法者的统治者实现了角色转换："统治者不再是'国家'，而只充当着国家内部的一个角色"。人只能通过职务来改变法律。实证法的出现源于社会发展，与通过功能分化产生大量可能性的社会结构联系在一起。程序的建立、职务和人员之间的分化、政治过程的制度化等为法律实证化的诞生提供了条件。

现代社会的法律类型是实证法。在此阶段，法律与自然暴力之间的关系也得以重构。法律此时更加依靠自然暴力的抽象可利用。法律与自然暴力之间的关系也得以重构。在古代，自然暴力是强制执行的基本工具，也是表现法律的一个基本工具。高度文明则已经把它们自己从这中间分离了出来，在许多法律秩序中形成了极其深远广泛的分化。法院权威和法律专家之间的分化从此找到了契机：前者安排程序，聘用法官，保证当事人的到庭、法院秩序和判决的执行；后者则在形成法律中被利用。这一分化在早期欧洲社会尤为明显。在那里，政治统治和法律都脱离了其宗教纽带而在技术上得以自足。如此，法律在内容上就由能动的法律家或法律代言人所决定，法律更加依赖自然暴力的抽象可利用。不能让人产生强制可能性想象的规范不具有法律的性质，而强制并非人们遵守法律的唯一动机。相反，行为预期在时间、社会、物质上的一般化增长到这样一种程度，以至于它们的一致不再由动机的特定规范情境所保证，而只通过对各种个别动机结构的高度冷漠所保证，即通过免除不可抵制的强制可能性所保证。这种可能性成了实证法的内在特性。

在此阶段，还出现了法律的分化、功能特定化和实证化。法律的偶然性和复杂性因为法律朝实证化方向的重构而急剧增长，并因而与功能分化社会的法律要求相一致。法律的分化，并不意味着法律不再与其他社会结构规则和交流媒介发生联系而悬置空中。确切而言，法律至此比以前更适于其一致一般化规范行为预期的功能，更适于从这一特定功能的基础的其他功能领域接受帮助和刺激。法律在时间维度上的分化也成为可能。昨天无效的法律今天可能生效，到明天则又可能失效。"良法"自此不再存在于过去，而存在于开放的未来。在物质维度上，能成为法律的材料不再以它总是法律为基础，许多以前不受管制的行为类型从此受到了法律管制。法律越来越成为一种通过详尽计划改变现实的工具。在社会维度上，有多种潜能的法律必须能够适用于很多不同种类的人，即它在社会方面也必须被大大一般化了。从法律的观点看，社会发展是无限的，法律至此可以作为社会发展的一种根据，作为一种分化机会和解决功能障碍的机制。从功能的观点看，法律的实证化完成了与认知预期和规范预期相一致的东西。从结构的观点看，法律实证化标示着一个激烈的内部重构过程。随着广泛深远的结构变迁，法律的一致性必须以一种新的方式被发现和平衡。它不再依赖于对一种真实世俗秩序的信仰，在此秩序中，法律有其不变的自然道德基础。

法律的功能特定化，发生在许多方面。例如，法律与道德的分化成为自由的条件，也进一步成为法律本身专门化的条件；科学真理与法律的急剧分离；法律从社会化功能、教育和教诲功能中分离出来。这些功能的熔化导致法律不容易改变，而更强的分化则有利于法律具有更高的可变性。事实上，它被重构为了一个可变的结构。如此，法律就不再简单地等同于一致一般化规范预期的总体。实证法的规范效力独立于道德的同意或不同意。"实证法意味着法律的结构可变"。[1] 实证法只通过决定才有效，只通过决定才能改变。

---

[1] "这一界分取决于发展的相关状态，而不取决于客观的编年顺序，因此，即使是今天的社会系统，如果它们表现出适当的特征，它们也得被视为要么是古代的，要么是高度开化的。"参见 Niklas Luhmann, *A Sociological Theory of Law*, London: Routledge & Kegan Paul, 1985, p. 185.

法律的分化、功能特定化、实证化彼此之间相互联系。实证法的分化和功能独立，通过在分化的法律系统中建立程序获得和维持。法律通过程序的建立而成为一种决策程序。立法程序和争端的司法解决之间的区分和制度分化，成了现代社会的当然安排。一般法与个案的具体管制也发生了分化：一般法领域的决策属于立法者，而具体法律争端领域的决策属于法官。法律规范条件化，只要特定条件满足，就作出某种决定。此外，与法律的实证化相联系的，是风险的急剧增长。"在很大程度上，现在的风险产生于法律本身"。法律能够被改变，但只是在宪法框架内或在特别复杂的情况下。合同能够被终止，但只基于特定的理由。主观权利也能够被剥夺，但只基于公共利益和不赔偿的情况。同时，在实证法阶段，也出现了规范制定的反射性（reflexity），出现了制定关于规范制定的规范的规范。例如，法律制定的特定条件的程序和框架。此类反射性，如，对预期的预期，关于规范制定的规范，在社会发展过程中以一种多样的和相互联系的方式增长。关于规范制定的规范，可以（但不是必须）采取等级制的形式。例如，程序法不必理解为一个更高级别的法律，它在每一场合都扩展了可能的规范制定范围。反射安排，有助于考虑更高的可能性和解释更复杂的情形。自我倾向的反射过程，在社会现实中，只通过特定的社会的部分系统的分化和特定化，才得以保证。为了维护社会复杂性可得到的水平，反射机制是必要的。①

有人指出，梅因的"从身份到契约"，腾尼斯的从"共同体"到"社会"、涂尔干的从"机械团结"到"有机团结"、韦伯的从"合理的"到"形式的"，以及大卫·瑞斯曼（David Riesman）的从传统指导社会，到内在指导社会，再到他者指导社会，等等，所有这些宏大的社会变迁在广义上都是现代性的表现。② 这里，卢曼关于法律与社会的进化观点同样也是如此。三种社会、三种分化以及相应的三种法律，所有这些受到宏大的历史话语支配的发展尽管并没有指出未来的方向，也与梅因、涂尔干、韦

---

① "这一界分取决于发展的相关状态，而不取决于客观的编年顺序，因此，即使是今天的社会系统，如果它们表现出适当的特征，它们也得被视为要么是古代的，要么是高度开化的。"参见 Niklas Luhmann, *A Sociological Theory of Law*, London: Routledge & Kegan Paul, 1985, pp. 159-226.

② Cf. Stjepan G. Meštrović, *The Coming Finde Siècle: An Application of Durkheim's Sociology to Modernity and Post-modernity*, London: Routledge, 1991, p. 29.

伯等人的理论有细微的区别，但都是对历史的一种宏大叙述。

在讨论实证法时，卢曼还谈到了法律的合法性（legitimation）问题。而在《法的社会学理论》出版之前，就合法性问题卢曼还曾专门出过一本书，书中"通过程序的合法性"观点尤其受到了后现代学者的关注。

卢曼认为，合法性概念源于中世纪，并在那时首先成为法律概念。其时，它与地方规则相联系，服务于防止非法篡夺与暴政。到19世纪，合法性随着自然法的消解而土崩瓦解，它进而被界定为，人们对作为法律或者有约束力的判决之基础的原则和价值的有效性的事实确信。卢曼对此界定不满意，尤其是对将合法性归结为人的确信不满意。卢曼认为，合法性概念不能只通过心理学范畴，如规范和价值的内化来理解。在急剧分化的社会中，法律的合法性不能依靠某种心理动机结构起作用。合法性必须从其对实证法的功能后果去界定。卢曼提出的是"通过程序的合法性"。程序，是为了得到有约束力的判决，而在短期或暂时形成的一种特定种类的社会系统。程序的合法性的功能，以角色分化为基础。在程序中，参与者有特定的个人角色，如，原告、被告、律师、代理人、法官等。他们只根据程序系统的规则自由行事。与法律无关的角色，则被程序角色中立化。它们要想进入程序，只能出于协谈的需要，或者相关主题而被引进。程序形成了一种一般机制和特定机制的结合，它们与自然暴力一起维护法律判决的合法性。①

卢曼在《通过程序的合法性》（1969/1975）一书中提到，在（后）现代社会，法律的规范性为程序的运作可行性所代替。有人对此所作的解释是，"在发达的工业社会，法律理性的合法性为技术专家的合法性所代替，这一技术专家的合法性，在本质上并不符合公民信仰或道德的任何意义。"②卢曼认为，法律形成过程的起点，在于一个人必须而且能够预期其他人的偶然预期。这种对预期的预期，不仅局限于互动的双方，而且会扩展到并不参与互动的第三方（国家机构）。而关于第三方预期的预期，是通过制度化机制来形成的，不管这种机制可否实施。如此，法律就完全被重构为一种偶然的、依赖于判决的预期结构。因而，法律的效力问题就会以"合法

---

① Niklas Luhmann, *A Sociological Theory of Law*, London: Routledge & Kegan Paul, 1985, pp. 199, 203-205.

② Cf. Jean-Francois Lyotard, *The Postmodern Condition: A Report on Knowledge*, UK: Manchester University Press, 1984, pp. 46, 97.

性"的新面目出现。卢曼指出，简单制度能够由预期规范的连续链条构成。在此制度下，所有的预期方都能发现他们自己在一个完全规范的结构中面对着规范，完全按规范行事而不必考虑预期背景。这是一种简单的情况。当把法律与变化的偶然性和可能性结合在一起，这种简单办法就会失常。在第三方作为法律权威与各种有约束力的判决可能性相结合的情况下，参与者和其他第三方就得根据所决定的、被告知的和变化的情况学会适应。在存在变化可能性的情况下，法律和学习就得结合起来。这涉及预期结构的合并，精确而言即是，将规范是认知的预期结构纳入到基本上是规范的预期结构。如此，法律的合法性结构就是：规范预期的认知预期的规范预期的认知/规范预期的混合。不仅决策者应当学会学习，那些受决策者影响的人更应如此。"法律的合法性由这两种学习过程的整合所构成"。"因而，法律的合法性，并不指官方有效性主张的真实性，而是指共同学习过程"。[①]"判决的合法性所必需的，基本上是社会系统内部的一个有效的、摩擦最小的学习过程。这是更加一般的问题的一个方面。这一问题是：'愿望怎样变化，而本身只是社会一部分的政治行政子系统，怎样才能在社会中通过决定来建构预期？'这只是整体的一部分的系统。其活动的有效性，将在很大程度上，依赖于它成功地将新的预期，整合到已经存在的系统，无论这是人还是社会系统，而不激起太大的功能干扰。"[②]

显然，卢曼提到的"通过程序的合法性"，与哈贝马斯所谓的"真理的共识理论"（consensus theory of truth）是对立的。哈贝马斯认为，共识构成为合法性之基础，这一基础是通过在"理想的对话情境"下的理性商谈或辩论来实现的。哈贝马斯提出的通过商谈或者理性的论辩对话寻求普遍共识的合法性观点，透露出对共同解放这一普遍价值的追求。由此，观点的合法性只在于其对解放的贡献。哈贝马斯的这一理论曾受到批评，卢曼的"通过程序的合法性"则受到了一些人的肯定。[③] 哈贝马斯认为对

---

① Niklas Luhmann, *A Sociological Theory of Law*, London: Routledge & Kegan Paul, 1985, pp. 200–201.

② Cf. Jean-Francois Lyotard, *The Postmodern Condition: A Report on Knowledge*, UK: Manchester University Press, 1984, p. 101, n. 215.

③ 对卢曼的批评也存在，例见［德］奥特弗利德·赫费《政治的正义性》，庞学铨、李张林译，上海译文出版社1998年版，第145—158页；［德］阿图尔·考夫曼《后现代法哲学》，米健译，法律出版社2000年版，第40—67页。

话的目标是达致共识，但在利奥塔看来，共识只是讨论的一种特定状态，而不是讨论的目的。利奥塔说，"商讨是反对稳定系统的最终武器。动机是好的，但是论证不够。共识已是一种过时的和可疑的价值。但是，作为价值的正义既未过时也不可疑。我们因而必须找到一种与共识理念和实践没有联系的正义理念和实践。"[①] 阿图尔·考夫曼（Arthur Kaufmann）也认为，哈贝马斯的理论只提出了一个空洞的原则。在他看来，"虽然在规范领域中所产生的真理（正当性）并不单单通过程序产生，但是毫无疑问又的确在很大程度上产生于程序之中。"[②] 如果按照一些人的归纳，"后工业化社会"的特征包括机械化、标准化、过分的专业化、科技先导、科技官僚以及信息科技等，那么，卢曼所提出的"通过程序的合法性"，正可谓"后工业社会"科技话语准则在赋予社会话语合理性的过程中日益上升的一种表现。[③]

第三节　功能分化与现代法律

卢曼认为，只有在19世纪下半叶社会学产生之后才能谈论法社会学。在关于法律与社会之关系的欧洲传统中，法律在人类的联结形式中总是存在。每一社会都必定有一种法律秩序，法律与社会可被视为是以某种方式互动的、在经验上能进行研究的变量。古典法社会学始于法律的内在观点与其道德基础的区分，它们都把自己同自然法学方法区分开。法律，作为既定社会条件的形式和表达，在社会发展中被赋予了一种中心地位。卢曼把古典法社会学的共同前提归纳为三点。第一，作为规范结构的法律，不同于作为事实生活和相互联系的行动的社会。第二，法律与社会被认为是两个相互依赖的变量，二者的变化特征被解释为是进化的，这在19世纪主要是有规律的文明进步（progress，卢曼视之为一种道德范畴）。第三，

[①] Jean-Francois Lyotard, *The Postmodern Condition: A Report on Knowledge*, UK: Manchester University Press, 1984, pp. 65–66.

[②] 参见［德］阿图尔·考夫曼《后现代法哲学》，米健译，法律出版社2000年版，第35—40页。

[③] 参见盛宁《人文困惑与反思：西方后现代主义思潮批判》，三联书店1997年版，第111—114页。

在经验基础上，建立关于法律与社会之间关系的可验证的假说，是可能的，而且，这些通过对变化背景的观察，可得到证实。[①]

卢曼指出，马克思、梅因、涂尔干、韦伯等人的理论都注意到法律与社会发展的不同方面，并且各自都突出强调了某一方面的特征。马克思侧重于从经济上说明法律与社会之间的关系，认为社会发展的动力在于生产力和满足物质需要的生产关系的变化，法律形态与社会形态相一致。梅因对同样的问题看到了不同的方面。他将法律从传统社会向现代社会的发展归结为一种"从身份到契约的运动"。涂尔干则认为，法律的形式受着社会分化的各种形式的制约，法律随着社会本身的发展而改变。涂尔干将这一发展，视为一种从区隔分化到功能分化的渐进的社会重构。区隔分化将社会再分为不太复杂的相同或相似的单元，如家庭、部落等。功能分化则通过劳动分工，使社会分层为服务于特定功能的不同的部分系统类型。区隔分化的社会，通过"集体意识"和道德规则达致整合。而在功能分化的社会，"有机团结"取代集体意识而使社会获得一致性。与此相应，法律从惩罚性制裁向补偿性制裁重构，法律只为重组各部分的功能而消除损害，而不再对集体意识的损害进行报复。在涂尔干那里，系统分化的类型是决定性的，其次才是法律的形成，尽管二者也紧密地联系在一起。另一位对法社会学作出独到贡献的是韦伯，他认为法律的一般发展是从实质向形式的重构。卢曼认为，韦伯的贡献在于，他回到了与主体相联系的行动概念。人的行动不再以实体的自然属性来描述，而是通过"有意义的意义"来界定。既然行动由主体选择，行动就会具有偶然性。

涂尔干突出了规范结构的客观性，韦伯则注意到主观行动的偶然性，把二者结合起来的人是帕森斯。帕森斯从社会系统的规范结构界定社会系统。他认为，每一持续的互动都假定着规范，没有规范系统就不可能存在。其核心命题在于，一旦几个行动者（每个人都可以主观地选择其行动的意义）想在一种既定的情况下彼此相互作用，那么，相互的行为预期就必须被整合，而这可以借助持续的、可学习的和可以内在化的规范的稳定而得到。要是这些预期不被整合，两个主体之间意义决定的"双重偶然性"（double contingency）就不能被克服，预期的"互补性"也不可

[①] Niklas Luhmann, *A Sociological Theory of Law*, London: Routledge & Kegan Paul, 1985, p. 11.

能被建立。卢曼提到的最后一位古典法社会学家是主张到社会生活中去找寻法律的埃利希。埃利希将人们的注意力从"法律家法"、"国家法"转到了社会生活中的"活法"和"法律现实",他同样认为,法律是社会的法,随着社会的发展而变化。

古典法社会学认为,法律并不由自己所决定,也不以更高的规范和原则为基础,而是由它与社会的关系所决定。这种关系一般被理解为屈从于进化变迁的一种互动,它们能像因果关系那样在经验上予以考察。而法律看上去就是这一进化发展过程相互决定、相互依赖的要素。法律通过使它自己对变迁要求作出适应,而促进这一过程。卢曼认为,古典法社会学的分析都是具体的、不充分的和片面的。它们运用了各自不同的方法,看到了各自的那一面,而没有看到完整的、最基本的方面,没有触及法律的根源。这源于理论工具的缺乏。它们要是把法律与日益增长的复杂性联系在一起,就会认识到法律实证性的功能和不可避免,而它们没有。在对社会发展与法律发展之间的联系的抽象讨论上,社会理论和法律理论都缺乏合适的理论工具。[1] 有鉴于此,卢曼从"复杂性"和"偶然性"入手提出了一种法律的系统理论。

卢曼认为,人类生活在一个由意义所构成的世界中。这一世界呈现出广泛的经验和行动可能性。因此,在当即的和既定的经验内容中,存在着诸多其他可能性。这些可能性既是复杂的,也是偶然的。"复杂性"(complexity)意味着,"总是存在这个比实际更多的可能性"。"偶然性"(contingency)意味着,"进一步的经验所显示出的可能性最终会与所预期的有所不同;因而,所显示的可能并不可靠,因为它指的是那些不存在的、不可能得到的或者毫无用处(例如,当一个人去会见某人时,后者已不在那)的事物"。卢曼指出,"在实践中,复杂性意味着被迫选择,偶然性则意味着期望落空的危险和冒险的必要性。"[2]

偶然性有"单一偶然性"(simple contingency)和"双重偶然性"(double contingency)之分。在单一偶然性层面上,预期落空或多或少可被避免,从而形成固定的、稳定的预期结构。例如,白天过后是黑夜,房

---

[1] Niklas Luhmann, *A Sociological Theory of Law*, London: Routledge & Kegan Paul, 1985, pp. 9–21.

[2] Ibid., p. 25; Niklas Luhmann, *Essays on Self-reference*, New York: Columbia University Press, 1990, p. 26.

子明天不会倒，孩子将长大等。与此相对照，在双重偶然性层面上，则存在着复杂得多的预期结构。此预期结构，严重依赖于"对预期的预期"（expectation of expectations）这一前提条件。对此，卢曼假定了一种近乎博弈论的情况。他指出，在双重偶然性的情况下，他人可以和自己一样自由地改变其行为。对双方来说，世界都是复杂而偶然的。对方可能会犯错，可能会掩饰自己。对方目的的实现可能就是自己期望的落空。因而，不能期望他人的行为是确定的事实，而应根据其在多种可能性中的选择来看待它。只是，这一选择又得依赖于他人的预期结构。如此，预期的结构必须以更加复杂和多变的方式构造。在双重偶然性的情况下，一切社会经验和行动都是双向相关的。这一方面表现在对行为的直接预期上，另一方面又表现在对某人自己的行为对陌生人的预期意味着什么作出判断上。法律和规范的功能，就在于寻求这两个层面的整合。① 除了两个人之间的互动外，还存在着第三、第四等反射层面，即对预期的预期的预期和对预期的预期的预期等。如此，情况就更加复杂了。社会系统减少其复杂性有各种简化形式，关键在于通过一般化缩减而获得简单化，例如，"星期天上午 11：00—12：00 为拜访时间"。卢曼指出，"规则使意识从复杂性和偶然性中摆脱出来"，"对预期的预期的确定性……构成了一切互动的实质基础，并且比实现预期的确定性有意义得多"，这一点对充分理解法律非常重要。②

卢曼按照功能将"结构"定义为，通过允许双重选择而使选择加强。在一个由意义构成的世界中，将选择步骤联系起来是有好处的，甚至也是基本的。选择构成了一种生活方式。期望落空的经验，内在于一切结构之中。这意味着，在足够多的结构的进化中，总得考虑到预期落空的问题。对待预期的落空有两种不同的态度，要么适应改变，要么维持预期。由此，预期可分为认知预期和规范预期。在处理失望时，人们只能在认知预期和规范预期之间作有意义的选择。卢曼认为，任何预期都是事实的，事实包含规范，因此，事实与规范的对立应当抛弃。规范的对立面不是事实，而是认知。认知和规范是在功能上所作的区分。人们在期望落空的情

---

① Niklas Luhmann, *A Sociological Theory of Law*, London: Routledge & Kegan Paul, 1985, p. 25.

② Ibid., p. 30.

况下适应现实，预期就是认知的。而如果有人违背预期行事而人们并不否定它们，预期就是规范的。例如，假定某人正在等一位新来的秘书，这种情形同时包含有预期的认知要素和规范要素。她可能是（be）一名白肤金发的女子，这一事实可能会在认知上得到期盼。但是，对此，又有必要对期望落空作出适应，亦即，要是她染了头发，就不再坚持金发这一预期。而在她应该（should）得到一些东西上，预期则是规范的。有人如果在这一点上预期落空，并不导致这一预期是错误的这种感觉。规范预期是固定的，与预期的任何差异都应归咎于行为人。"预期的认知结构和规范结构的区别在于，在预期落空的情况下是学习还是不学习。"① 认知预期不必有意识地做好学习的准备，而规范预期则意味着决定不从失望中学习。在认知预期落空的场合，学习发生得非常快。而在规范预期落空的场合，对预期的坚持会得到论证和赞扬。同时，卢曼又指出，并非期望的每一落空都导致适应，即使一个人抱有认知预期并且准备学习；而规范预期也不能完全限定在它们的不愿意学习上，对落空的预期的内在坚持有其自身的限度，甚至在法律之中也存在着虚假的学习。因此，认知与规范在学习还是不学习上的差异不是绝对的。认知预期也存在着不学习的可能性，规范预期也存在着学习的可能性。

卢曼说，"一个人在失望的情况下是应该学习还是不应该学习，这个问题太重要了，以至于不可能留待个人决定。此种或彼种选择必须被制度化。"② 有选择地降低复杂性和偶然性的预期结构，是一种生活必需。预期落空带来了不确定性和不稳定性，这并非一件坏事。相反，它是日常生活中满足规范需要的一个条件，也是法律发展的前提条件。社会系统必须监督和引导预期落空的过程。预期落空的缘起在于失范行为。通过彼此对预期的预期，做决定的压力就产生了。尽管存在着多种对落空的可能预期，但在二者之间作出选择却不是任意的，而是由社会结构现实所事先决定的。在预期落空的情况下，失望的个人可通过眼神、手势、语言和行动来惩罚令人失望的人，也可忽略它们，还可以选择制裁。在期望落空的情况下准备设置制裁，这样规范的概念就不难界定。"每一个社会都需要为各种各样

---

① Niklas Luhmann, *A Sociological Theory of Law*, London: Routledge & Kegan Paul, 1985, p. 24.

② Ibid., p. 39.

的规范预期,创造与其自己的复杂程度相一致的空间。"① 在预期以同样的方式对所有人都生效的情况下,制度化会更容易。卢曼在研究法律、制度等的缘起上,似乎带有一定的博弈论色彩。他认为,在多人的互动中,相关第三方的不确定、隐姓埋名、不可估价以及难以接近等,恰好保证了制度的可靠和同质。卢曼说,"制度并不依赖确定的观点表达之间的事实同意,而是依赖于它们成功的过高估计。如果每个人都或多或少地假定每个人同意,那么制度的连续性就得到了保障,这甚至可能出现在几乎每个人假定几乎每个人假定每个人同意的情况。"② 随着社会功能分化的增长,对一切人都有效的预期的数量会减少,而只在特定角色和部分系统中才有效的特别预期的数量会超比例地增长。亦即,一些一般预期(general expectations)会被大量的特别预期(particular expectations)所代替。

一个人不能直接分享他人的意识,因而,对预期的预期只有通过一个共同世界的媒介才有可能。在此世界中,预期被完全系统地联结在一起。意义因而成了主体之间的各种可能经验的综合。意义提供了预期的背景。预期背景的意义认同,有助于预期的储存和取得。卢曼认为,意义有四个层面:具体的人、特定的角色、特定的程序以及特定的价值。意义的这些层面总涉及预期的形成。行为预期与这四者之间的联系,表现在对预期的预期提供外在化的起点。一般而言,人、角色、程序和价值,也代表着一般化的不同侧面。社会越是复杂,就越是需要更加抽象的预期前提。在卢曼看来,意义的不同层面必须被视为一个整体,比如,价值的制度化就必须在程序设计和进化中被假定。而如果假定规范的发展是从倾向于人、到角色决定、再到程序规范、再到价值取向(即意识形态)规范的发展,那就太过简单化了,也是明显错误的。他指出,随着社会复杂性的增长,这些层面都会更加有力地得到加强,并因而更加有力地得以分化。因而,法社会学必须回答这样的问题:在此分化过程中法律必须满足哪些功能?在法律内部会因之产生哪些问题?社会发展迫使各层面的意义急剧分化,这在总体上就使得预期结果更加复杂,也更加灵活。不过,"分化并不意味着孤立,而只意味着相对不变和单独可变。"③

---

① Niklas Luhmann, *A Sociological Theory of Law*, London: Routledge & Kegan Paul, 1985, p. 49.
② Ibid., p. 55.
③ Ibid., p. 73.

卢曼并不认为一切规范、制度和认同原则都具有法律属性。法律应当在功能上有选择地作更加狭隘的界定。卢曼的理论有一个前提假设:在高度复杂和充满偶然性的世界中,社会行为要求减少复杂性和偶然性,这有助于相互的行为预期,并受到对此相互预期的预期所支配。在时间(temporal)维度上,这些预期结构能够被稳定化为免于失望(disappointment-proof)。随着社会复杂性的增长,这意味着认知预期和规范预期之间的分化,也意味着可以利用避免失望的成功机制。在社会(social)维度上,这些预期结构可以被制度化,即受到第三方所期盼的合意的支持。随着社会复杂性的增长,这意味着更加强烈的虚构合意假定以及特定角色制度化的制度化。在物质(material)维度上,这些预期结构可以通过同一的意义而得到巩固,并且被带进一个相互确认和限制的背景中。随着社会复杂性的增长,这意味着不同抽象层面之间的分化。

为了得到这三个维度的总体概念,卢曼分析了行为预期的一般化:时间的、社会的和物质的一般化。他认为,三个维度有相似的问题,其共性在于,一般化在各种维度类型中连接间断,消除危险。规范给了预期以持续的特性,尽管预期时不时会落空。制度化假定了一般合意,尽管事实上个人并不同意。意义和背景的同意为认同所保证,尽管预期之间存在着物质区别。因此,一般化有助于人们不必再关心其他可能性,从而减少复杂性和偶然性。在卢曼看来,时间的、社会的和物质的一般化机制是不同质的种类。这些机制能够将不同的、不一致的预期一般化,它们彼此间有选择地相互作用,也可能相互阻碍和干扰。这些不一致在每一社会都会产生一个结构问题,法律对此问题则具有其社会功能。[1]

卢曼将"被一致地一般化的规范行为预期"(congruently generalised normative behavioural expectations)[2] 视为社会系统的法。法获得了选择的一致,因而形成为社会系统的一种结构。卢曼把法律界定为"依赖于规范行为预期的一致一般化的社会系统的结构"。[3] 他指出,如此界定法律,就不能从"应然"(ought)属性、特定的事实机制(如"国家制裁")乃至"争端解决方式"上去理解法律,而应当从功能上和选择性上去理解。

---

[1] Niklas Luhmann, *A Sociological Theory of Law*, London: Routledge & Kegan Paul, 1985, pp. 73–74.

[2] Ibid., p. 77.

[3] Ibid., p. 82.

卢曼说，"单从命令和禁令、自然倾向的表现或外在强制上，是不能充分理解法律的……法律主要服务于复杂的、高度预先安排的行动，而且它只有通过对这类行动的偶然前提予以一致一般化才能达到这一点。"[①] "如果我们在完全封闭（all-encompassing）的社会系统内部考虑法律的地位，我们就不再视法律规范为某些角色的决策程序，而是在其原初意义上，视之为社会互动的一切参与人的预期结构。"[②] 卢曼对法律的这种功能界定，主要是与预期相联系的，而与自然法、强制以及纠纷解决并无太大关系。他指出，法律的进化，必定是一部暴力驯化的历史。在古代，自然暴力（physical violence）如同影子一样伴随着法律，而在高度复杂的社会和现代社会，对预期的预期的确定比实现预期更加重要。如此，关于法律强制的基本情形，就是对强制的预期作出选择。保障法律形成的需要，首先与某人自己的预期，特别是对预期的预期的保证相联系，其次才与通过所期盼的行为实现这些预期的保证相联系。因此，"法律在根本上绝非一种强制秩序，而是一种预期便利。此便利取决于预期的一致一般化渠道的取得。"[③] 同样，人们一般认为解决纠纷是法律的一项重要功能，但卢曼却多次提到，在现代社会，法律不仅不是纠纷的解决方式，反倒是冲突的制造者。他说，"法律并非解决社会冲突的工具，而首先并且也是最重要的是一种制造冲突的工具：对要求、主张和拒绝的一种支持，尤其是在想抵制的地方。"[④]

在卢曼的法律概念中，还包含着不变（constant）和可变的要素。不变意味着一致一般化功能在每一社会中都必须以某种方式得以实现。而法律机制的功能分化程度，以及其他按照法律功能而形成的结构和过程，在进化层面上则是可变的。进化的动力来自社会日益增长的复杂性。看上去，卢曼关于法律的功能定义是与进化相互联系的。一方面，法律是进化的产物，"法律的形成是一项进化成果"，法律的产生通过法律预期的特定分化的形式而依赖于社会的结构。另一方面，通过社会系统的法保障预期一致后，维度特定的一般化的更高形式，以及对预期的预期反思层面上的一致，就能得到发展，就此而言，法律又构成社会进化的实质基础之一。

[①] Niklas Luhmann, *A Sociological Theory of Law*, London: Routledge & Kegan Paul, 1985, p. 81.
[②] Ibid., p. 193.
[③] Ibid., p. 78.
[④] Niklas Luhmann, *Social Systems*, Stanford: Stanford University Press, 1995, p. 331.

第四节　后现代社会及其法律

在《法的社会学理论》中，卢曼区分了三种社会以及相应的三种法律，其中，现代社会对应于实证法。而在该书的第二版"结论"部分以及此后的论著中，卢曼逐渐用"自我创生的法"替代了"实证法"。这与其说是一种矫正，不如说是一种发展和补充。因为，在卢曼看来，法律的实证性即是法律的自我创生。自20世纪80年代以来，卢曼开始倡导社会学的"范式转换"（paradigm shift），逐渐从帕森斯的结构功能主义，转向认知生物学和控制论的理论模式。同时，随着后结构主义被广泛接受，以及一些认知生物学和控制论文献在德国相继翻译出版，卢曼卷入关于人文学科的"自我创生转向"（autopoietic turn）之中。[①] 在此时期，（后）现代社会[②]的特征更为明显，功能分化在此阶段表现得尤为突出，与此相应，卢曼对后现代社会的法律描述也更趋精致和成熟。

卢曼对后现代社会大致从功能分化、整合丧失、偶然性和时间等方面作了描述。卢曼认为，后现代社会系统的基本特征是功能分化。这里，作为社会变迁的产物，"分化"指涉后现代社会及其制度变得越来越专门化、独立自治、技术化和抽象。在后现代社会，社会系统分化出它们各自的子系统，如政治、经济、法律、宗教等。这些子系统各自发挥着不可替代的特定功能。同时，为凸显自己的自主和特性，每一功能系统又各自发展出自己的交流（communication，或译沟通）媒介，如，政治系统的权、经济系统的钱、法律系统的法、家庭系统的爱、宗教系统的信，等等。而在系统内部，则形成与交流媒介相称的二元结构（structure 或 schematism），如，政治系统的有权/无权、经济系统的拥有/不拥有、法律系统的合法/不合法、家庭系统的爱/不爱、宗教系统的信仰/不信仰，等等。二元结构产生

[①] Cf. Eva M. Knodt, "Foreword", in Niklas Luhmann, *Social Systems*, Stanford: Stanford University Press, 1995, pp. xiv - xv.

[②] 卢曼在措辞上多提的是"现代社会"，其著作似乎并没有在"现代社会"与"后现代社会"之间作严格区分。不过，在关于卢曼的评论著作中，很多人都直接用了"后现代社会""后工业社会""晚期工业社会"等字眼。其实，如同福柯著作中所使用的"现代社会"一样，它们一般也包括晚期资本主义社会或后现代社会。

反射性（reflexivity）特征，如，说语词、界定定义、谈语言、钱钱交易、生产工具的生产、对学习的学习、对预期的预期、关于规范制定的规范，等等。反射性指的是适用于己身的一种过程，是系统观照自己的能力，是系统适应环境的一种机制。基于反射性，系统能够选择再生产自己或不再生产自己。如此，社会系统都是自我参照的，高度自治的。

系统日益增长的分化和独立自治，必定导致对系统控制的衰落。因此，后现代社会的一个典型特征是"社会的集中代表"（binding representation）、"自然代表（natural representation）的丧失"，或者说，是"代表身份的不可能"。社会的全体性（totality）完全不在了，社会也不能被实现为一个整体。"过去和现在社会的关键历史差异在于，社会中不受挑战的社会代表的可能性必须被抛弃，而转向一个社会分化的基本功能模式。现在没有哪个功能系统能够宣称特权地位；每一个都依据其自己功能的优先假定，发展它自己的社会描述。但是，既然特定系统的具体运行太多样了，就没有系统能够将其描述置于其他系统之上。"① 因此，后现代社会是一个自我观察、自我描述、自我规制的社会，"现代系统理论的焦点不在同一，而在差异；不在控制，而在独立自治；不在静止的稳定，而在动态的稳定；不在计划，而在进化。"② 套用中国的古代词汇，可把卢曼所说的后现代社会称为一个"群龙无首"的社会。

此外，子系统的边界再也不能被共同的地域边界（territorial boundaries）所整合。也就是说，通过地域边界将社会限制为一个整体不再可能。功能分化，使（后）现代社会已经不能再像传统社会那样，提供高度的社会整合，从而使得只有一个社会系统（societal system）存在。（后）现代社会囊括了人类的一切交流，其交流网络遍布全球。由此，谈复数的现代社会也不再合适。借助于分化，社会成了一个全球系统，所有的社会都是世界社会（world societies）。而且，由于社会的政治整合已不可能，后现代社会是一个没有全球国家的全球社会（global society/world society）。③ 后现代，

---

① Niklas Luhmann, *Essays on Self-reference*, New York: Columbia University Press, 1990, p. 125.

② Ibid., p. 187.

③ Niklas Luhmann, *Essays on Self-reference*, New York: Columbia University Press, 1990, pp. 178 – 179; also Niklas Luhmann, *A Sociological Theory of Law*, London: Routledge & Kegan Paul, 1985, pp. 255 – 262.

在卢曼那里是有别于现代的种类。它只能根据对"元叙述"的否定来理解。卢曼将后现代界定为："统一宇宙观、普适理性、或者甚至对世界和社会的集体态度的缺乏"。① 在他看来，后现代的提法至少有一个优点，亦即，它表明当前的社会对矫正其自我描述已丧失了信心。这种矫正并非没有可能，但却充满着偶然性。因而，卢曼又以偶然性和时间维度来界定后现代社会。

卢曼认为，基于功能分化，后现代社会的偶然性得到了史无前例的增进，这也是"自然的、不受挑战的代表的丧失的一个后果"。前现代社会的特征是否认偶然性，其简化复杂性的基本方式是将某些社会实践说成是必须的和神圣的。（后）现代社会则承认偶然性和既定社会实践的可修正性。卢曼以观察来界定偶然性。在初级观察的情况下，一般不会产生偶然性。只有在次级观察，即对观察的观察的情况下，才产生偶然性。在后现代社会，一切世界经验都正在变得偶然，观察者能够运用对自己观察的观察，来观察、描述、理解其他的观察者，而不再存在正确的观察和不正确的观察这样的问题。同时，后现代社会"以决定风险（the risk of deciding）的形式经验着它的未来"。② 卢曼说："今天，我们发现我们自己的处境与启蒙时代、法国大革命时代或普鲁士新人文主义时代的完全不同……从过去到将来的连续性在我们这个时代断裂了，这是以前从来不曾有过的"；③ "我们似乎正在处理智识存续问题。但是，这显然又是我们所正在处理的一切。与此同时，发生着的发生着，社会向着一个未知的未来进化着，而将已经完成的抛在了脑后。"④ 由此看，后现代社会是一个充满偶然性、前途未卜的社会。

总之，后现代社会是功能分化的社会，它"自我创生"、自我再生

---

① Niklas Luhmann, *Observations on Modernity*, Stanford: Stanford University Press, 1998, pp. ix, 18.

② Ibid., pp. 70 – 71.

③ Ibid., p. 67.

④ Niklas Luhmann, *Observations on Modernity*, Stanford: Stanford University Press, 1998, p. iv. 在后现代的时间维度上，弗雷德里克·杰姆逊（Fredric Jameson）的看法与卢曼的比较相似。他说："后现代社会里关于时间的概念是和以往的时代大不相同的……那种从过去通向未来的连续性的感觉已经崩溃了，新时间体验只集中在现时上，除了现时以外，什么也没有。"见[美]弗雷德里克·杰姆逊：《后现代主义与文化理论》，唐小兵译，北京大学出版社1997年版，第228页。

产、自我规制、自我参照。① 与此相适应，后现代社会中的法律也是"自我创生的"。自我创生，是温贝托·马图拉纳（Humberto R. Maturana）和弗朗西斯科·瓦雷拉（Francisco J. Varela）在《自我创生与认知》（1980）一书中，提出的生物学概念。该书指出："自我创生器官（machines）是内部自动平衡的器官，不过，它们的独特性并不在此，而在于它们保持不变的基本变量。一个自我创生器官，是作为构成要素生产构成要素这样的生产（改造与破坏）过程网络，构造起来的器官（被界定为一个统一体），其构成要素：1、通过它们不断地相互作用和转化，再生和实现着产生它们的过程（关系）网络；2、把它（器官）构成为一个具体的统一体，其间，它们（构成要素）通过将其实现的拓扑学领域特定为这样一个网络而存在。接着，一个自我创生器官不断地生产其自己的组织，并且通过其运行将其自己的组织特定化为生产其自己的要素的系统，这是在组成部分在不断紊乱和紊乱的不断恢复的条件下无休止的倒转下进行的。"② 由此，马图拉纳和瓦雷拉得出四点结论。第一，自我创生器官是独立自治的。亦即，它们把一切变化都放在比它们自己组织的维持更加次要的地位，而不管它们的其他方面在这一过程中的变化有多深远。第二，自我创生器官有其个性特征。亦即，通过组织的不断生产使它们的组织保持不变，以此方式，它们积极地维持一种特性，这一特性不依赖于它们与外观者的相互作用。第三，自我创生器官是统一体（unities），在自我生产过程中，它们的活动划定了它们自己的边界。第四，自我创生器官不存在输入和输出。③ 后来，这一新理论的另一位倡导者米兰·泽勒尼（Milan Zeleny），进一步把自我创生归结为："自我创生系统是构成要素生产过程和它们所产生的组成部分的复合体，这一复合体可清楚地被辨别出来，作为一种独立自治的统一体（autonomous unity），它被限定在它的环境当中，其特征在于其构成要素之间以及构成要素生产过程之间的特种关系：各构成要素通过相互的作用周而复始地生产，维持以及恢复生产它们

---

① "自我参照"指的是通过把自己与其环境相区分来不断地关涉自己。自我参照系统作为生产构成要素的网络存在，这些构成要素又继续再生产构成要素，一直如此进行下去。Niklas Luhmann, *Essays on Self-reference*, New York: Columbia University Press, 1990, p. 145.

② Cf. William M. Evan, *Social Structure and Law: Theoretical and Empirical Perspectives*, Newbury Park: Sage Publications, 1990, p. 39.

③ Ibid., p. 40.

的同一过程复合体。"①

马图拉纳和瓦雷拉并没有把自我创生理论用来说明社会问题,而泽勒尼则将之推广到社会领域,提出了"社会自我创生"理论,认为人类社会也是自我创生的。卢曼接受了这一经常受到批评的观点。卢曼认为,后现代社会的法律系统是一个自我参照的、自我生产和再生产的、在规范上封闭、在认知上开放的系统。他说,

> 法律系统通过预期规范与认知规范的区分,将循环再生产的封闭性和与环境相联系的开放性结合了起来。换言之,法律是一个在规范上封闭而在认知上开放的系统。法律系统的自我创生在规范上是封闭的,因为只有法律系统能够授予其组成部分以法律上的规范特性,并因而把它们作为要素组合起来。规范性除此之外别无目的……其功能在于不断地使自我成为可能,从要素(moment)到要素,从事件到事件,从案件到案件,其目的正在于永不完结。系统因而通过其要素从要素到要素地传递这种意义属性,生产着它的要素;并且因而总是提供给它的新要素以规范效力。就此而言,它对环境是封闭的。这意味着,于法律上相关的事件,不能从系统的环境那里推导出它的规范性。在这方面,它仍然依赖于法律各要素的自生连接,也有赖于这一连接的限度。
>
> 同时,与此封闭相联系的是,法律系统是一个在认知上开放的系统。在每一要素中,以及在它们的连续再生产过程中,它依赖于有能力决定是否某些情况已经碰到了或者没有。通过程序编排,它使其自身依赖于事实,并且,在事实压力对此有所指示时,它也能够改变它的程序安排。因而,法律中的每一运作,信息的每一法律过程都同时采取了规范和认知取向——同时而且必须连接在一起,但是,它们并不具有同样的功能。规范属性服务于系统的自我创生,服务于其与环境相区分的自我存续。认知属性则服务于这一过程与系统环境的调和。②

---

① Cf. William M. Evan, *Social Structure and Law: Theoretical and Empirical Perspectives*, Newbury Park: Sage Publications, 1990, p. 40.

② Niklas Luhmann, "The Unity of Legal System", in Gunther Teubner (ed.), *Autopoietic Law—A New Approach to Law and Society*, Berlin: Walter de Gruyter, 1987, p. 20.

卢曼将法律视为这样一种实体，它类似生物细胞，或者，要素相互联系的系统，在一个复杂的、而且常常是不可预料的环境中调整、维护、再生产自己，以维持自身的同一性（identity）。如同一个活的生物体通过内部的器官的互动而存活一样，法律通过其组成部分的互动而得以存续。法律系统的各组成部分之间的互动，是通过创造一个交流（communication）过程的方式进行的。这一交流过程对其他的社会系统是封闭的，它产生了一个有意义的法律秩序。通过法律系统内部各要素的彼此互动，法律系统创造出特殊的信息模式以及解释和思考信息的方式。这些交流模式使法律成为自我创生的：法律系统产生对其政治、经济、文化和自然环境的理解，是以植根于法律的交流关系的法律意义为基础的。在法律的关于外在压力的知识发生变化时，形成这些知识的基本法律规范和价值不会相应于环境的压力而发生变化。① 就此而言，自我创生的法在运行上是封闭的。封闭，意指将其自己的运行循环适用于其自己运行的结果是系统再生产必不可少的方面。② 这意味着，自我创生的法不能与环境进行交流，也不能与其他系统交流，而只能同自己交流，并且只作为交流存在。"显然，这与对社会环境作出适应、同时也型构社会环境的开放的回应法律秩序的现代观念是背道而驰的。"③

自我创生过程又是循环的，亦即具有对称结构。每一要素的规范属性，都归于其他要素的规范属性。因而，不存在规范等级。这样，凯尔森所谓的"基本规范"和规范等级就被消除了。法律的有效性并不源于权力或意志，而源于循环性。比如，判决在法律上有效，只是基于规范规则，因为规范规则只在得到判决的适用时才是有效的。根据规范性，一个严格的对称存在于法律与法官判决之间：法律被认为是规范，是因为它们在判决中得到了适用；而这些判决能够只作为规范起作用，则是因为这是

---

① Cf. Gerald Turkel, *Law and Society: Critical Approaches*, Needham Heights: Allyn & Bacon, 1996, pp. 133 – 135.

② Niklas Luhmann, "Closeness and Openness: On Reality in the World of Law", in Gunther Teubner (ed.), *Autopoietic Law—A New Approach to Law and Society*, Berlin: Walter de Gruyter, 1987, p. 336.

③ Gunther Teubner (ed.), *Autopoietic Law—A New Approach to Law and Society*, Berlin: Walter de Gruyter, 1987, p. 2.

法律所提供的。如此，规则与其适用之间的关系就是循环的。[1]

循环意味着封闭。法律系统的封闭规定了法律系统的统一性和独立自治。统一性，不仅意味着系统本身的统一性，也意味着构成系统的要素以及将系统与要素结合起来的运作过程的统一性。[2] 系统的统一性也就是自我创生，[3] 它只指通过系统的要素生产系统要素的循环封闭。法律的统一性，指"基于循环规范性的通过要素的要素自我创生再生产"。[4] 法律系统的独立自治，则意味着法律系统通过自我再生产的方式理解自身与社会。独立自治源于功能分化。一种功能就是一个系统，功能独一无二、不可替代。"没有哪个功能系统能够解决另一系统的核心问题"，因而，只要存在社会的功能分化，就不会有子系统能够躲过独立自治。如此，"独立自治并不是一种渴望得到的目标，而是一种命中注定的必要（fateful necessity）。"[5] 独立自治，指涉"运行只能有选择地与运行相联系，将运行循环适用于运行的结果（如果它们发生）就不可避免地导致系统的分化"。[6] 法律是独立自治的，是因为它的意义是自我参照的，亦即，法律意义来自组成法律系统的各要素之间的交流。法律的独立性植根于一切法律制度、推理模式、判决规则，以及原则之间的互动。独立自治的法律系统是自我反射的："只有法律能够改变法律。法律规范的改变，只有发生在法律系统内部，才能被视为法律的改变。"它通过程序法自己修改自己，以此应对偶发事件，适应环境。

卢曼认为，说"系统是一个循环的封闭系统"，并不意味着环境的缺乏以及完全的自我主张。相反，"系统只能在环境中生产它自己。如果它

---

[1] Niklas Luhmann, "The Unity of Legal System", in Gunther Teubner (ed.), *Autopoietic Law—A New Approach to Law and Society*, Berlin: Walter de Gruyter, 1987, p. 21.

[2] Ibid., p. 14.

[3] 卢曼这样界定法律的自我创生：法律系统通过其要素的运作产生和界定其要素（亦即法律相关事件和判决）的运作统一性，并以此方式为系统提供统一性。

[4] Niklas Luhmann, "The Unity of Legal System", in Gunther Teubner (ed.), *Autopoietic Law—A New Approach to Law and Society*, Berlin: Walter de Gruyter, 1987, p. 23.

[5] Niklas Luhmann, "The Self-reproduction of Law and its Limits", in Niklas Luhmann, *Essays on Self-reference*, New York: Columbia University Press, 1990, p. 228.

[6] Niklas Luhmann, "Closeness and Openness: On Reality in the World of Law", in Gunther Teubner (ed.), *Autopoietic Law—A New Approach to Law and Society*, Berlin: Walter de Gruyter, 1987, p. 345.

不是连续不断地遭受到环境变化的激怒、刺激、干扰以及面对环境变化，它会很快终结它自己的运行，停止它的自我创生。"① 封闭并不等于孤立。法律对关于其环境的知识是开放的。认知运行保证着系统对环境的开放。法律系统既作为一个封闭系统，又作为一个开放系统运行。它在规范上涉及其自身的自我再生产的维持，在认知上则涉及对其环境的适应要求。② 认知与学习相关。法律最主要的学习方式是立法。将封闭与开放结合起来的机制主要是条件性（conditionality）。法律系统的结构由条件程式（conditional programs）组成。这些条件程式，在条件（在认知上必须被弄清）和规范属性的授予之间，建立了一种"如果 A 那么 B"的关系。③ 这样就可以将法律系统的认知部分与规范部分连接起来，赋予认知部分以规范属性。法律系统在运行上越是封闭和独立自治，它对社会事实、政治需要、社会科学理论和人类需要就越是要开放。开放和封闭使法律系统更能回应社会现实。激进的系统封闭意味着激进的系统开放，这是最富有挑战性的自我创生命题。④

---

① Niklas Luhmann, "Closeness and Openness: On Reality in the World of Law", in Gunther Teubner (ed.), *Autopoietic Law—A New Approach to Law and Society*, Berlin: Walter de Gruyter, 1987, p. 335.

② Niklas Luhmann, "The Self-reproduction of Law and its Limits", in Niklas Luhmann, *Essays on Self-reference*, New York: Columbia University Press, 1990, p. 233.

③ Niklas Luhmann, "The Unity of Legal System", in Gunther Teubner (ed.), *Autopoietic Law—A New Approach to Law and Society*, Berlin: Walter de Gruyter, 1987, p. 24; also Niklas Luhmann, "The Self-reproduction of Law and its Limits", in Niklas Luhmann, *Essays on Self-reference*, New York: Columbia University Press, 1990, pp. 234 – 238.

④ 以上卢曼关于后现代社会及其法律的论述与路易·阿尔图塞（Louis Althusser）所谓的"半自律性"（semiautonomy）很是相似。阿尔图塞提到，资本主义、个人主义出现之后，上层建筑的各层次就日渐分离和专门化，宗教、艺术、文学、政治、法律等都获得了一定的独立性，各具其规律。各层次相互区别，而又彼此联系，但这种联系并不表现为其具有共同本质，而是一种互有区别的联系和距离。比如，艺术形式的演化有其自身的规律，此种演化有一种动势、逻辑和原动力是与法律制度、政治制度的演化相联系的，但又不与其同一。亦即，每一层次现在已经不再是单独的层次，而是一个亚系统（subsystem），每一亚系统都必须在某种程度上用其自身的词汇来形容，自己按照其自身的原动力来发展，各层次相互作用，而又相互保持距离和间隙，没有最终的决定性本质，或者整个结构就是决定性因素，但这一整体结构又是无所不在、因而无处存在的东西。参见［美］弗雷德里克·杰姆逊《后现代主义与文化理论》，唐小兵译，北京大学出版社 1997 年版，第 35、82—83 页。此外，卢曼提到的二元结构与语言学中的二元对立（binary oppositions）也极其相似，而且二者都达致了对本质的消解。

总之，后现代社会的法律系统是一个"在规范上封闭的系统"。基于交流的循环性，它是自我参照的，只与自己发生联系，而不与外在环境交流。宪法根据自己设定的程序修正自己即是如此。同时，规范封闭并不排除认知开放，相反，它要求系统与环境之间的信息交换。由此，法律系统又是一个"在认知上开放的系统"。这意味着"法律在各方面都得适应环境"，当法律系统从外在社会环境获知一些信息后，它会按照环境的需要和要求重新解释自己。系统的开放基于其自我参照的封闭，而封闭的"自我创生"再生产则涉及环境。用卢曼的话讲，法律系统对认知信息是开放，但对规范控制却是封闭的。[①]

[①] Niklas Luhmann, "The Self-reproduction of Law and its Limits", in Niklas Luhmann, *Essays on Self-reference*, New York: Columbia University Press, 1990, p. 229.

第十一章

法律的人文向度："法律与文学"思潮

在社会中自成独立而专门的法律体系、司法体制、职业群体和法律知识体系，这是法律现代性的突出表现。哈耶克、罗尔斯、卢曼这些现代思想家，都注意到现代法的这一鲜明特征，并在一种深层的相嵌结构中，开掘梳理出与现代法同生并进的现代自由体系、正义体系和社会体系，由此发展出或构建起通向自由的现代理论和实践道路。从根本看，哈耶克、罗尔斯、卢曼的理论底色都是自由主义的，而现代实证法体系与之正相融不二。历史地看，实证法与自由主义在现代的这种高度内在的一致性，恰是英国自由主义以及英国法理学的基本特质。然而，循着古今对比的角度审视，传统社会的法律理论，则要么从道德或宗教本体那里解释法律的生成或建立法律的根基，要么在世俗法律之上设置更高的道德约束体系。看上去，无论是在理论上还是在实践中，法律在传统社会，都呈现出很大的从属性；在现代社会，则因为与自由和社会体系的紧密内嵌，而呈现出更强的自主性。

尽管如此，现代法律理论在朝分析、纯粹和实证方向发展的同时，其实也存在着外部观察、学科跨越和理论综合的倾向。"法律与文学"就是这样一股思潮。[①] 在《后现代哲学与法》一书中，道格拉斯·李托维茨

[①] "法律与文学"方面的著作主要有：詹姆斯·博伊德·怀特（James Boyd White）的《当语词失去其意义时：语言、特色和共同体的构成及重构》（1984）、《海格立斯的弓：法律修辞学和诗学文集》（1985）、《希望行动：在文学、法律和政治中创造权威》（1994）；瑞波特·佛格森（Robert A. Ferguson）的《美国文化中的法律与文学》（1984）；理查德·威斯伯格（Richard H. Weisberg）的《语词的失败：现代小说中作为主人公的律师》（1984）、《法律与文学中的诗伦理学和其他策略》（1992）；布鲁克·托马斯（Brook Thomas）的《对法律与文学的诘问》（1987）；桑福德·列文森（Sanford Levinson）和史蒂文·马尤（Steven Mailloux）合编的《解释法律与文学》（1988）；斯坦利·费什（Stanley Fish）的《做自然而生的事情：变迁、修辞学以及文学与法律研究中的理论实践》（1989）；托马斯·格雷（Thomas C. Grey）的《华莱士·斯蒂

（Douglas E. Litowitz）曾归纳后现代法律思潮的两个特征：一是外部视角，二是反基础主义。其中，外部视角与多元视角相联系，而与内在视角相对。内在视角一般指的是律师、法官或其他官员对法律所采用的视角，即从参与者角度对法律作内部理解和内部解释。外部视角则是从外在的、旁观者的角度去观察和分析法律。反基础主义，是后现代主义者的一个普遍特征。它不信任或怀疑"元叙事""宏大话语"，在法律领域则表现为对所谓自然法、理性、功利、上帝、历史、不证自明的权利、人类尊严、法律的独立自治等"基础"的解构。① 这两个特征，在"法律与文学"思潮中也得到较为充分的体现。就外部视角特征而言，"法律与文学"从标题即可看出是学科的跨越与结合，它与批判法律研究运动、法律与经济学、女权主义法学等一起，构成对法律内在实证分析的挑战。就反基础主义特征而言，"法律与文学"运动中的一些学者，也具有明显的反基础主义倾向，尤其是在这一运动发展的后期。有鉴于此，"法律与文学"思潮通常被认为是后现代法律运动的重要一支。

"法律与文学"思潮的最早渊源大致可溯至怀特于1973年出版的《法律想象：法律思想和表述的属性研究》一书。该书强调了文学研究与法律解释活动的相似之处，主张文学研究应成为法律教育的一部分。此后几十年，法律与文学之间的跨学科研究，成为一种引人注目的现象。有人指出，"法律与文学"是北美和英国在当代出现的最令人兴奋的跨学科理论研究，潜力巨大。不过，一些人并不因此认为"法律与文学"是一种

文斯案：法律与诗歌实践》（1991）；罗宾·魏斯特（Robin West）的《叙事、权威与法律》（1993）；内维尔·特纳（J. Niville Turner）和帕米拉·威廉姆斯（Pamela Williams）合编的《幸福伴侣：法律与文学》（1994）；伊恩·沃德（Ian Ward）的《法律与文学：可能性与视角》（1995）；玛撒·努斯鲍姆（Martha Nussbaum）的《诗性正义：文学想象与公共生活》（1995）；约翰·莫里森（John Morison）和克莉丝汀·贝尔（Christine Bell）合编的《大故事？阅读法律与文学》（1996）；布鲁斯·洛克伍德（Bruce L. Rockwood）编的《法律与文学视角》（1996）；波斯纳的《法律与文学》（1988/1998）；玛丽亚·阿里斯托德姆（Maria Aristodemou）的《法律与文学：从她到永生的旅程》（2000）；亚当·吉尔里（Adam Gearey）的《法律与美学》（2001），等等。此外，德沃金、朱迪思·科夫勒（Judith Koffler）、欧文·费斯（Owen W. Fiss）等人也曾广泛参与有关法律与文学的讨论。学者们还编辑了各种各样的法律与文学论文集、教科书和杂志。有关法律与文学的杂志主要有《耶鲁法律与人文学刊》《法律研究论坛》《卡多佐法律与文学研究》等。这些杂志一般都具有明显的跨学科倾向。

① Douglas E. Litowitz, *Postmodern Philosophy and Law*, Kansas: University Press of Kansas, 1997, pp. 4 – 5, 20 – 41.

新现象。因为，早在1925年，被人称为结合法律与文学技巧大师的本杰明·内森·卡多佐（Benjamin Nathan Cardozo）大法官，就曾在《耶鲁评论》上发表"法律与文学"，专门对判决意见的文学风格作了分析。[①] 再往前，还可推至1907年约翰·魏格默尔（John H. Wigmore）在《伊利诺斯法律评论》第2辑上发表的"法律小说一览"，在该文中，作者奉劝法律家们从文学名著中了解人性。尽管如此，从"法律与文学"的繁荣时期看，这一运动无疑是与西方的后现代思潮相伴而生的新现象。

第一节 法律文学与文学法学

　　法律与文学在很多方面都存在不同。例如，命令性是法律的明显特征，文学则无此特点。文学可以是诗意的、理想的或虚幻的，艺术性较强，更具浪漫和想象特点；法律实践则强调务实和可操作，逻辑性较强，主要关注社会问题的现实解决。在语言风格上，法律一般机械严谨，力求明晰，讲究规范；[②] 而文学则十分注重文辞的表现技巧，文学语言及想象可以恣肆甚至狂放。法律实践一般必须严守规则，忠实遵守法律文本；文学创作则在有些方面可以是反规则的，可能越不守规矩越好，读者对文学作品也可作出任意解释。如果把法律比作一位城府很深的长者，那么，文学就像一位热血青年或多才多艺的少女。因为这一对比，在变革社会的文化运动中，文学总是充当新锐和先锋，而法律则要迟缓、凝重乃至阴沉严厉得多。此外，一如沃德、弗兰兹·卡夫卡（Franz Kafka）等人所说的那样，法律毫无生趣，学习法律好比吃锯木屑，法律总是摧残和压榨它的哀告者，总是

　　[①] 参见［美］本杰明·内森·卡多佐《法律与文学》，载［美］本杰明·内森·卡多佐《法律的生长》，刘培锋、刘骁军译，贵州人民出版社2003年版，第83—102页。

　　[②] 在这一点上，古斯塔夫·拉德布鲁赫（Gustav Radbruch）甚至说："法律的语言决不可能同时是报纸的语言、书本的语言和交往的语言。它是一种简洁的语言，不用说过多的言词；它是一种刚硬的语言，发命令而不作说明；它是一种冷静的语言，从不动用情绪。法的所有这些语言特点就像其他任何一种语言风格一样有其存在的理由。"见［德］古斯塔夫·拉德布鲁赫：《法智警言》（节译），《比较法研究》2000年第1期。法律语言一般被视为一种不同于"日常语言"的专业语言，参见舒国滢《在法律的边缘》，中国法制出版社2000年版，第50—51页。

有其教育和政治目的；而文学则以愉悦人为目标，文学带给人快乐。[1] 法律与文学之间的差异还有很多。如果人们仅仅着眼于这些不同，法律与文学之间的跨学科研究是不大会兴盛的。法律与文学并称乃至一起研究在逻辑上何以可能？换言之，法律与文学之间是否存在内在联系？有怎样的内在联系？

一　法律与文学的内在联系

"法律与文学"运动的兴起，以法律与文学之间存在深层内在联系为条件。法律与文学有共同的文化背景，都隐含有特定时期的历史状况。在司法审判中运用修辞语言、隐喻可以弥补法律语言的"刚硬"，甚至可以弥补法律推理的不足。通过文学来教育法律能激发学生的兴趣，也不能完全排除法律家可以同时成为文学爱好者、文学家、文艺理论家的可能性。法律与文学之间诸如此类的相关性或联系，构成为"法律与文学"据以生发的根源。

关于法律与文学之间的广泛联系，贝尔指出了四点。其一，最明显的是，文学名著很多都与法律、法律制度有关。其二，解释问题对文学和法律批评与研究都很重要。其三，法律家与文学家都意识到他们对语言和修辞学的运用。其四，法律以各种方式对文学作品进行管制，如，关于淫秽作品的法律、版权法等。[2] 波斯纳则注意到法律与文学之间内在联系的复杂性。在波斯纳看来，法律与文学的关系，远不像法律与经济学的关系那么清楚。因为，"法律与经济学"是将经济学知识适用于法律研究，而"法律与文学"研究则既想以文学的洞见来加强对法律的理解，又想以法律的洞见来加强对文学的理解。波斯纳指出，法律与文学之间的这样几种关系是肤浅的，也容易导致误解。其一，律师或法官有时使用类似于文学中所运用的形象（或象征，figurative）语言。其二，法律拟制并非法律中的唯一拟制。其三，法律写作富含"法律拟制（fictions）"这种隐喻（metaphor）形式。事实上，法律拟制并非文学隐喻，而只反映出法官和律师想在创新变革时期维持法律的连续性。其四，法律家的类推与诗歌中的明喻（simile）

---

[1] Ian Ward, *Law and Literature: Possibilities and Perspectives*, Cambridge: Cambridge University Press, 1995, p. iv.

[2] Christine Bell, "Teaching Law as Kafkaesque", in John Morison and Christine Bell (ed.), *Tall Stories? Reading Law and Literature*, Aldershot: Dartmouth, 1996, pp. 11-38.

相似。波斯纳认为，二者的主旨并不相同。诗人将所指涉的东西与其他不相像的事物作比，只是想增强感染力。而法律家的目的则是想使在某些重要方面不相像的事物尽量相像，以维持法律教义的统一。

波斯纳着重从五个方面，指出了法律与文学之间最重要的联系。其一，尽管作为文学主题的法律，与爱、人生阶段、谋杀、战争、家庭、社会攀比、艺术以及文学本身等相比，常相形见绌，但却有相当多的文学作品与复仇、正义、法律程序特别是诉讼等问题"相关"，这些往往成为作品的中心或高潮。其二，法律与文学理论都集中关注文本的意义，法律研究侧重于分析包括宪法、制定法、审判和行政规则、判决意见等在内的法律文本的意义，因而，解释对于法律与文学都很重要。其三，许多法律文本，尤其是判决意见在修辞上而不是在冷静的注解上与文学文本相似，而在措辞的选择以及对隐喻和明喻的偏好上，法律家与文艺家也很相像。其四，文学是法律管制的传统对象，这主要涉及版权、淫秽作品以及蓄意中伤诽谤等方面。其四，法律程序，尤其是英美审判中的对抗制，有点类似于舞台戏剧，因之，审判常常成为文学的主要内容，一些作家也喜欢对实际的审判予以描述。[①] 后来，波斯纳于 1998 年修订出版的《法律与文学》，基本上按照法律与文学的前四种联系展开。全书包括四个部分：作为法律文本的文学文本；作为文学文本的法律文本；法律学术中的文学转向；法律对文学的管制。[②]

尽管波斯纳注意到法律与文学之间的内在联系，但他对"法律与文学"并未采取完全支持的态度。事实上，他从来没有放弃对法律与文学之间差别的强调。波斯纳说，"最好不要将成文法理解为文学作品而是理解为一个命令"，法律文本和文学文本之间有巨大的差别，对一种文本有用的解释方法对另一种并没有用，"因此律师不应由于文学共同体内部的混乱而感到麻烦，但同时他也不要指望从文学解释方法得到很大帮助"。[③] 这与"法律与文学"研究学者的看法明显不同。比如，怀特就认为，"法律完全就是一种

[①] Richard A. Posner, *Law and Literature: A Misunderstood Relation*, Cambridge, MA: Harvard University Press, 1988, pp. 1–9.

[②] 参见 [美] 理查德·波斯纳《法律与文学》（增订版），李国庆译，中国政法大学出版社 2002 年版。

[③] [美] 理查德·波斯纳：《法理学问题》，苏力译，中国政法大学出版社 1994 年版，第 336、494 页。

语言",法律已经是文学了,法律文本可作为文学文本解读。

总体看,基于法律与文学之间的联系,"法律与文学"运动对这样一些问题给予了特别关注。例如,包括诗、戏剧、小说、散文、童话、新闻报道等在内的文学形式中的法律问题;法律、文学与解释学、语言学、修辞学等,这主要表现为将文学批评和解释学适用于法律领域;法律、文学与正义、伦理、惩戒、压迫等,这侧重于对法律、文学的背景分析;法律对民间文学等作品的保护和管制,等等。在这些问题上,"法律与文学"运动强调了将法律与文学结合起来研究的基本立场。在"法律与文学"研究学者看来,文学与法律都依赖于语言文字,并且都涉及解释、叙事、阅读、书写、表达等,因而,法律与文学有着密切联系,有必要放在一起研究。法律与文学都是语言、故事、人类经验等的交汇之所,作为特定文化世界的话语共同体的语言可以将法律与文学统一起来。将文学带入到对法律和秩序的属性、正义与非正义、法律的人文背景等问题的研究,有助于揭示和提升法律的伦理属性。文学思想和实践为法律中的人文主题提供了洞见。通过文学视角,法律和判决也可得到更加充分的分析。当然,有关法律与文学的结合研究,也有一定侧重。例如,对文学中的法律问题研究,主要着眼于文学名著,而对作品的法律保护和限制,则一般被视为专门的法律问题。后来,由于受到后现代主义的反基础、反本质倾向的影响,"法律与文学"运动对法律与文学的社会、伦理、政治、意识形态等背景的分析,看上去有所弱化。

二 "文学中的法律"与"作为文学的法律"

排除一些次要方面,"法律与文学"思潮主要有两大分支:"文学中的法律"(law-in-literature)和"作为文学的法律"(law-as-literature)。[①] "文

[①] 也有人将"法律与文学"的两支称为"文学中的法律"和"法律中的文学"(literature-in-law)。见 Gary Minda, *Postmodern Legal Movements: Law and Jurisprudence at Century's End*, New York: New York University Press, 1995, pp. 150, 307。除以上两支外,波斯纳的《法律与文学》修订版的四个部分被认为还包括另外两支:"通过(through)文学的法律"和"有关(of)文学的法律"。就所讨论的实际问题看,"通过文学的法律"似乎还是可以分别并入法律与文学的两个基本分支。比如,对法律家的文学教育,学者们一般把它放在"文学中的法律"中来谈;法律叙述学,多数学者则直接把它放在"作为文学的法律"中来谈。至于对文学作品的法律管制,学者们一般认为它是专门的法律问题。

学中的法律"关注小说和戏剧中的法律问题,指的是"对小说中法律秩序描写的研究"。"作为文学的法律"则把文学批评技巧适用于法律文本,运用"文学批评和理论中的洞见来帮助阅读和理解法律文本、特定司法判决",它不再集中于文学本身,而注重作为文本的法律以及由此产生的法律解释问题。[1]

(一) 文学中的法律

"文学中的法律"源于"文学法学"(literary jurisprudence)的名著方法,即研究西方文学经典中的法律问题。文学法学的倡导者把文学名著看作是发现法律价值、意义和修辞的媒介。他们认为,文学名著有助于理解一般性的法律问题,如复仇、罪、罚等。威廉·莎士比亚(William Shakespeare)、查尔斯·狄更斯(Charles Dickens)、卡夫卡、阿尔伯特·加缪(Albert Camus)、赫尔曼·梅尔维尔(Herman Melville)、乔治·奥威尔(George Orwell)等人涉及法律问题的著作,被认为是律师和法官们的良好教材,有助于增强法律家的"法律文学感"。对此,有学者提到,"在一名律师或一名法律系学生阅读查尔斯·狄更斯的《荒凉山庄》之后,他就不再会对在桌间穿梭的当事人完全冷漠或'客观'了"。[2]

威斯伯格乃文学名著方法的主要倡导者,其《语词的失败》是运用这一方法的范本。威斯伯格认为,文学名著为法律的各种人文价值提供了最好的伦理描述,也向人们提供了官府专制的重要教训。通过研究法律在文学名著中的运用,人们可获得对法律规范以及法学本身所具有的属性的洞见。[3] 威斯伯格指出,判决意见所使用的语言和修辞比判决结论更加重要,因为它们决定着所要得出的结论的对错。为了理解法律正义,人们必须考察隐藏在语言和修辞之中的法律主观领域的"内部世界"。威斯伯格善于利用现代小说,尤其是加缪、卡夫卡、费奥多尔·陀思妥耶夫斯基

---

[1] Cf. C. R. B. Dunlop, "Literature Studies in Law Schools", *Cardozo Studies in Law and Literature*, Spring-Summer, 1991, pp. 63 – 110; Ian Ward, *Law and Literature: Possibilities and perspectives*, Cambridge: Cambridge University Press, 1995, p. 3; John Morison and Christine Bell (ed.): *Tall Stories? Reading Law and Literature*, Aldershot: Dartmouth, 1996, pp. 2 – 3.

[2] C. R. B. Dunlop, "Literature Studies in Law Schools", *Cardozo Studies in Law and Literature*, Spring-Summer, 1991, p. 70.

[3] Cf. R. H. Weisberg, "How Judges Speak: Some lessons on Adjudication in Billy Budd, Sailor with Application to Justice Rehnquist", 57 *New York University Law Review* 1 (1982).

（Fyodor Dostoyevsky）等人的作品，来分析法律。他甚至认为，文学文本对法律家比对文学理论更有价值。威斯伯格说，"关于法律的小说，一如我所提到的，特别是'法律程序小说'，是通往人类理解的道路。"[①] 他还提出了"诗伦理学"（poethics）概念。他说，"文学是我们以一种伦理的方式了解法律的一种活生生的、可以接受的媒介"，借助文学来理解法律向人们提供了一种"法律的诗学方法和阅读的诗伦理学"。在他看来，"诗伦理学，在其关注法律交流，关注那些被视为'他者'的人群方面，试图重新激活法律的伦理要素"。[②]

威斯伯格所维护的名著方法的传统准则，也受到一些人的批评，因为它没有包括关于女人、有色人种和非西方人的故事。这表现在，在威斯伯格为九周"法律与文学"课程所列的书单中，被提到的作者差不多都是男性白种人，如，莎士比亚、约翰·巴斯（John Barth）、梅尔维尔、狄更斯、威廉·福克纳（William Faulkner）等，而只有一位黑人女性，托尼·莫里森（Toni Morrison）。一些人由此担心，"法律与文学"的名著方法传统，是否受到了一些男性白种人或单一视角的影响。对此，也有学者指出，人们误解了威斯伯格，因为他只是想通过名著来从阅读者的角度揭示"法律中的文学感"，并无歧视意味。在威斯伯格与怀特之间，也明显存在看法差别。怀特关注的中心在于理解和阅读的方法，他尤其注重修辞。在怀特那里，"文学中的法律"看上去处于次要地位，他更加看重作者所运用话语的风格和属性。怀特强调了小说的历史属性，认为叙事小说运用修辞学时，会给人们以偶然性的印象，因为它有其社会的、历史的、政治的、伦理的等各种各样的背景。怀特也强调了叙事的"讲故事"功能，认为它在"共同体"的创造上处于核心地位，相比较而言，叙事文本比法律文本和政治文本更具有共同体意义，叙事文本在法律文本与非法律文本之间建立了一种连接。

怀特只将批评限定在文本之内，这在一定程度上削弱了对不人道的外在伦理批评的可能。魏斯特则强调了文学文本对法学争论的重要价值，其关注点主要集中在政治，而不在文本。她借卡夫卡的《审判》对波斯纳

[①] R. H. Weisberg, "Coming of Age Some More: 'Law and Literature' Beyond the Cradle", 13 *Nova Law Review* 121 (1988).

[②] R. H. Weisberg, *Poethics: And Other Strategies of Law and Literature*, New York: Columbia University Press, 1992, pp. 5, 46.

的"法律的经济分析"提出了批评。魏斯特认为,卡夫卡描绘了现代社会中权威与服从之间的矛盾冲突、个体的异化等伦理问题,这些是不能用纯粹科学分析来说明的。波斯纳在这一点上太过"乐观",太过理性。魏斯特尤为重视语言和文学在共同体的政治和伦理重建中的作用。在她看来,"当我们创造、阅读、批评或参与文本时,我们实际上是在进行集体重建(communal reconstitution)",人们不能仅限于阅读某一文本,而需要明白那种参与理解的活生生的感受,那种对法律的活生生的体验。魏斯特指出,"诚如怀特所说,我们有必要关注我们的与法律有关的文学文本,但是,法律规范和法律制度,对那些被排斥于法律文本共同体之外的人的主观生活发生了影响,对关于这些影响的叙事生产,我们也要创造、聆听、批评乃至参与"。[①] 在《叙事、权威和法律》一书中,魏斯特更加突出了她激进的政治立场。她批评"法律与文学"对政治斗争的回避,以及拿文学作秀的做法。她主张,少些文本之间的争论,多些"对权力的真正的激进批评",要注意法律和判决本身,而不是对法律和判决的解释。[②] 到后来,魏斯特看上去离"法律与文学"越来越远,在见解上与批判法律研究运动倒是有些相似。其实,魏斯特对批判法律研究运动也的确有所同情。她认为,批判法律研究运动的一些学者已开始用隐喻和叙事来描述法律问题,批判法律研究运动可适当将文学补充进去。

对于魏斯特的批评,波斯纳作了回应。他提到,魏斯特混淆了"事件"(incidents)与"隐喻"。魏斯特认为波斯纳过于乐观,波斯纳则认为魏斯特过于庄重。在波斯纳看来,文学作家和法律写作者的目标压根就不一样。将卡夫卡的《审判》看作是法律文本是不恰当的。因为,它对理解"奥匈帝国的刑事审判程序"并没有太大帮助。而且,卡夫卡的目的,并不在于介绍这一套程序。加缪的《局外人》的主旨,也不在于大陆法传统中的刑事程序,而在于主人公自我意识的成长。波斯纳视"法律为话题(subject matter),而不是技术",他强调方法是重要的,但不是文学方法,而是法律方法。波斯纳因此对"法律与文学"提出批评。在他看来,人们不可能进入文本的背景,更不用说作者的思想了,法律在小

[①] R. West, "Communities, Texts, and Law: Reflections on the Law and Literature Movement", 1 *Yale Journal of Law and the Humanities* 153-156 (1988).

[②] Cf. R. West, *Narrative, Authority and Law*, Ann Arbor: University of Michigan Press, 1993, pp. 174-175, 421-426.

说中完全是补助性的,小说主要想说明的并不是法律,因此,必须把"具体的法律问题"与小说对"人类处境"的关怀区分开。[①]

(二) 作为文学的法律

"作为文学的法律"视法律为另外一种可被解释的故事,[②] 主张运用更为广泛的文学批评方法和理论来分析法律文本、考察法律样式和法律修辞学的属性。怀特和费什是这方面的两位重要作者。大体上,"作为文学的法律"着重强调了两个要点。一是人们生活在语言之中。路德维希·维特根斯坦(Ludwig Wittgenstein)、马丁·海德格尔(Martin Heidegger)、福柯、德里达等人的语言哲学,对"法律与文学"产生了较大影响。二是修辞艺术。"法律与文学"思潮主张,老师和学生都应对文学理论中的各种主义,如结构主义、后结构主义、解构主义等,有所了解,以便日后在做律师时能够更好地理解文本的意义。修辞在柏拉图和亚里士多德那里是逻辑的一种形式,"法律与文学"运动复活了这一形式,强调修辞和语言风格的重要性。这是波斯纳也不得不承认的。波斯纳说,"修辞在法律中有很大的作用,因为很多法律问题无法用逻辑或实证的证明来解决";"著名的美国法官……都有有趣的风格,并且他们中多数人都风格卓越"。[③] 这一点,在宪法研究领域也较为明显,很多宪法学者都认可将解释技巧适用于宪法解释的有效性。

"作为文学的法律"实质上是将文学理论和文学分析的技巧和方法适用于法律,它对语言和解释的方法和运用给予了极大关注。怀特认为,文学手法可以适用于法律文本,这意味着文学文本与法律文本之间能够进行有效比较。他指出,与文学一样,法律原本是"公共的"(communal),因此,阅读法律文本是一个"共享过程",是一种"互动体验",是阅读者与文本、群体、"生活经历"的互动。文本处于一种与文化的不断互动之中,这使得文本的意义完全成为偶然,进入作者的意图是不可能的。由

[①] Cf. Richard A. Posner, "Law and Literature: A Relation Reargued", 72 *Virginia Law Review* 1351-1392 (1986); Richard A. Posner, *Law and Literature: A Misunderstood Relation*, Cambridge, MA: Harvard University Press, 1988.

[②] Cf. Daniel A. Farber and Suzanna Sherry, "Telling Stories out of School: An Essay on Legal Narratives", 45 *Stanford University Law Review* 807 (1993).

[③] [美] 理查德·波斯纳:《法律与文学》(增订版),李国庆译,中国政法大学出版社2002年版,第360、363页。

于写作是一种创造活动，法律书写者就应把注意力放在怎么写、怎么阅读文本上，而不是放在怎么获得某种隐含的答案上。怀特看上去有明显的怀疑主义倾向，但他并没有否认意义的可能性，而是为法律学者获得意义的方法重新设定了方向，亦即，作者产生文本，读者则产生意义。因而，犹如文学文本一样，法律文本的真正意义不在于它所包含的信息，而在于它向读者提供的体验。此即"读者回应"（reader-response）理论。阅读群体建构了其自己的理性，由此就能够建立起意义。尽管法官的角色完全是"创造性的"，但这一创造受阅读的"共享经验"的限制，法律学者能够在意义上达成"一致判断"。为了理解这一法律推理过程，怀特强调了"文化"教育而不是"规则"教育的重要性。[①] 基于这种对文化的重视，怀特在后来的著作中进一步强调了对法律的跨学科研究。他认为，判决意见同时既是审美的，也是伦理的，还是政治的。他吸纳福柯有关"专门化知识"的分析，强调法律的"后结构"语言，由此批评波斯纳所运用的经济学的概念化语言和文化，认为其经济学语言处于群体之外，因而也处于群体的创造性运用之外。在《作为翻译的司法》中，怀特指出，无论是对文学文本还是对法律文本的解读，都是一种话语之间的"创造"和"翻译"活动。

与怀特不同，波斯纳告诫老师和学生尤其要注意法律研究与文学研究的不同属性。波斯纳认为，文学文本不能作为法律文本来读，同样，文学理论作为一种技巧对法律文本的解释也是不合适的。他曾说，"立法和文学的功能是如此之不同，这两种不同的智力产品的读者的目标如此有差异，以至于一方所发展出的原则和方法对另一方都是不适用的。"[②] 后来，波斯纳又强调了某些解释的特权，特别是言说者对阅读者的特权。他指出，"在法律解释中，解释者对'言说者'的屈从是合法性的一个条件"，亦即，原初意图对创造性的解释活动享有权威。不过，波斯纳毕竟承认了"作为文学的法律"。因为，尽管法律家在文学理论技巧上不会有什么收获，但他们却可以从修辞学研究那里有所得。波斯纳很看重提高判决意见风格的重要性，认为判决意见不可避免是修辞学的。他看到了言辞对法律

[①] J. B. White, "Law as Language: Reading Law and Reading Literature", 60 *Texas Law review* 415–445 (1982).

[②] Richard A. Posner, "Law and Literature: A Relation Reargued", 72 *Virginia Law Review* 1374 (1986).

的巨大作用，承认文学研究有助于理解判决意见的修辞特色。波斯纳常常提到奥利弗·温德尔·霍姆斯（Oliver Wendell Holmes）在"洛克纳诉纽约州"（Lochner v. New York）中的反对意见，认为该意见的推理并不是很好，但隐喻和其他文学方法却运用得相当出色，这增强了该意见的力量。同时，波斯纳也承认，"沉浸于文学会丰富人们对人类状况的知识，从而使之有更好的判断"。①

按照所运用的方法，"作为文学的法律"又被进一步分为"叙事法学"（narrative jurisprudence）和"解释法学"（interpretive jurisprudence）。②

1. 叙事法学

"叙事法学"将"讲故事"和"叙事"的方法运用于法律研究之中，由此对传统的法律解释准则提出了挑战。"讲故事"的方法，在女权主义法学和种族批判法学中也得到运用。这是一种立基于个人的或想象的经验的新型法律批评方法。运用它可以描绘遭受歧视的个人的经验，揭示出法律话语怎样对受害者的故事有视无睹，从而凸显为传统故事所忽视的"不同的声音"。叙事法学以此提供新的故事，让人们知道法律中的权威性故事忽视了哪些东西。通过讲述基于个人切身经验或无中生有的故事，叙事法学试图勾勒出现代法学的普遍"思想形式"（mind-set）。例如，用叙事方法考察种族改革问题的理查德·德葛多（Richard Delgado）指出，"故事、寓言、编年纪事、叙事都是摧毁思想形式——对法律和政治话语所发生的背景的一大堆前提假设、公认为正确的智慧、共同理解——的有力手段。"③叙事法学还通过驳斥解释的客观性，来批判法律现代主义的解释模式，同时还在法律话语中，穿插那些没有在法律的官方故事中被提到的人群的视角。20世纪80年代，叙事法学都在努力表明，法律是由那些受到了其自身特定的经历和病理所影响的人们所造成的。它很看重法律中的故事，并注意将其与其他关于社会和心理现象的叙事相对比。叙事法

---

① Richard A. Posner, *Law and Literature: A Misunderstood Relation*, Cambridge, MA: Harvard University Press, 1988, pp. 245, 254–263, 302, 372.

② Gary Minda, *Postmodern Legal Movements: Law and Jurisprudence at Century's End*, New York: New York University Press, 1995, pp. 151–152.

③ Richard Delgado, "Storytelling for Oppositionists and Others: A Plea for Narrative", 87 *Michigan Law Review* 2411 (1989).

学既可谈作者的亲身经历,也可通过想象的故事叙述讲一些虚构的或像小说一样的故事,以此来描述一种有可能获得读者认同,或让其模棱两可的共同经历。此外,它还向人们说一些关于某事件或经历的有凭有据的奇闻佚事,这尤其表现在种族歧视问题上。例如,在《一个接受肯定性行动的人的沉思》一书中,史蒂芬·卡特(Stephen Carter)就以自己的切身经历,讨论了肯定性行动计划在美国怎样将具有才干的美国黑人置于两难困境。在《关于种族与权利的炼金术》一书中,威廉姆斯也谈到她作为一名非裔美国人在美国社会的焦虑不安。[1] 基于讲故事、叙事这些共同的方法,一部分"法律与文学"学者渐渐融入女权批判和种族批判的运动之中。

　　文学批评方法有助于揭示为法律意见书中的传统叙述所忽视的内容或视角,但"法律与文学"学者在运用文学批评方法、基本的文学手法及其目标上,并不一致。其内部存在着各种争论。比如,有人拒绝传统的文学批评准则,而另一些人则认为,"法律与文学"有必要从古典文学的传统准则中汲取伦理教益。有学者认为,"法律与文学"运动的叙事手法是一种很有前途的方法,左派批评家借助它可以揭露传统法学的种族和性别偏见。还有学者拒绝作为与真正的人文价值完全不同的抽象物的"权利"这一传统法律概念,而尝试重新挖掘法律的人文特征。在他们看来,法条主义和抽象权利是阻碍获得法律的社会正义的绊脚石。他们试图为现代法律理论的权利话语所描述的技术统治的未来提供一种补救。怀特把"法律与文学"视为一种创造性的艺术,认为它扩展了人们的同情心,削弱了工具理性的统治地位。"因而,法律生活在今天成为了一种艺术生活,在语言中与他者制造意义的艺术生活。"[2] 如此看待法律,就意味着对文学和语言的研究,是理解法律的人文价值以及法律怎样影响人文价值的发展的关键所在。而威斯伯格则认为,经典文学名著中关于法律的故事,也为法律家们提供了叙事,其价值并不亚于文学批评技巧。

　　"法律与文学"运动在方法上的不统一,表明它们并没有发展成为一种具有一般性的理论。这种方法上的不统一还特别体现在关于隐喻与叙事

---

[1] Cf. Gary Minda, *Postmodern Legal Movements: Law and Jurisprudence at Century's End*, New York: New York University Press, 1995, pp. 155–156.

[2] Ibid., p. 152.

的争论上。隐喻在古希腊指"意义的转换",亦即,赋予某词以一种它原本不具有的意思,或者,用一个词表达其原本不能表达的意义。亚里士多德将其定义为,为一事物借用属于另一事物的名称。隐喻是一种必要的语言学方法,处于语言的核心,也是一种修辞手段。在本质上,隐喻是诗性的,一部叙事作品可通过隐喻来丰富、扩大、深化文本的诗意内涵。叙事则是对一个或一个以上真实事件或虚构事件的叙述,它必须既有事件又有叙述。一个以上的事件通过某种关系连接起来就是故事。在隐喻、寓言以及小说叙事是否可以作为法律文本的基本形式上,学者们意见不一致。波斯纳曾指出,虽然隐喻在美化判决意见上是有效的,但文学的叙事形式丝毫不具有法律意义。这一观点受到了许多人的批评。按照法国哲学家保罗·利科尔(Paul Ricoeur)的看法,作为"讲故事"的书写与作为"科学"的书写是针锋相对的。"讲故事"的特点在于其历史性。如果一个文本试图呈现序列(sequence)和语境,那它就是故事。就此企图而言,隐喻和叙事其实都是"讲故事",只不过方式不同而已。法律领域如果试图呈现这样的语境,那么,法律文本与隐喻、叙事就是不可分的,法律本身即是讲故事的一种特定形式,因而,隐喻和叙事都可用来分析法律。法律故事之所以为西方现代法学所忽视,完全是欧洲"启蒙"思想的"科学"话语统治的结果。西方传统用"科学"话语,而不是用文学形式来描述社会和科学概念。其他传统则用文学形式,例如,北美的土著居民的法律、伊斯兰法和犹太法都有隐喻和寓言的影子。其实,用隐喻、寓言以及叙事小说来描述法律问题,在历史上并非新鲜事。现代以前,在法律和法律写作的态度上,人们并不将逻辑分析与隐喻、叙事彼此对立。在《尼各马科伦理学》第五卷中,亚里士多德以"中庸之道"来界定正义问题时就有意识地结合了隐喻和分析。在亚里士多德看来,二者都具有解释和描述价值,分析有利于主张的畅达,隐喻则有利于增强说服力,因此,无论是法律问题还是任何其他问题一样,都应结合二者。[①] 对此,费什也提到,"法律文本可以用诗来写,或者采用叙事或语言故事的形式。"[②] 他曾将寓言和隐喻用作描述法律问题的手段。事实上,"法律与文学"学者已

[①] Cf. Ian Ward, *Law and Literature*: *Possibilities and perspectives*, Cambridge: Cambridge University Press, 1995, pp. 4 - 6;另见冯象《木腿正义》,中山大学出版社1999年版,第18—19页。

[②] Guoted in Gary Minda, *Postmodern Legal Movements*: *Law and Jurisprudence at Century's End*, New York: New York University Press, 1995, p. 152.

出版大量运用文学叙事手法来分析法律的著作。尽管存在着诸多不一致，"法律与文学"思潮却拥有一种共同的视角，亦即，"法律是一种故事"，是与任何其他文学故事一样可以理解和解释的故事。

2. 解释法学

"解释法学"将法律解释视作文学解释的一个特定种类，主张运用文学批评方法来解释法律文本的意义。这一解释方法并不仅限于文学本身，而跨越于包括哲学、法律和其他社会科学在内的各个学科。费什、费斯、列文森都是运用这一方法的代表。在宪法学界，这一方法尤为流行。与叙事法学一样，解释法学内部也存在各种重要争论。比如，法律解释是否能超出作者原意？基本的文学解释方法是否能被用来发现法律研究的最好解释框架？为了发现法律文本的复杂性，是否需要解释的目的开放的道德准则？一些学者相信法律意义的客观来源镶嵌在法律文本、法律制度和文化之中。另一些学者则认为，文本和文化都是相当含糊的，阅读者可按其党派观点对之作任意解释。在一定意义上，解释法学和叙事法学都试图借助文学来表明，法律何以在更加正义的世界中可以服务于人类目标。这为法律与文学的规范观点、政治观点提供了可能性。在《作为文学的法律》一文中，列文森就注意到法律的政治维度。他认为，如同诗一样，对法律总是存在着许许多多看似正确的理解和对抗性的解释，而法律的社会现实则是，官方的政治权力要求共同体接受法律所要求的解释。[1] 列文森这一视角很容易导致法律虚无主义，因而遭到宪政自由主义者的反对。费斯认为，法官受着宪法、判例法、社会的主流文化遗产所体现出的法律文化的规则、习惯和惯例的束缚。费斯称此为建立在"解释共同体"之上的"规训规则"（disciplinary rules）。基于这些规则，法官会理性地作出规范选择。因此，他认为，法律解释可以建立在解释共同体的规训规则的客观来源基础上。此外，一些追随罗伯特·波克（Robert Bork）大法官的宪政保守主义者，也从关于作者的"原初意图"的传统文学理念出发，坚决维护宪法只能根据其起草者的原初意思来进行解释的规则。费斯所谓的"规训规则"，波克提到的"作者意图"，以及德沃金所说的法官的"解释态度"，都在一定程度上建立了客观解释的基础。

对法律文本的官方解释受到许多法律批评家的挑战，解释法学一般主

---

[1] Sanford Levinson, "Law as Literature", 60 *Texas Law Review* 373 (1982).

要由这些批评家所运用的各种解释策略发展而来。一种策略是鼓励读者通过质疑法律文本的权威,而发现新的意义和解释。费什认为,文本的意义是由拥有共同的社会和审美习惯的解释者共同体所创造的。解释共同体的传统和习惯实际上对文本的意义起了作用。读者群构成了文本的权威之源。而法律的官方解释则是在"法律话语"的语境下进行的。[1] 另一些学者干脆将法律解释的这种文化背景,视为行使政治权力的一种幌子。可见,尽管"法律与文学"看上去并没有如批判法律研究运动、女权主义法学那样浓烈的意识形态纲领,但它也采取了对法律的规范和政治视角。怀特在强调解释活动是一种能够使人们更好地掌握人类的自我界定能力的创造性艺术形式时,事实上也暗含了"法律与文学"运动的政治色彩。威斯伯格指出,"法律与文学"提供了关于人文环境的洞见,而这在以往的法律分析中常常是视而不见的。魏斯特也详细说明了文学名著中的故事,怎样会导致法律分析家误解妇女的困境。"法律与文学"学者采取规范和政治视角,其目的正在于彰显为法律所遗失的人文要素。[2]

"文学中的法律"与"作为文学的法律"的划分只是相对的。二者并不是相互排斥的,也不可能严格分开。比如,它们在文本的运用上就是不可分的,因为"文学中的法律"也涉及意义问题。有学者指出,如同女权主义法学经历了一个从早期的普遍女权视角到后来的多文化与反本质主义的转向一样,"法律与文学"也经历了一个从"文学中的法律"的本质主义到"作为文学的法律"的反本质主义的转向。尽管如此,在另一些学者看来,"文学中的法律"与"作为文学的法律"在实质属性上其实并没有太大的差别。怀特认为,对二者作出区分只是为了方便起见。

三 "法律与文学"在20世纪80年代以来的发展

"法律与文学"自20世纪70年代开始繁荣,到80年代后期影响已相当巨大。有人甚至称,"法律与文学"视角会彻底改变法律学者谈论和思考法律和判决的方式。这一时期,一些"法律与文学"学者从福柯、德里达、利奥塔、爱德华·萨义德(Edward W. Said)等批判理论家那里,

---

[1] Cf. Gary Minda, *Postmodern Legal Movements: Law and Jurisprudence at Century's End*, New York: New York University Press, 1995, p. 157.

[2] Ibid., pp. 157 – 158.

发现了新的解释策略，如，解构主义、后结构主义、后现代主义、新实用主义等，由此丰富了"法律与文学"研究，也拓展了"法律与文学"的理论基础。"法律与文学"思潮的后现代性在这一时期也表现得更加明显。

20世纪80年代的一个明显特点是，许多法律学者发生了"解释学转向"，采用了法律就是解释的观点。例如，费斯在1982年指出，"判决就是解释：判决是法官对权威法律文本的意义以及文本所体现的价值的逐渐理解和表现过程。"①德沃金在1982年的《法律何以与文学相似》一文中，也有类似的看法。他认为，"通过比较法律解释和……文学解释，我们能够增强自己对法律的理解。"一些学者认为，为了维护法律制度及其所支持的社会和经济条件，法律解释限制了"阐释的可能性"，而借助文学以及文学批评，正可以让人们发现解释背后的政治动因。这一解释立场试图彰显各种为法律分析所忽略的话语的文学批评的文化形式。

这一时期也出现了对文学名著的新的"想象理解"。通过对卡夫卡的《审判》的想象解释，魏斯特暴露了《法律的经济分析》中思想形式的局限，揭示了其中所使用的科学分析的伦理失败。魏斯特认为，卡夫卡的故事充分说明，人们怎样以一种固有的强制方式行使选择自由权。选择自由权能够为屈服于权威的幽暗意识所激发。而波斯纳所提到的，人会在好与坏之间进行利益权衡后，作出选择的经济人假定，正具有潜在的不道德后果。运用卡夫卡的文本，魏斯特批评了法律的经济分析方法，而倡导规范观点的有效性。魏斯特将卡夫卡的故事用作一种政治学和修辞学方法，来形成她的规范观点。魏斯特并不想把卡夫卡的文本当作特定历史时期的真实文化事件来阅读，她也丝毫不迷信卡夫卡的文本或意图。在她对卡夫卡的"细微差别"的理解中，魏斯特试图说服读者，卡夫卡的人物描写揭示了基本的、永恒的人性。这种人性并不受作者的极度失望、精神疾病以及小说所描写的极度灰暗的社会环境的限制。②魏斯特对卡夫卡作品的"读者回应性"解释方法表明，法律的经济分析方法是以对人类行为的文化专断理解为基础的。魏斯特鼓励读者去想象卡夫卡作品所暗含的对人类

---

① Owen M. Fiss, "Objectivity and Interpretation", 34 *Stanford Law Review* 739（1982）.

② 参见冯象《木腿正义》，中山大学出版社1999年版，第15—17页。冯象注意到作者的人品、作品的偶然产生与"优秀"作品之间的对立，从而对"名著"提出了质疑。

行为的不同文化理解,以此来获得他们自己对各种人类行为动机的认识。为了挑战波斯纳所认为的人类行为都是基于自利动机而作出的这一观点,魏斯特将卡夫卡的作品用作一种修辞方法,阐明了"同意"和"权威"的各种意识。① 对于"法律与文学"以及"法律与经济学",大卫·派克(David Papke)认为,"经济学有利于法律的演绎推理。而相比较而言,文学在其适用上有所不同。文学由诗、戏剧、故事、小说以及其他各种基本的文化形式所构成。人们并不能从文学中推导出新的假定,但文学对我们的人道和理解法律的能力实有裨益……在文学既作为一种基本的艺术、又作为人道承担而与法律相结合时,其结合事实上比经济学与法律的结合要更不系统,也更难以预料。"② 加里·明达(Gary Minda)则指出,在批评波斯纳法律与经济学的现代分析,指出个体自我的复杂和多样意识上,魏斯特是很后现代的。

20世纪80年代晚期,读者回应性的讲故事形式以及"声音学术"(voice scholarship)在法律学者中一度相当流行。女权主义和种族批判学者往往借此揭示少数群体的叙事视角,是怎样被主流法律话语排斥在外或被边缘化的。让少数人站在局外讲故事的目的在于,彰显一切被法律话语排斥在外的人,如,美国黑人、同性恋者以及其他非白种人、非西方人等的声音。此外,这一时期还出现了费什、理查德·罗蒂(Richard Rorty)等反基础主义文学批评家和哲学家的著作。这些学者运用文学手法对"法律与文学"中的基础主义解释提出批评。基础主义和反基础主义的争论体现在这些问题上:每一法律问题是否都能找到正确答案?人们在法律体系的价值和目标上是否可以达成一致?法律基础主义相信正确答案能在社会的价值和目标共识之内寻找到。反基础主义者则拒绝共同的思想基础这样的理念。他们对客观性、理性以及普遍知识等提出质疑,要么否认有所谓的正确答案,要么承认共识只是一种可能。费什向法律批评家提供了一种攻击现代法学的基础主义的解释姿态。他提醒法律学者要注意传统解释理论中的基础主义倾向。在他看来,反基础主义能克服基础主义的困境。费什相信,文学批评是揭穿"法律与文学"的基础主义主张的重要

---

① Cf. Gary Minda, *Postmodern Legal Movements: Law and Jurisprudence at Century's End*, New York: New York University Press, 1995, pp. 159–160.

② Ibid., p. 164.

工具。费什并不看重专家的判断和技能。在他看来，某学科领域的专家判断和意见总是一种信仰或意识，只是一种文学类型或口味，以这样一种有合法基础的方式并不能提供什么东西。他甚至还怂恿法律批评家放弃对所谓的真正法治的追求。

另一位著名的反基础主义者是罗蒂。他借助文学批评，发展了他的新实用主义的反基础主义哲学。在《实用主义的后果》一书中，罗蒂对比了"法律与文学"的两种范式：科学分析范式和文学范式。前者强调遵循法律论证模式以及法律论证说服力的重要性，看重写一份好的辩护词、设法盘问、查找相关判例等的价值。后者虽然也涉及论证，但这并不是基本的，关键在于为了一种新的智力生活形式而讲一个新的故事，建议一种新的语言游戏。科学分析范式要求，"前提必须被清楚明白地讲出来，而不是靠猜测；术语必须被明确定义而不能有所暗指"。文学范式则要求在法律领域讲述新故事和进行新的语言游戏，以便判决者或政策制定者在处理法律问题时，会发现新的洞见。罗蒂提供的文学批评手法，为法学研究中实用主义哲学的复兴铺平了道路，也有利于驳斥对法律和法院判决的基础主义解释。新实用主义者对在社会价值和目标上的共识可能性，表现出极大的怀疑。霍姆斯大法官是美国法律实用主义的先驱，罗蒂则是其中的佼佼者。鉴于哲学上的客观知识观念依赖于特定的文学解释，罗蒂运用文学批评的形式，来显示哲学上的基础假定怎样能够被推翻。

很多法律批评家接受了罗蒂的文学批评，也接受了其对现代法学中基础主义的新实用主义挑战。约瑟夫·辛格尔（Joseph Singer）利用罗蒂的文学批评，对法律的客观性提出了质疑。在他看来，一切客观性都意味着所有人的同意，而所有人的同意是不可能的，因此法律的客观性也是不可能的。有学者基于罗蒂的作品而认为，"在特定人群中谈一些偶然的实践要更好些"。还有学者运用罗蒂的实用主义哲学，发展出了一种法律分析的反基础主义方法。有些学者借用"实践理性"这一概念，来挑战现代法律理论的哲学基础。实践理性要求考虑法律解释的语境，认为只有基于经验、语境和常识，才可能找到对问题的最好答案。此外，罗蒂的文学手法还被一些法律批评家用来揭示不同的阶级文化是怎样影响和形塑法律视角的。

尽管"法律与文学"学者并未一致地表现出"后现代"立场，但学者们还是较为普遍地认为，"法律与文学"是后现代法律运动的代表之一。尤其是在 20 世纪 80 年代后期，费什、德沃金的"解释学转向"，魏斯特对波斯纳的"法律与经济学"中现代分析的批评，费什、罗蒂的反基础主义，以及"法律与文学"学者对"小话语"和"不同的声音"的彰显，都充分表现出后现代性。尽管如此，现代与后现代的区分，在"法律与文学"思潮中看上去并不是很严格。"法律与文学"内部的不统一、多样化，为这种区分设置了一定困难。"法律与文学"学者通过在法律分析中运用文学批评而使法学研究得到扩展，他们日渐驶离名著方法而开始向叙事和文学模式进发，从而使"法律与文学"越来越成为一种多文化的运动。他们还鼓动法律家更加关注法律的人文和文化要素，从而刺激了人们理解法律与文学的"文化制品"交织方式的新兴趣。受此鼓舞，有学者甚至主张，"法律与文学"运动应更加多样化，乃至于大众文化与法律之间的相互关系，也应该纳入其研究范围。威斯伯格在《法律与文学的三点教训》一文中就曾说，"平白朴实的意义只能靠接受它们的观众来发现"。此外，"法律与文学"内部的后现代倾向，也使得这一领域的学者在各自不同的理论阵营里七零八落，从而更加增添了"法律与文学"运动的多样性。[①]

与现代法律思想相比，"法律与文学"提供了一种独到的法律认知形式，这从"法律与文学"与"法律与经济学"的对比不难看到。明达认为，"法律与文学"学者的一个主流视角，是缩减法律现代主义者在关于法律与社会的故事中所设置的基本性的真理与价值，后现代主义则通过质疑"理想的阅读者"以及"法律与文学"的视角而影响"法律与文学"，文学文本和文学批评也使得法律家们能够从多文化的和后现代的视角去分析法律。然而，法律学者的文学视角在对传统的解释规则提出挑战的同时，也被一些学者用来捍卫现代的法律基础和主流法学概念。在《法律帝国》中，德沃金就以法律解释的文学形式为自由主义法律思想提供辩护。在《客观性与解释》一文中，费斯也运用解释的文学概念维护法律客观性。甚至怀特也被认为是传统主义的维护者。因为，在怀特看来，采取一种"理想的阅读者"视角，法律解释者可以找到对法律和判决的理想理解，"法律家的工作有助于集体或文化教育过程，这在结构上类似于

[①] Cf. Gary Minda, *Postmodern Legal Movements*: *Law and Jurisprudence at Century's End*, New York: New York University Press, 1995, pp. 161–166.

文学文本的单独阅读者的体验过程"。① 这些无疑是维护法律独立性的一种表现。由此看，"法律与文学"并非总是与法律现代主义相敌对。将"法律与文学"运动与法律现代主义联系在一起的，是"法律与文学"中明显的人文取向。一些"法律与文学"学者试图将人文价值重新注入法律。他们相信，现代法律的基本人文维度，可以通过对文学名著、文学批评和叙事解释的研究而被发现，叙事和文学研究是捕捉为法律研究所忽略的人文因素的有力工具。就此而言，"法律与文学"恰是对传统法学研究的一种完善。②

第二节 文本解释与政治权力

法律，有时被理解为在形式上严格自治的独立规范系统或文本体系，有时则从实质意义上被理解为政治权力的手段或政治意识形态的工具。这两种存在一定张力的看法，同样表现在"法律与文学"思潮中。在此思潮中，有学者着力于将文学批评技巧引入对法律文本的内在解读，视法律为"文本—解释"；有学者则注重隐藏在法律和文学之后的政治和文化背景，视法律为"政治—权力"。对法律人文价值的维护与对法律文本的内在解读，构成了"法律与文学"内部的一对基本矛盾。这一矛盾的产生，与作为法律与文学共同载体的语言文字，以及对它的不同解释，紧密联系在一起。

一 法律的内在文本解释

西方历史上，实证主义一直维护着作者的权威地位。然而，有些文学理论削弱乃至取消了作者在理解文本中的基本作用。法国文学理论家罗兰·巴尔特（Roland Barthes）认为，法律、理性、科学、上帝等概念，就其所主张的客观的解释意义而言，都是对文本和读者的威胁，而"读者的诞生必定报以作者的死亡"。巴尔特在作品与文本之间作出区分，以

---

① J. B. White, "Law as Language: Reading Law and Reading Literature", 60 *Texas Law Review* 415, 417 (1982).

② Cf. Gary Minda, *Postmodern Legal Movements: Law and Jurisprudence at Century's End*, New York: New York University Press, 1995, pp. 158–159.

文本代替了作品概念。作品因为与作者的联系或"亲缘"而被窒息，而文本则活了过来。文本是一种活动和生产，对文本的唯一限制是"先在文本"。而写作的性质摧毁了作者，此后的文学理论只在于对阅读的理解。在巴尔特看来，读者控制着解释。不过，他同时认为，作者也控制着，至少是部分控制着文本的运用。① 在《解释与超解释》中，翁贝托·艾柯（Umberto Eco）也认为，进入作者的解释意图是不大可能的，但作者在文本的运用上仍具有核心指导作用。因为，在文本的书写过程中，作者都设想了一个或一大批典型的读者，而阅读是一个积极的贡献过程，读者在阅读文本时也总会建构一位典型的作者。

巴尔特和艾柯都注意到作者和读者对文本解释的影响，毕竟没有像福柯那样跳出解释学的圈子。汉斯－格奥尔格·伽达默尔（Hans-Gerog Cadamer）也看到了作者、文本和读者各自的作用，他尤其强调文本的历史性。伽达默尔认为，文本总是社会历史的产物，一切文本都具有历史性。文本是作者在特定历史情境下所创造的，而读者在阅读具有历史性的文本时，也屈从于"前见"和"偏见"。即使知悉文本的社会历史背景，读者也可能不了解作者的意图。法律解释需要对文本的忠诚。这要求解释者深入到文本和文本作者的社会历史限制。法律的规范内容，必须通过它所适用的现存情况来规定。为了对这些规范内容有正确认识，法律家对原本的意义必须有历史性的认识。法律家既不能忽视法律制定者的原初意图，又不能完全受此限制。法律家还要考虑在法律制定之后每一次被适用时的历史意义。但同样，法律家也不能完全为此所限制，他还必须结合现实情况。法律家并不创造意义，他只是"补充"意义。法律家的任务就在于"确保法律的不可中断的连续性和保持法律思想的传统"。② 在一定程度上，伽达默尔否定了作者的角色，维护了意义统一的可能，具有解释基础主义倾向。他认为，尽管一个文本存在着各种各样的可能意义，但文本与读者之间的关系，读者与读者之间那种主体间的关系限制了文本的意义，因而，读者群可以共享一种意义。他说：

---

① Roland Barthes, *The Rustle of Language*, Oxford: Blackwell, 1986, pp. 49－55, 61－62.
② 参见［德］汉斯－格奥尔格·伽达默尔《真理与方法》上卷，洪汉鼎译，上海译文出版社1999年版，第418—424页。

解释的任务就是使法律具体化于每一种特殊情况，这也就是应用的任务。这里所包含的创造性的法律补充行为无疑是保留给法官的任务，但是法官正如法律共同体里的每一个其他成员一样，他也要服从法律。一个法治国家的观念包含着，法官的判决决不是产生于某个任意的无预见的决定，而是产生于对整个情况的公正的权衡……正因为如此，在一个法治国家里存在法律确定性（certainty）。[①]

意义统一的可能性，在德里达那里受到批评。德里达认为，文本是不确定的，文本没有恒定的结构和确定的意义，文本是一个人言人殊的世界，不存在所谓的共享意义。这是一种解构主义的看法，它与伽达默尔的解释学方法看上去存在冲突。作为一种阅读和解释模式，解构主义在美国具有广泛影响。费什接受了德里达的立场，而费斯和德沃金则接受了伽达默尔的解释基础主义。

费斯断言，"解释，无论是在法律，还是在文学领域，都既不是完全自由裁量的，也不是完全机械的活动。它是读者与文本之间的互动，意义是互动的产物"，解释者受"规训规则"和"解释共同体"的限制。"客观解释的理念并不要求解释完全受外在于法官的某些资源的决定，而只要求它受限制。为了说明法律中的限制资源，有必要进一步引入两个概念：一个是规训规则理念，它限制着解释者，并构成为判断解释正确性的标准；另一个是解释共同体理念，它认同这些规则具有权威性。"费斯还提到，"客观解释的理念承认文本的意义并不在文本之中，从而容纳了读者的创造性角色"，"视司法为解释，有助于制止滑向虚无主义。它使法律成为可能。"同时，视司法为解释也有助于法律的道德性，因为创造性的读者可以根据伦理价值来进行解释。[②]

德沃金则认为，法律实践就是法律解释，而法律解释则是一种诠释学训练，一种文学批评训练。他否认作者原意的至高无上，而注重文本与读者之间的关系和权威。在他看来，对读者的限制在于文本，而文本的意义则受制于文本的过去、读者共享的过去。在《法律的帝国》中，德沃金

[①] 参见［德］汉斯-格奥尔格·伽达默尔《真理与方法》上卷，洪汉鼎译，上海译文出版社1999年版，第423—424页。"确定性"在中译本中被译为"保障"。

[②] Owen Fiss, "Objectivity and Interpretation", 34 *Stanford Law Review* 739–763 (1982).

强调了解释在司法过程中的核心地位。他认为，作为整体的法律是无休止的解释，但它也是受限制的解释，因而，文本作为文本具有客观性。同时，这种解释也确保了法律的道德性，因为解释者总是根据"原则"的限制进行解释。不过，在德沃金那里，法律权利理念并不重要，真正重要的是用以证明、解释和发现权利存在的解释模式。德沃金所谓的"整体性"其实就是伽达默尔所说的司法"忠诚"。作为整体的法律"使得法律的内容不依赖于特殊的惯例或独立的改革运动，而依赖于它业已开始解释的同样的法律实践的更加精确和具体的解释"。[1] 德沃金还相信，在文学和法律这两个领域都有正确答案。在他看来，对文学作品的解释，只要解说了有关的资料——事件、语言以及作品的其他方面，就是成功的；同样，只要法律解释解说了影响法律制定的各种有关道德和政治资料，它就是成功的。[2] 波斯纳对这种法律有正确答案的观点提出批评。他指出，在文学以及法律中，存在许多意义不确定的例子，文本的作者往往并没有为读者提供足够的信息使之有答案。而且，教育背景、政治观点、宗教信仰等，也会影响对文学作品以及法律的解释。他说，"如果我们认为它（法律）像文学作品，我们也许会举手认输，因为要发现众口称是的含义在目前看来前景暗淡；文学的解释共同体已变得非常破碎，伟大文学作品的文本的含义已不可能确定。"[3]

显然，费斯和德沃金对法律解释确定性的维护，都表现出对不受限制的法官的担心。他们都担心，极端的不确定解释，会带来政治虚无主义和理论的死亡。费什提出了与他们相对的观点。费什是以倡导美国实用的解构主义的领军人物出现的。与德里达一样，费什坚持认为，解释就是文本，读者对文本的回应就是意义，而且是唯一的意义，因此，是读者"创造"了文本。尽管读者受制于其"解释共同体"的"情势"，但对文本本身，读者仍然是完全自由的。在费什看来，解释总是一种创造。他说，"解释（interpretation）并不是理解（construing）的艺术，而是建构

---

[1] Ronald Dworkin, "Law as Interpretation", 60 *Texas Law Review* 527–548 (1982); also Ronald Dworkin, *Law's Empire*, Cambridge, MA: Belknap, 1986.

[2] 参见［美］理查德·波斯纳《法理学问题》，苏力译，中国政法大学出版社1994年版，第252—253页。

[3] 同上书，第256—257、336页。

(constructing）艺术"。[1] 费什批评了费斯所谓的"受限制的解释客观性"。费什指出，"规训规则"本身即是文本，因而，它们本身也需要解释，而不能充当解释的限制条件。费什的这些看法，也招致来自费斯和德沃金的反批评。

二 法律的外在政治分析

在伽达默尔、费斯、德沃金与德里达、费什之间，明显存在观点对立。这集中表现在解释的确定性与不确定性上。一般而言，对文本作内在解读，会相应导致对文本的外在价值的忽略，从而带来意义的不确定和解释的循环；而如果将解读扩展到文本之外，甚至不以文本本身为对象，则会相应带来对现实和本质的关注。在后一点上，很多学者对法律和文学的社会、政治、文化等背景给予了热切关注。

在《作者是什么?》中，福柯从"作者—作用"的角度，进一步削弱了作者的地位。福柯反复引用塞缪尔·贝克特（Samuel Beckett）的话："谁在说话，这有什么关系?"在福柯看来，作者是"话语的一种作用"，作者的作用在于表明"一个社会中话语的存在、传播和运作的特征"；"必须取消主体的创造作用，把它作为一种复杂多变的话语作用来分析"。由此，文学就不应试图从一些符号后面寻求真理和意义，而应视文本为一种话语实践。这一实践，既非作为创作个体的作者的行为，也非客观的社会结构，而是权力扩散的结果。福柯所关注的重点，不在于解释方法和文本意义，而在于与知识紧密相连的权力的弥散。这是一种颇为独特的视角。[2]

萨义德也强调了文学和文本的权力和政治属性。他认为，文学理论受"文本"的干扰太过，远离了真实的世界，在整体上也过于特权化、精英化。在他看来，文学和文化一样，是一种"歧视和评估体系"。文学产生权力。文本总是"世俗的"，总是有其特定的社会历史背景，并且总为之服务。书写的语词是一种武器，为了理解这一武器的功用，必须注意语词的书写人。与此相似的观点还有很多。例如，在《什么是文学?》中，

---

[1] S. Fish, *Is There a Text in This Class? The Authority of Interpretive Communities*, Cambridge, MA：Harvard University Press，1980，p. 43.

[2] 参见［法］米歇尔·福柯《作者是什么?》，逢真译，载王潮编《后现代主义的突破》，敦煌文艺出版社 1996 年版，第 270—291 页。

让-保罗·萨特（Jean-Paul Sartre）指出，文学有一种政治承担，文学分析和文学理论有责任揭示政治的根基。[1] 英国马克思主义批评家特里·伊格尔顿（Terry Eagleton），在《文学批评》中也指出，运用文学就是政治的另外一种形式，英语的兴起就是资本主义意识形态的兴起，文学研究的最直接目的就在于为揭示文学的政治和历史根基而采用一种跨学科的方法，正是这一目的点燃了"法律与文学"。[2] 伊格尔顿认为，解构批评最终也是一种"政治"实践，解构主义者虽然无意打碎国家机器，但他们所作所为却在于颠覆语言的既定结构，摧毁特定的思想体系乃至整个政治结构和社会制度所依赖的逻辑。此外，罗蒂也指出，在决定社会和政治方案上，实用主义哲学需要一种跨学科的方法，而文学正扮演了这样一种角色。他认为，批评理论的最终归宿在于语言和文学，作者从来都不是中立的，应当把文学视作一种主张，一种说服机制。

一如尼采所说，真理只是"隐喻的变动不居的武器"，在有些学者看来，书写的语词总是社会压迫的一种工具，而文本恰使人们走出了法律政治学，忽视了文本之后的权力背景。一些"法律与文学"学者对法律中的主流文化和政治权力，作了相当细致的分析。魏斯特强调，"司法不是解释"。她指出，司法虽然在形式上是解释的，但在实质上则是权力的行使，而这是像文学解释那样的真正解释活动所不具备的。司法即使与立法、行政法令、国王命令有别，但也是一种命令，也以国家权力为后盾。因此，不管司法与文学语言活动多么相似，在权力这一点上，二者总是不能苟同的。如果看不到文学与司法之间的这一核心区别，那么，人们就会误解解释的性质、法律的性质乃至二者的性质。[3]

尽管视法律为解释的观点，被认为阻止了人们对法律实践的批评，一些批判法律学者却也日渐意识到，任何批评方法都植根于文本方法。杰瑞·弗拉格（Jerry Frug）说，"我们应该放弃对法律论证之基础的传统追求，因为找不到这样的基础，我们应该以对法律论证的关注来代替这样一种追求，尤其是注意其说服的企图。换言之，我是说，我们将法律论证视

---

[1] J. P. Sartre, *What is Literature*? London: Metnuen, 1967, pp. 123–230.

[2] Terry Eagleton, *Literary Criticism: A Introduction*, Oxford: Blackwell, 1983, pp. 17–53, 194–217.

[3] R. West, *Narrative, Authority, and Law*, Ann Arbor: University of Michigan Press, 1993, pp. 93–94.

作是修辞的一个例子。"① 阿伦·哈钦森（Allan C. Hutchinson）也试图以文本来进行政治法律批评。他说，

> 我们从来都不是在一个故事之中。历史和人类行动，只在它们的叙事语境和戏剧背景中，才呈现意义和可理解性。存在着许多被想象和被制定的故事，但是，我们只能在其他故事的本土背景中聆听和理解它们。我们关于这些叙事的谈话本身即植根于、撰写于更深层的故事，这些故事决定了它们的道德力量和认识论上的有效性……法律的生命不是逻辑，也不是经验，而是一种世界制作的（world-making）叙事方式……如同一切故事（tales）一样，法律故事（stories）也是从对我们经验的某些特征的有选择性的强调那里，获得意味和意义，而这些经验总是复杂的、常常也是模糊的。作为一种叙事，法律故事青睐我们经验的某些方面，而牺牲了另外一些经验，因而授予一些个体以权利，而剥夺另外一些个体的权利。最重要的是，正是故事本身构成了我们经验的现实。在此意义上，法律故事……为我们的自我定义和理解提供了可能性和参量。②

哈钦森基于此种解释观和文本观对很多学者提出批评。他认为，罗蒂和费什没有认真对待法律话语的历史性；德沃金没有认真对待文学，忽略了普通读者，其理论是反文本的。这些学者，在哈钦森看来，都具有自由主义的基础主义倾向。怀特曾试图通过阅读文本来重构参与的政治，而哈钦森则指出，解释学不可避免地会引入阅读的政治道德，怀特没有考虑"特定的书写行为的历史境遇"。

怀特关注的核心是怎样阅读文学。在他看来，重要的不在于是否存在着具体的意义，而在于人们怎么写，怎么读。怀特说：

> 阅读法律文本，常常不是仅仅为了单一的意义而读，而是为了各种可能的意义而读。法律完全就是一种语言，因为它是一种阅读、书

---

① J. Frug, "Argument as Character", 40 *Stanford Law Review* 871 (1988).

② Allan Hutchinson, *Dwelling on the Threshold: Critical Essays in Modern Legal Thought*, Toronto: Carswell, 1988, pp. 13 – 14.

写和言说的方式，在这样做时，它也是一种文化维持方式，这些文化大多是有其自身特点的论证文化。①

在《作为翻译的司法》中，怀特指出，法律业已成为文学，任何文本的阅读总是一种话语共同体之间的"创造"和"翻译"活动，虽然不存在最终的翻译，但是存在翻译的合适的判断标准，如，它的一致性、它对原初意义的忠诚、它的伦理和文化意义等。此种看法受到魏斯特和威斯伯格的批评。魏斯特强调法律的政治性，认为法律是政治而不是文本，是权力而不是解释。威斯伯格则注意到法律的伦理目的。他主要集中于分析文学中的法律，认为意义的最终裁决者不是文本，而是阅读者。这一点尤其体现在他的"诗伦理学"上。在他看来，怀特的文本理论完全是内在的，其所提供的纯粹"修辞理论"与费什的解构主义相似，缺乏"伦理后果"，因此不利于人们对法律伦理的塑造。

在通过文本解释获得法律的内在语义和规范意义，与通过文学方法揭示法律的政治属性和伦理内涵之间，沃德提供了一种折中看法。他认为，研究文学的首要目的在于提供可供选择的政治观点，这在某些方面是站得住脚的，但是，也很难否认，法律在一定程度上既是文学的，也是政治的。在沃德看来，无论是像魏斯特那样强调文学的政治性，还是像威斯伯格那样认为文学代表着一种特定的道德哲学，都犯有与批判法律研究运动一样的政治危险。起初，批判法律研究运动也旨在向法律系的学生灌输法律的政治性，但它最终完结了。沃德指出，以文学分析政治是一回事，而以之为借口来以一种政治教义取代另一种政治教义，则是另外一回事，后者无异于在火山边缘跳舞。沃德提出的观点是，"法律与文学"的首要目的在于教育，其次才是提供社会政治方案。② "法律与文学"的教育目的，针对的是英美传统的案例教学。一些学者认为，美国法律教育中的法律方法，是"自50年代后期就已淹死于水中的一种技艺"。案例教学使得法律研究过于"科学化"，也过于枯燥。朱尔斯·格曼（Jules Getman）在"专家"与"人"之间作了区分，谴责法律教育把学生教育成了"律师"

---

① J. B. White, "Law as Language: Reading Law and Reading Literature", 60 *Texas Law Review* 415 (1982).

② Ian Ward, *Law and Literature: Possibilities and Perspectives*, Cambridge: Cambridge University Press, 1995, pp. 22 - 24, 38.

而不是"人"。他认为,文学能做法律做不到的事情,至少在教室里,文学能昭示需要靠"人",而不是靠"律师"来解决的伦理困境。"法律与文学"学者试图以文学研究和文学批评的新形式来启动法律教育。在他们看来,以文学开展法律教育,既生动,也能使学生对现实生活情境有所了解和同情,如此就消除了学生学习法律的那种枯燥无味感觉。此种消解政治性的见解,显然并非所有的"法律与文学"学者都能接受。

三 法律、文学与语言文字

"法律与文学"具有明显的跨学科特征。它不仅是文学和法学的结合,也与哲学、解释学、伦理学、语言学等密切相关。语言文字,则将所有这些联系在了一起。从法律、文学与语言文字的关联,可大致看出两条线索。一条突出语言文字的歧义性、多义性,由此消解了文本意义的确定性。另一条强调语言文字的政治、伦理和文化属性,从而揭示出隐藏在语言文字之后的意识形态或政治背景。这两条线索,看上去对应着"法律与文学"思潮中文本解释与政治权力之间的矛盾,也对应着"作为文学的法律"与"文学中的法律"之间的划分。

语言和文字,在"法律与文学"运动中受到特别关注,也是引发各种争议的一个关键因素。在怀特看来,正是语言的特殊属性界定了人与他者、人与文本的关系。他在《作为翻译的司法》中指出,人们整个一生都在学习语言,并且不断游移于语言之间,语言和解释"在型塑我们——我们的自我——是谁,以及我们观察和理解世界的方式这两方面,都起……了很重要的作用"。也有学者认为,具有日常性的语言,是社会变迁的基本媒介,就如罗蒂所说,民主的英雄不是政治家,而是诗人。对此,伽达默尔亦曾指出,语言具有"生活世界性","语言越是一个活生生的运用过程,我们就越难意识到它"。至于语言文字在法律领域中的地位和作用,格曼提到,语言"对律师的灵魂是危险的",因为它移转了律师"对日常生活的关注"。[①] 伊丽莎白·佩里·霍奇斯(Elizabeth Perry Hodges)也提到,同非法律系的学生相比,法律系的学生有一种抹杀非专业话语的倾向,突出问题不在于法律话语被理解为复杂的历史、社会和个人力量的产物,而在于学生将之理解为一种独立的理性结构,而没有认识

---

① Jules Getman, "Human Voice in Legal Discourse", 66 *Texas Law Review* 577-588 (1988).

到话语本身是一种多语音结构,这种多语音结构既丰富了人的体验,也为人的体验所丰富。因此,霍奇斯主张,学生,尤其是法律系的学生必须对语言的属性有所了解,律师们也应充分认识语言的力量,放弃法律语言的特定限制。[1] 当然,对语言文字的关注,并非只是"法律与文学"思潮中的独有现象,而是20世纪以来各人文学科的一种普遍现象。

大体上,西方哲学的发展经历了两次重要转向。第一次是17世纪以来的认识论转向(epistemological turn),以笛卡尔的哲学为转折点,即从对世界本原的本体论追问转向对"人何以知道"的认识论追问。自此,人的理性在哲学中处在了至尊地位。第二次是20世纪初发生的"语言学转向"(linguistic turn),即从人的认识问题转向语言问题,从思想、观念、人的认识能力转向语言和意义,从主体转向主体间性(intersubjectivity)。自此,语言在哲学中处在了中心地位。第二次转向的原因主要在于,认识和思想是借助于语言进行的,研究认识问题当首先弄明白语言问题。而在一定意义上,语言和思想也是一回事,这正如马克思所说,"语言是思想的直接现实"。20世纪的大思想家们通常都注意到语言对哲学的重要性。在海德格尔看来,"语言是存在之所"。人的此种一般的存在状态,对于哲学家自然也是适用的。因此,现代哲学以及哲学家大都与语言难脱干系,一如尼采所指出的,"哲学家受制于语言之网"。在《逻辑研究》中,胡塞尔提到,语言问题是建立纯粹逻辑学必不可少的哲学准备工作。伽达默尔亦曾断言,"语言问题已经在本世纪的哲学中获得了一种中心地位"。利科尔同样指出,"当今各种哲学研究都涉及一个共同的研究领域,这个研究领域就是语言"。[2]

现代哲学对语言给予了特别关注并作了深入考察。在《人文学科中的结构、符号和表演》中,德里达指出:"中心所指、原初所指或先验所指,从来都不是绝对处于分延(differance)系统之外的。先验所指的缺乏,无限扩展了意义的范围和活动空间。"语言,被德里达视为永无止境的分延游戏。其意义只从与其他可供选择的意义的差异中产生,而且,意义会向外延宕,播撒(dissemination)。播撒是一切文字的固有能力,它

---

[1] Elizabeth Perry Hodges, "Writing in A Different Voice", 66 *Texas Law Review* 633 – 639 (1988).

[2] 参见徐友渔《告别20世纪——对意义和理想的思考》,山东教育出版社1999年版,第29—30页。

不传达任何意义，但却无休止地瓦解文本，揭露文本的零乱与重复，从而使文本进入广阔而复杂的结构世界。如此，意义就会人言人殊，确定的意义也因而不再可能。

在语言哲学方面影响巨大的哲学家是维特根斯坦。他曾说，"我们正在与语言搏斗。我们已经卷入与语言的搏斗中"。在早期的《逻辑哲学论》中，维特根斯坦对罗素的观点表示认同。罗素认为，语言既可帮助人们理解世界的结构，也常常使哲学家误入歧途，语言和世界在结构上是对应的，因此，人们可以借助语言了解世界。维特根斯坦也认为，语言是世界的图画，语言的功能在于图像式地描绘现实世界。在此时期，维特根斯坦所谈及的多是"理想语言"，并将逻辑视为语言的本质。而在后期的《哲学研究》中，维特根斯坦进一步认识到，语言的真实生命在于其在生活中所起的作用，语言的意义在于其在语言中的用法。此即著名的"意义即用法"命题。在此时期，维特根斯坦所谈及的多是"日常语言"。与之相应，语言的正误不再从逻辑上判断，而是从其在包含着各种特定语言活动的"生活形式"中的运用来判断。因此，"想象一种语言就意味着想象一种生活形式"。就日常语言而言，"一个词的意义就是它在语法中的地位"，"它在语言中的运用"，或者，某人已赋予它的那种意义。这样，语言的意义就依靠语法规则和语境来确定。维特根斯坦将运用语言的活动比喻为"语言游戏"。在诸如桥牌、象棋、打球等这些游戏形式中，人们找不到它们的共同特征。它们只存在着相似，如甲和乙有某些相似，乙和丙有某些相似，丙和甲有某些相似，但它们并不具备对所有游戏都适用的特征。这就犹如一个大的家族，有的人头发颜色相似，有的人眼睛相似，有的人面孔相似，但并没有绝对的共同特征存在。维特根斯坦称此为"家族相似"。如此，在"语言游戏"中，语言就没有绝对确定的意义，而只有相对确定的意义。语言游戏意味着，语言的运用常常是某种较广泛的"生活形式"的组成部分，语言在不同语境中服务于不同的目的，从而具有不同的或多重意义。[①]

显然，意义和真理问题，因为语言文字及其解释分歧而在现代哲学中凸显了出来。语言文字具有多义性、歧义性，这给解释带来了困难，导致了意义的确定性和不确定性问题。在《心的分析》一书中，罗素指出，

[①] 参见［奥］路德维希·维特根斯坦《哲学研究》，李步楼译，商务印书馆1996年版。

"一个词的意义不是绝对确定的，从来都有一种或大或小程度上的模糊性。意义是一块区域，就像靶子一样，它可能有一个靶心，但靶子的外围部分依然或大或小地处于意义的范围之内，当我们把靶心向外移动时，这意义也逐渐地减弱。当语言发展得更为精确时，靶心之外的部分就会愈来愈小，靶心本身也会越来越小；但靶心决不会退缩成一点，总有一块模糊不定的区域围绕着它，不管这区域是多么地小。"德里达和维特根斯坦无疑也都动摇了意义的确定性。这无论是对文学文本的解释，还是对法律文本的解释，都产生了重要影响。费什的解构主义立场就明显是对德里达看法的发扬。

通常，现代法律学者往往不加批判地假定，语言就像一面镜子，可以如实地反映现实物体的意义。在他们看来，语词就是意义的集装箱，语言则是一个"大水管"，律师和法官借之让信息从中穿过。而且，文本的意义应该趋于作者原意，对文本的解释应该是逐字逐句的，其意义仅限于文件本身。例如，在卡尔德诉布尔（Calder v. Bull）案中，詹姆斯·艾尔戴尔（James Iredall）法官指出，"法官应严格按照成文宪法中已有表述，或者明显暗含于成文宪法之中的强行规范，来决定宪法问题"。在《我们的宪法设计：其解释的含义》一文中，埃德温·米斯（Edwin Meese）指出，"历史和传统指明了对作为有固定意义的文件的宪法的理解，其固定意义是由制定和认可它的那些人所提供的"。在《保卫作者》一文中，小赫希（E. D. Hirsch Jr.）也指出，"意义就是文本所代表的东西；是作者通过特定的符号（sign）序列所指的东西；是那些符号所代表的东西"。[1]

而后现代主义者则拒绝关于语言的客观主义观点。他们认为，语言必须根据讲话者的认知过程来理解，语言必须被理解为一种语言游戏，法律中的语言则是一种"规范的语言游戏"，这一游戏以决定判断对错的社会一致规则为基础。此种看法，明显受到了维特根斯坦的影响。在将语言描述为一种"游戏"时，维特根斯坦意味着，语言是群体用以决定判断的真实性和现实性的一种实践。依此，一切语言只在其所卷入的语言游戏和"生活形式"中才有意义。理解只发生在语言游戏之中，人们必须理解用法、语境、活动、目的以及所玩的游戏。在语言游戏之外，人们将无从确

---

[1] Cf. Douglas E. Litowiz, *Postmodern Philosophy and Law*, Kansas: University Press of Kansas, 1997, p. 15.

定判断的真实性和现实性。这一观点为法律后现代主义者所采用。他们尤为重视现代法律思想的语境、活动和目的，拒绝对语言的"常识"理解，因为常识理解把语词的意义与世界中固定物体联系在了一起。在他们看来，语词的意义在于语言之中，这一常识观念在根本上是误导的。法律话语并不能够反映社会事件的真实意义，在语言和"客观"世界之间并不存在着逻辑上的对应关系。对此，有学者指出：

> 语言是在社会和文化中被建构的，从而，它生来并不能代表现实，或者，与现实相对应。所以，一切见解、一切解释甚至于文本，它们本身都是社会建构。①

法律后现代主义者并不否认关于现实的知识的存在，他们否认的是，人们能够依靠理论和语言，在客观上确定现实的意义。在他们看来，"理性的观点是作为……一种特权视角、一种权力游戏中的运动予以表现的"，知识是由现时代社会、文化、语言和历史条件所中介的。② 真理从来都不是明确无误的（transparent），因为真理和知识都是一种以语言为中介的偶然的社会建构，而语言生来就是不能捕捉现实的，这样，真理并不能通过一种固定的、确定的理论或概念构造来把握。同样，根据规则来判决也被认为是不可能的，因为规则依赖于语言，而语言是在社会和文化中被建构的，它并不能指导判决者作出一致和客观的选择。客观性，只在不同的解释实践能够达致共识时，才有可能。在接受语词的意义上获得共识并非不可能，但是，这要求法律解释在正确的方法上达成一致，而不同法律解释方法的繁荣，则意味着共识早已不再可能。后现代主义论者认为，文本并非只具有一种"正确的"意义，而是多义、歧义和播撒之所。在不同的阅读中，文本的意义具有不确定性。文本的解释，总是阅读者基于特定的目的、从特定的角度作出的，所谓最终的文本意义、基本文本的权威理解并不存在。这正如巴尔特在《作者之死》中所指出的："文本并非一串表明单一'理论'意义的语词，而是一种多维空间，其中有各种

---

① Peter C. Schanck, "Understanding Postmodern Thought", 65 *South Carolina Law Review* 2505 (1992).

② Ibid., p. 2509.

各样的书写（writing）混合着、碰撞着，没有哪个是原初的……一旦作者被移开，理解文本的主张就是枉费心机"。①

可以说，只要有解释，就存在语言问题。如果将解释视为人的一种存在方式，那么，语言也构成人的一种本质特性。在古希腊，人在逻各斯意义上被定义为理性的动物。海德格尔则从词源上指出，逻各斯的基本含义并不是理性，而是"言谈"。因此，人并非"理性的动物"，而是"会说话的动物"。伽达默尔也视人为"语言的存在物"。他认为，"能被理解的存在就是语言"，"理解就是在语言上取得相互一致"，"整个理解过程乃是一种语言过程"，"一切理解都是解释，而一切解释都是通过语言的媒介而进行的"，"语言就是理解本身得以进行的普遍媒介"。② 如此，人、语言、解释，三者牢牢地扭结在一起，在人对文学文本和法律文本的解释上，语言是难以回避的。正是在此意义上，语言像一个"牢笼"，人、文学、法律都无一不在此"牢笼"之中。③

语言与文学，被一些学者直接联系在一起。例如，海德格尔说，"语言本身在根本意义上是诗"。巴尔特也认为，语言与文学之间可以互训，"两者是同质的"。在《写作的零度》中，巴尔特指出，"语言结构包含着全部文学创作，差不多就像天空、大地、天地交接线为人类构成了一个熟悉的生态环境一样"。语言与文学之间的密切联系，具体体现在语言的修辞艺术和语言的伦理属性上；而语言的伦理属性和语言的修辞技巧，也在很大程度上为"文学中的法律"与"作为文学的法律"之间的界分提供了可能。

伽达默尔晚年十分注重用修辞学来说明阐释学。他认为，修辞学的原初意思，不是关于说话艺术的纯粹技巧，而是"由言语决定的关于人类生活的哲学"，与人的具体生活实践相关。修辞性语言，通过华美异常的语言打动人心，通过语言活动的含混、扭曲、破碎、掩饰、润色来感染

---

① Cf. Pierre Schlag, "Normative and Nowhere to Go", 43 *Stanford Law Review* 183 (1990); also Douglas E. Litowiz, *Postmodern Philosophy and Law*, Kansas: University Press of Kansas, 1997, pp. 15–16.

② ［德］汉斯－格奥尔格·伽达默尔：《真理与方法》下卷，洪汉鼎译，上海译文出版社1999年版，第489—490、496页。

③ 参见王一川《语言乌托邦：20世纪西方语言论美学探究》，云南人民出版社1994年版，第235—255等页。

人，从而确立或改变言说者在社会权力结构中的位置，突出语言活动的社会动机和社会效果。语词、语气、语调、修辞，在一定程度上支配着人们在社会关系中的地位。对英美这些判例法国家的律师来说，精熟掌握言辞技巧和表述方式，不仅可以提高其对文本的理解能力，也能以此在法庭上打动人心，混淆视听，从而获得胜诉的结果。这或许也是"法律与文学"在英美大学兴起的一个重要原因。

对修辞技巧的关注，时常阻却人们对文字背后的伦理背景的洞察。福柯注重对话语实践的深入分析。在他看来，有话语的地方就有权力，权力是话语运作无所不在的支配力量。巴尔特吸收了这一方法。巴尔特认为，权力寄寓在语言之中，"语言结构是一种普遍化的支配力量"。语言具有伦理和历史性质。语言受着伦理、政治等的支配，包含着价值，而文学就是语言写作。因此，"任何文学都具有一种语言的伦理"。巴尔特说，"语言结构是一种无选择余地的反射，是人类的而非作家的共同性质"，"作家的各种可能的写作都是在历史和传统的压力下被确立的"，因而，写作"充满着对其先前惯用法的记忆，因为语言从来也不是纯净的，字词具有一种神秘地延伸到新意指环境中去的第二记忆"。每一字词都以一种隐晦的方式支托着它的原则，如此，写作"既包含着现实的存在又包含着权势的显现"，写作也隐含着道义和意识形态。巴尔特指出，每一政权都有自己的写作，基于语言的伦理性、历史性和社会性，产生了"政治性写作"、"伦理性写作"等，比如，法国的革命式写作就是以一种流血的权利或道德辩护为基础的。[①]

很多学者将语言、文本与具体的社会过程、历史、意识形态等背景直接结合在一起。乔纳森·卡勒（Jonathan Culler）在《结构主义诗学》中说，"一切符号，无论它们表面上看上去多么'自然'，都有其约定俗成的本质"。朱丽娅·克里丝蒂娃（Julia Kristeva）则提出"互文本"（intertextuality）概念。互文本，意味着文本存留有先在文本的遗迹，亦即，语言学的文本与政治的、经济的、文化的、历史的文本存在关联。尤里·洛特曼（Yury Lotman）所说的"超文本"（extra-text），与此具有相似性。它也将文本与那种超乎文本之外而又内在制约文本的传统、历史和意识形

[①] 参见［法］罗兰·巴尔特《写作的零度》，李幼蒸译，载王潮编《后现代主义的突破》，敦煌文艺出版社1996年版，第196—244页。

态联系起来。阿尔图塞则直接称艺术为一种"文化的意识形态国家机器"。所有这些看法，都在所谓的中立性、客观性、技术性、专业性、专门性之外，直指语言和文本的政治属性乃至伦理属性，旨在表明"语言和意识形态的关系是很密切的，通过对语言的研究，可以帮助我们认识某种意识形态"。①

第三节 "法律与文学"在中国

作为后现代法律运动的一支，"法律与文学"思潮可谓现代西方的一种独特现象。不过，就文学与法律之间的相互影响而言，古中国似乎也有关于法律与文学的实践。文学在中国被称为"百学之原"，其用途和影响极其深广。这不仅表现在法律可以亦曾是文学作品重要的创作题材，也表现在文学对法律以及法律实践的影响。诗歌，在古代是个人志向、心感、胸臆和切身体验的声发与言发，正所谓"诗以言志"，"歌以咏志"，"诗可以兴，可以观，可以群，可以怨"。同时，诗文也是社会现实的反映，或被用来表现民生疾苦、世俗心态、民族矛盾和社会治乱，或被用来揭露官僚腐败、文化专制和政治压迫。因此，通过诗歌，人们可洞察当时的社会、政治、经济和文化等背景，乃至"以诗证史"。更重要的还在于，诗文是道义的载体，正所谓"文以载道"，"因文而明道"。质言之，作为一种表现手法，诗文用途广泛，可被用来"讲故事"、抒发情感、寄托心志、臧否世事，或如实描画，或雕饰渲染，还可被用来树立价值、传承文化。在这些方面，文学都有可能对法律发生影响，这似乎不存在古今中外的差别。

具体从文学与法律的关系看，古中国的法制不仅具有儒家教义这一大的伦理背景，其司法官吏同时也是饱读诗书的文人学士，从而，在中国古代，不仅道德混杂于法律与政治之中，文学也渗透其间，这构成了古中国政治法律文化的基本品性。《今古奇观》中"乔太守乱点鸳鸯谱"的一篇判词明显反映出这一特点：

---

① ［美］弗雷德里克·杰姆逊：《后现代主义和文化理论》，唐小兵译，北京大学出版社1997年版，第65页。

> 弟代姊嫁，姑伴嫂眠。爱女爱子，情在理中；一雌一雄，变出意外。移干柴近烈火，无怪其燃；以美玉配明珠，适获其偶。孙氏子因姊而得妇，搂处子不用逾墙；刘氏女因嫂而得夫，怀吉士初非炫玉。相悦为婚，礼以义起；所厚者薄，事可权宜。使徐雅别婿裴九之儿，许裴政改娶玉郎之配。夺人妇，人亦夺其妇，两家恩怨，总息风波。独乐乐，不若与人乐，三对夫妻，各谐鱼水。人虽兑换，十六两原只一斤；亲是交门，五百年决非错配。以爱及爱，伊父母自作冰人；非亲是亲，我官府权为月老。已经明断，各赴良期。

这不足两百字的判词，不仅包藏礼义情理，也明显运用了文学手法，长短交错，对仗工整，平仄声韵亦很考究。《西湖佳话》中"六桥才迹"的一篇判词更是文采光华，言简意赅。有官妓二人上递牒文，一名郑容，要求落籍；一名高莹，要求从良。苏轼看过牒文后分判如下："郑庄好客，容我楼前先坠帻；落笔生风，籍籍声名不负公"；"高山白雪，莹骨冰肌那解老？从此南徐，良夜清风月满湖"。这一判词犹如谐趣哑谜，谜底藏于各句首字："郑容落籍"，"高莹从良"。

这些都还只是出自文学作品的戏判。从实际的古代判词看，其文学含量也是极高的。例如，

> 词讼之兴，初非美事。荒废本业，破坏家财；胥吏诛求，卒徒斥辱；道途奔走，犴狱拘囚。与宗族讼，则伤宗族之恩；与乡党讼，则损乡党之谊。幸而获胜，所损已多；不幸而输，虽悔何及。故必须果抱怨抑，或贫而为富所兼，或弱而为强所害，或愚而为智所败，横逆之来，逼人已甚，不容不一鸣其不平，如此而后与之为讼，则曲不在我矣。今刘纬自是姓刘，论出而为龚家论诉田地，可谓事不干己。想其平日在乡，专以健讼为能事。今事在赦前，固难追断，然若不少加惩治，将无以为奸狡者之戒。从轻决竹篦十下。刘良臣押下金厅，唤龚孝恭供对。金厅所拟，反覆曲折，凡千百言，龚孝恭之虚妄，已灼然可见，纵是有理，亦不应隔百余年而始有词，况理曲乎！户婚之法，不断则词不绝，龚孝恭杖八十，刘良臣照契管业。

这是胡石壁的一篇判词，中间运用了对仗和排比等诸多文学手法。据史书

记载,胡石壁为1232年进士,"书判下笔千言,援据经史,切当事情,仓卒之间,对偶皆精,读者惊叹。"① 类似于胡石壁这样的判词在中国古代不在少数。

在古中国,司法官吏既"读圣贤书",也"做国家事",同时还因为考试制度而通常具有很高的文学修养。因此,司法判词除法律规定外,往往还包含人情事理和文学手法的运用。把判词写得富有文采,既可表现司法官员的文学才能,也可加强判决的可接受性。相对判词的认受度而言,讼师撰写的诉状或辩护词的"说服"目的更为明显。《刀笔精华》中就辑录有相关恶禀。例如,马某侍母不孝,其母诉至县署,马某请讼师谢某作一则恶禀而免狱:

> 为家门不幸,含泪哀告事。窃民父早经弃养,自幼即蒙母抚养成立。民不孝,不能顺母意,博母欢,致累老母匍匐公庭,民甘受法办。母慈而后子孝,身修而后家齐,民德不足以感母,孝不足以顺亲,既不孝于地下之父,又不孝于在堂之母,死亦无怨,且从此亦可留面目以见父于九泉。敬请法办,以慰慈心。哀哀上陈,不知所云。

该恶禀在一种看似服法的态度下以隐晦的叙事方式颠倒黑白,从而推责于母方。寸铁可以杀人,"刀笔"亦可致命,正所谓"竹头木屑,用之得其道,与金玉同功"。而在政治领域,"笔杆子"甚至堪与"枪杆子"相媲。在古中国,古人应是深谙文辞、表现手法对法律和政治的作用和影响的,正所谓"鼓天下之动者存乎辞"(《周易·系辞上》)。

改革开放以来,中国也出现了一些将法律与文学结合起来的理论倾向和作品。有学者对文学作品中的法律问题作了专门梳理。也有学者以文学作品研究法律史,以电影分析现实法律问题。还有学者试图为法律提供一种美学视角,这在一定程度上与"法律与文学"思潮有点相似。在国外关于"法律与文学"的论文集中,有的也将"作为艺术的法律"包含在内。② 总体看,国内有关法律与文学的研究,更多的是通过文学名著或一些知名

---

① 真德秀等:《名公书判清明集》,中华书局1987年版,第123、681页。

② Cf. John Morison & Christine Bell (eds.), *Tall Stories? Reading Law and Literature*, Aldershot: Dartmouth, 1996; Gary Bagnall, *Law as Art*, Aldershot: Dartmouth, 1996.

文学家的作品,去探究人物思想、历史真实或从中得出有关法律的见解和启示。也确有学者注意到文学手法对法律的影响,但犹如法律家一般对社会学知识和方法了解不多一样,法律家对文艺理论通常涉及不深。因此,作为学科的法学与文学,以及作为职业的法律家与文学家、文艺理论家之间的结合,看上去还有很大的发展空间。即使研究文学作品中的法律现象,也与西方"文学中的法律"存在较大不同。透过文学作品洞察其时的法律社会情境,似乎并不是"法律与文学"的主要关注点,它们更加关心法律解释、法律的人文要素以及文学批评方法在法律领域中的运用等。不过,也有国内作品的初始动机,是想提高法律教学的"趣味",这倒与"法律与文学"的教育目的有些一致。

  无论是古中国受文学深广影响的法律实践,还是现代中国结合文学与法律的作品,都没有给中国带来西方意义上的"法律与文学"运动。西方自20世纪70年代以来日渐繁荣的"法律与文学"思潮,无疑具有其独特的社会背景和历史传统基因。它既与英美国家的判例传统有关,也与20世纪60年代以来兴起的后现代主义相联系。同时,西方纷繁的文艺批评理论,也为其提供了可资利用的丰富资源。"法律与文学"的跨学科研究,在有些方面是值得肯定的,例如,通过文学批判法律规定和实践中的不合理因素、阐发和树立法律的人文价值、增强法律专家的人文素养和道德感等。甚至立法措辞、司法风格、判词制作、法律家的人文素养和道德风尚等,也适合用来作为判断社会文明发达程度的重要考量。只是,在注意法律与文学之间的内在联系时,也不应忽略法律与文学之间的明显不同。在跨学科研究中,尽管法律与文学之间的有些不同可能被打破,但二者在很多方面的差异仍会始终存在下去,正如少女不会长成男人、老人难以还童一样。就此而言,法律与文学之间难以逾越的差异,构成了"法律与文学"运动向外扩展的界限。

第十二章

法律的社会根基：法社会学之发展

在法律以何为根基的观念上，古今社会看上去存在很大不同。在古代社会，既有"神法"观念，也有可变的"人定法"观念，还有作为宇宙法则的"自然法"观念。而到现代社会，法律的道德起源和宗教起源观念被淡化乃至祛除，法律日渐成为国家的、实证的。法律的渊源只从形式上被追溯至"主权者"或"基本规范"。同时，法律与社会之间的深层联系也受到重视。这既包括外在联系，也包括内在联系。外在联系主要表现为，作为社会事业或社会工程组成部分的法律，植根于社会母体，担负有社会目标，旨在协调利益冲突和适应社会需要。内在联系主要表现为，作为独立自治系统的法律，既内生于社会，也普遍贯通于社会，因而，法律是社会的，社会也必定是法律的。法律与社会之间的联系，是法社会学的基本着眼点和出发点。

法社会学通常被认为是西方法理学最主要的三大分支之一。法国社会学家奥古斯特·孔德（Auguste Comte）曾把人的成长划分为三个阶段。第一阶段是神学阶段，第二阶段是形而上学阶段，第三阶段是实证主义阶段。按照孔德的意思，在童年时代，人是神学家，对世界有神秘感，相信超自然的力量主宰着世界。在青年时代，人是哲学家，对人世抱有理想，喜欢以人的思维方式去建构和把握世界。在壮年时代，人成长为科学家，对宇宙存有一种客观的冷静，这时，看见月亮，不会再如"小时不识月，呼作白玉盘"，也不会有"青女素娥""斗婵娟"的诗意想象，而只视作一堆可观测的石头。孔德的划分，大致说明了人越来越实际、越来越世俗的成长过程。这样一个过程，似乎也适用于法学的发展。在西方，法学以自然法学开始。其时，神和自然处于人和法律之上，法律被视为神或自然的意志。而后，随着人的理性地位的提升，法律的神学和形而上学光圈在"理性化"过程中逐渐被"去魅化"。法律变为实实在在的可感知、可操作、可分析的物件,成了形诸文字的国家规范或主权者意志。法律实证主义由此崛兴。自此,法律日渐受到更加切合实际、更加科学的眼光的审视。一方面,法律被视为国家制定并强制实施的规范。另一方面,法律又被视为这些规范在现实社会运行过程中对人的实际约束。前一方面是分析法学的看法,后一方面则是法社会学的看法。

从自然法学,到分析法学,再到法社会学的发展,体现了一个法律逐渐从理想向现实沉落的过程。如果法律从神和自然的意志向下落实为主权者的意志,是法学的第一次沉落,那么,法律从国家规范向下落实为社会生活中对人的实际约束,则是法学的第二次沉落。正是在从国家向社会的这第二次沉落中,法社会学产生了出来。这是法社会学产生的长远背景。在此背景下,法社会学有其实际、世俗的一面,但同时,因其后出,并且出自社会底层,它也可能具有更大的社会意义,这更多地体现在法律与社会理论对现代社会的分析和批判上。

第一节 法社会学的生发

一般认为,法社会学或社会学法学是在 19 世纪末 20 世纪初产生和发展起来的。法社会学在西方产生有其特定的社会和历史背景。在经济上,西方国家的工业革命到 19 世纪中叶已经完成。从 19 世纪 90 年代开始,垄断制度逐渐成为主要资本主义国家占统治地位的经济制度。西方资本主义由此从自由竞争向垄断转变。垄断资本主义的出现使得各种社会矛盾趋于激化,经济危机和战争频繁发生,这在政治上也引发了大规模的劳工运动。为了缓解各种社会矛盾,资本主义国家不得不改变原来的自由放任政策,采取政治和法律等手段积极广泛地干预经济和社会生活。由此,在法律领域出现了"法律的社会化"(socialization of law)运动。自 20 世纪初以来,西方国家产生了大量的社会立法,如劳工法、最低工资法、环境保护法、住房法、公共交通法等,资本主义法律原则一度表现出从个人本位向社会本位转变的倾向。西方国家在 19 世纪末 20 世纪初发生的这些变化,迫使法学改变原有的概念分析模式,而对社会现实作出积极的回应。一些学者在法社会学产生之初提出"作为目的之手段的法律"、"社会利益"等概念表明了这一点。这些都是法社会学产生的社会背景和历史动因。①

一 理论背景

除社会和历史背景外，法社会学的产生还有其重要的学科和理论背景。这至少表现在以下三个方面：

第一，自然科学的影响。自尼古拉·哥白尼（Nikolaj Kopernik）提出"太阳中心说"后，宗教、信仰日渐为科学、理性所取代。1687年，艾萨克·牛顿（Isaac Newton）建立经典力学体系。百年后，詹姆斯·瓦特（James Watt）改良蒸汽机，紧接着蒸汽机在纺纱、运输等领域得到推广。到19世纪初，火车和轮船相继被制造出来。19世纪中叶，铁路已遍布欧洲，海运也得到迅猛发展。随着科学技术的发展，科学革命和机械世界观在19世纪已深入人心，并日渐向人文学科渗透。这在法国的孔德那里表现得最为明显。孔德创建的社会学，一方面体现了强烈的反神学和反形而上学的科学精神或实证精神，另一方面通过"社会静力学"与"社会动力学"的划分，强调了机械物理学在社会学中的运用。不过，科学向人文学科的这种渗透并不彻底。后来的德国社会学虽然也十分注重科学精神，但其解释学色彩依然较为浓厚。② 科学向社会学的渗透直接波及法学。这集中体现在实证方法在法学中的运用。而且，这种影响甚为久远。直到当代，以布莱克为代表的一些法社会学者，仍试图在社会和法律领域寻找类似于力学定律的自然法则。

第二，生物进化论的影响。1859年，查尔斯·罗伯特·达尔文（Charles Robert Darwin）的《通过自然选择，即在生存斗争中适者生存的物种起源》出版。该书提出了生物进化论，其中多数观点为科学界普遍接受。后来，达尔文的进化论被一些人由生物领域扩展到社会领域，由此产生了"社会生物学"和"社会达尔文主义"。这些学说把社会比作生物或有机体，认为人类社会有一个可以分为不同生长阶段的自然演化过程，

---

① 参见朱景文《现代西方法社会学》，法律出版社1994年版，第18页；张文显《二十世纪西方法哲学思潮研究》，法律出版社1996年版，第114—115页；张乃根《西方法哲学史纲》，中国政法大学出版社2002年版，第282—285页。

② 参见［日］富永键一《社会学原理》，严立贤等译，社会科学文献出版社1992年版，第34—41页。

包括法律在内的各种社会现象都是这一演化过程的结果。这在斯宾塞那里表现得尤为明显。斯宾塞的社会学，不仅明显受到自然科学的渗透，更受到了生物学的影响。斯宾塞认为，社会是一个超级"有机体"，各种社会制度是其"器官"，这些"器官"组成各种功能"系统"，包括社会在内的宇宙万物都受进化规律的支配。在社会生物学和社会达尔文主义的影响下，很多学者尝试着寻找法律和社会的发展规律。直到当代，以卢曼为代表的一些功能主义者，仍试图通过把社会和法律比拟为生物有机体来研究法律与社会。

第三，对概念法学和分析法学的反思。17、18 世纪是理性膨胀的时代，也是古典自然法理论盛行的时代。在理性和自然法观念的指引下，以《法国民法典》和《德国民法典》为代表的法典编纂，在 19 世纪成为一股潮流。分析法学和概念法学也随之兴起。到 19 世纪后期，以约翰·奥斯汀（John Austin）为奠基人的分析法学已经确立。概念法学也"已经成为大陆法系国家的共同现象，对于普通法系国家如英美等国也有相当影响。直到 20 世纪初期，概念法学占据了支配地位"。① 分析法学，着意于法律概念和命题的分析，认为国家法是唯一的法律，强调法学的科学性和纯粹性。概念法学，也以国家法为唯一法律渊源，否认立法存在漏洞，主张通过概念分析和逻辑推演得出判决，并强调对法律的严格适用和忠实遵守，反对自由裁量和法官造法。无论是分析法学，还是概念法学，实际上都割裂了法律与社会之间的紧密联系，也忽视了法律自身的局限以及法律在社会中的实际运作。这些缺陷，促成了法社会学的崛兴。法社会学通过强调法律的社会根基和社会目的、法律在社会中的实际处境以及司法过程中的社会因素等，弥补了分析法学和概念法学的不足。一些法社会学者提出的"活法"（living law）、"社会法"（social law）、"行动中的法"（law in action）等概念清楚地表明了这一点。

二 学术脉络

在严格意义上，法社会学是社会学的一个分支，它用社会学的理念和方法研究法律。但由于从事法社会学研究的人有两个独立的来源，即法学家和社会学家，作为一个总称的法社会学其实不仅包括"法社会学"（so-

---

① 梁慧星：《民法解释学》，中国政法大学出版社 1995 年版，第 62 页。

ciology of law/legal sociology），还包括"社会学法学"（sociological jurisprudence）。在地域上，法社会学又主要有欧洲法社会学与美国法社会学之分。法社会学发源于欧洲，德国的耶林、康特诺维茨以及奥地利的路德维希·冈普洛维茨（Ludwig Gumplowicz）、埃利希等人一般被认为是欧洲法社会学的奠基人。据考证，法社会学这一名称最早发源于意大利法学家迪奥尼西奥·安齐洛蒂（Dionisio Anzilotti）的《法哲学与社会学》（1892）一书。而庞德则一般被认为是美国社会学法学的创始人。

法社会学通常被分为经验法社会学和理论法社会学，而法律与社会理论无疑是理论法社会学的主要内容，但就源起而论，法律与社会理论有时并不必定为法社会学所涵括。如同法社会学既来源于社会学，也来源于法学一样，法律与社会理论也有两个源头。一是法律理论（legal theory），二是社会理论（social theory），而且尤以社会理论为主要源头。从学术背景看，很多社会理论家并未受过专业的法学教育，但其关于政治和法律的思想经常成为法律与社会理论的重要内容。从研究内容看，重要社会理论家也几乎都不自觉地触及或深入到法律或刑罚领域。诸如马克思、韦伯、涂尔干、福柯、卢曼、哈贝马斯等社会理论大家，无一不是如此。主要作为历史学家或哲学家的福柯，以及主要作为哲学家的哈贝马斯，有关法律与社会的观点和方法，就经常被人作为法社会学的重要内容予以研究。马克思、涂尔干等思想家并没有纯粹关于法社会学的专著，但他们有关法律与社会的理论却是法社会学上的经典理论，甚至成为一些经验法社会学研究的重要指导。此外，由于孟德斯鸠最早研究了法律与社会之间的密切联系，并从中寻找"法的精神"，他甚至被人称为法社会学的开山鼻祖，而他的著作与作为一门严格学科的法社会学其实还有很大的距离。甚至在一些法学和社会学教育背景兼备的学者那里，法社会学和社会理论有时亦得以契合在一起。例如，卢曼的法社会学与社会理论就没有被明显区分开。在《作为一种社会系统的法律》一书的开篇，卢曼提到，该著适合作为"法社会学（sociology of law）文本阅读"，"其语境是一种社会的理论（theory of society），而不是任何特定的专业社会学"，"无人否认法律在社会中的重要性，因而，社会理论需要着力研究社会的法（society's law）"。[1] 尽管"法社会学"与"法律与社会理论"在卢曼那里并无二

---

[1] Niklas Luhmann, *Law As A Social System*, Oxford: Oxford University Press, 2004, preface.

致，但就一般情况而言，社会理论家关于法律的思想起初并不直接处于法社会学学科领域，而后来则都作为重要理论资源而被提炼和吸纳到法社会学、特别是理论法社会学之中。因此，关于法律与社会理论的历史发展和学术脉络的梳理，需要兼顾法社会学和社会理论两个学术领域。由于法律与社会之间的联系是法社会学的主要研究对象，很多既非法学家，也非社会学家的思想家或理论家提出的，有关法律与社会的理论观点和方法也被视为法社会学的重要内容。就此而言，法社会学有时笼统地指称有关法律与社会的各种理论（theories of law and society），有时也包括法律与社会理论（law and social theory）。

此外，由于"社会学既不能同人类学有效区分开，也不能同历史学有效区分开"[1]，法人类学也时常被人包括在法社会学的学科范围之内[2]，历史法学也被认为与法社会学有重要的相似之处乃至渊源关系。英国的马林诺夫斯基，美国的亚当森·霍贝尔（E. Adamson Hoebel）、保罗·博安南（Paul Bohannan）、马克斯·格莱克曼（Max Gluckman）、利奥波德·波斯皮西尔（Leopold Pospisil）等人一般被认为是法人类学的代表。尽管作为法社会学批判对象的概念法学渊源于历史法学，但历史法学在某些方面因为强调了法与社会历史的联系，也在法社会学中经常被提到。实际上，从萨维尼、孔德、斯宾塞以及梅因等人的有关理论中，都可大致看到法的形态、特征与社会的历史发展阶段之间的紧密联系。不同的社会历史类型，往往相应地具有不同类型的法，或者说，法的形态和特征随着社会历史的发展而变化，这是法社会学上的一个普遍观点。

法社会学的脉络不仅可以从地域、内容和学科上去把握，也可以从方法上去把握。除经验法社会学与理论法社会学、实证法社会学与规范法社会学的区分外，在方法论上，法社会学还存在个体主义（individualism）与集体主义（collectivism）、结构功能主义（structural-functionalism）与冲突理论（conflict theory）之别。个体主义把个人或个人的行动视为真正的实体，而认为作为整体的社会只是一种虚拟。一如韦伯所说：

---

[1] Quoted in Lloyd of Hampstead and Michael Freeman, *Lloyd's Introduction to Jurisprudence*, 5th edn, London: Stevens & Sons, 1985, p. 549, n. 10.

[2] 参见朱景文《现代西方法社会学》，法律出版社1994年版，第22页。

不存在"行动着的"集体人格,当它谈及"国家",或者"民族",或者"股份公司",或者"家庭",或者"兵团",或者类似的"机构"时,它所指的毋宁说仅仅是个人的实际的或者作为可能构想出来的社会行为的一种特定形式的结果……那些属于日常的思维或法律的(或其他专业的)思维的集体机构,是现实的人(不仅法官和官员,而且包括"观众")的头脑里的观念。[1]

集体主义则认为社会才是真正的实体,社会是由部分组成的有机整体。一如孔德所认为的,社会"不能分解成个人,就像几何平面不能分解成线,或线不能分解成点一样"。[2] 一般而言,韦伯、帕雷托、马林诺夫斯基、乔治·凯斯伯·霍曼斯(George Casper Homans)等人坚持个体主义主张,马克思、涂尔干等人则坚持集体主义主张。

结构功能主义侧重于社会的稳定、和谐、共识等方面,认为社会由相互联系的部分组成,每一部分都能满足某种需要。孔德、斯宾塞、涂尔干、拉德克利夫-布朗(A. R. Radcliff-Brown)、马林诺夫斯基等是结构功能主义的奠基人,帕森斯、罗伯特·默顿(Robert K. Merton)、卢曼等人是当代结构功能主义的重要代表。冲突理论侧重于社会的分歧、冲突、强制等方面,认为社会的变化和冲突普遍存在,社会的每一要素都有助于社会变化,社会的存续依赖于一部分人对另外一部分人的控制和约束。马克思、帕雷托、格奥尔格·齐美尔(Georg Simmel)、韦伯等人的理论中都含有冲突思想。刘易斯·科塞(Lewis Coser)、查尔斯·赖特·米尔斯(Charles Wright Mills)、拉尔夫·达伦道夫(Ralf Dahrendorf)、兰德尔·柯林斯(Randall Collins)等人以及法兰克福学派,是当代冲突论的主要代表人物或学派。索尔斯坦·塞林(Thorsten Sellin)、乔治·布赖恩·沃尔德(George Bryan Vold)、理查德·奎尼(Richard Quinney)、威廉·奥伯特(Vilhelm Aubert)、杰罗姆·霍尔(Jerome Hall)、威廉·钱布利斯(William J. Chambliss)、约瑟夫·古斯菲尔德(Joseph R. Gusfield)、特洛伊·杜斯特(Troy Duster)、奥斯汀·图尔克(Austin Turk)等都是持冲

---

[1] [德]马克斯·韦伯:《经济与社会》上册,林荣远译,商务印书馆1997年版,第47页。
[2] 转引自[英]史蒂文·卢克斯《个人主义》,阎克文译,江苏人民出版社2001年版,第104页。

突论的法社会学家。[1]

三 发展阶段

1959年,菲利普·塞尔兹尼克(Philip Selznick)在《法社会学》一文中指出,"法社会学可以被视为这样一种尝试,它安排我们所知道的社会生活的自然要素,并带来为特定的目标和理想所支配的、与一种自觉持续的事业相联系的知识。因而,可以认为,法律社会学遵循着与工业社会学、政治社会学以及教育社会学相似的模式。"由此,塞尔兹尼克仿照其他社会学分支的发展规律,把法社会学的发展划分为三个基本阶段。

第一个阶段是"交流视角"的阶段。这一阶段把基本的、一般的社会学真理带入某一孤立领域,包括许多对日常经验的理论探讨和分析。其中也有一些有组织的研究,但主要是说明性的(demonstrative),只在教育上更具价值。这种说明性的研究,主要体现在由事实指导的司法判决之中,以及由有丰富法律实务经验的人撰写的著述之中。它们在法学中并不是很重要。这一时期法社会学方面的大多数理论著作,是由欧洲的社会科学家撰写的,但一种基本的、并不十分高深的社会学视角的转换任务,则主要由美国的法律学者完成。这些学者受到了欧洲思想的影响,其中有些是能说会道的高等法院法官。

第二个阶段是"社会学工匠师"的阶段。这一阶段的法社会学在智识上更加自信,它不再满足于转换视角,而趋于研究的细化和深化,试图应用明确的社会学理念和技术,帮助解决法律教义和法律制度中的特定问题。法社会学在这一阶段的发展,一方面源于人们更加确信社会学及其调查、统计等经验研究方法能够运用于法律领域,另一方面源于当时的组织社会学大多涉及法律制度,以及从有关习俗(如种族歧视)与法律之间关系的研究中,人们发现法律具有更加积极主动的作用。这一阶段主要存在两方面问题。一是受技术激励的研究项目往往为市场价值所主导,以对委托人立竿见影的实际用途为主要目标,而很少受到重大理论关注的有效指导。二是没有强调研究方法的可用性。它不加选择地把所有的社会学理念适用于法律领域,忽视了用以支持一些理念比另外一些理念更重要的理

---

[1] Cf. A. Javier Treviño, *The Sociology of Law: Classical and Contemporary Perspectives*, New York: St. Martin's Press, 1996, pp. 311–372.

论基础。由于学者们或者选择最容易的社会学概念和因素进行研究,或者选择与委托人有直接利害关系的问题进行研究,这一阶段的研究水平总体不高。

第三个阶段是"智识独立和成熟"的阶段。这一阶段出现于社会学家超越技术师或工程师的角色,追寻人类事业的更大目标和指导性原则之时。因此,法制的品质和层级,将成为法社会学的首要问题。在这一阶段,作为第一阶段特征的道德推动力将被重申,但由于第二阶段为批判分析提供了更加可靠的基础,它比第一阶段更加高深。法律的理性基础以及规范秩序的客观基础,将在这一阶段得到强调。自然法的一些教义以及现代自然主义视角,因此将在一定程度上被接受。在这一阶段,考察法制本身的意义,评估法制的道德权威性,明确社会科学在创造一个以正义为基础的社会中的作用,突出理性在法律秩序中的基础作用,将是法社会学的主要任务。[1]

沿用一些人的提法,塞尔兹尼克所归纳的三个阶段,可分别表述为"社会学法学";"社会--法律研究"(socio-legal studies)或"法社会学";"法学社会学"(jurisprudential sociology)。[2] 这三个阶段以及各种提法之间并没有绝对界限。按照塞尔兹尼克的划分,庞德以及欧洲大陆的一些社会学法学家属于法社会学第一阶段的代表人物。他们为理解社会中的法律提供了"宏大理论"(grand theory)背景,但其中很多人基本上没有或很少开展经验研究。这一阶段也有一些经验研究,它们是由法律家而不是社会学家率先开展的,而且通常是法律实践者而不是法律学者。这些实践者

---

[1] Lloyd of Hampstead and Michael Freeman, *Lloyd's Introduction to Jurisprudence*, 5th edn, London: Stevens & Sons, 1985, pp. 631 – 637.

[2] "社会学法学""社会—法律研究""法社会学"这些名称之间既存在联系,也存在区别。三者的区别主要在于,社会学法学试图通过观察和研究某些社会现象来理解法律的属性;社会—法律研究侧重法律的社会背景、改革取向、经验研究和"行动中的法",它没有特定的理论基础,着重于怎样使法律更加有效地运转以达到特定的目的;法社会学则试图通过对作为社会控制的一种形式的法律的研究来解释社会的属性。参见 Lloyd of Hampstead and Michael Freeman, *Lloyd's Introduction to Jurisprudence*, 5th edn, London: Stevens & Sons, 1985, pp. 579 – 583; Austin M. Chinhengo, *Essential Jurisprudence*, 2nd edn, 武汉大学出版社 2004 年影印版, 第 101—106 页; [美] 罗斯科·庞德:《法理学》第 1 卷, 邓正来译, 中国政法大学出版社 2004 年版, 第 351—353 页。据说英国已很少有人使用"社会学法学"这一术语,英国的法社会学研究多被称为"社会—法律研究"。"法学社会学"这一术语由诺内特在《法学社会学》(1976)一文中提出。

一般具有法律改革倾向，关注的多是实体法律问题，而不是法律制度的运行。在第二阶段，学院派法学家与社会学家联起手来开展研究，特别表现出对研究方法的关注。通常，由法学家提出研究领域并设置研究问题，如陪审团、警察、司法行为、法律职业、诉讼等，社会学家则运用主流的社会调查技术配合对这些问题的研究。芝加哥陪审团项目就是这种合作的产物。一些法学家在此阶段开始学习使用社会学技术，但他们一般满足于考察一些狭隘的问题，得出的结论也比较粗浅。第三阶段的代表作是塞尔兹尼克的《法律、社会与工业正义》(1969) 一书。在该书中，塞尔兹尼克认为，法是社会许多不同群体的结构中的普遍要素，它并不仅仅属于政治国家，许多民间会社、教会、商会、大公司、大学的规范结构都可被称为法，法"在依靠正式权威和规则制定而实施社会控制的许多机构中都是常见的"。同时，塞尔兹尼克在书中还强调了法制的道德、理性和价值因素。[①]

相对而言，塞尔兹尼克所概括的三个阶段，更加切合美国法社会学的发展状况。而欧洲尤其是欧洲大陆法社会学，则向来具有浓厚的理论色彩。退一步讲，即使三个阶段对欧美同样适用，每一阶段的起始时间在欧美也存在不同。因为，塞尔兹尼克所说的第三阶段的代表作问世时，欧洲对经验法社会学的重视还只刚刚开始。长期以来，欧洲学术对经验研究抱有一种蔑视态度。据说，直到20世纪60年代，英国的社会调查和德国的统计分析仍遭受冷遇。[②] 美国法社会学则在发展中经历了大量的经验研究过程，而且这种趋势还在继续。不过，在大量琐碎经验研究的基础上，有些学者也越来越觉察到宏大理论指导的重要性。

而且，塞尔兹尼克对法社会学的三个发展阶段的推测，并不足以涵盖1959年以来法社会学的全部发展状况。从世界范围看，法社会学的发展是多元的，并日渐向全球扩展。世界上很多国家和地区都已建立专门的法社会学研究机构，也产生了一些法社会学刊物。1947年，日本创建法社

[①] Lloyd of Hampstead and Michael Freeman, *Lloyd's Introduction to Jurisprudence*, 5th edn, London: Stevens & Sons, 1985, pp. 577–583；另参见沈宗灵《现代西方法理学》，北京大学出版社1992年版，第348—361页；张文显《二十世纪西方法哲学思潮研究》，法律出版社1996年版，第115—118页。

[②] 参见周晓虹《西方社会学历史与体系》第1卷，上海人民出版社2002年版，第141—143页。

会学会。1962年，社会学国际协会（1949年建立）法社会学研究委员会成立。1988年，该委员会设立法社会学国际研究所。1964年，德国西柏林自由大学设立法社会学和法律事实研究所。同年，美国法律与社会协会于马萨诸塞大学成立。1970年，欧洲法社会学学会成立。其他法社会学方面的研究机构和中心有：德国社会学会社会—法律分会，英国社会—法律研究协会，西班牙渥纳提（Oñati）法社会学国际协会，荷兰和比利时法律与社会协会，美国社会学会法社会学分会，加拿大法律与社会协会，以色列法律与社会协会，英国牛津大学沃尔弗森学院社会—法律研究中心（1972年建立），爱丁堡大学法学院法律与社会中心（1983年建立），美国加利福尼亚大学伯克利法学院法与社会研究中心（1961年建立），威斯康星大学法学院法学研究所，纽约大学法律与社会研究所，佛罗里达大学法律与社会研究所，华盛顿大学法律与社会学会，澳大利亚格里菲思大学社会—法律研究中心，黎巴嫩法律与社会比较研究中心，南非开普敦大学社会—法律研究中心（1983年建立），南非纳塔耳大学社会—法律研究中心（1987建立），等等。世界上的法社会学刊物主要有《法律与社会评论》（1966年创办）、《加拿大法律与社会杂志》（1985年创办）、《法律与社会调查》《社会与法律研究》《法律、政治与社会研究》《法律与政策》《法律与历史评论》《法律与批判》《社会与法律研究国际学刊》《国际法社会学杂志》等。

第二节　法社会学在欧洲

欧洲是法社会学的发源地。在法社会学作为一门严格学科产生之前，欧洲有很多思想家对法社会学的产生和发展起到了重要影响作用。詹巴迪斯塔·维科（Giambattista Vico）、孟德斯鸠、休谟、切萨雷·贝卡里亚（Cesare Beccaria）、孔德、斯宾塞、梅因等人，由于他们的开创性理论而经常被视为法社会学的学术先驱。在《新科学》中，维科认为人类社会是历史形成的，社会制度和人类关系是人类行为的产物，各民族的种种起源在于各民族自身，每一种民族文化都有其自身独特的世界观和价值尺度。在《论法的精神》中，孟德斯鸠认为法的精神存在于法律和各种事物所可能有的种种关系之中，突出了法律与民族或社会的自然因素和文化因素之间的紧密联系。在《人性论》中，休谟认为正义和法律都是个体行动的产物，它们产生于人们的相互协议或社会惯例，而不源于抽象人性、自然权利以及其他各种先验观念。在《论犯罪与刑罚》中，贝卡里亚倡导根据社会的进步要求对欧洲的法律和刑罚制度实施改革，他的某些主张在犯罪社会学和法律社会学上至今仍被讨论。孔德最早提出作为独立学科的社会学概念，并把社会学界定为关于社会秩序和社会进步的科学。他认为，社会是一个发展着的有机体，它在正确的科学原则的指导下，可以得到改进和发展，社会学的任务就在于挖掘和发现这些科学原则。英国斯宾塞和梅因的理论，都具有社会进化论色彩，并且都在社会发展阶段与法律的性质和任务之间发现了一种对应关系。斯宾塞认为，人类社会有一个从军事社会向工业社会进化的过程，在这两种社会中，法律具有不同的作用。梅因同样把社会的发展归结为一个"从身份到契约"的运动过程，并且指出了"静止社会"与"进步社会"中法律各自具有的不同性质。①此外，以萨维尼为代表的历史法学派与法社会学之间也存在一定联系，通过对"民族精神"与"活法"的简单对比就可大致看出二者的很多相通之处。② 所有这些先驱人物的理论，为人们进一步研究法律与历史、民族、社会之间的联系提供了重要指导。③

除上面这些学术先驱外，欧洲法社会学方面的早期代表人物主要有：德国的马克思、耶林、韦伯、康特诺维茨；奥地利的冈普洛维茨、埃利希；法国的加布里埃尔·德·塔尔德（Gabriel de Tarde）、莫里斯·奥里乌（Maurice Hauriou）、涂尔干、莱昂·狄骥（Lèon Duguit）等。考虑到

---

① 参见 Austin M. Chinhengo, *Essential Jurisprudence*, 2nd edn, 武汉大学出版社 2004 年影印版，第 102 页；Lloyd of Hampstead and Michael Freeman, *Lloyd's Introduction to Jurisprudence*, 5th edn, London: Stevens & Sons, 1985, p. 549; A. Javier Treviño, *The Sociology of Law: Classical and Contemporary Perspectives*, New York: St. Martin's Press, 1996, p. 13。

② Cf. W. G. Friedmann, *Legal Theory*, 4th edn, London: Stevens & Sons, 1960, p. 162.

③ 对于法社会学或法律与社会理论在欧洲的先驱人物，各种法社会学著作在归纳上略有差异和侧重。例如，古维茨在《法社会学》一书中把孟德斯鸠、萨维尼、基尔克、梅因、耶林、塔尔德等人视为法社会学的学术先驱，而把涂尔干、狄骥、以马利·勒维（Emmanuel Levy）、奥里乌、韦伯、埃利希视为欧洲法社会学的奠基人，参见 Georges Gurvitch, *Sociology of Law*, London: Kegan Paul, Trench and Trubner, 1947, pp. 53 – 122。瓦戈则只特别提及了孟德斯鸠、斯宾塞和梅因三人，参见［美］史蒂文·瓦戈《法律与社会》，梁坤、邢朝国译，中国人民大学出版社 2011 年版，第 48—51 页。

马克思、韦伯、涂尔干等思想家的经典贡献,他们的法律与社会理论将在后文作更细致的介绍,这里先叙述其他人的思想。

耶林被称为"现代社会学法学之父",也被称为社会功利主义者。《作为目的之手段的法律》(1877—1883)是其晚期的代表作。受功利主义的影响,耶林晚年对历史法学和概念法学提出批评,认为法律是实现社会目的、满足社会需要和解决利益冲突的重要手段。"目的"和"利益"是耶林法律思想中的两个核心概念。耶林认为,个人利益与社会利益存在着冲突,奖赏和强制是解决冲突的两种基本方法。法律则是由国家权力保障实施的一种特殊强制形式。衡量法律是否得到成功实施的标准,在于个人利益与社会或公共利益之间的平衡程度。耶林对后世法学,特别是庞德的社会学法学产生了重要影响。在庞德看来,耶林的著作对社会学法学"有着恒久的价值"[①]。

康特诺维茨被人视为欧洲法社会学的领军人物。1906年,他发表小册子《为法律科学而斗争》,对分析法学和概念法学的机械司法理论提出批评,主张法官在判决过程中的造法作用,极力倡导自由法运动。1911年,在庞德发表《社会学法学的范围和目的》一文的同一年,他在法兰克福举行的欧洲社会学家大会上作题为"法学与社会学"的演讲,划定了法学与社会学的学科界限。他认为,法学是价值科学,社会学是事实科学,因此极力主张把法学与社会学结合起来。[②]

冈普洛维茨也被视为欧洲法社会学的创始人之一。《社会学大纲》(1899)和《国法总论》(1907)是其主要代表作。冈普洛维茨试图使社会学成为一门社会科学,并努力将其适用于政治和法律领域。在他看来,社会学拒绝形而上学和价值判断,是一门研究各种集团相互作用的科学。冈普洛维茨受社会主义和无政府主义影响较大,并曾于1863年参加波兰革命。在其理论中,国家是通过战争和冲突建立起来的,法律并不是理性的产物,而是社会中不同集团力量相互冲突的产物。法律既是强者统治弱者的工具,也是被压迫阶级推翻压迫阶级的工具。冈普洛维茨的一些思想

---

① [美]罗斯科·庞德:《法理学》第1卷,邓正来译,中国政法大学出版社2004年版,第140页。

② 参见上海社会科学院法学研究所编译《法学流派与法学家》,知识出版社1981年版,第221—224页;张文显《二十世纪西方法哲学思潮研究》,法律出版社1996年版,第133—134页。

后来为涂尔干、狄骥等人所接受和发扬。①

埃利希被公认为法社会学的创始人之一。《法社会学基本原理》(1913)是其最著名的代表作。埃利希认为,社会是彼此存在相互关系的人类团体的总体,社会团体则由各种各样存在着相互联系的人组成,人们由行为规则联结在一起,这些行为规则不仅包括法律规则,而且包括道德、宗教、习惯、荣誉、礼节、时尚等规则,它们都是"法"。埃利希把这些"法"界定为"社会团体的内部秩序",认为"人类团体的内部秩序不仅仅是源头,而且,到现在也是法的基本形式。法律规定不仅形成得晚得多,而且大部分都源自团体的内部秩序。为了阐明法的起源、发展和性质,一个人必须首先探究团体的秩序"。鉴于此,埃利希对"作为国家所维持的一种强制秩序的法律概念"提出批评,认为法不由国家创制,不是法院判决的基础,也不是判决的法律强制后果的基础。埃利希的这些批评,以其"活法"(living law)概念为参照。埃利希认为,"一切法都是社会法(social law)","活法是控制生活本身的法,即使它没有被设置在法律规定之中。我们关于活法的知识来源首先是现代法律文件;其次是对生活、商业、风俗和习惯、一切团体的直接观察,这不仅包括那些法律所承认的,也包括为法律所漏过和忽视的,事实上甚至还包括法律所不同意的。"基于"活法"概念,埃利希提出了一个著名论断:"法律发展的重心从远古以来就不在国家的活动,而在社会本身,现在必须到社会那里去寻找。"②

塔尔德是犯罪学家,但晚年多从事社会学研究。他的代表作有《比较犯罪论》(1886)、《刑罚哲学》(1890)、《模仿的规律》(1890)、《社会的逻辑》(1895)、《普遍的反对》(1897)等。塔尔德在方法论上侧重于个体主义方法,因此,虽然他承认犯罪有其社会根源,但他主张犯罪行为应由罪犯个人负责,而不由社会负责。在这一点上,他与采用集体主义方法的涂尔干争论了十多年。不过,他同时又对在切萨雷·龙布罗梭

---

① 参见上海社会科学院法学研究所编译《法学流派与法学家》,知识出版社1981年版,第213—215页;刘鸿荫《西洋法律思想史》,台北维新书局1970年版,第184—186页;[美]埃德加·博登海默《法理学——法哲学及其方法》,邓正来、姬敬武译,华夏出版社1987年版,第131—133页。

② Eugen Ehrlich, *Fundamental Principles of the Sociology of Law*, Cambridge, MA: Harvard University Press, 1936, pp. 23 – 26, 37 – 42, 390, 493.

(Cesare Lombroso)和意大利学派的理论上发展起来的有关犯罪原因的生物学理论,展开强有力批评。[①] 塔尔德比较注重社会心理学,以及适用和发展法律的思维模式和心智习惯,因此被庞德称为"社会学家当中第一个为我们提供一种有关何者是法律体系中意义最为重大的部分的理论的社会学家"。[②]

奥里乌是"新经院社会学法学"(neo-scholastic sociological jurisprudence)的领袖人物,在法国与狄骥齐名。他的代表作有《行政法概要》(1892)、《公法原理》(1910)、《宪法概要》(1923)等。奥里乌以制度(institution)理论见称于世,它结合了奥托·弗里德里希·冯·基尔克(Otto Friedrich von Gierke)的组织理论和狄骥的社会团结思想。奥里乌认为,制度是主观意志与客观现实的合题,它既是社会事实,也是实现主权(sovereignty)与自由(liberty)最佳结合的法律理想。制度包含三个基本要素。一是某种使命或事业理念,这一理念在社会环境中被实现并通过法律得以存续。二是实现这一理念的权力实体(power)及其机构。三是在权力实体及其机构的指导和程序规则的管制下,各成员共同参与管理并实现该理念。在制度中,通过联合行动,个人之间彼此发生交流,并投入到共同事业之中。制度因此是行动的具体化,而不仅仅是一种智力创造。由于制度中的成员具有要实现的共同目标,制度像人一样具有某种道德人格,法律因此将其虚拟为人而使之具有法律人格。这样,理念与现实就结合在一起,制度通过法律在社会中得以存续下去。社会学与法律显然在奥里乌的制度理论中结合在了一起。不过,这种结合并未排除价值因素,需要共同实现的某种事业理念被抬到了至高地位,诸如公司、商会、政党、国家之类的制度,都得服从其事业理念。因此,奥里乌被人称为国家社会主义法律家。[③]

狄骥自称为"社会学法学家"。他的代表作有《国家、客观法和实在

---

① 参见上海社会科学院法学研究所编译《法学流派与法学家》,知识出版社1981年版,第371—375页。

② [美]罗斯科·庞德:《法理学》第1卷,邓正来译,中国政法大学出版社2004年版,第328页。

③ 参见 W. G. Friedmann, *Legal Theory*, 4th edn, London: Stevens & Sons, 1960, pp. 190-193;上海社会科学院法学研究所编译《法学流派与法学家》,知识出版社1981年版,第397—400页;刘鸿荫《西洋法律思想史》,台北维新书局1970年版,第179—181页。

法》(1901)、《宪法论》(1911)、《公法变迁论》(1913)等。受孔德的影响,狄骥反对形而上学,只以可观察的社会客观事实为研究对象。狄骥认为,法律是一种事实,是"人们由于并通过事实,而不是由于任何更高的原则——无论是善、利益还是幸福,而拥有的一种规则,因为他们生活在社会之中,而且只能生活在社会之中"。受涂尔干的启发,狄骥把人们在社会中相互依赖这一事实作为法律的基础。在他看来,人既有共同的需要,也有不同的需要。共同的需要要求人们一致的努力,不同的需要则要求人们相互调整和适应。这构成为两种社会团结(social solidarity)形式。一切团体都应维护社会团结,促进人们彼此合作,狄骥称此为社会团结原则。国家和法律的作用,也在于按照这一原则维护和发展社会团结。而且,在狄骥那里,社会团结是判断法律有效性的标准,不能促进社会团结的不是法律。狄骥的许多理论"对法国法律学院的好几代教授们产生了相当大的影响"[1]。

除上述人物外,基尔克、恩里科·菲利(Enrico Ferri)、西奥多·盖格(Theodor Geiger)、乔治斯·古维茨(Georges Gurvitch,1942年出版《法社会学》)、恩斯特·赫希(Ernst E. Hirsch)、彼蒂里姆·索罗金(Pitirim A. Sorokin)等人,对欧洲法社会学的产生和发展也做出过贡献。同时,以菲利普·赫克(Philipp Heck)为代表的利益法学,以恩斯特·富克斯(Ernst Fuchs)为代表的自由法运动,以格奥格·耶利内克(Georg Jellinek)为代表的心理学法学,以阿克塞尔·哈格斯多姆(Axel Hägerström)为代表的北欧斯堪的纳维亚现实主义法学,一般也被纳入欧洲法社会学的范围。[2]

接下来着重叙述经典的法律与社会理论。

一 马克思

无论是有关正义和权利的论述,还是有关法律的论述,马克思都强调

---

[1] 参见上海社会科学院法学研究所编译《法学流派与法学家》,知识出版社1981年版,第233—237页;W. G. Friedmann, *Legal Theory*, 4th edn, London: Stevens & Sons, 1960, pp. 178 - 186; R. W. M. Dias, *Jurisprudence*, 5th edn, London: Butterworth, 1985, pp. 436 – 439。

[2] 关于欧洲的利益法学、自由法运动、心理学法学、斯堪的纳维亚现实主义法学,参见[美]埃德加·博登海默《法理学——法哲学及其方法》,邓正来、姬敬武译,华夏出版社1987年版,第131—139、155—160页;Surya Prakash Sinha, *Jurisprudence: Legal Philosophy*,法律出版社2004年影印版,第234—236、244—255、273—283页。

了它们的社会基础，以及社会经济条件对它们的制约作用。正如恩格斯所指出的，"在马克思的理论研究中，对法权（它始终只是某一特定社会的经济条件的反映）的考察是完全次要的；相反地，对特定时代的一定制度、占有方式、社会阶级产生的历史正当性的探讨占着首要地位。"① 在正义问题上，马克思否认所谓的"永恒公平"和"自然正义"。他说，"说什么自然正义，这是荒谬的。生产当事人之间进行的交易的正义性在于：这种交易是从生产关系中作为自然结果产生出来的。这种经济交易作为当事人的意志行为，作为他们的共同意志的表示，作为可以由国家强加给立约双方的契约，表现在法律形式上，这些法律形式作为单纯的形式，是不能决定这个内容本身的。这些形式只是表示这个内容。这个内容，只要与生产方式相适应，相一致，就是正义的；只要与生产方式相矛盾，就是非正义的。"② 在权利问题上，马克思指出，"权利决不能超出社会的经济结构以及由经济结构所制约的社会的文化发展。"③ 在法律问题上，马克思同样认为，"法的关系正像国家的形式一样，既不能从它们本身来理解，也不能从所谓人类精神的一般发展来理解，相反，它们根源于物质的生活关系，这种物质的生活关系的总和，黑格尔按照18世纪的英国人和法国人的先例，概括为'市民社会'。"④

社会存在决定社会意识。生产力与生产关系、经济基础与上层建筑的矛盾，构成社会的基本矛盾。这些是马克思法律思想的重要理论前提。在法律与社会的关系上，马克思认为，法律上层建筑以社会的经济结构为其现实基础，"法权关系，是一种反映着经济关系的意志关系。这种法权关系或意志关系是由这种经济关系本身决定的。"⑤ 马克思按经济关系把社会形态划分为三个阶段。"人的依赖关系"是最初阶段。"以物的依赖性为基础的人的独立性"是第二阶段。"建立在个人全面发展和他们共同的

---

① ［德］弗里德里希·恩格斯：《法学家的社会主义》，载《马克思恩格斯全集》第21卷，人民出版社1965年版，第557页。

② ［德］卡尔·马克思：《资本论》第3卷，人民出版社1975年版，第379页。

③ ［德］卡尔·马克思：《哥达纲领批判》，载《马克思恩格斯选集》第3卷，人民出版社1995年版，第305页。

④ ［德］卡尔·马克思：《政治经济学批判》序言，载《马克思恩格斯选集》第2卷，人民出版社1995年版，第32页。

⑤ ［德］卡尔·马克思：《资本论》第1卷，人民出版社1975年版，第102页。

社会生产能力成为他们的社会财富这一基础上的自由个性",是第三阶段。① 每一阶段都产生与之相应的法的形式。当法律上层建筑随着社会的进步不能适应社会生产力发展的要求时,它们就必然或快或慢地发生变革。同时,马克思也注意到法律对社会稳定和客观发展的重要作用,将规则视为生产方式摆脱偶然性和任意性的社会固定形式。不过,确定的法律在为社会成员的交往互动提供统一规则,从而促使社会生产稳定、有序地向前发展的同时,它也起着维护社会现状的保守作用。马克思说,"如果一种生产方式持续一个时期,那么,它就会作为习惯和传统固定下来,最后被作为明文的法律加以神圣化","社会上占统治地位的那部分人的利益,总是要把现状作为法律加以神圣化,并且把习惯和传统对现状造成的各种限制,用法律固定下来"。② 在此方面,马克思对资产阶级法作了深刻剖析。他认为,在资本主义社会,"法律、道德、宗教……全都是资产阶级偏见,隐藏在这些偏见后面的全都是资产阶级利益",资产阶级的观念本身是资产阶级的生产关系和所有制关系的产物,正像资产阶级的法不过是被奉为法律的资产阶级的意志一样,而这种意志的内容是由资产阶级的物质生活条件来决定的。③

二 涂尔干

涂尔干的主要著作包括《社会分工论》(1893)、《社会学方法的准则》(1895)、《自杀论》(1897)等。"社会事实"(social fact)、"集体意识"(collective consciousness)、"社会分工"(division of labor)、"机械团结"(mechanical solidarity)、"有机团结"(organic solidarity)、"压制性法"(repressive law)、"恢复性法"(restitutive law)等,是涂尔干社会学的主要概念。涂尔干认为,社会学以社会事实为主要研究对象,旨在以一种社会事实解释另一种社会事实,形成"有规律变化的序列",或者获得对社会现象的规律性认识。社会事实是一种集体现象,"由存在于个人之外,但又具有使个人不能不服从的强制力的行为方式、思维方式和感觉方

---

① [德] 卡尔·马克思:《政治经济学批判》(1857—1858年草稿),载《马克思恩格斯全集》第46卷上册,人民出版社1979年版,第104页。
② [德] 卡尔·马克思:《资本论》第3卷,人民出版社1975年版,第894页。
③ [德] 卡尔·马克思、弗里德里希·恩格斯:《共产党宣言》,载《马克思恩格斯选集》第1卷,人民出版社1995年版,第283、289页。

式构成"。就方法论而言，它以"社会"（包括社会整体、社会团体、集体意识等）而不以"个人"为基础。也就是说，"它存在于整体中的每个个体，是因为它已存在于整体，而不能说它存在于整体，是因为它已存在于个体。"涂尔干认为，社会事实是"物"，它具有普遍性（源于集体公共生活，为成员所共有）、社会性和强制性，只能把它作为"物"来研究。法律是一种典型的社会事实，因此它是可观察的、真实的、强制的、外在于个人的。① 涂尔干还认为，如同人具有感情和灵魂一样，社会、团体也具有集体信仰、情感、意识、倾向和习惯，它们是法律和道德的渊源和本质。"集体意识"是"社会普通成员所共同具有的信仰和感情的总和"，对强烈而明确的集体意识或感情的触犯行为就是犯罪。②

涂尔干的法律与社会理论的最重要特点在于，他在社会类型与法律或惩罚类型之间建立了一种对应关系，并且认为法律一般随着它所规定的社会关系的变化而变化。③ 涂尔干认为，人与人之间团结起来形成社会有两个基础。一是人的相似性，二是人的相异性。基于相似性而形成的团结是机械团结，基于相异性而形成的团结是有机团结，这构成两种基本的社会类型。一般而言，机械团结是集体意识十分盛行的社会类型。其中，个人不带任何中介地直属于社会，社会分工、人的个性、人们相互依赖的程度都很低。有机团结是社会分工高度发达的社会类型。其中，个人依赖于社会的各个组成部分，集体意识淡薄，人的个性和人们相互依赖的程度都很高。在涂尔干看来，机械团结是一种较弱的社会团结形式，随着集体意识的退化和社会分工的发展，"社会团结的唯一趋向只能是有机团结"。涂

---

① 参见［法］埃米尔·迪尔凯姆《社会学方法的准则》，狄玉明译，商务印书馆1995年版，第23—34、117—137、152—157页；［法］埃米尔·涂尔干：《乱伦禁忌及其起源》，汲喆等译，上海人民出版社2003年版，第430页；A. Javier Treviño, *The Sociology of Law: Classical and Contemporary Perspectives*, New York: St. Martin's Press, 1996, pp. 235–236.

② 参见［法］埃米尔·涂尔干《社会分工论》，渠东译，三联书店2000年版，第43—44页；［法］埃米尔·迪尔凯姆《社会学方法的准则》，狄玉明译，商务印书馆1995年版，第28—29、63、85页；［法］埃米尔·迪尔凯姆：《自杀论》，冯韵文译，商务印书馆1996年版，第286—300页；A. Javier Treviño, *The Sociology of Law: Classical and Contemporary Perspectives*, New York: St. Martin's Press, 1996, p. 236.

③ ［法］埃米尔·涂尔干：《社会分工论》，渠东译，三联书店2000年版，第92页；［法］埃米尔·迪尔凯姆：《社会学方法的准则》，狄玉明译，商务印书馆1995年版，第88页；［法］埃米尔·迪尔凯姆：《自杀论》，冯韵文译，商务印书馆1996年版，第289页。

尔干认为，法律是"能够进行制裁的行为规范"，它"表现了社会团结的主要形式"。按照两种社会团结形式，法律可以从制裁形式上分为两种。一是压制性法，二是恢复性法。压制性法与压制性制裁相联系，主要指刑法。恢复性法与恢复性制裁相联系，主要包括民法、商法、诉讼法、宪法、行政法等。压制性制裁是与机械团结相对应的制裁类型。它建立在带来痛苦和损失的基础上，重在惩罚。恢复性制裁是与有机团结相对应的制裁类型。它建立在恢复损失或事物原状的基础上，重在协商。随着社会由机械团结向有机团结的转变，法律和制裁也相应发生由压制性法（制裁）向恢复性法（制裁）的转变。涂尔干的法律与社会理论对后世产生了深远影响，学者们为证实或证伪其理论而展开了大量经验研究。[1]

三 韦伯

韦伯是试图使法社会学体系化的第一人，也是把法社会学视为社会学理论之中心的第一人。[2] 他的法律与社会理论主要集中在《经济与社会》（1921/1955）中。韦伯把"法"界定为"依靠强制人员（enforcement staff）的一种秩序"，他说，"如果一种秩序（order）在外在方面受到这种可能性——亦即，为了带来服从或者对违禁予以报复而由专为此目的而设立的工作人员（staff）实施强制（有形的和心理的）的可能性——的保证，那它就是法。"这一界定有两个基本要素，一是"外在方面"，二是"强制人员"。这两点与韦伯的社会学方法密切相关。韦伯主张个体主义方法，侧重于对社会现象的具体和实际把握。因此，在他看来，团体的存在取决于领导人或者行政管理人员的存在，行政管理专职人员是法律和统治（或官僚制）的必不可少的特征。基于"外在方面"和"强制人员"这两点，韦伯将某些社会规则与国家法统一称为"法"，并把它们同"惯例"（convention）严格区分开。韦伯认为，强制人员不仅包括法官、检察官、警察、行政司法长官等国家正式职员，僧侣权威、家族权威、团

---

[1] 参见［法］埃米尔·涂尔干《社会分工论》，渠东译，三联书店2000年版；Lloyd of Hampstead and Michael Freeman, *Lloyd's Introduction to Jurisprudence*, 5th edn, London: Stevens & Sons, 1985, pp. 557–561; A. Javier Treviño, *The Sociology of Law: Classical and Contemporary Perspectives*, New York: St. Martin's Press, 1996, pp. 233–274。

[2] Lloyd of Hampstead and Michael Freeman, *Lloyd's Introduction to Jurisprudence*, 5th edn, London: Stevens & Sons, 1985, p. 554.

体或会社等也可以保证强制的实施,因此,"法"并不以"司法机构"(judicial organ)为必需,诸如社团规章、学生联谊会管理宴饮的守则之类也是"法"。①

除对"法"的社会学界定外,韦伯在法社会学上具有重要影响的理论主要在于他对法律的分类,以及对"形式的—合理的"法律与欧洲资本主义之间联系的解释。韦伯按照两对范畴把法律(包括 lawmaking 和 lawfinding)区分为四种理想类型。第一对范畴是合理的(rational)与不合理的(irrational),主要区别在于所采用的手段与所要达到的目的之间,是否符合人的理性,是否存在着科学或理性上的必然因果联系。第二对范畴是形式的(formal)与实质的(substantive),主要区别在于据以作出决定的依据,是否是一律的,是否是可感知的和可作逻辑分析的。质言之,"形式的—合理的"一般意味着科学和理性。这两对范畴紧密结合在一起产生四个法律种类:形式的—不合理的法、实质的—不合理的法、实质的—合理的法、形式的—合理的法。② 有人把这四种法律分类归纳如下:

1. 不合理的:不按一般规则行事
A. 形式的:按照超出理性(reason)控制的方式(神判、神谕等)行事
B. 实质的:按照个案的具体因素行事
2. 合理的:按照一般规则行事
A. 实质的:按照某种意识形态体系的原则(伦理、宗教、权力、政治等)而不是法律本身行事
B. 形式的:
(1) 非本质地,即把意义归因于通过感官可以观察到的外在行为
(2) 逻辑地,即通过使用由法律思想本身创造的以及被认为是完整体系的抽象概念来表述它的规则③

---

① Max Weber, *Max Weber on Law in Economy and Society*, ed. by Max Rheinstein, Cambridge, MA: Harvard University Press, 1954, pp. 5 – 7.
② Ibid., pp. 61 – 64.
③ Ibid., p. xlii.

除法律的四种理想类型外,韦伯还从"正当性"或"合法性"(legitimacy)上把统治分为三种理想类型:克里斯玛统治、传统型统治和法理型统治。其中,法理型统治建立在逻辑上形式合理的法律的基础上。韦伯认为,"形式合理性"是近代欧洲文明的主导特征,它的法律体系在逻辑上是形式的和合理的。这是近代欧洲文明与传统中国文明的重要不同。这种不同大致与西方的官僚制、法律职业以及自然法有关。[1] 此外,韦伯认为,近代西方法律的可计算性及其发展实质规定(这些规定是市场有效发挥作用所必需的,它们主要涉及合同自由)的能力,对欧洲资本主义的产生和发展起到了重要作用。他说,

> 法律在总体上的合理化和系统化……尤其是逐渐增长的法律程序运作的可计算性,构成了资本主义企业……存在的一个最重要的条件……
>
> 司法形式主义使得法律系统能够像一台在技术上合理的机器那样运转。因而,它为体制内的个人和群体的自由的最大化提供了保证,也大大地提高了他们预测其行为的法律后果的可能性。[2]

"形式的—合理的"法律体系通过引入权利保障、法律技术、立法,促进了欧洲资本主义的产生和发展。[3]

自 20 世纪中叶以来,经帕森斯的推崇和介绍,韦伯理论在美国和欧洲产生了巨大影响,其理论中法律与资本主义的关系、三种统治类型以及四种法律类型之间的交替等问题,在后世受到重视并引起了广泛争论。

四 哈贝马斯

除马克斯、涂尔干、韦伯外,哈耶克、卢曼、福柯等人的著作中其实

---

[1] 参见 [德] 马克斯·韦伯《儒教与道教》,洪天富译,江苏人民出版社 1995 年版,第 172—175 页;Lloyd of Hampstead and Michael Freeman, *Lloyd's Introduction to Jurisprudence*, 5th edn, London: Stevens & Sons, 1985, p. 555。

[2] Cf. David M. Trubek, "Max Weber on Law and the Rise of Capitalism", 3 *Wisconsin Law Review* 720-753 (1972).

[3] Cf. A. Javier Treviño, *The Sociology of Law: Classical and Contemporary Perspectives*, New York: St. Martin's Press, 1996, pp. 182-183.

也包含有很经典的法律与社会理论。为免与前重复，相关内容不再赘述。接下来只叙述哈贝马斯的理论。

哈贝马斯是法兰克福学派的第二代领头人物，享有世界声誉。他的著作主要包括：《公共领域的结构转型》（1962）、《理论与实践》（1963）、《认识与兴趣》（1968）、《作为"意识形态"的技术和科学》（1968）、《合法化危机》（1973）、《论历史唯物主义的重建》（1976）、《交往行为理论》（1981，两卷）、《在事实与规范之间：关于法律和民主法治国的商谈理论》（1992）等。哈贝马斯的法律与社会理论主要集中在后两部著作中。

哈贝马斯认为，人具有把世界区分为自然、心灵和社会三个部分的能力，这三种能力分别对应于人的三种理性：工具理性、策略理性、交往（communicative，或译沟通）理性。工具理性选择最合适的手段达到既定目标；策略理性有目的地运用人际关系影响他人的预期和决断；交往或沟通理性借助语言、象征性的动作或默契达到彼此了解和协调。受前两种理性指引的行为是目的（teleological）行为；受交往理性指引的行为是交往行为。交往行为是哈贝马斯理论的一个基础性概念，可与马克思理论中的"劳动"概念相比。目的行为与交往行为分别构成社会的两大行为领域：系统（system）和生活世界（lifeworld）。生活世界的整合机制是语言，它包含社会成员共同的基本信念以及一些被普遍接受的解释，这些信念和解释促使交往行为获得理解并达成一致。生活世界分为私人领域和公共领域，私人领域的核心是家庭，公共领域的核心是公众舆论（public opinion）。系统分为经济系统和政治系统。在资本主义社会，私人领域与经济系统之间通过货币媒介进行交流，公共领域与政治系统之间通过权力媒介进行交流。

哈贝马斯认为，现代化和理性化表现为系统与生活世界的分化，也就是说，随着原来与整体社会密不可分的生活世界分化为社会的一个部分，社会系统的调节机制越来越脱离道德、宗教和家庭等生活领域的约束而表现出自主性和独立性。法律与道德的分离是这一过程的一个前提，道德日渐内化到个人行为中，法律则日渐向社会扩展，经济系统和政治系统分别由私法和公法予以调整并因此脱离生活世界而独立运转。理性化过程导致了晚期资本主义社会系统对生活世界的殖民化（colonization）。在早期资本主义社会，系统中的经济系统（市场）与政治系统（国家）相对保持平衡，生活世界中的家庭伦理生活与道德、法律的公共领域相对保持平衡；但到晚期资本主义社会，这些平衡被打破，出现了权力干预市场、政治金钱化以及权力与金钱向生活世界的渗透，生活世界由此日渐受制于系统，日渐被金钱化、官僚化、行政化、技术化、物化。

在哈贝马斯看来，系统对生活世界的殖民化与法制化（juridification）联系在一起。法制化包括成文法的精密化以及成文法管辖权的扩张。法律是系统与生活世界之间的一种中介，法律从道德中分离出来为系统与生活世界的分化创造了条件；系统在与生活世界发生分化后又反过来通过法律来影响和渗透生活世界，这是法律在现代化和理性化进程中所起的两种基本作用。哈贝马斯通过欧洲史上的四次立法活动来说明这一问题。前三次立法活动分别为：专制君主顺应资本主义发展需要开放市场建立私法秩序；19世纪资产阶级保护个人权利建立君主立宪的政治秩序；法国大革命后扩大公民参政权建立民主立宪制度。这三次立法活动促进了系统与生活世界的分化，保障了自由，同时也强化了生活世界对政治系统的控制力。第四次立法活动是20世纪福利国家的经济立法，这是资本主义经济首次受到法律的束缚，它试图在保障个人自由的同时克服市场盲目，但越是扩大管制范围，个人生活就越是受到政治系统的控制，生活世界也就越发官僚化和金钱化，由此，哈贝马斯把福利国家视为系统对生活世界殖民化的典型，它使得法律由公共意志的体现退化为国家干预公共领域的工具。

哈贝马斯对晚期资本主义社会的诊断与福柯、卢曼对（后）现代社会的分析存在着相似之处。福柯认为（后）现代社会是一个规训社会，其中，权力通过各种细微管道在社会中穿梭和弥散，哈贝马斯同样看到了政治权力对生活世界的控制加强；卢曼认为（后）现代社会是一个功能分化的社会，哈贝马斯同样看到了政治系统与经济系统、个人领域与公共领域之间的分化。不过，福柯在勾画和揭示（后）现代社会的处境后，无意开出新的药方；卢曼也认为没有必要开出新药方，因为在分化的（后）现代社会根本不可能再达致共识，而且分化社会是一个充满偶然性的社会，什么都有可能发生；唯独哈贝马斯提出了一种新的"交往乌托邦"。尽管哈贝马斯对马克思理论的某些方面提出了批评，但在下文中还是可以看到，哈贝马斯"交往乌托邦"实际上仍是马克思所着力批判的一种建构"自由国家"的努力。

哈贝马斯认为，防止系统对生活世界殖民化的出路在于，在系统与生活世界之间建构自主的公共领域，维持金钱、权力与团结（solidarity）之间的平衡。为此，哈贝马斯提出了一种程序主义的法律范式。自由主义的法律范式保障个人自由但只能做到形式正义，福利国家的法律范式能够达到实质正义但容易侵犯个人自由，程序主义的法律范式则可以通过两条法律原则弥补二者的不足，在事实和法律上同时达致正义。一是普遍化原则，即法律只有与通过社会成员相互对话达致一致同意的行为规范相吻合才有效；二是民主原则，即法律只有经合理、合法的立法程序并得到社会成员的一致同意才有效。前者是法律的道德和理性方面；后者是法律的政治和经验方面。这两个方面使法律处于系统与生活世界的界面上，维护政治权力与公共领域的交往权力之间积极的互动。一方面，法律由公共领域的交往权力产生，确保法律成为公共意志的体现，另一方面，法律使交往权力转化为政治权力后，让政治权力获得合法性，并通过公众舆论影响和制约政治权力，如此实现道统、政统与法统的统一。①

第三节 法社会学在美国

美国法社会学据说最初是由美国社会学会第一任会长莱斯特·弗兰克·沃德（Lester Frank Ward）从欧洲引入的，其最重要的代表人物是庞德。作为美国社会学法学的创始人，庞德既受到欧洲边沁、耶林等人的社会功利主义思想的影响，也受到美国实用主义哲学、社会学和一些大法官的影响。美国实用主义的鼻祖是查尔斯·桑德尔·皮尔士（Charles Sanders Peirce）。他认为，"任何一个观念的意义就在于它所引起的一切可能的或实际行动的后果"。皮尔士的实用主义思想后来为威廉·詹姆斯（William James）和约翰·杜威（John Dewey）所发展。詹姆斯主张彻底的经验主义，并提出了"有用的就是真理"这一著名命题。杜威则把科学研究作为认识和改造社会的重要工具，并特别强调实验的重要性。此

---

① 关于哈贝马斯的有关理论，参见〔德〕哈贝马斯《在事实与规范之间：关于法律和民主法治国的商谈理论》，童世骏译，三联书店 2003 年版，第 133—135、484—549 等页；汪行福《走出时代的困境——哈贝马斯对现代性的反思》，上海社会科学院出版社 2000 年版，第 231—313 页；洪镰德《法律社会学》，台北扬智文化事业股份有限公司 2001 年版，第 297—335 页。

外，哈佛大学教授约翰·奇普曼·格雷（John Chipman Gray），美国联邦法院大法官霍姆斯、路易斯·德蒙毕茨·布兰代斯（Louis Dembits Brandeis）、卡多佐等人对美国法社会学的产生和发展也起了重要作用。

格雷的主要著作是《法的性质和渊源》（1921）。在该书中，格雷认为，国家存在的目的在于通过权利和义务手段保护和促进人们的利益，而国家以及公民的权利和义务并不十分明确，这就需要司法机构来决定国家和公民在实际生活中的权利和义务。司法机构的法官，主要通过认定事实、制定规则并根据这些规则来推导事实的法律后果，来决定权利和义务。这些被法官制定出来的规则在格雷看来就是法。由此，格雷把国家以及其他人类组织的"法"界定为，国家或其他人类组织的司法机构为了决定法定权利和义务而制定的规则。这些规则事先并不存在，因此也就不为争议当事人所知。它们是法官在国家的同意下，根据判例、制定法、习惯、法律专家的意见、伦理原则、政策等制定出来的。判例、制定法等，在格雷看来并不是法。它们只是制定规则的依据，或者说，只是法的渊源，而不是法本身。①

霍姆斯的主要著作有《普通法》（1881）、《法律之路》（1897）等。他特别强调法律的经验和实用方面。在《普通法》中，霍姆斯指出，"法律的生命从来不是逻辑，而是经验。可感知的时代必要性、盛行的道德和政治理论、公共政策的直觉知识（无论是公开宣称的还是无意识的），甚至法官及其同僚所共有的偏见，在确定据以管制人们的规则过程中，比演绎推理具有更大的作用。法律体现着一个民族多个世纪的发展经历，不能把它当作一本只包括原则和定理的数学教科书来看待。要知道它现在是什么，我们必须知道它过去曾经是什么，将来又会是什么。我们必须轮番查阅历史上的和现在的立法理论。而最困难的则是理解由二者在每一阶段结合而成的新的生成物。"在《法律之路》中，霍姆斯指出，"如果你想知道法律而不是别的事物，那你就得作为一个坏人而不是好人来看待它，坏人只关心实质性后果，这方面的知识使他能够作出预测；而好人则在愧疚的良心谴责中确定他的行为理由是否超出了法律的范围……如果我们采取我们的朋友（坏人）的观点，我们就会发现，他毫不在乎什么公理或推

---

① 参见 Surya Prakash Sinha, *Jurisprudence*: *Legal Philosophy*，法律出版社 2004 年影印版，第 259—260 页。

论，而是想知道马萨诸塞州或英国的法院实际上将做什么。我很认同他的想法。对法院实际上将做什么的预测，而非什么虚妄之物，就是我所说的法律。"①

布兰代斯比较早地把社会学方法和法律结合起来。1908年，美国最高法院否认一家面包厂的雇员身体虚弱与长时间劳动存在因果关系。同年，布兰代斯在《布兰代斯摘要》中，以社会经济方面的大量事实数据，论证工人长时间劳动与其健康有因果关系，并据以支持俄勒冈州议会制定的妇女工时法。这一法律后来因此得到最高法院的确认。② 布兰代斯的这一做法对美国律师影响较大，也影响了卡多佐。卡多佐的主要著作有《司法过程的性质》（1921）、《法律的生长》（1924）、《法律科学的悖论》（1928）等。卡多佐把司法视为一个包括法律、先例以及其他各种社会、心理因素在内的多种成分的酿造过程，在此过程中，法官实际起着造法作用。他同时强调，司法必须考虑社会政策、适应社会现实。在《司法过程的性质》一书中，卡多佐认为司法主要有四种方法。一是沿着逻辑发展路线起作用的哲学方法。二是沿着历史发展路线起作用的进化方法。三是沿着社会习惯路线起作用的传统方法。四是沿着正义、道德和社会福利、当时的社会风气路线起作用的社会学方法。③ 在《法律的生长》一书中，卡多佐指出，"在我们现有的知识状态下，在两个或者更多的社会利益相互冲突时，对它们的相对价值的评估，将由法官根据其中有多种因素互相协作的判断来作出，这就像立法者所做的一样。他们将根据自己的生活经验，根据他对现行的正义和道德准则的理解，根据他对社会科学的研究，最后，有时还要根据他的直觉、他的猜测甚至他的无知或偏见去作出这种评估。"④

除上述人物外，尼古拉斯·蒂玛谢夫（Nicholas S. Timasheff）、萨姆

---

① Quoted in A. Javier Treviño, *The Sociology of Law: Classical and Contemporary Perspectives*, New York: St. Martin's Press, 1996, pp. 59—60, 76—77.

② 参见上海社会科学院法学研究所编译《法学流派与法学家》，知识出版社1981年版，146—148页；[美]彼得·G. 伦斯特洛姆编《美国法律辞典》，贺卫方等译，法律出版社1998年版，第36页。

③ [美]本杰明·内森·卡多佐：《司法过程的性质》，苏力译，商务印书馆1998年版，第16页。

④ [美]本杰明·内森·卡多佐：《法律的生长》，刘培峰、刘骁军译，贵州人民出版社2003年版，第48页。

纳也是美国较早、有较大影响的法社会学家。《民俗论》（1906）是萨姆纳的代表作。蒂玛谢夫撰写了《什么是"法社会学"?》（1937）、《法律的社会学地位》（1938）、《法社会学的生长和范围》（1957）等论文，《法社会学导论》（1939）是其代表性专著。

　　法社会学在 20 世纪的美国法学中占有显要位置。20 世纪初，庞德创立社会学法学。20 世纪 20 至 40 年代，以杰罗姆·弗兰克（Jerome Frank）和卡尔·卢埃林（Karl L. Llewellyn）为主要代表的现实主义（realism）法学，在美国影响较大。20 世纪 50 年代，美国兴起计量法学（Jurimetrics）以及法律与社会（Law and Society）运动。"计量法学"这一名称最初由李·洛文杰（Lee Loevinger）在《计量法学——前进的下一步》（1949）一文中提出。它注重用科学的调查研究方法，特别是运用电子计算机和符号逻辑来解决法律问题。[1] 与"法律与经济学""法律与文学"一样，法律与社会运动也是一种跨学科研究运动。它把法律视为一种工具，试图以社会术语解释法律现象，努力用社会科学和历史学的方法去解答法律是什么、法律是怎样被创造的、法律究竟是怎样运作的、现行法律的作用何在等问题。法律与社会运动的目标主要是为了更好地理解法律，在这一点上，它略微有别于社会学法学。此外，这一运动的刊物，如《法律与社会评论》《法律与社会调查》《法律与历史评论》等也有别于传统刊物。[2] 20 世纪 60 年代，美国兴起以格伦登·舒伯特（Glendon Schubert）为主要代表的司法行为主义（Judicial Behaviouralism）。司法行为主义强调司法行为的可预见性以及心理学和科学技术在司法行为研究中的重要性，它在有些方面深化了现实主义法学。由于倡导者在观点和方法上尚未达致共识，司法行为主义一般不被视为一个学派。[3] 20 世纪 70 至 80 年代，美国兴起批判法律研究（Critical Legal Studies）运动。所有这些

---

[1] Cf. Lloyd of Hampstead and Michael Freeman, *Lloyd's Introduction to Jurisprudence*, 5th edn, London: Stevens & Sons, 1985, pp. 701 – 705.

[2] Cf. Jeremy Cohen and Timothy Gleason, *Social Research in Communication and Law*, London: Sage Publications, 1990, pp. 47 – 48.

[3] 参见沈宗灵《现代西方法理学》，北京大学出版社 1992 年版，第 374—395 页；Lloyd of Hampstead and Michael Freeman, *Lloyd's Introduction to Jurisprudence*, 5th edn, London: Stevens & Sons, 1985, pp. 705 – 709.

都是美国法社会学在不同时期的具体表现。① 接下来叙述其主要人物及学术运动。

一 庞德

庞德的主要著作包括《法律史解释》(1923)、《通过法律的社会控制》(1942)、《法理学》(1959)等。"社会学法学""社会工程""社会控制""社会利益""法律的目的"等，是庞德的社会学法学中的几个核心概念。1911年至1912年，庞德在《哈佛法律评论》上连续发表《社会学法学的范围和目的》一文。这篇纲领性文献，一般被认为是社会学法学在美国正式产生的标志。庞德具体提出了社会学法学的八项纲领性主张：1. 研究法律制度、律令（precepts）和学说的实际社会效果；2. 为准备立法进行社会学研究；3. 研究使律令具有实效的手段；4. 研究法律方法，既包括对司法、行政、立法以及法学的过程进行心理学研究，也包括对各种理想进行哲学研究；5. 对法律史进行社会学研究，既研究法律制度、法律令状和法律学说的社会背景和社会效果，也研究这些效果是如何产生的；6. 承认律令个别适用的重要性，亦即承认合理、正当解决个案的重要性；7. 在普通法国家强调司法部的作用；8. 上述研究的目的在于努力使法律目的的实现更加有效。②

在《法律史解释》中，庞德对历史上人们有关法律的伦理、宗教、政治、人种学、生物学、经济学等解释逐一作出分析之后，在德国法学家约瑟夫·科勒（Joseph Kohler）有关法律与文明之间关系的学说基础上，对法律作了"一种社会工程解释"。庞德把法理学比作一门社会工程学，这门科学所要处理的是，在整个人类领域中，可以通过政治组织社会对人际关系的调整而得以实现的事务。在庞德看来，社会工程不仅仅是一种知识体系或固定的建筑秩序，它是一个过程，一种活动。对工程师的工作进行评判，并不以某种理想的传统方案为标准，而是以其所做的工作是否符合该项工作的目的为标准，同样，对法学家、法官和立法者所做工作的评判，也要以法律的目的为标准。因此，庞德主张，要研究法律秩序，而不

---

① 关于美国法社会学在20世纪的发展状况，参见季卫东《从边缘到中心：20世纪美国的"法与社会"研究运动》，《北大法律评论》1999年第2卷第2辑，第546—578页。

② 参见［美］罗斯科·庞德《法理学》第1卷，邓正来译，中国政法大学出版社2004年版，第356—364页。

是争论法律的性质；要考虑各种利益、主张和要求，而不是考虑权利；要考虑所要保障和满足的东西，而不是只考虑用以保障和满足这些东西的制度；要考虑能够把事情做到什么程度，而不是只考虑如何去做；要考虑制度是如何运转的，而不是只考虑如何完善制度；要考虑法律秩序和法律活动，而不是只考虑法律规范本身；要考虑调整各种关系的活动或协调、统一各种主张和要求的活动，而不是考虑调整、协调和统一本身。①

此外，庞德还借鉴"社会控制"概念，把法律视为社会控制的重要手段。庞德认为，文明是"人类对外在的或物质自然界和对人类目前能加以控制的内在的或人类本性的最大限度的控制"，社会控制是维护文明的重要方法。道德、宗教和法律，是社会控制的三种基本手段。自16世纪以来，法律已成为社会控制的首要工具。② 社会控制的目的，以及作为社会控制一种形式的法律秩序的目的，被庞德统称为法律的目的。在不同的法律发展阶段，法律具有不同的目的。庞德把法律的发展划分为五个阶段。一是原始法阶段，二是严格法阶段，三是衡平法和自然法阶段，四是法律成熟阶段，五是法律的社会化阶段。五个阶段的法律的目的分别是：公共治安与和平；安全；伦理行为与善良道德规范相符合；机会平等以及取得物的安全；以最小限度的摩擦和浪费来最大限度地满足人们的需求。第五个阶段之后，庞德推断法律的发展将进入"世界法"阶段。在此阶段，法律的目的是按照理性的方式有序地调整各种关系和指导文明社会中的行为。按照庞德的看法，第四个阶段的恒久贡献是彻底建构个人法律权利观念，第五个阶段则把强调的重点从个人利益转到社会利益。③ 这与自由资本主义向垄断资本主义的转变是一致的。对利益的细致分类，是庞德社会学法学的一个重要内容。总体上，庞德把利益分为个人利益、公共利益和社会利益。三种利益又可进一步分为多个种类。④ 立法和司法的任务，就在于协调和平衡各种利益之间的冲突。这就涉及价值权衡的问题。

---

① 参见［美］罗斯科·庞德《法律史解释》，邓正来译，中国法制出版社2002年版，第225—226页。

② ［美］罗斯科·庞德：《通过法律的社会控制 法律的任务》，沈宗灵、董世忠译，商务印书馆1984年版，第8—10页。

③ 参见［美］罗斯科·庞德《法理学》第1卷，邓正来译，中国政法大学出版社2004年版，第367—471页。

④ 参见沈宗灵《现代西方法理学》，北京大学出版社1992年版，第291—295页。

对此，庞德提到了三种尺度和方法：经验、理性和权威性观念。庞德主要倾向于经验的方法。他说，"法院必须像过去一样，通过经验来发现并通过理性来发展调整关系和安排行为的各种方式，使其在最少的阻碍和浪费的情况下给予整个利益方案以最大的效果"①。

二 现实主义法学

"现实主义"是对"形式主义"（formalism）的反动。有法史学者指出，19世纪的主导法律观点是："法律被认为是一个永恒真理的神秘实体，法官则被视为宣告那些真理是什么并使它们能被理解的人——一个'发现'和口译法律的神的使者"。1870年，哈佛法学院院长克里斯托弗·哥伦布·兰德尔（Christopher Columbus Langdell）在教学中提出了一种判例法方法。他专门把符合某些法律原则的上诉审判例收集起来，让学生通过阅读高等法院的判决来发现其中的基础性法律原则。这些观点和方法盛行于19世纪晚期的"法律科学"中，一直延续到20世纪40年代。这种法律科学一般被称为法律形式主义（legal formalism）。法律形式主义认为，同其他"科学"一样，法学具有用以决定特定法律理论的正确性的内在逻辑、一贯原则和方法；法官则从抽象原则中得出法律规则，并通过逻辑和演绎推理把它机械地适用于具体案件。因此，它把注意力集中于"不可避免的规则、原则和公理"，而很少关注法律之外的世界。20世纪初期，法律领域的这种"形式主义"，在美国同时遭到来自法官和法律学者的抨击。霍姆斯在此时期从经验和实用的角度批评只把法律视为逻辑的看法。庞德在1908年也把它批评为"机械法学"，认为它既割裂了法律与社会的联系，也没有精确地反映司法判决过程。②

在反对形式主义这一点上，格雷、霍姆斯、庞德都可被视为美国现实主义法学的先驱。对现实主义法学的支持和对形式主义法学的反对，在20世纪20年代末期达到鼎盛时期。到20世纪30年代，美国现实主义法学大有盖过庞德的社会学法学而成为美国法学主流的势头。1930年，弗

---

① ［美］罗斯科·庞德：《通过法律的社会控制 法律的任务》，沈宗灵、董世忠译，商务印书馆1984年版，第55—71页。

② Cf. Jeremy Cohen and Timothy Gleason, *Social Research in Communication and Law*, London: Sage Publications, 1990, pp. 43 – 44; Lloyd of Hampstead and Michael Freeman, *Lloyd's Introduction to Jurisprudence*, 5th edn, London: Stevens & Sons, 1985, pp. 679 – 680.

兰克出版《法律与现代精神》,卢埃林发表《荆棘丛林:我们的法律及其研究》,标志着现实主义法学黄金时节的到来。弗兰克和卢埃林成为美国现实主义法学最著名的两个代表人物。①

弗兰克强调法律的不确定性,大致属"事实怀疑论者"(fact skeptics)。弗兰克的主要著作还有《初审法院:美国司法的神话与现实》(1949)等。在《法律与现代精神》中,弗兰克认为"法律的确定性只在有限的程度上得以实现",在多数情况下,法律是不确定的、含混的和变化莫测的。法律的这种"很大程度的不确定性,并非一个意想不到的不幸事件,它具有巨大的社会价值"。因为不确定性,法律可以对变动的社会现实作出适应,社会因此也不会受到严重束缚。弗兰克所讲的这种不确定性主要是就"法官法"(court law)而言的。从不同角度可对法律作不同把握,弗兰克对法律的考察主要选取的是一个需要雇用律师的法律外行的角度。因为,从这一角度把握的法律对当事人的需要及其律师的工作具有实质性影响。由此,弗兰克把法律界定为:"就任何特定情况来说,法律要么是(a)实际的法律(actual law),即关于这一情况的一个过去的特定判决,要么是(b)可能的法律(probable law),即关于一个未来的特定判决的猜测。"这是一个有关"实际的或可能的法官法"的定义。它把法律实践视为一种预测的艺术,削弱规则的预测功能而强调法官的作用。弗兰克认为,法官不仅是一个法律适用者,他同时也是一个普通人,法官的个性和直觉是影响法官判决的主要因素。在弗兰克看来,尽管法官判案也要考虑法律规则和原则,但它们不构成法律,"特定法官的特殊个性、脾性、偏见和习惯",常常是判决中的决定性因素。②

卢埃林注重"实在规则"(real rules),大致属"规则怀疑论者"(rule skeptics)。卢埃林的主要著作还有《美国的判例法制度》(1933)、《普通法传统》(1960)、《法理学:理论和实践中的现实主义》(1962)等。仿照庞德有关"书本上的法"(law in books)和"行动中的法"(law in action)的区分,卢埃林把法律规则划分为"纸面规则"(paper rules)和"实在规则"(real rules)。"'纸面规则'是传统上被视为法律规则的

---

① 美国现实主义法学的其他人物及著作,参见〔美〕埃德加·博登海默《法理学——法哲学及其方法》,邓正来、姬敬武译,华夏出版社1987年版,第154页。

② Jerome Frank, *Law and the Modern Mind*, Garden City: Doubleday, 1963, pp. 7, 12, 50 – 51, 119.

那些东西：特定时空条件下被接受的法律规则和原则——书本上所讲的'法律'";"实在规则"是"法官在特定案件将做的那些东西",是法院、行政机构和公共官员的具体行动和真实实践,包括"在特定情况下对所能做的事情的全部程序性限制"。卢埃林提醒人们,要特别注意司法行为是否与纸面规则一致。他说,"在此问题上,要通过研究案件最终是怎样处理的,来寻找真实的实践。要努力确定纸面规则中有多少是实在规则,有多少只是纸面规则。要努力了解实际的司法行为,将纸面规则与实践进行比较；还要了解律师和法官在论辩中对纸面规则的用法以及正式的纸面规则对判决的明显影响。要努力确定什么时候虽然对它作了规定但却被忽视了；什么时候它被规定又得到了遵守；什么时候为了创造一个新的纸面规则而把它明确地缩小了、扩大了或者修改了"。[①] 基于两种规则的划分,卢埃林在《荆棘丛林：我们的法律及其研究》中说,"在我看来,（法律）官员对纠纷所做的事情,就是法律本身。"对法律的这一界定,卢埃林后来作了修正,认为主要事情是官员将做什么,而不管他们的行为是否与纠纷有关。卢埃林承认他对法律的界定只是全部真理的片面表述,因为,它没有充分解释作为一种正按理想而改变和浇铸的有形工具的法律。[②]

美国现实主义法学对法社会学产生了重要影响。有学者在 1978 年指出,今天的法律社会学"不仅植根于美国的社会学传统,也更直接地植根于美国法律现实主义的遗产"。[③] 不过,它在后世也遭受一定的批评。有人认为,美国现实主义法学过于强调地方和本土实践,实际上是保守的,它忽视了法律的规范属性以及法律的人文、比较和历史方面。[④]

三 批判法律研究运动

批判法律研究运动是美国于 20 世纪 70 年代末兴起的一股批判美国乃

[①] Karl N. Llewellyn, *Jurisprudence*: *Realism in Theory and Practice*, Chicago: The University of Chicago Press, 1962, pp. 22, 24.

[②] 参见 A. Javier Treviño, *The Sociology of Law*: *Classical and Contemporary Perspectives*, New York: St. Martin's Press, 1996, p. 71; Surya Prakash Sinha, *Jurisprudence*: *Legal Philosophy*, 法律出版社 2004 年影印版,第 261 页。

[③] Quoted in A. Javier Treviño, *The Sociology of Law*: *Classical and Contemporary Perspectives*, New York: St. Martin's Press, 1996, p. 73.

[④] Cf. Lloyd of Hampstead and Michael Freeman, *Lloyd's Introduction to Jurisprudence*, 5th edn, London: Stevens & Sons, 1985, pp. 694 – 701.

至整个西方法律传统的左翼思潮。其主要代表人物包括昂格尔、邓肯·肯尼迪（Duncan Kennedy）、大卫·楚贝克（David M. Trubek）、马克·图施耐特（Mark Tushnet）、莫顿·霍维茨（Morton Horwitz）、罗伯特·戈登（Robert Gordon）、马克·凯尔曼（Mark G. Kelman）等。1977 年春天，批判法律研究第一次会议在威斯康星大学召开。此次会议把一批致力于批判地探讨社会中的法律的学者联结在一起，标志着批判法律研究运动正式开始。这一运动与现实主义法学都相信法律与政治在事实上不能分开，前者在一定程度上可以视为后者的延续。不过，批判法律研究运动旨在对西方近代以来的自由主义法律制度和思想进行全面批判，它无论在思想的深度还是广度上都超越了现实主义法学。

在《行动在哪里：批判法律运动与经验主义》（1984）一文中，楚贝克把批判法律研究运动对自由主义法律教义（liberal legal doctrine）的批判主要归纳为四个方面。一是不确定性（indeterminacy）。亦即，法律是不确定的，在逻辑上不成体系，认为司法判决只有一个正确而符合逻辑的答案是虚妄的。二是反形式主义（antiformalism）。亦即，否认有独立的和中立的法律推理模式，法律推理是政治的，法律就是政治，法官判决受意识形态和政治因素的影响。三是矛盾（contradiction）。亦即，自由主义法律教义充满各种矛盾，一如艾伦·弗里曼（Alan D. Freeman）所说，"在自由主义法学的世界里，每一个立场都是可以驳倒的，它作为一个整体处在无望的矛盾之中"。四是边缘（marginality）。亦即，法律不是解决争端的唯一决定因素，它是边缘的，由于人际关系十分复杂，司法判决过程中有很多法律之外的、更重要的因素需要考虑。鉴于以上四点，楚贝克认为，"'法律'本身并非坚固可靠之物，而是规范指引的一种晦涩而模糊的来源。法律本身是一种阴影，我们在它的阴影下进行协商。"此外，批判法律研究运动对自由主义法律教义的批判还集中在社会意识或意识形态（ideology）上。自由主义法律教义认为资本主义社会是自然的、公正的，其中的人际关系也是必需的、可欲的。而批判法律研究运动学者则认为，自由主义法律意识形态是资本主义社会的组成部分，自由市场经济有助于社会不平等、权力差别、等级制度以及其他社会分歧，自由主义法律意识形态使资本主义社会合法化，资本主义社会也使自由主义法律意识形态正当化。还有学者试图改变这种意识形态，改变压制的、剥削的社会制度以及由此所致的人类结合方式，建构一种新的世界观，一种个人与社会之间的"相反愿景",把个人从当前的制度方案中解放出来。此种看法被楚贝克称为批判法律研究运动中的"变革政治学"。

批判法律研究运动受到了欧洲新马克思主义的影响,因此,它的有些看法看上去比较接近马克思主义。就其批判对象直指西方"启蒙"时代以来的整个法律传统来说,它其实是后现代主义思潮在法律领域的集中体现。它的很多批判方法表现出明显的后现代色彩。一种重要的方法是从现实主义法学那里继承过来的"剪除"(trashing)。"剪除"包括两个过程。一是"去神秘化"(demystification),亦即,"把法律过程中表面上与政治无涉的判决的虚饰揭掉"。一是"去合法化"(delegitimation),亦即,揭示那些真正表达现实的可能性、揭示那些能够铸造一个不是实现抽象正义观念而是实现实质正义观念的未来的可能性。通过"剪除",批判法律研究运动学者揭露并质疑作为自由主义法律教义之基础的基本前提假设,指出这些假设并非总是能够成为具体现实,它在理念与现实实践之间经常存在矛盾,从而还世界以真实面目。批判法律研究运动并没有统一确定的方法。总体来看,它主要采用了社会理论(social theory)、纯粹批判(pure critique)、文本阐释(textual explication)的方法。马克思主义、冲突理论、韦伯视角,甚至结构功能主义,都为批判法律研究运动批判和重构法律与社会理论,提供了有用指导。法兰克福学派(Frankfurt School)是纯粹批判方法的重要来源,它的批判理论对批判法律研究运动揭示自由主义法治的社会背景大有助益。批判法律研究运动对法律文本的阐释主要借鉴了解构主义(deconstructionism)方法。运用这一方法,批判法律研究运动把自由主义法律教义的矛盾逐一揭露出来。

由于批判法律研究运动重在批判,有人批评它的建设性成分不足。此外,由于批判法律研究运动学者多为男性、白人和社会上层人士,有人批评他们的理论与自由主义法律教义一样是"男性法学"(masculine jurisprudence),忽视了女性和少数种群的需要和体验。因此,这一运动后来又兴起了种族批判法学和女权主义法学。二者合称为"后批判法学",构成批判法律研究运动新的发展阶段。[①]

[①] 关于批判法律研究运动,参见朱景文主编《对西方法律传统的挑战——美国批判法律研究运动》,中国检察出版社 1996 年版;A. Javier Treviño, *The Sociology of Law: Classical and Contemporary Perspectives*, New York: St. Martin's Press, 1996, pp. 391–414。

第四节 法社会学在当代

　　法社会学方面的论著在近几十年有较大发展。相关作品主要有：劳伦斯·弗里德曼（Lawrence M. Friedman）的《变迁社会中的法》（1959）、《法与行为科学》（1969，与马考利合编）、《法律制度：社会科学的视角》（1975）、《法与社会导论》（1977）、《法与社会：法的社会研究读本》[1995，与马考利、约翰·斯图基（John Stookey）合编]；埃文的《法和社会学：探索性论文》（1962编）、《法社会学：社会—结构视角》（1980编）、《社会结构与法：理论和经验视角》（1990）；詹姆斯·戴维斯（F. James Davis）等的《社会与法：一种旧职业的新意义》（1962）；埃德温·舒尔（Edwin M. Schur）的《社会中的法律》（1968）、《法与社会：社会学的观点》（1968）、《给失范行为贴标签》（1971）、《彻底的不干预》（1975）；卢曼的《法的社会学理论》（1972/1985）、《作为一种社会系统的法律》（1993）；亚当·珀杰瑞克（Adam Podgórecki）的《法与社会》（1974）、《法的社会学途径》[1981，与克里斯托弗·韦兰（Christopher J. Whelan）合编]；曼弗雷德·雷宾德（Manfreid Rehbinder）的《法社会学：趋势报告及文献提要》（1975）；布莱克的《法的运行》（1976）、《警察的行为和习惯》（1980）、《迈向社会控制的一般理论》（1984）、《社会学上的司法》（1989）、《对与错的社会结构》（1993）；昂格尔的《现代社会中的法律：社会理论批判》（1976）、《批判法律研究运动》（1986）；帕特·卡伦（Pat Carlen）的《法社会学》（1976编）；罗伯特·瑞奇（Robert M. Rich）的《法社会学：理论家和理论导引》（1977）、《法社会学：冲突视角》[1978，与查尔斯·瑞贞斯（Charles E. Reasons）合编]；艾伦·亨特（Alan Hunt）的《法学中的社会学运动》（1978）、《法与社会秩序》（1980）、《批判法律研究》[1987，与皮特·菲茨帕特里克（Peter Fitzpatrick）合编]、《法与社会探索：迈向一种法的构成理论》（1993）、《福柯与法：迈向一种作为管制的法社会学》[1994，与加里·维克汉姆（Gary Wickham）合著]；菲利普·诺内特（Philippe Nonet）和塞尔兹尼克的《变迁中的法与社会：迈向反思法》（1978）；劳拉·纳德尔（Laura Nader）的《纠纷过程——十个社会中的法》[1978，与哈利·托德（Harry F. Todd）

合编]、《文化与社会中的法》（1979 编）；瑞塔·西蒙（Rita J. Simon）的《法与社会学研究》（1978 编，卷一）、《陪审团：它在美国社会中扮演的角色》（1980）；史蒂文·斯皮策（Steven Spitzer）的《法与社会学研究》（1979 编，卷二；1980 编，卷三）；史蒂文·瓦戈（Steven Vago）的《法与社会》（1981/2009）；奥伯特的《法社会学选读》（1969 编）、《追寻法律》（1983）；罗伯特·基德尔（Robert L. Kidder）的《联结法与社会：研究和理论导引》（1983）；科特威尔的《法社会学导论》（1984）、《法与社会》（1994）、《法律的共同体：社会学视野中的法律理论》（1995）、《埃米尔·涂尔干：道德领域中的法律》（1999）、《法的社会学透视》（2 卷，2001 编）；唐荣曼（Roman Tomasic）的《法社会学》（1985）；里昂·利普森（Leon Lipson）的《法律与社会科学》[1986，与斯坦顿·惠勒（Stanton Wheeler）合编]；图依布纳的《自我创生的法：法与社会的一种新途径》（1987 编）、《没有国家的全球法》（1997 编）；凯尔曼的《批判法律研究指南》（1987）；哈钦森的《批判法律研究》（1989 编）；安德鲁·阿特曼（Andrew Altman）的《批判法律研究：自由主义批判》（1990）；汤姆·泰勒（Tom P. Tyler）的《人们为什么遵守法律》（1990）；加里·艾切尔（Gary J. Aichele）的《法律现实主义与美国二十世纪法理学》（1990）；丽莎·麦金太尔（Lisa J. McIntyre）的《社会学事业中的法律：重构》（1994）；卡恩·罗库摩托（Kahei Rokumoto）的《法的社会学理论》（1994 编）；理查德·阿贝尔（Richard L. Abel）的《法与社会读本》（1995 编）；哈维尔·崔维诺（A. Javier Treviño）的《法社会学：古典和当代视角》（1996）、《法社会学：理论文献目录》（1998）；杰拉德·特克尔（Gerald Turkel）的《法与社会：批判途径》（1996）；布赖恩·塔玛纳哈（Brian Z. Tamanaha）的《现实主义的社会—法律理论：实用主义与法的社会理论》（1997）、《法与社会的一般法理学》（2001）；沙林·安琉（Sharyn L. R. Anleu）的《法与社会变迁》（2000）；约翰·萨顿（John R. Sutton）《法/社会：起源，互动与变迁》（2001）；雷扎·巴纳卡（Reza Banakar）的《法与社会理论导论》[2002，与马克斯·崔文斯（Max Travers）合编]；吉瓦耿·米罗瓦诺维奇（Dragan Milovanovic）的《法社会学导论》（2003）；丹尼斯·加利甘（Denis. J. Galligan）的《现代社会中的法律》（2007）；马蒂厄·德福勒姆（Mathieu Deflem）的《法社会学：学术传统视角》（2008）；本·哥德尔（Ben Golder）和菲茨帕特里克的《福柯论法》(2009);威廉·推宁(William Twining)的《一般法理学:从全球视角理解法》(2009);马克·赫托夫(Marc Hertoph)的《活法:重思埃利希》(2009编);史蒂文·巴坎(Steven E. Barkan)的《法律与社会导论》(2009);等等。

具体从内容看,法社会学在当代的发展主要表现出两个方向。一是与社会理论汇合,或者受到社会理论强势影响,或者从社会理论那里积极吸取资源,逐渐形成"法律与社会理论"这一独特的学术领域。在此方面,理论批判色彩看上去较为浓厚。二是在自身的学科范围内沿着科学主义的路径,特别是经验研究的路径向前拓展。在此方面,实证分析倾向看上去较为浓厚。弗里德曼与马考利等人合编的《法与行为科学》(1969)和《法与社会:法的社会研究读本》(1995),收集了经验法社会学的大量研究素材,是经验研究方面的较好范例。同时,随着研究的深入,关于学术方法的分歧也在法社会学内部兴起。例如,布莱克与以塞尔兹尼克、诺内特为代表的"伯克利学派"(Berkeley School),在20世纪70年代曾展开一场有意义的争论。塞尔兹尼克在法社会学研究中强调价值和规范因素,布莱克则强调严格的、科学的实证研究,极力倡导"纯粹社会学",坚决主张摈弃法社会学研究中的价值和规范因素。针对布莱克的主张,诺内特则进一步指出,完全排除语汇的规范意义是不可能的,法社会学研究中的价值和规范因素既不可避免,也有必要,应把实证分析和规范评价结合起来。争论显现出美国法社会学在方法论上科学主义与规范主义之间的分歧。这种分歧不仅发生在布莱克与"伯克利学派"之间,也发生在威斯康辛大学的弗里德曼、马考利等人与"伯克利学派"之间。争论在法社会学界产生了一定反响,深化了法社会学的研究方法。①

当代法社会学呈现出多元景象。在此多元景象中,"法律与社会理论"尤其显得鲜艳。有学者列举了当代七种法律的社会理论(social theories of law)。一是帕森斯、卢曼和图依布纳等人的系统理论(system theory)。二是哈贝马斯、皮埃尔·布迪厄(Pierre Bourdieu)等人的法制化或司法化(juridification)理论。三是福柯的法律与规训理论。四是卡尔·

---

① 参见张乃根《西方法哲学史纲》,中国政法大学出版社2002年版,第526—533页;关于"伯克利学派"的规范理论,参见 John R. Sutton, *Law/Society: Origins, Interactions, and Change*, London: Pine Forge Press, 2001, pp. 149 – 154。

伦纳（Karl Renner）、叶夫根尼·帕舒甘尼斯（Evgeny B. Pashukanis）、奎尼等人的新马克思主义理论。五是美国的批判法律研究。六是女权主义法律理论。七是吉尔兹、波拿文都拉·德·索萨·桑托斯（Boaventura de Sousa Santos）、亨特等人的法律多元主义。① 其中，新马克思主义理论在时间上较为靠前，一般在 20 世纪 20 年代至 70 年代晚期之间，但欧洲的新马克思主义在当代仍具有一定影响。帕森斯的社会系统理论和功能主义，在 20 世纪 60 年代至 80 年代较为冷清，20 世纪 80 年代后，系统理论和功能主义在欧美得以复兴。此外，还有学者从方法论上把法社会学的理论倾向归纳为四对：实证主义与规范主义、形式主义与反形式主义、个人主义与共同体主义、一致与共识，并主张在语言（language，包括交流、话语、叙事、修饰等形式）的背景下，围绕法律制度（legal system）和法律学说（legal doctrine），把这八种理论倾向综合起来。② 可以看出，无论是在理论观点上，还是在研究方法上，法社会学都受到了社会理论（social theory）的重要影响。

　　社会理论"是对社会世界的作用的相对系统的、抽象的一般的反思"。它具有极强的思想性和理论性，不同于实证分析和经验研究，在许多国家越来越成为一门明显区别于经验社会学的独立学术领域。20 世纪，"大多数社会理论站在实证主义认识论对立的立场上……结构主义者、解释性的微观社会学家与批判理论家都与社会科学的实证主义保持距离。除此之外，根本上不同的理论家如帕森斯、哈贝马斯和安东尼·吉登斯（Anthony Giddens）都不同程度地强调：实证主义认识论既是不充分的社会科学哲学，也不可应用于理解社会领域。只有一些功能主义者和理性选择理论家仍然信守旧的信条，但是即使他们也逐渐从证伪主义的科学哲学中吸取理念。"③ 因为其思想性和理论性，当代社会理论对法社会学的影响具有更强的变革性。例如，受福柯思想的影响，一些学者在法社会学研究中开始从抽象的、一般的宏大叙事转向地方的、局部的、事实上的、个

---

① Cf. Sharyn L. Roach Anleu, *Law and Social Change*, London: Sage Publications, 2000, pp. 40–76.

② Cf. A. Javier Treviño, *The Sociology of Law: Classical and Contemporary Perspectives*, New York: St. Martin's Press, 1996, pp. 441–445.

③ [英] 帕特里贝·贝尔特：《二十世纪的社会理论》，瞿铁鹏译，上海译文出版社 2002 年版，导论，第 227—228 页。

人之间的具体层面，强调特定事件、特定经验的独一无二性。① 又如，受法兰克福学派和后现代思潮的影响，批判法律研究运动在现实主义法学的基础上，把批判的矛头直接转向西方近代以来的整个自由主义法律传统。这些都给人以耳目一新之感。

从历史发展的角度看，法社会学以及社会理论都是在西方社会及其学术经历现代性（modernity）的"断裂"之后才开始的。② 在法学上，这样一种学术裂变或现代转折，集中体现在自然法学从以天道秩序或宗教义务为出发点的古代自然法学，向以自然权利（natural rights）为出发点的古典自然法学的转变。③ 自然法学在古代以形而上学或神学为其寓居形式，而自近代以来，自然法的形而上学或神学背景，明显被以人的经验和理性为判断标准的近代哲学或科学所荡涤殆尽。④ "启蒙"运动之后依次逐步

---

① Cf. Gerald Turkel, *Law and Society: Critical Approaches*, Needham Heights: Allyn & Bacon, 1996, pp. 224–239.

② 吉登斯认为在现代社会与传统社会之间存在历史"断裂"。他说，"现代性以前所未有的方式，把我们抛离了所有类型的社会秩序的轨道，从而形成了其生活形态。在外延和内涵两方面，现代性卷入的变革比过往时代的绝大多数变迁特征都更加意义深远。在外延方面，它们确立了跨越全球的社会联系方式；在内涵方面，它们正在改变我们日常生活中最熟悉和最带个人色彩的领域。很明显在传统和现代之间还存在着延续，两者都不是凭空虚构出来的。尽人皆知，若以过于世俗的方式简单对比二者，会产生什么样的误导。但是，过去三至四个世纪（历史长河中的一瞬间！）以来出现的巨大转变如此剧烈，其影响又是如此广泛而深远，以至于当我们试图从这个转变以前的知识中去理解它时，发现我们只能得到十分有限的帮助。"见［英］安东尼·吉登斯：《现代性的后果》，田禾译，译林出版社2000年版，第3—4页。还有学者认为，"（现代的精神世界）滥觞于中世纪的内在发展、文艺复兴运动和新教，经过中世纪晚期的城市文化、新教教会文化和反对宗教改革的天主教—罗马教廷文化的酝酿阶段，最后在启蒙运动、英国、美国与法国的革命洗礼中达到完全独立。当今生活的一切重要特征都起源于此……在国家、法律、社会、经济、科学、艺术、哲学、道德、宗教等领域，都呈现出崭新的形态，尽管它们产生于古老的形态，而且，最终不过是曾经创造了古老形态的人的素质和本能的特殊形式而已，但是这些特殊形式却表现出明显的特性和无比的重要性。"参见［德］恩斯特·特洛尔奇《基督教理论与现代》，朱雁冰等译，华夏出版社2004年版，第44页。

③ 参见［美］列奥·施特劳斯《霍布斯的政治哲学：基础与起源》，申彤译，译林出版社2001年版，第1—3页；［美］列奥·施特劳斯《自然权利与历史》，彭刚译，三联书店2003年版，第186页。

④ 施特劳斯注意到，"在现代的几个世纪中，哲学本身完全地政治化了。……自17世纪以来，哲学变成了一个武器，也就变成了一个工具"。参见［美］列奥·施特劳斯《自然权利与历史》，彭刚译，三联书店2003年版，第35—36页。

发展起来的近代自然法学，奥斯汀的"法理学"（jurisprudence）或"实在法哲学"，凯尔森的"纯粹法学"或"法律理论"，以及法社会学，无不具有脱离形而上学或神学，而与经验、理性或科学紧密联系的特征。

在这样一种大的学术变迁背景下，法社会学在其崛兴过程中又表现出与古典自然法学、现代分析法学和纯粹法学不同的特点。与支持古典自然法学的近代理性哲学不同，法社会学与分析法学和纯粹法学一样，都属法律实证主义（legal positivism）。相比分析法学和纯粹法学而言，法社会学具有与之不同乃至相对的独特研究对象和立场。在研究对象上，与分析法学和纯粹法学侧重对"国家法"规范的实证分析不同的是，法社会学侧重对"国家法"实际社会效果以及"社会法"（social law）的实证分析。在研究立场上，法社会学在历史上一度呈现出社会功利主义、实用主义和现实主义的倾向。无论是在研究对象上，还是在研究立场上，后来兴起的法社会学都体现出对概念法学、分析法学或纯粹法学的一定"反动"。

尽管法社会学将法学研究更为广泛地引申到社会领域，但它总体上仍受制于现代性"断裂"的历史大背景。作为"科学理论"的法社会学，[1]不仅难以承接将哲学政治化的古典自然法学提出的诸如权利、自由、平等之类的政治价值诉求，更难以触及古代自然法学中超越的、形而上的道德领域。在这些方面，社会理论看上去具有更广阔的视野和更强的理论性。首先，社会理论并不等同于"社会科学"，也"不仅仅属于社会学传统"[2]，事实上，社会理论常常被称为"社会哲学"，在社会理论中存在着解释学或哲学传统，也存在着"美国经验主义传统与欧洲社会哲学之间的……张力或冲突"[3]。其次，尽管社会理论也受到现代性的深刻影响，但它并不完全局限于现代性，而是经常表现出对现代性的批判、反思或重构。在寻求现代性新的出路的过程中，社会理论表现出突破传统与现代以

---

[1] Cf. Lawrence Friedman, "The Law and Society Movement", 38 *Stanford Law Review* 763–780 (1986).

[2] ［英］吉拉德·德朗蒂编：《当代欧洲社会理论指南》，李康译，上海人民出版社2009年版，第4页。"社会理论一直呼吁，社会—法律研究应避免法律重视具体的方法的局限，并反对狭隘的社会科学经验论。"参见［美］奥斯汀·萨拉特编《布莱克维尔法律与社会指南》，高鸿钧等译，北京大学出版社2011年版，第17页。

[3] ［英］布赖恩·特纳：《Blackwell社会理论指南》，李康译，上海人民出版社2003年版，第15页。

及东方与西方之间对立、衔接社会理论与政治理论以及道德理论、超越现代性的可能性。

"从16世纪到20世纪,现代性的主题一直是社会理论当中一项起到统合作用的重大主题,为许多不同的研究途径提供了参照框架,这些途径的共同之处就在于都力求提供一直关于现代世界的解释……社会理论是现代性的一种产物。"[①] 与此相关,现代法的特质、现代社会的特质以及二者之间的关系,构成了法律与社会理论的核心议题。"现代性通常带有一直原始的两重性,一方面,依靠进步、理性、启蒙运动的力量;另一方面,依靠浪漫主义、批判、文化拒绝的力量。"[②] 因之,从法律与社会理论中,既可看到对现代法和现代社会的理性描述,也可看到对现代法和现代社会的价值批判。集价值构建与理性批判于一体,构成了法律与社会理论的主要特点。

就研究的对象而言,法律与社会理论可以说是关于法律与社会的理论。历史地看,在古希腊即已显现的政治理论和法律理论,都比"起源于现代早期"[③] 的社会理论要早。如同个人一直存在,而"个人"观念并非从来就有一样,"社会"观念也并非自始就存在。社会理论,是以作为一种独特现代形态的"社会"的产生为前提的。"自18世纪晚期以降……'社会'开始被视为一种不同于政体的现象,即使依然保持着与政体的关联。'社会'成为政体与个体(或家户)之间自成一类的实在。"[④] "在19世纪后期和20世纪早期的古典社会理论中,典型的'社会'是指政治上实现了组织化和领土边界确定的现代西方民族国家模式的社会。由于这种定位,最富雄心的社会理论著作,如涂尔干、韦伯和马克思的一些著作,强烈关注法律就不足为奇了。"[⑤] 不仅于此,对法律或

[①] [英]布赖恩·特纳:《Blackwell社会理论指南》,李康译,上海人民出版社2003年版,第32—33页。

[②] [法]达尼洛·马尔图切利:《现代性社会学:二十世纪的历程》,姜志辉译,译林出版社2007年版,第6页。

[③] [英]布赖恩·特纳:《Blackwell社会理论指南》,李康译,上海人民出版社2003年版,第32页。

[④] [英]吉拉德·德朗蒂编:《当代欧洲社会理论指南》,李康译,上海人民出版社2009年版,第44页。

[⑤] [美]奥斯汀·萨拉特编:《布莱克维尔法律与社会指南》,高鸿钧等译,北京大学出版社2011年版,第16页。

惩罚的高度关注,同样表现在当代一些著名社会理论家,例如福柯、卢曼、哈贝马斯等的著作中。这在一定程度上体现着现代法与现代社会之间的密切联系,甚至现代社会的特性需要通过其法律体系来反映。从"法律与社会"这一主题看,除一些社会理论大家外,诸如孟德斯鸠(法的精神)、贝卡里亚(刑罚合理性)、斯宾塞(军事社会与工业社会/简单社会与复合社会)、梅因(法典与进步社会)、萨维尼(民族精神)、耶林(社会利益)、黑格尔(家、市民社会与政治国家)、托克维尔(公民社会)、萨姆纳(民俗)、埃利希(社会法/活法)、哈耶克(法与大社会/开放社会)等人的著作,都包含有关于法律与社会的理论,适合作为研究法律与社会理论的素材。

就对象的性质而言,现代性与合理性(rationality)是法律与社会理论关注的重点。"社会理论首先是针对确定现代性形貌的各种社会、经济、文化和政治力量的兴起所做出的一种反应。"[1] 对"启蒙"以来现代社会的描述分析以及对"启蒙"的历史和理论反思,是社会理论自始未脱离的核心。诸如文艺复兴、宗教改革、"启蒙"运动、工业革命、民主革命、世界大战等历史事件,以及所谓"自然权利"[2],资本主义[3],"民族—国家"[4],市场经济[5],"形式的—合理的"法律[6],"社会分化"[7],

---

[1] [英]布赖恩·特纳:《Blackwell社会理论指南》,李康译,上海人民出版社2003年版,第32页。

[2] 参见[英]托马斯·霍布斯《利维坦》,黎思复、黎廷弼译,商务印书馆1985年版;[荷]巴鲁赫·斯宾诺莎《神学政治论》,温锡增译,商务印书馆1963年版;[英]约翰·洛克《政府论》下册,叶启芳、瞿菊农译,商务印书馆1964年版;等等。

[3] 参见[德]卡尔·马克思、弗里德里希·恩格斯《共产党宣言》,载《马克思恩格斯选集》第1卷,人民出版社1995年版;[德]马克斯·韦伯《新教伦理与资本主义精神》,于晓、陈维纲等译,三联书店1987年版。

[4] 参见[英]安东尼·吉登斯《民族—国家与暴力》,胡宗泽、赵力涛译,三联书店1998年版。

[5] 参见[英]卡尔·波兰尼《大转型:我们时代的政治与经济起源》,冯钢、刘阳译,浙江人民出版社2007年版。

[6] Cf. Max Weber, *Max Weber on Law in Economy and Society*, ed. by Max Rheinstein, Cambridge, MA: Harvard University Press, 1954.

[7] 参见涂尔干《社会分工论》,渠东译,三联书店2000年版;Niklas Luhmann, *Social Systems*, Stanford: Stanford University Press, 1995。

民主政治①,"世界体系"②等历史现象,连同仍在全球延展或加深的现代科学认知方式、现代经济和社会体制、现代政治和法律制度、"全球化"等新的历史形式一起,无不凸显着与传统迥异的现代性,也无不成为社会理论的研究对象或历史背景。

现代性集中表现为理性化或合理化,亦即,经济、社会、政治、法律、文化都依照人的理性而被构建,以使之更加符合人的经验和理性。"在现代社会理论中,理性倾向于被概念化为社会理论的认识论基础,并作为一个超越文化的现代化工程的框架";③"理性化不可否认的是现代性的主要模型之一……现代世界的特征通过合理性在社会生活的所有领域中的延伸显示出来。"④ 在法律与社会理论中,诸如工具理性、价值理性、交往理性、政治(合)理性、惩罚(合)理性等,既是研究的主题词,也是批判审视的对象。对现代政治理性和法律理性的忧虑和批判,在一些批判思想家那里表现得尤为充分。

就理论的特点而言,法律与社会理论既具建构性,也具有批判性。批判性和建构性同时包含在现代性之中。社会理论有时被视为"批判性的社会哲学",⑤ 批判性甚至成为"批判理论"和后现代思想的主要特征。妥善处置价值建构与理性批判之间的关系,也因此成为法律与社会理论需要关注的一个重要问题。关于法律与社会理论的建构性和批判性,有学者指出,"支撑着现代性范式的两个支柱:规制和解放。现代规制是一系列规范、制度和实践,它们保障着期待的稳定性。……现代解放则是一系列的对抗性渴望和实践,其目的在于通过质疑社会现状。例如构成经验与期待之间的现存政治关联的机制,来增加经验和期待之间的差异。……现代性就建立在规制支柱和解放支柱的动态张力上。……规制和解放的张力是

---

① 参见[美]塞缪尔·亨廷顿《第三波:二十世纪末的民主化浪潮》,刘军宁译,上海三联书店1998年版。

② 参见[美]伊曼纽尔·沃勒斯坦《现代世界体系》,三卷本,罗荣渠、庞卓恒等译,高等教育出版社1998/2000年版。

③ [英]尼格尔·多德:《社会理论与现代性》,陶传进译,社会科学文献出版社2002年版,第5—6页。

④ [法]达尼洛·马尔图切利:《现代性社会学:二十世纪的历程》,姜志辉译,译林出版社2007年版,第145—146页。

⑤ [英]吉拉德·德朗蒂编:《当代欧洲社会理论指南》,李康译,上海人民出版社2009年版,第7页。

不可解决的，二者之间不可能实现最终的和解。"① 就对现代国家、形式法律、平等权利、自然正义等的批判而言，马克思也可谓批判理论大家。不过，从"每个人的全面而自由的发展""自由个性""作为目的本身的人类能力的发展"、"社会自由发展"这些价值意蕴浓厚的措辞和语句看，马克思的社会理论也包含着从社会批判，到社会革命，再到社会建设的发展线索。从批判到建构，对于现代中国的政治和法治建设显得十分重要。在民主法治建设阶段，使政治和法律更多地从理性、德性和社会中找寻根基和养料，应该成为一种发展方向。在政治和法律领域，既要适当注意政治和法律的理性构建过程中可能的价值偏失，也要避免完全陷入政治批判和道德批判的泥淖。

---

① ［葡］B. S. 桑托斯：《迈向新法律常识：法律、全球化和解放》，刘坤轮、叶传星译，中国人民大学出版社2009年版，第2—3页。

下编
法的理性批判

第十三章

法律人格与社会理论

就社会由个人组成而言,尽管社会理论从语词上看是关于社会的理论,但它终究不可避免地要涉及人的理论。社会理论,无论是从其建构方面看还是从其批判方面看,其实始终纠缠于"人是什么""人应当成为什么"之类的基本问题。历史地看,"启蒙"以来现代性的一个重要表现,就在于对"人本身是什么"的理解,发生了与传统观念不一样的根本性变化,由此也带来了社会理论中围绕这一问题的反复争论。

1946年至1947年,在萨特与海德格尔之间发生过一场关于存在主义和人道主义的争论。时隔25年后,1971年,诺姆·乔姆斯基(Noam Chomsky)与福柯在电视上就"人性"问题,又展开了一场公开辩论。其间的反差丝毫不亚于海德格尔与萨特的分歧,明显映衬出现代观点与后现代视角的不一致。这种关于人是什么的争论可追溯到久远以前。早在古希腊,苏格拉底就提醒世人,留意刻在雅典娜神庙上"认识你自己"这样的话。尽管"启蒙"以来发生了现代转向或历史断裂,但在"人是什么""人性是什么"这一基本问题上,并不能说现代获得了更为高明的乃至究竟彻底的认识。在传统社会,人通常被视为道德或宗教意义浓厚的"宇宙"或道德主体,传统学术的核心实在于找到人的本来或真正的自己,正所谓"大学之道,在明明德"(《礼记·大学》)。而在近代以来的社会,关于人的认识,看上去更多地被转向人的自然、身体或生理层面,人主要作为自然生物体或权利主体看待,甚至一度被比拟为"机器"。[①] 有学者指出,

---

[①] 关于"人是机器",参见［法］拉·梅特里《人是机器》,顾寿观译,商务印书馆1959年版,第17、20、60、73等页。关于人是宇宙,陆象山曾说"宇宙便是吾心,吾心即是宇宙",见陆九渊:《陆九渊集》,中华书局1980年版,第273页。有学者指出,"在中世纪及文艺复兴价值观世界中,人与宇宙是紧密相连的,前者浓缩汇聚了后者的精华。身体与人和世界皆不可分割。"参见［法］大卫·勒布雷东《人类身体史和现代性》,王圆圆译,上海文艺出版社2010年版,第53页。

在十六世纪到十八世纪期间，现代意义的人诞生了：一个脱离于自我的人（在身体与人之间的本体论划分的理论支持下），脱离于他人的人（"我思"有别于"我们思"），脱离于宇宙的人（与宇宙其余部分脱离关系的身体从此只为自己辩护，它不再只是人性化宇宙的一种简单缩影，而是以自身为终极目的）……

　　"文艺复兴人"开始从个人信仰出发，探索其活动对世界的相对导向性。他的社会地位得到了提升：从此，不再由晦涩难懂的天授神意来决定他或所在集体的命运，人生的轨迹与意义都由自己来决定。走出宗教，促使个人责任感产生，在不久的将来，它或将引导人类走出政治，走向民主。①

这样一种"现代意义的人"影响了政治和法律构造，也导致社会理论对此种"人"的概念的理性反思。

　　一方面，人被认为具有"自由意志"，从而能够也需要对自己的行为承担责任。因此，现代政治被视为建立在人的意志基础之上的治理或受意志指导的人的治理，② 现代法治也将意志自由和过错责任作为其基本原则。另一方面，人的这种意志自治也受到质疑。人有时被认为是社会知识、内在基因、外在环境的产物。这在一定程度上使得作为意志主体或权利主体的人的行为责任，难以归属于个人主观，亦显示出现代政治和法治所维护的个人自由以及人的"主体"地位的文化边界。一如福柯将人视为知识构建的产物，在《犯罪人论》中，龙布罗梭将一些犯罪行为归因为人与生俱来的体质特点和遗传基因。③ 这些促使人们进一步思考：人究竟在何种意义上是"主体"？人又究竟在何种意义上是"自由的"？一如有学者所提出的，"如果这个身体的实质已经不是我自己的身体，我还能为它的行动负责吗？"④ 这些，无论是在社会理论中，还是在法律与社会

---

① ［法］大卫·勒布雷东：《人类身体史和现代性》，王圆圆译，上海文艺出版社2010年版，第29、64—65页。
② Ian Shapiro (ed.), *The Rule of Law*, New York: New York University Press, 1994, pp. 13–19.
③ 参见［意］切萨雷·龙布罗梭《犯罪人论》，黄风译，中国法制出版社2005年版。
④ ［英］克里斯·希林：《身体与社会理论》，李康译，北京大学出版社2010年版，第4页。

理论中,都作为基本问题存在。本章倾向于强调这一问题对于法律与社会理论的重要性,但不拟对此问题作全面分析,而是尝试着以贝卡里亚的《论犯罪与刑罚》为样本,分析和省思作为现代社会前提之一的现代人及其法律人格。

第一节　刑罚革命与科技革新

贝卡里亚的《论犯罪与刑罚》①,是法学史上一部具有历史意义的著作。有刑法学者称之为"西方文明中有关犯罪与刑罚最具深远意义的论著"②,也有法社会学者把它视为"有关法律与社会的奠基之作"③。不过,在1947年出版的早期理论法社会学著作《法社会学》中,古维茨罗列了从亚里士多德以来的27家法社会学先驱和派别,以及11位欧美法社会学奠基人,却完全忽略了贝卡里亚。④ 半个世纪后,在《法社会学:古典和当代视角》一书中,崔维诺则把贝卡里亚与梅因、斯宾塞、萨姆纳一起并列为欧美法社会学的四位先驱,书中有关贝卡里亚的叙述在篇幅上甚至超过了对其他三人的叙述。⑤ 贝卡里亚在法社会学著作中的这种角色和地位变化,可能受到了研究者不同的学术视角和旨趣的影响,但也很难说这不是《论犯罪与刑罚》的影响在现代社会进一步扩展的结果。

事实上,自20世纪60年代中期以来,西方学界一度再次出现"贝卡里亚热"。⑥ 由一位当时不到26岁的青年撰写的一本小册子,在出版时即

---

① 关于《论犯罪与刑罚》的分析,主要使用这一译本:[意]切萨雷·贝卡里亚:《论犯罪与刑罚》,黄风译,中国政法大学出版社1993年版;并参照 Cesare Beccaria, *On Crimes and Punishments and Other Writings*, ed. by Richard Bellamy, Cambridge: Cambridge University press, 1995。

② Marvin E. Wolfgang, "introduction", in Cesare Beccaria, *Of Crimes and Punishments*, New York: Marsilio Publishers, 1996.

③ A. Javier Treviño, *The Sociology of Law: Classical and Contemporary Perspectives*, New York: St. Martin's Press, 1996, p. 13.

④ Georges Gurvitch, *Sociology of Law*, London: Trench and Trubner, 1947, pp. 53 – 148.

⑤ A. Javier Treviño, *The Sociology of Law: Classical and Contemporary Perspectives*, New York: St. Martin's Press, 1996, pp. 13 – 35.

⑥ 参见黄风《贝卡里亚及其刑法思想》,中国政法大学出版社1987年版,第133—134页。

震动了世界，在 200 多年后仍能得到专家学者们的深入研究，这本身即是值得深入研究的历史现象。那么，牵动包括法社会学者在内的众多专家学者的眼光，决定《论犯罪与刑罚》深远影响的那些历史因素究竟是什么呢？毫无疑问，《论犯罪与刑罚》一经出版即产生巨大影响，这表明它准确击中了当时社会的要害。人们习惯于把这一要害归结为封建社会残酷而不人道的刑罚。同样，在《法社会学：古典和当代视角》一书中，崔维诺虽然把《论犯罪与刑罚》放在了"法律与社会"的框架下，但除了像刑法学者那样叙述出该书所蕴含的一些刑罚原则和理念，以及基于这些原则和理念对传统社会的批评、对当时刑罚改革的影响外，并没有真正开掘出《论犯罪与刑罚》在法社会学乃至人类文明史上的真正意蕴。

在法学，特别是法社会学上，《论犯罪与刑罚》确是一部值得特别关注的著作。这里主要以其为分析文本，从法律技术、惩罚技术的角度，揭示惩罚技术、法律技术与现代社会之间深层而持久的关联，以此凸显惩罚技术在法社会学上的独到意义以及对当代社会的现实启示。

一 刑罚革命与技术社会

1764 年，一座重达两吨的大钟被安装于法国巴士底狱，用来为巴士底狱的驻军和囚犯报时。这一大钟的表面镶嵌有象征法国王权的百合花图案，表盘由手脚、脖子、身体全被沉重铁链捆绑的两个一老一少男性奴隶雕像支撑。王权图案和奴隶雕像据说包含着这样的警示：国王可以让一个人在监狱里度过一生。当然，在巴士底狱安装大钟，给人最直观的印象还是：精确时间进入了监狱。

同年，贝卡里亚的《论犯罪与刑罚》在意大利出版。此书的出版与巴士底狱安装大钟不仅在年份上巧合，而且在一些别的方面也存在耐人寻味的联系。例如，《论犯罪与刑罚》是一本关于犯罪和惩罚的书，而巴士底狱则是惩罚犯罪、执行刑罚的监狱。巴士底狱大钟把时间带入监狱，而《论犯罪与刑罚》同样试图把时间和数学计算带入惩罚。巴士底狱大钟由法国制造，《论犯罪与刑罚》也与法国有着重要联系。据作者说，该书的写作主要得益于法国思想家的著作。两次被关进巴士底狱的伏尔泰，对该书及其作者也大加赞赏，并专门撰文评论该书。该书在出版后不到两年还被译为法文。1789 年，法国爆发大革命，巴士底狱被攻占，巴士底狱大钟表盘上的奴隶雕像被革命者用石头砸碎，而《论犯罪与刑罚》的一些重要观点和词句则被搬入革命文件《人权和公民权利宣言》中。该文件涉及惩罚的三条规定，都可从《论犯罪与刑罚》找到渊源。

25 年间，巴士底狱大钟成为失去表盘的历史遗物，《论犯罪与刑罚》则成为影响欧美政治革命和法律改革的基本文献。与惩罚相关的两种事物，同时诞生却在同一时段卷入完全相反的历史命运，这清楚地标示出当时历史潮流的走向。从内容看，《论犯罪与刑罚》的很多观点，其实已蕴含在欧洲思想家特别是法国启蒙思想家的著作中。有人因此甚至认为，贝卡里亚"不是一名创新者，而不过是把已出现在浩繁卷帙中的东西精简在一本小册子之中"，"《论犯罪与刑罚》这本书与其说是一位科学道路的开拓者的天才创造，不如说是对占主导地位的共同精神的表述，贝卡里亚似乎只是一件表述工具而已，他本来是可以由当时其他哪位启蒙思想家所取代的。"① 这些见解尽管多少有些贬低贝卡里亚的个人天分，也低看了《论犯罪与刑罚》独到的历史特征，但却较为客观地反映出促使个人以及作品成名的历史动因。那么，究竟是怎样的一股历史潮流，把巴士底狱大钟卷入历史深渊，而把《论犯罪与刑罚》推上潮流高峰？

学者们，特别是刑法学者大多从刑罚的发展，来看待这股历史潮流。的确，巴士底狱大钟向世人提出了监禁乃至终身监禁的警示，《论犯罪与刑罚》也基于对死刑的批判提出了终身监禁和劳役。而从刑罚史看，监禁乃至终身监禁，并没有随着巴士底狱大钟表盘的毁坏而彻底消失。相反，监禁成了此后刑罚发展的主要方向。就此而言，《论犯罪与刑罚》实际处在刑罚史的交接口上。如果人类的刑罚史大致可以分为酷刑、依法刑罚、监禁三个阶段，那么，《论犯罪与刑罚》正处在批判酷刑，主张刑罚法定化，并开启监禁的历史关口。看上去，《论犯罪与刑罚》不仅与政治革命牵涉在一起，它本身即酝酿着一场刑罚革命。不过，有关《论犯罪与刑罚》的这种法律观点，还不足以揭示将其推上浪峰的那股历史潮流。或者说，《论犯罪与刑罚》的历史意义还远不止于此。

从形式看，除了都涉及惩罚和时间计算外，巴士底狱大钟与《论犯罪与刑罚》还有一个需要仔细琢磨才能发现的相似之处，那就是技术。巴士底狱大钟是数学在机械上的实际运用，其机械和技术特征很明显。它由钟表机械装置和三口青铜钟铃组成，拥有较为复杂的机械结构，由四位

---

① 转引自黄风《贝卡里亚及其刑法思想》，中国政法大学出版社 1987 年版，第 25 页。

铸造师分工完成，并设有专门的维护和修理工，可以作为当时钟表工艺的代表。而《论犯罪与刑罚》的技术特征则需要用心品读和思考才能发觉。事实上，《论犯罪与刑罚》不仅迎合了当时的政治革命潮流，也与技术革命紧密地联系在一起。而要发现这一特征，首先需要对什么是技术以及近代以来的技术革新有个大致了解。技术革新是打开《论犯罪与刑罚》所处历史之门的一把钥匙。也只有用这把钥匙打开历史之门，才能清楚看到或进一步认清，《论犯罪与刑罚》在法律史以及社会史上的重要意义和历史地位。

按照有关解释，技术（technique）是人类在利用和改造自然的过程中积累起来，并在生产劳动中使用的经验、知识、机械、装备、工具、程式和方法。技术有时也被称为"实用艺术"和"应用科学"，这表明技术与"艺术""科学"之间存在着一定联系。但到后来特别是在大机器时代，技术与艺术、科学之间表现出较大差异。就技术与艺术或手艺的关系而言，技术是机械技能。它的一个重要特点在于，日渐摆脱了个人性和手工性，并因此能够适应社会化大生产的需要。以医疗为例，脉诊主要依赖医师个人的经验，而一些医疗设施和技术则使得健康检测不再依赖于特定的人。以图画为例，艺术的产物是依赖于特定画家的绘画，技术的产物则是千千万万相同或相似的图片或相片。从历史看，在社会规模和功效方面，机器时代的技术远远超过了手工时代的艺术或手艺。就技术与科学的关系而言，虽然最初很多技术发明并不完全依赖于科学，但科学后来居上，最终成为技术革新的主导，直至今日很难再将科学与技术分开。显然，在分工细密、分化明显的现代社会，科学技术越来越起到重要乃至支配作用，而那些个人的手艺、艺术则只成为万绿丛中零星点缀的花朵。就此而言，现代社会可谓一个"技术社会"（technological society）。

贝卡里亚所处的时代，正是技术社会开始的年代。《论犯罪与刑罚》的出版，也正好处在技术革命开始的时间。在《论犯罪与刑罚》出版前后，英国的瓦特开始钻研蒸汽动力问题，并着手蒸汽机的改良。詹姆斯·哈格里夫斯（James Hargreaves）则发明了"珍妮纺纱机"。由于"珍妮纺纱机"被视为最早的大机器，人们把它的诞生看作"工业革命"开始的标志。约25年后，瓦特改良的蒸汽机把人类带入"蒸汽时代"，英国的水力棉纺厂和织布厂在生产规模上也率先突破手工作坊，工场手工业由此开始向机器大工业过渡。如果说，《论犯罪与刑罚》的出版与巴士底狱大钟的安装发生在同一历史年份多少有些巧合，那么，《论犯罪与刑罚》的出版与科技革新的开始在时间上的吻合则显示出一定的历史必然性。

二 惩罚技术与惩罚社会

法律与技术的关系是双方面的。一方面，法律保护和奖励技术发明专利。另一方面，技术也渗入法律。18世纪，是工业技术发明在法律的保障和鼓励下大显身手的世纪，也是技术进入法律的世纪，或者说，是法律技术迅速发展的世纪。福柯曾指出，古典时期之所以受到赞美，是因为这一时期不仅发明了大量科学和工业技术，也发明了新的政府形式、行政机构和政治制度，同时，往往被人忽视的是，这一时期还发明了权力技术（technique of power）。[①] 其实，在所有这些发明之外，还应加上法律技术、惩罚技术，而贝卡里亚正可以被看作是这样一位重要的法律技术，特别是刑罚技术的发明人。

技术的迅猛发展适应了社会变化加快、规模扩大的客观需要。在《古代法》中，梅因就注意到法律与社会之间的缺口。缺口的弥合在现代社会主要依靠技术。如同工业社会对工业技术、现代战争对军事技术的迫切需要一样，现代社会在治理上也迫切需要法律技术。梅因总结了弥合缺口的三种方法："法律拟制""衡平"和"立法"。[②] 这三种方法显然不仅包含着司法技艺，也包含着法律技术。法律技术是对低效的、有赖于人力和个体经验的司法技艺的扬弃，它改变了原有的法律的伦理属性以及法律起作用的方式，增进了社会治理的效率。与此相应，人格化的个体治理，日渐为"非人格化"的法律技术治理所取代，现代法治社会由此逐渐被建立起来。

法律技术的发展也是现代"大社会"运作原则的必然要求。阿尔文·托夫勒（Alvin Toffler）曾指出，人类历史迄今为止遭遇到三次变革和浪潮——农业革命、工业革命、现代科技革命，"直到1650—1750年为止，我们可以说，世界是第一次浪潮的天下。"[③] 由此看，《论犯罪与刑

[①] [法]米歇尔·福柯：《不正常的人》（法兰西学院演讲系列，1974—1975），钱翰译，上海人民出版社2003年版，第49页。

[②] 同上书，第15—20页。

[③] [美]阿尔文·托夫勒：《第三次浪潮》，朱志焱、潘琪、张焱译，三联书店1983年版，第51—52、66页。

罚》正好处在"第二次浪潮"开始的浪头。托夫勒进一步指出,每一种文明都有其潜在法则和原则,第二次浪潮的基本组织和活动原则有六项:标准化、专业化、同步化、集中化、扩大化、集权化。① 就内容而言,《论犯罪与刑罚》大致满足了工业文明的这六项原则要求:法律与道德和宗教分离开来,刑罚一准于法;虽然尚未提及法律专职,但它涉及立法与司法的分工;将精确的时间和比例关系引入刑罚,刑罚因此与社会在同一时间轨道上一起运转;监禁使得监狱成为与工厂、学校、军队一样的集中场所,刑罚也日渐成为一个专门领域;刑罚针对社会大众,最大可能地扩及社会范围;刑罚集于王权,法官、个人和教会不得染指。

从历史看,法律在古代社会明显受着宗教和道德的束缚,社会因此着力于伦理秩序而变化迟缓。而一旦法律从宗教、伦理中摆脱出来,与科学、技术结合起来,乃至受到科学、技术的支配,法律技术就因为其巨大的社会功效而迅速弥合法律与社会之间的缺口,跟上乃至推动社会发展。换言之,技术使得法律与社会具有相同的范围。由此,法律技术的发展带来的是法治社会,惩罚技术的发展带来的则是惩罚社会。法治社会是启蒙思想家的理想,惩罚社会其实也是包括贝卡里亚在内的启蒙思想家的理想。在《规训与惩罚》一书中,福柯把惩罚社会称为"惩罚之城"。在他看来,18世纪的法学家和法律改革家的梦想就是建立一座"惩罚之城",其中,惩罚在全社会普遍而有效地存在和运转。②

长期以来,《论犯罪与刑罚》被人笼统地视为一部满怀人道情感的人道主义作品。贝卡里亚在书中也提到,他旨在张扬"人道"精神,促进惩罚向人性化方向发展,以"为最大多数人所分享的最大幸福"。然而,惩罚技术的发展结果却是一个惩罚处处蔓延的"惩罚之城",这是否有悖于贝卡里亚的"人道"初衷?这一问题促使人们进一步思考,18世纪惩罚变革的真实出发点究竟是"人道",还是"技术"?

---

① [美] 阿尔文·托夫勒:《第三次浪潮》,朱志焱、潘琪、张焱译,三联书店1983年版,第92—107页。

② Michel Foucault, *Discipline and Punish: the Birth of the Prison*, New York: Vintage Books, 1977, pp. 104–114.

第二节　人道改造与惩罚技术

尽管不能完全排除贝卡里亚的人道情感，但有关《论犯罪与刑罚》的人道主义观察视角，在很大程度上遮蔽了其间的技术维度，以致相关的人道分析在有些方面显得较为乏力。例如，《论犯罪与刑罚》花了最长的篇幅来论证死刑应被废除，但从字里行间，始终看不到对人生命本身的绝对价值的道德论证。其实，贝卡里亚有关死刑应被废除的论证，主要是基于一种惩罚技术的考虑。鉴于此，福柯倾向于从权力技术和权力策略的角度来看待18世纪的法学理论更新和惩罚体制变革。他说，

> 整个18世纪，在法律机构内外，在日常刑罚实践和制度批评中，都可看到，出现了一种行使惩罚权力的新策略。法学理论所阐明的或各种方案所规划的严格意义上的"改革"，都是这种策略在政治或哲学上的继续。其主要目标在于：使对非法活动的惩罚和镇压具有常规功能，与社会同步发展；不是使惩罚更少，而是使惩罚更有效；也许会减弱惩罚的严厉性，但这是为了使惩罚更具普遍性和必要性；使惩罚权力更深地嵌入社会机体。[①]

在这样一段话中，福柯指出了18世纪惩罚变革的四个主要目标，而《论犯罪与惩罚》基本上也以这四个目标结尾。将此四个目标与全书内容结合起来，大体可以看出，刑罚公开和罪刑法定涉及刑罚规范化；刑罚法定涉及刑罚确定化；刑罚及时、必需以及罪刑相称涉及刑罚有效化；刑罚尽量轻微和罪刑相称则涉及刑罚社会化。这里，主要从惩罚的规范化、确定化、有效化和社会化，来逐一分析和揭示《论犯罪与惩罚》中的惩罚技术，并着意探究18世纪的惩罚变革在多大程度上是基于"人道"或人类的道德情感。

---

① Michel Foucault, *Discipline and Punish: the Birth of the Prison*, New York: Vintage Books, 1977, pp. 81 – 82.

一 惩罚规范化

针对刑事诉讼程序不规范、对未经证实的或臆想的罪行实施惩罚、秘密控告、秘密刑罚等情况，贝卡里亚提出了罪刑法定原则，主张犯罪和刑罚都必须以明确的法律规定为前提，法无明文规定不为罪，而且还要求审判和各种司法程序都必须遵守相应的手续和公开仪式。这些都是使惩罚规范化的努力。

惩罚规范化，并不是要彻底消灭痛苦和惩罚。毕竟，惩罚本身与痛苦是不可分离的。在贝卡里亚那里，痛苦是制造精巧惩罚技术的基本原料。在这一点上，他主张废除死刑，并非因为死刑过于残酷，反倒是因为，死刑过早地结束了痛苦。一如贝卡里亚所说，"害怕痛苦的人都遵守法律，但是，死亡却消除了人体内一切产生痛苦的源泉。"[①] 人们遵守法律，一个重要原因在于人们害怕违法所致的痛苦。不过，如果执法者、行刑者任意、恣肆地制造痛苦，痛苦将不仅得不到充分利用，反倒会激发世人的道德憎恶，导致痛苦制造的消极后果。因此，痛苦制造的随意性、人为性必须尽可能地被消除。也就是说，痛苦的制造必须规范化。惩罚规范化意味着"痛苦制造机"的出台。这不是像巴士底狱大钟那样的单一具体的机械实物，而是一套能够生产出标准产品并更易被人接受的非人格化程序和机制。

从权力角度看，由于刑罚是一种国家权利或权力，刑罚规范化也可说是国家权利或权力的规范化。就像痛苦的胡乱制造导致痛苦"功利"的浪费一样，国家权力运行的不规范，也会导致国家权力的浪费和令人憎恶。权力腐化导致冤狱，权力滥用导致不必要的痛苦折磨，权力的过剩运用则导致酷刑。冤狱、折磨、酷刑，不仅纵容权力的恣肆，还会遭受世人的憎恶和反抗。因此，作为统治权力的刑罚，要想在现代社会中继续存在并有效运行，必须首先具备诸如审判手续、公开仪式这样的规范形式。规范的、非人格化的程序和形式，在很大程度上保证了刑罚的"合法性"，使得刑罚因此能被人接受。在此，明显存在着一种通过程序的合法性，以及通过程序的合法化过程。从历史看，政治权力在古代社会主要通过领袖

[①] [意] 切萨雷·贝卡里亚：《论犯罪与刑罚》，黄风译，中国政法大学出版社1993年版，第88页。

魅力、传统习惯等被合法化，在现代社会则主要通过法律、程序、规范而被合法化。制度、规范、程序，成了现代政治和法律活动的形式要件。

此外，刑罚规范化看上去与人道结果也是一致的。在《论犯罪与刑罚》中，最让人动容的是这样一副画面："法官懒懒散散，而犯人却凄苦不堪；这里，行若无事的司法官员享受着安逸和快乐，那里，伤心落泪的囚徒忍受着痛苦，还有比这更残酷的对比吗?!"[1] 此类凄惨景象与法律运行的不规范是相关的。惩罚的规范化过程，既是凄惨景象被不断消除的过程，也是国家权力合法化的过程。例如，按照贝卡里亚的看法，法官不因为情感或公共福利而超出法律增加惩罚，这样才能让人们畏惧法律，而不是畏惧司法官员，从而维护君权和社会的安全。贝卡里亚说，"随着刑罚变得宽和，随着从监所中消除了凄苦和饥饿，随着怜悯和人道吹进牢门并支配那些铁石心肠的执法吏，法律将心安理得地根据嫌疑决定逮捕。"[2] 由此不难觉察到，《论犯罪与惩罚》实际上旨在以"人道"让人接受正当权威，而不是削弱它，一如贝卡里亚在书前所声明的。

二　惩罚确定化

惩罚确定化是针对惩罚的不确定性而提出的。惩罚的不确定性，主要表现在法律含混、法律解释以及惩罚得不到落实三个方面。由此，惩罚确定化也主要包括三个方面。一是使有关惩罚的法律规定尽可能明确详尽。二是限制乃至杜绝法官的法律解释权，以免法律明文规定的惩罚因为法官的解释而被改变。三是犯罪必定依法遭受刑罚。

在惩罚确定化上，贝卡里亚发现了成文法与法官自由裁量权之间的反比定律。也就是，法律规定越是成文、明确、详尽，法律解释的空间就越小，法官就越能严格按照法律办事，暴政因此也越不容易出现。反之，法律规定越是含糊、粗略，法官的自由裁量权就越大，司法就越有可能超越法律，暴政因此也就越不容易避免。基于这一定律，贝卡里亚强调了成文法精神。一方面，贝卡里亚认为，法律应当尽量成文，明白易懂，避免含混。另一方面，贝卡里亚极力主张严格限制法官权力，反对法官解释刑

---

[1]　[意] 切萨雷·贝卡里亚：《论犯罪与刑罚》，黄风译，中国政法大学出版社1993年版，第56页。

[2]　同上书，第17页。

法。成文法精神体现了"非人格的""物化"要求。这与现代社会的技术发展趋势是一致的。法官自由裁量是特定的、个人的，就像作坊工匠的手工活一样。成文法典则是普遍的，非个人的，就像工业产品一样，能够在社会范围广泛、快速流通。因此，从 18 世纪晚期开始，与工业技术发展相伴随的，是世界范围的"立法"和"法典编纂"。

按照确定化的要求，法律和惩罚不仅在纸面规定上应是确定的，在实际执行上也应是确定的。换言之，不仅要有一张精致细密的惩罚之网，还要让这一张网派上用场，产生不漏一罪的实效。确定是为了防止误差，避免预期落空。与科技装备相比，人更容易带来误差。因此，尽管军事训练对于现代士兵来说仍是必需的，但现代战争主要不再凭靠"百步穿杨"的挽弓射箭技能，而是依靠精密技术装备的精确打击。技术装备带来的是与预期一致的必然结果。相比而言，身体技能在精确度上则始终会是一场赌博，即使再熟练，也存在操作失败的极大可能。技术，体现的是人类对客观技能的利用，对确定、不变、必然的追求。确定性因此成为技术的基本特征，也成为法律技术、惩罚技术的基本要求。因此，不仅要装备一台"自动司法操作机"，来避免法官徇私枉法、恣肆专断，还要通过提高惩罚的技术含量，来增强法律执行的确定性。这正如有学者所指出的：

> 随着法律实施的技术方法变得更为广泛，社会控制问题可以通过刑罚确然性的加强，通过日趋广泛的制裁措施的监督，或者制裁程序的简单化和常规化（例如自动化罚款或者其他惩罚方法）日益有效地得到解决，而不是把制裁的严厉性加剧到近乎恐怖的程度。[①]

在技术含量较低的情况下，法律和惩罚更多地依靠"厉"。这是粗放的技能要求。在技术含量提高的情况下，法律和惩罚更多地依靠"严"。这是精密的技术要求。在很大程度上，惩罚确定化是一个从"厉"到"严"、从粗放到精细的进程，技术在此进程中起着关键作用。因此，随着技术所导致的刑罚从"厉"到"严"的转变，刑罚确定化常常也会让人感觉是一个"人道"的进程。

---

① ［英］罗杰·科特威尔：《法律社会学导论》，潘大松译，华夏出版社 1989 年版，第 168 页。

三 惩罚有效化

技术社会的惩罚不仅要像机器那样确定可靠,还要像机器那样具有高效能。在很大程度上,18世纪的惩罚改革的目的就在于,以更为精致有效的惩罚机制取代笨拙无能的惩罚机制。惩罚的规范化、确定化实际上都可被视为使惩罚更具实效的方式。除此之外,最能体现惩罚有效化的,是贝卡里亚提出的犯罪与刑罚在时间上的紧随关系,以及在数量和程度上的对称关系。

缩短刑罚与犯罪之间的时间差,让刑罚紧随犯罪而至,增强刑罚的必定性和及时性,对于威慑人心具有十分明显的功效。就罪刑在时间上的紧随关系,贝卡里亚说,"犯罪与刑罚之间的时间隔得越短,在人们心中,犯罪与刑罚这两个概念的联系就越突出、越持续,因而,人们就很自然地把犯罪看作起因,把刑罚看作不可缺少的必然结果。"[①] 显然,犯罪与刑罚之间时间差的缩短,使得犯罪与刑罚犹如重力与物体一样,物体因为重力的吸引会自然落地,同样,刑罚也会因为犯罪必然而至。就此看,贝卡里亚试图提出的,可以说是刑罚领域的力学定律。如果物理学上的力学定律带来的是机械的改进和效率的提高,那么,刑罚领域的力学定律带来的则是惩罚技术的改进和效率的提高。只不过,物理学上的力学定律针对的是物体,而刑罚领域的力学定律则被贝卡里亚引向了人的行为乃至人心。

高效率是技术社会的重要特点,时间和比例是效率的两个基本维度。技术社会不再像传统社会那样,是一个时间观念模糊、可以放情山水的悠闲社会,而是一个把人生精确地定格为分分秒秒、时时刻刻的社会。通过时间的精密计算,技术社会极尽可能地缩短完成固定工作量的单位时间,或者增加单位时间内的工作量,以此创造前所未有的社会生产力。就此而言,使刑罚紧随犯罪而至,实际上也是在为现代社会处理大量的违法犯罪赢取更多的时间,以使现代社会在充裕时间的保证下,极尽可能地让每一起违法犯罪都遭受惩处,由此震慑人心,增强惩罚之网的实效。时间的精密计算,可以节省时间,增加产量。比例的精确安排,则可以节约资源,避免浪费。因此,技术社会不仅是一个重视时间的社会,也是一个注重做

[①] [意]切萨雷·贝卡里亚:《论犯罪与刑罚》,黄风译,中国政法大学出版社1993年版,第56—57页。

有用功、强调效能，反对做无用功、避免浪费的社会。"杀鸡用牛刀"是不注重比例对称、浪费资源的例证。同样，酷刑、公开拷打示众，也是不注重比例对称、浪费刑罚资源的例证。《论犯罪与刑罚》反对酷刑，在很大程度上正是出于使有限的刑罚资源产生最大刑罚效能的考虑。

在贝卡里亚看来，正义的刑罚应该是必要的刑罚，而酷刑严重破坏了罪刑之间的对称关系，因此是不正义的、无效的，对国家权力也是有害的。由此，贝卡里亚一再强调，要"有一个相应的、由最强到最弱的刑罚阶梯"。① 这意味着，罪刑比例的对称安排，同样能够带来刑罚从"厉"到"严"的转变。刑罚变革的方向，不再是通过极力增强其残酷程度来获得实效，而是利用犯罪与刑罚之间精确的对应关系，达到震撼人心的效果。显然，刑罚一味残酷、无所不用其极，终究超越不了人类器官和感觉的限度，而刑罚一旦在某一犯罪上达到极点，对更严重犯罪的惩罚就无以复加。而且，由于残酷刑罚打乱了刑罚的阶梯顺序，使罪刑不能继续保持数量和程度上的对称关系，它不仅导致了刑罚的无效，也附带着对国家权力严重不利的后果。因此，福柯认定，18世纪末以来"对公开处决仪式的废除，不管对囚犯的人道情感起了何种作用，单就国家权力而言，它对这些包含多重意义的仪式的效果无论如何都有一种政治担心"。②

四　惩罚社会化

从内容看，贝卡里亚撰写《论犯罪与惩罚》时，内心里显然不仅想着受刑者的痛苦，想着国家权威的维护，更想着惩罚对社会大众的威慑。《论犯罪与惩罚》多处表明，贝卡里亚试图把作为"可感触的力量"的惩罚社会化，使之深入人心，广泛扩及社会，以此警戒世人，预防和减少犯罪。

惩罚社会化的最终目的，既在于警戒人心，也在于赢取人心。贝卡里亚明确表示，"刑罚的强度和犯罪的下场应该更注重对他人的效用"。③ 在

---

① ［意］切萨雷·贝卡里亚：《论犯罪与刑罚》，黄风译，中国政法大学出版社1993年版，第43页。

② Michel Foucault, *Discipline and Punish: the Birth of the Prison*, New York: Vintage Books, 1977, p. 65.

③ ［意］切萨雷·贝卡里亚：《论犯罪与刑罚》，黄风译，中国政法大学出版社1993年版，第56页。

贝卡里亚看来，刑罚的目的不在于摧毁折磨一个感知者，也不在于消除业已犯下的罪行，而在于阻止罪犯重新侵犯公民，并警示其他人不要重蹈覆辙。换言之，惩罚具有普遍的社会警戒功能。惩罚要能够对社会公众的感观产生深刻印象，以让法律的力量"形影不离地跟踪着每一个公民"[1]。贝卡里亚提到，"政治，至少是真正的和持久的政治……只不过是一种指导人的永恒情感并使之相互和谐的艺术罢了。"[2] 结合惩罚而言，政治的主要任务就在于，设法让惩罚作为可感知物永存社会公众的心中。在现代社会，惩罚不再主要以极尽野蛮和残忍为能事，而是借助审判公开、证据公开等更易让人接受的方式向公众内心渗透，来赢得公众的拥护。

人类通过动力、航海、航天等技术实现空间跨越，要想使惩罚遍布社会，达到普遍警诫的效果，尤其需要一套控制人心的技术。这些技术与规范化、确定化、有效化是紧密相关的。惩罚社会化不过是惩罚规范化、确定化、有效化在社会层面的进一步扩展和深化而已。首先，惩罚要充分考虑社会成员实际的心理承受能力，就像治病要首先弄清疾病的严重程度和病人的体质状况一样。就此，贝卡里亚说，"刑罚的规模应该同本国的状况相适应。在刚刚摆脱野蛮状态的国家里，刑罚给予那些僵硬心灵的印象应该比较强烈和易感……但是，随着人的心灵在社会状态中柔化和感觉能力的增长，如果想保持客观与感受之间的稳定关系，就应该降低刑罚的强度。"[3] 其次，惩罚要在数量上精心计算，在方式上精心选择，做到分寸恰当，宽严适宜，触动人心。刑罚不仅应该从强度上与犯罪相称，也应该从实施刑罚的方式上与犯罪相称。例如，公开惩罚重型犯罪，会让人们都觉得与己无关；但公开惩罚那些容易打动人心的较轻犯罪，则在阻止人们实施较轻犯罪的同时，也阻止他们实施更严重的犯罪。最后，对犯罪的惩罚要像导弹射击一样，不仅要快，而且要准，这样，"在人们心中，犯罪与刑罚这两个概念的联系就越突出、越持续。"[4]

从控制人心的技术看，贝卡里亚提出的刑罚原理和原则，实际蕴含着一套心理技术学。这在很大程度上标示着惩罚重心从身体向人心的转变，

---

[1] ［意］切萨雷·贝卡里亚：《论犯罪与刑罚》，黄风译，中国政法大学出版社1993年版，第61页。

[2] 同上书，第55页。

[3] 同上书，第44页。

[4] 同上书，第56页。

也同样标示着惩罚方式从粗犷到精细的转变。贝卡里亚说,"最容易和最持久地触动我们感觉的,与其说是一种强烈而暂时的运动,不如说是一些细小而反复的印象……道德观念只有通过持续和反复影响才会印入人的脑海。"① 就此而言,惩罚社会化就在于通过一套心理技术,制造能够因人类心理变化而自动调节的精密装备和仪器,不断在社会公众心中制造惩罚记忆和印象,以此预防和消除犯罪。沿着技术的路径,惩罚深入到人心,也遍布了社会。因此,在贝卡里亚的梦想中,犯罪也许是少的,刑罚也许不再是恣肆、残酷的,但确定有效的惩罚却是时时处处可以被感触的。

第三节 惩罚理性与现代社会

不难看到,《论犯罪与刑罚》实际上包含着一套"精打细算的惩罚权力经济学"和丝丝入扣的惩罚权力技术。如同现代工业技术促进了社会化大生产、现代军事技术扩大了战争规模一样,这套技术提高了国家惩罚权的效能,扩展了惩罚的社会范围,也在一种规范运作中赋予惩罚权力以"理性"或增强惩罚的"合理性"。或许由于这些原因,《论犯罪与刑罚》得到了欧洲各国政治上层人物,特别是俄国女皇的高度认同和赞赏。

《论犯罪与刑罚》的技术特征,不仅从书的内容可分析出,还可从作者的个人经历和当时的社会背景找到较为可靠的佐证。贝卡里亚在少年时代即表现出对数理课程的偏好,大学虽然读的是法律专业,但兴趣仍放在数学和物理学,对法律并不精通。在后来的一些论文写作中,他也表现出明显的自然科学思维。② 其实,这些并非贝卡里亚的独特个性,而是一种时代特征。《论犯罪与刑罚》的诞生,时隔哥白尼提出"太阳中心说"已200多年,距离牛顿建立经典力学体系也已近80年。当时,新的物理世界观已经形成,社会的机械特征也日渐明显。此后的历史发展,清楚地表明了科学技术和机械世界观向各个学科和社会领域的渗透。到19世纪,当社

---

① [意]切萨雷·贝卡里亚:《论犯罪与刑罚》,黄风译,中国政法大学出版社1993年版,第46页。

② 参见黄风《贝卡里亚及其刑法思想》,中国政法大学出版社1987年版,第108—112页;黄风《贝卡里亚传略》,载[意]切萨雷·贝卡里亚《论犯罪与刑罚》,黄风译,中国政法大学出版社1993年版,第111—114页。

会学诞生时,社会多少是被作为一部机器对待的,因此有"社会静力学"、"社会动力学"这样的提法。不仅于此,国家也被视为"机器"。所以,美国宪法被设计得像一座大钟,里面有一个相互制约和平衡的权力机械结构。后来,孙中山设想的民权政府,也以人民为动力,以政府为机器,以法律为工具。有人甚至更直截了当地提出,"人是机器"。正如学者们所说,

> 17世纪的科学和哲学把人与物理世界隔离开,把世界看成机器……这在西方思想史上是前所未有的、革命性的……物理世界具有可度量的关系,人们可以发现这些关系。只要把握住物理世界的规律,就能使它为人类服务。①

> 沉浸在如此机械论的思想之中,充满着对机器能力和效率近乎盲目的崇拜,第二次浪潮社会所有的革命奠基人……呈现着初期机械工业的特征。②

在12世纪,陆九渊讲过这样的话,"宇宙便是吾心,吾心即是宇宙"(《象山先生全集》卷二十二)。5个世纪后,人不再被视为一个神圣宇宙,而是被比拟为可以通过技术控制的机器。从"宇宙"到"机器",这是现代性的崛起过程,显示出人心地位和人类处境的明显变化。原本由人心生发的道德精神和审美情致失去了往日的神采,人乃至人心日渐受到技术的控制。技术在人们的生产劳动中最初被用于对物、对自然的控制,然而,随着技术力量的强盛,技术从对物的统治发展到对人的统治,而且还带来像核武器这样使人类面临普遍死亡威胁的技术"非理性"。同样,贝卡里亚发明的惩罚技术,在革除酷刑、有效惩罚犯罪的同时,也在很大程度上把人类推向了"技术统治"的汪洋大海。它因此在后来几个世纪的发展中,一直面临着贝卡里亚始料未及的"惩罚合理性"问题。

由于技术能够带来物质生活条件的巨大改善,技术的发展后来成为不可阻挡的历史潮流,并且不断获得"合理性"。在这样一个过程中,技术与人道实际上是交织在一起的。这表现在技术对人的控制的双重效果上。

---

① [美]罗兰·斯特龙伯格:《西方现代思想史》,刘北成、赵国新译,中央编译出版社2005年版,第43页。

② [美]阿尔文·托夫勒:《第三次浪潮》,朱志焱、潘琪、张焱译,三联书店1983年版,第120—122页。

一方面，技术更加注重对身体健康的保护，而不再残害肢体。因此，技术对人的控制甚至可以在人道的名义下展开。另一方面，人在物质方面因为技术而获得重大改善的同时，又因此处在了技术更为精微、隐蔽、普遍的控制之中。这种控制不仅针对罪犯，也在对违法犯罪的预防中被扩展于社会一般成员，甚至出现理性、人道名义下的非理性、不人道。此种双重效果涉及现代思想家所普遍关注的"合理性"问题。

随着现代社会的发展，《论犯罪与刑罚》所提出的在当时令人鼓舞的刑罚变革主张，历经两个世纪的发展后受到重新审视。时当《论犯罪与刑罚》出版后整200年，赫伯特·马尔库塞（Herbert Marcuse）的《单向度的人——发达工业社会意识形态研究》出版。如果说，法律技术、惩罚技术在《论犯罪与刑罚》中看上去"春风得意马蹄疾"，那么，技术统治在《单向度的人——发达工业社会意识形态研究》中则遭受到极其尖锐的批判。马尔库塞认为，技术社会是一个"统治体系"。在此体系中，统治或政治权力不仅通过技术而且作为技术不断扩大自己，获得合法性。而在由技术所带来的更为舒适的物质条件下，人作为物和工具继续受着高度合理化的、广泛有效而且有前途的技术形式的"奴役"。马尔库塞说，"一种舒舒服服、平平稳稳、合理而又民主的不自由在发达的工业文明中流行，这是技术进步的标志"，"技术也使人的不自由处处得到合理化。"[①]

综上所述，尽管贝卡里亚把人道主义和功利主义同时作为《论犯罪与刑罚》的指导思想，但真正贯彻到底的其实只有功利主义。毕竟，功利与道德、技术与人道之间并不是完全吻合的。其间的差异自古即在治道上表现出明显分歧。例如，先秦儒家认为人皆心存善根，因此在治道上主张走发明德性、导引人心的路径；先秦法家则认为人皆趋利避害，因此在治道上主张走明法尚功、以刑去刑的路径。显然，两条治理道路中的"人"是不一样的。儒家道路中的人是作为道德主体的人，法家道路中的人则是作为惩罚对象的人。就此来看，《论犯罪与刑罚》中的"人"，并没有被作为道德主体对待，而是作为惩罚技术对象而存在的。惩罚技术所要调动起来的不是人的道德精神，而是人的生理恐惧。只不过，《论犯罪与刑罚》把这种恐惧不再建立在血淋淋的残酷刑杀基础上，而是建立在

[①] 参见［美］赫伯特·马尔库塞《单向度的人——发达工业社会意识形态研究》，刘继译，上海译文出版社2006年版，第3、8、132—133、144等页。

细致入微的功利计算和技术控制基础上。这样的基础更加牢靠,也更容易被人接受。弗里德里希·冯·席勒(J. C. Friedrich von Schiller)曾经从人的生存状态中区分出三个王国:"力量王国""道德王国""审美王国"。[①] 按照这一区分,当一种治道仅仅把人作为惩罚对象看待时,难道不可以说,因为它没有把人当作道德主体和审美主体看待,或者,因为它消解了人的道德和审美维度,它其实并没有把人当作真正的人看待?

从趋势看,科学和技术手段在现代社会将会更多也更为深入地被应用于对罪犯的惩罚和对违法犯罪的预防控制中。这可谓现代化进程中的一个理性化和科学化过程。在此过程中,法律和惩罚的科学背景和技术背景将越来越广阔,也越来越深远。司法判断、法律操作、惩罚方式将更多地利用、借助和依赖生物科学、生理学、病理学、精神分析学以及其他科学。是否定罪以及是否惩罚都将沿着科学的路径作出判断和决定。鉴于这样一种趋势,福柯认为现代社会存在着滑离"法律的统治"的"历史斜坡"。[②] 如果真像福柯所说的那样,有所谓历史的滑坡和法治的衰微,那么,法律与技术、技术与人道的关系就确已成为需要严肃思考的问题。

对于现代社会以及正在努力寻求现代化的中国来说,这种发展趋势中值得特别关注的方面,在于在治道中努力张扬和切实维护人的主体地位。一方面,在法律与技术之间,应注意将科技运用置于法律规范的约束之下,将非人格化治理置于人文价值的引导之下。可以说,科技在治理和惩罚中快速而广泛地增长,与科技手段被快速而广泛地用于犯罪、战争以及其他非法活动有重要联系。在这样一种互动关系中,应在保障人权和公民权利的价值主导下,努力通过法治限制和规范科技在法律领域乃至社会领域的应用,特别防止科技手段在治理活动中的功能外化,亦即,一套专门用以对待罪犯、非法活动的技术手段和机制被社会化,扩展适用于普通社会大众及其日常生活。另一方面,在人与技术之间,应特别注意在治道乃至现代社会生活中灌注道德因素和审美因素,通过呵护和提升人内心的道德感和美感来维护社会,以避免人在技术化道路上沦为机器、生物体乃至"物体",从而使技术的利用重新回到人文道路上来。

---

① 转引自朱光潜《西方美学史》,人民文学出版社1979年版,第442—445页。

② Michel Foucault, *The History of Sexuality*, Volume 1: *An Introduction*, New York: Vintage Books, 1980, p. 144.

第十四章

法律治理与规训社会

社会的存在和发展状况，与法律的性质以及法律作用的实际发挥紧密相关。就法律性质与社会发展之间的关系，一些社会学理论认为，"礼俗社会"或"熟悉人社会"的人际关系主要依靠人情调整，"法理社会"或"陌生人社会"的人际关系则主要依靠法律调整；① "机械团结"的传统社会盛行压制性法律，"有机团结"的现代社会则盛行恢复性法律；② 法律在"静止的社会"受到宗教和道德的支配，在"进步的社会"则从宗教和道德理论中独立出来，通过法律技术达到与社会发展同步；③ "形式的——合理的"法律，促成了资本主义在现代西方的产生和发展。④ 就法律作用的实际发挥，还有一些法社会学家认为，社会中实存着各种对人的行为起规范作用的"社会法""习惯法""活法"，它们腐蚀乃至替代"国家法"的作用，使得"国家法"最终只成为一种阴影或参照，由此带来了所谓的"法律驱逐"（expulsion of law）和"法律衰微"（juridical regression）现象。⑤ 对"启蒙"以来法律的性质以及法律作用的实际发挥，福柯所作的分析看上去与众不同，其间透显出对现代法和现代社会的一种批判反思。本章从福柯的权力分析入手，主要论述福柯有关法律治理与规

---

① 参见费孝通《乡土中国》，三联书店 1985 年版；[德] 斐迪南·滕尼斯：《共同体与社会：纯粹社会学的基本概念》，林荣远译，商务印书馆 1999 年版。

② 参见 [法] 埃米尔·涂尔干《社会分工论》，渠东译，三联书店 2000 年版。

③ 参见 [英] 亨利·萨姆纳·梅因《古代法》，沈景一译，商务印书馆 1958 年版。

④ Cf. Max Weber, *Max Weber on Law in Economy and Society*, ed. by Max Rheinstein, Cambridge, MA: Harvard University Press, 1954.

⑤ Cf. Alan Hunt, *Explorations on Law and Society: Toward a Constitutive Theory of Law*, New York: Routledge, 1993, pp. 267-268; Eugen Ehrlich, *Fundamental Principles of the Sociology of Law*, Cambridge, MA: Harvard University Press, 1936; Stewart Macaulay, "Private Government", in Leon Lipson and Stanton Wheeler (eds.), *Law and the Social Sciences*, New York: Russell Sage, 1986.

训社会的研究。如果说，福柯对现代法的性质及其作用的分析值得深思，那么，福柯的那种独特的批判式的分析思路和看法，亦值得深思或反思。

第一节 权力分析的两种模式

在远古的神话传说中，正义女神总是用布蒙着眼睛。这种意象在现代人看来也许是令人困惑的。这是否意味着，正义是盲目的？但是，如果正义是盲目的，它又何以成为正义？人们何以选择这种盲目的正义？或许，不是正义是盲目的，而是人是盲目的。人对正义只可神会，不可感知，而且，只有避开感观，才能体验到并做到公正无私？这是否又意味着，在正义与人的认知之间，始终存在一种难以穿透的隔膜？如果是这样，蒙眼女神这种意象，是否表明人其实只是在追逐一种不可确知的东西？在所谓"后现代主义"思潮中，人类的这样一种认知处境，在德里达那里以比较明确的哲学话语表现出来。德里达所说的那种不能完全呈现出来、总是被延期的"正义"，显然不同于古典自然法学家们所提出的一套具体明确的自然法原则和体系。德里达始终没有明确地指出正义到底是什么。[①] 那么，不首先明确界定正义是什么，也可以分析正义吗？在此，实际上蕴含了一种新的思考问题的方式或者提出问题的方式。

德里达有关正义的分析与福柯有关权力的分析极为类似。这些分析都不把正义或权力视为一种"实物"，或者像"实物"一样可被清晰界定或划分的东西，而是把它们放在一种特定的关系中予以思考和分析。权力是福柯思想的一大主题，在福柯的政治法律思想中占有重要位置。福柯有关法律和规训的分析，直接源于福柯有关权力的见解。长期以来，权力一直作为一种"有目的性地支配他人的力量"，被人放在"权力的行使者""行使者的权力""权力的承受者"这种框架中予以把握。但在福柯看来，重要的不是问"权力是什么""谁行使权力"，而是问"权力是怎样被行使的"。福柯认为，"谁行使权力""权力对谁使"与"权力怎样被行使"是分不开的，即使把那些作出决定的人全部一一指明，仍然有可能不知道决定是

[①] Douglas E. Litowitz, *Postmodern Philosophy and Law*, New Jersey: Princeton University Press, 1997, pp. 91–108.

怎样作出的、为什么作出、决定是怎样逐渐被每一个所接受的、决定怎样影响或伤害某一类特定的人。因此，福柯并不明确界定权力是什么、权力在谁手中、谁有权、谁无权，而是通过分析来阐释"权力是怎样被行使的"。鉴于这一点，福柯特别强调，自己不是要提出一套"权力理论"，而是要作"权力分析"。福柯把权力分析分为两种模式：权力分析的法律模式（juridical model）和权力分析的战略模式（strategical model）。在福柯看来，权力分析的法律模式是自由主义和马克思主义所采用的权力分析模式，他自己采用的则是与此相对的权力分析的战略模式。

一 权力分析的法律模式

福柯指出，"目前，权力关系分析模式只有两种，一是权力关系的法律模式（作为法律、禁制、制度的权力），一是权力关系的军事或战略模式。"[①] 其中，权力关系的法律模式又被称为"利维坦模式"（model of Leviathan）。这一模式中的权力一般指消极的或否定的（negative）压制性力量，它与君主、统治权（sovereignty）、国家机器、法律、禁令、意识形态、惩罚、压制、强制、操纵、限制自由等联系在一起。这一权力最经常的表述是国家权力、统治者权力。福柯指出，在古典法律理论中，权力像财产、权利、商品一样，可以全部或部分占有和转让，每一个人都持有具体权力，这些权力全部或部分转让带来政治权力或统治权的诞生。在马克思的理论中，权力的作用在于维护生产关系以及与生产力发展水平相适应的阶级统治，政治权力的历史动因以及具体政治权力的运行原则都植根于经济之中。在福柯看来，这两种理论都把权力与统治权、国家机构联系在一起，都把权力视为可以实实在在持有的暴力或战利品，因此都是有关权力的宏大法律理论。福柯说，"中世纪发展起来的庞大权力制度——君主制、国家及其机构——矗立在早先的各种权力的基础上，并在一定程度上与这些权力相对抗。……面对众多冲突力量，这些庞大的权力形式作为超越一切不同主张的权利原则起作用，并表现出三重特性：形成统一的政权，将其意志与法律视为一体，按照奖惩机制行事。……法律不仅是君主灵活运用的武器，也是君主制的表现形式和被人接受的形式。中世纪以来

[①] Michel Foucault, *Politics*, *Philosophy*, *Culture*: *Interviews and Other Writings of Michel Foucault*, 1977–1984, ed. by Lawrence D. Kritzman, New York: Routledge, 1988, p. 123.

的西方社会,权力的运行总是按照法律来阐释。……尽管人们一直试图使法律领域与君主制度分开,使政治领域与法律领域脱离,但对权力的描述仍然局限在这一体制之中……仍然在君主制的魔咒之下。在政治思想和政治分析中,我们仍然没有砍掉国王的头颅。因此,权力理论仍然认为有关权利与暴力、合法与非法、自由与意志,特别是国家与统治权的问题是重要的,即使统治权不再作为统治者个人,而是被人格化为一个集体存在而遭受质疑。以这些问题来思考权力,就是根据我们社会特有的一种历史形式,即法律君主制(juridical monarchy)来思考权力。"[①]

福柯提到,18、19世纪的一种传统理论,总是认为绝对的君主权力是非法的:专断任性、恣肆妄为、反复无常、享受特权。但在福柯看来,这种看法忽视了西方君主制的一个基本历史特征:君主制是按照法律体系构造的,它通过法律理论表达自己,以法律形式运行权力机制。在这一点上,福柯很认同这样的看法:法国君主制利用法律和法律家来褫夺权利、打击贵族。因此,福柯说,"君主制的历史与通过法律—政治话语来掩盖权力事实和程序是密不可分的。"18世纪对君主制的批判,主要是基于严格纯粹的法律体系而提出的,它要求一切权力机制都毫无例外地遵守法律,反对君主制总是逾越法律框架,将自己凌驾于法律之上。在福柯看来,这种政治批判利用了君主制据以发展的法律思想来谴责君主制,但它没有对如下原则提出挑战:"法律必定总是权力的形式,权力总是必定以法律的形式被行使。"19世纪对君主制的批判更为彻底,它不仅批判现实权力避开了法学规则,而且批判法律体系本身也只不过是为了少数人的利益而实施暴力、利用法律作幌子来实施一种不对称、不公正的统治的方式而已。在福柯看来,这种法律批判同样是在如下假定上作出的:"权力在理论和本性上都必定依照基本的法制(lawfulness)被行使。"[②] 显然,在福柯那里,法律与君主制是紧密联系在一起的,以"法治"、阶级统治来批判君主制最终也没有脱离这一窠臼。

权力分析的法律模式实际上就是一种以"法律君主制"来思考权力的模式。在此模式下,权力一般表现出这样一些特点。第一,它是消极的

[①] Michel Foucault, *The History of Sexuality*, Volume 1: *An Introduction*, New York: Vintage Books, 1980, pp. 86 – 89.

[②] Ibid., pp. 87 – 89.

或否定的。它以否定的方式建立关系、划定界限、颁布禁令；采取禁止、惩罚、威慑、压抑等消极形式。它常常带来这样一些消极后果：排斥、拒绝、否认、阻止、掩藏。并且，它受制于经济因素。第二，它是有形的。它是一种实物，表现为看得见的文件、行动，听得见的话语。它有比较明确的持有者、行使者以及行使对象。这些要么是具体的个人，要么是具体的机构、集体。它能对人、机构、事物产生可见的实际效果。第三，它是司法的（juridical）。它是"作为法律的权力"（power-as-law），一般根据法律运行，因为与法律的联系而有别于暴力。它按照合法/非法、允许/禁止这种二元体制设定行为方式。它按照法律规定秩序、认定行为。它通过制定规则和发布命令而得以运行。它的一边是立法权力，另一边是服从的臣民或公民。第四，它是统一的。它在所有层面都以同样的方式行使。从上到下，不管是全局决定还是细微干预，不管它所依靠的机制或制度是什么，它都以一种统一的、总体的方式运行。福柯说，"从国家到家庭，从君王到父亲，从法庭到日常惩罚的细微变化，从社会统治的机构到由臣民构成的结构，可以发现一种权力的一般形式。"[1] 第五，它是不太灵巧的。由于它是总体（as a whole）权力，它对社会的细微层面一般鞭长莫及，也难以持续地起作用。而且，"如果权力行使太粗暴，就有激起民变的风险；而如果干预过于宽松，又会出现抵制和不服从，这是很大的政治成本。这就是君主权力的运作状况。"[2]

二 权力分析的战略模式

福柯在《疯癫与文明》中提到了对疯癫的禁闭、排斥、隔绝，当时的这种权力分析基本上采用的是法律模式。但自 20 世纪 70 年代接触刑罚和监狱问题后，福柯认识到权力分析的法律模式是不充分的。他说，"如果只从立法、宪法或国家、国家机器来提出权力问题，会使权力问题极度贫乏。与一套法律、国家机器相比，权力更加复杂、密集、弥散。"[3] 因此，在《规训与惩罚》《性史》第一卷等著作中，福柯明确抛弃权力分析

---

[1] Michel Foucault, *The History of Sexuality*, Volume 1: *An Introduction*, New York: Vintage Books, 1980, pp. 82-85.

[2] Michel Foucault, *Foucault Live* (*Interviews*, 1961-1984), ed. by Sylvere Lotringer, New York: Semiotext(e), 1996, p. 232.

[3] Ibid., p. 235.

的法律模式，而采用权力分析的战略模式。之所以称之为"战略模式"，源于福柯把卡尔·冯·克劳塞维茨（Karl von Clausewitz）的名言"战争是政治通过其他方式的延续"颠倒过来，认为"政治是战争通过其他方式的延续"。这一颠倒在福柯那里有三重含义。其一，在现代社会中运转的权力关系，原本建立在明确的力量关系基础上，这种力量关系是在某一特定的历史时期通过战争或者在战争中被确立的，政治权力则以无言的战争形式继续重写这种关系。其二，政治即使不被严格视为战争的延续，至少也应被视为军事模式的延续，针对权力、利用权力、为了权力而展开的政治斗争和冲突，力量关系的调整，对某种倾向的支持和加强等，所有这些政治现象都应被理解为同一场战争的插曲、内讧和替代。其三，如同战争的结果最终诉诸军事决战一样，作为战争延续的权力运行的终结，由最后的政治战斗予以宣告。① 由此，福柯提出了一种新的权力概念："以客观的看法取代法律的特权，以战术功效的看法取代禁令的特权，以对各重变动的力量关系领域（广泛的统治效果从这一领域产生，但是这种效果从来不是完全稳定的）的分析取代统治权的特权。也就是，以战略模式取代法律模式。"②

福柯认为，以战略模式取代法律模式并不是出于思辨选择和理论偏好，而是因为，"长期表现为战争、表现为每一种战斗形式的力量关系逐渐进入到了政治权力秩序之中，这是西方社会的基本特征之一。"③ 福柯从方法论上对这一模式转变作了仔细分析。其一，权力分析不应只关注中心位置的合法权力形式、权力运行的总体机制及其连续的效果，而应关注权力的末梢、目的地以及毛细血管的各个点。也就是说，要关注局部的、区域的、具体的、更少合法特征的权力形式和制度，看看宏大的统治权如何有效地体现在这些细微的权力形式和制度之中。其二，权力分析不应从其意图或决定层面、从其内在看法看待权力，问："到底是谁拥有权力？他的脑子在想什么？他持有权力的意图何在？"而应从其真实有效的实

---

① Michel Foucault, *Discipline and Punish: the Birth of the Prison*, New York: Vintage Books, 1977, pp. 168 – 169; Michel Foucault, *Power/Knowledge: Selected Interviews and Other Writings* 1972 – 1977, ed. by Colin Gordon: The Harvester Press, 1980, pp. 90 – 91.

② Michel Foucault, *The History of Sexuality*, Volume 1: *An Introduction*, New York: Vintage Books, 1980, p. 102.

③ Ibid..

践、从其外在面貌看待权力,问"权力征服过程中事物是怎样运转的?"也就是,"要努力发现,主体是怎样通过各种机体、力量、能量、材料、欲望、思想等,而被逐渐、稳步、真实、具体地塑造的。"其三,权力分析不应把权力视为某人、某一群体、某一阶级对其他人、其他群体、其他阶级的统一而同质的统治现象。在福柯看来,"权力从来不像商品或财富,固定在这里或那里,掌握在某人的手中。权力通过一种网状组织被使用和实施";"个人是权力的承载工具,而不是权力的实施点。"同时,个人是权力的一种效应,经过权力的运作,个人被塑造成为具有某种身体、举止、话语和欲望的主体。其四,权力分析的重要方面,不在于权力从中心向社会最细小部分的渗透,而在于"权力的上升分析",应从权力的细小机制开始,分析每一细小机制各自的历史、轨道、技术和策略,并分析这些机制如何被整体统治以及权力的更一般机制所吸纳、殖民化、利用、卷入、改变、取代、扩展等。福柯认为,"要考察在某一特定的关键时期,在事态正危机的情况下,借助某些改变,权力机制是如何变得在经济上有利、在政治上有用的。"其五,权力分析应注意到,在根本上,精微的权力机制主要不是生产意识形态,而是生产用于知识的形成和积累的各种有效工具:观察方法、登记技术、调研程序、控制机构。[①] 总之,"有关权力性质的研究不应指向统治权的法律大厦、国家机器以及与之相伴随的意识形态,而应指向统治和权力的具体操作者、征服的方式及其局部体制的变化和利用、战略装备。我们必须避开权力研究中的利维坦模式。我们必须从法律统治权、国家制度的有限领域走出来,并把我们的权力分析建立在有关统治技术和策略的研究之上。"[②]

权力分析的战略模式,实际上就是一种以技术和策略来思考权力的模式。在此模式下,权力一般表现出这样一些特点。第一,它是积极的(positive)或生产性的(productive)。它并不完全把人压倒或逼向绝路。相反,个人自由是权力得以行使的条件。它主要不是通过压抑,而是通过"规训"和"调控"来起作用。它能带来增强人的体力和能力、延长人的生命等积极效果。例如,在有关"性"的分析中,福柯提到,虽然也存

[①] Michel Foucault, *Power/Knowledge: Selected Interviews and Other Writings 1972-1977*, ed. by Colin Gordon: The Harvester Press, 1980, pp. 96-102.

[②] Ibid., p. 102.

在大量有关性的严格禁令,但禁止、阻隔、拒绝并不是权力的基本形式。禁令的存在只是一个复杂的煽动、表露和评价机制的组成部分。为了禁止性,禁令诱使、煽动、激发、迫使人们谈论性,权力并不害怕性。相反,性是权力得以运行的工具。因此,"权力关系首先是生产性的。"[①] 第二,它是关系性的。权力不是如同商品那样的可以获得、把握和分享的实物。"权力只是个人之间的某种关系","权力在不对等的、变动的关系中从无数个点起作用"。"每一种人类关系在某种程度上都是权力关系。我们在一个持续的战略关系中行动。每一种权力关系本身并不是坏的,但它们事实上总是包含着危险"。第三,它是战略性的。权力有其特殊的技术、策略、方法和手段。权力关系设定所涉及的每一方的位置和行动模式,为每一方的抵抗和反攻提供多种可能性。"哪里有权力,哪里就有反抗"。反过来,权力的存在依靠大量的抵抗点。这些抵抗点在权力关系中作为对手、靶子、支点、把手起作用。第四,它是细微的。权力既具有政府形式,也具有次政府、超政府形式。"权力来自下层",权力关系的根本不是统治者与被统治者的整体对立,而是社会底层的各种各样细微的权力机制。权力像毛细血管一样在细枝末节处建立自己的战略、技术和历史。第五,它是经济的。权力行使是有代价的,但战略模式中的权力是巧妙精微的,既经济又有效。"在社会实体中,权力关系也许是隐藏得最好的东西",它通过自己不可见或者可见而不可确知、而对方可见对人实施精确有效的控制。例如,观察是一种重要的现代权力技术。它对人的控制无须动用大批警力、身体强制或有形控制,而是只需建立一种小巧的注视(observing gaze)机制。在此机制下,每个人会把注视内在化(internalization),从而对自己无时无刻地行使监禁。[②]

基于从权力分析的法律模式向权力分析的战略模式的转变,福柯这样表述权力以及权力关系:

[①] Michel Foucault, *Politics, Philosophy, Culture: Interviews and Other Writings of Michel Foucault, 1977 – 1984*, ed. by Lawrence D. Kritzman, New York: Routledge, 1988, pp. 110 – 124.

[②] Michel Foucault, *The History of Sexuality, Volume 1: An Introduction*, New York: Vintage Books, 1980, pp. 94 – 102; Michel Foucault, *Politics, Philosophy, Culture: Interviews and Other Writings of Michel Foucault, 1977 – 1984*, ed. by Lawrence D. Kritzman, New York: Routledge, 1988, pp. 83 – 84, 96 – 124, 168; Michel Foucault, *Foucault Live (Interviews, 1961 – 1984)*, ed. by Sylvere Lotringer, New York: Semiotext(e), 1996, pp. 226 – 240.

对身体实施的权力不应被理解为一种财产,而应被视为一种战略。它的统治效果不应归因于"占有",而应归因于部署、调动、策略、技术、运作。人们应该从中译解出一个永远处于紧张状态和活动之中的关系网络,而不是译解出一个人可能拥有的特权。我们应该把它的模式视为永恒的战斗,而不是调节交易的契约或者征服地。总之,权力是被行使的而不是被占有的。它不是统治阶级获得的或保持的"特权",而是其战略地位的总体效应——一种通过被统治者的地位显示出来、有时也被扩大的效应。其次,这种权力并不只作为义务或禁令对那些"不享有它的人"行使。它吸纳他们,并通过他们得以传播。正是在他们反抗权力掌控他们的斗争中,权力对他们施加压力。这意味着,这些关系深入到社会深层。它们不固定在国家与其公民的关系之中,也不固定在阶级之间的边界线上。同时,它们并不只是在个人、肉体、行为举止层面再生产法律或政府的一般形式。尽管存在着连续性,它们的确通过一整套复杂机制而连成这种形式,但是,既没有相似性,也没有同源性,而只有机制和样式的特殊性。最后,它们并不只具有单一明确的意义。它们确定了无数冲撞点、不稳定中心,每一点都存在冲突、斗争的风险,至少有可能发生权力关系的暂时颠倒。这些"微观权力"的颠覆并不是遵循着"要么全部,要么全无"的法则。这种颠覆并不是通过新的机构控制、制度的新型运作或遭到破坏而一下子造成的。另一方面,这种颠覆的局部插曲都不会载入史册,除非它对将其卷入其间的整个网络产生影响。①

　　权力首先是多重的力量关系,这些关系在其运作领域中无处不在,并构成它们自己的组织。权力是通过不断的斗争和抵抗而改变、增强或颠覆力量关系的过程。权力是这些力量关系相互的支撑,因而形成为一个链条或体系,或者正相反,是把这些力量关系彼此隔开的分裂和抵触。最后,权力是产生影响的策略,这些策略的总体纲要或制度结晶体现在国家机器、法律条文以及各种社会统治权之中。……正是力量关系变动的底层,通过不对等的力量关系,不断地造成局部的、不稳定的权力状态。权力无所不在:这不是因为它有特权把一切

---

① Michel Foucault, *Discipline and Punish: the Birth of the Prison*, New York: Vintage Books, 1977, pp. 26 – 27.

整合到它万能的统一体中,而是因为它在每一刻、每一点都被产生出来,或者更确切地说,在这一点到另一点的每一关系中产生出来。权力到处都有:这不是因为它囊括一切,而是因为它来自各处。……毫无疑问,我们必须是唯名论者(nominalistic):权力不是一种制度,不是一个结构;它也不是我们天生就有的某种力量;它是人们用以指涉特定社会中一种复杂的战略情势的那个名词。①

第二节 规训及其技术和手段

"规训"是福柯基于权力分析的战略模式而提出的一个重要权力概念。规训的英文原词是"discipline"。这个词在英文、法文和拉丁文中据说都是一个多义词,既可用作名词,也可用作动词。用作名词时,"discipline"兼具如下几种含义:1. 学科;2. 训练,其目的在于加强自我控制、改良品性、培养纪律和秩序观念、提高效率,或者为了强迫服从而严格控制;3. 这种训练或控制的结果,特别是自我控制或守纪行为、对权威或控制的接受或服从;4. 教会或修道院秩序方面的规则体系;5. 矫正、管教、惩罚之类的治疗。用作动词时,"discipline"一般指训练、控制、惩罚等。② 福柯利用了"discipline"的多重意义。他在使用这一语词时,基本上包括了上述所有含义。

简单地讲,"规训"是17世纪以来广泛出现于修道院、学校、工厂、医院、兵营、监狱等领域的一种以人的身体为对象和目标的精微权力,它通过对身体的监视、训练等提高人的体能和使用价值,同时把人变为驯服的人。按照规训的上述含义以及福柯的有关分析,规训具有这样一些特点。第一,规训的对象和目标是身体。规训主要对人的身体实施,其目的既在于通过训练提高体能,也在于控制人体。规训不同于"附庸"(vassalage),因为附庸是一种远距离的屈服关系,一般涉及物品进贡和效忠仪式,而不涉及对人体的训练和控制。第二,规训是一种积极权力。虽然规

---

① Michel Foucault, *The History of Sexuality*, Volume 1: *An Introduction*, New York: Vintage Books, 1980, pp. 92 - 93.

② Victoria Neufeldt (ed.), *Webster's New World College Dictionary*, 3rd edn, New York: Simon & Schuster, 1996, p. 391.

训也包括惩罚、控制，但它既重"管"也重"教"，而且特别注重训练和治疗。它能收到增强体能、延长寿命、提高效率等积极效果。规训在控制人的同时，给人以大量自由。在这一点上，它既不同于"奴役"（slavery），也不同于"服役"（service）。因为，奴役以人身占有关系为前提，服役则建立在主人的任性意志之上，体现的是一种无限制的支配关系。规训也不同于禁欲主义和修行式的"清规戒律"。虽然后两者也讲自我克制，但它们所涉及的是对自己身体的克制。规训主要涉及的则是对他人身体的控制。而且，后两者试图灭除人欲，而规训在很大程度上激发人欲。第三，规训是一种精微权力（infinitesimal power）。君主权力是一种以领土和臣民为对象的宏大权力，它一般表现为国家机器和法律形式。而规训主要出现在学校、工厂、医院等社会制度中，对人的身体和生活给以极为细致的观察、监视、检查和管理。而且，规训有一套精巧的运行机制，使之能够自动、持续、有效、经济地监管人的身体。第四，规训与知识密不可分。在福柯看来，"权力与知识互为必要。不相应地构造一种知识领域，就不会有权力关系；不同时预设和构造权力关系，也不会有任何知识。"[①] 一方面，规训生产用于知识的形成和积累的各种观察、登记和调研方法等。另一方面，规训按照一套知识建构把人塑造成为符合一定标准的主体。第五，规训具有双重功效。这是规训最重要的特征。规训的双重功效主要表现在：规训在带来增强体能、提高技能、保持健康、延长寿命等功效的同时，加强对人的控制和使用，使人成为更加驯服的人。福柯就此写道：

> 规训是这样一种技术，身体因之以最小代价沦落为一种"政治"力量，身体同时因之作为一种有用力量被最大化。[②]

福柯认为，规训最初出现于中学教育，后来进入小学，自17世纪以来，规训不断向医院、兵营、工厂等更广的领域扩展，大有遍及全社会的势头。规训之所以得以迅速发展，源于规训有一整套精细微妙的技术和手

[①] Michel Foucault, *Discipline and Punish: the Birth of the Prison*, New York: Vintage Books, 1977, p. 27.

[②] Ibid., p. 221.

段,福柯因此把它称为权力的"新的微观物理学"、"细节的政治解剖学"。在《规训与惩罚》中,福柯专辟两章对规训的技术和手段作了仔细分析。

一 规训的四种技术(techniques)

规训以个人的身体为中心,力图控制人的身体、改进身体技能、增强人的体能、提高整体实力。福柯说,"规训从其所控制的身体中创造了四类个性,更确切地说,个性具有四个特点:它是单元的(cellular)(通过空间布局),它是有机的(organic)(通过活动准则),它是生长的(genetic)(通过时间积累),它是组合的(combinatory)(通过力量组合)。由此,它使用了四大技术:制定图表;规定活动;强行操练(exercise);最后,为了得到力量的组合而安排'战术'(tactics)。"[①] 在福柯看来,同科学技术、工业技术的发明一样,这些规训技术也是资本主义社会的"伟大发明"。按照福柯的意思,军事训练可作为规训的四种技术的一个基本模型。

一是通过方位控制身体的技术。在《疯癫与文明》中,福柯考察了对麻风病人的驱逐和禁闭。它首先划定一个固定区域,然后把麻风病人统一驱逐并禁闭其间,让这一区域长期与世隔绝。这是一种排斥方法,不是规训技术。福柯提到,规训有时也存在隐蔽的封闭区域,如,军队筑立高墙划定营区、学校和工厂通过寄宿制实行封闭式管理等。但规训技术更注重以个人为中心的空间划分。它不是整体划分,也不是通过划分实行整体隔绝,而是想方设法把每个人放到一个空间位置上,对个人实施观察、对比、评估、分级、管理。与对麻风病人的禁闭不同,规训权力的成熟表现是边沁所构想的"圆形监狱"(panopticon):其中心是监视塔,四周是由各个单间组成的环形建筑。这一空间布局把每个人设定在一个固定点上,使个人的身体始终处于可见的观察和监视状态。规训技术奉行"个人化的分隔原则",并按照这一原则为每个人设定一个"可解析的空间",建立一套认知、掌控、使用个人身体的程序,同时依据所认知的体能情况把个人与岗位职能结合起来,对个人实行分班、分组。而且,"规训是一种

[①] Michel Foucault, *Discipline and Punish: the Birth of the Prison*, New York: Vintage Books, 1977, p. 167.

分级艺术，一种改变安排的技术"。它并不始终把个人固定在一个位置。相反，它通过改变个人的空间位置让个人在一种等级空间中移动，以此监督、筛选、奖惩个人。

二是通过准则控制活动的技术。规训权力不仅注重空间布局，也注重时间安排。通过以年、月、日、时、分、秒计算的时间，规训权力变得更为精细、准确、持续。首先是制定时间表，规定并严格执行各时段的活动，使活动有条不紊，并通过监督确保时间的充分利用和各时段活动的质量。无论是在军队，还是在学校、工厂，都有严格的日程安排。其次是在身体与动作、时间和对象之间建立一种紧密联系。规训控制（disciplinary control）不只在于传授或强加一套特殊动作，它还要在每个动作与全身之间建立一种最佳联系。每一个动作都要把整个身体调动起来，以确保效率和速度。不同的身体动作有不同的时间要求，每一个动作都要按时作出并在规定的时间范围内完成。规训还确定身体与其应对的目标之间的每一种关系，使一系列连续的动作能够有效达标。最后是彻底利用时间。时间表只是利用时间的一种消极机制，规训则安排有效利用时间的积极机制。规训提出了在理论上不断强化利用时间的原则，强化对每一时刻的榨取，努力使速度和效率最大化。总之，规训技术"掌管每个人的生存时间，调控时间、身体与精力之间的关系，确保持续时间的积累，致力于利润的持续增长或稍纵即逝的时间的最大利用"。

三是通过操练提高效用的技术。"操练是把任务强加给身体的技术，这些任务既是重复的，又是有差异的，但总是渐进的。"操练首先划分时间段，在不同的阶段对人施以不同的训练。例如，对新兵的训练与对老兵的训练是不一样的。各时间段的操练持续多长时间由考核决定。考核可以测评接受操练者是否达到了规定的水准，保证每个人接受同样的训练，同时划分每个人的能力等级。操练既有反复，也有差异。规训根据每个人不同的水平、资历和等级，为其设定合适的操练。规训不同于最初的训练，它是细致入微的，而且是循序渐进的。规训对个人不断考评，不断施以渐进的操练。个人经过持续的操练，能力会得到提高。因此，规训"以连续性和强制性的形式确保了某种发展、观察和资格的实现"。"操练成了有关身体和持续时间的政治技术的一个要素，它永无止境，追求无限的征服。"显然，规训与一种持续的"进化"时间紧密联系在一起。个人体能通过规训不断得以提高。如此，福柯把社会进步与个人的发展联系起来。

他说，"规训技术揭示了个人的年轮，发现了'生长'（genesis）意义上的进化。18世纪的两大'发现'——社会进步和个人生长——也许是与这种新的技术相关的，更具体地说，与一种通过分割、排序、合成、全总来管理时间并使时间更有用的新方式是相关的。"

四是通过策略加强组合的技术。无论是在军事还是在生产领域，都既存在分工问题，也存在协作问题。马克思在《资本论》中曾指出，"单个骑兵分散展开的进攻力量的总和"不同于整个"骑兵连的进攻力量"，同样，单个工人分散展开的生产力总和也不同于把工人组织起来通过有机分工生产所创造的生产力。① 与此类似，"规训不再只是一种分散身体，从中榨取时间、累积时间的艺术，而是一种为了获得有效机制而组合力量的艺术。""身体构成为多个环节机制的一个部件"，成了可以安置、移动并与其他身体组合在一起的一个要素。人生的每一刻都应被充分利用，不同年龄的人应被给以不同安置。例如，新兵应当加紧学习和操练，老兵则应充当教官，指挥操练，监督作战；工厂也使用廉价的童工和老年工，并依据年龄给以合适的工作分配。此外，力量组合的关键在于一个"精确的命令系统"，被规训的个人的全部活动都必须能够通过简单明了的命令被打断和延续。规训师（the master of discipline）与被规训的人之间是一种信号传递关系。把身体置于一个小小的信号世界，使每一信号都与一个义不容辞的反应相连，这是一种训练技术。这样一种技术导致了对命令的盲目服从，也带来了所谓的"道德盲视的社会生产"②。福柯指出，"战术是一种建构艺术，它借助于身体定位、活动准则、体能训练，建构各种机制，这些机制把各种力量精心组合起来产生更大的效用。毫无疑问，战术是规训实践的最高形式"。③

二　规训的三种手段（means）

福柯指出，规训权力"不是那种因为自己的淫威而傲慢地认为自己无所不能的、得意洋洋的权力；它是一种谦恭而多疑的权力，作为精心持

---

① ［德］卡尔·马克思：《资本论》第1卷，人民出版社1975年版，第266、362页。

② 参见［英］齐格蒙特·鲍曼《现代性与大屠杀》，杨渝东、史建华译，译林出版社2002年版，第32—37页。

③ Michel Foucault, *Discipline and Punish: the Birth of the Prison*, New York: Vintage Books, 1977, pp. 135–169.

久的机制而起作用。同威武的君权仪式和大型国家机器比起来,这些只是低贱的模态和卑微的程序。然而,正是它们逐渐侵蚀了那些重大形式,改变了它们的机制而强行自己的程序"。① 在《规训与惩罚》中,福柯描述了 18 到 19 世纪规训权力取代君主惩罚权力的过程。在福柯看来,这样一种"鸡零狗碎""雕虫小技"之类的规训权力,之所以能够最终取代恢宏廓大的君主惩罚权力,主要依赖三种矫正训练(correct training)手段。

一是层级监视(hierarchical observation)。"规训的实施必须有一种通过监视手段实施强制的机制","规训制度隐藏着一种像观察行为的显微镜那样起作用的控制机制"。高明的监视机制是这样一种机制:从一个隐蔽点可以持续地观察所有监视对象,而隐蔽点要么不能被监视对象看到,要么虽然能被监视对象看到,但监视对象始终无法确知隐蔽点到底是否存在监视者。建立一种使对方可见而自己不可见的监视机制是规训的一种重要手段。兵营就是一个把内部一切都变得可监视的一个典范。监视应当持续、有效、周密。这就需要建立一个不间断的层层监视网络。例如,工厂的监视贯穿劳动过程,既涉及生产,也重视工作的技能、方式、绩效、热情。而且,监视由经常在场的专门人员负责,"监视由此成为一个决定性的经济活动因子,既是生产结构的一个内在组成部分,也是规训权力的一种特殊机制"。又如,学校也存在由班长、辅导员、家访员等组成的监视网络,"一种明确而有规则的监视关系被纳入教学实践的核心,这种关系不是作为教学实践的附加或相邻部分,而是作为一种内在于教学实践并能提高其效率的机制。"福柯指出,"分层的、连续的、实用的监视,可能不是 18 世纪伟大的技术'发明'之一,但是,它的暗中扩展使得与之相关的权力机制变得重要。借助这种监视,规训权力成了一个'完整'体系,与经济以及它在其中发挥作用的那种机制的各种目标内在地联系在一起"。

二是规范化裁决(normalizing judgement)。规训有一种特殊的惩戒方式。它像法律一样,也有一个小型的类似法庭的模式和一系列类似司法的程序。工厂、学校、兵营等都有一整套微观惩戒机制。这套机制涉及时间(迟到、缺席等)、活动(心不在焉、萎靡不振等)、行为(不礼貌、不服

---

① Michel Foucault, *Discipline and Punish: the Birth of the Prison*, New York: Vintage Books, 1977, p. 170.

从等)、言论(闲聊、傲慢等)、身体(不端、不洁等)、性(不贞、猥亵等)等。不遵守、偏离规则引致规训惩罚(disciplinary punishment)。而且,不遵守的范围并不明确,因此,任何事即使最不起眼的事,每一个人都有可能遭受惩戒。学生不完成或不按时完成功课、士兵训练不达标等都是违纪,都要受罚。规训惩戒具有缩小差距的功能,因此实质上是矫正性的,与义务相差不大,可以通过训练机制直接实现。由此,惩戒实际上也是操练。规训惩戒包含五个步骤。一是把个人行为纳入一个整体。这一整体既是一个比较领域、差异空间,也是一个遵循准则的原则。二是根据总准则区分个人。这一准则是一个最低门槛、适度标准。三是按照数量和价值对个人的能力、水平、"本性"排序。四是赋予每个人以统一约束。五是划定不规范(abnormal)的外在边界。通过对行为的精确评估,规训对个人"据实"作出裁决。"惩戒在规训制度中无所不在、无时不有,它永无休止地实施比较、区分、排序、同化、排斥,总之,规范化(normalize)。"

三是检查(examination)。检查把层级监视和规范化裁决结合起来,"是一种规范化的注视,一种使定性、分类、惩戒成为可能的监视"。医院巡诊、学校考试、兵营阅兵都是检查的形式。首先,规训通过使自己不可见而使对象可见来实施统治,检查则把对象置于一种客体化(objectification)机制中,暴露于规训权力之下,使规训权力通过对象的可见来监控对象。其次,检查不仅把人置于监视领域,也把人置于书写网络中。检查总是伴随有记录、登记、备档等程序,从而留下一大批按人头和时间存储的档案,使个人进入文档领域。福柯就此说,"人们应当探究这些书写和登记程序,探究这些检查机制,探究这些规训机制以及一种控制身体的新型权力的形成。这是关于人的科学的诞生吗?从这些'见不得人的'文件档案中或许可以找到答案,对身体、姿势和行为的现代强制正源于这些文件档案"。最后,文档技术使个人成为一种"个案",成为权力的客体。人们习惯于把公众人物视为"玻璃缸里的金鱼"。因为,公众人物总是引人注目,一些伟大人物的日常起居都在随从人员的关注和记录之中。这是一种"英雄化"过程,一种上升的(ascending)个人化过程。而检查"这种把现实生活变为书写的做法不再是一种英雄化过程,而是一种客体化和征服过程",这是一种下降的(descending)个人化过程。福柯指出,"在规训程序的核心,检查显示出被视为客体的那些人的被征服以及被征服者的客体化","我们正在进入无限的检查和被迫客体化时代"。①

不难发现,福柯所谓的"规训",很像马克思所说的"剥削"。"剥削"与"规训"分别对应于权力分析的法律模式和战略模式。而且,规训的"效用"(utility)和"驯顺"(docility)这两个方面,也十分类似于马克思所说的"使用价值"和"价值"。如果说,在马克思那里,"剥削"导致了"剩余价值",那么,在福柯那里,"规训"则导致了"剩余权力"(surplus power)。同样,如果说,马克思最著名的是"资本论",那么,福柯最著名的则是"权力论"。总体上,如同马克思对资本主义社会中的"经济剥削"给以猛烈批判一样,福柯对资本主义社会中的"规训"也持一种强烈的批判态度。在福柯看来,人对人的治理,无论是男人对女人、成人对孩童,还是一个阶级对另一阶级、官府对民众,一般都包含有某种(合)理性(rationality),而不是纯粹使用工具性的暴力。因此,权力总是被不断地理性化或合理化(rationalization)。② 对权力的这种理性化或合理化过程展开批判,是福柯政治法律思想中一个重要内容。福柯指出,"正是那些生而具有强大扩散力的狡猾伎俩,那些表面上纯真坦率而实际上处心积虑的诡秘安排,那些羞于承认自己屈从于经济、采用卑鄙强制形式的机制,在现代历史开始之时导致了惩罚体系的转变。……这些狡猾伎俩,与其说是出于梦寐以求、事无巨细的更崇高理由,不如说是出于对一切都加以利用的'险恶用心'。"③

第三节 规训扩展与法律衰微

福柯政治法律思想的核心是"规训",而不是法律。福柯在著作中对规训作了大量细致入微的分析,而对法律几乎从未作过详细阐述。从内容

---

① Michel Foucault, *Discipline and Punish: the Birth of the Prison*, New York: Vintage Books, 1977, pp. 170 – 194.
② Michel Foucault, "Omnes et Singulatim: Toward a Critique of Political Reason", in Paul Rabinow and Nikolas Rose (eds.), *The Essential Foucault: Selections from the Essential Works of Foucault, 1954 – 1984*, New York: New Press, 2003, p. 201.
③ Michel Foucault, *Discipline and Punish: the Birth of the Prison*, New York: Vintage Books, 1977, p. 139.

和篇幅上看,有关法律的阐释与有关规训的分析犹如零星点缀的红花与茵茵郁郁的绿叶。福柯承认自己在法律方面是"外行",既非权利专家,也非法律家或法学家,但福柯也表示对法律一直很有兴趣。尽管福柯甚至连"法律是什么"这一基本问题都没有直接作出正面界定或分析,但福柯有关法律与规训的分析在政治和法律领域引起了广泛而深入的讨论。这些讨论主要集中在法律与规训的关系问题以及"法律衰微"问题上。总体看,福柯有关法律的论述和分析主要表现出三个特点。

其一,在法律问题上,福柯认为自己主要关注的是"法律机能与权力技术"之间的关联,因此,其法律见解总是夹杂在权力分析之中。例如,《规训与惩罚》是一本直接涉及法律惩罚的书,但在福柯看来,"它不是研究刑法理论本身,也不是研究某种刑事制度的进化,而是分析某种'惩罚(合)理性'的形成……不是试图解释法律的一般概念,或者工业生产的进化模式……而是关注权力运作方式。"[1] 同样,在《性史》第一卷中,有关法律的阐释也笼罩在权力分析之中。尽管有人觉得把这本书的书名以英文译为"法律史"也不为过,但这本书除偶尔触及婚姻法并对"法律君主制"有所展开外,大量篇幅其实都是在以"性"为中心作权力分析,并以此消解"性压抑"假说。然而,这种权力分析又的确描绘了一幅"法律衰微"的图景。

其二,在权力分析中,福柯总是把法律与统治权紧密联系在一起,习惯于把君权理论与"统治权的法律理论"(the juridical theory of sovereignty)相提并论,倾向于从消极意义上理解法律。例如,福柯指出,"人们按照传统信念,错误地认为,全面的战争会在其自身的矛盾中消耗殆尽,从而放弃暴力,服从民约法。而实际上,法律是一种精心而残忍的快乐,它庆幸于许以光明前景的流血斗争,它不断激起新的统治,小心谨慎地反复上演暴力场景。和平的诉求、平静的妥协、对法律心照不宣的接受,这些远远不能代表导致法律产生的重大道德改造或功利考量,这些只是后者的结果,实际上,应该颠倒过来。"在这一点上,福柯特别援引了尼采在《论道德的系谱》中的话:"罪过、良心、义务从保证债务的债权中都能找到其开端;它们的发生如同世间任何重大事件的发生一样,都是用鲜血

---

[1] Michel Foucault, *The Foucault Reader*, ed. by Paul Rabinow, New York: Pantheon Books, 1984, pp. 337-338.

浇灌出来的。"① 此外，福柯似乎也倾向于对法律作阶级分析。例如，他认为，"在某种意义上，君主的物质—政治力量存在于法律之中"，"相信法律是以所有人的名义为所有人制定的，这是虚伪和幼稚的。更明智的看法是，承认法律是为少数人制定的，用以对其他人施加压力；法律原则上适用于一切公民，但他主要用于对付人数最多而又最落后的阶级。"② 由于福柯把法律与君主制联系在一起，并且总是从消极意义上理解法律，一些学者批评福柯有关法律的看法始终只是一种"前现代"（premodern）观念。

其三，福柯认为，随着规训向社会的深入扩展，法律的作用日渐衰微，由此出现所谓的"法律驱逐"。福柯一生先后研究了自"启蒙"时代以来，西方有关疯癫、惩罚、性等的思想和制度实践的发展变化。在所有有关这些问题的分析中，福柯一一揭示出其中与从权力分析的法律模式到权力分析的战略模式相类似的转变过程。在疯癫问题上，福柯揭示了疯癫从遭受排斥向接受精神病治疗的转变过程，后来也在疾病问题上，揭示了从对麻风病人的排斥模式向对瘟疫病人的容纳模式的转变。在惩罚问题上，福柯揭示了从公开处决向监禁、从惩罚向规训、从统治权向统治的转变过程，后来也在治理（governmentality）问题上，揭示了从"司法国家"向"治理国家"的转变。在性问题上，福柯揭示了从婚姻机制向性机制、从"死亡权利"（right of death）向"管理生命的权力"（power over life）的转变。同样，在法律问题上，福柯也揭示出从法律到规训的转变。所有这些转变，在"启蒙"时代以来的共同背景下基本上是一致的、相通的。不过，从法律到规训的转变，并不意味着法律被规训完全替代，而是意味着法律受到规训的侵蚀乃至对抗而在作用上表现出式微。福柯提到，威武雄壮的君主权力、庞大的国家机器都受到了规训权力的侵蚀，同样，"法律机构也没能逃脱这种几乎毫不掩饰的侵蚀。"③ 福柯说：

> 法律与统治权绝不可分。而治理（government）则正相反，它不

---

① Michel Foucault, *The Foucault Reader*, ed. by Paul Rabinow, New York: Pantheon Books, 1984, p. 85.

② Michel Foucault, *Discipline and Punish: the Birth of the Prison*, New York: Vintage Books, 1977, pp. 48, 276.

③ Ibid., p. 170.

是一个强加法律于人的问题,而是一个处理事情(things)的问题,也就是说,它使用策略(tactics)而不是使用法律,甚至把法律本身作为策略使用——通过某些手段和方法安排事情,就会达到某些目的。治理的工具现在不再是法律,而是一系列各种各样的策略。在治理的视野下,法律并不重要……治理的目标不是通过法律实现的。①

从法律到规训,这是一个广受关注也备受争议的论题。在现代社会,无论是在法律理论中还是在法律实践中,都存在一种重视法律作用的强势话语。这一话语力图把一切国家权力乃至社会权力都纳入法制轨道,以对各种权力形成有效制约;同时,也力图把社会交往活动尽可能地纳入法制轨道,以为社会交往提供明确稳定的预期,最终达到使权力的持有和运行以及社会交往日益规范化的目的。福柯也提到了"规范化社会"(society of normalisation),但其中的"规范化"并非把一切都纳入法律轨道的规范化,而是指与法律相对的"规训"作用在社会中的充分发挥。在福柯那里,规训作用的充分发挥同时意味着法律作用的衰微。

一般而言,"法律衰微"在现代社会主要有两种可能情形。一是出现于这样一种假定的强权社会,其中,几乎缺乏具有普遍性的法律规范,一切事务都通过或者绝大多数通过行政命令解决。这一社会要么是只有强权而没有法律的社会,要么是即使存在法律,法律也完全受到强权的支配,可以随意废改的社会。在此社会中,无论是强权还是社会交往,都基本上缺少法律的规范作用,因此是一个"法律衰微"的社会。应该说,这样一种社会只可能出现于特殊时期,不可能持久存在。毕竟,社会不是一个小规模的集团。按照"集体行动的逻辑",集团规模越小,独裁越有用武之地;而社会规模越大,强权就越会显出其笨拙。如此,既要挽救强权又要实施全面控制,就只能通过强权推行法律,或者,借助法律推行强权,形成强权与法律高度统一的所谓的"法律国家"或"警察国家"。这其实最终会导致权力过剩和法律过剩。福柯所谓的"法律衰微",显然不是指那种"无法"或"少法"的强权社会,因为福柯所谓的"规范化社会"

---

① Michel Foucault, "Governmentality", in Graham Burchell, Colin Gordon and Peter Miller (eds.), *The Foucault Effect: Studies in Governmental Rationality*, London: Harvester Wheatsheaf, 1991, pp. 95–96.

既存在统治权，也存在与统治权紧密相连的法律，而且甚至还是一个民主化社会。

另一可能情形是"法律多元"的社会。其中，不仅存在法律，也存在社会规范或秩序，而且社会规范广泛发挥作用，大肆挤压乃至替代法律在社会中的作用空间。法学史上，韦伯、埃利希、马考利等都提出过法律多元的看法。这些见解注意到法律之外的社会规则的重要作用，它们甚至削弱了国家法律的作用。这看上去与福柯有关"法律衰微"以及法律与规训的看法比较类似。但从更深层次上看，二者实际存在很多不同。例如，"法律多元主义"一般以国家与社会的二元对立框架为前提，而福柯并不认同这一框架。"法律多元主义"一般在权力与"法"之间建立一种直接的对应联系，国家法律对应于国家权力，"社会法"对应于社会权力，其中，社会权力与国家权力一般是具有类似结构的实体。虽然福柯有关法律与规训的分析中也大致存在着国家权力与法律、规训权力与规范这样的对应关系，但福柯所谓的"规训"，显然具有更为丰富的内涵，如规训的积极效果以及双重功效，也不同于作为实体的社会权力或国家权力。福柯所谓的"法律衰微"，到底是一种怎样的情形？

一　法律与规范

在福柯那里，法律或者与规训相对，或者与规范相对。规训包含"规范"，"规范权力（the power of the norm）贯穿在规训之中"。[①] 虽然人们一般把法律也视为规范，但福柯这里提到的"规范"不同于法律。关于规训与规范，福柯这样写道，"规训话语与法律话语、规则（rule）话语或君主意志话语无关。规训大可以承载规则话语，但这不是源于统治权的法律规则，而是一个自然规则、一个规范（norm）。规训所确定的准则（code）不是法律准则，而是规范化准则。"[②] "在某种意义上，规范化权力（the power of normalization）强求同一性；但它同时也个别化（individualize），因为它使权衡差距、测定水准、弄清特性并逐一给以有益的不同对待成为可能。不难理解规范权力如何在一种形式平等的体制中运转，因

[①] Michel Foucault, *Discipline and Punish: the Birth of the Prison*, New York: Vintage Books, 1977, p. 184.

[②] Michel Foucault, *Power/Knowledge: Selected Interviews and Other Writings 1972 – 1977*, ed. by Colin Gordon: The Harvester Press, 1980, p. 106.

为在一种同一性（也就是规则）中，规范作为有用诫令、权衡结果，带来了个体差异长短不一的阴影。"①

这里所谓的"norm"，更适合作"标准""准则"理解，例如，军事训练中的射击环数标准、学校对学生考评的优劣标准、工人完成产品的件数标准、医师职业标准、职业或行业标准等。这样更有助于按照福柯的意思把它与法律区分开。福柯提到，规范既可由法律、规章予以规定，也可能源于自然过程。他举例说，学徒期限、完成作业的时间、能力水准，这些都涉及某种规律性（regularity），例如，不可能让孩童很快学会他们尚不能领会的课程，而这种规律性同时也是一种规则。这种自然规律性在福柯看来是法律与规范的区别之一。同时，规范化所致的个别化，也是法律与规范的重要区别。法律一般只作罪与非罪、合法与非法这样的二元区分，而规范化区分更多的等级（如优等、中等、差等），而且注重针对差异施以个别化的规训。实际上，规训总有一种区分、边缘化的功能。它对人作上中下、高中低之类的多重区分，在使一部分人边缘化的同时努力造就一批人。福柯这样谈论法律与规训的不同："表面上看，规训不过是一种'次法'（infra-law，法律之下的法）。它们似乎把法律规定的一般形式扩展到个人生活的细微层面；或者，它们似乎是能把个人整合到一般要求中去的训练方法。它们似乎在不同的范围构成为同种类型的法，因而使它更加谨小慎微、更加宽容放纵。规训应被视为一种'反法'（counter-law，反法律的法）。它们的作用在于引入不可克服的对称性、排除相互性。……司法体系按照普遍规范（universal norms）确定司法主体，而规训则辨别特性、予以分类、特殊对待；它们按照一种尺度、围绕一种规范给以分配，根据相互关系把个人等级化，并在必要时，剥夺资格、使之无效。无论何时何地，只要它们施展其控制，发动其权力的不对称性，它们就会搁置法律，但不是全面搁置、也不是废除法律。就其机制而言，规训可以是有规律的和制度化的，它是一种'反法'。而且，尽管现代社会普遍的法制主义（juridicism）似乎划定了权力行使的界限，但是，规训广泛传布的'全览机制'（panopticism）使规训得以在法律之下运行一种既广泛无边又细致入微的机制（machinery），维护、加强、增加权力的不对

---

① Michel Foucault, *Discipline and Punish: the Birth of the Prison*, New York: Vintage Books, 1977, p. 184.

称性，破坏法律所划定的界限。精微的规训、日常的全览机制大可以在大型机构和重大政治斗争的层面下运转。但是，在现代社会的系谱中，规训与遍布社会的阶级统治一道，一直是对权力予以再分配的法律规范的政治对应物。"①

在一定意义上，福柯理论中规训与法律的对立，类似于马克思理论中经济剥削与契约平等之间的关系。马克思注意到，在交换领域，雇佣合同是"自由、平等、所有权和边沁"的乐园，而在生产领域，"法律幕后的现实生活"却是一幅"一个笑容满面，雄心勃勃；一个战战兢兢，畏缩不前"的"鞣"的画面。② 同样，福柯注意到，规训联系不同于契约联系。规训导致的是一种不对称的强制关系，而契约看上去是一种体现相互性的平等关系。契约是形式的、普遍的，规训则是现实的、差异的。由此，工厂规训实际上是对雇佣合同这种法律虚构的破坏，契约联系则是对工厂规训的法律扭曲。这两个方面在现实社会中是背离的，一如法律与规训的对立。

二　法律惩罚与规训惩戒（disciplinary penalty）

惩戒是规训的重要手段之一。工厂、学校、兵营都有一套惩戒机制。福柯以一个孤儿院的审判会议为例来说明规训惩戒：未成年的孤儿排成一圈，中间设"审判庭"，"审判庭"在听完各组各人的情况汇报后，指出"被告"和证人，被告可以辩解，而后"审判庭"经协商宣布犯错人数、罪错性质以及相应惩戒。这实际上就是前文提到的所谓"私政府"的裁决活动，它们具有类似于法律审判的形式和结构。一些学校或医院的所谓"司法委员会"也属此类。由此看，尽管福柯对权力持一种"唯名论"看法，但从具体分析看，福柯所谓的"规训"的看法与"法律多元主义"仍然有些接近。福柯指出，"所有规训体制的中心都有一个小型惩戒机制在起作用。它享有某种司法特权，有其自己的法、独特的罪过和特定的审判形式。规训建立了一种'次惩戒'（infra-penalty）；它们瓜分了法律不管的领域；它们规定并压制着大型惩罚体制相对不重视而放任不管的大量

---

① Michel Foucault, *Discipline and Punish: the Birth of the Prison*, New York: Vintage Books, 1977, pp. 222–223.

② 参见［德］卡尔·马克思《资本论》第 1 卷，人民出版社 1975 年版，第 199—200 页。

行为。"① "规训机制隐藏着一种'规范惩戒',就其原则和功用而言,不能把它划归为传统的法律惩罚。在规训建筑物中,似乎总是设立着小法庭,它有时也呈现出大型法律机构的戏剧形式。但我们不要因此被误导。除了一点形式残余外,它不会把刑事司法机制带入日常生活网络;至少这不是它的基本作用;规训利用一整套古老的程序,创造了一种新的惩罚功能,正是这种新的惩罚功能以一种谦卑或反讽方式逐渐覆盖了再生产出小法庭的大型外部机制。"②

在福柯看来,尽管规训惩戒与法律惩罚在形式上略有类似,但二者存在重要不同。这主要表现在四个方面。其一,法律惩罚根据是否违犯普遍规范确定行为是否应该遭受惩罚,而规训惩戒根据是否达到标准或准则确定行为是否应该遭受惩戒。其二,法律惩罚只诉诸法律条文,而且只针对行为,而规训惩罚要诉诸一系列观察和评估。它不仅针对行为,更针对长久以来个人的生活。它要根据个人履历以及长久以来的记录档案对人施以个别化的矫正训练。其三,法律惩罚只作允许与禁止这样的两分,而规训惩戒作多重区分、划分并排列多个等级。其四,法律惩罚重在惩罚,一般依法惩处,它属法律报复;规训惩戒则重在矫正,一般侧重奖励,它属法律重申。法律惩罚在法律之内运行,规训惩戒则在法律之下或之外运行。

看上去,福柯所提到的法律惩罚是与君主制、法律、统治权相联系的惩罚。在《规训与惩罚》中,福柯描述了一个从惩罚到监禁的发展过程,在此过程中,监狱是规训机制对法律制度的拓殖,它实际上是作为规训惩戒的集大成者出现的。监狱诞生后,其监禁机制逐渐扩展到社会,从兵营到学校、工厂都利用了监禁机制,从而在法律之外形成所谓的"监禁群岛"(carceral archipelago),社会因此也变为"监禁社会"或"规训社会"。福柯说,"禁闭、法律惩罚、规训制度之间的界限在古典时代就已经模糊不清,现在则倾向于消失,并构成为一个巨大的'监禁连续体'(carceral continuum)。这一连续体把教养技术(penitentiary techniques)扩散到最幼稚的规训之中,把规训规范传输到刑法体制的核心,用以控制最轻微的非法活动,最小的违纪、越轨、反常行为以及不法行为的威胁。"③

---

① Michel Foucault, *Discipline and Punish: the Birth of the Prison*, New York: Vintage Books, 1977, pp. 177–188.

② Ibid., p. 183.

③ Ibid., p. 197.

三 生命权力与法律衰微

在《规训与惩罚》中,福柯依次提到了三种惩罚权力运作形式。一是与君主制相联系的公开处决和酷刑,二是启蒙思想家提出的严格依照法律程序实施惩罚,三是规训惩戒。福柯认为,第一种惩罚形式的对象是身体,它折磨人的肉体,给人的肉体留下标记,对人实施血淋淋的惩罚。第二种惩罚形式的对象是符号,它通过制造各种形式和意象给人留下深刻印象,以警示人们不要犯罪。第三种惩罚形式的对象又回到身体,但它不再是折磨人的肉体,而是对人的身体给以矫正训练,在提高人的体能和智力的同时,把人变为驯服的人。规训权力自17世纪以来在西方社会广泛扩展,其影响最终盖过了其他两种惩罚权力形式。到18世纪,随着作为政治经济问题的人口(population)的出现,权力技术再次出现一种新的变化,这就是"生命权力"(bio-power)的诞生。生命权力的对象主要是人的生命,它关注的是人口的出生率、生育率、发病率、健康状况、寿命长短、饮食起居等。规训权力和生命权力在18世纪一起构成为"生命的政治技术""管理生命的权力"。在福柯看来,正是这一权力导致了法律的衰微。

现代社会中的"管理生命的权力"与君主制时代的"死亡权利"相对。"死亡权利"是君主的法律权力,君主通过操掌人的生杀大权来显现自己的权威,它的主要运作方式是"让人死"。"管理生命的权力"则主要是一种规训权力或调控权力,它通过训练身体和调控人口来提高人口素质,它的主要运作方式是"让人活"。如此,法律与规训的不同就相应表现为审判(judge)、禁忌(taboo)、谴责(condemn)、让人死与管理(administer)、管控(regulate)、控制(manage)、让人活之间的区别。前者属于君主时代的方式,后者属于生命权力时代的方式。生命权力的崛兴由此也意味着,从君主的"死亡权利"到现代社会"管理生命的权力"、从法律到规训的转变,意味着法律衰微的开始。在君主时代,如果君主不能让人死,这意味着君主权力的无能。因此,君主权力或者法律权力只能在"生"所划定的圆圈内正常运转。在圆圈以内,君主权力能够随便让人死,但是,超出圆圈之外,君主权力就不能让人死。不能让人死也就意味着君主权力之死。同样,在现代社会,如果生命权力不能让人活,这意味着生命权力的无能。因此,规训权力或者生命权力只能在"死"所划定的圆圈内正常运转。在圆圈以内，生命权力能够让人活，但是，超出圆圈之外，生命权力就不能让人活。人死也就意味着生命权力之死。既然死亡在现代社会成为生命权力的死敌，生命权力在调控人口时就不再采取法律这种消极的导致伤害和死亡的权力形式。因此，生命权力在提高人类战胜自然、对抗死亡的能力的同时，必定导致法律衰微。对此，福柯指出，"生命权力的这一发展的另一后果是，在损害法律的司法体制的情况下，规范的作用日渐重要。法律不能不配以武备，它的最卓绝的武器就是死亡；对那些违犯法律的人来说，法律至少可以并且最终可以报以这种绝对的威胁。法律总是离不开刀剑。但是，一种以管理生命为己任的权力需要连续的调控机制和矫正机制。这就不再是一个让死亡在统治权领域发挥作用的问题，而是一个在价值和效用领域分配生命的问题。这种权力必须设定资格、测量评估、分等排序，而不是在壮观的杀人中表现自己；它不必在君主的敌人与服从君主的臣民之间画出界限；它围绕规范实现分配。我不是说法律完全褪尽了颜色，或者司法制度趋于消失，而是说，法律越来越作为规范运转，司法制度越来越被合并到一个主要功能在于调控的机构（医疗、行政等）连续体中。规范化社会是以生命为中心的权力技术的历史产物。相对于我们熟知的17世纪以前的社会，我们已经进入一个法律衰微的时期。"[①]

同时，既然规训权力或生命权力"不是通过权利、法律、惩罚予以保证，而是通过技术、规范化、控制予以保证，其在所有层面以及以各种形式所使用的方法都超出了国家及其机构"，那么，启蒙思想家们提出的"法律的统治"理想由此就只成为一种梦想。福柯指出，

> 经过几个世纪，我们现在已经进入这样一种社会，其中，法律越来越不能规范权力，越来越不能充当社会的代表体系。我们的历史斜坡使得我们越来越滑离法律的统治（the reign of law），法国大革命以及随后的宪法和法典时代似乎注定了法律的统治在不远的将来即会实现，但是现在法律的统治已经开始退回到那个时代。[②]

[①] Michel Foucault, *The History of Sexuality*, Volume 1: *An Introduction*, New York: Vintage Books, 1980, p. 89.

[②] Ibid., p. 144.

福柯有关权力分析的战略模式以及从法律到规训的分析,在方法论上源于其知识考古学(archaeology of knowledge)和系谱学(genealogy)。福柯向来反对基于某种本体论或目的论而把历史建构为一个具有整体性、进步性和目的性的连续过程。在福柯看来,作为这样一种连续过程的历史是理论的、虚构的乃至政治的,而不是"实际历史"(effective history),不足以反映历史真实。因为,它基于某种眼光漏掉了大量细微的、琐碎的、不起眼的、沉默的历史知识,或者有意使这些历史知识遭受压制或被边缘化。福柯力图让这些被忽略、被压制、被边缘化的知识显现出来,发出历史声音,反抗整体历史,并揭示整体历史的另一面乃至不光彩的一面。知识考古学和系谱学就是福柯所采用的方法和策略。知识考古学是分析局部(local)话语的合适方法,系谱学则是在描述局部话语的基础上把屈从的、局部的、不连续的、不合格的、不正当的历史知识解放出来,并让它们活跃起来的策略,以反抗"一种理论的、整体的、正式的和科学的话语强制"。而且,这些历史知识反抗的不是科学的内容、方法和观念,而是"与社会中被组织起来的科学话语的制度和功能相联系的中心化权力的后果"。[①] 显然,权力分析的法律模式,在福柯那里具有与整体历史相同的处境。在全整的统治权框架下,很多"小权力"、细微的权力关系和权力斗争都被掩盖了。如此,人们就只能看到理性法律,而看不到实际的权力斗争;就只能看到平等权利和契约自由,而看不到实际的规训惩戒。而在福柯看来,权力斗争、规训惩戒对社会的运转起着更为基本、更为实际的作用。因此,福柯要从统治权转向规训,从法律转向规范,从权力分析的法律模式转向权力分析的战略模式。随着全整的统治权框架变得不合时宜,与统治权存在紧密关联的法律自然也就走向衰落。

此外,福柯有关从法律到规训、法律衰微的见解与医生、心理学家、教育学家、社会工作者等对法律实践的介入也有一定关系。福柯着意考察了1835年的一起杀人案:一个青年农民为了把他的父亲从母亲的专横霸道中拯救出来,杀死了他的母亲、妹妹和弟弟。就这起弑亲案,精神病专家和法医专家介入进来,但在这个农民的神经是否正常上发生争执,陪审团也难以判定有罪还是无罪。福柯注意到,在这起案件的前几年,医学专

[①] Michel Foucault, *Power/Knowledge: Selected Interviews and Other Writings 1972 – 1977*, ed. by Colin Gordon: The Harvester Press, 1980, pp. 83 – 85.

家并不参与此类案件的讨论。因为,当时精神失常还不被认为是一种需要治疗的疾病,没有从犯罪中区分出来。但从这起案件开始,精神正常与否开始成为定罪的一个前提。因此,这起案件是医学介入司法或者司法利用医学的一个转折点。福柯也提到了另外一起莫名其妙的杀人案:一个女仆把邻居家才一岁半的婴儿无缘无故地杀死,不管是从她的精神上,还是从她已往的履历,人们始终找不到她杀人的动机。① 在这两起案件中,法律完全可以基于杀人行为而处死行为人,但是,这种惩罚在理由上又是不充足的,因为它找不到"行为内在的可理解性"。这带来了法律刑杀的尴尬和无能。为改变这种状况,惩罚求助于或利用科学和医学专家来克服"惩罚(合)理性"危机,以使惩罚理性化或合理化。"科学—法律联合体"(scientifico-legal complex)由此得以形成。法官因此开始审理犯罪以外的事情,判决中也包含法律之外的内容,出现了包括精神病学家、心理学家、判决执行人员以及监狱人员等在内的"辅助法官"(subsidiary judge)。惩罚权力向法外散逸,同时,"整个刑法运转吸纳了法外因素和法外人员"。② 这样,司法制度看上去就陷入了功能主要在于调控的社会机构连续体中,法律实践距离那种独立自治的"法律的统治"也就越来越远了。

福柯有关"法律衰微"的见解是独特的。有人批评福柯只把法律狭隘地理解为君主时代的刑法。这种批评不无道理。实际上,现代社会中的法律不仅包括刑法,更包括民法和行政法。而且,从历史看,在公开处决、酷刑这些惩罚逐渐减弱乃至消失的过程中,调整民事关系以及约束行政权力的法律也在与日俱增。应该说,随着社会的发展,法律的性质及其作用发挥方式都在发生改变。在从"礼俗社会"到"法理社会"的转变过程中,一般性的法律日渐取代原有的传统礼俗,部落群体封闭狭隘的界限被打破,社会通过形式法律向外广泛扩展。在从"机械团结"到"有机团结"的转变过程中,压制性制裁衰落的同时,恢复性制裁则在崛兴。由此,在对现代法及其运行机制提出批评时,也应看到法律在现代社会中性质及其作用发挥方式的这种具体变化,而不是笼统地谈"法律衰微"。

---

① [法]米歇尔·福柯:《不正常的人》(法兰西学院演讲系列,1974—1975),钱翰译,上海人民出版社2003年版,第124—147页。

② Michel Foucault, *Discipline and Punish*: *the Birth of the Prison*, New York: Vintage Books, 1977, pp. 21 – 22.

一方面，刑罚的恢宏场面确实在消逝，另一方面，法律在民事和行政领域得以深化和加强，而这两个领域正是现代法治的立足之处。不过，就福柯所分析的一方面法治与规训相互对立，规训的扩展堵塞了法治的前进道路，而另一方面规训又不能通过法治来克服而言，法治所面临的现代处境也值得关注和深思。

第十五章

社会理论中的惩罚

在法律与社会理论中，因为福柯和涂尔干的专门研究和分析，惩罚以及惩罚方式的现代变迁成了一个重要论题。不过，虽然同为法国人，并且都曾在著作中以较多篇幅论及惩罚问题，从二人有关惩罚的分析对比看，涂尔干与福柯分明又是风格迥异乃至格格不入的两类学者，尽管他们对于现代社会中惩罚基本方面的把握看上去不谋而合。可以说，在惩罚主题上，涂尔干与福柯的观点存在着惊人的一致，而他们的分析思路和认知态度却也存在着惊人的不一致。一方面，涂尔干和福柯都专注于残酷惩罚的衰落以及从酷刑到监禁的历史转变，并由此深刻揭示出现代社会中国家权力与个人权利齐头并进的态势，但另一方面，涂尔干与福柯对于这些历史变迁的评判几乎是针锋相对的。涂尔干把残酷惩罚的衰落、从酷刑到监禁的历史转变、现代国家权力与个人权利的齐头并进都看作是趋于人道和合理的，而福柯则着力批判这种主张和见解所隐藏的危险和不足。质言之，涂尔干视惩罚为道德过程（moral process），而福柯则视惩罚为权力技术（technology of power）。通过对社会理论中这两种典型观点和分析的对比，可以洞察到人和国家在现代社会中所遭遇的道德和政治困境。

第一节 从酷刑到监禁的历史转变

涂尔干主要有三个文本直接涉及惩罚问题：《社会分工论》（1893）、《刑罚演化的两个规律》（1899—1900）和《道德教育》（1902—1903）。从这三个文本看，涂尔干关于惩罚的研究明显表现出两个特点：一是始终坚持关于惩罚的道德观点。二是致力于追寻惩罚的进化规律，并发现了惩罚的两条进化路线——从压制性制裁到恢复性制裁；从酷刑到监禁。

在《社会分工论》中，涂尔干认为法律一般随着它所规定的社会关系的变化而变化，并且在法律或惩罚类型与社会类型之间建立了一种对应关系。按照涂尔干的看法，人们团结起来形成社会有两个基础。一是人的相似性，一是人的相异性。基于相似性而形成的团结，是机械团结（mechanical solidarity）。基于相异性而形成的团结，是有机团结（organic solidarity）。它们分别构成两种基本的社会类型。一般而言，机械团结是"集体意识"（collective conscience）十分盛行的社会类型。其中，个人不带任何中介地直属于社会，社会分工、人的个性、人们相互依赖的程度都很低。有机团结是社会分工高度发达的社会类型。其中，个人依赖于社会的各个组成部分，集体意识淡薄，人的个性和人们相互依赖的程度都很高。在涂尔干看来，机械团结是一种较弱的社会团结形式，随着集体意识的衰减和社会分工的发展，"社会团结的唯一趋向只能是有机团结"。法律是表现社会团结的主要形式。按照两种社会团结形式，法律相应地从制裁形式上分为两种。一是压制性法，一是恢复性法。压制性法与压制性制裁相联系。压制性制裁是与机械团结相对应的制裁类型，它建立在带来痛苦和损失的基础上，重在惩罚。恢复性法与恢复性制裁相联系。恢复性制裁是与有机团结相对应的制裁类型，它建立在恢复损失或事物原状的基础上，重在协商。随着社会由机械团结向有机团结转变，法律和制裁也相应由压制性法、压制性制裁向恢复性法、恢复性制裁转变。[①]

在《刑罚演化的两个规律》中，涂尔干进一步从量变和质变两个方面提出了惩罚变革的两个规律。首先是惩罚变革的量变规律："当社会属于更落后的类型时，当集权具有更绝对的特点时，惩罚的强度就越大。"[②] 其次是惩罚变革的质变规律："惩罚就是剥夺自由（仅仅是自由），其时间的长短要根据罪行的轻重而定，这种惩罚逐渐变成了正常的压制类型。"[③] 量变规律说明残酷惩罚的衰落过程，质变规律则说明惩罚从酷刑向监禁的转变过程。涂尔干对两个规律逐一作了历史解释。关于量变规律，涂尔干认为，一方面，社会越复杂就越先进，如果两个社会类别同等

[①] 参见［法］埃米尔·涂尔干《社会分工论》，渠东译，三联书店2000年版。

[②] 参见［法］埃米尔·涂尔干《刑罚演化的两个规律》，付德根译，载［法］埃米尔·涂尔干《乱伦禁忌及其起源》，汲喆、付德根、渠东译，上海人民出版社2003年版，第425—426页。

[③] 同上书，第437页。

复杂，那么，哪个社会更有组织，哪个社会就更先进，社会越先进，惩罚就越温和。另一方面，统治权越是缺少制衡或有效限制，或者，统治权与其他社会部门之间越是呈单向的行政命令关系，统治就越专制，惩罚就越残酷。反之，统治权越是受到制衡或有效限制，或者，统治权与其他社会部门之间越是呈双向的契约合作关系，统治就越不专制，惩罚也就越温和。总起来讲，社会的先进程度和统治的专制程度，是制约惩罚强弱程度的两个相互独立的因素。社会文明程度越高、统治专制程度越低，惩罚就越温和。关于质变规律，涂尔干认为，古代社会，责任是集体的，无须监狱，而随着社会变得越来越集中，责任日渐个人化，就产生了防止个人逃跑的监狱。此外，集体愤恨是惩罚的核心。古代社会集体意识较强，犯罪多是针对集体的"宗教犯罪行为"，惩罚因此就粗暴残酷。现代社会集体意识变弱，犯罪越来越多地是针对个人的"个体犯罪行为"，惩罚因此就温和下来而且采取监禁形式。涂尔干指出，"之所以产生这种伟大的变革，并不是出于预想的目的，也不是功利的考虑。……社会纪律进一步扩展了自己的作用领域，越来越失去了其专制的特征而越来越具有人的特性，为个体的自发性留下了更大的空间，甚至恳求这种自发性的发展。因此，社会纪律不再有必要粗暴地强加到人们的头上。……制裁可以保证人们遵从社会纪律，同时越来越少限制所有的创造和反思。"①

无论是从压制性制裁转向恢复性制裁，还是从酷刑转向监禁，在涂尔干看来既是社会分工的结果，也是文明进步的表现。不过，由于涂尔干始终把惩罚与道德联系在一起，在涂尔干那里，这些转变只改变了惩罚的样式，而并不改变惩罚的性质。也就是说，惩罚形式的古今变化，并不意味着惩罚从道德的转向了不道德的或者无涉道德的。对于涂尔干而言，惩罚首先是一种道德过程（punishment-as-moral-process），它由道德情感推动，而它的各种形式也最终表现为道德判断。在《道德教育》中，涂尔干一以贯之地坚持了这样一种看法，亦即，惩罚是一种道德现象，实施惩罚不是为了别的，而是为了触发人对于其道德本性的感受，维护人的"良知"。他说，

---

① 参见［法］埃米尔·涂尔干《刑罚演化的两个规律》，付德根译，载［法］埃米尔·涂尔干《乱伦禁忌及其起源》，汲喆、付德根、渠东译，上海人民出版社 2003 年版，第 451—452 页。

> 惩罚的本质功能，不是使违规者通过痛苦来赎罪，或者通过威胁去恐吓可能出现的效仿者，而是维护良知，因为违规行为能够而且必然会搅乱信念中的良知，即使它们本身并没有意识到这一点。这一功能需要向它们表明，这种信仰仍然是正当的……

> 惩罚并不是为了使他人的身体或灵魂吃苦头；而是在遇到过失时确证过失所否认的规范。……惩罚不过是一个可以感受到的符号而已，一种内在的状态就通过这个符号被表现出来。惩罚是一种标记，一种语言，而一般的社会良知……则可以将受到责难的行为所唤起的感受表达出来。①

从这两段话，可清楚看到惩罚与人的"良知"之间难以割舍的联系。按照涂尔干的看法，惩罚的任务就在于通过责难违反者表现道德命令的现实性和实际力量，由此传递道德情感和道德信息，扶植人的道德感。这是一种典型的关于惩罚的道德观点。它明显不同于以贝卡里亚的看法为代表的关于惩罚的功利观点。涂尔干不把惩罚当作一种功利工具，也不认为惩罚是一种强行控制个人行为的威慑工具。在涂尔干看来，"痛苦仅仅是惩罚的一种偶然后果，并不是惩罚的本质要素"。②

涂尔干对于惩罚的理解并不仅限于道德层面。实际上，作为社会功能主义的一个重要代表人物，他也把惩罚看作社会的一种"系统需要"（system requirement）。换言之，涂尔干倾向于通过惩罚来理解社会的道德生活。在他看来，惩罚担负着重要的社会功能。涂尔干认为，如同人具有情感一样，社会、团体也具有共同的信仰、情感和意识，而社会成员共同具有的信仰和情感的总和就是集体意识。它们是法律和道德的渊源和本质。触犯集体意识或共同感情的行为会遭致惩罚，而惩罚就是限制违反或不服从集体意识的行为的一种方式。显然，在涂尔干那里，惩罚是以一种公共的社会伦理规范为基础的，它旨在重申道德命令。在谈及惩罚的功能时，涂尔干指出，"即使为规范赋予权威的不是惩罚，惩罚也能够防止规范丧失权威，如果允许日常违规行为不受惩罚，那么这样的行为就会侵蚀

---

① ［法］埃米尔·涂尔干：《道德教育》，陈光金、沈杰、朱谐汉译，上海人民出版社2006年版，第123、129页。

② 同上书，第123页。

掉规范的权威。"① 由此看，在涂尔干那里，惩罚从属于道德教育，而并非道德教育的核心部分。它起着保护和重建已经靠其他手段形成的伦理秩序的作用。涂尔干注意到，在有些社会，个人情感很难受影响，因此，有必要赋予责难以暴力形式，而在更加发达的社会，人们的情感更加文雅，就没有必要还使用暴力形式。他以体罚为例指出，除了训练年龄太小而尚未培养起道德感的孩童外，体罚在高度文明社会是不合理的，因为，现代情感甚至对弱小的刺激都会表现出极其微妙的紧张和不安。而且，由于体罚与核心的道德价值相悖，它在现代社会并不能传递一种道德信息。涂尔干认为惩罚的性质在现代社会并未发生根本变化，其主要原因就在于惩罚与道德情感之间的这种关联。在涂尔干看来，现代社会中的惩罚与体现原始人复仇欲望的惩罚一样，其整个动力也来源于某种情绪，也由一种具有等级差别的反抗情绪构成，也由社会施行。只不过，现代社会对报复要求比过去更妥当一些。涂尔干指出，刑罚必定是令人不舒服的，它必须被减少到最低限度，酷刑表现了一种更加原始的情感，而到现代社会，要靠作为一种相对仁慈的手段的监禁传递一种更加人道、更加现代的情感。②

总体而言，涂尔干揭示了现代历史进程中酷刑衰落和监禁兴起的刑罚发展规律，并且为此提供了一种道德解释。从历史上看，分别处在涂尔干之前和之后的贝卡里亚和福柯也发现了这些历史变化，但他们对此提供的理论解释却各不相同。与涂尔干的道德解释形成对照的是，贝卡里亚提供了一种功利解释，而福柯则提供了一种政治解释。三种解释以惩罚的现代变迁为共同主题。对此现代变迁，涂尔干与贝卡里亚都认为是一个更趋人道的过程，只是在解释路径上存在着道德与功利的差异。而福柯则既提出了与它们不同的政治解释，也对现代惩罚变迁是一个更趋人道过程的观点提出了批判。具体就涂尔干和福柯而论，在现代惩罚方式变革上，他们所针对的问题或所讨论的现象可以说是共同的，而分析思路和持论标准却大不一样。在《规训与惩罚》中，福柯在前半部分分析酷刑的衰落，在后半部分则分析监狱的诞生。这与涂尔干的论题大体是相同的。而且，与涂

---

① [法] 埃米尔·涂尔干：《道德教育》，陈光金、沈杰、朱谐汉译，上海人民出版社2006年版，第128页。

② 参见 [法] 埃米尔·涂尔干《道德教育》，陈光金、沈杰、朱谐汉译，上海人民出版社2006年版，第108—151页；以及 David Garland, *Punishment and Modern Society*: *A Study in Social Theory*, Oxford: Clarendon Press, 1990, pp. 41–47, 131–132, 190–191。

尔干一样，在关于这些历史变化的讨论中，福柯多少也触及了现代社会中个人自由价值观的兴起、社会分工或分化以及政治权力分配等问题。只是，福柯始终试图循着政治统治和权力技术的视角，来解释惩罚及其变革。简言之，按照福柯的分析，酷刑之所以衰落，主要是因为君主权力在肆无忌惮的实施过程中具有个人化、无限制、不规则、不连续、不灵活、不精细等弊病；而近代所谓"人道主义"刑罚改革则力图"使惩罚权力更规则、更有效、更持久、在效果上更细微"①；再后来，出现了蕴含着新的更为巧妙的权力技术和政治策略的监狱，惩罚权力由此得以经常化和制度化。② 总体上，在福柯那里，惩罚是权力统治的重要形式，现代刑罚变迁并非一个更趋人道的过程，因为它只改变了权力统治的形式，而没有改变权力统治的性质。

尽管涂尔干也认为现代惩罚变迁最终没有改变惩罚的性质，但他所指的显然是惩罚的道德性质，而不是福柯所认为的惩罚的权力统治性质。基于关于惩罚的这种道德观点，涂尔干既倡导惩罚的"人道化"，也从进化规律的角度把"人道化"确定为惩罚变革的历史方向。在《社会分工论》的篇末，涂尔干这样总结："当集体意识迅速缩减为个人信仰的时候，组织社会的道德在性质上就要比环节社会显得更加人道，更加合理。它没有让我们去依赖那些与我们毫无关系的目标，也没有让我们成为某些理想力量的臣仆……构成这种道德的所有规范都不具有强制力量……从某种意义上讲，正因为这种道德是为我们设立的，所以我们对它就显得比较自由……某种道德要想比其他道德高尚，不在于以一种更无情、更严厉的方式实行强制，也不在于拒绝任何反思。诚然，它必须把我们维系于外部世界，但它没有必要束缚我们的手脚，让我们寸步难行。"③

此种"人道"见解显然不适合福柯的分析。因此，对于涂尔干在《刑罚演化的两个规律》一文中提出的惩罚的量变和质变规律，福柯曾经

---

① Michel Foucault, *Discipline and Punish: the Birth of the Prison*, New York: Vintage Books, 1977, p. 80.

② 关于福柯对惩罚技术和人道主义的批判分析，详见［法］米歇尔·福柯：《规训与惩罚：监狱的诞生》，刘北成、杨远婴译，三联书店1999年版。

③ ［法］埃米尔·涂尔干：《社会分工论》，渠东译，三联书店2000年版，第365—366页。引文中的"环节社会"和"组织社会"指分别与"机械团结"和"有机团结"相联系的两种社会类型。

这样针锋相对地指出，"如果一个人局限于立法或刑事程序的进化，他就会冒险地认为，集体情感发生了变化，人道化（humanization）增强了，或者认为人文科学的发展是一个大范围的、外在的、缓慢的和基本的事实。如果只研究一般的社会形式，就像涂尔干所做的那样，一个人就会冒险地把个人化的惩罚过程设定为更加仁慈的原则，而个人化的惩罚过程其实是新的权力策略的一个后果，这些新的策略也包括新的惩罚机制。"[①]

第二节 国家权力与个人权利的现代螺旋

在涂尔干关于惩罚的论述中，"社会纪律"是一个特别值得留意的现象。在很大程度上，它类似于福柯所提到的"规训"（discipline）和规范的社会扩展。从残酷惩罚的衰落过程，涂尔干与福柯都看到了国家在宏观层面的权力过剩和在微观层面的控制能力不足，并且都将注意力转向了社会纪律、规范乃至规训。比较而言，福柯着眼于规训在学校、医院、工厂、兵营、监狱等场所的运用，涂尔干则寄望于由职业团体通过社会纪律和规范承担起道德重建的使命。在这些讨论中，涂尔干与福柯都涉及惩罚的消极功能和积极功能并举的趋势。例如，在涂尔干那里，社会纪律具有不同于残酷惩罚的重要特征，它不再是粗暴地强加于个人，而是把国家目的与个人目的统一起来，在促进乃至恳求个人的"自发性的发展"中让个人接受规范。而且，涂尔干倾向于从积极正面的角度来看待社会规范。他在论及团体规范时指出，"群体不只是规定其成员生活的一种道德权威，它更是生活本身的源泉。任何集体都散发着温暖，它催动着每一个人，为每一个人提供了生机勃勃的生活，它使每一个人充满同情，使每个人的私心杂念渐渐化解。所以在过去，家庭负有着制定道德和法律准则的责任，这些准则非常严格，有时严格得近乎残酷。然而，也正是在这样的环境里，人们第一次尝到了流露感情的滋味。"[②] 这样一种严酷规则与团体温情之间相反相成的"螺旋"结构，共同存在于涂尔干和福柯的分析

[①] Michel Foucault, *Discipline and Punish: the Birth of the Prison*, New York: Vintage Books, 1977, p. 23.

[②] ［法］埃米尔·涂尔干：《社会分工论》，渠东译，三联书店2000年版，第二版序言，第38页。

中。它们在国家层面具体表现为国家权力与个人权利在现代社会的齐头并进。这是法律与社会理论中一个与"现代性"（modernity）、"合理性"（rationality）密切相关的重要论题。大体上，涂尔干对此论题的分析主要集中在这样三个文本中：《自杀论》的结论部分（1897）、《社会分工论》第二版序言（1902）和《职业伦理与公民道德》（1898—1912）。①

按照涂尔干的看法，18 世纪以来，随着社会分工的不断发展，经济生活空前地膨胀，军事、行政和宗教的功能逐渐败落，集体意识变得越来越微弱和模糊，以地区划分为特征的"环节社会"日渐为以功能分化为特征的"分化社会"所取代。由于经济生活庞大烦琐，国家难以很好地履行管理职能，而且，个人私欲的膨胀和集体意识的淡化也拉开了国家与个人的距离。除了在出现战争等重大政治危机的时刻，国家不再能够有效地影响个人，如此导致了失范状态，带来了道德危机。涂尔干谈到，"无论什么样的行为方式，都惟有通过习惯和训练才能按部就班地起作用。如果我们整天都生活在没有是非的状态中，我们如何保证这种松松垮垮的生活能够带来道德呢？"② 要想克服失范状态，就需要首先建立一个群体，然后建立一套现实缺乏的规范体系，而国家在分化社会已难以再担负起这一重任。于是，涂尔干把眼光转向职业团体。职业团体与个人发生直接联系，不像国家那样对个人一般只能起间接作用。职业团体随时随地都与个人发生联系，不像家庭那样局限于家庭内部。职业生活几乎是全部生活，个人生活的细节都受职业生活的影响。因此，职业团体成为社会结构的基本要素，可以形成一种集体意识。鉴于此，涂尔干主张通过职业团体来维护人类的道德水准。这样，就出现了国家、职业团体或次级群体、个人三方关系。

就职业团体与个人的关系，涂尔干指出，诸多个人基于共同的观念、利益、情感和职业等相似性而结成职业团体，由此所形成的整体感成为所谓"职业伦理"的基础。一方面，职业团体为限制个人贪欲而公开控制个

---

① ［法］埃米尔·涂尔干：《职业伦理与公民道德》，渠东、付德根译，上海人民出版社 2001 年版，第 3—80 页；［法］埃米尔·涂尔干：《社会分工论》，渠东译，三联书店 2000 年版，第二版序言；［法］埃米尔·迪尔凯姆：《自杀论》，冯蕴文译，商务印书馆 1996 年版，第 355—373 页。分析主要依照这三个文本。

② ［法］埃米尔·涂尔干：《职业伦理与公民道德》，渠东、付德根译，上海人民出版社 2001 年版，第 14 页。

人，以其思维和行动方式对个人实施强制，并以其模式塑造个人，把个人纳入社会生活的主流，防止各个人变成一盘散沙。另一方面，职业团体如果成为社会中足够独立、不受约束的次级群体，就会以唯我独尊的姿态对待其成员，严格监控个人，限制个人的发展。为避免个人受职业团体的主宰、束缚和随心所欲的塑造，必须有凌驾于次级群体权威之上的权威，来制定法则保护个人的人格和权益，限制各个职业团体。这个权威就是国家。在涂尔干那里，国家与职业团体之间呈相互制约的关系。一方面，国家必须渗透进家庭、贸易和职业团体、教会以及局部区域等所有次级群体，监控这些群体的运作方式，以防止群体对个人的压制。另一方面，国家要是不受限制，也会变成一种压制机器，因此，需要次级群体对国家形成制约。国家与次级群体之间的相互制约构成了个人解放的一个根本条件。涂尔干认为，职业团体是处于无政府与国家、或者放任与独裁之间的"国家之外的集体力量，这种力量尽管要受国家的影响，但能更多样化地发挥它的调节作用"，"应该在不放松把社会每个部分与国家联系在一起的纽带的情况下，形成对众多个人有国家不可能有的某种影响的道德力量。"①

就国家与个人的关系，涂尔干批驳了国家的目的只在于保护个人权利的观点，认为国家也有其社会目的，在此目的中，个人无条件地成为国家的工具。涂尔干把国家与个人主义权利结合在一起，认为道德个性并非与国家对立，相反，它是国家的产物，正是国家把它从次级群体的束缚中解放出来，因此，国家的作用绝对不是消极的。国家一方面促使个人以一种道德的、尊重个人的方式生活；另一方面又基于对战争的防卫、对国家自身的保护而实施目的在于国家集体而不在于个人的道德纪律，赋予公民以义务，也就是所谓的"公民道德"。在涂尔干看来，个人权利并非与生俱来的。个人必须从否定权利的对抗力中赢得权利，而只有国家才有资格起这一作用。国家的任务就在于创造、组织和实现个人权利。同时，随着社会规模的扩大和日趋复杂，次级群体会日益多样化，为监控次级群体并保护个人权利，国家也会因之扩展自己的势力。因此，

> 一方面，我们确认国家在不断发展，另一方面，个人积极对抗国

---

① ［法］埃米尔·迪尔凯姆：《自杀论》，冯韫文译，商务印书馆1996年版，第361、371页。

家权力的权利也同样获得了发展。……在国家职能逐步拓展的同时,个人并没有消弭……个人的发展也不会使国家走向衰落,因为他本身在某些方面就是国家的产物,因为国家的活动从根本上就是要解放个人。就事实来说,历史给出了最权威的证明,这种因果关系就是道德个人主义的进程与国家的进步之间的关系……国家越强大,个人就越会受到尊重。[①]

不难看出,在涂尔干的论述中,个人在现代社会受到职业伦理和公民道德的双重束缚,然而,这双重束缚在国家与次级群体之间的相互制约中最终竟然带来了个人权利的增长。这是一个悖论。就此悖论,涂尔干一方面强调了国家对职业团体等次级群体的监控,另一方面,也对国家出于对外防御战争的原因而对内实施越来越精细的防控表现出担心。他指出,"国家的作用曾经完全指向外部,而如今,它必然越来越指向内部了……任何欧洲国家都没有从各种内在问题和困难中解脱出来,而且,随着我们前进的步伐,这些问题反而变得多重化了。"[②] 涂尔干试图通过国家理想与人类理想的融合来解决这一问题。他对理性仍寄予厚望。他说,"文明正在逐步朝着理性化和逻辑化方向发展的趋势已经成了非常明显的事实……既然集体意识朝着更理性的方向发展,它的强制性色彩也就会越来越少,也不再阻碍个人的自由变化和自由发展了。"[③]

如同现代惩罚变迁问题一样,涂尔干上述关于国家权力与个人权利并驾齐驱的看法也存在于福柯的分析中,而且成为福柯晚年政治和法律思想的一个核心论题。这集中体现在福柯关于现代社会中"规训""生命权力"以及"政治理性"的分析上。所谓"规训",福柯指的是17世纪以来广泛出现于修道院、学校、工厂、医院、兵营、监狱等领域的一种以人的身体为对象和目标的精微权力,它通过对身体的监视、训练等提高人的体能和使用价值,同时把人变为驯服的人。这是流行于现代社会中的与君主权力形成鲜明反差的权力形式。如前所述,福柯区分了权力关系的两种分析模式,一是权力分析的法律模式,一是权力分析的战略模式,两种模

[①] [法]埃米尔·涂尔干:《职业伦理与公民道德》,渠东、付德根译,上海人民出版社2001年版,第62页。

[②] 同上书,第76页。

[③] [法]埃米尔·涂尔干:《社会分工论》,渠东译,三联书店2000年版,第246—247页。

式中的权力形式分别以君主权力和规训权力为代表。两种权力的区别在于，君主权力是宏大、趋于消极的，而规训权力则是精微、趋于积极的。重要的是，君主权力一般带来禁止、压制等消极后果，而规训权力则能产生加强控制与提高体能双重效果。关于规训的双重效果，福柯在《规训与惩罚》中作了这样的描述："当一门有关人的身体的艺术诞生时，规训的历史时期也就到来了。这门艺术的目标并不只在提高人体技能，也不只在强化对人体的征服，而在于形成一种关系，通过这种机制本身使人体变得更有用时也更顺从，变得更顺从时也更有用。……规训既增强了身体力量（就经济效用而言），也减损了这些力量（就政治服从而言）。总之，规训使权力与身体发生了分离。一方面，规训使体能成为'才智'、'能力'，并努力提高它；另一方面，规训颠倒体能（权力可能源于它）的进展方向，使之进入一种严格的征服关系。如果说，经济剥削使劳动力与劳动产品分离，那么，我们也可以说，规训强制在身体中建立了能力增强与统治加剧之间的聚敛联系"。① 显然，与传统刑罚形式不同，规训一方面加强了对人的有效控制，另一方面又在对人的控制中使人的才智得以提高、体能得以增强，基于这种双重效果，国家权力与个人权利在现代社会中得以紧密地纽结在了一起。

在《规训与惩罚》之后，福柯继续深入到"生命权力"和"政治理性"问题，并以此进一步揭示出现代社会中国家权力与个人权利的相反相成、彼此加强的趋势。福柯将"生命权力"与规训权力一起视为现代社会中"管理生命的权力"的两种紧密相关的形式。略有不同的是，规训权力针对人的身体，"生命权力"则针对总体人口。一如前述，在福柯看来，君主权力主要通过刑杀来显示其权威，现代社会中以养育和挽救生命为己任的"生命权力"则以"让人活"来显示其权威。不能"让人活"的"生命权力"一如不能"让人死"的君主权力，会丧失其权威。因此，在现代社会，保障人权和公民权利，维护人的身体和生命，成了政治权力据以长期有效运行的基本准则。这是"生命权力"运行逻辑的必然要求。正是在现代政治权力与人的身体和生命的这种紧密关联中，福柯发现了一种相互加强的"螺旋"结构。后来，福柯又专门围绕"治理"

---

① Michel Foucault, *Discipline and Punish: the Birth of the Prison*, New York: Vintage Books, 1977, pp. 137–138.

考察了政治理性与政治权力在国家和个体两个层面的并驾齐驱，分析了现代国家权力以自身为目的，通过人口治理将其与公民生活紧密联系起来，并最终达致扩展和增强自身的现代政治过程。①

与涂尔干不同的是，对于国家权力与个人权利在现代社会中的这种相伴而生、相反相成的现代处境，福柯并没有表现出赞许和乐观情绪。在《规训与惩罚》的最后一章的开头，福柯给人印象深刻地勾勒了一幅发生在劳教农场的画面：一个孩子在临终前感叹因为过早地离开了农场而可惜。监禁之所竟然成了被监禁之人的可心之地，这与涂尔干所提到的人在严酷家庭规则环境下居然尝到了温情，可以说是遥相呼应，但福柯对此与涂尔干在态度上却适成鲜明背反。福柯旨在以此揭示处在现代权力关系中的人的生存困境，丝毫无意赞赏这种状况。尽管涂尔干从这种现代处境也发现了一些令人担忧的问题，但他基本上认同这种发展。在涂尔干看来，纪律、规范、制裁为道德发展所必需，"只要有道德，就该有纪律和权威"，②"自由是一系列规范的产物"。③ 如果说，在纪律与道德、规范与自由之间，涂尔干更加侧重于对道德和自由的建构，那么，福柯则更侧重于对纪律和规范的批判，力图将权力与自由在现代社会的齐头并进"问题化"（problematisation），并分析其间的狡计、危险和不足。④ 大体上，涂尔干的阐释是建构式的，福柯的分析则是批判式的。一如福柯所说，"每一个社会只有在一部分人被排斥在外的条件下才能运转。传统社会学，涂尔干类型的社会学喜欢以如下方式提出问题：社会怎样能够把个人

---

① Cf. Michel Foucault, "Omnes et Singulatim: Toward a Critique of Political Reason", in Michel Foucault, *The Essential Foucault: Selections from the Essential Works of Foucault*, 1954－1984, ed. by Paul Rabinow and Nikolas Rose, New York: New Press, 2003, pp. 180－201; Michel Foucault, "Governmentality", in Graham Burchell, Colin Gordon and Peter Miller (eds), *The Foucault Effect: Studies in governmental rationality*, London: Harvester Wheatsheaf, 1991, pp. 87－104.

② ［法］埃米尔·涂尔干：《职业伦理与公民道德》，渠东、付德根译，上海人民出版社2001年版，第78页。

③ ［法］埃米尔·涂尔干：《社会分工论》，渠东译，三联书店2000年版，第二版序言，第15页。

④ 关于现代国家权力增长或国家活动扩张的一些统计数据，可参见［美］贾恩弗朗哥·波齐《国家：本质、发展与前景》，陈尧译，上海人民出版社2007年版，第109—111页。该著指出了现代国家权力一方面范围有所扩展，另一方面其行使又受到限制的双重趋势，也提到了现代国家发展的道德困境。

团结在一起？个人彼此之间建立的关系形式、符号或情感交流形式是什么？使社会构成为一个整体的组织体制是什么？而我感兴趣的是有点相反的问题，或者，对此类问题相反的反应：通过怎样的排斥体制，通过排除谁，通过创造哪些区分，通过哪些否定和拒绝游戏，社会才能开始运转？"①

第三节 现代进程中人和国家的道德向度

显然，涂尔干和福柯是不同类型的学者。二人的区别不仅表现在功能论与冲突论、唯实论与唯名论的差异上，也不仅表现在对于惩罚问题的不同审视视角和分析思路上，更重要的是，二人对于现代惩罚变迁以及现代国家权力与个人权利互为条件、彼此加强的态势持有完全相反的道德评判。自始至终，涂尔干在惩罚问题上都坚持道德的观点和道德分析思路。这主要表现在两个方面。一方面，涂尔干视惩罚为道德过程，认为古今的惩罚形式都具有道德意义。另一方面，无论是对现代惩罚变迁，还是对于国家权力与个人权利相伴螺旋上升的现代趋势，涂尔干都认为是更趋人道的过程。在这两个方面，福柯则始终坚持与涂尔干完全不同的政治观点。但是，这并不意味着福柯完全避开了道德问题。事实上，福柯关于惩罚的政治分析也鲜明地透显出现代社会中的道德困境。这在法律与社会理论中主要表现在"主体"和"国家"两个方面。

一 主体

在惩罚问题上，福柯延续了他早年关于疯癫的分析方法和思路，批驳现代进程是一个更趋人道和慈善的进程。在《疯癫与文明》中，福柯考察了疯癫自中世纪以来的命运：从中世纪到文艺复兴，疯癫基本上天马行空般地生活在光天化日之下，而自17世纪大禁闭起，疯癫经历了一个被排斥和沉默的时期。按照福柯的分析，大禁闭以来，按照一种有关劳动与游手好闲的二分思维，疯癫作为非理性被理性关押起来，接受理性的监

---

① Michel Foucault, *Foucault Live* (*Interviews*, 1961 – 1984), ed. by Sylvere Lotringer, New York: Semiotext(e), 1996, pp. 115–116.

督、排斥和压制。同时，沿袭中世纪的习俗，疯癫被作为兽性关在笼子里面予以公开展示。18世纪末，疯癫成为精神病学的对象。19世纪，随着精神病院的建立，疯人被关进精神病院接受所谓的"人道"治疗，疯癫从此归于沉寂。疯癫从自由自在、到被排斥、再到沉默的过程，在福柯看来并非一个人性化过程，而是一个对疯癫的控制逐渐加深的过程。福柯尤其对精神病院的诞生给予了猛烈批判。精神病院试图"解放精神病人，废除强制，创造人性环境"，但这些在福柯看来都只不过是辩解之词。福柯认为，一方面，理性与疯癫之间的对话在文艺复兴时期不断展开，即使在古典时期疯癫遭受理性压制，这种对话仍然存在，哪怕是"无声的对话"，"斗争的对话"，但到精神病院建立，理性与疯癫之间不再有任何共同语言，疯癫话语消失了，"沉默是绝对的"，"沉默不语是精神病院生活的一个基本结构"。另一方面，精神病院的确不再惩罚疯癫的罪过，但是它努力使罪恶感成为疯人自己的意识，使疯癫承认自己的客体地位，让疯癫自己审判和反省自己，通过他者意识让疯癫复归自由。这些在福柯看来其实是对疯癫自身存在状态更深层的干涉。[①] 显然，福柯后来关于惩罚和监狱的分析，与他早年关于疯癫和精神病院的这种分析，在观点和思路上是一脉相承的。在《疯癫与文明》中，福柯坚持认为近代以来人们对于疯癫的对待"政治意识远远多于慈善意识"。[②] 同样，对于近代以来的刑罚变革，福柯持有完全相同的认知态度。

无论是关于疯癫的考察，还是关于现代惩罚和规训机制的分析，"人"的生存处境都是福柯关注的一个重点。按照福柯的分析，自17世纪以来，人们先是以压制的方式对待疯癫，继而以一种看似融合和接受的方式看待它，但这都没有最终改变疯癫的客体地位，也就是说，在理性的主导下，人们始终不能以一种源自疯癫自身的内在视角来观察和对待疯癫。因此，在福柯那里，尽管人们对待疯癫发生了一些历史变化，但它们不过是调整了对待疯癫的权力关系而已，并没有让疯癫摆脱一种与理性相对照的、并受理性主导的权力关系结构。与疯癫的这种遭遇类似，尽管近

[①] Cf. Michel Foucault, *Madness and Civilization: A History of Insanity in the Age of Reason*, London: Routledge, 1967, pp. 229 - 264; Michel Foucault, *Foucault Live (Interviews, 1961 - 1984)*, ed. by Sylvere Lotringer, New York: Semiotext(e), 1996, pp. 7 - 9.

[②] Michel Foucault, *Madness and Civilization: A History of Insanity in the Age of Reason*, London: Routledge, 1967, p. 213.

代以来发生了从酷刑到依法惩罚再到规训和监禁的历史转变,但这些在福柯看来,也只是改变了惩罚的形式,并没有改变惩罚的权力关系结构。按照福柯的意思,血腥、残暴、恣肆的惩罚形式在现代社会不复存在,并不意味着权力统治关系的当然消解,而是意味着更为精巧有效的新的权力统治形式的崛兴。特别是,现代社会中的规训机制,由于对人具有加强控制与增强智能的双重效果,经常被人误认为是更文明、更温情的方式。涂尔干就持有这样的看法,倾向于把文雅、对残酷的厌恶视为现代文明的特征。而在福柯看来,这只是"生命权力"在现代社会运行的当然后果,现代惩罚方式的变革与其说是试图构建"法律的主体"（juridical subject）,不如说是为了造就"驯服的臣民"（obedient subject）。福柯以"subject"来表达人的这一双重处境。在英文中,"subject"既有"主体"的意思,也有"臣民"的意思,福柯借助这一语词的双关意义来说明,现代规训机制一方面把人塑造成为更具权利的"主体",另一方面又把人塑造成为温驯的"臣民"和所谓"规训的人"（disciplinary individual）。福柯以所谓"屈从的主权者"（subjected sovereignties）生动地表现了现代社会中人的这种现代困境。① 沿着这样的分析路径,福柯不同意涂尔干等人所认为的现代惩罚变革更趋人道的看法。在他看来,"整个现代刑罚史所展现的司法—人类学功能,并不起源于人的科学对于刑事司法的介入,也不起源于对于这种新的合理性或者看似与之相伴而生的人道主义的迎合,而是起源于使这些新的规范化裁决机制起作用的规训技术（disciplinary technique）。"②

相对于涂尔干的道德观点而言,福柯的所有这些分析,基本上涉及的是相对于内在道德的人的外在方面。这主要体现为两点。其一,福柯所谓的规训实为一个与人的身体和生理紧密相联系的概念,人的身体和生理构成规训的主要基础,规训之所以能够取得实效,恰在于它利用了人的身体和生理特点。同样,监禁或监狱之所以成为现代社会中的一种主要惩罚形式,与个人的自由和权利成为社会成员普遍追求的价值目标存在着密切联

---

① Michel Foucault, "Revolutionary Action: 'Until Now'", in Michel Foucault, *Language, Counter-memory, Practice: Selected Essays and Interviews*, ed. by Donald F. Bouchard, Oxford: Cornell University, 1977, pp. 221–222.

② Michel Foucault, *Discipline and Punish: the Birth of the Prison*, New York: Vintage Books, 1977, p. 183.

系。在很大程度上，正因为政治自由被认为是可贵的，所以监禁才能成为一种重要的对人形成有效制约的惩罚形式。可以说，人的身体、生命以及各种权利，成了规训发挥作用不可或缺的条件。对此，福柯所要揭示的是，尽管现代社会试图使人成为权利主体，但实际上，人一直没有能够成为主体，反倒在权力关系的交织中成了权力的对象。其二，福柯的分析主要涉及怎样对待罪犯以及怎样对待人的问题，而几乎没有涉及人自己到底应该如何生存和行为。换言之，在福柯的分析中，并不能找到一种作为本体存在的道德。通过一种权力分析，福柯指出了以人的身体和生命为基点的现代政治，事实上并没有最终实现"解放"和"自由"的理想，而人据以生存和行动的道德基点则处在福柯的分析之外。在这两点上，涂尔干表现出明显的不同。在涂尔干的理论中，人始终是作为道德主体被看待的，因此涂尔干不把惩罚建立在人的身体和生理层面，而是将其建立在人的道德这一基础上。这是涂尔干与福柯的重要差别。惩罚的最终目的在于唤起人的道德良知，这是涂尔干有关惩罚的基本观点。这一看法，在福柯有关惩罚的分析之外或者在福柯所未触及的地方，开辟或存留了一块重要的极具建构性的道德领域。相对贝卡里亚的功利观点和福柯的政治观点而言，这一领域的拓展和维护在现代社会具有更强的超越和建构意义。不过，在现代语境下，涂尔干关于惩罚的这一道德理论也面临着问题和挑战。一方面，涂尔干把道德与所谓集体意识直接联系起来。这在很大程度上在"天理"与"公理"或"公共意见"之间划开了一道裂缝，而这道裂缝恰是所谓"现代性问题"据以产生的主要渊源之所在。另一方面，由于个人自由和权利在现代社会成为主导价值，人的道德情感和所谓集体意识的作用空间实际上有所衰减。这也为涂尔干的道德理论带来了挑战。从这两个方面看，人的道德在现代社会可谓更趋平面化，而以往那种直通"天理"的道德的立体超验维度则显得越发柔弱，惩罚因此也更容易沦为功利手段和政治工具。尽管面临着现实的种种困难，尽管现代惩罚看上去越来越社会化和政治化，涂尔干所持的惩罚旨在唤起人的道德良知这一观点，却仍不失为现代社会的惩罚实践指出了一条正途。

在现代社会，随着现代经济、政治、社会体制的建立和扩展，一些违法或犯罪特别是经济方面的违法或犯罪，在很大程度上并不一定能够直接或完全找到道德谴责的理由。惩罚由此与社会、经济和政治的联系，看上去比与道德的联系更为紧密，并主要表现为维护社会、经济和政治体制的重要力量。而且，现代社会中的人主要是作为权利主体存在的，其身体、生命、自由等被视为应当受到政治和法律制度保护的基本价值，而人的道德即使没有被完全消解，也不再成为社会和政治体制据以建立和运转的主要因素。这两个方面，明显削弱了关于惩罚的道德理论，从而使得无论是惩罚，还是人权保护，都面临着某些道德质问。例如，为什么在现代社会不能依法剥夺一个穷凶极恶并且实施了严重犯罪的人的生命？人权保护为什么可以适用于犯下了应受强烈道德谴责的罪行的人？为什么对于一些与道德联系并不紧密的行为实施刑事惩罚？等等。这些体现了法律与道德在现代社会适度发生分离，并更多屈从经济、社会和政治需要的趋势，在一定程度上为福柯将法律惩罚和社会规训视为权力技术提供了经验素材。不过，在现代进程中，惩罚虽然能够找到其现实的经济、社会和政治理由，却几乎找不到一种据以存在的终极原因，而且面临着或者在道德上谴责而在法律上不惩罚、或者在法律上惩罚而在道德上不谴责的道德困境。例如，如果惩罚仅仅是社会体制中的一种功利手段和政治工具，那么，人们是否享有逃避和抵抗惩罚的道德义务？又如，在死刑存废问题上，仅仅基于人是人这一自然事实而废除死刑，实际上只是为现代惩罚人为地设定了一项保护人权的现代原则，并没有触及更为根本的道德根据；而按照惩罚的道德理论，当人作为道德主体看待时，死刑则因为惩罚能够唤起人的道德良知而有了废除的充分而固定的理由，由此也给人自身带来了终极希望。就此而言，将涂尔干的道德建构和福柯的政治批判合起来观察，正可以看到人作为道德主体对于惩罚的终极意义。

二　国家

除"主体"外，"国家"是涂尔干和福柯有关惩罚的分析引出的另外一个涉及道德的现代论题。从历史上看，关于国家的理论主要有三种，可以分别称之为关于国家的道德理论、政治理论和社会理论。第一种以黑格尔的国家理论为代表。这一理论将国家视为汲取了"家庭"和"市民社会"的优点的最高伦理形式，认为国家是"地上的神物"，人们必须崇敬和服从它。第二种是自由主义的国家理论。这一理论立足于对个人权利的保护而视国家为政治上不得不容忍的恶，既主张提防并限制国家权力，又主张构建用以有效保护个人自由和权利的国家。第三种以马克思的国家理论为代表。这一理论以社会为国家的基础，对国家持有批判立场，主张把国家由一个高踞社会之上的机关变为完全服从社会的机关。从现代国家权力与个人权利齐头并进这一内容看，涂尔干和福柯关于国家的分析都与自由主义国家理论存在着一定联系。但整体而言，涂尔干关于国家的看法更加偏向于黑格尔的国家理论，[①] 而福柯对现代国家的分析则在一定程度上显示出类似马克思的批判态度。无论偏向于哪一边，从国家权力与个人权利在现代社会相互加强的态势中，涂尔干和福柯都看到了关于现代国家的悖论，这既体现在政治层面，也体现在道德层面。

涂尔干和福柯不仅都注意到现代社会中国家权力与个人权利的双增长趋势，他们也都注意到与这一趋势相伴也相对的另一面，并且都对这另一面表现出担忧。在涂尔干的理论中，国家与个人之所以得以统合在一起，主要有两个原因。一是职业团体。正是出于防范和制约职业团体对个人实施压制这一需要，国家与个人共同站在了职业团体的另一边。二是其他国家或敌对势力。同样，出于防范共同的敌人、避免战争，国家与个人得以结成联盟。这两个原因一起造就了个人对于国家义不容辞的服从义务。而且，职业团体的增加以及其他国家的长期存在也使得这种服从义务具有经常性。不过，如同自由主义国家理论中国家权力与个人权利既相对立也相一致一样，在涂尔干的分析框架中，国家与个人其实也存在着不一致。一方面，在涂尔干所分析的国家、职业团体与个人三方关系中，为保护个人权利，不仅需要国家制约职业团体，而且需要职业团体制约国家。另一方面，一如涂尔干所担忧的，国家的对外职能也时常内化，从而在国家与个人之间产生敌对关系。就这两个方面来说，尽管涂尔干力图通过道德的观点来分析国家与个人的关系，但其间还是不可避免地出现了国家与个人之间非道德的政治对抗，由此带来了这样的现代问题：人们基于何种正当理由去爱或者维护一个可能侵犯或威胁自己的国家？人们基于何种正当理由去构建一个旨在保护个人权利而同时又有可能侵犯个人权利乃至威胁全人

[①] 涂尔干关于国家的看法与黑格尔的国家理论比较接近。例如，黑格尔认为："现代国家的本质在于，普遍物是同特殊性的完全自由和私人福利相结合的，所以家庭和市民社会的利益必须集中于国家；但是，目的的普遍性如果没有特殊性自己的知识和意志——特殊性的权利必须予以保持——就不能向前迈进。所以普遍物必须予以促进，但是另一方面主观性也必须得到充分而活泼的发展。只有在这两个环节都保持着它们的力量时，国家才能被看作一个肢体健全的和真正有组织的国家。"见［德］弗里德里希·黑格尔：《法哲学原理》，范扬、张企泰译，商务印书馆1961年版，第261页。这种看法与涂尔干关于现代国家与个人共同发展的分析是一致的。

类的国家？人们基于何种道德根据接受来自国家的惩罚？而国家权力与个人权利在现代社会的双增长趋势，几乎使这些问题成为难以解开的死结。

同样，这些问题从福柯有关国家的讨论中也可以发掘出来。按照福柯的分析，一方面，基于"生命权力"的运行逻辑，国家权力依循保障个人自由和权利的原则行使，在保护和发展个人自由和权利的过程中维护和发展自身，从而呈现国家权力与个人权利的双增长。另一方面，福柯又注意到，"生命权力"也伴随着诸如种族灭绝、核战争之类的"巨大的死亡权力"，福柯称之为"现代权力之梦"。[①] 在福柯那里，如同"主体"与"臣民"之间的相伴相生一样，"生命权力"与"死亡权力"也成为现代社会中与国家相伴相生的重要现象，从而带来了现代国家的悖论。

总起来看，即使现代政治循着福柯所谓的"生命权力"的逻辑运转，或者沿着自由主义的法治路径建构，最终能够幸免涂尔干所忧虑的国家外在职能内化的风险，现代国家也仍然面临着所谓的"巨大的死亡权力"。而且，近代以来的历史也表明，不仅存在涂尔干所担忧的国家对外职能内化，"自由国家"也的确存在着人权保护与战争行为同生并举的现象。换言之，自由国家即使能够尽可能实现对本国人权和公民权利的有效保护，并且在世界范围表现出保护人权的姿态，但这并未完全排除它在需要的时候对外采取与保障普遍人权相悖的战争乃至侵略行为。就权利与权力的这种关系而言，现代国家在国内和国际两个层面都可谓面临着某些困境。在国内层面，国家权力不仅通过个人权利寻找到新的"合法性"基础，而且根据保障人权和公民权利的需要得以更为有效地在社会中运行和扩展，由此使得个人权利始终面对着强有力的乃至更有效、更精微的国家权力，看似更为人道、更加人性的惩罚和规训也因而被视为不过是换了另一副权力统治的面孔而已。在国际层面，福柯所讲的"巨大的死亡权力"也与现代国家对于人的身体、生命以及其他权利的国内保护形成强烈反差。

在现代国家的悖论中，权利与权力的"螺旋"结构可以说是一个中心。就此看，社会契约论其实构成现代国家困境的一个重要渊源。历史上，对于克服这种困境，既存在道德努力，也存在政治尝试，其间时常夹杂着对于社会契约理论的批判。例如，对于社会契约论中国家是个人自主

[①] Michel Foucault, *The History of Sexuality*, Volume 1: *An Introduction*, New York: Vintage Books, 1980, pp. 137–138.

选择的产物这一看法，黑格尔提出了批评，并针锋相对地强调了国家对于个人的绝对权威以及个人对于国家的道德义务。马克思也曾对所谓"自由国家"提出过批判，并主张打碎作为阶级对立形式和阶级统治工具的国家，直至实现国家消亡的理想。不过，在"无国家"作为一个理想最终实现之前，国家不仅长期存在，而且成为政治和法律制度建设的重要内容。如此，国家理论仍然难以避免地会在道德观点、政治观点和社会观点之间纠缠不清。国家，在传统社会曾经是与民族大义和爱国情感密不可分的伦理现象，保家卫国表现为人们自然的道德义务，法律惩罚也显出很强的伦理意义；而当它在现代发展成为一方面保障自由另一方面又深可畏惧乃至危及全人类的庞大政治机器时，关于国家的一些道德和政治困境也相应地呈现了出来。大体上，国家的伦理意义主要集中于两点，一是国家成为道德的，二是国家成为人的道德生活的外在条件。从关于国家的政治观点和社会观点，都可清楚看到现代国家总体上是作为消极的、需要防范的乃至需要消灭的"恶"来看待的。由此，道德意义上的国家，以及国家与个人之间的道德关系，在现代社会的发展空间越来越式微。这是现代国家现实的道德处境，在社会契约理论的主导下尤其如此。相对而言，后一点看上去具有更为广阔的政治建构空间，只不过在围绕保护人权和公民权利而展开的现代国家建设过程中发生了涂尔干和福柯所提到的困境或悖论。总之，就现代国家的建构而言，在仍然存在涂尔干和福柯所提到的国家外部职能内化以及"死亡权力"的现代背景下，特别需要这样一种政治哲学，它足以在全球范围内通过法律、道德以及社会权力来规范、制约乃至消解国家权力，实现全世界的持久安全和和平；同时，涂尔干所提到的人类理想也是重要的，以使国家从一种涉及所有具体的人的普遍道德哲学那里奠定更为牢靠的伦理根基。

第十六章

惩罚理性批判

社会契约论是关于国家合法性的理论，也是关于惩罚合理性（punitive rationality）的理论。前者说明人们何以应该接受国家统治，后者说明人们何以应该容忍法律惩罚。就法律惩罚的合理性来说，社会契约论者的观点又各不相同。按照霍布斯的社会契约论，建立国家是为了保护以"生命保全"为核心内容的"自然权利"，通过社会契约建立国家后，个人仍然完全拥有生命保全的自然权利，如果国家剥夺个人的生命、要求个人承认罪行并追究罪责，个人没有义务服从，或者，有自由不服从。[①] 按照洛克的社会契约论，在自然状态中，每个人对违反"理性"或"自然法"的人都拥有惩罚权，有权把杀人犯"当作狮子或老虎加以毁灭"，通过社会契约建立国家后，这种惩罚权统一转交国家行使，无论是在自然状态中，还是在国家建立后，违反理性或自然法的人都要遭受惩罚。[②] 按照卢梭的社会契约论，虽然生存是"人性的首要法则"，但通过社会契约建立国家后，人的生命因为需要国家的保护而只成为"国家的一种有条件的赠礼"，个人有义务效死国家，个人犯罪乃至杀人是对社会契约或"公意"的违反，他因此由"公民"一跃而为"公共敌人"，应该遭受惩罚。[③]

从霍布斯，到洛克，再到卢梭，可明显看到社会契约论对惩罚合理性论证的逐渐加强。在霍布斯那里，生命保全看上去是绝对的，因此，他的

[①] ［英］托马斯·霍布斯：《利维坦》，黎思复、黎廷弼译，商务印书馆1985年版，第97、169、241页。

[②] ［英］约翰·洛克：《政府论》下篇，叶启芳、瞿菊农译，商务印书馆1964年版，第7—10、53—54、78—80页。

[③] ［法］让-雅克·卢梭：《社会契约论》，何兆武译，商务印书馆1980年版，第9、39—48页。

社会契约论为个人逃脱惩罚始终留有缺口。虽然同样以自然权利为出发点，但洛克和卢梭的社会契约论分别以"理性"和"公意"堵塞了霍布斯的缺口。从理论上看，霍布斯和卢梭各自代表着个人主义和集体主义两个极端，一个以"生命保全"而坚持完全存留缺口，一个以"公意"而坚持彻底堵塞缺口，而洛克的"理性"路径则代表着一条中间路线。洛克既基于违反理性或自然法的不良后果而强调惩罚的必要性，也基于理性而强调惩罚的合理方式：惩罚要根据"明确不变的法规"以及"冷静的理性和良心"，而不能任由"感情冲动或放纵不羁的意志"。① 后世的法律惩罚实践基本上是沿着洛克的路线，通过"理性"和"人道"而逐渐缝合霍布斯的缺口的。沿着这样的路径，人权保障得以切入刑事司法程序，无罪推定、正当程序、罪刑相当、沉默权、不受酷刑、废除死刑等都成为现代刑事法律改革的重要内容，同时，各式法律惩罚机制在现代社会也因此得以更加巩固、发达。就此而言，"理性""人道"在一定程度上其实可被视为法律惩罚得以存续并被普遍接受的重要条件，这正是"惩罚合理性"的关键所在，也是福柯所关注的一个重要法律问题。

"惩罚理性"或"惩罚合理性"，涉及惩罚在社会中何以能够存在，何以被人容忍乃至接受，何以长期有效运行，或者，惩罚是怎样被合理化的。福柯通过考察西方近代以来的人道主义惩罚变革，对惩罚合理性和人道主义作了一种批判分析。由于"启蒙"时代以来的刑事法律改革以"人道"为主要导向，"惩罚合理性"通常与人道主义紧密联系在一起。福柯毫不讳言地反对一切形式的人道主义。这在他的《疯癫与文明》《规训与惩罚》《词与物》等著作中都可看到。在"惩罚合理性"上，福柯把社会契约论视为一种为惩罚权提供新基础的理论，但他同时认为，社会契约论在人们何以接受惩罚权、何以容忍被惩罚上有关缔约和权力转让的虚构是不充分的。② 福柯更加注重分析其中的权力运作，由此每每得出一些与人道主义相悖的见解。福柯试图表明，作为人道主义惩罚变革出发点的"人"实际只是真实的人的副本，是现代哲学基于人的有限认知而对人的一种知识建构；人道主义惩罚变革主要不是出于人类的道德情感，而是出

---

① ［英］约翰·洛克：《政府论》下篇，叶启芳、瞿菊农译，商务印书馆1964年版，第7、53页。

② Michel Foucault, *Discipline and Punish: the Birth of the Prison*, New York: Vintage Books, 1977, p. 303.

于惩罚权力技术的需要;人道主义惩罚变革导致了身体规训和监控加强的消极后果。福柯有关"惩罚合理性"和人道主义的批判分析,促使现代社会反思作为人道主义出发点的"人"观念,反思权力循着理性和人道之名对人的统治。

第一节 人道主义中的"人"

"人道主义"的英文词是"humanism",它有时也被翻译为"人文主义"或"人本主义"。人文主义发源于 14 世纪晚期意大利兴起的一股研究古希腊和古罗马的语言、文学、哲学、科学和艺术的文化运动,研究者一般被称为人文学者。他们重新喊出"人是万物的尺度","我是人,凡是人的一切特性,我无不具备"之类的口号,强调人性、人自身的价值、个人尊严和思想自由,反对神权和神学。这一文化运动到 16 世纪末期走向衰微,但作为一种"以人为中心"的思潮继续存在和发展,直至 18、19 世纪出现现代人道主义。有人把"humanism"解释为:

> 这样一套极为广泛的哲学,其核心在于相信人类利益和尊严应该是最重要的。它的根源常常被追溯至古希腊,它的萌芽则随处可见:在文艺复兴运动中,它涉及从神灵到对"人"及其艺术、文学和历史作品的研究的转向;在进步的(progressive)启蒙运动中,它涉及合理性(rationality);在现代主义运动中,它涉及对"上帝之死"的信仰。……最一般的是,人道主义涉及对以神为思想核心的宗教的拒绝。遍布全球的人道主义组织确信:"人类社会的性质在于,人类的意图和活动在人类事务中起决定性作用,它们只受制于情境的条件因素。"[1]

与人道主义相对,存在着反人道主义。人道主义诉诸人性或人类共同本质概念,认为历史是人的思想和行动的产物。反人道主义则宣称人道主

---

[1] Gordon Marshall (ed), *A Dictionary of Sociology*, Oxford: Oxford University Press, 1998. pp. 289–290.

义是"意识形态",认为人们并不创造历史,也不会在历史中发现"真理"或"目的",历史是一个没有主体的过程。① 人道主义与反人道主义在20世纪中叶的欧洲曾有一次正面交锋。1946年,萨特发表题为"存在主义是一种人道主义"的演讲,以人的"主体性"为出发点,把传统哲学所认为的"本质先于存在"颠倒为"存在先于本质",否认普遍人性和人的宿命,认为人是自由的,除人之外别无立法者,人必须自己作决定,人的命运由自己选择、自己造就、自己负责,唯有如此人才是有尊严的人。② 次年,海德格尔发表《关于人道主义的书信》,直言一切人道主义都是形而上学,批评无论是"本质先于存在"还是"存在先于本质",都忽略了"存在"本身,因此并没有把人本身的尊严摆上充分的高度。海德格尔指出,"人之本质的高贵并不在于人是存在者的实体而成为存在者的'主体',以便作为存在的统治者让存在者之存在状态消融在那种被过于聒噪地赞扬了的'客体性'中。"海德格尔反对人道主义,反对把人建构为存在的"主体"或者至上的中心,但这并不表明他赞成非人道、维护非人性、贬低人的尊严。海德格尔的意图在于,揭示"人道主义"这类名词的灾难,揭示人的本质远远不仅是所谓的"单纯的人"、单纯的"理性存在",从而把人们的注意力引向人本身。海德格尔说,"与'人道主义'的对立绝不包含对非人道的捍卫,而是开启了其他一些眼界。"③

海德格尔与萨特的争论为福柯对人道主义的批判分析打开了新的眼界。在有关人道主义的批评分析上,福柯更多地受到了尼采、海德格尔等人的影响。福柯比较早地洞察到"启蒙"与人道主义之间细微的差别。尽管在18世纪的欧洲同时出现了"启蒙"运动和人道主义,一些人由此也经常把二者混为一谈,但在福柯看来,"启蒙"与人道主义并非一回事。福柯指出,"启蒙"是欧洲历史上特定的一个或一系列事件(event),它涉及一系列对"现代"有重要影响的具体而复杂的历史过程;而人道主义则是欧洲社会反复出现的一个或一系列主题(theme),它涉及各种各样的价值判断,时而反神学,时而反科学,时而与存在主义相连,时而

---

① [英]凯蒂·索珀:《人道主义与反人道主义》,廖申白、杨清荣译,华夏出版社1999年版,第7页。
② [美]沃尔特·考夫曼编著:《存在主义》,陈鼓应、孟祥森、刘崎译,商务印书馆1987年版,第301—325页。
③ [德]马丁·海德格尔:《路标》,孙周兴译,商务印书馆2000年版,第366—429页。

又与国家社会主义相连。由于人道主义圆滑善变，不从一而终，福柯认为它难以作为反思的轴心，"启蒙"原则反倒可以成为它的一种"批判"或"出路"。由此，"启蒙"与人道主义在福柯看来表现为一种紧张关系，而不是同一关系。尽管福柯大体上属于反人道主义的学者之列，但与海德格尔一样，福柯并不认为凡是与人道主义相关的东西都应当摒弃。福柯对人道主义提出批判的一个首要方面在于对人道主义有关"人"的观念的批判分析。① 他说，

> 事实上，至少从 17 世纪以来，所谓的人道主义一直不得不依靠某些从宗教、科学或政治那里挪借而来的人的观念。人道主义的作用就在于粉饰和论证这些它最终不得不求助的人的观念。②

福柯首先通过"人之死"打碎了人道主义的"人"观念。1966 年，继尼采宣告"上帝之死"后，福柯在《词与物》的篇末宣告"人之死"。③ 他说，

> 人很久以来就已开始消失，并且不停地在消失，而我们关于人的现代思想、我们对人的关切、我们的人道主义，都在人并不存在的危险的隆隆响声中安睡。难道我们不应提醒我们自己，我们自身受到了一种只属于我们自己的有限性的束缚，这种有限性通过我们的认知而向我们打开世界的真理，难道我们不应提醒我们自己，我们正骑虎难下吗？④

福柯宣告"人之死"旨在批判起建构和奠基作用的"主体"，这一"主体"是现代哲学基于人的有限认知而构造出来乃至被意识形态化了的"人"。在《词与物》的开篇，福柯刻意引述了古中国一种关于动物的稀奇古怪的划分：属于皇帝的、飘香的、驯服的、数不胜数的、刚打破水罐

---

① Michel Foucault, *The Foucault Reader*, ed. by Paul Rabinow, New York: Pantheon Books, 1984, pp. 43–45.
② Ibid. p. 44.
③ Michel Foucault, *The Order of Things: An Archaeology of the Human Sciences*, London: Routledge, 1970, p. 422.
④ Ibid. p. 351.

的，等等。这种划分在现代人看来是杂乱离奇、逻辑不通的，福柯引述它是为了揭示现代思维的边界和限度，引导出"我思"之外的他思或非思。在福柯看来，人道主义中的"人"不是自然事实，而是一种知识建构，它有其特定的理性认知基础。这一基础不同于古代的那种离奇思维，也不同于其他非理性思维。因此，基于所谓人性或人类共同本质对"人"的建构，实际上只是在以有限替代无限，以知替代无知；人道主义中的"人"其实只是人的副本或替身（doubles），恰恰是它替代、排除乃至消解了活生生的、丰富多彩的"真正的人"及其存在。约瑟夫·地·梅斯特（Joseph de Maistre）对"人"这种处境曾给以这样的讽刺："根本就没有什么世界的人。在我的一生中，我只看到过法国人、意大利人、俄国人等等。多亏了孟德斯鸠，我也知道了人们还可以是一名波斯人。至于人，我要说，我有生以来还没有遇到过一位。"①

福柯不仅揭示了"主体"对"真正的人"的取代和消解，也分析了"主体"建构过程中的知识和社会条件。在 1971 年福柯与乔姆斯基关于"人性"的公开辩论中，乔姆斯基肯定"人性"的存在，认为人有先天禀赋，人的"先天语言""本能知识"和"先天智能"是人性在生物学上的基本构成要素，因为这些天赋要素，人才得以相互学习、理解和交流。福柯则坚持认为，重要的不是人性是什么以及人性是否存在，而是人性概念在社会中怎样起作用。福柯指出，人讲话都有一定规则在起作用，不仅包括语言规则，而且包括认识论规则。这些规则划定了知识的边界。由此，人性并不是一个科学概念。人性概念的作用只在于在认识论上标明某种话语类型与神学、生物学或历史学相关或相对。福柯以动、植物的分类为例指出，自中世纪以来，人们根据截然不同的规则，对动、植物作了各种各样的划分和重写，每一次重写都使得知识在其功能、结构和内在关系上发生全新变化。这说明有很多不同的方式可以使某些知识类型同时成为可能。显然，在人性问题上，福柯更加看重人性概念据以产生的知识和社会条件，以及人性概念实际的社会功用。② 这一见解与海德格尔、尼采等

---

① [英] 迈克尔·莱斯诺夫：《二十世纪的政治哲学家》，冯克利译，商务印书馆 2001 年版，第 289 页。

② Noam Chomsky and Michel Foucault, "Human Nature: Justice versus Power", in Arnold I. Davidson (ed.), *Foucault and His Interlocutors*, Chicago: The University of Chicago Press, 1997, pp. 107–145.

人的看法是一致的。萨特认为人是自由的，自己决定，自己负责，而在海德格尔看来，语言是人的存在之所，人实际生活在语言的牢笼之中，依靠语言思考和交流，因此，完全自主的"主体"其实是不存在的。尼采也曾基于人的这种非独立处境指出，"人对自己的行为是毫无责任的，人对自己的本性是毫无责任的"。福柯深受尼采和海德格尔的影响，他不仅把"作者"视为话语作用的产物，也基于同样的理由宣告"人"的死亡，认为"道义是由个人的存在构成的，而个人是偶然的，是由道德传统塑成的，并不是真正自主的"，因此，人对生活中发生的事情并不负有责任。[①]

此外，福柯还着重分析了"主体"建构过程中的权力运作。这集中体现在他有关法律惩罚和规训权力的分析中。福柯把兼具"主体"和"臣民"双重意义的"subject"视为人道主义的核心，由此揭示出人在被塑造成"主体"的同时也被塑造成"臣民"的双重处境：灵魂统治肉体，但受制于上帝；意识支配判断，但受制于真理必然性；个人享有权利，但受制于法律。在福柯看来，人道主义与此前的上帝观念对社会运转具有相同的作用，在理性、仁慈乃至神圣的名义下，它们都被利用来造就屈从和温顺的公民或臣民。福柯指出，人道主义的要义在于，"即使你不行使权力，你也是统治者。而且，你越是拒绝行使权力，越是服从当权者，你的统治权就越是增长"，"人道主义就是西方文明中限制权力欲望的一切东西"。[②] 这些看法贯穿在他有关作为权力技术的惩罚以及生命权力的非人道后果的批判分析之中。

第二节 作为权力技术的惩罚

人道主义是现代刑事法律改革的重要指导思想之一。贝卡里亚在《论犯罪与刑罚》中就试图促使刑罚向人性化方向发展，以体现人道（caring and humanity）和"人性"（human nature）的法律来取代作为

---

① [美]詹姆斯·米勒：《福柯的生死爱欲》，高毅译，台北时报出版公司1995年版，第477—478、500页。

② Michel Foucault, *Language, Counter-memory, Practice: Selected Essays and Interviews*, ed. by Donald F. Bouchard, Oxford: Cornell University, 1977, pp. 221–222；参见[德]马文·克拉达、格尔德克·登博夫斯基编《福柯的迷宫》，商务印书馆2005年版，第4—9页。

"少数人欲望的工具"的法律。而且，刑罚从酷刑、到依法惩罚、再到监禁（imprisonment）的变革过程一般也被视为一个更趋人道的进步历程。福柯不认同这些看法，他对人道主义刑事法律改革的"人道"目的始终坚持质疑和批判态度，也不认为刑罚从酷刑、到依法惩罚、再到监禁的变革过程体现了人类道德的进步。所有这些变革在福柯看来只是"权力技术"的变化而已。在《规训与惩罚》一书中，福柯分析了18世纪晚期并存的三种惩罚权力形式，即君主时代作为公共景观的酷刑、启蒙思想家和法律改革家提出的注重法律程序和人性化的惩罚、监狱监禁和教养，并揭示了惩罚从酷刑、到依法惩罚、再到监禁变化过程中的权力技术和权力策略。

  18世纪末以来，长期在刑事司法体制中占据重要而明确地位的公开酷刑在批评声中逐渐消失。例如，法国于1789年废除戴枷示众，于1791年废除公开认罪。这一变化在福柯看来并非出于"人道"情感和慈善意识，而是出于惩罚策略的改变。福柯认为，作为公共景观的酷刑蕴含了一套对君主权力有利的惩罚技术，但由于这套技术同时存在着缺陷，它最终被新的惩罚权力技术所取代。首先，酷刑是建立在痛苦的量化艺术之上的权力技术。酷刑能够制造可测量、可计算、可比较、可分层的痛苦，它实际包含着一整套权力经济学。例如，以火刑执行死刑能够延长痛苦，以肢解活人执行死刑能够将痛苦最大化，以酷刑方式执行死刑则可以把一次简单的死亡变为"一千次死亡"。其次，酷刑是一种复现犯罪真相的法律仪式。司法拷问和公开处决的功能在于，让犯人供认犯罪真相，承认罪行，从而支持惩罚的运作并以最醒目的方式展现惩罚的效果。最后，酷刑也是一种炫耀君主权力的政治仪式。公开的酷刑和处决既是罪犯痛苦的延续，也是君主权力的壮观展现，是法律和君主权力的庆祝仪式，同时，它还能通过向罪犯发泄怒火的权力公开展示唤起围观民众对法律和君主权力的恐怖感。然而，公开处决也能带来社会骚乱，导致法律和君主权威的危机。罪犯宁死不屈可能使罪犯变成"英雄"、罪犯虔诚地公开认罪忏悔可能使罪犯成为"圣徒"、绝望的罪犯可能肆无忌惮地诋毁君主和法律、判决不公和刽子手的骄纵也可能激起民众公愤，所有这些都可能导致"围绕着断头台的骚乱"。正是因为惩罚技术上的这种严重缺陷，作为公共景观的酷刑到18世纪末逐渐消失。因此，在福柯看来，酷刑的消失与其说是出于人道目的，不如说是出于政治和策略考虑："对公开处决仪式的废除，不管对囚犯的人道情感起了何种作用，单就国家权力而言，它对这些包含多重意义的仪式的效果无论如何都有一种政治担心。"①

而且，就君主权力来说，尽管它能通过公开处决展示自己的宏伟壮观，但它同时也具有个人化、无限制、不规则、不连续、不灵活、不精细等弊病。这些弊病使得君主权力显出其笨拙、低效的一面，它在惩处少数严重犯罪的同时，对其他大量的违法活动鞭长莫及。这些弊病对君主权力构成巨大危险。要克服这些弊病，就需要确定一套新的惩罚策略和技巧，用一种连续、持久的机制取代花费大、无节制的机制。在福柯看来，18世纪所谓的人道主义刑罚变革，就在于织就一张严密细致的"普遍惩罚"之网，建构惩罚权力的新机制和新技巧，以使惩罚艺术规范、精巧、普遍。首先是有效配置上层司法权力，以克服权力分布杂乱无章、集中于若干点、彼此冲突、互不连贯、功能紊乱、漏洞百出、不能覆盖整个社会实体等弊端。福柯由此认为，"改革运动的真正目标……与其说是要在更加公平原则的基础上建立一种新的惩罚权利，不如说是要建立一种新的惩罚权力'机制'，使权力分布更合理"；"刑法改革应被解读为一种重新配置惩罚权力的策略，这一策略使惩罚权力更规则、更有效、更持久，在效果上更细微"。② 其次是对下层非法活动的严密控制。福柯认为法律之下存在着大量非法活动，法律并不彻底消除所有的非法活动，而是对这些活动施以不同的管控，如此也让法律和刑罚体制得以长期存在下去。随着资本主义社会经济关系发生变化，非法活动的体制被重构，封建时代不被认为是违法的行为（如拾柴），也被明确规定为非法活动（如盗窃）而予以严格控制和切实惩罚。因此，在福柯看来，不是一种新的情感，而是另一种对付非法活动的政策，促发了刑事法律改革。③ 显然，福柯并不认为人道主义刑罚改革的动因是"人道"情感，他更注重从政治、经济、社会、阶级等方面挖掘变革的历史原因。他说，"毫无疑问，正在显现的与其说是对人犯人性的一种新的尊重——甚至对轻微罪犯也仍然经常使用酷刑——不如说是一种朝向更精细的司法、对社会实体更周密的刑事测绘的

---

① Michel Foucault, *Discipline and Punish: the Birth of the Prison*, New York: Vintage Books, 1977, p. 65.

② Ibid., p. 80.

③ Ibid., pp. 78 – 89.

趋势。"①

在福柯看来，18世纪的法律改革家，试图通过法律详尽规定罪刑，织就严密的惩罚之网，以确定和精确的惩罚给人以教训，使大众的记忆能够复现传闻中的严峻法律话语。而实际上，作为梦想的"惩罚之城"很快被"监禁之城"所取代。福柯注意到，在"惩罚之城"的构想中，被涂尔干视为人道进步表现的"监禁"并没有作为一般惩罚形式被提出来。相反，监禁这种观念最初受到了许多法学家和法律改革者的严厉批评。因为，监禁被认为是专制主义的一个形象，是"常规司法"之外体现君主专横意志的镇压实践。监狱也被认为是一个幽晦之所，充满暴力和不公正。然而，刑罚改革之后短短20多年间，到19世纪早期，监禁即已如同当代社会一样覆盖了从死刑到轻微刑罚之间所有的惩罚范围。监狱源于拘禁和教养实践，在福柯看来，"监狱的出现标志着惩罚权力的制度化"，它蕴含了一套新的权力技术，具有新的独到功能。首先，监狱是全面而严厉的"规训机构"，监狱的各种矫正技术所试图恢复的与其说是"法律主体"，不如说是"驯服的臣民"。其次，监狱因为生产不法行为而得以存续。福柯并不认为监狱能够消除或减少犯罪。相反，他认为监狱的存在是以违法活动为条件的，监狱"并不旨在于消灭犯罪，而是旨在区分、分配和利用犯罪；与其说它们使那些易于违法的人变得驯服，不如说它们倾向于把违法行为吸纳到一种一般的征服策略中"。② 最后，监狱所使用的规训技术扩及到学校、医院、兵营、工厂等社会领域，形成所谓的"监禁群岛"，社会由此也变为"监禁社会"。福柯就此写道：

> 所有这些都是为了制造出规训的个人（disciplinary individual）。这种处于中心并被统一起来的人性，是复杂的权力关系的效果和工具，是受制于多种"监禁"机制的肉体和力量，是本身就是这种策略的要素的话语的对象。在这种人性中，我们应该能够听到隐隐传来的战斗厮杀声。③

> 一场战斗接着一场战斗，直到法治最终取代战争，达致普遍的互

---

① Michel Foucault, *Discipline and Punish: the Birth of the Prison*, New York: Vintage Books, 1977, p. 78.
② Ibid., p. 272.
③ Ibid., p. 308.

利,在此过程中,人性并非越来越进步;人性将其暴力逐一安置在规则体系中,由此从一种统治过渡到另一种统治。①

总之,对于从酷刑、到依法惩罚、再到监禁这一惩罚变革过程,福柯并不视其为人道的胜利和道德的进步,而是视其为权力技术和"惩罚术"(art of punishing)的转变。在此转变过程中,"主体"被塑造出来,"人性"被制造出来,"规训的个人"也被生产出来。一如学者所指出的,贝卡里亚以来的人道主义刑事法律改革无非是"为了为新的社会制度,造就和培训一种符合新社会规范和社会法制的'人'罢了。而这一时期的一切有关'人'的论述,不管是科学论述,哲学论述,还是政治论述,都以建构有利于巩固新的法制统治为中心目的"。②

第三节 生命权力的非人道后果

尼采曾经嘲笑历史起源的神圣性。他说,神圣的起源只是"形而上学的一种延伸,这种延伸源于这样一种信念:事物在其诞生之初最为宝贵、最为精华";"我们想要通过显示人的神圣诞生来唤醒人的自主权(man's sovereignty):这条道路现在行不通了,因为在入口处站着一只猴子"。③ 福柯同样认为,历史的开端是卑微的,"一门真正的科学甚至能够接受其初始阶段可耻的、肮脏的故事"。④ 对近代以来的惩罚变革过程,福柯无疑更加看重其实际的政治统治目的,而淡化乃至否定其高贵神圣的人道动因。不仅于此,除了揭示惩罚变革的所谓"人道"起源的不光彩一面外,福柯在对惩罚变革过程的历史分析中也力图揭示惩罚实践对"人道"的偏离以及由"人道"所致的非人道后果。福柯之所以把"启

---

① Michel Foucault, *The Foucault Reader*, ed. by Paul Rabinow, New York: Pantheon Books, 1984, p. 85.

② 高宣扬:《当代法国哲学导论》,同济大学出版社2004年版,第92页。

③ Michel Foucault, *The Foucault Reader*, ed. by Paul Rabinow, New York: Pantheon Books, 1984, p. 79.

④ Michel Foucault, *Politics, Philosophy, Culture: Interviews and Other Writings of Michel Foucault*, 1977–1984, ed. by Lawrence D. Kritzman, New York: Routledge, 1988, p. 15.

蒙"视为人道主义的一种"批判"和"出路",正在于自由、平等、博爱的启蒙理想,在经历了近三百多年的发展之后,并没有在西方社会完全得以完全实现,反倒出现了与之背道而驰的某些非人道后果。

按照福柯的分析,现代社会是一个君主权力淡出、"管理生命的权力"凸显的社会。"管理生命的权力"在现代社会中的运行有两个基本方向、形式和目标,由此分为"规训权力"和"生命权力"。"规训权力"与"生命权力"构成相互联系的两极,分别以身体和生命为目标。与此相应,现代政治成为"身体政治"或"生命政治"。[①] 身体规训（disciplines）和人口调控（regulations）分别从个体和国家两个层面表现"管理生命的权力"的两种技术。尽管规训权力和生命权力都有改良和增进体能、养育和挽救生命的积极作用,但它们同时也带来了消极的非人道后果,而且,在很大程度上,正是其积极功效为它们的存在及其消极作用的发挥提供了合理性。

规训权力是训练并驯服身体的权力。福柯认为,监狱集"规训"之大成,但规训并不仅仅出现于监狱。自17世纪以来,它广泛出现于社会领域,使得社会成为一个"规训社会"。规训权力的最大特点在于它具有双重效果:一方面增强人的体能、提高身体技能;另一方面加强对人的控制和使用,使人成为更加驯服的人。就此,福柯指出,

> 生命权力无疑是资本主义发展的一个必不可少的要素。不把对身体的控制纳入生产机器,不把对人口现象的调整纳入经济过程,资本主义就不可能得到发展。但这并非资本主义发展所要求的全部。它还要增强对身体的规训和对人口的调控,以使它们更加有用和驯服。通常,它还必须有能使力量、才智和生命最优化的权力手段,同时不致使它们更加难以统治（govern）。[②]

也就是说,效用和驯服是规训权力运作所致的两种相伴而生的后果,一如人在被塑造成为会说话、会理性思考、会劳动的"主体"的同时,

---

[①] Cf. Michel Foucault, *The History of Sexuality*, Volume 1: *An Introduction*, New York: Vintage Books, 1980, pp. 139 – 140.

[②] Ibid., pp. 140 – 141.

也沦为驯服的"臣民"。在《性史》第一卷中，福柯以"权力与快乐的持续螺旋（spiral）"、"快乐与权力并驾齐驱的螺旋"① 来表达这种双重效果，由此说明现代社会在给人以比以前的社会更大自由和快乐的同时，也给人以更加精细严密的权力控制。这也是福柯把"subject"视为人道主义核心的关键所在。规训不仅带来驯服，也导致某些非道德后果。一些学者分析指出，在纪律严格的纳粹体制下，当个人实施大屠杀时，他并不认为自己在杀人，而只认为自己在执行命令，这可作为规训机制淹没人的道德良知的一个例证。② 此外，福柯还把规训惩戒视为规训权力的重要手段之一，这是一种不同于法律惩罚的"次惩戒"，它们在社会领域大肆瓜分法律不管的领域，规定并压制大型法律惩罚体制相对不重视而放任不管的大量行为。由于规训惩戒比法律惩罚更加精细、灵巧、经济，也能带来积极的矫正训练效果，它使得人们更能接受惩戒和处罚。一如福柯所说，"监禁体制及其远远超出法律监禁的最重要后果也许在于，它成功地使惩罚权力变得自然和正当，至少降低了人们容忍惩罚的门槛。它倾向于消除惩罚行使的高昂代价。它通过将其所配置的两套装置——法律的司法装置和法外的规训装置——对立起来做到这一点。实际上，监禁机制的巨大连续体通过法律及其宣判赋予规训机制及其强制决定和裁决以一种法律认可。"③ 而且，规训惩戒由此也与法律惩罚在现代社会缝合成为一张监禁之网，使得现代社会中的人们始终处于被监视、检查、惩戒之中。

生命权力是调控人口，以刺激人口出生率、改善人口的健康和寿命的权力。生命权力与君主时代君主的"死亡权利"相对。疾病和死亡是生命权力的天敌，因此，为了在社会中得以存续并有效运行，为了获得合理性，生命权力必须努力"让人活"、让人健康长寿。在福柯看来，近代以来刑事法律改革的根本动因正在于生命权力的这种运行逻辑，而不在于"人道"意识。然而，在现代社会，生命权力的命运却是双重的。它一方面努力"让人活"，另一方面却导致人的大规模死亡或者为人类的生存带

---

① Cf. Michel Foucault, *The History of Sexuality*, Volume 1: *An Introduction*, New York: Vintage Books, 1980, pp. 45–49.

② 参见［英］齐格蒙特·鲍曼《现代性与大屠杀》，杨渝东、史建华译，译林出版社2002年版，第32—37页。

③ Michel Foucault, *Discipline and Punish: the Birth of the Prison*, New York: Vintage Books, 1977, pp. 301–302.

来大规模死亡的威胁。按照福柯的分析,尽管君主权力通过法律刑杀来行使自己的权威,但它并不足以对人类的整体生存带来威胁,就此而言,"让人死"的君主权力实际上伴随着人类的存活。而尽管生命权力以千方百计地"让人活"来维护自己的合理性,例如,减少或禁止身体酷刑、废除死刑等,但它实际上伴随着"巨大的死亡权力"。世界大战、种族灭绝和原子弹可以被视为19世纪以来"巨大的死亡权力"的三个典型:战争的血腥程度和死亡数量前所未有;出于改良人种的目的而实施种族灭绝;原子弹和核武器也正把人类置于普遍死亡的危险境地。或许正因为此,现代社会出现了战争罪、种族灭绝罪和反人类罪。福柯说:

> 死在断头台上的人越来越少了,而死于战争的人却越来越多了。一旦权力以管理生命为己任,导致死刑越来越难以执行的原因就不是人道主义情感(humanitarian feelings)的觉醒,而是权力的存在理由及其运行逻辑。①

> 历史上存在一个悖论:现代国家开始担心个人——各个人的生命;而同时国家开始实施其最大规模的屠杀,开始担心每个人的身体和精神健康。法国关于公共健康的第一本伟大的书写于1784年,而5年后法国大革命爆发,10年后拿破仑战争爆发。生死之间的游戏是现代国家的主要悖论。②

显然,福柯通过作为生命权力背面(counterpart)的死亡权力,从目的论上消解了西方近代以来的人道主义。在有关人道主义的批判中,法西斯主义有时也被一些人视为一种人道主义。因为,正是从人种改良出发,纳粹才实施了惨绝人寰的种族大屠杀,其间的逻辑同时包含了人种改良和种族灭绝:为了优化人种,就要消灭"劣等"人种和"劣等"族类。因此,德里达把人道主义视为一种"本质主义",③ 福柯的师友阿尔杜塞也

---

① Michel Foucault, *The History of Sexuality*, Volume 1: *An Introduction*, New York: Vintage Books, 1980, pp. 137–138.

② Michel Foucault, *Foucault Live* (*Interviews*, 1961–1984), ed. by Sylvere Lotringer, New York: Semiotext(e), 1996, p. 299.

③ 参见[法]弗朗索瓦·多斯《从结构到解构:法国20世纪思想主潮》下卷,季广茂译,中央编译出版社2004年版,第471、472页。

倡导马克思"理论上的反人道主义",认为对"人"的信仰是认识论上的灾难,是"本质的理想主义",是"资产阶级意识形态的虚构神化"。① 所有这些看法与福柯对人道主义的批判分析都是一致的。

福柯围绕"惩罚合理性"展开的对近代以来西方社会人道主义的批判分析,主要涉及政治权力和法律权力切入社会的理性途径和方式,或者,理性在政治和法律领域的运用实效和程度。专横残暴的政治权力和法律权力一般容易遭受唾弃和抗争,而福柯有关"惩罚合理性"的分析,则在此之外打开了另外一片视野:怎样看待"理性"和"人道"名义下的政治权力和法律权力的运转?"人道"中的"人"究竟是什么样的"人"?怎样对人好?以怎样的"道"对人才是真正的好?在一篇专门论"道"的文章中,韩愈曾力排佛老,主张对佛、道教徒要"人其人,火其书,庐其居,明先王之道以道之"(《原道》),换言之,要烧毁佛、道经卷,拆除道观庙宇,让佛、道教徒还俗,重新做"人",成家生子,过一种儒家的道德生活。不难看出,在韩愈所谓"人其人"的人道主张背后,实际存在着几近残酷的不宽容。② 由此看,如同种族优化与大屠杀、"公理"与强权一样,人道与残暴在一定条件下其实也是可以相容的。这正是福柯所谓"政治理性""惩罚理性"的重要症结。黑格尔所谓的"理性的狡计"讲的也是这层"名""实"关系:"普通的观念……始终留在后方,在背景里,不受骚扰,也不受侵犯。它驱使热情去为它自己工作,热情从这种推动里发展了它的存在,因而热情受了损失,遭到祸殃"。③

历史上,很多人都注意到政治和法律领域中的这种"名""实"不一现象。例如,法国大革命时罗兰夫人(Madame Roland)曾经感叹:"啊!自由,多少罪恶假汝之名而行!"哈耶克也曾提到,情操高尚的理想主义者往往成为有害的动力之源。④ 在近代,中国传统社会由"德性"和

---

① Gordon Marshall (ed.), *A Dictionary of Sociology*, Oxford: Oxford University Press, 1998. p. 290.

② 参见韩愈《韩昌黎全集》,中国书店1991年版,第171—175页;颜元《习斋四存编》,上海古籍出版社2000年版,第156—157页。

③ [德]弗里德里希·黑格尔:《历史哲学》,王造时译,上海书店出版社1999年版,第34页。

④ F. A. von Hayek, *Law, Legislation and Liberty*, Volume 1: *Rules and Order*, London: Routledge & Kegan Paul, 1973, p. 70.

"仁"出发的"礼""教"实践被认为只具有"吃人"功能。在当代,也有人洞察到18世纪以来人权的胜利与近三百年来工人苦难、世界大战、种族灭绝之间的剧烈反差。① 福柯有关"惩罚合理性"的分析,亦在指明理性、人道与政治权力、法律权力之间的这种"名""实"关系。他说,

> 人类的所有行为都通过合理性(rationality)而被安排和规划。在制度、行为和政治关系中都存在逻辑。甚至最残暴的行为中也存在合理性。暴力中最危险的就是它的合理性。当然,暴力本身是很可怕的。但是,暴力最深刻的根源以及暴力的持续来自于我们所使用的合理性形式。如果我们生活在理性的(reason)世界,我们就能消除暴力,这种想法是极端错误的。暴力与合理性并非两相对立。我的问题不是要审判理性,而是要搞清楚这种合理性与暴力竟然如此地相容。②

福柯有关政治权力和法律权力与合理性之间关系的分析,在某些方面看上去与老子的看法有点类似。不同的是老子明确提出了解决办法,而福柯则只作分析而不提供解答。老子说:"天下皆知美之为美,斯恶已;皆知善之为善,斯不善已。故有无相生,难易相成,长短相形,高下相倾,音声相和,前后相随。是以圣人处无为之事,行不言之教","绝仁弃义,民复孝慈;绝圣弃智,民利百倍;绝巧弃利,盗贼无有。"(《道德经》)对不断向前发展的现代社会来说,解决"惩罚合理性"所提出的问题也许不在于走老子所谓的小国寡民、绝圣弃智、返朴归真的道路,而在于更多地反思理论和反思实践。理论反思主要是对理性的反思。福柯批判人道主义并不表明他反对理性、主张非人道。实际上,20世纪70年代,福柯曾与萨特一起走上街头,抗议工厂工人的苦难、倡导监狱状况的改善、要求政府善待难民,有人因此认为福柯实际奉行的是"实用人道主义"。③

---

① 参见[美]科斯塔斯·杜兹纳《人权的终结》,郭春发译,江苏人民出版社2002年版,第2页。

② Michel Foucault, *Foucault Live* (*Interviews*, 1961–1984), ed. by Sylvere Lotringer, New York: Semiotext(e), 1996, p. 299.

③ [法]弗朗索瓦·多斯:《从结构到解构:法国20世纪思想主潮》下卷,季广茂译,中央编译出版社2004年版,第445—446页。

福柯明确表示自己并非反对理性,而是反对理性在现代社会"唯我独尊"的话语霸权,反对理性以自己为中心压制、消除其他话语,把其他非理性话语边缘化。如果说"启蒙"意味着"照耀""照明"(enlighten),那么,理性的话语霸权、理性的滥用则导致"启蒙"的阴影,这种阴影需要通过对理性的反思予以消除。

其中的一个重要方面在于,在对"人"的认识上采取更加开放和多元的态度,反思人道主义中的"人"观念,反思作为"人其人"出发点的那个被主观建构起来乃至被意识形态化的"人",更加尊重和维护作为"人其人"对象的那个现实而活生生的人。现实的人是丰富多彩的,而理论认知和治理策略在对"人"的判断上一般有所侧重。例如,中国古人认为"德性"和"良知"是"天植灵根"(《传习录》),由此走了两千多年的"德性之道";而近代西方思想家则认为人有"天赋权利",主张"权利优先于善",西方社会由此在近三百年来走了一条"权利之道"。在现代化进程中协调这两条各具其"道"的路线,不在于通过把"人权"意识形态化来贬低和压抑"德性"话语,或者通过把"德性"意识形态化来贬低和压抑"人权"话语,而在于分别反思其中的两种对"人"的认识,寻求权利与道德的结合之道。理论反思之外也需要反思实践。其中的一个重要方面在于对政治、法律、惩罚等制度及其运行的反思。制度可以固本开远,使一定价值长期得以维护和贯彻,严格遵照成文制度办事也可以克服人的某些弱点。但成文制度在另一方面也受制于人,容易导致名实不一。这不仅表现在"为之斗斛以量之,则并与斗斛而窃之;为之权衡以称之,则并以权衡而窃之"(《庄子·胠箧》),更表现在成文制度在贯彻过程中对理性的偏离,或者通过利用"理性"和"人道"获得合理性来实施对人的权力统治和奴役。就此而言,对政治和法律等制度的反思,既需要以一种更加开放和多元的理论认知来反思制度中的价值导向,也需要通过不断的实践适时改革、完善乃至纠正政治、法律、惩罚等实践中的一些制度,寻求制度与实践的结合之道。

第十七章

政治理性批判

"启蒙"时常被人等同于"理性的时代"(age of reason),① 而在一些思想家那里,"启蒙"也是"批判的时代"(age of the critique)。② 批判是福柯一贯的学术态度和方法。正是从康德那里洞察到"启蒙""理性"与"批判"之间的内在联系,福柯把康德对理性的批判扩展到对"政治理性"(political reason)或"政治合理性"(political rationality)的批判。在福柯看来,"启蒙"是对"现在"或现时代的一种自我指涉的反思态度,是对"我们是谁""现在如何"以及"何以如此"的一种持续的批判质询。因此,福柯说:"我们必须努力地把我们自己作为在历史上受到启蒙一定程度限定的存在,继续深入地分析自己。"③ 欧洲历史上的"启蒙"运动,试图用一个理性的、合理的、平等的、公正的新秩序,取代独裁专制、不公正、愚昧迷信的旧秩序。它既包含 18 世纪有关自由、民主、平等、进步、理性的一系列思想和态度,也包含包括法国大革命在内的一系列政治事件。然而,经过几百年的发展后,在福柯看来,实际的景象却是规训机制取代了"启蒙"理想,也驾驭了革命意识形态。"启蒙"理想何以被侵吞了?④ 这正是福柯所要批判考察的问题。

福柯指出,使政治权力合理化或者使理性获得更大的政治权力,是"启蒙"的任务之一,但是,到 19 世纪,人们越来越担心理性在社会中

---

① Antony Flew and Stephen Priest (eds.), *A Dictionary of Philosophy*, Basingstoke: Pan Books, 2002, p. 119.

② Michel Foucault, "What Is Enlightenment?" in Michel Foucault, *The Foucault Reader*, ed. by Paul Rabinow, New York: Pantheon Books, 1984, p. 38.

③ Ibid., p. 43.

④ 参见[澳]J. 丹纳赫、T. 斯奇拉托、J. 韦伯《理解福柯》,刘瑾译,百花文艺出版社2002年版,第76—81、193页。

的作用是不是强大得过头了，并且开始怀疑一个有理性化倾向的社会，会对个人的自由、种族的存续造成威胁。因此，19 世纪以来，西方思想从未放松对政治结构中理性的作用或者理性的匮乏的批判。现代意义上的"批判"始于康德。从康德开始，哲学的任务就在于批判揭露理性的边界和局限，并防止理性超越由经验所设定的界限。在福柯看来，正是从这一刻起，即从现代国家的发展和对社会的政治管理开始，哲学的任务同时也在于对政治理性的过度权力保持警醒。[1] 他说，

> 18 世纪以来的哲学和批判思想的中心问题，过去、现在和将来都是这样一个问题：我们运用的这种理性（Reason）到底是什么？它的历史影响是什么？它的界限，它的危险又是什么？我们何以成为理性的人，幸运地致力于行使一种不幸地充满内在危险的理性（rationality）？……如果说理性是应该被消除的敌人，这是极端危险的，那么，讲对这类理性的任何批判质疑都冒着把我们带入非理性（irrationality）的风险，也是同样危险的。不应忘记——我这么讲不是为了批判理性，而是为了指出含混之所在——正是在社会达尔文主义的华美理性基础上，种族主义才得以形成，成为纳粹最持久和最有力的因素之一。当然，这是一种非理性，但是，别忘了，一种非理性同时也是理性的一种形式……[2]

福柯并不认同源于"启蒙"的理性主义（rationalism），他也反对把理性与非理性对立起来，然后站在一方的立场上提出某些规范性主张去批判乃至审判另一方。福柯更倾向于考察理性化与政治权力之间的内在关联，对这种联系作历史分析。分析"个人控制的理性化"（the rationalization of the management of the individual）、"人类主体对自身所适用的理性形式"，揭示与政治和社会形式联系在一起的权力技术，是福柯的

---

[1] Cf. Michel Foucault, "The Subject and Power", in Michel Foucault, *The Essential Foucault: Selections from the Essential Works of Foucault*, 1954 – 1984, ed. by Paul Rabinow and Nikolas Rose, New York: New Press, 2003, p. 128.

[2] Michel Foucault, "Space, Knowledge, and Power", in Michel Foucault, *The Foucault Reader*, ed. by Paul Rabinow, New York: Pantheon Books, 1984, p. 249.

兴趣所在。① 质言之，福柯所要考察的问题在于，权力关系在现代社会是怎样被理性化或合理化的。本章根据福柯在 20 世纪 70 年代末的两篇重要文献《治理》和《整体与个体：迈向一种政治理性批判》，按照君权理论、治理艺术、身体政治、生命政治、教牧权力、国家理性的顺序，考察其对政治理性的批判。

第一节　君权理论与治理艺术

福柯在《疯癫与文明》《规训与惩罚》《性史》第一卷等著作中，着重分析了疯癫、死亡、犯罪、性这些经验与权力技术之间的联系。在 20 世纪 70 年代末的一些演讲中，福柯则专门围绕"治理艺术"（art of government），考察了政治理性与政治权力在国家和个体两个层面的并驾齐驱。这与西方近代以来国家权力与个人权利齐头并进是一致的。这种并驾齐驱导致了"国家的治理化"（the governmentalization of the state）和"治理国家"（governmental state 或 state of government）的出现。福柯说：

> 我们或许可以按照一种非常概括、粗糙、不精确的方式，重构西方的大型权力体制（economies）。首先是司法国家（the state of justice），它产生于领土分封制，对应于一个法律（习惯法或成文法）社会，涉及一整套义务和诉讼的相互作用；其次是行政国家（administrative state），它产生于 15、16 世纪民族疆界的领土防护，对应一个管制（regulation）和规训（discipline）社会；最后是治理国家，它基本上不再按照其领土和地表面积来界定，而是按照其总体的人口数量和密度来界定，其实也包括人口所分布的领土在内，尽管领土在此只作为它的构成要素之一出现。治理国家主要涉及人口……对应于一种由防卫设施（apparatuses of security）所控制的社会类型。②

---

① Michel Foucault, *Foucault Live (Interviews, 1961 – 1984)*, ed. by Sylvere Lotringer, New York: Semiotext(e), 1996, pp. 299, 355.

② Michel Foucault, "Governmentality", in Graham Burchell, Colin Gordon and Peter Miller (eds), *The Foucault Effect: Studies in Governmental Rationality*, London: Harvester Wheatsheaf, 1991, pp. 103 – 104.

政治合理性已经成长起来，并对西方社会的整个历史产生影响。它起初植根于教牧权力（pastoral power）观念，后来则植根于国家理性（reason of state）观念。它的必然结果既包括个体化，也包括整体化。只有抨击政治理性的真正根本，而不仅仅是这两个结果中的某一个，解放才能来临。①

这两段提纲挈领的话是福柯对有关"治理艺术"和"治理国家"的分析思路的总结。

一　马基雅维里：君权理论

福柯有关治理艺术的分析以后人对马基雅维里的《君主论》的批判开始。在马基雅维里自己看来，《君主论》是一部研究"治国术"的书。从实际内容看，它主要研究君主如何获得君权并持久地保有君权，如何成为一个成功的统治者。自 1532 年出版以来，后世对《君主论》一直毁誉交加。马基雅维里在被视为近代政治学的奠基人的同时，也因为所谓的"马基雅维里主义"而臭名昭著。但这并没有削弱《君主论》深远而广泛的影响。18 世纪末和 19 世纪初，《君主论》重现光芒，出现了大量有关它的译本和研究评论著作。到 20 世纪 80 年代，西方世界评选的世界十大名著中，仍然包含有《君主论》。

福柯把 16 世纪上半期的《君主论》视为一个历史性的分水岭。福柯指出，从古希腊、古罗马，到整个中世纪，都可找到大量"向君主谏言"的著述。这些著述阐释君主如何正确行使权力、如何顺天意而行、如何博得百姓爱戴等。而从 16 世纪中期到 18 世纪末，另外一批有关治理艺术的政治著述发展并兴盛起来。这些著述不再仅限于对君主的劝谏，而是广泛而深刻地涉及如何治理自我、如何治理他人、如何管教儿童、如何接受治理、接受谁的治理，当然也包括如何成为优秀的治理者。由此，福柯断定，在 16 世纪，一个一般意义上的治理问题（a problematic of government

---

① Michel Foucault, "Omnes et Singulatim: Toward a Critique of Political Reason", in Michel Foucault, *The Essential Foucault: Selections from the Essential Works of Foucault*, 1954 – 1984, ed. by Paul Rabinow and Nikolas Rose, New York: New Press, 2003, p. 201. 引文中的"reason of state"一般译为"国家理由"或"执政者理由"。考虑到福柯主要用它来分析政治理性，也考虑到"理由"并不一定比"理性"更有助于中文理解，这里译为国家理性。

in general）出现了。福柯认为，16世纪处于两股运动的交叉路口。一股是瓦解封建制结构，建立庞大的领土国家、行政国家和殖民国家，也就是国家的集权化运动。另一股是伴随宗教改革而兴起的宗教向个体的扩散运动，它主要涉及个人为了获得解脱如何在精神上被统治和导引。福柯提到的这两股运动实际上有一个共同的背景。亦即，随着中世纪教会统治的衰败，国家和个体都试图从教权中挣脱出来。如此，一方面要加强国家统治权，另一方面又要促进个体精神和物质生活的改善，这两个方面合起来就是一个治理艺术的问题。这一问题涉及统治者、统治的对象、统治的目的、统治的方法和手段等诸多内容。

很明显，《君主论》虽然涉及"治国术"，但它并不足以涵括所谓治理艺术的全部内容。例如，《君主论》根本不考虑对百姓日常生活的治理问题，对个人日常的物质和精神生活也毫无涉及，而这在福柯看来正是治理艺术所要解决的重点。按照福柯的意思，《君主论》主要是一本关于"君权"的书。后世所谓"（国家）主权"（sovereignty）其实是君权的延伸。因此，《君主论》主要解决的是国家层面的问题，而没有涉及个体生活层面。《君主论》之后，大量有关治理艺术的政治著述，立足于对《君主论》的批判，把问题引向个体生活的治理问题，同时把这一问题与国家统治缝接在一起。到18世纪末19世纪初，《君主论》的影响得以复兴。同时，有关治理艺术的政治著述也得到长足发展。政治著述的这样一种发展现象，正表现出政治理性在西方社会的成长过程。此过程，如福柯所说，既是一个整体化过程，也是一个个体化过程。这是福柯对政治理性展开批判的两条线索，而《君主论》正是其中一条线索的开端。而且，在很大程度上，它是作为那些有关治理艺术的政治著述的靶子存在的。总体看，《君主论》中的"治国术"具有四大特点，这四个方面与后来有关治理艺术的政治著述适成鲜明对照。

第一，统治主体或统治者是唯一的君主。一般认为，政治体制中的统治者不仅仅包括君主，它事实上是一个由许多成员组成的集团。位列朝班的王公大臣以及分封在外的诸侯领主通常也被视为统治者。但《君主论》是一部献给君主的书，而不是献给哪位贵族、大臣或家长的书，因而，它规谏的唯一对象是君主，它大量列举的史实是关于君主的例证，它集中讨论的也是君主对君主国的取得和统治，而不是贵族对领地的治理、大臣对官吏的治理、家长对家庭的治理。而且，在《君主论》中，君主对君主国的统治与贵族对领地的治理、大臣对官吏的治理、家长对家庭的治理之间的联系并不明显。《君主论》尽管也提到"君主和臣仆统治"与"君主和诸侯统治"两种统治方式,以及大臣对职责的分担,但总体上从中只能看到君主集权,而难以看到国家权力在君主与贵族、大臣和家长之间的细致分工。就君主个人而言,他不必按照中国古代"修身、齐家、治国、平天下"的阶梯式模式,首先完成修身和齐家两个阶段,然后才开始治国、平天下。就君主与其他持有并行使权力的人的关系而言,他也无须考虑通过这些人把统治具体深入到每家每户乃至每个个体。质言之,《君主论》中的统治只停留在君主和宏大的国家层面,而没有深入到其他治理主体和社会的细微层面。

第二,统治对象主要是领土和臣民。从《君主论》的主要内容看,君主的主要任务包括获取领土并维护国土安全,驾驭群臣,提防并同有野心的臣仆和贵族斗争,使人民爱戴并畏惧自己,使军队服从并尊敬自己。其中,军队只是统治的工具,领土和臣民才是统治的基本对象。福柯提到,领土可能肥沃,也可能贫瘠,人口可能稠密,也可能稀疏,居民可能富裕,也可能贫穷,可能勤劳,也可能懒惰,但所有这些与领土比起来都只是因变量,领土才是自变量,是君主国和君权的根本基础。自然,附属于领土的臣民、市民和属民,也处在君主统治的对象之列。不过,《君主论》并没有谈及如何改良土地和灌溉条件、如何防止疫情和解救灾荒、如何改善人民的卫生和健康状况等问题。而且,它也不关心如何改善人民的道德水准、如何塑造温顺守法的良民等问题。这些问题在《君主论》中只是一些细枝末节的次要问题。也就是说,在《君主论》中,领土和臣民的归属才是君主统治最关心的根本问题。土地资源的肥沃贫瘠、人民素质的良莠勤惰,与这些归属问题比较起来只是次要问题。用福柯的话讲,君主统治的对象包括领土和人民,但不包括各种具体而琐碎的"事情"(things)。"事情"是治理艺术所主要关心的问题。

第三,统治的唯一目的是捍卫君权。《君主论》可被看作一篇关于君主与君权之间关系的文献。在马基雅维里看来,君主外在并凌驾于君权之上。在君主与君权之间存在一条联结纽带,它可以是世袭,也可以是武力、能力等。不管怎样,这条纽带纯粹在于人为。它不再有"君权神授"那样的神秘色彩,也不再有什么自然的属性。这是《君主论》与以前一些"谏言"著述的重要不同。也正因为此,这条纽带是脆弱的,而且不断面临威胁。怎样使这样一条脆弱的纽带牢固起来,就是《君主论》所要到达的目标。福柯以此指出,《君主论》的分析模式是双重的:一方面要辨明危险来自何处、由什么构成、有多严重性;另一方面要巧妙处理各种力量关系以捍卫君权。在《君主论》中,统治的目的在于巩固君主与君权之间的纽带联系,君权或国家本身是唯一目的。尽管马基雅维里也劝谏君主要维护大多数人的财产和体面,并且说,"使人民获得满足,心情畅快……这是君主所必须做的最重要的事情之一",① 但这与其说是把视为人民目的,毋宁说如此做有助于对君权的维护。《君主论》中人民在很大程度上是作为君主的对立面、统治对象乃至政治工具而存在的。一如书中所言,"对人民应当加以爱抚,要不然就应当把他们消灭掉","损害行为应该一下子干完,以便人民少受一些损害,他们的积怨就少些"。②

第四,统治的方法和手段主要是军队和法律。如果把君主比喻为蜂王,那么,在《君主论》中,君主的主要武器就是蜂王的刺。换言之,君主维护君权主要依靠武力和刑杀。在马基雅维里那里,对于君主统治而言,军队和法律犹如车的两个轮子,必须兼备。③《君主论》断定,人类伪善、容易变心、忘恩负义、追逐私利,"人性是恶劣的","人们忘记父亲之死比忘记遗产的丧失还来得快些",因此,它并不规谏君主对人民实施良心改造和行为矫正。马基雅维里告诫君主不要在每件事情上都"誓以善良自持",并要求君主适当保留恶行甚或对自己的恶行听之任之,还特别提醒君主不要滥用仁慈。当然,《君主论》也提到对人民要恩威并济,但在恩威难以兼顾时,马基雅维里认定,"被人畏惧比受人爱戴是安全得多的"。④

这四个特点体现出君权理论明显的"整体化"倾向。君权理论把君权与人民之间的关系界定为目的与手段关系,强调君权的正当性和不可侵犯,并侧重于通过对肉体的刑罚来维护秩序、减少和避免刑罚,一如中国古代法家所主张的"以刑去刑""以杀去杀"。同时,因为立足于宏大的国家层面,又对臣民的自由和权利关心不够,君权理论在向人心和社会扩

---

① [意]尼科洛·马基雅维里:《君主论》,潘汉典译,商务印书馆1985年版,第87、90、109页。
② 同上书,第9、43页。
③ 同上书,第57、83页。
④ 同上书,第74—75、79—82页。

展方面存在困难和局限。它的统治手段较为单一和严酷，难以利用积极有效的微观机制来深入人心和个体日常生活的方方面面。①

二 拉佩里埃：治理艺术

1555 年，纪尧姆·德·拉佩里埃（Guillaume de La Perrière）的《政治鉴》（Miroir Politique）一书出版。这据说是一部比《君主论》还要单薄且晦涩的书，但它却是福柯所认为的从 16 世纪中期开始发展起来、绵延两百多年的那批有关治理艺术的政治著述中一个极具代表性的文本。福柯觉得，这是一本预示了很多重要理念的书。福柯把它与《君主论》作了对比，揭示出与君权理论大不一样的另外一套治理艺术。比照《君主论》的四大特点，沿着福柯的思路，可同样从治理主体或治理者、治理的对象、治理的目的、治理的方法和手段四个方面，分析《政治鉴》，以明确治理艺术与君权理论的差异。

第一，治理者不是单一的君主，而是各种各样的人员。治理者不仅包括国君、皇帝、国王、君主，也包括领主、地方官、主教、法官以及其他类似人员。这在福柯看来是《政治鉴》中很关键的一个理念，从中可以推导出好几层意思。其一，《君主论》中唯一统治者是君主，其所作所为都是为了捍卫君权；而《政治鉴》中的治理实践是各式各样的，治理者除君主外还包括许多其他人员，如家长、修道院院长、教师等。其二，《君主论》中君主超越于君权之上；而《政治鉴》中包括君主在内的治理者内在于国家体制，如家长对家的治理、修道院院长对修女的监管等，都是在一国之内。其三，《君主论》以君权为中心，特别强调君权与其他权力形式的区分，并力图割裂君权与其他权力的连续性，君主只要紧紧盯守君权即可；而《政治鉴》尽管也要维护君权，但它努力通过在向上和向下两个方向上建立君权与其他权力形式的连续性来达到这一点。

福柯提到，拉摩斯·勒瓦耶（La Mothe Le Vayer）在 17 世纪给法国皇太子的教育读本中，划分了三种基本治理类型：修身；齐家；治国。其中，每一种治理类型都与某一科学或学科（discipline）相联系：修身涉及

---

① Cf. Michel Foucault, "Governmentality", in Graham Burchell, Colin Gordòn and Peter Miller (eds), *The Foucault Effect: Studies in governmental rationality*, London: Harvester Wheatsheaf, 1991, pp. 87–104.

伦理学;齐家涉及经济学①;治国则涉及政治学。所谓建立连续性,就是在修身与齐家之间、在齐家与治国之间建立实质连续性。这种连续性在福柯看来对治理具有十分重要的意义。欲治其国,先齐其家;欲齐其家,先修其身;只有先修身、齐家而后才能治国,这是向上的连续性(upwards continuity)。国治而后家齐,家齐而后身修,这是向下的连续性(downwards continuity)。治理艺术的关键就在于,在"国—家—身"之间建立连续性。在福柯看来,仁政(对君主的道德教育)确保治理向上的连续性,"警政"(police)确保治理向下的连续性,而这种连续性的核心则在"家政"(the government of the family,或 economy)。

福柯认为,治理艺术主要在于把"家政"引入"国政",把家父对家庭谨小慎微的关照引入对国家的管理,把经济引入政治,实现弗朗西斯·魁奈(Francis Guesnay)所说的"经济的治理"(economic government)。如此,治理的精髓就是"以一种家政(或经济)的方式行使权力的艺术";"治国就意味着实施家政,意味着在整个国家层面建立一种家政,也就是要像家长监控他的家人和财物那样,专注地监控国家的居民,监控每一个人乃至所有人的财产和行为。"②

第二,治理对象主要不是领土,而是"事情"。福柯认为《政治鉴》中另一重要理念是,"治理是对事情的正确处理"。就这一理念中的"事情",福柯专门作了细致分析。他指出,"人理事"(One governs things),这并不意味着把事与人对立起来,而是表明与治理相关联的不是领土,而是由人和事构成的一种复合体。就此而言,治理所关涉的实际是人。这些人是与财物、资产、维生手段,以及具有独特土质、气候、灌溉和肥力的领土相联系的人;是与习俗、习惯、行为和思维方式相联系的人;是与诸

---

① 据词典解释,economy 可溯至古希腊词汇 oikonomos,该词汇源于 oikos(房子)和 nemein(管理),合起来就有治家、家政之义。从 oikonomos 后来又派生出 oikonomia,不仅治家,而且指"节省""监管""行政""安排"以及"国家公共税收"等义。直到 19 世纪或 20 世纪,现代意义上的经济,即"一个国家或地区的经济体系"才出现。由此不难看到 economy 的意义从"家"到"国"的变化过程。福柯也专门引用卢梭为《百科全书》撰写的词条"政治经济学"中有关"经济"的解释来说明这一过程。在有关治理的分析中,除 economy 一词外,福柯还利用了 police 的古今词义差异。

② Michel Foucault, "Governmentality", in Graham Burchell, Colin Gordon and Peter Miller (eds.), The Foucault Effect: Studies in Governmental Rationality, London: Harvester Wheatsheaf, 1991, p. 92.

如饥荒、疫情、死亡等事故和不幸相联系的人；总之，是与其他各种事情交织在一起的人。人与事的交织，让福柯想起"航船"这则隐喻。这曾在柏拉图的《理想国》中出现过：舵手并不是一个仅懂行船技术的人，他同时也必须是一个能够带领水手一起航船的人。[①] 航船既要看管好水手，也要看管好船和货物，还要预想到风向、暗礁和暴风雨，在照管水手与照管船之间、在照管货物与预防不测风云之间，建立一种关系并处理好这种关系，这在福柯看来就是航船的特点。治家也是一样，它原本不是指保卫家庭财产，而是想方设法应对病老死伤之类的事故，以及处理好出生、联姻之类的事情，以让家庭中的每一成员过得安全幸福。无论是航船，还是治家，福柯实际上都在指涉一种与君权理论不同的治国艺术。《君主论》中，统治主要涉及领土，而在《政治鉴》中，治理主要涉及"事情"。福柯的分析旨在揭示，在君权理论中，领土是自变量，事情是因变量；而在治理艺术中，事情是自变量，领土是因变量。通过1740年腓德烈国王撰写的《反马基雅维里》中的一段对比，福柯为此类变化提供了一个例证。腓德烈在书中把当时的俄国与荷兰作了对比，发现俄国虽是欧洲土地最多的国家，但它的领土并不富饶，居民缺乏活力，也不勤勉。而荷兰虽是一个小国，大部分领土也都是沼泽，但它拥有足以成为一个重要欧洲国家的人口、财富、商贸活动和舰队。

第三，治理的目的不是单一的，而是多重的。拉佩里埃在把治理界定为"对事情的正确处理"时，后面还限定了一句："作这种处理安排是为了达到便利的目的"。"便利"是就每一事情与对它的处理之间的对应关系而言的，各种各样的事情决定了存在着与之相应的各种各样的特定目的。例如，治理要确保创造尽可能多的财富，向人民提供足够的维持生计的手段，保证人口的繁衍等。这是与君权理论大不一样的目的论。君权理论设有统一的目标，也就是捍卫君权。而就治理艺术而言，治理所要达到的目的是多元而具体的，它甚至不是为了通向"公共的善"（the common good）。历史上，绝大多数理论家都强调统治和治理的公共目的方面。例如，亚里士多德说："政治学上的善就是'正义'，正义以公共利益为依

[①] 参见［古希腊］柏拉图《理想国》，郭斌和、张竹明译，商务印书馆1986年版，第23页。

归。"① 阿奎那也说："如果一个自由人的社会是在为公众谋幸福的统治者的治理之下，这种政治就是正义的，是适合于自由人的。"② 后世的权利理论家和法学家，也一再强调统治和治理要以"公益"或"公共的善"为目标。这些所谓的"公益"或"公共的善"，在福柯看来，实际指的是：所有臣民毫无例外地服从法律，这种法律要么是神的法律，要么是主权国家的法律。福柯认为，这其实是一种循环论证，统治权的目的就是统治权的行使，公共的善就是对统治权的服从，在这一点上，它与君权理论其实没什么两样。治理艺术在目的上则与此不同。它因时、因地、因人、因事而实现各种各样具体的目标。它的目标是分散的，没有单一而笼统的目标。

第四，治理的方法和手段主要不是军队和法律，而是各种各样的策略（tactics）。福柯认为《政治鉴》中还有一个重要理念：一个好的统治者必须要有耐心、学识和勤勉。拉佩里埃以蜂王为例来反向说明这一理念：蜂王统治蜂巢并不需要刺。言外之意，君主统治并不必须依靠军队和法律。按照君权和统治权理论的循环论证，实现臣民一体守法这一目标的手段是法律本身，因此，"法律与统治权绝不可分"。但就治理艺术而言，问题不在于对人实施法律，而在于对事情的处理。维护君权依靠军队和法律，但对家庭、灵魂、孩童、地方、修道院、宗教团体和家族的治理，则要运用策略，乃至法律的使用本身也是一种策略。福柯认为，这里有一个重要的转折点："治理的工具现在不再是法律，而是一系列各种各样的策略。"如此，杀人和使用暴力的权利，就不再是统治者的基本特征。统治者要有耐心，而不是愤怒，要温和宽容，更多使用公正，而不是严厉和残酷，同时，还要有学识，要勤勉。这里，学识不再是传统意义上有关神法和人法、正义和公平的知识，而是有关处理事情的知识。勤勉，则意味着统治者只应以这样一种方式统治：他的所思所想、言行举止都仿佛是在为被统治者服务，就像一位家长夙兴夜寐、关心家中每一事务，为家服务一样。《政治鉴》中这些有关耐心、学识和勤勉的话，在《君主论》中其实也可找到。例如，马基雅维里在书中也曾谏言君主要明智、谨慎、耐心，要锻

---

① ［古希腊］亚里士多德：《政治学》，吴寿彭译，商务印书馆1965年版，第148页。
② ［意］托马斯·阿奎那：《阿奎那政治著作选》，马清槐译，商务印书馆1964年版，第46页。

炼身体、精通历史地理、艰苦生活。[1]但大体上，两个文本中的统治者形象和统治活动、治理者形象和治理活动存在着很大差异。

显然，从治理者，到治理的对象、治理的目的，再到治理的方法和手段，都体现出"多样化"趋势。在这样一种趋势下，严阵以待的君主形象为兢兢业业的家长形象所取代，对领土和君权的争夺淹没于琐碎细致的治理活动之中，军队和法律消解于各种各样的策略之中，个体方方面面的细微生活也从宏大僵硬的君权阴影中日渐呈现出来。《政治鉴》与《君主论》的差异，实际体现了从单一统治到多元治理、从君权或统治权（sovereignty）到治理（government）、从宏观到微观、从整体到个体的转变。更为根本的是，这些差异还体现两种理性的不同：君权理论在摆脱宗教和伦理束缚的条件下，试图把君权本身作为目的和理性原则（principle of rationality）；《政治鉴》之类的著作则力图针对君权理论，特别是所谓的"马基雅维里主义"而提出一种内在于治理艺术的理性。

第二节 身体政治与生命政治

拉佩里埃在16世纪中期谈论的治理艺术，在很大程度上只是一种抽象的道德说教，因为与君权理论的差异，它在国家层面还不能成为现实。而只有当治理艺术与君权或统治权理论结合在一起，国家的治理化或者"治理国家"才会出现。因此，治理艺术必须向国家理性靠拢，或者，国家理性必须吸纳治理艺术。有一种否定意义上的国家理性，即只为国家利益着想，为了国家利益不惜违犯法律、平等和人道原则。也有一种积极意义上的国家理性，即国家如同自然一样，有其自身的理性形式，治理一个国家依据一种内在于国家的理性原则，这些原则不能仅仅从自然法、神法或者智慧和审慎原则中推导出来。治理艺术自己的理性原则，不能到先验规则、宇宙论样式或哲学—道德理想那里去寻找，而必须到国家的特定现实中去寻找。由于与"马基雅维里主义"格格不入，治理艺术只能寻求与积极意义上的国家理性的结合。

---

[1] 参见［意］尼科洛·马基雅维里《君主论》，潘汉典译，商务印书馆1985年版，第69—72、74、118页。

而实际上，尽管 16 世纪中期即已出现大量有关治理艺术的政治文献，但整个 17 世纪，直到 18 世纪初，治理艺术一直停滞不前，在现实层面难以发展。福柯就此分析了两点原因。一是历史原因，即 17 世纪一系列的重大危机。先是三十年战争。接着是世纪中叶的农民和城市起义。最后是世纪末对西方所有的君主国都造成影响的财政危机和赋税危机。从《君主论》与《政治鉴》的对比可以看到，君主理论更适合于战争、危机和社会不稳定时期，而治理艺术则更适合社会安定和平稳发展时期。17 世纪的军事、政治和经济危机显然没有为治理艺术的发展提供合适的社会环境。二是重商主义（mercantilism）。① 治理艺术是针对君权理论提出的，只要君权或统治权的行使问题在理论和政治组织原则上仍占主导，治理艺术就难有出头之日。一如福柯所说，"只要统治权制度是基本的政治制度，权力的行使被认为是压制权的行使，治理艺术就不能以一种特殊的、自主的方式发展。"② 福柯以重商主义为例来说明这一点。福柯认为，重商主义首次表现出以国家理性吸纳治理艺术的努力，它试图把治理艺术引入政治实践，通过治理策略来促进国家的发展。但是，由于重商主义的目标是君主的力量，即让君主聚敛财富、充实国库、组建军队来贯彻其政策，而不是增加国家财富；使用的工具是君权的手段，诸如法律、法令、规章之类的传统君权武器，治理艺术最终窒息于君权或统治权框架内。

自产生以来，依赖于纤细脆弱的家庭模式的治理艺术，一直抑制于庞大、抽象而僵硬的君权或统治权框架之下。其后出现的社会契约理论，也曾在理论上表现出调和治理艺术与统治权理论的努力。而在福柯看来，尽管社会契约理论试图以统治者与臣民之间的相互承诺、以一种新型的统治权理论，把治理艺术上升为统治原则和一般原则，但它在实践中还只处于表述公法一般原则的阶段。到 18 世纪初，在重商主义得到清算后，治理艺术才终于克服宏大僵硬的君权或统治权框架、摆脱纤细脆弱的家庭模式，从社会现实中找到了突破口。这一突破口就是人口扩展问题。首先，随着货币的日益丰富和农业生产的扩充，作为一种集体现象的人口成为现

---

① 重商主义是封建主义衰落后流行于欧洲的政治经济理论和体系，以积聚金银的国家政策为基础，拓展殖民地和商船队，并发展工矿业从而取得有利的贸易平衡。
② Michel Foucault, "Governmentality", in Graham Burchell, Colin Gordon and Peter Miller (eds.), *The Foucault Effect: Studies in Governmental Rationality*, London: Harvester Wheatsheaf, 1991, p. 97.

实。这使得治理摆脱君权框架和家政模式，日渐与经济联系在一起，成为一门科学。福柯指出，统计学揭示出，人口有其自身的规律性，有其自身的死亡率和发病率，有其盛衰循环等，这为治理摆脱君权框架提供了可能；统计学表明，人口有其自身固有的、不能简约为家庭现象的聚集效果，如疫情、地方死亡率等，这些为治理摆脱家政模式提供了可能；统计学还表明，人口在迁移、租税、活动等方面有其特定的经济后果，这为经济进入治理提供了可能。其次，人口成为治理的最终目的。与君权不同，治理的目标不是治理行为本身，而是人口的福利，条件的改善，财富、寿命、健康的增长等。治理的手段也内在于人口，它要么直接大规模的运动，要么间接使用一些技术，来刺激生育率、把人口引向某些地区或活动领域等。由此，人口更多地代表着治理的目标，而不是君主的权力。个人利益和人口利益成为人口治理的新目标和基本手段，这样，一种新的艺术，新的策略和技术就诞生了。最后，要以一种理性而自觉的方式有效治理人口，有必要引入16世纪政治文本中被称为君主耐心的那种东西。如此，人口的治理就与产生于对人口、领土、财富之间连续而多重的新型关系网络的认知的政治经济学（political economy）联系在一起。与之相伴随的，是政府对人口和经济的干预。福柯同时指出，发生于18世纪的从治理艺术到政治科学（political science）、从由统治权结构支配的政制到由"治理技术"支配的政制的转变，也开启了人口主题，带来了政治经济学的诞生。福柯说，"治理、人口、政治经济学这三个运动，从18世纪开始构成为一个坚固的连续体，这个连续体直到今天仍然坚不可摧。"[1]

随着人口问题的出现，专制的君主权力日渐为"生命权力"所取代。君主权力"让人死"或"让人活"。生命权力则"养育生命"或"挽救生命"。正是这种基于人的身体、生命和人口，以管理生命（administering life）为己任的权力，使得治理艺术得以突破家政和君权的限制，逐渐向国家和个体两个层面深入发展。福柯指出，"管理生命的权力"在社会中的运行，有两个基本方向、形式和目标。一是针对身体，二是针对生命。它们不是对立的，而是相互联系的两极。17世纪形成了以个人的身体为

---

[1] Michel Foucault, "Governmentality", in Graham Burchell, Colin Gordon and Peter Miller (eds.), *The Foucault Effect: Studies in Governmental Rationality*, London: Harvester Wheatsheaf, 1991, p. 102.

中心的权力技术。它通过训练、锻炼、监视、审查人的身体,来增强并利用身体的力量。对身体的规训,身体能力的最优化,对身体力量的榨取,身体的功用和驯服平行提高,把身体整合到有效而经济的管控体制,所有这些都由规训权力保障实现。福柯把基于这种权力运行的政治称为"身体政治"(anatomo-politics,或 politics of body)或"人体的解剖政治"(anatomo-politics of human body),它在 17 世纪末和 18 世纪建立起来。18 世纪中叶形成了以总体的人口为中心的权力技术,它通过刺激出生率、减少发病率、延长人的寿命等来维系和改良人口资源并促进经济生产。人口的繁衍、出生率、死亡率、健康状况、寿命长短等,都由调控权力予以控制。福柯把基于这种权力运行的政治称为"生命政治"(bio-politics)或"人口的生命政治"(bio-politics of population),它在 18 世纪下半叶建立起来。① 身体规训(disciplines)和人口调控(regulations),分别从个体和国家两个层面,表现生命权力的两种技术。身体规训技术,在学校、医院、车间、军队等机构中,产生个体化的效果,体现出生命权力在个体层面、在下层、在细节上对专制的君主权力的适应。人口调控技术,则在国家中产生总体化的效果,体现出生命权力在国家层面、在上层、在整体上对专制的君主权力的适应。这两个层面,并不是完全分开的。例如,规训权力在警察这一机构中很容易就获得国家维度;调控权力在医疗、救济基金、保险这些次级的国家制度方面也存在。就治理艺术而言,"国家的治理化"或者"治理国家"的产生,在国家层面得益于新兴民族国家的外交和军事技术,在个体层面得益于"教牧权力"。警政则把二者很好地结合在了一起。

19 世纪以来,君主权力日渐消退,规训和调控的生命权力则日渐前进。但这并不意味着,统治权以及与统治权联系在一起的法律就不再起作用。相反,统治权问题显得极为突出。鉴于治理艺术的存在和扩展,统治权理论此时涉及的是:何种司法和制度形式,何种法律基础,能够被赋予国家主权。福柯同时提到,生命权力需要连续的调控和矫正机制,它不再让死亡在统治权领域起作用,这种发展,势必影响与剑和死亡相联系的法律以及法律的司法体制(juridical system of law)。但这不是说法律将会消

---

① Cf. Michel Foucault, *The History of Sexuality*, Volume 1: *An Introduction*, New York: Vintage Books, 1980, pp. 139 – 140.

失，而是说法律将越来越像规范（norm）那样运行。司法制度将渗入由医疗、行政等机构组成的调控连续体中。此外，对人口的管理，并不仅仅涉及广大人口的总体效果，它也涉及人口管理的深度和细节。因此，规训或纪律也不会消失。相反，出于人口管理的需要，它在学校、工厂、军队等制度中将显得更加重要和必要。由此，福柯指出，不必以"规训社会"（disciplinary society）代替"主权社会"（society of sovereignty），而后"治理社会"（society of government）又代替"规训社会"这样的方式，来看待治理问题，而应看到，实际上有一个由"统治权—规训—治理"构成的三角。这一三角的首要目标是人口，基本的技术机制是"防卫设施"。这就是同时包括个体化与整体化两个过程的"国家的治理化"或"治理国家"。"生命政治"也由此诞生。关于生命政治，福柯说：

> 我意指始于18世纪试图把人口的健康、卫生、出生率、寿命、种族等问题理性化的努力，由一群活生生的人所构成的人口这种特殊现象向治理实践提出了这些问题……自19世纪以来，这些问题一直处于膨胀态势，直至今天仍是政治和经济问题。[1]

从"国家的治理化"过程以及"生命政治"看，18世纪以来，一方面，"治理"这种权力形式通过训练身体来提高身体能力，通过管理人口来维持人口繁衍、防治疾病、延长寿命等，以此获得理性化或合理化；另一方面，"治理"这种权力形式同时在个体和国家两个层面，织就了一张覆盖人的身体和人口的政治网络，以此驯化并利用身体、充分榨取人口资源。同时，从"国家的治理化"过程以及"生命政治"，还可以看到欧洲现代史上一个悖论：一方面是社会生活的普遍温和化，另一方面却爆发越来越血腥的战争和暴力事件。福柯也曾以现代社会原子弹的制造来说明这一悖论。在古代社会，刑杀和死亡是一种常态。而随着治理艺术的扩展，古老的君主杀人权力不见了，与刀剑相联系的法律的影响也减弱了，规训和生存则成为一种常态。在古代社会，"让人死"是君权重要的行使形

---

[1] Michel Foucault, "The Birth of Biopolitics", in Michel Foucault, *The Essential Foucault: Selections from the Essential Works of Foucault*, 1954–1984, ed. by Paul Rabinow and Nikolas Rose, New York: New Press, 2003, p. 202.

式。而到现代社会，死亡遭到贬低，权力越来越没有权利"让人死"。死亡因此成为生命权力的边界和尽头。生命权力要得以行使，必须让人存活。作为生命权力行使对象的身体和生命，如果不复存在，生命权力也就无法行使。因此，现代规训和调控技术，必须想办法让人活，以保证生命权力有效运行。但这并不意味着，现代社会中不再存在死亡以及导致死亡的杀人机制，如同古代社会并非不存在生存以及维护生存的机制一样。如果古代社会的刑杀可被视为一种"去杀"机制，那么，与此相应，现代社会中"让人活"的规训和调控权力，为什么就不能被视为实际隐含着一种杀人机制呢？

实际上，福柯正是从"治理国家"发掘到种族主义的根源。首先，如同人口调控技术从人口中类分出身体健康者与老弱病残者一样，种族主义也从生物学上对种族作优劣之分。其次，在生物进化论的支持下，种族主义寻找到一种与生命权力的运行相容的机制：劣等种族越是被清除，优等种族就越能得到纯粹繁衍，人种也就越优化。在生命权力体制中，不能基于政治目的杀人，但可以基于消灭生物学上的危险而杀人。这意味着，在生命权力体制中，国家杀人的职能只能通过种族主义予以保证，因此，正是生命权力使种族主义得以进入国家体制。福柯以纳粹为例指出，纳粹实际上是从18世纪起建立的新权力机制发展的顶峰。没有哪个国家比纳粹更有纪律，也没有哪个国家比纳粹对人口更坚决地实行生物学调控。如此，生命权力在被普遍化的同时，杀人的君权权力也被普遍化了。当然，福柯并不认为所有的现代国家都注定会像纳粹那样。他只是试图揭露"政治理性"、"治理国家"以及生命权力体制在现代社会所隐含的危险和风险。[①]

第三节　教牧权力与国家理性

"治理国家"的产生过程，实际上是生命权力的理性化或合理化过

[①] 参见 Michel Foucault, "Governmentality", in Graham Burchell, Colin Gordon and Peter Miller (eds.), *The Foucault Effect: Studies in governmental rationality*, London: Harvester Wheatsheaf, 1991, pp. 87 – 104; Michel Foucault, *The History of Sexuality*, Volume 1: *An Introduction*, New York: Vintage Books, 1980, pp. 135 – 146; [法] 米歇尔·福柯《必须保卫社会》（法兰西学院演讲系列, 1976), 钱翰译, 上海人民出版社1999年版, 第226—268页。

程。从权力、知识、主体结合在一起的角度看,权力关系的理性化或合理化过程,同时也是一个主体塑造过程。亦即,现代人被建构和塑造成了行使或屈从生命权力关系的主体。在福柯看来,作为主体的"人"其实是知识的产物,是各种权力关系的产物,是在话语、制度实践和真理游戏中被塑造出来的。经过这样一种塑造过程后,很多认知、思维模式、做法就作为无须思考、理所当然、不言而喻、不证自明的东西被接受下来。思想(thought)、批评(criticism)和"问题化"(problematisation),是让人"清醒"过来重新反思自己的重要方式。其中,批评是"对事件的一项历史调查,这些事件使得我们把自己建构为我们所做、所思、所说的主体,并且使得我们认为自己就是我们所做、所思、所说的主体"。[①] 就"治理国家"而言,教牧权力和国家理性正是这样两个需要调查的事件。它们是导致"国家治理化"的两个基本因素,也是"政治理性"需要批判的两个观念根源。

一 教牧权力

教牧权力,与在国家统一法律框架中运行的政治权力(political power)相对。它是以个体为目标、涉及个人生活的"个体化权力"(individualizing power)。其作用在于坚持不懈地保证、维持和改善每个人的生活。教牧权力与政治权力之间的关系,是贯穿西方历史的一个重要问题。大体上,古希腊人和古罗马人对于把神、国王和领袖比作牧羊人的教牧权力观念比较陌生。教牧权力观念主要出现在埃及(Egypt)、亚述(Assyria)、朱迪亚(Judaea)这样的东方社会。是希伯来人把教牧权力发展成为一个特定主题。这一主题后来又被基督教进一步改变和深化。福柯首先分析了希伯来人的教牧权力观念,接着把它与古希腊政治文献中的牧人模式(shepherd model)作了对比,最后考察了基督教对教牧权力的进一步发展。

希伯来人一般只把上帝视为其子民的牧人。大卫(David)是王国的创立者,上帝曾派他聚集羊群,因此也被当作牧人。此外,邪恶的国王则被比作坏牧人。福柯把希伯来人的教牧权力观念主要归纳为四点。第一,

---

[①] Michel Foucault, *Ethics: Subjectivity and Truth*, ed. by Paul Rabinow, New York: The New Press, 1997, p. xxxv.

牧人对羊群而不对土地行使权力。古希腊人的神拥有土地，而在希伯来人那里，被比作牧人的上帝与其羊群之间的关系是基本的，土地由上帝赋予他的羊群。第二，牧人聚集、指引、带领羊群。牧人的存在以羊群的聚集为前提，如果羊群全都走散，牧人就只有消失。因此，牧人的主要任务是把羊群聚集在一起，防止羊群分散和迷失。而在古希腊，政治领袖的任务在于平息战端、使团结压倒冲突。而且，古希腊像梭伦这样贤明的立法者在控制冲突后留下了法律，这些法律使得城邦在这些贤者过世后仍能长存下去。第三，牧人的任务是确保他的羊群获得拯救。古希腊人也说神拯救城邦，也宣称称职的领袖是防止船触礁的舵手，但这种拯救与牧人拯救羊群的方式不同。牧人对羊群的拯救有一种坚持不懈的、个体化的、终极的仁慈。牧人每天都留意羊群的饥渴，而不像希腊的神或领袖那样，只在危险当头时拯救。牧人要确保每一只羊都得到喂养和解救，而希腊人只求神提供富饶的土地和丰富的谷粮。牧人还有一种终极的仁慈，他要带羊群到水草丰美之地，或者把它们带回羊栏。第四，行使权力是一种"义务"（duty）。古希腊领袖自然也得为全体的利益作决定，但他的职责是一种荣誉性的，他的作为乃至牺牲能够得到补偿，例如，永垂不朽。而牧人的仁慈更接近于"献身"（devotedness）。牧人所做的每一件事都是为了他的羊群好。他时刻关心羊群，即使在羊群睡着时，他也在照看它们。牧人忘我地看护羊群。他不仅对草地和天气十分了解，而且对每一只羊都体察入微，知道每一只羊的特殊需要。牧人的权力意味着对羊群中的每一只都给予个别的注意。

福柯并不认为希伯来社会是一贯地、完全地按照上述仁慈、无私的做法去做的。他只是试图以此揭示自相矛盾的主题：竟然唯独最好争斗、最擅侵略、最能使用麻木不仁的暴力的西欧，从中发展出一种奇怪的权力技术，这一技术把大多数人视为羊群，而把少数人视为牧人。当然，这样一种技术并不是从古希腊开始就已存在。正好相反，古希腊人关于"教牧"的看法与希伯来人的教牧权力观念存在很大差异。

古希腊文献中并非完全没有提及"牧人隐喻"（shepherd metaphor）。例如，《荷马史诗》曾以牧人比喻国王，毕达哥拉斯学派的文本也曾提及牧人模式。但仅就政治文献而言，福柯考察后发现，伊索克拉底（Isocrates）、狄摩西尼（Demosthenes）以至亚里士多德，都没有谈及牧人的政治隐喻。只有柏拉图经常谈"牧人—执政官"，但柏拉图讨论这一隐喻时别有一番意味。在《理想国》《法律篇》中，牧人主题都不重要。只有在《政治家篇》中，教牧权力才成为讨论的核心问题。柏拉图起初运用划分的方法来解决这一问题。对无生命的事物发号施令的人，如建筑师，不同于对有生命的东西发号施令的人。对单个的动物发号施令的人，不同于对一群动物发号施令的人。对畜群发号施令的人，不同于对人群发号施令的人。在这些区分中，政治领袖是"人民的牧人"（a shepherd of men）。这样一种划分的方法，显然没有完全解决问题，因为，政治家与牧人的相互比拟，并不在于其发号施令的对象，而主要在于二者所承担的任务是否相似。牧人的任务有哪些特点呢？首先，牧人独自带领其羊群。其次，牧人提供羊群食物，照料病羊，用口哨聚集和指引羊群，安排羊群交配以优化后代。在所有这些方面，国王的任务又是什么呢？同牧人一样，国王也是城邦唯一的首领。但在其他方面，国王与牧人大不相同。给人类提供食物的是农夫和面包师，照料病患的是医生，用口哨指引人的是体育教练，所有这些任务都不由国王承担。如果承担这些任务的人是牧人，那么，城邦将会有很多公民理直气壮地声称自己是"人民的牧人"。如此，国王就会面临很多竞争对手，从而处于水深火热之中。鉴于此，柏拉图诉诸关于世界的神话。起初，人民由神亲自领导，神是"人民的牧人"。后来，"火"被带到人世，人必须自己照顾自己，神不再是"人民的牧人"。那么，政治家是否因此取代神而成为"人民的牧人"呢？并非如此。政治家的任务不是喂食、护理和护养后代，而是编织：以大众意见为"梭"，收编不同的德性和相反的性情，收编包括奴隶和自由人在内的所有人，为城邦造就一张坚固的织物，"一个以和谐和友谊为基础的共同体"。柏拉图的确承认医生、农夫、体育教练、教师像牧人一样行事，但他不承认这些是政治家的事。他说得很明确：政治家哪会有时间来到每个人的身边，坐下来喂他，照顾他的病？只有黄金时代的神才会如此。政治家的任务不在于养育一群个体的生命，而在于把城邦形成一体并确保城邦的团结统一。简言之，政治问题（political problem）主要处理国家与公民的关系，而只有教牧问题（pastoral problem）才关心个人生活。

  福柯所谈到的古希腊、古罗马与希伯来在教牧权力观念上的差异，从地理位置上似乎也可找到一些佐证。埃及、亚述、朱迪亚这些亚非地区，既濒临地中海，又与广阔的大陆相连，适合牧业的大范围发展。而希腊和罗马，都处于地中海的岛屿上，陆地面积有限或岛屿众多，不适合牧业的大范围发展。由此所致的生活方式上的差异,很可能造成了古希腊、古罗马与希伯来在教牧权力观念上的不同。中国古代文献中其实也有很多"牧民"观念。这也许同样跟大陆地形、气候以及先民的游牧生活有关。福柯指出古希腊、罗马与希伯来在教牧权力观念上的差异,意图并不在于对它们予以褒扬贬抑,而只是对教牧权力观念作历史分析。福柯认为,教牧权力在中世纪和现代都受到了基督教的重视,但一如犹太教中勇猛的耶和华到基督教中变成了慈悲的耶稣,希伯来人的教牧权力到基督教中也发生了重要变化。

福柯主要从四个方面考察了教牧权力在基督教中的发展变化。第一,基督教在牧人与羊之间建立了一条责任和道德纽带。牧人对每只羊和所有羊的命运都负有责任,对每只羊和所有羊的行为都要作出解释。羊的罪恶也可归咎于牧人。反过来,帮助其羊群获得拯救,牧人自己也将获得拯救。这样一条纽带,涉及个人生活,也涉及个人行动的细节。第二,基督教在牧人与羊之间建立了一种人身服从(personal submission)关系。在希伯来人的观念中,神是一个牧人,跟从神的羊群遵从神的意志和法律。而基督教认为"牧—羊"关系是一种个人的和完全依赖的关系,每只羊必须永远服从其牧人。顺从成为一种美德,而且这种顺从不是基于法律,而是基于牧人的意志。希腊思想与此迥异。希腊人服从法律或城邦意志,如果他碰巧顺从某个人(如医生)的特定意志,那是因为这个人理性地说服了他如此去做,而且这种顺从必须有一个被严格限定的目标(如被治愈)。第三,基督教的"教牧技艺"(pastorship)在牧人与每只羊之间建立了一种特殊的个体知识。牧人不仅要掌握羊群的情况,还要知道每只羊的个体情况,包括它的物质需要、它正在做什么、它的灵魂正在想什么。为此,基督教从古希腊挪用并发展了自我审察和良心指引两种手段。如此就把完全顺从、对自我的认知与向他人的忏悔联系了起来。第四,基督教的审察、忏悔、指引、顺从技术旨在让个人在"羞耻感"(mortification)中度过此生。羞耻感虽然不等于死亡,但它把个人与此生和自我剥离开,实际上是为换来生而死此生。这与古希腊人为城邦而牺牲的政治权力观念是大不一样的。

很明显,从福柯有关希伯来人和古希腊人的教牧权力观念的分析,多少可以让人感到一些诚挚和崇高,而当福柯分析到基督教对教牧权力的发展时,教牧权力就被"问题化"了,或者说,就产生了问题,引发了质疑。福柯说，基督教的"教牧技艺"引进了一种希腊人和希伯来人都未想过的奇怪游戏，其要素是生命、死亡、真理、顺从、个体、自我认同。这一游戏看上去与通过公民牺牲来存续城邦的游戏毫无关系，但"自从我们的社会把这两种游戏——城邦—公民游戏（city-citizen game）和牧人—羊群游戏（shepherd-flock game）——在我们所谓的现代国家中结合起来，我们的社会就真的变得像恶魔一般了"。[①]

二 国家理性

分析教牧权力这一事件之后，福柯随即转入对另一事件（episode）的分析。这另一事件（instance）与现代意义上的国家的形成有关。这意味着，福柯的分析一下子从原始基督教[②]跨越到了16、17世纪。福柯认为，在这两个时段之间，教牧权力并没有消亡。政治上，封建制在个人之间发展了一种与教牧技艺完全不同的人身关系。经济上，教牧灵魂是一种特殊的城市经验，与中世纪初期广泛而贫穷的乡村经济难以协调。文化上，教牧技艺是一门复杂的技艺，对教牧和教众都有较高的文化要求。鉴于这些原因，教牧技艺在中世纪没有能够成功发展成为一种有效的治理，但教牧权力一直是教会改革和宗教斗争的目标所在。整个中世纪人们都在渴望在人与人之间安排教牧关系。教牧权力进入治理是17、18世纪以后的事情。

原始基督教的教牧权力通过表露个人真理对个人产生持续影响，另一事件在通过个人自己的真理而对个人实施治理的历史上也特别重要。它主要涉及"作为政治组织的国家"与"在国家权力行使过程中所贯彻的那种（合）理性"之间的关系，也就是"国家权力的（合）理性"（rationality of state power）或者"由国家生产的那种特殊的政治理性"问题。国家理性（reason of state）和"警政理论"（theory of police，或治安理论）这两套教义对此问题作了特别的阐述。福柯指出，

[①] Cf. Michel Foucault, "Omnes et Singulatim: Toward a Critique of Political Reason", in Michel Foucault, *The Essential Foucault: Selections from the Essential Works of Foucault, 1954 – 1984*, ed. by Paul Rabinow and Nikolas Rose, New York: New Press, 2003, pp. 182 – 191.

[②] 基督教产生于公元1世纪，公元4世纪成为罗马国教，公元11世纪分裂为天主教和东正教，公元16世纪宗教改革后又从天主教中分裂出新教。

国家理性教义试图说明，国家治理的准则和方法如何不同于上帝治理世界、家父治理家庭、修道院院长治理修道院的方式。

警政理论界定国家理性活动目标的性质；界定国家所追求的目标的性质，国家所采用的手段的一般形式。①

国家理性和"警政理论"，实际上是（合）理性体系（system of rationality）的两个组成部分。福柯首先列举了16、17世纪有关国家理性的三种界定。一是"关于国家组建并加强自身、国家存续和成长所用手段的完美知识"。二是"能使我们发现怎样在共和国中建立和平和秩序的一种规则或艺术"。三是"为一切公共事务、会议和规划所必需的某种政治考虑，其目的只在国家的维持、扩张和福祉；为达此目的，要采用最容易、最迅捷的手段"。从这些界定，福柯归纳出国家理性的四个特点。第一，国家理性被视为一种艺术，一种遵循某些规则的技术。这些规则不仅包括习俗或传统，还包括理性知识。国家理性在今天因为容易让人想到"专横"或"暴力"而更具贬义，但在当初，人们对国家理性的理解宽泛得多，它是治国艺术所特有的一种理性。第二，国家理性的根据不在于神，也不在于自然，而在于国家本身。如果反思表明治理艺术遵循着国家的性质，那么，治理艺术就是理性的。而基督教传统和司法传统，都宣称治理遵从的是人法、自然法和神法。阿奎那认为依循自然之道才是理性的，但16、17世纪以国家理性名义所追寻的，是能够指导一个实际政府的原则。这些原则与自然及其普遍法则无关，它们只涉及国家是什么、国家的当务之急是什么。正因为此，国家理性往往引发宗教反感，人们也时常把它与无神论联系在一起。第三，国家理性日渐成为在某些方面有别于"马基雅维里主义"的一种理性形式。国家理性是能够增强国家自身的理性治理，它涉及的是国家本身的存在和性质问题。其目的不在于加强君权，而在于加强国家本身。国家必须不断加强自己才能应对国家的敌人，但国家一味维护自身肯定会招致灾祸，因为敌人也会这么干。第四，国家理性以一套知识体系为前提，有关不同国家力量的知识对正确的治理必不

---

① Michel Foucault, "Omnes et Singulatim: Toward a Critique of Political Reason", in Michel Foucault, *The Essential Foucault: Selections from the Essential Works of Foucault*, 1954–1984, ed. by Paul Rabinow and Nikolas Rose, New York: New Press, 2003, p. 193.

可少。只有知晓国家的力量，既了解国家的能力以及扩展这一能力的手段，又了解他国的力量和能力，治理才有可能。由此，国家理性所特有的治理艺术就与政治"统计学"或"算术"的发展联系了起来。

总之，国家理性不是以神法、自然法或人法为根据的治理艺术，它不必顾及宇宙的普遍秩序，它是只与国家力量相联系、只以增强国家力量为目的的治理。"警政"（police）是这种治理的最主要技术。福柯指出，因为国家理性，17、18世纪文献中的"police"往往与现代社会里的"警察"大不相同，它不是指国家的一个机构，而是指国家所特有的一种治理技术。这一技术并非只涉及对违法行为的惩处和对犯罪行为的侦破，它还涉及人口、道德、健康、财富等方方面面的问题。

17、18世纪有关警政理论文献的作者，大部分是意大利人和德国人。在这些文献中，福柯首先考察了路易斯·杜尔哥特·德·梅耶（Louis Turquet de Mayerne）于1611年撰写的《贵族—民主的君主政治》（Aristo-democratic Monarchy）一书。该书最早提出了"警政国家"（policed state）的乌托邦方案。梅耶提议，国王身边要有四位高官，分掌司法、军队、财政和警政。负责警政的官员的任务似乎主要在道德方面，他要在人民中间培育"质朴、宽厚、忠诚、勤劳、友好合作、诚实"。梅耶还提议，每个省各设四个维护法律和秩序的部门，两个负责人，另外两个负责事。负责人的部门中，有一个负责生活的积极方面，它涉及教育、每个人品位和才智的测定、职业选择（那些不能得到有效使用的人被视为社会渣滓）。另有一个负责生活的消极方面，它涉及需要帮助的穷人（孤、寡、老人）、无业游民、需要给予经济援助的人、公共卫生（疾病、疫情）、诸如水灾火灾之类的事故。负责事的部门中，有一个负责商品和产品，指导生产，控制市场和商贸。另有一个负责私有地、私人财产、遗产、捐赠、拍卖、领主权利改革、道路、河流、公共建筑和森林。很明显，梅耶的设想包含了"防""卫"两个方面，它们合起来就使得警政并非是一种专职活动，而是"扩展到人民的全部情况，他们所做或决定去做的每一件事。它的领域包含司法、财政和军队"。警政无所不包，它对人们活动的干预几乎可以看作是"全权主义的"（totalitarian）。其次，警政对活生生的、精力充沛的、生产性的人负责，"人是警政的真正对象"。最后，警政在个人和国家双重层面上起作用。作为政治权力对人行使的理性干预的一种形式，警政的作用在于给人们提供一点额外的生活；同时以此也为国家提供一点额外的力量,增强国家的力量和活力。

　　福柯认为,当时大多数欧洲国家都有大量类似的文献,梅耶的书只是其中一例而已,而且此类思想一直流传至17、18世纪。福柯还着重分析了两个文本。一是法国的德拉玛瑞(N. de Lamare)的《警政协定》(*Treaty on the Police*),二是德国的约翰·海因里希·戈洛布·冯·查士丁(Johann Heinrich Gottlob von Justi)的《警政原理》(*Elements of Police*)。德拉玛瑞在18世纪初曾负责法国的警政规章的编纂工作。他认为,警政必须负责国家的11项事务:宗教;道德;卫生;供给;道路、公路、城镇建筑;公共安全;文艺;商贸;工厂;仆佣和劳工;穷人。这11项事务,基本上包括了梅耶设想中除军事、司法和财政以外的其他所有方面。这意味着一种治理转向:以前,王权(royal power)通过军事力量的支持、发展司法制度、建立税收体制,才得以对封建制显示权威,这是行使王权的传统方式,而此时,警政覆盖了中央集权的政治权力和行政权力能够干预的全新领域。那么,干预的目的何在呢?按照德拉玛瑞的意思,警政在宗教方面,考虑的是生活的道德质量;在卫生和供应方面,考虑的是生活的维持;在商贸、工厂、工人、穷人和公共秩序方面,考虑的是生活的便利;在戏剧、文学、娱乐方面,考虑的是生活的快乐。简言之,警政的目标在于生活:必要的生活,有用的生活,富余的生活。用德拉玛瑞的话说:"警政的唯一目的是引导人达到此生能够享受的最大幸福。"

　　从德拉玛瑞的文本,除了可看出治理的转向外,也可看到警政与基督教的教牧权力的差异。基督教的教牧权力让人牺牲此生过来生,警政则在于尽享此生幸福。从治理目的上看,它更接近于拉佩里埃的治理艺术和希伯来人的教牧权力观念。但从德拉玛瑞的文本,尚不能清楚地看到权力的个体化,以及权力在个体和国家两个层面的扩展。它更像是"政治科学"或"行政科学"。于是,福柯转而分析查士丁的《警政原理》。

　　查士丁的《警政原理》仍然把警政的目标确定为生活在社会中的活生生的个人,不过,在体例安排上,此书独具特点。《警政原理》首先从两个方面研究"国家的土地权"(state's landed property):居住者是怎样居住的(城镇与乡村);居住者是谁(人口的数量、增长、健康状况、死亡率、迁移)。其次,《警政原理》研究"商品和动产",这涉及成本、信贷、货币等问题。最后,《警政原理》研究个人行为:他们的道德、职业能力、诚信以及他们如何遵守法律。福柯认为,在警政问题上,查士丁比德拉玛瑞要高明。第一，查士丁这样界定警政：一方面，警政能够使增强国家能力，并把国家力量发挥到极致；另一方面，警政必须让公民幸福，幸福指生存、生活并改善生活。在福柯看来，这完美地界定了现代治理艺术或国家合理性（state rationality）的目标，亦即，以一种同时能够增强国家力量的方式，发展构成个人生活的那些要素。第二，查士丁从任务上对警政与"政治"作了区分。政治的任务在于国家同国内外的敌人作斗争，这基本上是消极的任务。而警政的任务则在于必须同时增进公民生活和国家力量，这是积极的任务。第三，查士丁强调了人口的重要性。人口是一群一起生活的活生生的人，有其死亡率和出生率，生活在特定地区，易受疫情和人口过剩的影响。在整个18世纪，特别是在德国，警政的对象一直都是人口。第四，查士丁声称要写一部"警政学"，把"统计学"（对国家的记述）与治理艺术结合起来，一旦完成，"警政学"将既是一门治理艺术，又是分析生活在领土之上的人口的一种方法。[①]

福柯有关国家理性和"警政理论"的历史分析，揭示出这样一个过程：国家权力从以自身为目的，发展成为通过对人口的治理把国家权力与公民生活紧密结合起来，最终增强国家权力、扩展国家权力的行使。这就是福柯所关注的理性化或合理化（rationalization）与政治权力过剩（excesses of political power）的关系问题。

从君权理论到治理艺术再到治理国家，从教牧权力到国家理性，都可看出福柯历史分析的基本手法，从中也始终可以看出权力与理性、君权与治理、个人与人口、身体规训与人口调控、国家理性与教牧权力、城邦—公民与教牧—羊群、整体化与个体化这样一些分析线条。所有这些线条，最终把理性化的权力后果凸显了出来：理性化或合理化导致了过度的政治权力；这既表现在国家政治层面，也表现在个体生活层面；现代国家通过复杂的知识体系和精微的权力结构，在为人谋福利的同时，也在增长和扩张自己的力量，还把每个人塑造成为温顺的良民。总体看，福柯通过古今对比分析，描绘了一幅动态的政治权力变化图。其中，有一种从威武的、严阵以待的宏伟统治或战争画面，向更加温和的、犹如分子一般在社会中

[①] Cf. Michel Foucault, "Omnes et Singulatim: Toward a Critique of Political Reason", in Michel Foucault, *The Essential Foucault: Selections from the Essential Works of Foucault*, 1954 – 1984, ed. by Paul Rabinow and Nikolas Rose, New York: New Press, 2003, pp. 191 – 200.

无孔不入地流注扩展画面的转变。通过此种转变，政治权力在宏观和微观两个层面得到有效整合，在既看护人的权利又发展自身的过程中呈现出新的生命力。这样一幅现代图景，是福柯提出政治理性批判的重点。

此种对政治理性的批判，有别于以此非彼、厚古非今之类的抽象批判。福柯多次提到，自己并非反对理性，并非与理性殊死斗争而提倡非理性。批判是对所谓不证自明的思想和做法的清洗，揭示事情并非如人相信的那样不证自明，从而努力改变它。在福柯那里，批判并不就是说事物像现在这个样子不对，而是通过历史分析把事物的现在这个样子置于"真"和"假"之间，通过"真理游戏"将现状"问题化"。福柯也不认为每一事情都是坏的，而是认为事情可能都是危险的。不过，由于福柯不认为存在着现成的真理，也不认为有什么事物具有基础性价值，福柯在对政治理性作出批判后，并没有提出用以解决问题的建设性方案，一如他对人道主义和自由主义的批判那样。福柯认为，"不能从由其他人在其他时间产生的其他问题的解决办法中，找到问题的解决办法"。[①] 福柯同时还指出，并不能因为找不到替代方案或解决办法就不批判。在福柯看来，不提出解决问题的办法并不意味着不能提出问题；一旦人们发现事情是危险的，人们就总是有事情要做；批判对转型（transformation）而言绝对是必要的。福柯说，"无须理会这样的话：'既然你不能实行一项改革，就不要批评。'这是内阁的话语。批判不必得出这样的推论：'那么，这就是需要去做的。'它应该是那些与现实（what is）战斗、抵制和拒绝现实的人的一种工具。它应该在冲突和对抗的过程中得到使用，在拒绝中得到尝试。它无须对法律发号施令。它不是进程中的一个发展阶段。它是对现实的一种挑战。"[②]

---

① Cf. Michel Foucault, "On the Genealogy of Ethics: An Overview of Work in progress", in Michel Foucault, *The Foucault Reader*, ed. by Paul Rabinow, New York: Pantheon Books, 1984, p. 343; also Michel Foucault, "Practicing Criticism", in Michel Foucault, *Political, Philosophy, Culture: Interviews and Other Writings of Michel Foucault*, 1977 – 1984, ed. by Lawrence D. Kritzman, New York: Routledge, 1988, pp. 154 – 155.

② Michel Foucault, "Questions of Method", in Michel Foucault, *The Essential Foucault: Selections from the Essential Works of Foucault*, 1954 – 1984, ed. by Paul Rabinow and Nikolas Rose, New York: New Press, 2003, p. 256.

第十八章

权利政治的流变和重构

权利，是现代政治的出发点。虽然同样作为基本价值，但权利不同于道德。权利之立足点在于人的生理本性，而道德的立足点在于人的道德本性。在权利与道德之间，表现出社会之理与生命之道的差别。虽然同样侧重人的物质需求，但权利也不同于功利。权利，特别是人权，时常以其价值属性对功利权衡产生强大张力。权利、道德、功利，都可能成为政治的基点，由此形成权利政治、道德政治和功利政治。历史地看，儒家政治主要是一种道德政治或伦理政治，法家政治主要是一种功利政治，现代民主政治则主要是一种权利政治。其中，权利政治，构成为自由主义政治哲学的精髓。关于权利、道德与功利之间的关系，德沃金在《认真对待权利》一书中曾这样指出，

> 功利主义是一个以目标为基础的理论；康德的绝对范畴构成了一个以义务为基础的理论；汤姆·潘恩的革命理论则是以权利为基础的……在权利理论的中心的个人是从他人的服从行为中受益的个人，而不是通过自己的服从而过道德生活的个人。……如果他的理论是以目标为基础的，他就会考虑推行道德对于压倒一切的目标的影响。……如果他的理论是以义务为基础的，他就会赞同一般被称为因果报应的观点，也就是说，既然不道德的行为是错误的，那么，尽管这一行为没有损害任何人，但是国家也必须惩罚他。如果他的理论是以权利为基础的，他就会拒绝因果报应的观点，并且根据他自己的看法来判断这一功利主义的观点，他的看法就是，即使以普遍的社会福利为代价，个人的权利也必须受到保护。……一个权利要求的核心……意味着一个个人，有权保护自己免受大多数人的侵犯，即使是以普遍利益为代价时也是如此。……社会的普遍利益不能成为剥夺权

利的正当理由,即使讨论中的利益是对于法律的高度尊重。①

权利政治的兴起,是一种典型的现代现象。从自然权利出发的古典自然法理论,搭建了这一政治的基本理论框架。一部现代史,在很大程度上就是权利理论以及权利政治在全球范围扩展和深化的历史。权利政治在现代的持续发展,明显抑制了道德政治和功利政治在现代社会的存活空间,但也呈现出一些值得关注的特点。从思想史的角度看,权利政治在霍布斯、马克思和福柯的理论中,实际有着不同的处境。对权利政治作一个从霍布斯,到马克思,再到福柯的批判性考察,可发现权利政治从近代,到现代,再到后现代的流变过程。如果把霍布斯视为权利政治的开创者之一,那么,通过对霍布斯、马克思和福柯的相关理论的对比分析,可大致看出权利政治在从18世纪到20世纪发展进程中的两次深刻断裂或转折。权利政治在现代所面临的内在矛盾、名实纠葛,以及遭遇到的挑战、挫折和转折,对于现代中国的政治和法律实践具有一定参照意义。

第一节 霍布斯:统治权与权利

自由主义与"政治专制主义"相对。由于霍布斯主张开明君主专制,更强调国家权威,有些学者并不把他列入以洛克、休谟、密尔等人为代表的古典自由主义者行列。不过,霍布斯与自由主义之间的密切关联,越来越得到一些深入研究的支持。有学者基于霍布斯理论中的个人主义和平等主义要素,把霍布斯视为自由主义的先驱。也有学者基于霍布斯理论中个人权利与国家权力之间的目的与手段关系,把霍布斯视为"自由主义之父"。② 例如,对霍布斯的政治哲学有专门研究的施特劳斯说,"倘若我们把自由主义称之为这样一种政治学说,它将与义务判然有别的人的权利视为基本的政治事实,并认为国家的职能在于保卫或维护那些权利,那么,

---

① [美] 罗纳德·德沃金:《认真对待权利》,信春鹰、吴玉章译,中国大百科全书出版社1998年版,第197、228—229、255页。

② 参见 [英] 约翰·格雷《自由主义》,曹海军、刘训练译,吉林人民出版社2005年版,第12—15页。

我们必须说自由主义的创立者乃是霍布斯。"[1]

如果把个人权利、国家权力、无政府状态视为现代政治理论的三大部分，那么，自由主义者主要着眼于"个人权利—国家权力"这一环节，强调个人自由在政治生活中的目的地位，并强调对个人自由的充分保护。而霍布斯则出于对无政府状态的更大担心，把眼光集中于"国家权力—无政府状态"这一环节，从而强调了维护国家权威的重要性。实际上，如同自由主义并没有完全忽视无政府状态一样，霍布斯也没有完全忽略"个人权利—国家权力"这一环节，他同样把人民安全和个人权利视为国家权力所要达到的目的。只不过，霍布斯政治理论中的这一目的关系，并不如典型自由主义者所主张的那样更加侧重于个人自由，因为，霍布斯敏锐地觉察到国家权力在政治现实中无可质疑的轴心地位。看上去，霍布斯的政治理论比自由主义更加贴近现实，福柯因此也从霍布斯那里捕捉到"统治权话语"。霍布斯的政治理论，主要从战争状态（condition of war）、自然权利和人为国家（artificial common-wealth）三个方面，开创了权利政治的基本格局，这些说到底是有关统治权（sovereignty）的理论。

一　战争状态

霍布斯的政治哲学以"两条最为确凿无疑的人性公理"为基础："自然欲望公理"和"自然理性公理"。自然欲望指虚荣自负，力求胜过他人。自然理性指恐惧死亡，力求保全性命。战争状态源于人的自然欲望。在霍布斯看来，尽管人与人之间存在一些差异，例如，有的人体力强壮，有的人智识敏捷，但是，"自然使人在身心两方面的能力都十分相等"。能力平等使得人与人之间的差别不足以达到一个人完全制服另外一个人。体力最弱的人也可能通过密谋或者与他人联合来杀死体力最强的人。因此，两个人如果想获得同一物品，就会产生争斗，而且，这种争斗因为人与人之间的能力平等将不断持续下去，如此就导致了"每个人与每个人相互为战"的战争状态。

在社会契约理论中，战争状态是人类从自然状态步入政治社会的必经门槛，它一般被人视为一种前提假设或虚构。霍布斯也不认为战争状态是

---

[1]　[美] 列奥·施特劳斯：《自然权利与历史》，彭刚译，三联书店2003年版，第185页。

政治社会产生之前的一个历史事实。他倾向于把战争状态视为政治理论的哲学基础。不过，这一基础并非完全出自虚构，它有大量的经验和事实根据。霍布斯说，"也许会有人认为这种时代和这种战争状态从未存在过，我也相信决不会整个世界普遍出现这种状况，但有许多地方的人现在却是这样生活的。"霍布斯对此举了三个例子。一是人们外出携带武器或者结伴而行，就寝闩门，居家安锁。二是美洲有些地方的人们仍然生活在无政府的野蛮残忍状态。三是国与国之间剑拔弩张，相互提防。就此而言，霍布斯描绘的战争状态不是自然的、野蛮的状态，一如福柯所说，并"不处于真实力量的直接关系的范畴之中"。

实际上，霍布斯在"战争"与"战争状态"之间作了区分。他说，"战争不仅存在于战役或战斗行动之中，而且也存在于以战斗进行争夺的意图（the will to contend by war）普遍被人相信的一段时期之中。"霍布斯把实际的战争比作"下雨"，而把战争状态比作"下雨的倾向"。如此，"战争的性质也不在于实际的战斗，而在于整个没有和平保障的时期中人所共知的战斗意图。"因而，福柯认为，霍布斯所描绘的状态不是战争，而是战争的炫耀和威胁。其中，相遇的、相对的和相交的，不是武器和拳头，不是野蛮的暴力，也没有战斗、流血和尸体，有的只是展示、炫耀、阴谋、欺骗和虚饰。就此而言，战争状态实际是与"和平时期"相对并始终构成其威胁的"战争时期"（time of war）。"和平时期"只要稍有闪失，战争状态这种"下雨的倾向"就有可能爆发为倾盆大雨，进入"战争时期"。在霍布斯的政治理论中，战争状态是战斗意图交锋的现实，它构成为国家产生的一块坚定基石。[①]

霍布斯理论中的"战争状态"有两点值得特别注意。其一，战争通常被理解为发生在国家或集团之间，但霍布斯所谓的战争状态并不指发生在国家之间的实际战争，而是指个人之间的普遍战争状态。从国家之间的战争到个人之间的战争，在一定程度上蕴含了权力形态从整体向个体、从宏观向微观、从笼统向细微的转变可能。其二，战争状态是从自然状态步

[①] 参见［美］列奥·施特劳斯《霍布斯的政治哲学》，申彤译，译林出版社2001年版，第10—26、123—125页；［英］托马斯·霍布斯《利维坦》，黎思复、黎廷弼译，商务印书馆1985年版，第92—97页；Thomas Hobbes, *Hobbes's Leviathan*, Oxford: the Clarendon Press, 1909, pp. 94-98；［法］米歇尔·福柯《必须保卫社会》（法兰西学院演讲系列，1976），钱翰译，上海人民出版社1999年版，第79—82页。

入政治社会的必经门槛,政治社会的形成通常意味着"和平时期"的到来,但是,即使在"和平时期",也始终存在"战争状态"的威胁。这意味着,政治社会并没有根除"战争状态"的危险。克劳塞维茨在《战争论》中把战争定义为"政治通过其他方式的延续",在霍布斯的政治理论中,政治其实也可反过来被视为战争通过其他方式的延续。这两点为权利政治建立后,现代社会中的权力从"法律模式"变为"战争模式"[①],并日渐分散化、个体化、细微化指出了方向。

二 自然权利

人的自然权利是战争状态的一个根源。所谓自然权利,就是每个人为保全自己的身体和生命,而肆意妄为的自由。由于在自然状态下每一个人对每一种事物,甚至包括他人的身体都具有权利,都保有按照各自的喜好做任何事的权利,所有的人就都处于战争状态之中。出于对死亡的恐惧,人们在理性引导下发现了自然法。自然法"禁止人们去做损毁自己的生命或剥夺保全自己生命的手段的事情,并禁止人们不去做自己认为最有利于生命保全的事情",从而把人们带入政治社会。

自然权利是权利政治的立足点,也是霍布斯政治理论的基础。正是在自然权利上,霍布斯的政治理论显示出其与古典政治哲学不同的首创性。在古典政治哲学中,道德和政治的基础要么在于自然法则,要么在于自然义务,而在霍布斯的政治哲学中,道德和政治的基础在于自然权利。基于这一点,施特劳斯在《霍布斯的政治哲学》中甚至把霍布斯称为近代政治哲学的创始人。

首先,自然权利优先于自然法则。在《利维坦》中,霍布斯两次提到"权利"与"法"的区分。其一,"权(right)在于做或不做的自由,而律(law)则决定并约束人们采取其中之一。所以律与权的区别就像义务(obligation)与自由(liberty)的区别一样,两者在同一事物中是不相一致的。"其二,"权利(right)就是自由,也就是民约法(civil law)留给我们的自由。民约法则是一种义务,它取消了自然法赋予我们的自由。自然界使每一个人都有权运用自己的力量保卫自己,并

[①] 参见 Michel Foucault, *Politics, Philosophy, Culture: Interviews and Other Writings of Michel Foucault*, 1977—1984, ed. by Lawrence D. Kritzman, New York: Routledge, 1988, p. 123。

先发制人地进攻受怀疑的邻人以自保,但民约法却在一切法律的保障有恃无恐的地方都取消了这种自由。权利与法律的不同正和义务与自由的区别一样。"在权利与法律的区分上,霍布斯显然有意表明与当时"最渊博的著作家"的不同。这种不同也正是近代政治哲学与古典政治哲学的关键区别所在。前者以"权利"为出发点,后者以"法"为出发点。从法学史上看,近代以前的自然法理论基本上是以先于并独立于人类意志的所谓自然法则、客观秩序为出发点的,并由此推导出实在法律和实在义务。霍布斯在其政治著作中,不仅对"权利"与"法"作出明确区分,而且一般都是先谈自然权利,然后才谈自然法。这意味着,在霍布斯那里,权利优先于法,权利不以法为前提,法从属于权利,权利本身即是全部法律的根源所在。不仅于此,如果从人的自然本性出发,那么,保护个人生命和身体安全的自然权利,就是最先产生出来的法律现实和道德现实。自然法、国家、法律,在霍布斯的政治理论中,都处于比自然权利更晚的阶段。也就是说,个人权利对政治权力和政治实践具有优先性。

其次,自然权利优先于自然义务。自然权利源于自我保全的自然欲望,而不依赖于神法、自然法,也不依赖于自然秩序、自然义务。从霍布斯所提到的诸多自然法内容看,自然法的基本目标在于生命保全。生命保全显然不是义务,而是权利。这意味着,立于政治实践开端的不再是自然义务,而是生命保全这一自然权利。因此,自然权利优先于自然义务,所有的义务都是基于保护自然权利而派生出来的。而且,从此不再存在绝对的必须服从的义务,义务必须有助于自然权利的保护才有约束力。一如学者所指出的,"由以自然义务为取向转到以自然权利为取向的根本性变化,在霍布斯的学说中得到了最为清晰有力的表述。"[1]

同时,自然权利也优先于政治社会。国家的职责在于"为人民求得安全",公民有权不服从与生命保全相悖的禁令和惩罚。这也意味着,政治实践不再是以德性为基点让公民过一种普遍的道德生活,而在于保障个人的自然权利。正因为此,现代自由主义提出了"权利优先于善"的论断,这与"权利优先于法"一起构成为近代以来权利政治的两个

---

[1] [美]列奥·施特劳斯:《自然权利与历史》,彭刚译,三联书店2003年版,第186页。

基本特征。①

三　人为国家

在战争状态下,"人们不断处于暴力死亡的恐惧和危险中,人的生活孤独、贫困、卑污而短寿"。人的自然欲望是导致战争状态的人性根源。只要每个人仍对所有的事物具有欲望,战争状态就不可避免。出于对死亡的恐惧,自然理性通过自然法引导人们走向和平。不过,仅有自然法还不够,因为它还缺乏人为的强制和威慑。要想克服战争状态,必须建立一个使大家慑服的公共权力。这个公共权力,就是统治权。

统治权的产生有两种方式。一是通过自然力量产生,二是通过社会契约产生。霍布斯把通过自然力量产生的国家称为"自然国家"(或"以力取得的国家"),把通过社会契约产生的国家称为"人为国家"(或"政治国家""按约建立的国家")。自然国家包括以父权为基础的君主世袭国家和通过战争取得的专制国家。人为国家是一大群人中的每一个人通过相互订立信约,统一把自己的权力和力量托付给一个人或一个集体而形成的国家。自然国家一般实行君主政体。人为国家则既可实行君主政体,也可实行民主政体和贵族政体。在霍布斯的政治著作中,总是先讨论人为国家,然后讨论自然国家,但他自始至终都承认自然国家对人为国家的优先地位。在霍布斯的第一部系统的政治哲学著作《法律、自然和政治的原理》中,霍布斯这样写道,"那些自行建立国家的人,其隶属服从之绝对,并不亚于奴仆之被统治。在这方面,两者相差无几;然而前者所怀希望大于后者。因为,不受胁迫地隶属于人的人,感觉他有理由,比被人胁迫而隶属于人的人享有更好的境遇;尽管为人所治,他以自由之身自称自由人;以此看来,自由……就是一种状态,比迫于武力和征服而被人统治的状态,更具希望。"②

---

①　参见[英]托马斯·霍布斯《利维坦》,黎思复、黎廷弼译,商务印书馆1985年版,第97—122、205—249页;Thomas Hobbes, *Hobbes's Leviathan*, Oxford: the Clarendon Press, 1909, pp. 99—100, 222—223;[美]列奥·施特劳斯《霍布斯的政治哲学》,申彤译,译林出版社2001年版,前言,第186—190页;[美]列奥·施特劳斯《自然权利与历史》,彭刚译,三联书店2003年版,第185—190页。

②　转引自[美]列奥·施特劳斯《霍布斯的政治哲学》,申彤译,译林出版社2001年版,第77页。

这一段话清晰地揭示了权利政治实际的政治处境。权利给人以希望，政治给人以统治。如果说，一些古典自由主义者基于对个人自由的保护而特别强调对国家权力的限制，那么，在霍布斯那里，他更加强调自由据以存在的统治权背景。所以如此，是因为霍布斯认识到并坚定地认为，统治权实际上是国家理论的根本基础。在霍布斯看来，要么选择战争状态，要么选择统治权，二者必居其一。一如学者所归纳的，"除了在绝对权力和完全无政府状态之间、在至高无上的主权者和无社会之间加以选择之外，别无其他可供选择"；"在每一个政府的某处总存在着最高权力，这是确定不移的，而问题仅仅在于由谁拥有这一权力"。① 由于自然国家和人为国家的产生都源于由战争状态所带来的对死亡的恐惧，霍布斯最终把统治权中人为国家的自愿性质与自然国家的非自愿性质调和起来，也就是，把个人权利与国家权力调和起来，并且强调统治权的必然性和绝对性。②

总起来看，在霍布斯的政治理论中，无论是战争状态、自然权利，还是人为国家，最终都是为了用来论证统治权的产生。在统治权这根主轴的周围，实际旋转着个人的自由和权利，即使在形式上个人的自由和权利是统治权据以产生的根本和目的。这样一种有关统治权的理论，在政治学上开创了权利政治新格局。

首先是个人权利与国家权力之间的目的与手段关系。统治权的产生是为了避免战争状态，是"为了取得和平，并由此而保全自己的生命"，是为了"抵御外来侵略，制止国内相互侵害"。一如霍布斯所说，"当一个人转让他的权利或放弃他的权利时，那总是由于考虑到对方将某种权利回让给他，要不然就是因为他希望由此得到某种别的好处。因为这是一种自愿行为，而任何人的自愿行为目的都是为了某种对自己的好处。"③ 因此，在个人权利与国家权力之间，不管实际上何者为真正的主轴，二者在形式

---

① [美] 乔治·霍兰·萨拜因：《政治学说史》，刘山等译，商务印书馆1986年版，第529、531页。

② 参见 [英] 托马斯·霍布斯《利维坦》，黎思复、黎廷弼译，商务印书馆1985年版，第128—173页；[美] 列奥·施特劳斯《霍布斯的政治哲学》，申彤译，译林出版社2001年版，第71—83页；[法] 米歇尔·福柯《必须保卫社会》（法兰西学院演讲系列，1976），钱翰译，上海人民出版社1999年版，第82—88页。

③ [英] 托马斯·霍布斯：《利维坦》，黎思复、黎廷弼译，商务印书馆1985年版，第100页。

上都应当表现为一种目的与手段的关系。也就是，个人权利是国家权力据以存在和运作的目的，国家权力是实现个人权利的手段，权利优先于国家，个人优先于社会，国家的建立是为了保障个人自由。

其次是暴力使用的国家垄断。国家的产生过程其实就是所有个人权力的统一放弃、上交乃至剥夺过程，由此形成国家对暴力使用的合法垄断。一如韦伯所说：

> 在过去，形形色色的团体———从宗族开始———都曾把有形的暴力作为十分正常的手段。今天正好相反，我们将不得不说：国家是在一定区域的人类的共同体，这一共同体在本区域之内——这个"区域"属于特征之———要求（卓有成效地）自己垄断合法的有形的暴力。因为当代的特殊之处在于：只有当国家允许时，人们才赋予所有其他的团体或个人以应用有形的暴力的权利：国家被视为应用暴力"权利"的唯一的源泉。[①]

在国家对暴力使用的垄断过程中，个人权力被放弃、上交乃至剥夺后，个人从国家那里换回法律禁止范围之外的个人权利和自由。

最后是国家与公民之间直接面对面的联系。权利政治格局下，国家与个人表现为一种直接面对面的法律联系，这一联系与个人主义密切相关。在霍布斯的政治理论中，人一般是独立、理性和平等的，是"渴望生活并获得对生活手段的保障的单个的人"。因此，一些学者指出，霍布斯的政治理论包含有"原子论个人主义"和"一些极端的个人主义假设"。[②]有学者在评论霍布斯的个人主义时指出，"除了有一个人们对之服从和在必要时能强迫人们服从的、看得见的上级之外，只有个人的存在，而每个人又都为私利所驱使。人类有如一堆散沙般的各自独立的有机体，而国家则是通过批准把这些有机体不可靠地捏到一起的外部力量，这种力量可用

---

① [德] 马克斯·韦伯：《经济与社会》下册，林荣远译，商务印书馆1997年版，第731页。

② 参见 [美] 乔治·霍兰·萨拜因《政治学说史》，刘山等译，商务印书馆1986年版，第534页；[美] 罗兰·斯特龙伯格《西方现代思想史》，刘北成、赵国新译，中央编译出版社2005年版，第88—89页；[美] 列奥·施特劳斯《霍布斯的政治哲学》，申彤译，译林出版社2001年版，第190页。

以补充个人动机之不足;在人类与国家之间是无中间立场存在之余地的。"① 尽管霍布斯在《利维坦》中也提到了社会团体的存在,但在霍布斯看来,国家与个人之间的直接联系是第一位的,无论在什么情况下,这一直接联系都不能被社会团体隔断。

总体看,个人权利与国家权力之间实际上究竟何者为"名"、何者为"实",何者为目的、何者为手段,这是权利政治的关键。相对于典型的自由主义来说,霍布斯更为实际地表明了国家权力在政治现实中的主导地位。因此,福柯一针见血地指出,霍布斯的政治理论实际上是对"国家的政治权力"的挽救。他说,"霍布斯阴谋用所有战争和征服后面都有的契约来取代永恒的国内战争和斗争的话语,以此来解救国家理论。理所当然的,因为这个原因,法律哲学后来作为报偿给了霍布斯政治哲学之父的称号。"②

第二节 马克思:革命与解放

霍布斯的《利维坦》于 1651 年出版。此后 170 年,黑格尔的《法哲学原理》(1821)出版。再 50 年,马克思的《法兰西内战》(1871)出版。应该说,这三篇文献是近代以来国家理论史上具有历史分期意义的里程碑式的文献。三篇文献鲜明地标示着国家理论的三种路向:自由主义;国家主义;社会主义。

在《利维坦》中,霍布斯为其后持续几百年的权利政治构建起一个十分坚实的理论框架。这一理论框架通过人为国家把个人权利引入政治实践,又通过自然国家把国家权力确定为一个难以避免的历史事实,从而形成了个人权利与国家权力之间的二元对立格局。这一格局也使得国家与个人、国家与社会发生适度分离。在国家与个人、国家与社会之间,人们建立起"称为国法的若干人为锁链"。这一锁链虽然因为"利维坦"的强悍而在本质上是不坚固的,但由于它折断后将面临巨大危险,这一人为锁链

---

① [美]乔治·霍兰·萨拜因:《政治学说史》,刘山等译,商务印书馆 1986 年版,第 535 页。
② [法]米歇尔·福柯:《必须保卫社会》(法兰西学院演讲系列,1976),钱翰译,上海人民出版社 1999 年版,第 88 页。

能够得以长期维持,从而在国家与个人、国家与社会之间至少在表面上呈现出相互制约的关系。[①]

而在《法哲学原理》中,国家不再是"利维坦"这样一只在形式上套着锁链的巨兽,而是行经在地上的神,是"在地上的精神"。如同精神高高地站在自然界之上一样,国家也高高地站在自然生命之上。因此,人们必须把国家视为"地上的神物"予以崇敬。"成为国家成员是单个人的最高义务",国家"对单个人具有最高权利"。也就是说,国家才是目的,个人只是国家的工具。按照黑格尔的意思,霍布斯所谓的"人为国家"把个人权利视为社会结合的目的,认为国家的使命在于保护个人自由,这实际上是混淆了政治国家与市民社会。在黑格尔看来,市民社会代表特殊利益,是"私利的战场",个人的私利在市民社会中得以实现,而政治国家与个人的关系不同于市民社会与个人的关系。黑格尔把政治国家视为伦理发展的最高阶段,是家庭与市民社会的合题,是普遍性与特殊性的统一。因此,成为国家成员是个人的义务,而不是像成为市民社会的成员那样,是个人随意自主选择的结果。如果说霍布斯强调了国家的"兽性",那么,黑格尔则强调了国家的"神性"。基于这种神性,黑格尔把个人和市民社会都统一于政治国家,以此实现个人利益与国家利益的统一,因而,"国家是具体自由的现实"。[②]

在国家理论上,马克思既不同于霍布斯,也不同于黑格尔。例如,在国家与社会的关系问题上,沿着霍布斯开拓的路径深入下去的自由主义,一般坚持政治国家与市民社会的分离,主张在此分离的前提下以市民社会来制约政治国家。黑格尔的国家主义也承认政治国家与市民社会的区分,但它认为政治国家是市民社会的基础,主张把市民社会统一于政治国家。马克思则把黑格尔有关政治国家与市民社会的关系颠倒过来,认为市民社会是政治国家的基础,主张把政治国家统一于市民社会,把国家融入社会。福柯在此问题上的看法其实与马克思的又有不同。马克思对霍布斯、黑格尔的国家理论所涉及的一些问题提出了批判。

首先,马克思对"政治解放"提出了批判。马克思的终身理想在于

---

① [英]托马斯·霍布斯:《利维坦》,黎思复、黎廷弼译,商务印书馆1985年版,第164页。

② 参见[德]弗里德里希·黑格尔《法哲学原理》,范扬、张企泰译,商务印书馆1961年版,第253—286页。

"人类解放"。早在《论犹太人问题》一文中，马克思就已探讨"政治解放"与人类解放的关系问题。马克思注意到，法国《人权和公民权利宣言》对"人权"和"公民权利"作了区分，而且把人权看得比公民权利更为基本和重要。在马克思看来，人权是人作为真正"私人"、作为市民社会成员的权利，公民权利则是人作为抽象"公民"、作为政治国家成员、作为"社会存在物"的权利，那么，政治革命何以不把政治领域的公民权利看得更为尊贵，而反倒更加看重人权呢？马克思以政治国家与市民社会的关系来解释政治解放的本质。马克思认为，政治革命同时也是市民社会的革命，政治解放同时也是市民社会从政治中获得解放，政治国家的建立与旧社会解体后市民社会分解为独立的"私人"是同一个过程，因此，作为市民社会成员的"私人"也就成了政治国家的基础和前提。显然，在霍布斯的政治理论中，那些通过信约建立"人为国家"的人正是一群独立、理性、平等而自私的人，他们的权利就是建立"人为国家"的目的所在。由此，政治解放一方面把人变为市民社会中利己而独立的真正个人，另一方面又把人变成抽象公民，通过政治国家来保护人权和公民权利。在马克思看来，政治解放虽然是一大进步，但它并非人类解放的最终形式，因为它以政治国家与市民社会的分离、私人与公民的分离、人权与公民权利的分离为前提，而没有实现现实个人与抽象公民的统一，没有实现政治国家与市民社会的统一。[①] 这意味着，建立在政治国家与市民社会相分离基础上的权利政治，未必能带来人的最终解放。马克思认为，历来的政治变革都只局限于"统治权"的争夺，而没有根本扭转政治权力凌驾于社会之上的局面，没有根本消除公共权力的政治性质，因而都是不彻底的政治解放。在马克思那里，资产阶级革命一般只带来"政治解放"，而只有无产阶级革命才能带来"社会解放"，最终实现人类解放。

其次，马克思对"反对集权"提出了批判。应该说，霍布斯的政治理论只为自由主义草创了一种政治框架，亦即，建立起"人为国家"，并在人为国家与市民社会之间形成为一种二元对立格局。但是，关于这个国家最终怎么治理，霍布斯并没有深入下去。霍布斯只关注"利维坦"的诞生，而且在这一点上他特别强调了遭到自由主义者普遍反对的君主绝对

[①] 参见［德］卡尔·马克思《论犹太人问题》，载《马克思恩格斯全集》第 1 卷，人民出版社 1956 年版，第 419—451 页。

集权。因此，霍布斯之后，自由主义在其开创的权利政治格局下努力寻求限制政治权力的各种方案，福柯则将其搭建的"人为国家"深入到"治理国家"。① 自由主义除了强调在政治国家与市民社会分离的基础上，通过市民社会来制约政治国家外，主要通过权力划分、法律之治、权利制约来限制国家权力，这集中表现为"有限政府""最小国家"之类的主张。福柯认为，自由主义与以国家本身为目的的"国家理性"有两点重要区别。一是自由主义不以国家的存在为出发点，而以社会的存在为出发点，社会既是前提条件，也是最终目的。二是自由主义总是认定政府管得太多了而不是太少了，因此主张少管（frugal government），反对多管（excessive government）。② 总之，"反对过分集权"是自由主义的一项重要任务。马克思也注意到，政治体制的不同安排能够带来对国家权力的不同制约效果。他说，"在今天，各种国家形式比较自由或比较不自由，也取决于这些国家形式把'国家的自由'限制到什么程度。"③ 但对国家权力的这种限制本身，是在不改变公共权力的政治性质的前提下作出的，因此，这种限制在马克思看来实际上是舍本逐末。在谈到"摧毁了现代国家政权"的巴黎公社革命时，马克思直接指明了社会革命与反对集权的区别所在："公社与国家政权的对抗被误认为是反对过分集权这一古老斗争的过分扩大了形式。……公社体制会把靠社会供养而又阻碍社会自由发展的国家这个寄生赘瘤迄今所夺去的一切力量，归还给社会机体。"④

再次，马克思对"平等权利"提出了批判。权利是权利政治的基本元素，而在马克思看来，这一元素无论是在适用范围还是在适用原则上都是有局限的。就适用范围而言，政治生活中的权利并不像霍布斯所提到的"自然权利"那样，适用于社会中的所有事物，甚至包括他人的身体。在任何时代，权利都将有其限制范围，权利的存在正表明社会中人口需求与

---

① Cf. Michel Foucault, "Governmentality", in Graham Burchell, Colin Gordon and Peter Miller (eds.), *The Foucault Effect: Studies in Governmental Rationality*, London: Harvester Wheatsheaf, 1991, pp. 87 – 104.

② Cf. Michel Foucault, *The Essential Foucault: Selections from the Essential Works of Foucault, 1954 – 1984*, ed. by Paul Rabinow and Nikolas Rose, New York: New Press, 2003, pp. 202 – 207.

③ [德] 卡尔·马克思：《哥达纲领批判》，载《马克思恩格斯选集》第 3 卷，人民出版社 1995 年版，第 313 页。

④ [德] 卡尔·马克思：《法兰西内战》，载《马克思恩格斯选集》第 3 卷，人民出版社 1995 年版，第 57 页。

资源供给之间的紧张关系。就适用原则而言，权利一般平等适用，这使得权利在一般意义上都是不平等权利。一如马克思所指出的，

> 平等的权利，对不平等的劳动来说是不平等的权利。它不承认任何阶级差别，因为每个人都像其他人一样只是劳动者；但是它默认，劳动者的不同等的个人天赋，从而不同等的工作能力，是天然特权。所以就它的内容来说，它像一切权利一样是一种不平等的权利。权利，就它的本性来讲，只在于使用同一尺度；但是不同等的个人（而如果他们不是不同等的，他们就不成其为不同的个人）要用同一尺度去计量，就只有从同一角度去看待他们，从一个特定的方面去看待他们……要避免所有这些弊病，权利就不应当是平等的，而应当是不平等的。①

在正义论上，自由主义一般只支持形式平等，而反对社会正义，这在哈耶克那里表现得尤为明显。② 只不过，这是一种以不平等的社会结构为前提的正义观，它实际起着维护现存国家体制和社会权力体制的作用。在马克思看来，如同政治解放、反对集权一样，平等权利虽然不失其历史进步性，但就人类解放来说终究也是不彻底的。尽管如此，马克思也承认，权利只有在个人得到全面发展、生产力高度增长的条件下才能超出其"狭隘眼界"，在"共产主义社会第一阶段"，平等权利的"弊病"仍将是不可避免的。

最后，马克思对"自由国家"提出了批判。自由主义者大多支持霍布斯的看法，把国家视为一种不得不容忍的"恶"，因此想方设法制约国家权力。而在黑格尔那里，国家却是至善至美的。它既克服了"家庭"的局限，也克服了"市民社会"的局限，是普遍利益与特殊利益的完美结合，是"具体自由的现实"。这种"国家迷信"，在马克思那里无疑是对国家的阶级统治和压迫性质的掩盖。所谓"自由国家"观念试图通过"使国家成为'自由的'"，来促进人性和个人自由的发展，这在马克思看

---

① ［德］卡尔·马克思：《法兰西内战》，载《马克思恩格斯选集》第 3 卷，人民出版社 1995 年版，第 57 页。

② Cf. F. A. von Hayek, *Law, Legislation and Liberty*, Volume 2: *The Mirage of Social Justice*, London: Routledge & Kegan Paul, 1976, p. 143.

来既是"国家迷信"的表现,也是"狭隘的臣民见识"的表现。此种观念严重颠倒了国家与社会的关系,因为,"它不把现存社会(对任何未来社会也是一样的)当作现存国家的(对未来社会来说是未来国家的)基础,反而把国家当作一种具有自己的'精神的、道德的、自由的基础'的独立存在物。"① 可见,在马克思那里,"自由国家"观念不仅本末倒置,甚至南辕北辙,它不仅割裂了国家与社会之间的联系,无视社会对国家的基础地位,而且还把国家机器作为具有道德和自由价值的独立目标予以追求。从政治解放、反对分权、平等权利都可看到,马克思总是在国家与社会的框架下思考国家问题。而且,基于社会是国家的基础、国家统一于社会的立场,马克思对国家的看法始终是否定性的。例如,马克思多处提到,国家是"俨如密网一般缠住法国社会全身并堵塞其一切毛孔的可怕的寄生机体";②"表面上高高凌驾于社会之上的国家政权,实际上正是这个社会最丑恶的东西,正是这个社会一切腐败事物的温床""寄生赘瘤"。③ 这些看法与黑格尔对国家"神性"的赞美显然是针锋相对的,它们构成为马克思革命理论的重要组成部分。正是出于这样一些认识,马克思对"国家主义"提出了严厉批判,认为把人的自由与国家联系起来是不合适的,人的自由只有通过社会解放才能实现。在"自由国家"问题上,马克思基于社会的基础地位指出,"自由就在于把国家由一个高踞社会之上的机关变成完全服从这个社会的机关"。④

总之,马克思把黑格尔的国家理论颠倒了过来,也越出了霍布斯为国家理论所设定的"雷区"。应该说,霍布斯的国家理论为自由主义的发展营造了广阔而且稳固的领域,因为它通过人们对战争状态的普遍恐惧,通过"利维坦"诞生的必然性,堵死了革命的道路。按照霍布斯的理论,即使战争状态这种"下雨的倾向"最终爆发为倾盆大雨,大雨过后,人

---

① [德] 卡尔·马克思:《哥达纲领批判》,载《马克思恩格斯选集》第 3 卷,人民出版社 1995 年版,第 313 页。

② [德] 卡尔·马克思:《路易·波拿巴的雾月十八日》,载《马克思恩格斯选集》第 1 卷,人民出版社 1995 年版,第 675 页。

③ [德] 卡尔·马克思:《法兰西内战》,载《马克思恩格斯选集》第 3 卷,人民出版社 1995 年版,第 54、56—57 页。

④ [德] 卡尔·马克思:《哥达纲领批判》,载《马克思恩格斯选集》第 3 卷,人民出版社 1995 年版,第 313 页。

们还是要恢复到重建国家的境地，还是要重新步入自然国家或者人为国家。这样一种理论上的循环逻辑，构成了自由主义据以发展的一堵可靠的防护墙，也构成了国家据以存在的一堵可靠的防护墙。然而，这样一堵防护墙最终被马克思突破。这一突破不仅发生在政治革命层面，也更深地发生在社会解放层面。而且，马克思在革命实践中也试图为这样一种理论上的逻辑困境探索新的方向。

马克思的国家理论主要集中在《共产党宣言》《路易·波拿巴的雾月十八日》《法兰西内战》和《哥达纲领批判》等文献中。这些文献依次体现出马克思国家理论的逐渐深入。学者们曾把这些文献中的国家理论提纲挈领地归纳为"建筑论""打碎论""代替论"和"过渡论"。在《共产党宣言》中，马克思和恩格斯倾向于把国家视为建立在经济基础之上的上层建筑，并从阶级斗争的角度分析国家，认为"现代国家政权不过是管理整个资产阶级的共同事务的委员会罢了"。同时，他们也比较抽象地提到了无产阶级暴力革命，例如，"无产阶级，现今社会的最下层，如果不炸毁构成官方社会的整个上层，就不能抬起头，挺起胸来"；"推翻资产阶级的统治，由无产阶级夺取政权"；"使无产阶级上升为统治阶级，争得民主"。① 在《路易·波拿巴的雾月十八日》中，马克思明确提到要打碎旧的国家机器。他说，"一切变革都是使这个机器变得更加完备，而不是把它摧毁。那些相继争夺统治权的政党，都把这个庞大国家建筑物的夺取视为胜利者的战利品。"② 很明显，这里马克思已经不再仅仅提"夺取政权""争得民主"，而是提出要摧毁旧的国家机器。这是对霍布斯国家理论所设"雷区"的明显跨越。在《法兰西内战》中，马克思更加明确地提到，"工人阶级不能简单地掌握现成的国家机器，并运用它来达到自己的目的"，③ 因为，奴役工人的政治工具不能当作解放工人的政治工具使用。马克思在这篇里程碑式的文献中，结合巴黎公社的革命实践，特别讨论了摧毁旧的国家机器后公共权力的重建问题，对代替旧的国家机器

---

① ［德］卡尔·马克思、弗里德里希·恩格斯：《共产党宣言》，载《马克思恩格斯选集》第1卷，人民出版社1995年版，第274、283、285、293页。

② ［德］卡尔·马克思：《路易·波拿巴的雾月十八日》，载《马克思恩格斯选集》第1卷，人民出版社1995年版，第676页。

③ ［德］卡尔·马克思：《法兰西内战》，载《马克思恩格斯选集》第3卷，人民出版社1995年版，第52页。

的政治形式作了前所未有的探索。在《哥达纲领批判》中，马克思明确指出了无产阶级革命后进入新社会的一种过渡性政权形式："在资本主义社会和共产主义社会之间，有一个从前者变为后者的革命转变时期。同这个时期相适应的也有一个政治上的过渡时期，这个时期只能是无产阶级的革命专政。"①

对未来社会的图景，马克思并没有作十分具体的规划，只是基于人的自由和人类解放指出了一些大的方向。例如，在《共产党宣言》中，马克思和恩格斯提到，"当阶级差别在发展进程中已经消失而全部生产集中在联合起来的个人的手里的时候，公共权力就失去了政治性质。原来意义上的政治权力，是一个阶级用以压迫另一个阶级的有组织的暴力"；"代替那存在着阶级和阶级对立的资产阶级旧社会的，将是一个联合体，在那里，每个人的自由发展是一切人的自由发展的条件"。② 除此之外，在其他一些文本中，马克思也特别提到了这些内容："个人的全面发展"，"自由个性"，"作为目的本身的人类能力的发展"，"社会自由发展"。可以说，马克思的革命理论以及由此产生的无产阶级革命，使权利政治遭遇到前所未有的断裂，在断裂口上，马克思试图开辟促进人的自由和人类解放的新途径。马克思之后，权利政治遭遇到的另外一次重要转折，是福柯所分析的"规训"在现代社会中的广泛扩展。

在很多方面，福柯深受马克思的影响，特别是受其革命理论的影响。例如，1971年6月，在与"毛派主义者"就"是否设立审判警察的人民法庭"问题的谈话中，福柯坚决反对民众司法（popular justice）采用"法庭"这种旧形式。在福柯看来，"与其说，法庭是民众司法的自然表达，不如说，法庭旨在通过把民众司法重新纳入到属于国家机器的制度之中，从而诱捕、控制和扼杀民众司法"。当福柯谈到"革命只能彻底消灭司法机构"时，他无疑只是在重述马克思100年前在《法兰西内战》中的论断。③ 尽管如此，福柯并非马克思的门徒，福柯在很多方面表现出与

---

① ［德］卡尔·马克思：《哥达纲领批判》，载《马克思恩格斯选集》第3卷，人民出版社1995年版，第314页。

② ［德］卡尔·马克思、弗里德里希·恩格斯：《共产党宣言》，载《马克思恩格斯选集》第1卷，人民出版社1995年版，第294页。

③ Cf. Michel Foucault, *Power/Knowledge: Selected Interviews and Other Writings 1972 - 1977*, ed. by Colin Gordon: The Harvester Press, 1980, pp. 1 - 36.

马克思的差异。特别是在有关"规训权力"和"规训社会"的分析上,福柯既表现出与马克思的极大不同,也表现出与自由主义的巨大反差。

第三节　福柯:规训与统治

　　无论是霍布斯的统治权理论、自由主义理论,还是马克思的革命理论,在福柯看来都是宏大话语支配下的宏大理论。在霍布斯的政治理论中,各个分散、独立、理性的个人之上是一个宏大的统治权。在自由主义理论中,彼此分离对立的政治国家与市民社会都是铁板式的对立整体。在马克思的革命理论中,不仅存在着两个作为整体的敌对阶级,也同样存在着整体意义上的国家与社会。福柯不认同这些宏大的分析架构。就政治国家与市民社会这一对立框架,福柯指出,政治权力及其体制与个人之间的关系非常复杂,不能被简单化为这样一种架构。政治国家与市民社会的对立,实际蕴含着或者贬抑社会、而把国家想象为完美神圣的倾向,或者贬抑国家、而把社会理想化为一个美好、生动、温暖的整体的倾向,不管哪种倾向,都会有一种危险的权力关系被建立起来。[1]

　　福柯反对国家与市民社会这一整体对立框架对复杂权力关系的掩盖,也反对在国家与市民社会之间通过贬低一方而抬高另一方的权力游戏,由此最终消解了由霍布斯所苦心搭建的统治权框架,也消解了政治国家与市民社会的对立框架。自霍布斯为自由主义开辟权利政治道路以来,尽管中间出现了马克思的革命理论,但无产阶级革命在欧美并没有取得普遍的成功,权利政治因此得以不断发展,直至延续两百多年。到20世纪70、80年代,当欧洲进入所谓"晚期资本主义社会"之时,福柯以其独特的规训权力视角,分析和揭示了权利政治的理论处境和现实遭遇。

　　福柯首先从个人权利与国家权力的关系来分析统治权理论。在自由主义理论中,个人权利与国家权力之间的目的与手段关系非常明确,在以个人权利和国家权力为两端的杠杆上,个人权利的分量远远重于国家权力的分量。

---

[1] Cf. Michel Foucault, *Remarks on Marx: Conversations with Duccio Trombadori*, New York: Semiotext(e), 1991, pp. 163 – 164; Michel Foucault, *Politics, Philosophy, Culture: Interviews and Other Writings of Michel Foucault*, 1977 – 1984, ed. by Lawrence D. Kritzman, New York: Routledge, 1988, pp. 167 – 168.

在霍布斯的政治理论中,国家权力的产生虽然也不是最终目的,但国家权力的分量看上去远远重于个人权利的分量。而实际上,无论是在自由主义理论中,还是在霍布斯的政治理论中,各个分散独立的理性人与国家相比都只是"九牛之一毛"。自由主义和霍布斯政治理论中的这层遮遮掩掩的关系直接被福柯挑明:"统治权是西方社会中权利问题的核心"。福柯说:

> 至于权利与权力之间关系研究的一般原理,在我看来,西方社会所精心阐释的法律思想的中心,从中世纪以来就一直是王权(royal power)。正是为了满足王权的需要,为了王权的利益,为了给王权提供工具和正当理由,我们社会的司法大厦才得以发展起来。在西方,权利是国王的权利。……自中世纪以来,权利理论的基本任务,就是确立权力的正当性;这是权利和统治权被组织起来的全部理论的主要问题。[①]

就法律原理而言,权利有两个对立面。一是国家权力,二是法律义务。在福柯看来,权利的这两个对立面才是权利存在的真正目标所在。权利话语和权利技术的基本作用就在于淡化或抹杀权力所固有的"统治",使统治权作为正当权利(legitimate rights)出现,使法律义务得到服从。就此而言,霍布斯创立的统治权理论实际上是一套正当性或合法性理论,所谓"自然权利"、"个人权利"只不过是"合理化"进程中的一种工具而已。福柯明确表示,他的目标就是要把中世纪以来的权利话语分析模式颠倒过来,揭示其中的统治事实,暴露其中的虚伪和野蛮。福柯说,"我不仅想表明,权利从总体上看何以是统治(domination)的工具——这不用多说——而且想表明,权利(不只是法律,也包括负责法律实施的全部机构、制度和规章的合成体)传输和调动统治关系(并非统治权关系)的程度和方式。……权利体系、法律领域,都是这些统治关系、各种征服(subjugation)技术的永恒代表。我相信,权利不应按照所建立的正当性,而应按照它所教唆的征服方法来看待。"[②]

[①] Michel Foucault, *Power/Knowledge: Selected Interviews and Other Writings* 1972-1977, ed. by Colin Gordon: The Harvester Press, 1980, pp. 94-95.

[②] Ibid., pp. 95-96. 引文据英文翻译。法文中"droit"一词既指"法律",也指"权利",英文译本在此将"droit"译为"权利"大体合适,只是,在作"权利"理解时最好留意法律与权利之间的紧密关联。

福柯所说的"统治"不是指一个人对其他所有人、一个群体对另一群体铁板式、全局式的统治，不是指以国王为中心的统治，也不是指统一的统治权，而是指在社会内部、在臣民之间实施的各种各样的征服和统治。这里，看上去存在着从"统治权"到"统治"的转向。其实，霍布斯的政治理论在很多方面为这种转向提供了可能或者留下了漏洞。例如，"每个人与每个人相互为战"的战争状态，统治权之下各个分散、独立、理性的个人，都为权力的运行提供了各种各样的细微管道。和平时期作为"下雨的倾向"存在的战争威胁状态，也为统治权建立后局部、分散的战争、征服关系的延续提供了可能。源于生命保全的自然权利，则为福柯所谓的"规训权力""生命权力"的诞生提供了条件。因此，福柯说，"思想史家通常认为18世纪的哲学家和法学家创造了完美社会梦想。其实他们也创造了一个军事社会梦想。这一梦想的基本指涉不是自然状态，而是为一部机器精心附设的齿轮；不是原初的社会契约，而是持续的强制；不是基本权利，而是不断改进的训练形式；不是普遍意志，而是自动驯服。"[1] 在福柯的理论中，"军事社会梦想"所包含的"瘟疫状态"（state of plague）、"规训权力""规训社会"这三个方面，与霍布斯政治理论中的"战争状态""自然权利""人为国家"适成鲜明对照。

一　瘟疫状态

福柯注意到，整个中世纪，对麻风病人一般采用划定禁区、驱逐隔绝的排斥模式。而到17世纪末、18世纪初，对瘟疫病人则一般采用容纳模式。虽然这两种模式都通过划定区域对个人实施控制，但它们有很大不同。福柯认为，对瘟疫病人的容纳模式是18世纪出现的一种重要现象，它源于对瘟疫的应对措施。从17世纪末开始，应对瘟疫一般采取这样一些方法。首先是封闭疫区，并对其严格分区，设专人负责看管。其次是严密监视，逐一记录，每日检查。容纳模式与排斥模式的主要区别在于：它不排斥人，而是容纳人；它不是一次性驱逐人，而是持续地观察人；它不是拉大病人与社会的距离，而是对人实施近距离的、精细的观察；它不是完全切断病人与外界的联系、把人边缘化，而是对人实施精细的管理、治

---

[1] Michel Foucault, *Discipline and Punish: the Birth of the Prison*, New York: Vintage Books, 1977, p. 169.

病救人；它不是通过驱逐一部分人来洁净社会，而是要增进人的健康、生命和体能。总之，排斥模式是一种消极权力模式，容纳模式则是一种积极权力模式。在容纳模式下，存在一张严密的权力监视网络，权力不再是消极地镇压、排斥、抛弃，而是积极地持续观察、获取知识、实施管理。

对瘟疫病人的容纳模式引发了一套规训机制。这一机制最核心的要素是现代权力技术。福柯认为，18世纪在发明科学技术、政府形式、政治制度的同时，也发明了"规训"这种新的权利技术和政治控制模式。现代权力技术的特点在于，它不再采取一种整体上的统治权策略，而是采取个体化、精细化的观察、监视和管理策略。如果说，霍布斯的政治理论通过设想战争状态提出了人为国家和统治权理论，那么，瘟疫在17世纪末则带来了一种新的"治理国家"和统治理论。福柯说，"为了使权利和法律依照纯粹理论运转，法学家们陷入了自然状态的幻想之中；为了使完美的规训起作用，统治者们梦见了瘟疫状态。"①

瘟疫状态不同于战争状态，由此所致的政治控制模式也不一样。在霍布斯的政治理论中，战争状态源于人的自然欲望，因此，霍布斯的政治理论以人性为出发点。而且，由于战争状态是从自然状态步入政治社会的必经门槛，霍布斯的政治理论主要是统治权的创建理论，它没有深入到治理层面。瘟疫状态主要涉及的不是人性问题，而是传染病这种普遍的社会问题。因此，面临瘟疫所要解决的就不再是统治权的创建问题，而是人口治理问题。人口治理的出发点不是人性，而是人口。它主要依靠监视和有效管理，而不是依靠强制性地排斥和驱逐。统治权与人口治理并非一个层面的问题。前者趋于总体化，后者趋于个体化、精细化。前者侧重国家上层，后者则侧重社会底层。②

二 规训权力

整体看，对瘟疫病人的容纳模式仍然有失消极。这主要表现在：它一

---

① Michel Foucault, *Discipline and Punish: the Birth of the Prison*, New York: Vintage Books, 1977, pp. 198–199.

② 参见［法］米歇尔·福柯《不正常的人》（法兰西学院演讲系列，1974—1975），钱翰译，上海人民出版社2003年版，第44—53页；Michel Foucault, *Discipline and Punish: the Birth of the Prison*, New York: Vintage Books, 1977, pp. 195–199; Michel Foucault, *Power/Knowledge: Selected Interviews and Other Writings 1972–1977*, ed. by Colin Gordon: The Harvester Press, 1980, pp. 104–105。

般只适用于异常时期,包含动用刀兵、区域封锁、时间中断、交往停止等消极方式,而且使城市变得萧索不堪。更为重要的是,这种模式使权力无所不在、处处可见。就这一点而言,另外一种使自身不可见而使对象可见的权力机制比它更为有效。福柯把边沁所构想的"圆形监狱"视为这种更有效的权力机制的理想意象。"圆形监狱"主要由两部分构成,中心是一座监视塔,四周是囚禁犯人的环形建筑。中心塔安装百叶窗,只可外看,不可内看。由于囚犯始终能够看见中心塔,但又始终看不见中心塔内的活动,也无法验证中心塔内到底是否有人在监视自己,他就无时无刻地感觉自己正被监视,如此就给囚犯造成了一种有意识的持续可见状态,这一状态确保权力自动运行。

福柯认为,产生于19世纪中期的"圆形监狱"是一种比对瘟疫病人的容纳模式更为成熟和巧妙的规训模式。它不仅适用于监狱,也作为"全览机制"(panopticism)广泛扩展到社会的各个领域,如学校、兵营、医院、工厂等。它的用途广泛,既可改造犯人,也可治疗病人、教导学生、禁闭疯人、监督个人、强制乞丐和游手好闲的人劳动。而且,它是一种一般化的、自动持续运行的常规机制,对人们的日常生活起作用。它能在减少行使权力的人数的同时,增加权力行使的对象。更重要的是,这是一种既能带来进步、增强社会力量,又能增进权力自身的规训机制。"规训"具有双重效果,它既能增强体能、提高技能、保持健康,又加强对人的控制和使用,使人成为更加驯服的人。总之,规训模式更加经济、更加有效。

"圆形监狱"的规训模式在现代社会较为普遍。在霍布斯的政治理论中,统治权是中心,处于中心四周的是分散、独立、理性的个人,这与中心塔和环形建筑的布局颇为相似。马克思在《路易·波拿巴的雾月十八日》中也曾提到类似的格局:法国农民如同"马铃薯"一样,各自独立,缺乏组织联合,致使路易·波拿巴利用农民轻而易举地登上了总统宝座。① 当代西方有关个人主义权利观的批评也提到了这样一种格局:权力为国家垄断,人们通过法律和权利相互分隔开,彼此过着独立的生活,各种事务过度地依赖于法律、医疗等各类专家。② 而且,在统治权、规训权

---

① [德]卡尔·马克思:《路易·波拿巴的雾月十八日》,《马克思恩格斯选集》第1卷,人民出版社1995年版,第677—678页。

② Cf. Donald Black, *Sociological Justice*, New York: Oxford University Press, 1989, pp. 77 – 80.

力与权利之间，似乎也呈现出一种权利可见、而统治权和规训权力不可见的格局。具体而言，尽管统治权在霍布斯的政治理论中占有明显的中心地位，但到自由主义理论中，作为国家权力存在和运行之目的的个人权利走到了前台，统治权淡化在个人权利的阴影之中。同样，在规训机制中，权力自身往往是不可见的，或者可见却不可验证，而个人权利则始终在统治权框架下显露为一种正当合法的体系。按照福柯的分析，权利实际上可能正是不可见的规训权力的作用对象，如此，权利之"名"就沦为规训之"实"。但这并不意味着权力会消解或剥夺权利，相反，在积极权力模式下，权力在增进权利的同时，也扩展权力自身。权力在把人塑造成为"主体"的同时，也把人塑造成为"臣民"。[①]

三 规训社会

从"瘟疫状态"到"圆形监狱"，体现了规训机制的日趋完善和逐渐加深。如果说战争状态在霍布斯的政治理论中导致了人为国家的创建，那么，"瘟疫状态"则带来了规训机制的产生和扩展并最终导致了规训社会的形成。福柯指出，"从异常规训机制到普遍监视机制，是一种以历史变迁为基础的运动：在17和18世纪，规训机制逐渐扩展，遍布了整个社会机体，形成了一种社会，这种社会大体上可以被称为规训社会。"[②]

规训社会的形成伴随着这样一些过程。首先，规训机制在功能上从消极向积极转变。规训机制最初用以应对瘟疫之类的灾难，因此侧重于纪律性，作用看上去有失消极。随着规训机制日益向社会和日常生活扩展，它越来越侧重于训练性，功能更趋积极。例如，在兵营，规训不再仅仅局限于违纪惩处，而是更加注重技术训练，提高士兵个人技能，加强整体协作能力，增强军队的抵抗力和战斗力。在工厂，尽管规章和纪律仍要遵照执行，但它更加注重个人技能的训练和提高，以提高产量和增加利润。而且，规训越来越具有双重功效，它既控制人，也让人有用，越是控制人，人就越有用。例如，一名工人越是接受控制和训练，就越会技艺超群，生活条件也会越好。

[①] Cf. Michel Foucault, *Discipline and Punish: the Birth of the Prison*, New York: Vintage Books, 1977, pp. 200–209.

[②] Ibid., p. 209.

其次，规训机制在范围上从边缘向中心扩展。规训机制越来越摆脱排斥、禁闭等形式，扎根于社会的最重要、最核心、最具生产性的部分，与工厂的生产、知识的传授、技能的传播等紧密结合起来。"圆形监狱"日渐以"圆形建筑"的形式向社会全面扩展，从而形成所谓的"监禁群岛"。福柯认为，整个18世纪贯穿了一种全面的规训普遍化趋势，规训机构和制度大量增加和扩散。而且，规训运作方式并不以封闭的制度形式传播，而是作为观察中心散布于全社会。例如，教会不仅在宗教方面开展道德说教，还在经济方面从事慈善事业，在政治方面平息不满和骚乱。学校不仅教育学生，也要了解家长在经济、宗教、道德等各方面的信息，还可出于教育目的走访家长等。

最后，国家权力与分散在社会底层的权力通过警察联为一体。警察意味着规训机制的国家控制，作为一种国家机构，它直接与政治统治权相连，但它同时必须与整个社会机体共同扩张。警察必须关心每时每刻发生的细微事件、活动、行为和舆论，"有了警察，人们就处在了一个监督世界中，这种监督幻想着触及社会机体的最基本粒子、最短暂现象。"在各种不同的封闭的规训制度（工厂、军队、学校）之间，警察扩展了一个中间网络，在它们不能干预的领域活动，规训那些没有规训的空间，弥补规训的缝隙。在福柯看来，18世纪的警察机构促进了规训的普遍化，使得规训与国家本身具有了相同的范围。①

按照福柯的分析，规训社会总体上是这样一个社会。其中，社会成员被区分为劳动能手和懒惰者、优等生和差等生、遵纪守法者和违法犯罪者等，规训在造就社会边缘地带的同时把懒惰者变为劳动能手、把差等生变为优等生、把违法犯罪者变为遵纪守法者。规训在社会的每一个角落把每一个人都置于一种严密监视、持续观察、强化训练、严格考评的机制之中，在提高个人各方面能力的同时，加强对个人的控制，或者通过提高个人的能力来加强对个人的控制，使个人成为一个既有用又驯服的"规训的人"。简言之，规训社会是一个权力与自由并驾齐驱、严格控制体系为自由所必需的社会。

福柯把规训权力与自由主义政治体制紧密地联系在一起。他说："我

---

① Cf. Michel Foucault, *Discipline and Punish: the Birth of the Prison*, New York: Vintage Books, 1977, pp. 209–228.

力图表明,在西方,一种通过个人的教养、通过个人个性的形成而施于个人的权力类型,是怎样与一种不仅是意识形态的诞生,也是自由主义类型的政制(regime)的诞生联系在一起的。在其他的政治和社会体制(绝对主义君主政体、封建主义等)中,对个人类似的权力行使是不可能的。"[1]自霍布斯开创权利政治格局以来,西方社会基本上沿着自由主义的路径建立了旨在保护个人权利的政治制度和法律制度。而在福柯看来,规训机制的发展和普遍化构成了这些进程的"另一幽暗面"。规训机制实际上是继马克思革命理论之后对自由主义的又一巨大挑战。总起来看,福柯通过对规训权力的分析,既消解了统治权框架,也消解了启蒙思想家提出的权利理想。就统治权、权利以及权力之间关系,福柯指出:

真实的身体规训,构成了形式的法定自由权利的基础。[2]
统治权的民主化基本上决定于并植根于规训强制机制……统治权和规训机制,是我们社会中总的权力机制的两个绝对必要的组成部分。如果我们要寻找权力的非规训机制,或者,确切地说,同规训和规训权力战斗,我们不应诉诸统治权这种古老的权利,而应诉诸权利的新的可能形式,我们事实上必须反规训,同时,也必须从统治权原则中解放出来。[3]

第四节 迈向作为道德责任的人权

现代民主政治是以自然权利为出发点的自然政治和权利政治,也被认为是"建立在人的意志基础之上的治理"[4],旨在保护身体和保全生命的

---

[1] Michel Foucault, *Remarks on Marx: Conversations with Duccio Trombadori*, New York: Semiotext(e), 1991, p. 167.

[2] Michel Foucault, *Discipline and Punish: the Birth of the Prison*, New York: Vintage Books, 1977, p. 222.

[3] Michel Foucault, *Power/Knowledge: Selected Interviews and Other Writings 1972 – 1977*, ed. by Colin Gordon: The Harvester Press, 1980, pp. 105, 108.

[4] Cf. Ian Shapiro (ed.), *The Rule of Law*, New York: New York University Press, 1994, pp. 13 – 19.

"身体政治"和"生命政治"①。此种政治在西方经历"现代性""断裂"之后最终形成,明显不同于传统政治。一如施特劳斯所说,"近代政治哲学将'权利'视为它的出发点,而古典政治哲学则尊崇'法'。"② 大体而言,现代政治扎根于人的自然本性,在认知上以人的经验和理性为判断根据,充分认可人的意志自由,高度重视对人的自然权利的保护。与之形成对照的是,中国传统政治主要表现为道德政治,它未必完全排除人的意志,但它力图达致人的意志与"天道""天理"的合一。中国传统的"仁政"或"内圣外王"之道,尽管也保护人的身体和生命,但其根本立足点不在于人的生理本性,而在于人的道德本性。

与传统政治比起来,现代政治在强化对公民权利的保障同时,很大程度上也促成了"自然权利"与"自然正当""意志自由"与"自然道义"、权利主体与德性主体、道德精神与民主法治的断裂。明显的是,人权在现代语境下通常被建立在"人是人"这一基本的自然事实基础之上,撇开了道德意义上的善恶之分。所谓"做错事的权利",也在个人自主自愿选择并且无害他人的理由下滑脱出道德领域。③ 历史地看,由霍布斯、洛克、斯宾诺莎、休谟、卢梭、边沁、密尔等奠定的现代政治和学术经典,其认知立场与中国传统经典所蕴含的道德路向亦大相径庭,甚至背道而驰。对于近代以来一直处于发展变化的中国来说,从"仁义道德"转向"自然权利"表现为一种长期的历史努力,以致梁漱溟在 20 世纪也呼吁国人要"争权夺利"。④ 然而,就人权和德性同为普适之道而言,近代以来的这样一种"权利"转向的关键,并不在于完全以权利价值替换道德价值,而在于寻求权利与德性的融合之道,达成生理本性、认知理性、"见闻之知"、自然权利、民主法治与道德本性、道德理性、"德性之知"、

---

① Cf. Michel Foucault, "The Birth of Biopolitics", in Michel Foucault, *The Essential Foucault: Selections from the Essential Works of Foucault*, 1954 – 1984, New York: New Press, 2003, pp. 202 – 207.

② [美]列奥·施特劳斯:《霍布斯的政治哲学:基础与起源》,申彤译,译林出版社 2001 年版,第 188 页。

③ 参见[英]约翰·密尔《论自由》,程崇华译,商务印书馆 1959 年版,第 10、104、118 等页;Ronald Dworkin, *Taking Rights Seriously*, Cambridge, MA: Harvard University Press, 1978, p. 188; Joseph Raz, *The Authority of Law*, Oxford: Oxford University Press, 2009, p. 274。

④ 梁漱溟:《东西文化及其哲学》,商务印书馆 1999 年版,第 206、210 页。

自然正当、道德精神的衔接或会通。① 这既是中国文化更新发展的内在要求，也是现代中国实现文明重构的历史契机。

严格说来，自然权利是一个非道德的自然概念。在学理上，作为一种现代价值，人权和权利与功利主义存在难以消除的张力，但是，这种现代价值与传统的道德价值又有所不同。自然权利在近代中国时常被译为"天赋人权"，这一译法其实并不吻合自然权利的学理，毕竟，在经历"启蒙"之后，权利的根基或来源已不再可能诉诸"天""神"（god）或"上帝"（God）。一种基于人的经验和认知理性的理性人文主义，构成了权利理论的底色。按照霍布斯的看法，"自然权利，乃是每个人按照自己的意愿，运用他自身的力量，来保全他自己的本性，亦即保全他自己的生命的自由。这也就是用他自己的判断和理性认为最适合的方式去做任何事情的自由。"② 自然权利所体现出的这种为保全性命而不惜一切的肆无忌惮特征，使得自然权利的崛兴在历史上一度与发生革命、战争和政治动荡的"乱世"相伴随，一如"自然权利"与"战争状态"之间紧密的理论联系，也使得由此形成的政治国家在权利导向上受到较大制约。中国尽管在晚清以来的近一个半世纪时间里长期动荡不安，并且明显经受着从传统向现代的社会转型，但完全以自然权利为基础的现代民主法治，并未被广泛而彻底地建立起来。

时至今日，权利在中国的发展仍或隐或现地受到来自政治、社会和道德方面的压力。在此形势下，沿着中国文化发展的内在逻辑，将以人的身体、自然本性为基础的认知理性与以人的精神、道德本性为基础的道德理性结合起来，走一条"外张权利，内固德性"的新的"内圣外王"道路，③ 可谓一种融会"古今中外"的历史选择。亦即，以人权和权利为基点来构建民主法治或开"新外王"，同时，将人权和权利置于道德语境

---

① 关于"德性之知"，参见张载《张载集》，中华书局1978年版，第24页；程颢、程颐：《二程集》，中华书局1981年版，第317页。

② 参见［英］托马斯·霍布斯《利维坦》，黎思复、黎廷弼译，商务印书馆1985年版，第97页。另参见［荷兰］斯宾诺莎《神学政治论》，温锡增译，商务印书馆1963年版，第212页。

③ 尽管权利与德性各自侧重于人的生理本性和道德本性，但二者并非不能融合。"果能于此处调停得心体无累，虽终日做买卖，不害其为圣为贤。何妨于学？学何二于治生？"这句据说为王阳明所讲的话，就把在中国传统文化中长期被认为相互对立的"义"与"利"、"为圣贤"与"做买卖"，自然巧妙地融合在了一起，很具有现代意义。见王守仁《王阳明全集》，上海古籍出版社1992年版，第1171页。

中，用中国文化传统的"恻隐之心，人皆有之"（《孟子·告子上》），"亲亲而仁民，仁民而爱物"（《孟子·尽心上》），"民吾同胞，物吾与也"①，"天地万物为一体"②等道德精神涵容或统合自然权利，立足人与人之间的道德相关性来使人权从"人的自然权利"论深入到"人的道德责任"论，实现人的道德精神与现代民主、人权保护、政治自由的融合或衔接，最终形成一种道德的民主法治。

人权从权利主体看是人的"自然权利"，从权利主体之外的人看则是人的"道德责任"。基于中国文化传统中的"天地万物为一体"观念审视，此种道德责任并非源于权利与义务或权利与权利之间的交换或相互性，而是源于他人与自己的道德相关性、一体性或共通性。就此而言，作为道德责任的人权，未必外在于权利主体之外的人。在现代语境下，保护人权和尊重权利可谓人的德性的外在彰显。重构一种"作为道德责任的人权"，有助于以遍行"天下"的道义观念形成对现代政治和民族国家的道德张力和制约，使现代民主法治实践兼顾"意志"与"道义"，使国家的对内和对外职能表现出更强的道义力量。从中国文化的角度看，在融合仁义道德与自然权利的基础上打造民主法治，亦可在一定程度上消解"权"与"利"对人的生活世界的渗透和破坏，存留和发展人自由自在生活的客观意义空间，使权利主体、法律主体同时成为道德主体，重新将现代政治、经济、法律和社会体系涵容于"内圣"或道德系统。总之，在"古今中外"背景下，将传统仁义道德和现代自然权利统合起来，形成一种"作为道德责任的人权"，以之作为政治和法律发展的价值基点，这应是中国重构价值系统、实现文明复兴的根本所在。

---

① 张载：《张载集》，中华书局1978年版，第62页。

② 参见程颢、程颐《二程集》，中华书局1981年版，第15页；王守仁《王阳明全集》，上海古籍出版社1992年版，第54、79、968、1025等页。

参考文献

Anleu, Sharyn L. Roach. 2000. *Law and Social Change*. London: Sage Publications.

Bagnall, Gary. 1996. *Law as Art*. Aldershot: Dartmouth.

Barthes, Roland. 1986. *The Rustle of Language*. Oxford: Blackwell.

Beccaria, Cesare. 1995. *On Crimes and Punishments and Other Writings*. Cambridge: Cambridge University press.

Beccaria, Cesare. 1996. *Of Crimes and Punishments*. New York: Marsilio Publishers.

Berman, Harold J. 1983. *Law and Revolution: The Formation of the Western Legal Tradition*. Cambridge, MA: Harvard University Press.

Black, Donald. 1989. *Sociological Justice*. New York: Oxford University Press.

Borgatta, Edgar F. and Rhonda J. V. Montgomery (eds.) 2000. *Encyclopedia of Sociology*, *Volume* 4, 2nd edn. New York: Macmillan Reference USA.

Chinhengo, Austin M. 2004. *Essential Jurisprudence*, 2nd edn. 武汉大学出版社影印版。

Cohen, Jean L. and Andrew Arato. 1992. *Civil Society and Political Theory*. Cambridge, MA: The MIT Press.

Cohen, Jeremy and Timothy Gleason. 1990. *Social Research in Communication and Law*. London: Sage Publications.

Coleman, Jules and Scott Shapiro (eds.) 2002. *The Oxford Handbook of Jurisprudence and Philosophy of Law*. Oxford: Oxford University Press.

Cotterrell, Roger. 1995. *Law's Community*. New York: Oxford University Press.

Davidson, Arnold I. (ed.) 1997. *Foucault and His Interlocutors*. Chicago: The University of Chicago Press.

Delgado, Richard. 1989. "Storytelling for Oppositionists and Others: A Plea for Narrative". *Michigan Law Review* 87.

Dias, R. W. M. 1985. *Jurisprudence*, 5th edn. London: Butterworth.

Dunlop, C. R. B. 1991. "Literature Studies in Law Schools". *Cardozo Studies in Law and Literature*, Spring-Summer: 63 – 110.

Dworkin, Ronald. 1978. *Taking Rights Seriously*. Cambridge, MA: Harvard University Press.

Dworkin, Ronald. 1982. "Law as Interpretation". *Texas Law Review* 60: 527 – 548.

Dworkin, Ronald. 1986. *Law's Empire*. Cambridge, MA: Belknap.

Eagleton, Terry. 1983. *Literary Criticism: A Introduction*. Oxford: Blackwell.

Ehrlich, Eugen. 1936. *Fundamental Principles of the Sociology of Law*. Cambridge, MA: Harvard University Press.

Evan, William M. (ed.) 1980. *The Sociology of Law: A Social-Structural Perspective*. New York: The Free Press.

Evan, William M. 1990. *Social Structure and Law: Theoretical and Empirical Perspectives*. Newbury Park: Sage Publications.

Farber, Daniel A. and Suzanna Sherry. 1993. "Telling Stories out of School: An Essay on Legal Narratives". *Stanford University Law Review* 45.

Fish, S. 1980. *Is There a Text in This Class? The Authority of Interpretive communities*. Cambridge, MA: Harvard University Press.

Fiss, Owen. 1982. "Objectivity and Interpretation". *Stanford Law Review* 34: 739 –763.

Flew, Antony and Stephen Priest (eds.) 2002. *A Dictionary of Philosophy*. Basingstoke: Pan Books.

Foucault, Michel. 1967. *Madness and Civilization: A History of Insanity in the Age of Reason*. London: Routledge.

Foucault, Michel. 1970. *The Order of Things: An Archaeology of the Human Sciences*. London: Routledge.

Foucault, Michel. 1977. *Discipline and Punish: the Birth of the Prison*. New York: Vintage Books.

Foucault, Michel. 1977. *Language, Counter-memory, Practice: Selected Essays and Interviews*. Oxford: Cornell University.

Foucault, Michel. 1980. *Power/Knowledge: Selected Interviews and Other Writings* 1972 – 1977. Colin Gordon: The Harvester Press.

Foucault, Michel. 1980. *The History of Sexuality, Volume* 1: *An Introduction*. New York: Vintage Books.

Foucault, Michel. 1984. *The Foucault Reader*. New York: Pantheon Books.

Foucault, Michel. 1988. *Politics, Philosophy, Culture: Interviews and Other Writings of Michel Foucault*, 1977 – 1984. New York: Routledge.

Foucault, Michel. 1991. "Governmentality". In Graham Burchell, Colin Gordon and Peter Miller (eds.). *The Foucault Effect: Studies in Governmental Rationality*. London: Harvester Wheatsheaf.

Foucault, Michel. 1991. *Remarks on Marx: Conversations with Duccio Trombadori*. New York: Semiotext(e).

Foucault, Michel. 1996. *Foucault Live (Interviews,* 1961 – 1984). New York: Semiotext(e).

Foucault, Michel. 1997. *Ethics: Subjectivity and Truth*. New York: The New Press.

Foucault, Michel. 2003. *The Essential Foucault: Selections from the Essential Works of Foucault*, 1954 – 1984. New York: New Press.

Frank, Jerome. 1963. *Law and the Modern Mind*. Garden City: Doubleday.

Friedman, Lawrence. 1986. "The Law and Society Movement". *Stanford Law Review* 38: 763 – 780.

Friedmann, W. G. 1960. *Legal Theory*, 4th edn. London: Stevens & Sons.

Frug, J. 1988. "Argument as Character". *Stanford Law Review* 40.

Garland, David. 1990. *Punishment and Modern Society: A Study in Social Theory*. Oxford: Clarendon Press.

Garner, Bryan A. (ed.) 1999. *Black's Law Dictionary*, 7th edn. St. Paul, MINN: West Group.

Getman, Jules. 1988. "Human Voice in Legal Discourse". *Texas Law Review* 66: 577–588.

Gray, Christopher Berry (ed.) 1999. *The Philosophy of Law: An Encyclopedia*. New York: Garland Publishing.

Gurvitch, Georges. 1947. *Sociology of Law*. London: Trench and Trubner.

Hampstead, Lloyd and Michael Freeman. 1985. *Lloyd's Introduction to Jurisprudence*, 5th edn. London: Stevens & Sons.

Harris, J. W. 1980. *Legal Philosophies*. London: Butterworth.

Hayek, F. A. Von. 1944. *The Road to Serfdom*. Chicago: The University of Chicago Press.

Hayek, F. A. Von. 1960. *The Constitution of Liberty*. Chicago: The University of Chicago Press.

Hayek, F. A. Von. 1973. *Law, Legislation and Liberty, Volume 1: Rules and Order*. London: Routledge & Kegan Paul.

Hayek, F. A. Von. 1976. *Law, Legislation and Liberty, Volume 2: The Mirage of Social Justice*. London: Routledge & Kegan Paul.

Hayek, F. A. Von. 1979. *Law, Legislation and Liberty, Volume 3: The Political Order of a Free People*. London: Routledge & Kegan Paul.

Hobbes, Thomas. 1909. *Hobbes's Leviathan*. Oxford: the Clarendon Press.

Hodges, Elizabeth Perry. 1988. "Writing in A Different Voice". *Texas Law Review* 66: 633–639.

Holmwood, John (ed.) 1996. *Social Stratification* I. Cheltenham: Edward Elgar.

Hunt, Alan. 1993. *Explorations on Law and Society: Toward a Constitutive Theory of Law*. New York: Routledge.

Hutchinson, Allan. 1988. *Dwelling on the Threshold: Critical Essays in Modern Legal Thought*. Toronto: Carswell.

Kidder, Robert L. 1983. *Connecting Law and Society*. New Jersey: Prentice-Hall.

Kuper, Adam and Jessica Kuper (eds.) 1996. *The Social Science Encyclopedia, 2nd edn. London: Routledge.

Levinson, Sanford. 1982. "Law as Literature". *Texas Law Review* 60.

Litowitz, Douglas E. 1997. *Postmodern Philosophy and Law*. New Jersey: Princeton University Press.

Llewellyn, Karl N. 1962. *Jurisprudence: Realism in Theory and Practice*. Chicago: The University of Chicago Press.

Loughlin, Martin. 2000. *Sword and Scales: An Examination of The Relationship between Law and Politics*. Oxford: Hart Publishing.

Luhmann, Niklas. 1985. *A Sociological Theory of Law*. London: Routledge & Kegan Paul.

Luhmann, Niklas. 1990. *Essays on Self-reference*. New York: Columbia University Press.

Luhmann, Niklas. 1990. *Political Theory in The Welfare State*. Berlin: Walter de Gruyter.

Luhmann, Niklas. 1995. *Social Systems*. Stanford: Stanford University Press.

Luhmann, Niklas. 1998. *Observations on Modernity*. Stanford: Stanford University Press.

Luhmann, Niklas. 2004. *Law As A Social System*. Oxford: Oxford University Press.

Lyotard, Jean-Francois. 1984. *The Postmodern Condition: A Report on Knowledge*. UK: Manchester University Press.

Macaulay, Stewart. 1986. "Private Government". In Leon Lipson and Stanton Wheeler (eds.), *Law and the Social Sciences*. New York: Russell Sage.

Macaulay, S. and L. M. Friedman (eds.) 1995. *Law & Society*. New York: W. W. Norton.

Marshall, Gordon (ed.) 1998. *A Dictionary of Sociology*. Oxford: Oxford University Press.

Meštrović, Stjepan G. 1991. *The Coming Finde Siècle: An Application of Durkheim's Sociology to Modernity and Post-modernity*. London: Routledge.

Minda, Gary. 1995. *Postmodern Legal Movements: Law and Jurisprudence at Century's End.* New York: New York University Press.

Morison, John & Christine Bell (eds.) 1996. *Tall Stories? Reading Law and Literature.* Aldershot: Dartmouth.

Neufeldt Victoria (ed.) 1996. *Webster's New World College Dictionary*, 3rd edn. New York: Simon & Schuster.

Posner, Richard A. 1986. "Law and Literature: A Relation Reargued". *Virginia Law Review* 72: 1351-1392.

Posner, Richard A. 1988. *Law and Literature: A Misunderstood Relation.* Cambridge, MA: Harvard University Press.

Raz, Joseph. 2009. *The Authority of Law.* Oxford: Oxford University Press.

Santos, Boaventura de Sousa. 1995. *Toward a New Common Sense: Law, Science and Politics in the Paradigmatic Transition.* New York: Routledge.

Sartre, J. P. 1967. *What is Literature?* London: Metnuen.

Schanck, Peter C. 1992. "Understanding Postmodern Thought". *South Carolina Law Review* 65.

Schlag, Pierre. 1990. "Normative and Nowhere to Go". *Stanford Law Review* 43.

Shapiro, Ian (ed.) 1994. *The Rule of Law.* New York: New York University Press.

Sinha, Surya Prakash. 2004. *Jurisprudence: Legal Philosophy.* 法律出版社影印版。

Sutton, John R. 2001. *Law/Society: Origins, Interactions, and Change.* London: Pine Forge Press.

Teubner. Gunther (ed.) 1987. *Autopoietic Law—A New Approach to Law and Society.* Berlin: Walter de Gruyter.

Teubner, Gunter (ed.) 1997. *Global Law Without a State.* Aldershot: Dartmouth.

Thornton, Mark. 1991. "Alcohol Prohibition Was A Failure". *Cato Policy Analysis* 157.

Treviño, A. Javier. 1996. *The Sociology of Law: Classical and Contemporary Perspectives.* New York: St. Martin's Press.

Trubek, David M. 1972. "Max Weber on Law and the Rise of Capitalism". *Wisconsin Law Review* 3: 720 - 753.

Turkel, Gerald. 1996. *Law and Society: Critical Approaches*. Needham Heights: Allyn & Bacon.

Ward, Ian. 1995. *Law and Literature: Possibilities and Perspectives*. Cambridge: Cambridge University Press.

White, J. B. 1982. "Law as Language: Reading Law and Reading Literature". *Texas Law Review* 60: 415 - 445.

Weber, Max. 1954. *Max Weber on Law in Economy and Society*. Cambridge, MA: Harvard University Press.

Weisberg, R. H. 1982. "How Judges Speak: Some lessons on Adjudication in Billy Budd, Sailor with Application to Justice Rehnquist". *New York University Law Review* 57.

Weisberg, R. H. 1988. "Coming of Age Some More: 'Law and Literature' Beyond the Cradle". *Nova Law Review* 13.

Weisberg, R. H. 1992. *Poethics: And Other Strategies of Law and Literature*. New York: Columbia University Press.

West, R. 1988. "Communities, Texts, and Law: Reflections on the Law and Literature Movement". *Yale Journal of Law and the Humanities* 1: 153 - 156.

West, R. 1993. *Narrative, Authority, and Law*. Ann Arbor: University of Michigan Press.

阿蒂亚：《法律与现代社会》，范悦等译，辽宁教育出版社1998年版。

阿尔布劳：《全球时代：超越现代性之外的国家和社会》，高湘泽、冯玲译，商务印书馆2001年版。

阿奎那：《阿奎那政治著作选》，马清槐译，商务印书馆1964年版。

昂格尔：《现代社会中的法律》，吴玉章、周汉华译，中国政法大学出版社1994年版。

巴克：《希腊政治理论》，卢华萍译，吉林人民出版社2003年版。

巴特摩尔：《平等与精英》，尤卫军译，辽宁教育出版社1998年版。

鲍曼：《全球化——人类的后果》，郭国良、徐建华译，商务印书馆

2001年版。

鲍曼：《现代性与大屠杀》，杨渝东、史建华译，译林出版社2002年版。

贝尔特：《二十世纪的社会理论》，瞿铁鹏译，上海译文出版社2002年版。

贝卡里亚：《论犯罪与刑罚》，黄风译，中国政法大学出版社1993年版。

贝斯特、凯尔纳：《后现代理论——批判性的质疑》，张志斌译，中央编译出版社1999年版。

波兰尼：《大转型：我们时代的政治与经济起源》，冯钢、刘阳译，浙江人民出版社2007年版。

波齐：《国家：本质、发展与前景》，陈尧译，上海人民出版社2007年版。

波斯纳：《法理学问题》，苏力译，中国政法大学出版社1994年版。

波斯纳：《法律与文学》，李国庆译，中国政法大学出版社2002年版。

博登海默：《法理学——法哲学及其方法》，邓正来、姬敬武译，华夏出版社1987年版。

柏格：《社会学导引——人文取向的透视》，黄树仁、刘雅灵译，台北巨流图书公司1982年版。

柏克：《法国革命论》，何兆武等译，商务印书馆1998年版。

柏拉图：《理想国》，郭斌和、张竹明译，商务印书馆1986年版。

布莱克：《法律的运作行为》，唐越、苏力译，中国政法大学出版社1994年版。

布律尔：《法律社会学》，许钧译，上海人民出版社1987年版。

策勒尔：《古希腊哲学史纲》，翁绍军译，山东人民出版社1992年版。

陈聪富：《法律作为社会变迁工具的社会基础》，《法令月刊》（台湾）1997年第4期。

陈独秀：《独秀文存》，安徽人民出版社1987年版。

陈瑞华：《通过法律实现程序正义——萨默斯"程序价值"理论评析》，《北大法律评论》1998年第1卷第1辑。

参 考 文 献

程颢、程颐：《二程集》，中华书局1981年版。

慈继伟：《正义的两面》，三联书店2001年版。

丹纳赫、斯奇拉托、韦伯：《理解福柯》，刘瑾译，百花文艺出版社2002年版。

德朗蒂编：《当代欧洲社会理论指南》，李康译，上海人民出版社2009年版。

德里达：《论文字学》，汪堂家译，上海译文出版社1999年版。

德里达：《书写与差异》，张宁译，三联书店2001年版。

德沃金：《认真对待权利》，信春鹰、吴玉章译，中国大百科全书出版社1998年版。

邓小平：《邓小平文选》第2卷，人民出版社1994年版。

邓正来等编：《国家与市民社会———一种社会理论的研究进路》，中央编译出版社1999年版。

迪尔凯姆：《社会学方法的准则》，狄玉明译，商务印书馆1995年版。

迪尔凯姆：《自杀论》，冯韵文译，商务印书馆1996年版。

杜维明：《儒家思想新论———创造性转换的自我》，曹幼华等译，江苏人民出版社1996年版。

杜维明：《现代精神与儒家传统》，三联书店1997年版。

杜兹纳：《人权的终结》，郭春发译，江苏人民出版社2002年版。

多德：《社会理论与现代性》，陶传进译，社会科学文献出版社2002年版。

多斯：《从结构到解构：法国20世纪思想主潮》，季广茅译，中央编译出版社2004年版。

凡勃伦：《有闲阶级论———关于制度的经济研究》，蔡受百译，商务印书馆1964年版。

樊纲：《市场机制与经济效率》，三联书店1995年版。

范愉：《非诉讼纠纷解决机制研究》，中国人民大学出版社2000年版。

费孝通：《乡土中国》，三联书店1985年版。

冯象：《木腿正义》，中山大学出版社1999年版。

冯友兰：《中国哲学史》，华东师范大学出版社2000年版。

福柯：《疯癫与文明——理性时代的疯癫史》，刘北成、杨远婴译，三联书店1999年版。

福柯：《规训与惩罚——监狱的诞生》，刘北成、杨远婴译，三联书店1999年版。

福柯：《必须保卫社会》（法兰西学院演讲系列，1976），钱翰译，上海人民出版社1999年版。

福柯：《临床医学的诞生》，刘北成译，译林出版社2001年版。

福柯：《不正常的人》（法兰西学院演讲系列，1974—1975），钱翰译，上海人民出版社2003年版。

富永键一：《社会学原理》，严立贤等译，社会科学文献出版社1992年版。

高宣扬：《当代法国哲学导论》，同济大学出版社2004年版。

格雷：《自由主义》，曹海军、刘训练译，吉林人民出版社2005年版。

格林：《政治与法》，杨登杰译，载郑永流主编《法哲学与法社会学论丛》（六），中国政法大学出版社2003年版。

谷口安平：《程序的正义与诉讼》，王亚新、刘荣军译，中国政法大学出版社2002年版。

顾准：《顾准文集》，贵州人民出版社1994年版。

哈贝马斯：《在事实与规范之间：关于法律和民主法治国的商谈理论》，童世骏译，三联书店2003年版。

哈特：《法律的概念》，张文显等译，中国大百科全书出版社1996年版。

哈耶克：《个人主义与经济秩序》，贾湛等译，北京经济学院出版社1991年版。

哈耶克：《不幸的观念》，刘戟锋、张来举译，东方出版社1991年版。

海德格尔：《路标》，孙周兴译，商务印书馆2000年版。

韩愈：《韩昌黎全集》，中国书店1991年版。

汉密尔顿、杰伊、麦迪逊：《联邦党人文集》，程逢如等译，商务印书馆1980年版。

赫尔德等：《全球大变革——全球化时代的政治、经济与文化》，杨雪冬等译，社会科学文献出版社 2001 年版。

赫费：《政治的正义性》，庞学铨、李张林译，上海译文出版社 1998 年版。

黑格尔：《法哲学原理》，范扬、张企泰译，商务印书馆 1961 年版。

黑格尔：《历史哲学》，王造时译，上海书店出版社 1999 年版。

亨廷顿：《第三波：二十世纪末的民主化浪潮》，刘军宁译，上海三联书店 1998 年版。

胡适：《中国哲学史大纲》，上海古籍出版社 1997 年版。

洪镰德：《法律社会学》，台北扬智文化事业股份有限公司 2001 年版。

黄风：《贝卡里亚及其刑法思想》，中国政法大学出版社 1987 年版。

黄克剑：《在"境界"与"权利"的错落处——从"人权"问题看儒学在现代的人文使命》，《天津社会科学》1998 年第 4 期。

霍布斯：《利维坦》，黎思复、蔡廷弼译，商务印书馆 1985 年版。

霍伊：《自由主义政治哲学》，刘锋译，三联书店 1992 年版。

吉登斯：《民族—国家与暴力》，胡宗泽、赵力涛译，三联书店 1998 年版。

吉登斯：《现代性的后果》，田禾译，译林出版社 2000 年版。

季卫东：《法治秩序的建构》，中国政法大学出版社 1999 年版。

季卫东：《从边缘到中心：20 世纪美国的"法与社会"研究运动》，《北大法律评论》1999 年第 2 卷第 2 辑。

伽达默尔：《真理与方法》，洪汉鼎译，上海译文出版社 1999 年版。

杰姆逊：《后现代主义与文化理论》，唐小兵译，北京大学出版社 1997 年版。

卡多佐：《司法过程的性质》，苏力译，商务印书馆 1998 年版。

卡多佐：《法律的生长》，刘培锋、刘骁军译，贵州人民出版社 2003 年版。

卡西尔：《人论》，甘阳译，上海人民出版社 1985 年版。

凯尔森：《法和国家的一般理论》，沈宗灵译，中国大百科全书出版社 1996 年版。

康德：《历史理性批判文集》，何兆武译，商务印书馆 1990 年版。

考夫曼编著：《存在主义》，陈鼓应、孟祥森、刘崎译，商务印书馆

1987 年版。

考夫曼：《后现代法哲学》，米健译，法律出版社 2000 年版。

科特威尔：《法律社会学导论》，潘大松等译，华夏出版社 1989 年版。

克拉达、登博夫斯基编：《福柯的迷宫》，商务印书馆 2005 年版。

拉德布鲁赫：《法智警言》（节译），《比较法研究》2000 年第 1 期。

拉斯韦尔：《政治学：谁得到什么？何时和如何得到？》，杨昌裕译，商务印书馆 1992 年版。

莱斯诺夫：《二十世纪的政治哲学家》，冯克利译，商务印书馆 2001 年版。

兰德曼：《哲学人类学》，张乐天译，上海译文出版社 1988 年版。

勒布雷东：《人类身体史和现代性》，王圆圆译，上海文艺出版社 2010 年版。

梁慧星：《民法解释学》，中国政法大学出版社 1995 年版。

梁启超：《先秦政治思想史》，浙江人民出版社 1998 年版。

梁漱溟：《东西文化及其哲学》，商务印书馆 1999 年版。

梁治平编：《法律的文化解释》，三联书店 1994 年版。

梁治平：《寻求自然秩序中的和谐——中国传统法律文化研究》，中国政法大学出版社 1997 年版。

刘北成：《福柯思想肖像》，上海人民出版社 2001 年版。

刘鸿荫：《西洋法律思想史》，台北维新书局 1970 年版。

刘小枫编：《施密特文集》第 1 卷，上海人民出版社 2003 年版。

龙布罗梭：《犯罪人论》，黄风译，中国法制出版社 2005 年版。

卢梭：《社会契约论》，何兆武译，商务印书馆 1980 年版。

陆九渊：《陆九渊集》，中华书局 1980 年版。

伦斯基：《权力与特权：社会分层的理论》，关信平等译，浙江人民出版社 1988 年版。

伦斯特洛姆编：《美国法律辞典》，贺卫方等译，法律出版社 1998 年版。

罗伯斯庇尔：《革命的法制和审判》，赵涵舆译，商务印书馆 1965 年版。

罗蒂：《后形而上学希望——新实用主义社会、政治和法律哲学》，黄勇编，张国清译，上海译文出版社 2003 年版。

罗尔斯：《正义论》，何怀宏、何包钢、廖申白译，中国社会科学出版社 1988 年版。

罗尔斯：《政治自由主义》，万俊人译，译林出版社 2000 年版。

罗尔斯：《公共理性观念再探》，时和兴译，载《公共理性与现代学术》，三联书店 2000 年版。

罗尔斯：《万民法》，张晓辉等译，吉林人民出版社 2001 年版。

罗斯：《社会控制》，秦志勇、毛永政等译，华夏出版社 1989 年版。

卢克斯：《个人主义》，阎克文译，江苏人民出版社 2001 年版。

洛克：《政府论》，叶启芳、瞿菊农译，商务印书馆 1964 年版。

马尔库塞：《单向度的人——发达工业社会意识形态研究》，刘继译，上海译文出版社 2006 年版。

马尔图切利：《现代性社会学：二十世纪的历程》，姜志辉译，译林出版社 2007 年版。

马基雅维里：《君主论》，潘汉典译，商务印书馆 1985 年版。

马克思：《资本论》，人民出版社 1975 年版。

马克思：《1844 年经济学哲学手稿》，人民出版社 1985 年版。

《马克思恩格斯选集》，人民出版社 1995 年第 2 版。

《马克思恩格斯全集》第 1、20、21、25、46 卷，人民出版社 1956、1971、1965、1974、1979 年版。

马林诺夫斯基：《文化论》，费孝通译，中国民间文艺出版社 1987 年版。

麦金太尔：《伦理学简史》，龚群译，商务印书馆 2003 年版。

麦考密克、魏因贝格尔：《制度法论》，周叶谦译，中国政法大学出版社 1994 年版。

梅特里：《人是机器》，顾寿观译，商务印书馆 1959 年版。

梅因：《古代法》，沈景一译，商务印书馆 1959 年版。

孟德斯鸠：《论法的精神》，张雁深译，商务印书馆 1961、1963 年版。

孟德斯鸠：《波斯人信札》，罗国林译，译林出版社 2000 年版。

米尔恩：《人权哲学》，王先恒等译，东方出版社 1991 年版。

米勒、波格丹诺编：《布莱克维尔政治学百科全书》，邓正来等译，中国政法大学出版社 1992 年版。

米勒：《福柯的生死爱欲》，高毅译，台北时报出版公司 1995 年版。

米勒：《社会正义原则》，应奇译，江苏人民出版社 2001 年版。

密尔：《论自由》，程崇华译，商务印书馆 1959 年版。

苗力田主编：《古希腊哲学》，中国人民大学出版社 1989 年版。

苗力田主编：《亚里士多德全集》第 8 卷，中国人民大学出版社 1992 年版。

莫基切夫主编：《政治学说史》，中国社会科学院法学研究所编译室译，中国社会科学出版社 1979 年版。

牟宗三：《中国哲学十九讲》，上海古籍出版社 1997 年版。

牟宗三：《牟宗三先生全集》第 9、10、29 卷，台北联经出版事业公司 2003 年版。

牟宗三：《生命的学问》，广西师范大学出版社 2005 年版。

尼采：《权力意志》，张念东、凌素心译，商务印书馆 1991 年版。

纽曼等：《新帕尔格雷夫法经济学辞典》，许明月等译，法律出版社 2003 年版。

诺内特、塞尔兹尼克：《转变中的法律与社会》，张志铭译，中国政法大学出版社 1994 年版。

庞德：《通过法律的社会控制　法律的任务》，沈宗灵、董世忠译，商务印书馆 1984 年版。

庞德：《法律史解释》，邓正来译，中国法制出版社 2002 年版。

庞德：《法理学》第 1 卷，邓正来译，中国政法大学出版社 2004 年版。

帕雷托等：《精英的兴衰》，刘北成、许虹译，桂冠图书股份有限公司 1993 年版。

帕斯卡尔：《思想录》，何兆武译，商务印书馆 1985 年版。

钱穆：《钱宾四先生全集》第 39 卷，台北联经出版事业公司 1998 年版。

瞿同祖：《中国法律与中国社会》，中华书局 1981 年版。

萨拜因：《政治学说史》，刘山等译，商务印书馆 1986 年版。

萨拉特编：《布莱克维尔法律与社会指南》，高鸿钧等译，北京大学出版社 2011 年版。

桑托斯：《迈向新法律常识：法律、全球化和解放》，刘坤轮、叶传星译，中国人民大学出版社 2009 年版。

上海社会科学院法学所编译：《法学流派与法学家》，知识出版社 1981 年版。

沈宗灵：《现代西方法理学》，北京大学出版社 1992 年版。

盛宁：《人文困惑与反思：西方后现代主义思潮批判》，三联书店 1997 年版。

施特劳斯：《霍布斯的政治哲学：基础与起源》，申彤译，译林出版社 2001 年版。

施特劳斯：《自然权利与历史》，彭刚译，三联书店 2003 年版。

石元康：《当代西方自由主义理论》，三联书店 2000 年版。

舒国滢：《在法律的边缘》，中国法制出版社 2000 年版。

斯宾诺莎：《神学政治论》，温锡增译，商务印书馆 1963 年版。

斯坦、香德：《西方社会的法律价值》，王献平译，中国人民公安大学出版社 1990 年版。

斯特龙伯格：《西方现代思想史》，刘北成、赵国新译，中央编译出版社 2005 年版。

索珀：《人道主义与反人道主义》，廖申白、杨清荣译，华夏出版社 1999 年版。

唐纳利：《普遍人权的理论与实践》，王浦劬等译，中国社会科学出版社 2001 年版。

特洛尔奇：《基督教理论与现代》，朱雁冰等译，华夏出版社 2004 年版。

特纳：《Blackwell 社会理论指南》，李康译，上海人民出版社 2003 年版。

滕尼斯：《共同体与社会：纯粹社会学的基本概念》，林荣远译，商务印书馆 1999 年版。

涂尔干：《社会分工论》，渠东译，三联书店 2000 年版。

涂尔干：《职业伦理与公民道德》，渠东、付德根译，上海人民出版社 2001 年版。

涂尔干：《乱伦禁忌及其起源》，汲喆等译，上海人民出版社 2003 年版。

涂尔干：《道德教育》，陈光金、沈杰、朱谐汉译，上海人民出版社 2006 年版。

托夫勒：《第三次浪潮》，朱志焱、潘琪、张焱译，三联书店 1983 年版。

托克维尔：《论美国的民主》，董果良译，商务印书馆 1988 年版。

托克维尔：《旧制度与大革命》，冯棠译，商务印书馆 1992 年版。

瓦戈：《法律与社会》，梁坤、邢朝国译，中国人民大学出版社 2011 年版。

汪晖、陈燕谷主编：《文化与公共性》，三联书店 1998 年版。

汪行福：《走出时代的困境——哈贝马斯对现代性的反思》，上海社会科学院出版社 2000 年版。

王潮编：《后现代主义的突破》，敦煌文艺出版社 1996 年版。

王守仁：《王阳明全集》，上海古籍出版社 1992 年版。

王一川：《语言乌托邦：20 世纪西方语言论美学探究》，云南人民出版社 1994 年版。

王治河：《扑朔迷离的游戏——后现代哲学思潮研究》，社会科学文献出版社 1998 年版。

维尔：《美国政治》，王合、陈国清、杨铁钧译，商务印书馆 1981 年版。

维拉曼特：《法律导引》，张智仁、周伟文译，上海人民出版社 2003 年版。

维莱编：《世界名人思想词典》，施康强等译，重庆出版社 1992 年版。

维特根斯坦：《哲学研究》，李步楼译，商务印书馆 1996 年版。

韦伯：《新教伦理与资本主义精神》，于晓、陈维纲等译，三联书店 1987 年版。

韦伯：《儒教与道教》，洪天富译，江苏人民出版社 1995 年版。

韦伯：《经济与社会》，林荣远译，商务印书馆 1997 年版。

韦伯：《学术与政治：韦伯的两篇演说》，冯克利译，三联书店 1998 年版。

韦尔斯：《世界史纲》，吴文藻等译，人民出版社 1982 年版。

沃克：《牛津法律大辞典》，北京社会与科技发展研究所组织翻译，光明日报出版社 1988 年版。

沃勒斯坦：《现代世界体系》，罗荣渠、庞卓恒等译，高等教育出版社 1998、2000 年版。

希林：《身体与社会理论》，李康译，北京大学出版社 2010 年版。

西塞罗：《国家篇　法律篇》，沈叔平、苏力译，商务印书馆 1999 年版。

夏勇：《人权概念起源——权利的历史哲学》，中国政法大学出版社 2001 年版。

夏勇：《中国民权哲学》，三联书店 2004 年版。

夏勇：《法治是什么——渊源、规诫与价值》，《中国社会科学》1999 年第 4 期。

夏勇：《中国宪法改革的几个基本理论问题》，《中国社会科学》2003 年第 2 期。

小岛武司等：《司法制度的历史与未来》，汪祖兴译，法律出版社 2000 年版。

休谟：《人性论》，关之运译，商务印书馆 1980 年版。

修昔底德：《伯罗奔尼撒战争史》，谢德风译，商务印书馆 1978 年版。

徐国栋：《民法基本原则解释——成文法局限性之克服》，中国政法大学出版社 1992 年版。

徐友渔：《告别 20 世纪——对意义和理想的思考》，山东教育出版社 1999 年版。

亚里士多德：《雅典政制》，日知、力野译，商务印书馆 1959 年版。

亚里士多德：《政治学》，吴寿彭译，商务印书馆 1965 年版。

颜元：《习斋四存编》，上海古籍出版社 2000 年版。

姚大志：《现代之后——20 世纪晚期西方哲学》，东方出版社 2000 年版。

余英时：《现代儒学论》，上海人民出版社 1998 年版。

张乃根：《西方法哲学史纲》，中国政法大学出版社 2002 年版。

张文显：《二十世纪西方法哲学思潮研究》，法律出版社 1996 年版。

张文显：《法哲学范畴研究》，中国政法大学出版社 2001 年版。

张英：《张英全书》，安徽大学出版社 2013 年版。

张载：《张载集》，中华书局 1978 年版。

赵汀阳：《有偿人权和做人主义》，《哲学研究》1996 年第 9 期。

真德秀等：《名公书判清明集》，中华书局 1987 年版。

中山龙一：《二十世纪法理学的范式转换》，周永胜译，《外国法译评》2000 年第 3 期。

周枏：《罗马法原论》，商务印书馆 1994 年版。

周晓虹：《西方社会学历史与体系》第 1 卷，上海人民出版社 2002 年版。

朱光潜：《西方美学史》，人民文学出版社 1979 年版。

朱景文：《现代西方法社会学》，法律出版社 1994 年版。

朱景文主编：《对西方法律传统的挑战——美国批判法律运动研究》，中国检察出版社 1996 年版。

朱景文：《比较法社会学的框架和方法——法制化、本土化和全球化》，中国人民大学出版社 2001 年版。

人名索引

阿贝尔 379
阿蒂亚 132, 165, 537
阿尔图塞 302, 339
阿克顿 56, 228, 233
阿奎那 5, 10, 32, 39, 40, 485, 486, 498, 537
阿里斯托德姆 304
阿特曼 379
埃利希 80, 83, 85, 289, 347, 354, 356, 380, 385, 430
埃文 130, 131, 378
艾尔戴尔 335
艾柯 325
艾切尔 379
安琉 379
安齐洛蒂 347
安提芬 5, 102, 103
昂格尔 43, 44, 45, 183, 184, 256, 271, 376, 378, 537
奥伯特 349, 379
奥里乌 354, 357
奥斯汀 346, 349, 383, 384
奥威尔 310
巴尔特 324, 325, 336, 337, 338

巴尔扎克 53
巴坎 380
巴纳卡 379
巴斯 311
贝卡里亚 144, 353, 354, 385, 393, 394, 395, 396, 397, 398, 399, 400, 401, 403, 404, 405, 406, 407, 408, 442, 443, 465, 469, 538, 541
贝尔 304, 307
贝克特 328
毕达哥拉斯 21, 494
边沁 70, 71, 103, 104, 164, 224, 233, 238, 250, 367, 421, 432, 524, 528
波克 318
波普 224, 230
波斯纳 256, 304, 307, 308, 309, 311, 312, 313, 314, 315, 317, 320, 321, 323, 327, 538
波斯皮西尔 348
伯尔曼 270, 271
柏拉图 6, 8, 16, 17, 18, 19, 23, 45, 50, 102, 189, 313,

485，494，495，538
柏林 30，31，231，353
柏克 94，95，225，228，231，538
博安南 348
博丹 48
布迪厄 380
布莱克 18，107，345，378，380，383，384，543，544，538
布莱克斯通 249
布兰代斯 368，369
布朗 271，349
布坎南 11
查士丁 3，500，501
陈子昂 37
楚贝克 376，377
崔文斯 379
崔维诺 379，393，394
达尔文 93，96，210，345，346，477
达伦道夫 349
达马托 88
大卫 6，7，11，284，321，376，391，395，493
戴维斯 378
德福勒姆 379
德葛多 315
德拉玛瑞 500
德里达 34，35，36，62，313，319，326，327，328，333，335，411，472，539
德沃金 55，256，304，318，320，323，326，327，328，330，

503，539
笛卡尔 224，225，228，271，333
狄更斯 310，311
狄骥 354，355，357，358
狄摩西尼 494
蒂玛谢夫 369，370
第欧根尼 153，254
董仲舒 145，181
杜斯特 349
杜威 367
杜维明 208，209，210，539
恩格斯 13，64，65，73，74，163，186，359，360，385，518，519
腓德烈 485
菲茨帕特里克 378，379
菲利 358
菲尼斯 44
费什 304，313，317，318，319，321，322，323，326，327，328，330，331，335
费斯 304，318，320，323，326，327，328
佛格森 7，225，228，231，236，304
福柯 9，57，60，61，62，63，64，69，71，72，73，79，142，149，150，151，152，153，271，275，295，313，314，319，325，328，338，347，364，366，378，380，381，385，391，392，397，398，399，404，409，410，411，412，413，415，416，417，419，

人名索引

420, 421, 422, 423, 424, 425,
426, 427, 428, 429, 430, 431,
432, 433, 434, 436, 437, 438,
439, 443, 444, 445, 448, 449,
450, 451, 452, 453, 454, 455,
456, 457, 458, 460, 461, 462,
463, 464, 465, 466, 467, 468,
469, 470, 471, 472, 473, 474,
476, 477, 478, 479, 480, 481,
482, 483, 484, 485, 486, 488,
489, 490, 491, 492, 493, 494,
495, 496, 497, 498, 499, 500,
501, 502, 504, 506, 510, 512,
513, 515, 519, 520, 521, 522,
523, 524, 525, 526, 527, 539,
540, 542, 544, 552

福克纳 311

弗拉格 329

弗兰克 370, 373, 374

弗里德曼 88, 171, 378, 380

弗里曼 376

富克斯 358

富勒 44, 246

盖格 358

冈普洛维茨 347, 354, 355

哥白尼 345, 406

哥德尔 379

格莱克曼 348

格劳秀斯 48

格雷 18, 304, 368, 373, 504,
540, 544

格曼 331, 332

贡斯当 231

古斯菲尔德 349

古维茨 354, 358, 393

哈贝马斯 11, 35, 142, 256, 271,
286, 287, 347, 364, 365, 366,
367, 380, 381, 385, 540, 546

哈格里夫斯 358, 396

哈钦森 330, 379

哈特 33, 48, 74, 272, 540

哈耶克 7, 14, 18, 19, 21, 43,
133, 186, 188, 189, 210, 219,
220, 221, 222, 223, 224, 225,
226, 227, 228, 229, 230, 231,
232, 233, 234, 235, 236, 237,
238, 239, 240, 241, 242, 243,
244, 245, 246, 247, 248, 249,
250, 251, 252, 253, 254, 255,
304, 364, 385, 473, 540, 516

海德格尔 313, 333, 337, 391,
462, 463, 464, 465, 540

韩非子 6, 15, 40, 43, 180,
202, 207

韩愈 209, 473, 540

赫克 358

赫拉克利特 6, 9, 102

赫托夫 380

赫希 335, 358

黑格尔 69, 151, 212, 241, 359,
385, 455, 456, 458, 473, 512,
513, 516, 517

亨特 378, 381

胡石壁 341

怀特 304，305，308，311，312，313，314，316，319，323，330，331，332
惠勒 379
霍贝尔 348
霍布斯 33，48，49，50，51，53，54，55，59，77，89，137，139，141，159，160，161，224，238，231，257，382，385，459，460，504，505，506，507，508，509，510，511，512，513，514，515，516，517，518，521，522，523，524，525，527，529，528，541，545
霍尔 349
霍曼斯 315，322，349，368，373
霍奇斯 332，333
霍姆斯 315，322，368，373
霍维茨 376
基德尔 379
吉登斯 381，382，385，，541
基尔克 354，357，358
吉尔里 41，63，104，105，304，381
吉尔兹 41，63，105，104，381
伽达默尔 63，325，326，327，328，332，333，337，541
加里克里斯 8
加利甘 379
加缪 310，312
卡多佐 304，306，368，369，541
卡夫卡 306，310，311，312，320，321
卡勒 338
卡伦 378
卡特 316
卡西尔 128，541
凯尔曼 376，379
凯尔森 29，30，33，48，52，272，273，274，278，300，383，541
康德 53，54，55，146，234，250，257，271，272，476，477，503，541
康特诺维茨 273，347，354，355
考夫曼 286，287，462，541，542
科夫勒 304
科勒 349，371
科特威尔 110，125，131，170，276，379，402，542
科塞 349
克里丝蒂娃 338
克劳塞维茨 415，507
肯尼迪 376
孔德 343，345，348，349，353，354，358
孔多塞 231
孔子 5，14，129，137，143，144，180，209
魁奈 484
奎尼 349，381
拉佩里埃 483，485，486，487，500
拉斯韦尔 67，59，542
拉兹 44
兰德尔 349，373
兰德曼 128，542

人名索引

老子 7, 79, 474

勒瓦耶 483

雷宾德 378

李托维茨 304

利奥塔 31, 255, 269, 287, 319

利科尔 317, 333

利普森 379

梁漱溟 145, 211, 208, 209, 528, 542

列文森 208, 304, 318

柳宗元 37

龙布罗梭 392, 356, 542

卢埃林 370, 374, 375

卢曼 25, 48, 49, 53, 57, 184, 270, 271, 272, 273, 274, 275, 276, 277, 278, 279, 280, 281, 284, 285, 286, 287, 288, 289, 290, 291, 292, 293, 294, 295, 296, 297, 289, 299, 300, 301, 302, 303, 304, 346, 347, 349, 366, 378, 380

卢梭 55, 77, 94, 103, 104, 124, 125, 126, 224, 228, 231, 257, 459, 460, 483, 528, 542

陆九渊 209, 391, 407, 542

伦纳 380

罗伯斯庇尔 104, 542

罗蒂 30, 321, 322, 323, 329, 330, 332, 542

罗尔斯 3, 10, 11, 12, 14, 15, 25, 26, 27, 30, 31, 35, 41, 137, 162, 176, 244, 253, 255, 256, 257, 258, 259, 260, 261, 262, 263, 264, 265, 266, 267, 268, 269, 304, 543

罗库摩托 379

罗兰 338, 407, 473, 511

罗斯 106, 107, 543

罗素 234, 334, 335

洛克 51, 53, 54, 55, 56, 57, 58, 77, 160, 161, 173, 228, 234, 257, 315, 385, 459, 460, 543, 528

洛克伍德 304

洛特曼 338

洛文杰 370

马尔库塞 408, 543

马考利 81, 82, 83, 378, 380, 430

马克思 18, 30, 38, 39, 49, 63, 64, 65, 69, 70, 71, 73, 74, 75, 78, 129, 164, 176, 177, 186, 276, 278, 288, 329, 333, 347, 349, 354, 358, 359, 360, 365, 366, 377, 381, 384, 385, 387, 412, 423, 426, 432, 455, 456, 458, 473, 504, 512, 513, 514, 515, 516, 517, 518, 519, 520, 524, 527, 543

马里旦 255

马林诺夫斯基 128, 129, 271, 348, 349, 543

马图拉纳 298, 299

马尤 304

麦迪逊 56，540
麦金太尔 17，379，543
曼诺 8
梅尔维尔 310，311
梅斯特 464
梅耶 499，500
梅因 22，166，186，187，188，189，210，241，271，284，288，348，353，354，385，393，397，410，543
蒙田 34
孟德斯鸠 28，38，56，103，104，124，125，126，133，231，347，353，354，385，464，543
孟德维尔 7，137，224，225，228，236
孟子 5，6，15，45，137，141，146，159，161，163，179，180，181，194，193，211，530
米尔斯 349
米罗瓦诺维奇 379
米切尔斯 65
米斯 335
密尔 147，257，504，528，544
明达 321，323
默顿 349
莫里森 304，311
莫斯卡 65，66
牟宗三 138，139，141，142，144，209，544
纳德尔 378
尼采 8，9，329，333，427，463，462，464，465，469，544
牛顿 345，406
努斯鲍姆 304
诺内特 58，351，378，380，544
帕雷托 40，41，65，66，67，68，74，349，544
帕森斯 271，288，295，349，364，380，381
帕舒甘尼斯 381
帕斯卡尔 34，18，544
派克 321
庞德 3，4，57，117，347，351，355，357，367，370，371，372，373，374，544
皮尔士 367
珀杰瑞克 378
普罗塔哥拉 28，102
齐美尔 349
钱布利斯 349
钱穆 138，144，544
乔姆斯基 391，464
瑞奇 378
瑞斯曼 284
瑞贞斯 378
萨顿 379
萨姆纳 22，94，95，106，124，126，166，186，187，189，369，370，385，393，410
萨特 329，391，462，465，474
萨维尼 38，103，104，124，125，126，234，348，354，385
萨义德 319，328

人 名 索 引

塞尔兹尼克 58, 350, 351, 352, 378, 380, 544
塞林 349
桑托斯 381, 386, 545
色拉叙马霍斯 8
莎士比亚 310, 311
商鞅 14
施密特 49, 51, 52, 53, 54, 542
施特劳斯 382, 504, 506, 507, 508, 509, 510, 511, 528, 545
舒伯特 370
舒尔 378
梭伦 20, 494
斯宾塞 15, 346, 348, 349, 353, 354, 385, 393
斯密 18, 137, 221, 225, 228, 230, 231, 255
斯皮策 379
斯塔姆勒 28
斯图基 378
苏格拉底 8, 391
苏轼 340
孙中山 407
索罗金 358
塔尔德 354, 356, 357
塔克特 228, 231
塔玛纳哈 379
泰勒 379
唐君毅 208
唐荣曼 379
特克尔 379
特伦斯 163
特纳 304, 383, 384, 385, 545
滕尼斯 241, 284
涂尔干 92, 93, 151, 271, 279, 284, 288, 347, 349, 354, 355, 356, 358, 360, 361, 362, 364, 379, 384, 385, 410, 439, 440, 441, 442, 443, 444, 445, 446, 447, 448, 450, 451, 453, 454, 455, 456, 456, 457, 458, 468
图尔克 349
图施耐特 376
图依布纳 83, 84, 85, 86, 87, 276, 379, 380
推宁 380
托德 378
托夫勒 397, 398, 407, 546
托克维尔 79, 92, 93, 94, 225, 228, 231, 244, 385, 546
托马斯 5, 10, 32, 33, 40, 51, 139, 304, 385, 459, 486, 506, 508, 510, 513, 529
瓦戈 379, 546, 354
瓦雷拉 298, 299
瓦特 345, 396
王阳明 135, 139, 145, 209, 529, 530, 546
威廉姆斯 304, 316
威斯伯格 304, 310, 311, 316, 319, 323
维科 30, 353
维克汉姆 378
维特根斯坦 313, 334, 335, 546

韦伯 25, 43, 59, 78, 80, 97, 182, 183, 186, 187, 188, 271, 284, 288, 347, 348, 349, 354, 355, 362, 363, 364, 377, 384, 385, 430, 476, 511, 539, 546
韦兰 30, 378
魏格默尔 306
魏斯特 304, 311, 312, 319, 320, 321, 323, 329, 331
沃德 304, 306, 331, 367
沃尔德 349
西蒙 379
西塞罗 28, 32, 238, 547
希皮阿斯 5, 102
希特勒 249
席勒 409
辛格尔 322
休谟 6, 7, 11, 224, 225, 228, 231, 232, 236, 353, 354, 504, 528, 547
荀子 6, 14, 15, 45, 139, 144, 179, 193
亚里士多德 6, 9, 12, 13, 15, 17, 19, 20, 21, 23, 29, 30, 37, 39, 43, 189, 241, 313, 317, 393, 485, 494, 544, 547
亚历山大 56, 254
耶利内克 358
耶林 164, 250, 347, 354, 355, 367
伊壁鸠鲁 28, 29, 37
伊格尔顿 329
伊索克拉底 494
余英时 208, 547
詹姆斯 56, 304, 335, 345, 367, 378, 396, 465
泽勒尼 298, 299
曾国藩 37, 139, 144, 155, 156
张英 154, 155, 156, 157, 158, 159, 160, 547
真德秀 193, 341, 548
庄子 5, 14, 15, 29, 475

主题索引

道德系统 171，503，504，528，530

道德政治 503，504，528

德性 3，8，16，18，19，21，45，91，135，138，139，140，141，142，143，144，145，146，148，162，170，171，211，212，326，327，387，408，444，473，475，495，508，528，529，530

惩罚理性 151，406，437，459，460，473

惩罚技术 394，397，398，399，400，402，403，407，408，444，466

程序正义 24，25，26，27，259，538

抽象规则 18，227，230，234，235，238，245

法家 48，143，173，174，179，180，181，182，185，190，193，194，199，201，205，207，214，408，482，503

法理社会 206，241，410，437

法律多元 80，82，85，87，100，105，381，430，432

法律化 59，64，69，91，98，136，168，172，185，190，191，192，195，196，198，201，206，214

法律与文学 304，305，306，307，308，309，311，312，313，316，317，318，319，320，321，322，323，324，329，331，332，333，338，339，341，342，370

法社会学 58，80，83，84，124，171，175，271，272，273，274，276，277，287，288，289，292，343，344，345，346，347，348，349，350，351，352，353，354，355，356，358，362，363，367，368，370，375，378，379，380，381，382，383，393，394，410，540，548

法治 42，43，44，45，54，55，56，58，83，96，97，99，104，109，136，143，155，161，162，163，167，169，170，171，172，173，174，175，177，178，179，180，181，182，185，186，187，

190, 191, 192, 193, 194, 195,
196, 197, 198, 199, 200, 201,
202, 203, 204, 205, 207, 208,
209, 210, 211, 212, 213, 214,
215, 326, 231, 246, 247, 248,
249, 250, 251, 252, 253, 254,
260, 272, 274, 377, 387, 392,
397, 398, 409, 413, 438, 457,
468, 541, 547, 559

非人格化 19, 183, 243, 397,
400, 409

分配正义 17, 18, 19, 20, 21,
22, 25, 176, 177, 178, 230,
231, 241, 242, 243, 244,
251, 257

分析法学 344, 346, 355, 383

个别正义 22, 23, 24, 25

个人理性 220, 225, 496

个人正义 16, 17, 18, 19,
22, 45

个人主义 14, 93, 142, 219,
221, 227, 228, 229, 230, 231,
244, 245, 251, 252, 253, 302,
349, 447, 448, 460, 504, 511,
524, 540, 543

国家理性 478, 479, 487, 492,
493, 497, 498, 499, 501, 515

国家正义 16, 17, 18, 19, 22

功利政治 503, 504

规范法学 33

规训 72, 73, 79, 150, 151,
152, 153, 318, 326, 328, 380,
398, 411, 414, 416, 419, 420,
421, 422, 423, 424, 425, 426,
427, 428, 429, 430, 431, 432,
433, 434, 435, 436, 438, 443,
444, 445, 448, 449, 450, 452,
453, 454, 455, 457, 460, 461,
465, 466, 468, 469, 470, 471,
476, 478, 490, 491, 492, 501,
519, 520, 522, 523, 524, 525,
526, 527, 540

规训社会 366, 410, 433, 470,
491, 520, 522, 525, 526

合理性 6, 10, 24, 32, 41, 44,
162, 170, 172, 183, 267, 199,
208, 241, 265, 266, 267, 269,
287, 364, 385, 386, 406, 407,
408, 446, 453, 459, 460, 461,
470, 471, 472, 473, 474, 475,
476, 479, 501

后现代 31, 33, 35, 62, 82,
100, 101, 102, 136, 255, 256,
269, 272, 274, 275, 276, 285,
286, 287, 295, 296, 297, 298,
299, 302, 303, 304, 305, 306,
309, 320, 321, 322, 323, 328,
335, 336, 338, 339, 342, 377,
382, 386, 391, 411, 504, 538,
541, 542, 545, 546

基本权利 38, 40, 41, 42, 45,
99, 168, 196, 205, 522

积极权力 150, 152, 153, 201,
419, 523, 525

主题索引

绝对正义 27, 28, 29, 31
开放社会 18, 188, 230, 240, 241, 246, 385
扩展秩序 189, 210, 236, 240, 241, 242, 253, 254
利益 3, 4, 8, 9, 10, 11, 19, 20, 21, 30, 38, 39, 40, 41, 54, 56, 60, 71, 74, 78, 80, 86, 102, 107, 108, 132, 142, 151, 157, 164, 165, 166, 170,, 172, 173, 175, 176, 188, 190, 198, 202, 205, 224, 230, 237, 239, 242, 243, 246, 252, 253, 258, 259, 267, 284, 320, 343, 344, 355, 358, 360, 368, 369, 371, 372, 385, 413, 446, 456, 461, 485, 487, 489, 494, 503, 513, 516, 521
理性化 63, 73, 77, 79, 136, 182, 343, 365, 366, 386, 409, 426, 448, 477, 478, 491, 492, 493, 501
合理化 152, 188, 364, 386, 408, 426, 437, 460, 476, 478, 491, 492, 493, 501, 521
民主法治 59, 99, 91, 163, 191, 192, 193, 198, 199, 203, 204, 205, 206, 207, 213, 365, 367, 387, 528, 529, 530, 540
平等 4, 5, 6, 11, 12, 13, 14, 15, 17, 18, 20, 21, 24, 25, 40, 43, 44, 45, 64, 66, 67, 68, 69, 70, 71, 73, 74, 76, 91, 92, 103, 138, 153, 156, 176, 177, 180, 181, 185, 188, 189, 190, 197, 202, 228, 235, 240, 241, 243, 244, 245, 246, 247, 249, 253, 254, 256, 257, 258, 259, 263, 267, 268, 269, 279, 280, 372, 376, 383, 387, 430, 432, 436, 470, 476, 487, 504, 505, 511, 514, 515, 516, 517, 542, 537
普遍正义 18, 162, 188, 245, 254, 253, 264, 265, 269
启蒙 5, 69, 72, 73, 76, 77, 94, 105, 135, 137, 140, 148, 152, 153, 164, 271, 297, 317, 377, 382, 384, 385, 391, 395, 398, 410, 428, 434, 435, 460, 461, 462, 463, 466, 469, 470, 475, 476, 477, 527, 529
权利 10, 12, 13, 15, 19, 25, 40, 41, 42, 48, 52, 53, 54, 55, 56, 57, 58, 67, 69, 70, 71, 72, 73, 74, 75, 76, 77, 79, 80, 81, 82, 83, 88, 90, 91, 93, 94, 95, 96, 97, 98, 99, 100, 101, 102, 104, 105, 106, 108, 109, 110, 132, 133, 135, 137, 138, 139, 140, 142, 144, 145, 146, 147, 148, 149, 151, 152, 153, 154, 155, 157, 159, 160, 161, 162, 163, 164,

165，166，167，168，169，170，
171，172，173，174，175，176，
177，178，183，188，196，197，
198，199，200，201，202，203，
205，206，207，209，210，211，
212，213，214，233，241，256，
257，259，264，266，267，268，
269，272，275，276，284，305，
316，327，330，338，358，359，
364，366，368，372，383，387，
391，392，395，400，409，412，
413，427，428，434，435，436，
439，445，446，447，448，449，
450，451，453，454，455，456，
457，458，465，467，471，475，
478，486，482，486，492，499，
502，503，504，505，507，508，
510，511，512，513，514，515，
516，517，520，521，523，524，
525，527，528，529，530，539，
541，547，559
权利政治 69，77，90，95，137，
140，144，149，503，504，505，
507，508，510，511，512，514，
515，519，520，527
权力技术 57，397，399，406，
417，427，434，435，439，444，
455，461，465，466，468，469，
477，478，490，494，523
权力结构 48，59，60，63，64，
65，67，68，69，275，338，501
权力统治 60，61，64，73，74，

75，76，253，444，453，457，475
权力制衡 56，57
全球化 76，77，79，80，82，83，
84，85，86，87，89，90，101，
102，104，105，207，386，537，
540，545，548
全球法 83，84，85，86，87，89，
102，103，379
群体正义 18，189，245，253
人道 61，64，105，108，135，
151，138，193，211，311，321，
391，394，398，399，401，402，
404，407，408，409，439，443，
444，445，451，452，457，453，
460，461，462，463，464，465，
467，468，469，470，471，472，
473，474，475，487，502，545
人权 26，42，55，56，69，70，
71，73，86，87，88，89，91，
94，96，97，99，102，106，104，
135，136，137，138，139，140，
141，142，143，144，145，146，
148，149，154，163，164，173，
174，175，185，190，196，197，
198，200，172，201，202，203，
204，205，206，207，211，212，
213，214，215，267，268，395，
409，449，455，457，458，460，
474，475，491，503，511，514，
527，528，529，530，539，541，
543，545，547，548
仁政 194，484，528

主题索引

儒家 135, 162, 179, 180, 181, 182, 185, 190, 208, 209, 210, 211, 212, 213, 473, 339, 408, 503, 539

社会法 89, 175, 346, 356, 383, 385, 410, 430, 469

社会分化 44, 142, 271, 279, 280, 288, 296, 385

社会控制 4, 81, 84, 91, 96, 101, 105, 106, 107, 108, 109, 110, 351, 352, 371, 372, 373, 378, 402, 543, 544

社会契约 10, 50, 51, 55, 69, 72, 77, 98, 104, 125, 257, 256, 258, 267, 457, 458, 459, 460, 488, 505, 509, 522, 542

社会系统 25, 49, 53, 57, 84, 85, 86, 263, 271, 275, 278, 279, 280, 281, 282, 283, 284, 285, 286, 288, 290, 291, 293, 294, 295, 296, 300, 347, 365, 378, 381

社会正义 4, 15, 17, 18, 19, 25, 176, 177, 189, 219, 242, 245, 246, 253, 255, 257, 316, 516, 544

身体政治 470, 478, 487, 490, 527

生命权力 150, 152, 153, 434, 435, 448, 449, 453, 457, 465, 469, 470, 471, 472, 489, 490, 492, 493, 522

生命政治 470, 478, 487, 490, 491, 527

实质正义 24, 25, 26, 27, 44, 206, 228, 242, 367, 377

市民社会 55, 57, 58, 69, 83, 151, 241, 359, 385, 455, 456, 513, 514, 515, 516, 520, 539

司法国家 428, 478

诉讼 26, 97, 100, 124, 130, 132, 133, 134, 154, 162, 163, 164, 165, 166, 167, 168, 169, 170, 171, 172, 174, 191, 205, 308, 352, 362, 400, 478, 539, 540

统治权 412, 413, 415, 416, 418, 427, 428, 430, 433, 435, 436, 441, 465, 480, 486, 487, 488, 489, 490, 491, 504, 505, 509, 510, 518, 520, 521, 522, 523, 524, 525, 526, 527

君权 48, 52, 53, 59, 72, 73, 78, 80, 82, 83, 86, 87, 89, 90, 92, 100, 101, 105, 106, 142, 144, 152, 173, 214, 247, 275, 357, 401, 424, 427, 478, 479, 480, 481, 482, 483, 485, 486, 487, 488, 489, 490, 491, 492, 498, 501

现代法 4, 43, 44, 97, 110, 155, 157, 179, 182, 183, 184, 187, 188, 190, 238, 270, 271, 287, 304, 315, 316, 317, 321,

322，323，324，335，336，356，
384，385，410，411，437
现代化 59，76，77，82，90，91，
96，97，99，101，102，104，
135，136，137，148，155，170，
179，182，183，195，199，203，
204，207，208，213，365，366，
386，409，475
现代性 78，86，97，147，161，
190，153，199，207，255，271，
274，284，304，367，382，383，
384，385，386，391，392，407，
423，446，471，528，537，538，
539，541，542，543，546，454
相对正义 27，28，29
形式法律 76，79，107，145，
181，182，185，189，190，244，
248，249，251，387，437
行政国家 478，480
习俗 5，6，28，34，41，50，84，
91，92，94，95，96，102，103，
104，110，118，119，120，124，
125，126，127，128，129，131，
146，147，197，231，240，350，
452，484，498
叙事法学 315，318
一般正义 22，23，24
正义 3，4，5，6，7，8，9，10，
11，12，13，14，15，16，17，
18，19，20，21，22，23，24，
25，26，27，28，29，30，31，
32，33，34，35，36，37，38，

39，40，41，42，43，44，45，
54，58，59，60，64，102，128，
137，155，157，162，164，165，
174，176，177，178，188，189，
206，215，227，230，231，241，
242，243，244，245，246，247，
250，251，253，255，256，257，
258，259，260，261，262，263，
264，265. 266，267，268，269，
272，277，286，287，304，308，
309，310，317，318，320，351，
352，354，358，359，367，369，
377，387，404，411，485，486，
516，539，540，541，543
政治国家 57，98，151，160，
161，168，203，241，352，385，
509，513，514，515，520，529
政治化 30，49，57，59，69，87，
98，142，185，208，209，210，
382，383，454
政治理性 151，152，386，448，
449，450，473，476，477，478，
479，480，492，493，497，502
治理国家 96，191，195，198，
428，478，479，487，490，491，
492，493，501，515，523
治理社会 478，479，480，481，
483，484，485，486，487，488，
489，490，491，498，499，
500，501
治理艺术 478，479，480，481，483，
484，485，486，487，488，489，

490，491，498，499，500，501
主体 3，6，11，12，20，45，49，
62，75，77，82，95，97，99，
101，139，141，142，143，144，
146，147，149，152，154，158，
162，163，166，167，170，171，
192，195，199，200，209，210，
211，212，259，264，276，288，
292，325，328，333，391，392，
392，408，409，416，420，431，
451，453，454，455，457，462，
463，464，465，468，469，470，
477，480，481，483，493，525，
528，530
自然法 5，6，28，29，32，34，
48，77，88，89，102，103，163，
246，255，277，285，294，305，
343，345，346，351，364，372，
382，411，459，460，487，498，
499，504，507，508，509
自然法学 31，32，33，34，35，
272，273，287，382，383，343，344
自然权利 41，69，94，95，139，
140，141，143，144，147，149，
152，154，160，161，162，163，
168，255，258，354，382，385，
459，460，504，505，507，508，
510，515，521，522，527，528，
529，530，545
自然状态 10，55，69，98，99，
258，459，505，506，507，
522，523

战争状态 51，77，98，99，160，
505，506，507，509，510，517，
522，523，525，529
自我创生 271，274，276，277，
278，295，297，298，299，300，
301，302，303，379
自由 4，5，9，10，11，12，13，
14，15，24，26，39，41，42，
44，57，58，65，68，70，71，
74，77，86，92，93，97，107，
128，136，137，140，142，146，
147，149，150，151，152，153，
160，161，162，163，164，169，
173，175，176，184，185，187，
188，189，194，196，199，207，
210，212，215，219，220，222，
223，224，226，227，228，230，
231，232，233，234，235，236，
237，238，239，242，243，244，
246，247，248，249，251，252，
253，254，255，257，258，259，
260，263，264，265，266，266，
267，268，269，282，283，285，
290，304，320，326，327，344，
346，353，355，357，358，359，
364，366，367，372，376，383，
387，392，401，402，408，412，
413，416，420，432，436，440，
444，448，450，452，453，454，
455，456，457，458，459，461，
462，465，470，471，473，476，
477，482，486，495，505，507，

508，509，510，511，513，515，
516，517，519，526，527，528，
529，530，544
自由意志 71，146，147，392
意志自由 392，528
自由主义 11，12，20，25，27，
30，57，91，93，95，138，142，
149，150，152，153，162，219，
227，228，229，230，231，232，
235，238，247，251，253，254，
255，256，257，258，261，262，
263，264，265，266，268，269，
304，323，330，318，367，376，
377，379，382，412，455，456，
457，502，503，504，505，508，
510，512，513，514，515，516，
517，518，520，521，525，526，
527，540，541，543，545

再 版 后 记

这是《法律的政治分析》的再版。第一版由北京大学出版社于 2005 年 10 月出版。再版对原书作了调整、修改和扩充，增加了我于 2005 年 8 月完成的博士后研究报告《福柯政治法律思想研究》的主体部分，也将几篇有关权利与法治的旧稿吸纳进来。

感谢对本书的撰写或出版起过帮助作用的吕世伦、朱景文、夏勇、吴玉章和高全喜教授！书中的一些章节曾在《法学研究》《中国法学》《社会学研究》《环球法律评论》《清华法学》《开放时代》《天涯》上发表，谨此也向相关编辑致谢！

胡水君

乙未年秋